HANS-DETLEF HORN

Experimentelle Gesetzgebung unter dem Grundgesetz

Schriften zum Öffentlichen Recht

Band 567

Experimentelle Gesetzgebung unter dem Grundgesetz

Von

Dr. Hans-Detlef Horn

Duncker & Humblot · Berlin

CIP-Titelaufnahme der Deutschen Bibliothek

Horn, Hans-Detlef:
Experimentelle Gesetzgebung unter dem Grundgesetz / von
Hans-Detlef Horn. – Berlin: Duncker u. Humblot, 1989
    (Schriften zum Öffentlichen Recht; Bd. 567)
    Zugl.: Bayreuth, Univ., Diss., 1989
    ISBN 3-428-06721-5
NE: GT

Alle Rechte vorbehalten
© 1989 Duncker & Humblot GmbH, Berlin 41
Druck: Berliner Buchdruckerei Union GmbH, Berlin 61
Printed in Germany
ISSN 0582-0200
ISBN 3-428-06721-5

Quidquid agis,
prudenter agas et
respice finem.

Oft ist es sogar angebracht,
ein Gesetz zu probieren,
bevor man es entgültig in Kraft setzt.

(Montesquieu,
vom Geist der Gesetze [1748],
II. Buch 2. Kap. a.E.)

Vorwort

Die Arbeit wurde im Sommersemester 1989 von der Rechts- und Wirtschaftswissenschaftlichen Fakultät der Universität Bayreuth als Dissertation angenommen. Wesentliche Änderungen sind nicht mehr erfolgt.

Sie entstand unter Voraussetzungen und Bedingungen, die besser kaum hätten sein können. All denen gegenüber, die dazu beigetragen haben, empfinde ich ein tiefes Bedürfnis, Dank zu sagen. Zuerst und ganz besonders gilt mein herzlicher Dank meinem verehrten Doktorvater, Senator Prof. Dr. Walter Schmitt Glaeser. Sein Anspruch und sein Rat, sein Vertrauen und seine Förderung schon während des Studiums, vor allem aber in meiner Zeit als sein Doktorand und seine wissenschaftliche Hilfskraft waren für mich stets wissenschaftlicher Ansporn und menschliche Ermutigung; die wertvollen Erfahrungen, die ich hierbei gewinnen konnte, haben mir neue und bleibende Maßstäbe gesetzt. Entscheidende Prägung und beständige Förderung seit den ersten Studiensemestern verdanke ich auch meinem verehrten Lehrer und Zweitgutachter, Prof. Dr. Peter Häberle. In seinem Bayreuther Seminar durfte ich über viele Jahre hinweg Bildung und Ausbildung erlangen. Ferner danke ich von ganzem Herzen für unschätzbaren und immer präsenten Beistand in allen Lagen meinem Bruder, cand. inform. Gunter Horn, mit dessen Hilfe ich etwa die Vorzüge der modernen Computertechnik nutzen und auch deren gelegentlich auftretende Tücken bewältigen konnte, sowie meinen Freunden, den Rechtsreferendaren Dr. iur. Rudolf Mackeprang und Dr. iur. Bettina Bock, von denen ich nicht nur bei der Erstellung dieser Arbeit kritischen Zuspruch und weiterführende Anregungen erhielt. Gerne danke ich schließlich der Hanns-Seidel-Stiftung für die Gewährung eines Stipendiums sowohl während meiner Studienzeit wie auch als Graduierter sowie dem Bundesminister für Bildung und Wissenschaft und der Deutschen Forschungsgemeinschaft für die Auszeichnung mit dem Heinz-Maier-Leibnitz-Preis 1989. Endlich danke ich meiner Frau, Ulrike Horn M.A., nicht zuletzt für Kraft und Zuversicht in der ereignisreichen Zeit meiner Promotion.

Ich widme diese Arbeit im Andenken an meinen Vater meiner Mutter.

Bayreuth, im August 1989

Hans-Detlef Horn

Inhaltsverzeichnis

Einleitung:
Experimentelle Gesetzgebung als Mittel
zur Verbesserung der Gesetzesqualität

In der (Rechts-)Geschichte der Telekommunikation der vergangenen zehn Jahre wählte der Gesetzgeber wiederholt den Weg der Gesetzgebung auf Probe. Medienerprobungs- oder -versuchsgesetze suchten die Nutzungsmöglichkeiten der neuen Kommunikationstechniken einer vorläufigen gesetzlichen Regelung zu unterwerfen. Der politischen Brisanz dieser Gesetze entsprach der Umfang der durch sie aufgeworfenen (verfassungs)-rechtlichen Fragestellungen. Dabei konzentrierten sich Rechtsprechung und Literatur im wesentlichen auf die Anforderungen aus Art. 5 Abs. 1 Satz 2 GG. Der Versuchscharakter der Regelungen blieb dagegen meist im Hintergrund der Überlegungen, obwohl der Gedanke an die Verwendung des Gesetzes zum Zwecke des Experiments zumindest zur Erzeugung eines "unguten" (Rechts-)Gefühls geeignet erscheint.

Bei näherer, dadurch provozierter[1] Betrachtung erweist sich experimentelle Gesetzgebung als ein Hilfsmittel, den Schwierigkeiten rational zu begegnen, denen sich die Gesetzgebungsarbeit im modernen Staat ausgesetzt sieht und die für die (heutige) "Krise der Gesetzgebung" (dazu A.) ursächlich sind. Die hohe Wandlungsgeschwindigkeit und die hochgradige Vernetzung der technischen, wirtschaftlichen, sozialen und kulturellen Bedingungen der Regelungssachverhalte - etwa im Bereich der "neuen Medien" - führen zu einer neuen Qualität des legislativen Prognoseproblems. Seiner Bewältigung dient der Einsatz des Experimentier- oder Erprobungsgesetzes als ein Instrument der empirisch geleiteten Gesetzgebungsmethodik (dazu B.). Die Erörterung der durch diese Gesetzesform aufgeworfenen verfassungsrechtlichen wie wissenschafts- und gesetzgebungstheoretischen Fragen ist das Anliegen der vorliegenden Untersuchung (dazu C.).

---

[1] Zum Rechtsgefühl als "Urquell" der Suche nach Recht und Gerechtigkeit prägend *R. v.Jhering*, Der Kampf ums Recht (1872), bearb. von A. Hollerbach, 6. Aufl. 1981, bes. S. 23 f.

A. Zur aktuellen Situation: Die Gesetzgebung in der Krise

Die "Gesetzgebung im Rechtsstaat"[2] sieht sich seit Jahren - nicht nur in der Bundesrepublik Deutschland - starker Kritik ausgesetzt. War noch Ende der 60er Jahre das Gesetz zum Beispiel als "Achse der rechtsstaatlichen Verfassung"[3] oder als "Drehscheibe des modernen demokratischen Rechtsstaates"[4] bezeichnet worden, so kann man heute (auch) vom "Niedergang des Gesetzgebungsverfahrens"[5], von der "Inflation im Recht"[6] oder von der "Ent-Wertung des Rechts"[7] und der "Krise der Gesetzgebung"[8] lesen[9].

Der Anlaß für solche (ihrerseits bereits massenhaft vorliegenden) Urteile liegt zuvörderst in der augenscheinlichen und nach wie vor ansteigenden Massenhaftigkeit der Normproduktion, in der "Flut der Gesetze", dem "Rechtsimperialismus"[10] oder der "Elefantiasis des Gesetzesstaats"[11] sowie in dem damit einhergehenden Qualitätsabfall. Besonders prägnant hat *K. Eichenberger*[12] die häufigsten Mängel der Gesetzgebung, ihre Phänomene,

---

[2] In Anlehnung an den ersten Beratungsgegenstand der Jahrestagung 1981 der Vereinigung der Deutschen Staatsrechtslehrer, vgl. VVDStRL 40 (1982).

[3] *E.-W. Böckenförde*, in: FS für A. Arndt, 1969, S. 53, 58.

[4] *H. Klecatsky*, ÖJZ 1967, 113, 113.

[5] *H. Schneider*, in: FS für G. Müller, 1970, S. 421 ff.

[6] *G. Berner*, BayVBl. 1978, 617 ff.

[7] *F. Ossenbühl*, in: FG für BVerfG, Bd. 1, 1976, S. 458, 511.

[8] *W. Leisner*, DVBl. 1981, 849, 849; *W. Schreckenberger*, in: ders. (Hrsg.), Gesetzgebungslehre, 1986, S. 21 ff.

[9] Vgl. auch schon *H. Huber* im Jahre 1953 in: ders., Rechtstheorie, Verfassungsrecht, Völkerrecht, hrsg. von K. Eichenberger u.a., 1971, S. 27 ff.; ferner etwa auch *U. Scheuner* (1960), in: ders., Staatstheorie und Staatsrecht, hrsg. von J. Listl und W. Rüfner, 1978, S. 501 ff.; *E. E. Hirsch*, in: ders./M. Rehbinder (Hrsg.), Studien und Materialien zur Rechtssoziologie, 2. Aufl. 1971, S. 9, 28; *H.-J. Vogel*, JZ 1979, 321 ff.; *K. Lange*, DVBl. 1979, 533 ff.; *H. Maassen*, NJW 1979, 1473 ff.; *Ch. Degenhart*, DÖV 1981, 477 ff.; *H. Hill*, DÖV 1981, 487, 487 m.z.N. in Fn. 2 und 3; *Ch. Pestalozza*, NJW 1981, 2081 ff.; *R. Novak*, VVDStRL 40 (1982), 40, 40 f.; *H. Nef*, in: FS für K. Eichenberger, 1982, S. 559 ff.; *Th. Mayer-Maly*, in: FS für Juristische Gesellschaft Berlin, 1984, S. 423 ff.; *K.-M. Groll*, In der Flut der Gesetze, 1985; *J. Isensee*, ZRP 1985, 139 ff.; differenziert und m.w.N. *H. Schulze-Fielitz*, Theorie und Praxis parlamentarischer Gesetzgebung, 1988, S. 1 ff.

[10] *R. Wassermann*, Aus Politik und Zeitgeschichte B 16/85, S. 3, 11.

[11] *J. Isensee*, ZRP 1985, 139, 139.

[12] VVDStRL 40 (1982), 7, 15 ff. - Die angeführten Fehlleistungen des Gesetzgebers sollen allerdings nicht darüber hinwegtäuschen, daß es keinerlei "gute" und "erfolgreiche" Gesetze und Gesetzgebung gibt, vgl. auch *K. Eichenberger*, a.a.O., S. 19. Überdies weist *H. Honsell*, in:

Ursachen und Wirkungen in einer "Mängelliste" ausschnittweise zusammengestellt:

Die Kritik an der Normenflut (im engeren Sinne) beklagt die quantitative Ausweitung der Normsetzung bis ins Übermaß, d.h., "daß die Normen erheblich vermehrt werden, daß sie zunehmend mehr Regelungsgebiete erfassen, die Regelungen dichter machen, den Rechtsstoff erweitern und einer ausufernden Verrechtlichung den Boden bereiten". Weitere Unzulänglichkeiten lassen sich mit dem Stichwort der strukturellen Mangelhaftigkeit des Gesetzes umschreiben, womit "verfehlte und unzureichende Normstrukturen, Vernachlässigungen und Fehler beim begrifflichen und systematischen Aufbau sowohl der Institute und Erlasse als auch von ganzen Hauptteilen der Rechtsordnung, logisch und sachlich unvollständige oder umgekehrt überdosierte Festlegungen" gemeint sind. Hinzu treten "*inhaltliche Unrichtigkeiten* auf vielerlei Ebenen" wie zum Beispiel bei rechtsethischen Fragestellungen, Interessenwertungen und der (rechts)tatsächlichen Tauglichkeit der Rechtssetzung. Schließlich werden Mängel an ausreichend präziser Begrifflichkeit, an Klarheit, Einfachheit und Verständlichkeit des Normsatzes und -gefüges ("kommunikative Unkorrektheiten") ebenso beklagt wie die Arbeitsüberlastung der an der Gesetzgebung Beteiligten, die "begrenzte Sachkompetenz", die "schwerfälligen Arbeitsweisen" sowie die politischen Abhängigkeiten der Gesetzgebungsorgane. Diese letztgenannten Mängel sind freilich zum (großen) Teil gerade Ursache der im übrigen genannten Unzulänglichkeiten der Gesetzgebung.

Die *Wirkungen* einer solchermaßen gekennzeichneten Situation der Gesetzgebung im modernen Rechtsstaat liegen auf der Hand: Die Ordnungsfunktion des Rechts wird bei weitgehender Unüberschaubarkeit, gehemmter Glaubwürdigkeit und mangelhafter rationaler Steuerungskraft beeinträchtigt; "die rechtsstaatliche Legitimation der Gesetzgebung wird brüchig". "Im Zweifel" werden Gesetze - etwa von Rechtsprechung und Verwaltung[13] - nicht angewandt. Die Folgen sind nachlassendes Rechtsbewußt-

---

H. Schäffer/O. Triffterer (Hrsg.), Rationalisierung der Gesetzgebung, 1984, S. 15, 15, zu Recht darauf hin, daß die Klage über die Gesetzesflut und die schlechte Qualität der Gesetze so alt ist wie die Geschichte der Gesetzgebung selbst. Dennoch sei der Optimismus eines Montesquieu heute nicht mehr angebracht. So auch *H. Schulze-Fielitz*, Theorie und Praxis parlamentarischer Gesetzgebung, 1988, S. 17 f. m.w.N. - Zu den verschiedenen Ebenen der Kritik an der Gesetzesflut vgl. auch *H. Schulze-Fielitz*, a.a.O., S. 9 ff.

[13] Dazu *W. Berg*, Die verwaltungsrechtliche Entscheidung bei ungewissem Sachverhalt, 1980, S. 303 ff.

sein und steigende Rechtsmüdigkeit, die schließlich in zunehmende Staats-
verdrossenheit und Staatsablehnung münden[14]. Die Gesetzeskrise führt in
eine Autoritätskrise des Rechts[15].

Unter den vielfältigen *Ursachen*[16], die für dieses Bild verantwortlich
zeichnen, stechen der ausgeweitete Regelungsbedarf des modernen, sozialen Rechtsstaats bzw. seiner Bürger[17] sowie die hohe Komplexität der politischen Entscheidungssachverhalte und der rasche Wandel der technischen,
wirtschaftlichen, sozialen und kulturellen Verhältnisse hervor. Diese zu erfassen und in überzeugenden[18], dauerhaft haltbaren Kodifizierungen zu
verarbeiten, scheint der heutige Gesetzgeber annähernd außerstande. Davon geben unzählige Änderungsgesetze und Novellen ein eindrückliches
Zeugnis ab[19]. Aber auch "supranationale" Einwirkungen, zum Beispiel sei-
tens der Europäischen Gemeinschaft, sowie (wirklicher oder vorgeschobe-
ner) Zeitdruck, (sachfremde) Geltungsbegehren, Nachlässigkeiten und
Gleichgültigkeiten der Gesetzgebungsorgane, deren Lust an operativer Be-
triebsamkeit und Unlust an vertiefter rechtsdogmatischer und -methodi-
scher Arbeit und schließlich die Überwucherung der Rechtssetzung durch
die "Erfordernisse" politischer Taktik leisten ihren Beitrag. Auch wird die
"Gesetzgebungskunst" in der Juristenausbildung nicht entsprechend ihrer
Bedeutung gepflegt[20]. Diese Situation der Gesetzgebung im modernen
Massenstaat (voraus)erkennend sprach *H. Jahrreiss* bereits 1952 außer von
der Größe auch von der "Not der Gesetzgebung"[21].

---

[14] Da der (Rechts-)Staat sich vornehmlich der Formen des Rechts bedient. Vgl. zur Interdependenz von Rechts- und Staatsbewußtsein die Beiträge in B. Rill/P. Eisenmann (Hrsg.), Jurist und Staatsbewußtsein, 1987.

[15] Vgl. dazu eingehend *E. Forsthoff*, Rechtsstaat im Wandel, hrsg. von K. Frey, 2. Aufl.
1976, S. 14 ff.; *K. Doehring*, in: FS für E. Forsthoff, 1972, S. 103 ff.; *Th. Würtenberger*, in: FG
Gesellschaft für Rechtspolitik, 1984, S. 533 ff.; auch *U. Scheuner* (1960), in: ders., Staatstheorie und Staatsrecht, hrsg. von J. Listl und W. Rüfner, 1978, S. 501, 503; *H. F. Zacher*,
VVDStRL 40 (1982), 139, 139 (Diskussion); ähnlich *W. v.Simson*, VVDStRL 40 (1982), 102,
102 (Diskussion); *K. Korinek*, in: H. Schäffer (Hrsg.), Gesetzgebung und Rechtskultur, 1987, S.
75 ff.

[16] Zu den Ursachen der Gesetzesflut vgl. auch *K.-M. Groll*, In der Flut der Gesetze, 1985,
S. 17 ff.; *H. Schulze-Fielitz*, Theorie und Praxis parlamentarischer Gesetzgebung, 1988, S. 4 ff.

[17] Vgl. dazu schon *P. Noll*, Gesetzgebungslehre, 1973, S. 164 f.

[18] Nicht "überredenden"!

[19] Nach *H.-D. Weiß*, DÖV 1978, 601, 607, werden viele Gesetze sogar bereits bei Verabschiedung als änderungsbedürftig betrachtet.

[20] Siehe *R. Bender*, Zur Notwendigkeit einer Gesetzgebungslehre, 1974, S. 1 ff.

Mit "gesellschaftspolitischer Wehleidigkeit"[22] diese "Not" als "nichts anderes als die Normalität einer demokratisch verfaßten Industriegesellschaft"[23] abzutun, hieße, die Augen vor den Zwangsläufigkeiten des sozialen Prozesses, seiner heutigen Komplexheit und Kompliziertheit zu verschließen[24]. Ebensowenig scheint es geeignet, auf das Ausufern der Rechtsvorschriften mit einem bloßen Abbau der Zahl und des Umfangs der Gesetze zu reagieren[25], trüge dieser doch auch das Risiko eines unkontrollierten und unerwünschten Abbaus unseres Rechts- und Sozialstaats und seiner fixierten Regelungen und damit letzlich die "Verschlimmerung" des gegebenen Zustands in sich[26]. Vielmehr ist nach Möglichkeiten zur Verbesserung der Gesetzesqualität zu suchen, um unter Beibehaltung der "Größe" die "Not" der Gesetzgebung zu "lindern". Denn der Prozeß der Verrechtlichung und mit ihm das Wachstum der Gesetzgebung sind auch ein Kennzeichen der Rechtsstaatstradition unter dem Grundgesetz[27]: Die Transformation europäischer und völkerrechtlicher Rechtsimpulse in innerstaatliche Gesetze und Rechtsverordnungen entfalten ebenso "normproduzierende und -verfeinernde Kraft"[28] wie etwa die rechtsstaatlichen Gesetzesvorbehalte und die Wesentlichkeitstheorie (des Bundesverfassungsgerichts), die Dynamik des Gleichheitssatzes und des Verhältnismäßigkeitsgrundsatzes, die Gesetzesbindung der Verwaltung und die rechtsstaatlich-demokratischen Partizipationsbedürfnisse, -angebote und -ansprüche in vielen Regelungsbereichen[29].

---

[21] *H. Jahrreiss*, Größe und Not der Gesetzgebung, 1952.

[22] *R. Novak*, VVDStRL 40 (1982), 40, 41.

[23] So *F. Kübler*, JZ 1969, 645, 651.

[24] Vgl. auch *R. Novak*, VVDStRL 40 (1982), 40, 41; *H. Honsell*, in: H. Schäffer/O. Triffterer (Hrsg.), Rationalisierung der Gesetzgebung, 1984, S. 15, 15 f.

[25] So aber z.B. *H. Maassen*, NJW 1979, 1473 ff.

[26] Ähnlich *C. Böhret/W. Hugger*, Test und Prüfung von Gesetzentwürfen, 1980, S. 13.

[27] Vgl. *H. Schulze-Fielitz*, Theorie und Praxis parlamentarischer Gesetzgebung, 1988, S. 5, mit Hinweis auf *Ch. Starck*, ZRP 1979, 209, 211.

[28] *H. Schulze-Fielitz*, Theorie und Praxis parlamentarischer Gesetzgebung, 1988, S. 5. Weitere Erklärungsansätze etwa bei *W. Hugger*, Gesetze - Ihre Vorbereitung, Abfassung und Prüfung, 1983, S. 41 ff.

[29] Dazu besonders *W. Schmitt Glaeser*, VVDStRL 31 (1973), 179 ff.; *ders.*, in: J. Isensee/P. Kirchhof (Hrsg.), Handbuch des Staatsrechts der Bundesrepublik Deutschland, Bd. II, S. 49 ff.

Diese Erkenntnis führte in der Wissenschaft etwa zum Zeitpunkt der Dekadenwende von den 60er zu den 70er Jahren zur Entstehung einer Gesetzgebungslehre und -theorie, deren Anfänge vor allem mit dem Namen *P. Noll* verbunden sind[30]. Ihr liegt die Idee zugrunde, daß "nur durch wissenschaftliche Arbeit an einer Theorie der Gesetzgebung letztlich geeignete Methoden zur Erfassung und zur Aufbereitung regelungsbedürftiger Materien entwickelt werden können"[31]. Die wissenschaftliche "Unterstützung" der Gesetzgebung soll ihre Rationalisierung in einem weiten gesellschaftlichen Sinne ermöglichen; ihr Anliegen ist die Verwirklichung von möglichst viel (sowohl fachwissenschaftlicher als auch politischer) Rationalität in der Gesetzgebung, um ihre Verbesserung, ja Optimierung zu bewirken[32] und damit auch ihrer wesentlichen Aufgabe der Mäßigung staatlicher Gewalt und der Freiheitssicherung besser gerecht zu werden. Dabei geht es vor allem um den Abbau von "Befolgungsdefiziten", die Verringerung unbeabsichtigter und schnelle Novellierungen provozierender (Neben-)Effekte sowie die Schließung der "Lücke" zwischen dem Anspruch der Normsetzung und der sozialen, "tatsächlichen" Wirklichkeit.

B. Das sogenannte "Experimentier- oder Erprobungsgesetz"

Verstärkte Aufmerksamkeit in der Rechtswissenschaft erfährt die "wirklichkeitsorientierte"[33], praktische Gesetzgebungsarbeit allerdings erst seit vergleichsweise wenigen Jahren, was auf den "Zeitgeist", aber auch auf die insoweit stagnierende rechtsphilosophische Diskussion sowie die mittlerweile (an)erkannte Rückständigkeit im Wissen um die wechselseitige Beeinflussung von Recht und Sozialleben zurückzuführen ist. *Einen* Beitrag zur Annäherung an das "Ideal eines 'guten' *und* 'wirksamen' Gesetzes"[34] lei-

---

[30] Vgl. die Arbeit von *P. Noll*, Gesetzgebungslehre, 1973; siehe dazu die Rezension von *P. Häberle*, JZ 1981, 853 ff.

[31] *O. Triffterer*, in: H. Schäffer/ders. (Hrsg.), Rationalisierung der Gesetzgebung, 1984, S. 17, 17.

[32] Vgl. *H. Schäffer*, in: ders./O. Triffterer (Hrsg.), Rationalisierung der Gesetzgebung, 1984, S. 21, 22.

[33] Ausdruck von *P. Häberle* (1972), in: ders., Die Verfassung des Pluralismus, 1980, S. 163, 182.

[34] *C. Böhret*, in: W. Hugger, Gesetze - Ihre Vorbereitung, Abfassung und Prüfung, 1983, S. 5, 12.

stet die Entwicklung einer interdisziplinären, gesetzespräparatorischen[35], "empirisch geleiteten Rechtsetzungsmethodik"[36]. Hilfsmittel auf diesem Weg sind die Methoden der *experimentellen Rechtssetzung*, die auf eine Kontrolle der Rechtsvorschrift hinsichtlich der späteren Wirkungsweise schon im Vorfeld der "endgültigen", dauerhaft gedachten Normsetzung zielen. Zu ihnen zählt die *experimentelle Gesetzgebung*. Ihr Ziel, die realitätsnaheste Gewinnung normwirkungsrelevanter Informationen zum Zwecke der Rationalisierung des Prognoseproblems, bedingt die Betonung der technologischen Funktion des Experimentier- oder Erprobungsgesetzes.

I. Begriff und Abgrenzung

"Theoretisch läßt sich jeder *Gesetzgebungsakt als Experiment* auffassen, in welchem das Gesetz als experimentelle bzw. unabhängige Variable eine andere Variable, die abhängige Variable, nämlich das menschliche Verhalten, den sozialen Zustand usw., beeinflußt." Dieser Satz *P. Nolls*[37] scheint bei näherer Betrachtung der Gesetzgebungstätigkeit seine Bestätigung zu finden: Zum einen bezeugen dies faktisch die ungezählten Gesetzesnovellierungen, "in denen sich gesammelte, nachgeholte Erfahrungen, Lernprozesse normativ niederschlagen"[38] (sollen). Zum anderen liegt der Auffassung vom generell experimentellen Charakter der Gesetzgebung die theoretische Einsicht in die Unsicherheit der Prognose zugrunde, von der jegliche gesetzgeberische Entscheidung begleitet wird[39]. Der Gesetzgeber muß sich aufgrund der Zukunftsgerichtetheit der Normsetzung immer mit "Annäherungsgewißheiten"[40] begnügen. Selbst eine Verfeinerung bisher ungenügender, für den Gesetzgeber verwendbarer prognostischer Techniken würde allenfalls den Grad der "Annäherungsgewißheit" erhöhen, nicht volle Gewißheit schaffen können. Denn das künftige Zusammenspiel zudem neu

---

[35] Formulierung findet sich bei *K. Stern*, Staatsrecht, Bd. II, 1980, S. 616.

[36] *C. Böhret*, in: W. Hugger, Gesetze - Ihre Vorbereitung, Abfassung und Prüfung, 1983, S. 5, 11.

[37] Gesetzgebungslehre, 1973, S. 76.

[38] *F. Ossenbühl*, in: FG für BVerfG, Bd. 1, 1976, S. 458, 511. Vgl. auch *L. Reisinger*, in: G. Winkler (Hrsg.), Rechtstheorie und Rechtsinformatik, 1975, S. 148, 155.

[39] Zur rechtstheoretischen Begründung dieser Sichtweise siehe unten 4. Kap. B. IV. 1.

[40] *P. Noll*, Gesetzgebungslehre, 1973, S. 96.

hinzutretender Einflußfaktoren läßt sich nie auf Dauer absehen[41]. Jedes Gesetz bedarf seiner Bewährung in der Realität, seine Wirkung ist nur beschränkt vorhersagbar. Daher - wegen der "Fraglichkeit des Gelingens" - ist auch für *H. Jahrreiss*[42] das Gesetzgeben ein Experimentieren[43].

Diesen Auffassungen liegt aber allein die umgangssprachliche Deutung des Begriffs "Experiment" zugrunde: Einem bestimmten Handeln haftet ein gewisses Wagnis, ein Risiko an, da die Erreichung des intendierten Ziels unsicher ist, eintretende (Neben-)Folgen nicht voll kalkulierbar sind[44]. Ihr wohnt zwar das Moment der Lernbereitschaft und -fähigkeit inne, Reaktionen erfolgen jedoch häufig ungeplant, aufgrund bloß impressionistischer Beurteilungen der Wirkungsweise und der Wirkungen dieses Handelns, hier: des Normerlasses[45]. Dagegen bezeichnet der der (Natur-)Wissenschaft entlehnte Begriff "Experiment" eine ganz bestimmte, klar definierte wissenschaftliche Methode, die die Prüfung einer Kausalhypothese in unterschiedlichen, kontrollierten Situationen zum Gegenstand hat[46]. Gesetzgebung generell als ein "Experimentieren" (im umgangssprachlichen Sinne) zu bezeichnen, trägt überdies die Gefahr in sich, daß in der rechtspoliti-

---

[41] Ebd., unter Verweis auf *F. H. Tenbruck*, Zur Kritik der planenden Vernunft, 1972, S. 25.

[42] Vgl. *H. Jahrreiss*, Größe und Not der Gesetzgebung, 1952, S. 1 f., 6, 32.

[43] Ähnlich etwa *H. Heller*, Staatslehre, 6. Aufl. 1983, S. 292: "Normsetzungsexperiment": "Jede Normsetzung ist ... zunächst nur ein Versuch, durch bewußt gesetzte Normativität eine entsprechende Normalität des Verhaltens zu erzeugen." - Aus dem neueren Schrifttum deutlich z.B. *D. Murswiek*, Die staatliche Verantwortung für die Risiken der Technik, 1985, S. 187.

[44] Vgl. auch *I. Richter*, in: W. Hassemer u.a. (Hrsg.), Grundrechte und soziale Wirklichkeit, 1982, S. 77, 78; *H. Kindermann*, in: H. Schäffer/O. Triffterer (Hrsg.), Rationalisierung der Gesetzgebung, 1984, S. 133, 142; *P. J. Tettinger*, Rechtsanwendung und gerichtliche Kontrolle im Wirtschaftsverwaltungsrecht, 1980, S. 300; *L. Mader*, JbRSoz. 13 (1988), 211, 211.

[45] So formuliert *F. K. Beutel*, Die Experimentelle Rechtswissenschaft, 1971, S. 45, die "Tatsache, daß die weitaus überwiegende Mehrzahl der heute geltenden Gesetze und die meisten gegenwärtigen politischen Entscheidungen in einer mehr oder weniger impressionistischen Weise entstehen ... Häufig sind sie eher das Ergebnis leidenschaftlicher Gefühle als einer systematischen Untersuchung. Diese Gesetze sind daher insgesamt ... in gewissem Sinn experimentell, aber es handelt sich um Experimente, die nicht einer systematischen Kontrolle in bezug auf ihre Ergebnisse unterworfen worden sind". Dies wird von *K. J. Philippi*, Tatsachenfeststellungen des Bundesverfassungsgerichts, 1971, S. 165, empirisch belegt. Vgl. auch *F. Ossenbühl*, Verfassungsrechtliche Probleme der Kooperativen Schule, Sonderdruck Bildung Real 21 (1977), S. 60. Nach *P. Noll*, Gesetzgebungslehre, 1973, S. 96 f. mit Fn. 62, läßt sich der Mangel an Rationalität im Gesetzgebungsverfahren besonders bei ideologisch belasteten Fragen beobachten.

[46] Siehe dazu unten 4. Kap. A. II., B. III.

schen Auseinandersetzung weniger um das Gesetz selbst und seine zu anti-
zipierenden Wirkungen gerungen, als durch noch schnellere und unüber-
legtere Normierungen die "Flut der Gesetze" verschärft wird, denn: "nur
um ein Experiment ginge es ja, das bei Mißlingen durch ein anderes ersetzt
würde"[47].

Die Formen der *experimentellen Rechtssetzung* grenzen sich von dieser,
in der allgemeinen politischen Diskussion als "Leihbegriff" verwendeten[48]
Deutung des Begriffs "Experiment" ab. Sie zielen auf die materielle Rationalisierung der Gesetzgebung durch die Erweiterung der Erfahrungen in
bezug auf die rechtssetzungsrelevanten Daten über Wirkungsweisen und
Wirkungen von Rechtssetzungsakten, indem sie zum Zwecke der nachfolgenden Implementation die Auswirkungen einer geplanten Regelung im
Vorfeld ihres auf Dauer angelegten Erlasses planmäßig und rational zu erfahren suchen. In der möglichst umfassenden Gewinnung von Erkenntnissen über die wirkungsrelevanten, "soziologischen Legislativkräfte"[49] im
Hinblick auf einen beabsichtigten, wirkungsoptimalen und haltbaren legislativen Entscheid liegt die Finalität eines vorgeschalteten Experiments im
Gesetzgebungsprozeß. In Anlehnung an *Th. Fleiner(-Gerster)*[50] geht es um
die Beantwortung von drei, für die Rechtssetzung entscheidenden Fragen[51]:
Welches sind die maßgeblich bei der Normsetzung zu beachtenden und zu
berücksichtigenden rechtlichen, kulturellen, sozio-ökonomischen und gesellschaftlichen Realien, d.h. Rechtstatsachen? Welche Wirkungen und
Nebenwirkungen sind von einer Norm zu erwarten? Wie ist die Spanne
zwischen Sein und Sollen zu gestalten, d.h., wie müssen Normen mit einer
gewünschten Sollens-Wirkung beschaffen sein? Das Experiment erlaubt
dazu im Gegensatz zu bloß theoretischen Spekulationen rationale, d.h. objektive Aussagen[52]. Es "kann die Prognose erleichtern, fundieren,
'rationalisieren'[53].

---

[47] *K. Hopt*, JZ 1972, 65, 70. Vgl. auch *M. Kloepfer*, VVDStRL 40 (1982), 63, 92.

[48] Vgl. *I. Richter*, in: W. Hassemer u.a. (Hrsg.), Grundrechte und soziale Wirklichkeit, 1982, S. 77, 79.

[49] *K. Eichenberger*, ZSchwR NF 93 II. Halbbd. (1974), 7, 25.

[50] ZSchwR NF 93 II. Halbbd. (1974), 279, 336.

[51] Vgl. auch *W. Hugger*, Gesetze - Ihre Vorbereitung, Abfassung und Prüfung, 1983, S. 327.

[52] Vgl. auch *K. Hopt*, JZ 1972, 65, 68.

[53] *F. Ossenbühl*, in: FG für BVerfG, Bd. 1, 1976, S. 458, 511.

Die präparatorische Gesetzgebungsarbeit bedient sich nun verschiedener, in der Gesetzgebungstheorie entwickelter Formen der "experimentellen Rechtssetzung". Über die begriffliche Abgrenzung und Zuordnung der verschiedenen Methoden besteht in der Literatur allerdings keine eindeutige Klarheit[54]. Hier wird die folgende theoretische Systematisierung vorgeschlagen, wobei darauf hingewiesen werden muß, daß sich in der praktischen Anwendung der verschiedenen Methoden Überschneidungen ergeben können:

Sie findet ihren Ausgangspunkt in der von *P. Fricke / W. Hugger*[55] im Rahmen einer Themenstrukturierung der Rechtssetzungswissenschaft vorgenommenen Differenzierung zwischen "Gesetzgebungsexperiment" und "experimenteller Gesetzgebung". Diese beiden Themenbereiche sollen als Sammelbegriffe für die sich durch das Kriterium der Allgemeinverbindlichkeit unterscheidenden einzelnen Methoden der "experimentellen Rechtssetzung" fungieren. "*Gesetzgebungsexperimente*" sind "interne" Experimente im Rahmen des inneren Gesetzgebungsverfahrens und zielen auf die (Vorab-)Kontrolle (im engeren Sinne) von *Gesetzentwürfen*. Ihre Methoden dienen der Erprobung beabsichtigter legislativer Maßnahmen *vor* ihrer Umsetzung in gesetzliche Regelungen oder vor ihrem Inkrafttreten. "*Experimentelle Gesetzgebung*" oder besser, zum Zwecke der begrifflichen Präzisierung[56], "erprobende Gesetzgebung" bezeichnet das "externe" Experiment, das auf die (Vorab-)Kontrolle (im weiteren Sinne) eines zum *vorläufigen Gesetz* verdichteten Regelungsvorschlags zielt. Ihre Methode dient der Sammlung von Erfahrungen mit den vorläufig verbindlichen legislativen Maßnahmen *vor* deren Umsetzung in eine *endgültige* gesetzliche Regelung.

In der Gesetzgebungswissenschaft werden folgende Testmethoden der "*Gesetzgebungsexperimente*" unterschieden[57]: der Modellversuch, der Praxistest und das Planspiel (oder Simulation). Im Modellversuch werden typi-

---

[54] Vgl. auch die entsprechende Kritik von *H. Kindermann*, in: H. Schäffer/O. Triffterer (Hrsg.), Rationalisierung der Gesetzgebung, 1984, S. 133, 142.

[55] Test von Gesetzentwürfen, Teil 1, 1979, S. 172. Vgl. auch *W. Hugger*, Gesetze - Ihre Vorbereitung, Abfassung und Prüfung, 1983, S. 33.

[56] Siehe dazu unten 4. Kap. B. III.

[57] Vgl. zu diesen stellvertretend mit zahlreichen Beispielen *C. Böhret/W. Hugger*, Test und Prüfung von Gesetzentwürfen, 1980, S. 54 ff.; *P. Fricke/W. Hugger*, Test von Gesetzentwürfen, Teil 2, Bd. 1, 1980, S. 165 ff.; *W. Hugger*, Gesetze - Ihre Vorbereitung, Abfassung und Prüfung, 1983, S. 328 ff.

scherweise in der Form des Realexperiments über einen befristeten Zeitraum die beabsichtigten gesetzgeberischen Maßnahmen mit einem repräsentativen oder typischen Teil der später insgesamt Betroffenen in der gesellschaftlichen Wirklichkeit erprobt. Daneben ist als Modellversuch auch einzuordnen die regional und / oder zeitlich begrenzte Modifizierung geltenden Rechts aufgrund der Erteilung einer entsprechenden Ermächtigung an die Exekutive, der sogenannten Experimentierklausel[58]. Der Praxistest (oder Entwurfstest) ermöglicht die Erprobung eines Gesetzentwurfs durch die zeitlich und / oder örtlich begrenzte, reale Einbeziehung einer Praxisebene (Rechtsanwender, Rechtsbetroffene) in den Test unter Zugrundelegung bereits abgeschlossener Rechtsfälle. Im Planspiel werden Rechtsanwendung und Rechtsfälle - zum Teil (teilformalisiertes / rechenbares Planspiel) oder voll (vollformalisiertes Planspiel) unter Verwendung computergesteuerter, formalisierter Systeme - simuliert, also unter "künstlichen" Bedingungen durchgeführt.

"Experimentelle oder erprobende Gesetzgebung" hat hingegen die Erprobung des in Kraft getretenen, voll gültigen Gesetzes selbst zum Gegenstand. Ein solches sogenanntes Experimentier- oder Erprobungsgesetz (oder Test- bzw. Versuchsgesetz) ist gekennzeichnet durch die formell vorgeschriebene, wirkungsunabhängige und kalendermäßig bestimmte Befristung seiner Geltungsdauer und gegebenen-, nicht notwendigenfalls durch die örtliche Begrenzung seines Geltungsbereichs. Es ist somit als "experimentelles Zeitgesetz" insoweit eine (Unter-)Form des Zeitgesetzes.

Das "normale" Zeitgesetz[59] kann jedoch nicht unter "experimentelle Gesetzgebung" (im engeren Sinne) rubriziert werden[60]. Denn dieses unterscheidet sich in Vorbereitung und Anlage durch nichts von einem unbefristeten, "herkömmlichen" Gesetz. Es ist *allein* im Hinblick auf seine Erfolgskontrolle auf einen bestimmten Kalenderzeitpunkt und wirkungsunabhängig befristet. Sein alleiniges Ziel ist die Verpflichtung der Legislative zur

---

[58] Siehe dazu sogleich.

[59] Zu diesem siehe stellvertretend *P. Fricke/W. Hugger*, Test von Gesetzentwürfen, Teil 2, Bd. 1, 1980, S. 156 ff.; *C. Böhret/W. Hugger*, Test und Prüfung von Gesetzentwürfen, 1980, S. 50 ff.; *H. Kindermann*, in: H. Schäffer/O. Triffterer (Hrsg.), Rationalisierung der Gesetzgebung, 1984, S. 133 ff.

[60] Insoweit anders die Zuordnung im Rahmen einer Themenstrukturierung der Rechtssetzungswissenschaft von *P. Fricke/W. Hugger*, Test von Gesetzenwürfen, Teil 1, 1979, S. 172, und *W. Hugger*, Gesetze - Ihre Vorbereitung, Abfassung und Prüfung, 1983, S. 33.

Neubefassung bezüglich einer Geltungsverlängerung unter Berücksichtigung systematisch gesammelter und ausgewerteter Erfahrungen. Es enthält daher häufig auch einen gesetzlichen Evaluierungsauftrag oder ist begleitet von entsprechenden Entschließungsanträgen an die Exekutive. Die durch das "normale" Zeitgesetz institutionalisierte Erfolgskontrolle hat gleichsam als "Nachkontrolle" ein als endgültig gedachtes Gesetz zum Gegenstand und ist damit nichts anderes als der Ausdruck einer von vornherein, zu einem bestimmten Zeitpunkt anerkannten Pflicht zur Prüfung, ob die gesetzgeberische (Prognose-)Entscheidung "nachgebessert" werden muß[61].

Trotz fließender Übergänge[62] ist die Situation bei Erlaß eines "experimentellen" Zeitgesetzes bzw. Experimentier- oder Erprobungsgesetzes von anderer Art. Hier ist sich der Gesetzgeber bei gegebenem Regelungsbedarf über die endgültig zu treffende Regelung noch nicht im klaren[63]. Er vermag weder die zu berücksichtigenden Rechtstatsachen noch die Auswirkungen seiner ins Auge gefaßten Regelung hinreichend verläßlich abzuschätzen; die Geltungsbefristung erfolgt wegen der Ungewißheit über die Bewährung und Bestandsfestigkeit des beabsichtigten Regelungswerks. Der (vorläufige) Erlaß einer Erprobungsregelung ist damit Folge, aber wohl auch Sym-

---

[61] Dementsprechend kann ein Gesetz, dessen Geltungsdauer gleichsam unter der auflösenden Bedingung des Erreichens des Regelungszweckes steht, entgegen in der Literatur anzutreffender Auffassung (vgl. *C. Böhret/W. Hugger*, Test und Prüfung von Gesetzentwürfen, 1980, S. 51, 53) nicht als eine Variante des Zeitgesetzes verstanden werden. Bei einem solchen Gesetz steht von vornherein fest, daß Regelungsbedarf und -ausgestaltung nur vorübergehend sind und folglich das Gesetz zu einem bestimmten Zeitpunkt überflüssig werden wird (vgl. auch *H. Kindermann*, in: H. Schäffer/O. Triffterer [Hrsg.], Rationalisierung der Gesetzgebung, 1984, S. 133, 143). Gleiches gilt für verfassungsrechtlich, insbesondere rechtsstaatlich gebotene "Übergangsregelungen" zur Abfederung von mit Neuordnungen des Gesetzgebers verbundenen Grundrechtseingriffen sowie weiteren, allein rechtstechnisch begründeten Gesetzesbefristungen.

[62] So bestehen Zwischenformen etwa in Form befristeter Einstiegs- und Vorschaltgesetze, die zwar auch nur vorläufige Regelungen treffen wollen, dies aber mit der Perspektive der geplanten späteren Endgültigkeit, ohne daß der Wille zur Gewinnung neuer Erfahrungen maßgebliches Motiv der Rechtsetzung wäre. Vgl. dazu nur *M. Kloepfer*, Vorwirkung von Gesetzen, 1974, S. 201 f. - Zu weiteren Erscheinungsformen zeitlich befristeter Gesetze siehe *H. Schulze-Fielitz*, Theorie und Praxis parlamentarischer Gesetzgebung, 1988, S. 69 ff.

[63] Zu diesem Unterschied besonders deutlich *H. Kindermann*, in: H. Schäffer/O. Triffterer (Hrsg.), Rationalisierung der Gesetzgebung, 1984, S. 133, 141 f. Vgl. aber auch *P. Fricke/W. Hugger*, Test von Gesetzentwürfen, Teil 2, Bd. 1, 1980, S. 160; *C. Böhret/W. Hugger*, Test und Prüfung von Gesetzentwürfen, 1980, S. 51; *H. Schulze-Fielitz*, Theorie und Praxis parlamentarischer Gesetzgebung, 1988, S. 556.

ptom[64] fehlender oder nicht ausreichender Entscheidungsgrundlagen des Gesetzgebers. Genau diese Kenntnisse will er sich in einem Prozeß von "trial and error" und "conjectures and refutations" möglichst realistisch durch eine versuchsweise und damit notwendig befristete Anwendung des Gesetzes verschaffen. "Experimentelle Gesetzgebung" zielt folglich auf die Einengung der Grenzen wissenschaftlichen und praktischen Erkenntnisvermögens. Durch die Wirkungskontrolle des Experimentier- oder Erprobungsgesetzes wird das "eigentliche" Gesetz überhaupt erst vorbereitet. Es steht im Dienste der gesetzgeberischen *Prognoseentwicklung* und damit der *Gesetzespräparation*[65]. Nur dieses, nur "das experimentelle Zeitgesetz wirft besondere verfassungsrechtliche Probleme auf"[66].

Mögen solche auch in ähnlicher Weise hinsichtlich der Experimentierklausel auftreten[67], so soll diese dennoch im folgenden außer Betracht bleiben. Im Mittelpunkt der hier vorgelegten Abhandlung steht allein das Experimentier- bzw. Erprobungsgesetz, also das Experiment "durch" und mit dem Gesetz, nicht das "aufgrund" eines Gesetzes[68]. Mit Hilfe der Experimentierklausel werden dem Normadressaten, der Exekutive, parallel zum ansonsten geltenden Recht für die Dauer einer bestimmten Frist Möglich-

---

[64] So auch *H. Schulze-Fielitz*, Theorie und Praxis parlamentarischer Gesetzgebung, 1988, S. 556; in diesem Sinne besonders kritisch gegenüber dem legislativen Experiment *G. Winkler*, in: ders./B. Schilcher (Hrsg.), Gesetzgebung, 1981, S. 100, 133.

[65] Freilich kann "experimentelle Gesetzgebung" in der politischen Realität nicht nur Instrument zur rationalen Vorbereitung, sondern auch Instrument "einer Taktik der langfristigen Durchsetzung (mit Hinarbeiten und Hoffnung auf den Testerfolg) oder entgegengesetzt der langfristigen Vermeidung von bestimmten politischen Entscheidungen (mit Anstreben und Erwarten des Testmißerfolgs) sein". Im übrigen kann die Gesetzeserprobung häufig "der kleinste gemeinsame politische Nenner" sein oder - in mißbräuchlicher Verwendung - allein deshalb durchgeführt werden, um den Eindruck zu erwecken, "daß politisch gehandelt wird, ohne daß wirklich etwas auf breiter Ebene bewegt werden muß". Vgl. *M. Kloepfer*, VVDStRL 40 (1982), 63, 92 f.

[66] *H. Kindermann*, in: H. Schäffer/O. Triffterer (Hrsg.), Rationalisierung der Gesetzgebung, 1984, S. 142 f. Vgl. auch *W. Schmitt Glaeser*, Kabelkommunikation und Verfassung, 1979, S. 226.

[67] Vgl. dazu stellvertretend *P. Häberle* (1974/1978), in: ders., Verfassung als öffentlicher Prozeß, 1978, S. 59, 85 ff.

[68] Vgl. auch *M. Kloepfer*, VVDStRL 40 (1982), 63, 92: Gesetzeserprobung auf der einen, exekutive Testermöglichung auf der anderen Seite. - Außer Betracht bleibt daher auch die Frage nach Notwendigkeit und Bestimmtheit eines Gesetzesvorbehalts für exekutivische Versuche; vgl. dazu etwa *H. Säcker*, RdJB 20 (1972), 13 ff.; *ders.*, DVBl. 1972, 312 ff.; *D. Pirson*, in: FS für H. Jahrreiß, 1974, S. 181, 192 ff.; *R. Stober*, DÖV 1976, 518 ff.; weitere Nachweise bei *I. Richter*, in: FS für H. Becker, 1979, S. 63, 95 Fn. 26, S. 97 Fn. 58.

keiten zu Alternativregelungen eröffnet. Sie soll die Exekutive in die Lage versetzen, "innerhalb gesetzlich umrissener Grenzen Aktionsmodelle zu erproben und so die für eine generelle Einführung erforderlichen Informationen zu gewinnen und Erfahrungen zu sammeln, um a priori nicht hinreichend sicher abschätzbare Risiken zu minimieren"[69]. Hier überschneiden sich "Zeitgesetz" und "Modellversuch": Die einstufige Juristenausbildung, die durch die Vorschrift des § 5 b DRiG i.d.F. vom 19. April 1972 (BGBl. I S. 714) als bekanntestes Beispiel einer Experimentierklausel[70] ermöglicht wurde, war infolge ihrer gesetzlichen Befristung zunächst bis zum 30. September 1981 und dann noch einmal bis zum 15. September 1984 als ("normales") Zeitgesetz zu kennzeichnen; sie war aber auch Modellversuch, weil sie als Ausnahme zusätzlich zur zweistufigen Ausbildung angeboten und mit den das Angebot annehmenden Studenten erprobt wurde[71].

II. Das Prognoseproblem und
die sozialtechnologische Funktion des Gesetzes

Im Zuge der Begriffsklärung ist die Funktion der "experimentellen Gesetzgebung" bereits angedeutet worden: Ihre präparatorische Wirkrichtung zielt auf die Eindämmung des jegliche Gesetzgebung begleitenden Prognoseproblems.

Da die Gesetze, die erlassen werden, erst in der Zukunft gelten, und die Zukunft "prinzipiell *unbeobachtbar*"[72], also einer empirischen Analyse an-

---

[69] *P. J. Tettinger*, Rechtsanwendung und gerichtliche Kontrolle im Wirtschaftsverwaltungsrecht, 1980, S. 305.

[70] Siehe dazu *E. E. Hirsch*, JZ 1971, 286 ff.; *H. H. Rupp*, WissR 6 (1973), 105 ff.; *G.-M. Hellstern/H. Wollmann*, in: dies. (Hrsg.), Experimentelle Politik - Reformstrohfeuer oder Lernstrategie, 1983, S. 1, 26 ff.; *P. Enck*, in: G.-M. Hellstern/H. Wollmann (Hrsg.), Experimentelle Politik - Reformstrohfeuer oder Lernstrategie, 1983, S. 358 ff.; *W.-D. Webler*, in: G.-M. Hellstern/H. Wollmann (Hrsg.), Experimentelle Politik - Reformstrohfeuer oder Lernstrategie, 1983, S. 371 ff.; *H. Wollmann*, in: W. Schreckenberger (Hrsg.), Gesetzgebungslehre, 1986, S. 72, 78 f. - Weitere Beispiele von Experimentier- oder Versuchsklauseln finden sich in den unterschiedlichsten Regelungsbereichen; vgl. die Nachweise bei *D. Pirson*, in: FS für H. Jahrreiß, 1974, S. 181, 184 Fn. 9; *G.-M. Hellstern/H. Wollmann* (Hrsg.), Experimentelle Politik - Reformstrohfeuer oder Lernstrategie, 1983, passim; *H. Wollmann*, in: W. Schreckenberger (Hrsg.), Gesetzgebungslehre, 1986, S. 72, 80.

[71] Vgl. dazu auch *C. Böhret/W. Hugger*, Test und Prüfung von Gesetzentwürfen, 1980, S. 53.

[72] So die Umschreibung des Prognoseproblems durch *K. J. Philippi*, Tatsachenfeststellungen des Bundesverfassungsgerichts, 1971, S. 125 f.

ders als gegenwärtige oder vergangene Geschehnisse nicht zugänglich ist[73], wird ihr Inhalt maßgeblich von prognostischen Überlegungen bestimmt. Diese sind der "Versuch, uns von zukünftigen Ereignissen ein Bild zu machen"[74].

In einer Zeit, in der die "sozialstaatliche Umorientierung der Staatszwecke ... der Gesetzgebung in steigendem Maße eine instrumentale und interventionistische Funktion (gibt)"[75], gewinnt das prognostische Urteil über die Tauglichkeit einer gesetzlichen Regelung zunehmende, rechtsstaatliche Bedeutung. Ist die Gesetzgebung im modernen Staat "das eigentliche Mittel der rechtlichen Festlegung, der planenden Formulierung und damit der dirigierenden Durchsetzung seiner politischen Zielsetzungen"[76], so verlangt ihre (verfassungs)rechtliche Legitimität ihre dauerhafte Haltbarkeit, d.h. die hinreichende Wahrscheinlichkeit des Eintritts ihrer Zwecksetzung[77]. Damit ist die im modernen, lenkenden Rechts- und "Leistungsstaat"[78] zentrale Frage der Gesetzgebung angesprochen: ob die Ansteuerung eines bestimmten politischen Regelungsziels die für das Ziel adäquaten, wirkungsoptimalen Mittel verwendet[79].

Damit wird nicht einer technokratischen Gesetzesfabrikation das Wort geredet. Die ausschließliche Ausrichtung der Gesetzesinhalte an bloßer "efficiency" würde die zweck- und machttranszendenten Legitimitätsbedingungen mißachten, auf die jede und damit auch die verfassungsstaatliche Rechtsordnung des Grundgesetzes gegründet und angewiesen ist[80]. Doch gilt es nicht nur das "gute", das "richtige" Gesetz zu schaffen, sondern auch

---

[73] Vgl. ebd., S. 126; *G. F. Schuppert*, Die verfassungsgerichtliche Kontrolle der Auswärtigen Gewalt, 1973, S. 176 f.

[74] *C.-F. v. Weizsäcker*, Über die Kunst der Prognose, 1968, S. 9.

[75] *P. Badura*, in: FS für H. Huber, 1981, S. 15, 16; eingehend wie differenzierend dazu *F.-X. Kaufmann*, JbRSoz. 13 (1988), 65 ff.

[76] *U. Scheuner* (1952), in: ders., Staatstheorie und Staatsrecht, hrsg. von J. Listl und W. Rüfner, 1978, S. 455, 474. Vgl. auch *ders.*, in: FS für H. Huber, 1981, S. 127 ff.

[77] Mit *C.-F. v. Weizsäcker*, Über die Kunst der Prognose, 1968, S. 11, kann man daher die Prognostik als die "Kunst des Wahrscheinlichen" bezeichnen.

[78] Dazu, unter dem Gesichtspunkt der Aufgaben der "Grundrechte im Leistungsstaat", *P. Häberle* (1972), in: ders., Die Verfassung des Pluralismus, 1980, S. 163 ff.

[79] Vgl. auch *H. Schäffer*, in: ders./O. Triffterer (Hrsg.), Rationalisierung der Gesetzgebung, 1984, S. 21, 23.

[80] Vgl. *P. Badura*, in: FS für H. Huber, 1981, S. 15, 17.

und zugleich das "erfolgreiche"[81] - und umgekehrt. Nur in der Synthetisierung beider Gesetzesprofile wird die Rechtsidee der sozialen Gerechtigkeit wirksam[82]. Daher verschmelzen im rechts- und sozialstaatlichen Gesetz die Elemente der Steuerung gesellschaftlicher Prozesse mit den Wertungen von Recht und Unrecht[83]: Das Gesetz ist "bleibender Ausdruck sozialethischer und - ihr folgend - rechtlicher Bewertung menschlicher Handlungen" *und* "Instrument zur Steuerung gesellschaftlicher Prozesse nach soziologischen Erkenntnissen und Prognosen"[84].

Das Gesetz darf daher nicht zur bloßen Sozialtechnik herabsinken[85]. Es ist das In- und Miteinander dieser *beiden* Funktionsrichtungen, die dem rechtsstaatlichen Postulat der Gerechtigkeit zur optimalen Wirkkraft verhelfen. Dabei gewinnt angesichts der sozialstaatlichen Aufgaben der Gesetzgebung und auch infolge der verfassungsgerichtlichen Erweiterung des Gesetzesvorbehalts auf alle "wesentlichen" Entscheidungen der instrumentale Charakter des Gesetzes an Gewicht. Ist "das Gesetz auch heute die Grundlage des menschlichen Zusammenlebens", so ist es "aber zugleich der zentrale Faktor der politisch-sozialen Auseinandersetzung im Staate und das Mittel der einheitlichen Steuerung des nationalen Lebens im heutigen Sozialstaat geworden. Je bedeutsamer damit die Funktion der Gesetzgebung geworden ist, desto mehr kommt es darauf an, daß die Öffentlichkeit ein Vertrauen in die objektive Gerechtigkeit der erlassenen Normen und ihre Ausrichtung am Gemeinwohl oberhalb spezieller Interessen und Gruppierungen gewinnen kann"[86].

Die Bedingungen der in diesem Sinne instrumentellen Gerechtigkeit einer Norm zu ermitteln, ist indes in einer Zeit der hochgradig komplexen und komplizierten Vernetzung des sozialen Systems das oft größte (Prognose-)Problem einer rechtsstaatsgebundenen Gesetzgebung. Zwar lassen sich auch bei Prognosen rein kognitive und objektivierbare Tatsachenermittlungen von prospektiv orientierten, nicht umfassend rationalisierbaren

---

[81] Zu den Begriffen siehe *C. Böhret,* in: W. Hugger, Gesetze - Ihre Vorbereitung, Abfassung und Prüfung, 1983, S. 5, 10 f.

[82] Vgl. *P. Badura,* in: FS für H. Huber, 1981, S. 15, 18.

[83] Vgl. dazu *W. Mößle,* Regierungsfunktionen des Parlaments, 1986, S. 193 ff., 203.

[84] BVerfGE 39, 1, 59 (Fristenlösung).

[85] Vgl. *P. Badura,* in: FS für H. Huber, 1981, S. 15, 18.

[86] *U. Scheuner* (1960), in: ders., Staatstheorie und Staatsrecht, hrsg. von J. Listl und W. Rüfner, 1978, S. 501, 528.

Schätzungen trennen. Jedoch überwiegt bei Prognoseentscheidungen - eben anders als bei gegenwartsbezogenen Diagnosen - aufgrund der Unzugänglichkeit zukünftiger Entwicklungen das Element der Unsicherheit[87]. Diesem Problem gilt es durch eine anwendungsorientierte, wissenschaftliche Behandlung der Gesetzgebung zu begegnen, die die Verbesserung der gesetzgeberischen Prognosemethoden und damit die Rationalisierung, die Eindämmung der intuitiven Elemente der zukunftsgestaltenden Gesetzgebung im Blick auf die Gerechtigkeit der Normordnung zum Ziel hat. Zu den verschiedenen Verfahrensweisen[88] des Gesetzgebers bei der (Zukunfts-)Einschätzung der Zwecktauglichkeit einer Regelung zählt dabei die Anwendung der experimentellen Methode in der Gesetzgebung[89]. Ihre Zielsetzung bedingt die Betonung der sozialtechnologischen Funktion eines Experimentier- oder Erprobungsgesetzes, ohne es allerdings auf diesen Charakter zu beschränken. Sein vorrangiges, instrumentales Interesse steht dabei im Dienste der instrumentellen Gerechtigkeit einer nachfolgenden, endgültigen Normsetzung.

C. Erkenntnisinteresse und Untersuchungsgang

Gegenstand der vorliegenden Untersuchung ist die Behandlung der im Zusammenhang mit der Erprobung eines Gesetzes (im formellen Sinne) auftretenden verfassungsrechtlichen Fragestellungen. Mitunter kann ein solches Experimentier- oder Erprobungsgesetz nicht nur unerheblich in (Grund-)Rechtspositionen der Bürger eingreifen, obwohl der Gesetzgeber lediglich einen Test durchführen will. Der von *H. Jahrreiss*[90] geprägte Satz: "Gesetzgeben ist ein Experimentieren mit Menschenschicksalen ...", auf das Instrument der "experimentellen Gesetzgebung" gewendet, verdeutlicht diese besondere Problematik vor dem Forum der Verfassung. Sie wird nicht allein virulent im Hinblick auf die möglicherweise nicht mehr rück-

---

[87] Vgl. auch *P. J. Tettinger*, Rechtsanwendung und gerichtliche Kontrolle im Wirtschaftsverwaltungsrecht, 1980, S. 299 f.

[88] *K. J. Philippi*, Tatsachenfeststellungen des Bundesverfassungsgerichts, 1971, S. 125 ff., nennt fünf wissenschaftlich benutzte, rationale Prognoseverfahren: die Ableitung von Prognosen aus allgemeingültigen Gesetzen, das Modellverfahren, das Trendverfahren, das Testverfahren und das Befragungsverfahren.

[89] Sie kann als eine Kombination von Modell- und Testverfahren im Sinne *K. J. Philippis*, Tatsachenfeststellungen des Bundesverfassungsgerichts, 1971, S. 125 ff., angesehen werden.

[90] Größe und Not der Gesetzgebung, 1952, S. 32.

gängig zu machenden Auswirkungen des einmal in Kraft getretenen (Experimentier-)Gesetzes. Auch der Gesichtspunkt der Rechtssicherheit gelangt wegen der Ungewißheit über die Rechtsfolgen nach Ablauf der Geltungsfrist in das verfassungsrechtliche Blickfeld. Andererseits muß sich der Gesetzgeber unter den komplexen und sich schnell wandelnden technischen, wirtschaftlichen, sozialen und kulturellen Bedingungen der heutigen Gesellschaft im Verfahren von Versuch und Irrtum an Konfliktlösungen herantasten können, um zu lernen und damit möglichst optimale Fortschritte zu erzielen[91].

Damit stellt sich die Frage, unter welchen Voraussetzungen und in welchem Umfang der Gesetzgeber zur Vermeidung von Regelungen auf völlig ungesicherter Tatsachen- und Prognosebasis die ihm durch die Verfassung zugewiesene Gestaltungsfreiheit für sich in Anspruch nehmen darf oder auch muß. *M. Kloepfer* formulierte dazu zunächst 1979: "Ich glaube, wir müßten eine Dogmatik des Gesetzgebungsexperiments entwickeln."[92] Auf der Staatsrechtslehrertagung 1981 schließlich stellte er fest[93], daß zum einen wenig ausgeleuchtet ist "die Frage, wann ein Gesetzgebungsexperiment evtl. verfassungsrechtlich verboten oder umgekehrt geboten ist". Zum anderen sei im übrigen ungeklärt "die Frage, ob - und gegebenenfalls inwieweit - Gesetzgebungsexperimente in gelockerter Verfassungsbindung stattfinden können".

Der vorliegenden Abhandlung geht es um den Versuch, Ansätze zu den Voraussetzungen darzulegen, unter denen dem Gesetzgeber bei sachbedingter Unsicherheit über die Tatsachengrundlage und die zukünftigen Auswirkungen einer beabsichtigten Regelung die Möglichkeit eröffnet ist, an Stelle einer insoweit unvollkommenen, "endgültigen" eine vorläufige,

---

[91] Vgl. etwa *H.-J. Vogel*, ZRP 1981, 1, 3: "Eine offene, pluralistische Gesellschaft muß sich notwendigerweise im Verfahren von Versuch und Irrtum vorantasten, um zu lernen, neue Lösungen zu testen und im Kompromißwege Fortschritte zu erzielen."

[92] *M. Kloepfer*, in: K. Vogel (Hrsg.), Grundrechtsverständnis und Normenkontrolle, 1979, S. 85, 86 (Diskussion). Ähnlich auch schon *ders.*, DÖV 1978, 225, 225 Fn. 4. - Mit *P. J. Tettinger*, Rechtsanwendung und gerichtliche Kontrolle im Wirtschaftsverwaltungsrecht, 1980, S. 301, "ist nüchtern zu konstatieren, daß die Verfassungsrechtswissenschaft auf diesem Felde bislang kaum erfolgversprechende Hilfestellung zu geben vermag". Nach *L. Mader*, JbRSoz. 13 (1988), 211, 214, gelten für Gesetzgebungsexperimente spezifische verfassungsrechtliche Voraussetzungen und Bedingungen, "die allerdings bis anhin noch zu wenig geklärt sind".

[93] *M. Kloepfer*, VVDStRL 40 (1982), 63, 93, 95. Mit "Gesetzgebungsexperiment" ist im hier verstandenen Sinne das Experimentier- oder Erprobungsgesetz gemeint.

auf Erprobung und Auswertung angelegte Regelung zu erlassen. Aussicht auf Gelingen wird einem solchen Versuch freilich nur bei einer hinreichenden (wissenschafts)theoretischen Durchdringung der vom Gesetzgeber angewandten Methode des Experiments beschieden sein können.

Die Frage, ob das förmliche Gesetz allein der auf Dauer bestimmten, hoheitlichen Gestaltung vorbehalten ist, wird dabei nicht erneut aufgeworfen werden. Ihre Verneinung ist das allgemein anerkannte Ergebnis bereits im Zusammenhang mit der Zulässigkeit von Maßnahmegesetzen angestrengter Überlegungen[94]. Vielmehr verdichtet sich die hier interessierende verfassungsrechtliche Problematik im Rahmen des rechtsstaatlichen Postulats der Verhältnismäßigkeit zu der Frage nach dem Umfang und den Konturen eines spezifischen gesetzgeberischen Experimentier- oder Erprobungsspielraums unter dem Bonner Grundgesetz.

Im Verlauf der Abhandlung werden zunächst zum Zwecke der Verdeutlichung des Problemfeldes und seiner Aktualität Beispiele von Experimentier- oder Erprobungsregelungen aus der Praxis der Gesetzgebung zu den sogenannten "neuen Medien" vorgestellt, bevor die verfassungsgerichtliche Rechtsprechung unter dem Blickwinkel eines besonderen gesetzgeberischen Gestaltungs- und Prognosespielraums aus Experimentiergründen untersucht wird. Daran schließt sich der Versuch an, eine auf der kritisch-rationalen Erkenntnistheorie basierende Theorie der experimentellen Gesetzgebung zu entwickeln. Diese bildet das Fundament für die Herausarbeitung von Kriterien für die verfassungsrechtliche Beurteilung von Experimentier- oder Erprobungsgesetzen, die schließlich anhand der die Zulassung von privaten Rundfunkveranstaltern erprobenden Normgebung exemplifiziert werden.

---

[94] Vgl. dazu stellvertretend die Berichte von *Ch.-F. Menger* und *H. Wehrhahn*, VVDStRL 15 (1957), 3 ff., 35 ff.; *P. Lerche*, Übermaß und Verfassungsrecht, 1961, S. 205 ff.; *K. Huber*, Maßnahmegesetz und Rechtsgesetz, 1963.

Erster Teil

Experimentelle Gesetzgebung in der Praxis

Die Erscheinungsformen experimenteller Gesetzgebungstätigkeit in der Rechtswirklichkeit bilden den Gegenstand der nachfolgenden Betrachtungen. Sie erfolgen zum einen - am Beispiel der neueren Mediengesetzgebung - aus dem Blickwinkel der Legislative (dazu 1. Kap.) und zum anderen aus dem der kontrollierenden Judikative (dazu 2. Kap.). Damit sollen rechtstatsächliche Initialfaktoren experimenteller Gesetzgebung veranschaulicht sowie deren verfassungsrechtliche Bindungen in der bisherigen verfassungsgerichtlichen Rechtsprechung herausgearbeitet werden.

1. Kapitel

Ausgewählte Beispiele gesetzlicher Erprobungsregelungen im Entwicklungsprozeß der Telekommunikation

In dem Maße, in dem der moderne Sozial- und Leistungsstaat in gesellschaftliche, ökonomische und kulturelle Handlungs- und Problemfelder aus- und eingreift[1], wachsen für ihn die Kompliziertheit der von ihm angestoßenen Handlungs- und Wirkungsabläufe des sich zudem zunehmend diversifizierenden und akzelerierenden gesellschaftlichen Fortschritts und damit die Schwierigkeiten, wirkungsoptimale Regelungsmodelle zu entwerfen[2]. Die Vorstellung, dieser Situation, die vom gestaltenden Gesetzgeber

---

[1] Vgl. in diesem Zusammenhang schon die Feststellung *E. Forsthoffs*, Die Verwaltung als Leistungsträger, 1938, S. 4 ff., daß die industriell-technische Entwicklung des 19. und 20. Jahrhunderts eine Ausdehnung des "effektiven Lebensraums" zu Lasten des "beherrschten Lebensraums" des einzelnen mit der Folge des Bedürfnisses nach staatlicher "Daseinsvorsorge" bewirkt hat.

[2] Ähnlich *H. Wollmann*, in: W. Schreckenberger (Hrsg.), Gesetzgebungslehre, 1986, S. 72, 74. Näher dazu bereits oben Einleitung.

vielfach das Betreten von Neuland verlangt(e), durch eine experimentelle Programmatik in der Gesetzgebungspolitik zu begegnen, gewann in der Bundesrepublik Deutschland[3] in den 60er Jahren verstärkte Geltung[4]. Der geleistete Wiederaufbau nach 1945, die erste Nachkriegsrezession (1967/ 68), ein sich ausbreitendes innenpolitisches Protestpotential vor allem an den Hochschulen sowie der Einstieg in das Zeitalter der Mikroelektronik waren Anlaß und Auslöser für eine - wie der Ausgang der Bundestagswahl 1972 nach einem mit "Reformpolitik" als Hauptthema geführten Wahlkampf dokumentiert - wachsende Reformwilligkeit in nahezu allen Bereichen des öffentlichen Lebens. Die Absicht, diesen Wunsch nach gesellschaftlicher Veränderung durch eine "experimentelle Politik"[5] ein- und anzuleiten als einen Weg, "systematische Erkenntnisgewinnung zu institutionalisieren und in den politischen Entscheidungsprozeß einzuspeisen"[6], zeigte sich an der Einrichtung zahlreicher "Modellvorhaben" oder "Modellversuche" als Instrumente einer aufgrund eines Gesetzes oder einer Rechtsverordnung eröffneten "experimentellen Verwaltungspraxis"[7]. Dieses Politikmodell wurde am deutlichsten[8] im Bildungs- und Ausbildungsbereich verwirklicht[9]. Erinnert sei hier nur an die Vielzahl der "Experimentalpro-

---

[3] Beispiele aus der Schweiz führt *L. Mader*, JbRSoz. 13 (1988), 211, 212 f., an.

[4] Als politikwissenschaftlicher Wegbereiter dieser Entwicklung gilt der Aufsatz des US-amerikanischen Sozialwissenschaftlers *D. T. Campbell*, Reforms as Experiments, American Psychologist 1969, S. 409 ff. - *J. Carbonnier*, Rechtssoziologie, 1974, S. 226, weist darauf hin, daß schon in der französischen Monarchie vor 1789 häufig Gesetzgebungsexperimente unternommen worden zu sein scheinen, vor allem im 18. Jahrhundert, und zwar im Geiste des aufgeklärten Absolutismus. Nach *L. Reisinger*, in: G. Winkler (Hrsg.), Rechtstheorie und Rechtsinformatik, 1975, S. 148, 155 Fn. 12, und *L. Mader*, JbRSoz. 13 (1988), 211, 212 m.w.N., stellt das Westgalizische Gesetzbuch von 1797 ein schönes Beispiel eines gesetzgeberischen Experiments dar; aus ihm ging das österreichische ABGB von 1812 hervor.

[5] Vgl. den Sammelband von G.-M. Hellstern/H. Wollmann (Hrsg.), Experimentelle Politik - Reformstrohfeuer oder Lernstrategie, 1983, sowie *H. Wollmann*, in: W. Schreckenberger (Hrsg.), Gesetzgebungslehre, 1986, S. 72 ff.

[6] *G.-M. Hellstern/H. Wollmann*, in: dies. (Hrsg.), Experimentelle Politik - Reformstrohfeuer oder Lernstrategie, 1983, S. 1, 2.

[7] *R. Steinberg*, Der Staat 15 (1976), 185, 191.

[8] Weitere zahlreiche Beispiele aus allen Politikbereichen werden in dem Sammelband von G.-M. Hellstern/H. Wollmann (Hrsg.), Experimentelle Politik - Reformstrohfeuer oder Lernstrategie, 1983, sowie von *H. Wollmann*, in: W. Schreckenberger (Hrsg.), Gesetzgebungslehre, 1986, S. 72 ff. erörtert.

[9] Dies ist, wie ein Blick auf die Geschichte zeigt, nicht verwunderlich. Schulpolitische Auseinandersetzungen sind schon seit Beginn des 19. Jahrhunderts Kennzeichen und Motor gesell-

gramme"[10] des Deutschen Bildungsrates von 1965 und der diesen 1970 ab-
lösenden Bund-Länder-Kommission für Bildungsplanung und Forschungs-
förderung, deren umfangreichstes Projekt die Einrichtung und Betreuung
der Gesamtschulversuche[11] darstellte, sowie an die im Jahre 1970 initiier-
ten Versuche zur Reform der Juristenausbildung[12]. Auch im Bereich der
Wirtschaftspolitik erfreute sich die vorläufige und experimentelle Rechtssetzung zunehmender Beliebtheit[13]. Ferner sind das Erste und Zweite
Wohnraumkündigungsschutzgesetz von 1971 und 1974[14] sowie Art. 8 des
Achten Strafrechtsänderungsgesetzes[15] von 1968, geändert 1969, in diesem
Zusammenhang erwähnenswert. Ein Beispiel aus der jüngsten Gesetzge-

---

schaftlicher Reformprozesse. Vgl. *I. Richter*, in: W. Hassemer u.a. (Hrsg.), Grundrechte und
soziale Wirklichkeit, 1982, S. 77, 84 m.w.N.

[10] So der Name des vom Deutschen Bildungsrat von 1965 eingerichteten Unterausschusses.

[11] Stellvertretend dazu vgl. *D. Pirson*, in: FS für H. Jahrreiß, 1974, S. 181 ff.; *F. Ossenbühl*,
Verfassungsrechtliche Probleme der Kooperativen Schule, Sonderdruck Bildung Real 21
(1977); *ders.*, Das elterliche Erziehungsrecht im Sinne des Grundgesetzes, 1981, S. 130 ff.; *I.
Richter*, in: FS für H. Becker, 1979, S. 63 ff.; *H. Haenisch*, in: G.-M. Hellstern/H. Wollmann
(Hrsg.), Experimentelle Politik - Reformstrohfeuer oder Lernstrategie, 1983, S. 276 ff.

[12] Dazu etwa *E. E. Hirsch*, JZ 1971, 286 ff.; *H. H. Rupp*, WissR 6 (1973), 105 ff.; *G.-M.
Hellstern/H. Wollmann*, in: dies. (Hrsg.), Experimentelle Politik - Reformstrohfeuer oder Lernstrategie, 1983, S. 1, 26 ff.; *P. Enck*, in: G.-M. Hellstern/H. Wollmann (Hrsg.), Experimentelle
Politik - Reformstrohfeuer oder Lernstrategie, 1983, S. 358 ff.; *W.-D. Webler*, in: G.-M. Hell-
stern/H. Wollmann (Hrsg.), Experimentelle Politik - Reformstrohfeuer oder Lernstrategie,
1983, S. 371 ff.; *H. Wollmann*, in: W. Schreckenberger (Hrsg.), Gesetzgebungslehre, 1986, S.
72, 78 f.

[13] *P. J. Tettinger*, Rechtsanwendung und gerichtliche Kontrolle im Wirtschaftsverwaltungsrecht, 1980, S. 298, nennt hier beispielhaft das Konjunkturzuschlagsgesetz von 1970 sowie die
Vorschriften über ein Bardepot aus den Jahren 1972/73. Ergänzend ist etwa zu denken an die
Gesetzgebungen der Montan-Mitbestimmung im Vorfeld der Einführung der allgemeinen paritätischen Unternehmensmitbestimmung durch das Mitbestimmungsgesetz von 1976: Mon-
tan-Mitbestimmungsgesetz von 1951, Montan-Mitbestimmungsergänzungsgesetz von 1956 und
das Montan-Mitbestimmungsfortgeltungsgesetz von 1971; vgl. *R. Scholz*, Paritätische Mitbestimmung und Grundgesetz, 1974, S. 10.

[14] Die parlamentarische Karriere des Wohnraumkündigungsschutzgesetzes wird von *H.
Wollmann*, in: W. Schreckenberger (Hrsg.), Gesetzgebungslehre, 1986, S. 72, 82 f., ausführlich
dargestellt als Beispiel für die Gemengelage von wissenschaftlicher und politischer Rationalität, die in der Forderung oder dem Zugeständnis der Befristung einer gesetzlichen Regelung
zum Zwecke der Erkenntnisgewinnung liegt. Zu diesem Spannungsverhältnis siehe noch eingehend unten 5. Kap. B. I. 5.

[15] Damit wurde die Nichtanwendung des § 86 Abs. 1 StGB auf Zeitungen und Zeitschrif-
ten, die außerhalb des Bundesgebietes einschließlich Berlins in ständiger, regelmäßiger Folge
erscheinen und dort allgemein und öffentlich vertrieben werden, zunächst befristet.

bungspraxis ist die am 21. April 1989 vom Bundestag verabschiedete Kron-zeugenregelung bei terroristischen Straftaten[16].

Zwar ebbte gegen Ende der 70er Jahre die reformorientierte Grundstim-mung in der Bevölkerung ab, doch blieb vor allem die rasante technische Entwicklung, die den regelungswilligen Gesetzgeber dazu zwang, sich im Wege des Vorantastens auf Neuland zu begeben[17]. Dies ist vor allem im Bereich der neuen Medien deutlich erkennbar.

Die rechtliche Ordnung des Entwicklungsprozesses der Telekommuni-kation[18] kann zu den innenpolitisch wie international brisantesten und um-strittensten Themen der jüngsten Zeit gezählt werden. Zur Bewältigung der mit dem Aufkommen der neuen Telekommunikationsformen und -we-ge, wie etwa Kabel- und Satellitenrundfunk, Bildschirm- und Videotext, verbundenen medien- und organisationsrechtlichen Fragestellungen hat die (Länder-)Gesetzgebung wiederholt den Weg der experimentellen Ge-setzgebung gewählt. Die folgende Skizzierung ausgewählter gesetzgeberi-scher Versuchsregelungen in diesem Bereich erhebt keinen Anspruch auf Vollständigkeit. Sie hat vielmehr allein den Zweck, die praktische Dimen-sion und die Aktualität des Themas der Untersuchung zu veranschauli-chen.

Das politische (Schlag-)Wort der "neuen Medien" umfaßt alle neuen medialen Erscheinungsformen in technischer wie organisatorischer Hin-sicht[19]. Der Bezeichnung unterfallen sowohl alle neuartigen Mittel und Wege der Informationsübertragung sowie die neuen Telekommunikations-dienstleistungen[20] als auch die neuen Reichweiten und Organisationsmo-delle der entstehenden Telekommunikationssysteme.

---

[16] So auch *F. U. Fack*, F.A.Z. vom 22. April 1989, S. 12.

[17] Zum technischen Fortschritt als Ungewißheitsursache und insoweit auf seine Ambiva-lenz hinweisend siehe *W. Berg*, Die verwaltungsrechtliche Entscheidung bei ungewissem Sach-verhalt, 1980, S. 27 ff. mit Nachweisen.

[18] Als der Kommunikation zwischen Menschen, Maschinen und anderen Systemen mittels nachrichtentechnischer Übermittlungsverfahren; vgl. Kommission für den Ausbau des techni-schen Kommunikationssystems (KtK), Telekommunikationsbericht, 1976, S. 21, 158.

[19] So die weite Begriffsbestimmung; vgl. dazu *D. Ratzke*, Handbuch der Neuen Medien, 2. Aufl. 1984, S. 16; *K. Stern*, DVBl. 1982, 1109, 1110; *J. Stender-Vorwachs*, "Staatsferne" und "Gruppenferne" in einem außenpluralistisch organisierten privaten Rundfunksystem, 1988, S. 14 m.w.N.

In kommunikationstechnischer Hinsicht sind hier vor allem gemeint die Umwandlung von Informationen in der Mikroelektronik in digitale Signale, die Nutzung einer breitbandigen Übertragungstechnik über Kupferkoaxial- oder Glasfaserkabel, die Verwendung von Laser-Lichtstrahlen als Leitungsmedium sowie die Fortschritte in der Satelliten- und Antennentechnik, aber auch etwa die Schaffung zusätzlicher terrestrischer Frequenzbereiche, die Fortentwicklung des schmalbandigen Fernsprechnetzes und die Ausnutzung der vertikalen Austastlücke des Fernsehbildsignals für weitere Informationsübertragung. Dieser technische Hintergrund[21], der laufend "Innovationssprüngen" ausgesetzt ist[22], ermöglicht eine Vielzahl neuartiger Telekommunikationsdienste bzw. -formen[23].

Fragen der rechtlichen Organisation der neuen Medien, namentlich die Zulassung privatrechtlicher Trägerschaft und privater Inhaltsverantwortung, tauchen dabei vor allem im Zusammenhang mit (Informations-)Verteildiensten einerseits und (Informations-)Abruf- und Zugriffsdiensten andererseits[24] auf. Mit neuartig verteilter Telekommunikation ist vorrangig[25] der derzeitige Wandel im Rundfunkwesen (Hörfunk und Fernsehen) angesprochen. Neben den öffentlich-rechtlichen Rundfunk auf Bundes- oder Landesebene tritt die Übertragung von Rundfunkprogrammen an ein Massenpublikum durch privatrechtlich organisierte Träger sowie ein um die lokale und regionale Ebene erweitertes Verbreitungsgebiet; der herkömmliche drahtlose Transport von Rundfunkprogrammen wird ergänzt durch die

---

[20] Darauf beschränkt sich in einem engeren funktionellen Sinne die Auffassung zum Begriffsinhalt der "neuen Medien" von *M. Bullinger*, NJW 1984, 385, 385. Differenzierend auch *Ch. Degenhart*, BayVBl. 1986, 577, 577 f.

[21] Näher dazu etwa *D. Ratzke*, Handbuch der Neuen Medien, 2. Aufl. 1984, passim; einen zusammenfassenden Überblick mit Nachweisen gibt *J. Scherer*, Telekommunikationsrecht und Telekommunikationspolitik, 1985, S. 55 ff.

[22] Die Kennzeichnung des "aktuellen Problemfeldes" durch die KtK, Telekommunikationsbericht, 1976, S. 49, hat nach wie vor Geltung: "Die derzeitige Situation ist jedoch durch eine derartige Beschleunigung im technischen Fortschritt charakterisiert, daß praktische Innovationssprünge auftreten, die wesentliche Weichenstellungen verlangen."

[23] Vgl. dazu die umfassende Darstellung ebd., S. 57 ff.

[24] Zu dieser Unterscheidung vgl. stellvertretend *W. Schmitt Glaeser*, Kabelkommunikation und Verfassung, 1979, S. 37 ff.; *J. Stender-Vorwachs*, "Staatsferne" und "Gruppenferne" in einem außenpluralistisch organisierten privaten Rundfunksystem, 1988, S. 15 f.

[25] Hierzu zählt aber etwa auch der Teletext-Verteildienst; vgl. *W. Schmitt Glaeser*, Kabelkommunikation und Verfassung, 1979, S. 38 f.

Verteilung über direktstrahlende Rundfunksatelliten und die Weiterverbreitung (terrestrisch oder fernmeldesatellitisch herangeführter Programme) über (evtl. mit schmalbandigem Rückkanal ausgestattete) Breitband
Kabelnetze. Von den Abruf- und Zugriffsdiensten werden, ohne daß es sich
dabei um eine juristische Kategorisierung handelt[26], alle Teletextdienste erfaßt, die entweder Informationen auf einem Speichermedium zum Zwecke
des Abrufs durch den Teilnehmer bereithalten oder diese zyklisch und für
jeden Teilnehmer jederzeit zugänglich ausstrahlen[27]. Zu den ersteren gehören der über das schmalbandige Fernsprechnetz übertragene Bildschirmtext, der im Breitbandkanal (evtl. mit Rückkanal) angebotene Kabeltextabruf sowie andere Abrufdienste für Ton- und Bewegtbildprogramme. Zu den
letzteren zählen die breitbandigen Kabelzugriffsdienste, das in der vertikalen Austastlücke des Fernsehbildsignals angebotene Videotextsystem sowie
weitere, sowohl auf breit- wie auf schmalbandigen Netzen zum individuellen Zugriff bereitgehaltene Ton- und Bewegtbildsendungen und sonstige
Darbietungen.

Diese und noch andere Fortschritte in der Kommunikationstechnik sowie die fortlaufenden Anstrengungen der Politik und der Gesetzgebung zur
Neuordnung der Medienlandschaft bedingen nach wie vor einen "Strukturwandel der Telekommunikation"[28] bzw. einen Wandel der Rundfunkstruktur[29]. Jedoch wurde das anfängliche, an der Ländervereinbarung aus dem
Jahre 1978 über die Einrichtung von Kabelpilotprojekten[30] sichtbare Streben nach einer föderativ abgestimmten Experimentierphase und einer
schrittweisen, durch Lernprozesse begleiteten Fortentwicklung der bundesdeutschen Medienlandschaft mit der Zeit von vielfältigen, einander wider

---

[26] Wie etwa die Frage, ob ein Teledienst dem Rundfunkbegriff unterfällt. Die Unterscheidung wird mehr nach technischen Gesichtspunkten gebildet. Vgl. etwa ebd., S. 39.

[27] Ausführlich zu den von ihm so genannten "elektronischen Kommunikationsdiensten" *M.
Bullinger*, NJW 1984, 385 ff. Vgl. auch *J. Stender-Vorwachs*, "Staatsferne" und "Gruppenferne"
in einem außenpluralistisch organisierten privaten Rundfunksystem, 1988, S. 15 f. m.w.N.

[28] In Anlehnung an die Untersuchung von *M. Bullinger*, Kommunikationsfreiheit im Strukturwandel der Telekommunikation, 1980.

[29] Vgl. den Titel des Gutachtens zum Bayerischen Medienerprobungs- und -entwicklungsgesetz von *R. Stettner*, Rundfunkstruktur im Wandel, 1988.

[30] Beschluß der Ministerpräsidenten der Bundesländer vom 11. Mai 1978 betreffend Kabelfernsehen und Breitbandkommunikation, abgedruckt bei *W.-D. Ring*, Medienrecht, unter F-
III 1.1.

streitenden und zeitraubenden medienpolitischen Interessenkonflikten[31] überlagert. Ausländische Einflüsse, inter- und supranationale Interdependenzen, technisch-industrielle Impulse, Markterschließungsambitionen namentlich aus dem Bereich der Printmedien[32], die Kabelstrategie der Deutschen Bundespost sowie vor allem partei- und damit machtpolitische Vorstellungen über die formale wie inhaltliche Ausgestaltung der Pilotprojekte und der zukünftigen Medienordnung überhaupt prall(t)en aufeinander[33]. In medienrechtlicher Hinsicht geht es dabei, wie *W. Schmitt Glaeser*[34] es auf den Punkt bringt, in erster Linie um den alten "Streit um das Oligopol bzw. das regionale Monopol öffentlich-rechtlicher Rundfunkanstalten und die Zulassung privatrechtlicher Rundfunkunternehmen".

Diese "unruhige und unübersichtliche Entwicklung des Medienrechts" äußert sich mittlerweile in einem "Labyrinth der einschlägigen Staatsverträge, der alten und neuen gesetzlichen Dauerregelungen, der Versuchs- und Erprobungs-, der Vorschalt- und Vorschaltänderungsgesetze usw."[35] Im folgenden sollen aus diesem einige Erprobungs- und Vorschaltgesetze nebst dem situativen Umfeld, aus dem sie hervorgegangen sind, in Erinnerung gerufen werden. Ihnen ging oder geht es (idealiter) um eine "Selbstreflexion des Rundfunkprozesses"[36], indem sie in der Versuchsanordnung das herkömmlich öffentlich-rechtlich organisierte Telekommunikationssystem um privatwirtschaftliche Strukturen ergänz(t)en. Ein solches gesetzgeberisches Vorgehen findet sich als Rechtsgrundlage für Feldversuche mit Bildschirmtext (dazu A.), im Zusammenhang mit der Problematik der Einspei-

---

[31] Die Auseinandersetzungen hierzu sind kaum noch überschaubar. Ansätze einer diesbezüglichen "Mikro- und Makroanalyse" liefern die umfangreichen entwicklungsgeschichtlichen Darstellungen und Nachweise von *M. Stock*, Koordinationsrundfunk im Modellversuch, 1981, bes. S. 15 ff., 93 ff.; *ders.*, Medienfreiheit als Funktionsgrundrecht, 1985, bes. S. 378 ff.; *ders.*, Landesmedienrecht im Wandel, 1986, bes. S. 105 f., 114 ff.; *ders.*, Neues Privatrundfunkrecht, 1987, S. 6 ff.; jeweils mit weiteren Literaturangaben.

[32] Vgl. *M. Stock*, Medienfreiheit als Funktionsgrundrecht, 1985, S. 381.

[33] Vgl. die treffende Kennzeichnung von *D. Ratzke*, F.A.Z. vom 11. November 1978, zit. nach W. Schmitt Glaeser, Kabelkommunikation und Verfassung, 1979, S. 5: "Die Pilotprojekte jedoch gerieten zu Politprojekten ..."

[34] Kabelkommunikation und Verfassung, 1979, S. 5 f.

[35] So *M. Stock*, Landesmedienrecht im Wandel, 1986, S. VI, für das nordrhein-westfälische Medienrecht.

[36] *K.-H. Ladeur*, Media Perspektiven 1985, 734, 734.

sung herangeführter Rundfunkprogramme in Kabelanlagen (dazu B.) sowie als Grundlage für die eingerichteten Kabelpilotprojekte (dazu C.).

A. Bildschirmtextversuchsgesetze

Das Bildschirmtextsystem hat durch den Staatsvertrag vom 18. März 1983[37] seine endgültige, von allen Ländern getragene Rechtsgestalt gefunden. Nach seinem Art. 1 wird der Abrufdienst Bildschirmtext (Btx) definiert als "ein für jeden als Teilnehmer und als Anbieter zur inhaltlichen Nutzung bestimmtes Informations- und Kommunikationssystem, bei dem Informationen und andere Dienste für alle Teilnehmer oder Teilnehmergruppen (Angebote) und Einzelmitteilungen elektronisch zum Abruf gespeichert, unter Benutzung des öffentlichen Fernmeldenetzes und von Bildschirmtextvermittlungsstellen oder vergleichbaren technischen Vermittlungseinrichtungen individuell abgerufen und typischerweise auf dem Bildschirm sichtbar gemacht werden. Hierzu gehört nicht die Bewegtbildübertragung"[38]. Im Anschluß an diese Begriffsbestimmung werden in insgesamt 15 Artikeln die Voraussetzungen und Bedingungen für die Nutzung von Btx durch grundsätzlich jedermann als Teilnehmer und auch als Anbieter festgelegt.

I. Das Problemfeld: die medienrechtliche Einordnung

Allerdings ist das Vertragswerk ein "mühselig gefundener politischer Kompromiß"[39]. Ihm gingen Streitigkeiten zwischen dem Bund und den Ländern sowie zwischen den Ländern über Fragen der Regelungskompetenz sowie der Inhalte einer Nutzungsregelung für Btx voraus. Hinsichtlich

---

[37] Abgedruckt bei *W.-D. Ring*, Medienrecht, unter F-V 1.1; in Bayern bekanntgemacht am 1. August 1983 (GVBl. S. 537). Dazu die Kommentare von *W.-D. Ring/R. Hartstein*, Bildschirmtext heute, 1983, und *H. Bartl*, Handbuch Btx-Recht, 1984. Zur fernmelderechtlichen Seite erging die "Bildschirmtext-Benutzungsverordnung" (22. Verordnung zur Änderung der Fernmeldeordnung) vom 6. Mai 1983 (BGBl. I S. 579).

[38] In technischer Hinsicht benötigt der Teilnehmer neben dem Fernsprechanschluß einen Fernsehempfänger mit einem Bildschirmtext-Decoder, der die empfangenen Informationen speichert und sie in stehende Fernsehbilder (Bildschirmtext-Seiten) umwandelt, sowie ein Modem, das den Fernsehempfänger an das Fernsprechnetz anpaßt.

[39] *M. Stock*, Medienfreiheit als Funktionsgrundrecht, 1985, S. 379; auch *J. Scherer*, NJW 1983, 1832, 1832. - Zu den vorangegangenen Länderberatungen vgl. *R. Groß*, DÖV 1983, 437, 444 f.

der Zuständigkeit konnten sich die Länder mit der von ihnen unter Hinweis auf den rein technischen Inhalt des Begriffs "Post- und Fernmeldewesen"[40] bejahten Länderkompetenz (gemäß Art. 30, 70 GG) gegenüber der Auffassung des Bundes behaupten, daß Btx ohne publizistisch relevanten Inhalt in die Bundeskompetenz nach Art. 73 Nr. 7 GG falle. Denn über die bloße Gewährleistung gleichen Zugangs und die Verhinderung des Mißbrauchs hinaus stünden hier Entscheidungen über die Regelungsbedürftigkeit und gegebenenfalls die Art und Weise der Regelung einer vielfältigen Reihe organisatorischer, rechtlicher und inhaltlicher Probleme an, die keinesfalls als bloßer Annex zu den technischen Entscheidungen getroffen werden könnten, sondern ein eigenständiges, umfassendes Tätigwerden des hierfür zuständigen Landes-Gesetzgebers erforderten[41]. Hinter diesem Kompetenzstreit wie auch hinter den Auseinandersetzungen über die inhaltliche Ausgestaltung des Btx-Systems verbarg und verbirgt sich die Frage nach der medienrechtlichen Einordnung von Btx, d.h., ob es sich bei diesem Medium um ein Individual- oder ein Massenkommunikationsmittel mit zumindest Rundfunkähnlichkeit oder auch um ein Presseerzeugnis handelt[42]. Da es bei Btx "nicht um klar abgegrenzte Individualkommunika-

---

[40] Wie ihn das Bundesverfassungsgericht in der "1. Fernseh-Entscheidung" definiert hat (BVerfGE 12, 205, 226): "Bei einer dem natürlichen Wortverständnis und dem allgemeinen Sprachgebrauch folgenden Auslegung gehören zum Fernmeldewesen nur die technischen Vorgänge des Sendens der Rundfunkdarbietungen. Fernmeldewesen ist ein technischer, am Vorgang der Übermittlung von Signalen orientierter Begriff. ... Rundfunk ist nicht Teil, sondern 'Benutzer' der Einrichtungen des Fernmeldewesens ..."

[41] Vgl. die ausführliche Begründung der Gesetzgebungskompetenz der Länder in der Begr. zum Btx-Staatsvertrag, unter III. 2., abgedruckt bei *W.-D. Ring*, Medienrecht, unter F-V 1.2, und *H. Bartl*, Handbuch Btx-Recht, 1984, S. 36 ff., 42 ff. Ebenso die Begr. des Gesetzentwurfs der Landesregierung von Nordrhein-Westfalen vom 20. April 1983 für das Gesetz zum Staatsvertrag über Bildschirmtext (Bildschirmtext-Staatsvertrag) - Btx-Zustimmungsgesetz NW -, LT-Drucks. 9/2510.

[42] Eingehend zur verfassungsrechtlichen Verortung von Btx und anderer neuartiger Kommunikationsdienste in kompetenz- und grundrechtlicher Hinsicht vgl. aus der umfangreichen Literatur etwa *W. Rudolf/W. Meng*, Rechtliche Konsequenzen der Entwicklung auf dem Gebiet der Breitbandkommunikation für die Kirchen, 1978, S. 46 ff.; *W. Schmitt Glaeser*, Kabelkommunikation und Verfassung, 1979, bes. S. 39 f., 182 ff.; *P. J. Tettinger*, Neue Medien und Verfassungsrecht, 1980, bes. S. 16 ff.; *ders.*, JZ 1984, 400, 405 ff.; *M. Bullinger*, Kommunikationsfreiheit im Strukturwandel der Telekommunikation, 1980, S. 31 ff.; *ders.*, AÖR 108 (1983), 161, 205 ff.; *ders.*, NJW 1984, 385, 388 ff.; *E. König*, Die Teletexte, 1980; *H. Ferger/H. Junker*, DÖV 1981, 439 ff.; *K. Stern*, DVBl. 1982, 1109 ff.; *J. Scherer*, Der Staat 22 (1983), 347 ff.; *ders.*, NJW 1983, 1832, 1833 ff.; *H. Bartl*, Handbuch Btx-Recht, 1984, S. 18 f.; *Ch. Degenhart*, BayVBl. 1986, 577, 578 f., 582 f.; *ders.*, ZUM 1988, 47, 55; siehe auch die Begr. zum Btx-Staatsvertrag, unter III. 1., abgedruckt bei *H. Bartl*, Handbuch Btx-Recht, 1984, S. 36 ff., 41 f.

tion, sondern um einen ambivalenten, in eine überindividuelle Kommunikation übergehenden Dienst geht"[43], steht der gesamte Vertrag zwar insoweit "auf recht unsicherem Untergrund"[44]. Jedoch beinhaltet die gegenwärtige, ländereinheitliche Regelung einen die Rechtsunsicherheiten jedenfalls vorläufig eindämmenden und damit die Stagnation des Ausbaus des Btx-Netzes abwendenden Kompromiß, indem etwa individuelle Dienste und sonstige Einzelmitteilungen grundsätzlich vom sachlichen Geltungsbereich der Bestimmungen ausgenommen sind (Art. 3), dem Rundfunk- und auch Presserecht ähnliche Vorschriften Anbieterkennzeichnung (Art. 5), Nachrichtensorgfalt (Art. 6), Gegendarstellung (Art. 6) und Werbekennzeichnung (Art. 8) regeln sowie in Übereinstimmung mit dem Bund[45] Vorkehrungen zum Schutz personenbezogener Daten getroffen sind (Art. 9 ff.). Indes sind auch einzelne Bestimmungen nicht frei von materiell-rechtlichen Bedenken[46].

II. Die Feldversuche
im Vorfeld des Bildschirmtext-Staatsvertrages

Die demnach verbleibenden Unsicherheiten[47] konnten auch nicht im Verlauf der vorangegangenen, langjährigen Experimentalphase - deren Ergebnisse und Erfahrungen in den Staatsvertrag eingegangen sind[48] - beseitigt werden. Sie begann Ende der 70er Jahre, als auch die Deutsche Bundespost, angeregt durch die Entwicklung im Ausland, vor allem durch die

---

[43] Begr. zum Btx-Staatsvertrag, unter III. 2., abgedruckt bei *H. Bartl*, Handbuch Btx-Recht, 1984, S. 36 ff., 43. - Für *W. Berg*, JZ 1985, 401, 402, "geht es im Grunde nicht um ein eigentlich 'neues' Medium, sondern um die technische Zusammenführung der beiden verbreitetsten Formen der Telekommunikation, nämlich des Telefons und des Fernsehens".

[44] *H. Bartl*, Handbuch Btx-Recht, 1984, S. 4; vgl. auch *J. Scherer*, NJW 1983, 1832, 1833. - Für *M. Stock*, Medienfreiheit als Funktionsgrundrecht, 1985, S. 380, ist das Btx-System daher "so gut wie steuerlos". Es stelle sich nunmehr als "'kaltes Medium'" "gleichsam ohne Subjekt und Seele" dar.

[45] Vgl. *R. Groß*, DÖV 1983, 437, 446.

[46] Siehe dazu etwa *J. Scherer*, NJW 1983, 1832, 1836 ff.; *W.-D. Ring/R. Hartstein*, Bildschirmtext heute, 1983, S. 48 ff.; *H. Bartl*, Handbuch Btx-Recht, 1984, S. 20 ff.; *W. Berg*, JZ 1985, 401, 402 f.; *H. Hübner u.a.*, Rechtsprobleme des Bildschirmtextes, 1986; jeweils m.w.N.

[47] Vgl. auch *J. Scherer*, Telekommunikationsrecht und Telekommunikationspolitik, 1985, S. 112.

[48] Vgl. die Begr. zum Btx-Staatsvertrag, unter II. 2., abgedruckt bei *H. Bartl*, Handbuch Btx-Recht, 1984, S. 36 ff., 41.

Einführung des "Viewdata-Prestel-Systems" in Großbritannien, plante, Btx (als neuen Fernmeldedienst) einzuführen. Zu diesem Zweck führte sie von 1977 bis 1980 interne Versuche durch, in deren Verlauf interessierten Anbietern[49] eine Btx-Zentrale zur nicht-öffentlichen Beteiligung zur Verfügung gestellt wurde. Wegen des vielfältigen Interesses[50] plante die Deutsche Bundespost schließlich für 1980 die Erprobung von Btx in großangelegten Feldversuchen. Als Testregionen wurden die Räume Düsseldorf/ Neuß und Berlin als besonders repräsentativ und geeignet ausgewählt[51]. Die nach den Planungen der Deutschen Bundespost auf ein Jahr begrenzten Feldversuche mit höchstens 3000 Teilnehmern[52] sollten vor allem Aufschlüsse über die Akzeptanz von Btx, insbesondere bei privaten Haushalten, und Erkenntnisse über die publizistische Auswirkung von Btx und damit Grundlagen für die medienrechtliche Beurteilung geben. Anfang 1981 sollten die Versuchsergebnisse ausgewertet und auf deren Grundlage Mitte 1981 ein Beschluß des Verwaltungsrates der Deutschen Bundespost über die Einführung oder Nichteinführung von Btx als Fernmeldedienst herbeigeführt werden. Bis zu diesem Zeitpunkt bzw. bis zur Einführung von Btx sollten die Feldversuchsanlagen weiterbetrieben werden[53].

Mit der Durchführung dieser Versuchsvorhaben der Deutschen Bundespost hatten sich die betroffene Landesregierung in Nordrhein-Westfalen

---

[49] Auch die Deutsche Bundespost selbst war mit einem eigenen Btx-Angebot als Anbieter vertreten. Dazu sowie umfassend zum Btx-Angebot der Deutschen Bundespost vgl. *K.-H. Rinkens/W. Reich*, Jahrbuch der Deutschen Bundespost 1988, S. 415 ff., 418 f.

[50] Ende 1979 haben sich ca. 300 verschiedene Anbieter von Informationen und sonstigen Diensten auf rund 40.000 Btx-Seiten an diesen Versuchen beteiligt; vgl. die Begr. zur Senatsvorlage über ein Gesetz über die Erprobung von Bildschirmtext in Berlin (Bildschirmtexterprobungsgesetz - BiTEG) vom 2. November 1979, Abg.haus-Drucks. 8/193, S. 6, und *D. Ratzke*, Handbuch der Neuen Medien, 2. Aufl. 1984, S. 212. - Der nichtbeteiligten Öffentlichkeit wurde Btx auf der Internationalen Funkausstellung in Berlin 1977 und 1979 umfassend vorgestellt.

[51] Zu den Gründen für die Standortwahl vgl. näher *D. Ratzke*, Handbuch der Neuen Medien, 2. Aufl. 1984, S. 213.

[52] Teilnehmer ist hier, wem ein zum Abruf von Btx-Inhalten geeigneter Anschluß von der Deutschen Bundespost zur Verfügung gestellt wurde (vgl. § 1 Nr. 2 BiTEG Berlin).

[53] Zu dieser Planungssituation Mitte/Ende 1979 vgl. die Angaben in den Begründungen zu dem Gesetzentwurf der Landesregierung von Nordrhein-Westfalen für ein Gesetz über die Durchführung eines Feldversuchs mit Bildschirmtext (Bildschirmtextversuchsgesetz NW) vom 8. Juni 1979, LT-Drucks. 8/4620, S. 11, und zur Senatsvorlage über das BiTEG Berlin, Abg.haus-Drucks. 8/193, S. 5. Umfassend dazu auch *J. Scherer*, Telekommunikationsrecht und Telekommunikationspolitik, 1985, S. 553 ff.

und der Berliner Senat eingehend auseinanderzusetzen. In beiden Ländern
ergingen schließlich - in Erfüllung der Forderungen des sogenannten
"Würzburger Papiers" vom 25. Mai 1979[54] - entsprechende Experimentier-
oder Erprobungsgesetze[55], auf deren Grundlage die Feldversuche am 1. Juni 1980 starteten: in *Nordrhein-Westfalen* das "Gesetz über die Durchführung eines Feldversuchs mit Bildschirmtext (Bildschirmtextversuchsgesetz
NW)" vom 18. März 1980[56] und in *Berlin* das "Gesetz über die Erprobung
von Bildschirmtext in Berlin (Bildschirmtexterprobungsgesetz - BiTEG)"
vom 29. Mai 1980[57][58].

Die Landesgesetzgeber erachteten sich nach der Kompetenzverteilung
des Grundgesetzes schon für die Feldversuche für zuständig, "Regelungen
über den Zugang zu Bildschirmtext und dessen Voraussetzungen, über Art,
Umfang und Inhalt der angebotenen Informationen bzw. anderen Dienste
und die insoweit zu stellenden Anforderungen sowie über die Ausgestaltung des Suchbaums (Inhaltsverzeichnisses)"[59] zu treffen[60]. Hinsichtlich der

---

[54] "Zweiter Bericht der Rundfunkreferenten der Länder zur Frage des Rundfunkbegriffs,
insbesondere der medienrechtlichen Einordnung von 'Videotext', 'Kabeltext' und 'Bildschirmtext'", abgedruckt bei *W.-D. Ring*, Medienrecht, unter F-I 1.6.

[55] So auch ausdrücklich *M. Stock*, Koordinationsrundfunk im Modellversuch, 1981, S. 18.

[56] GV. S. 153. Es erging auf der Grundlage des Gesetzentwurfs der Landesregierung vom 8.
Juni 1979, LT-Drucks. 8/4620, i.d.F. der Beschlußempfehlung des Hauptausschusses vom 7.
März 1980, LT-Drucks. 8/5681.

[57] GVBl. S. 1002 ber. S. 2166. Es beruhte auf der Senatsvorlage vom 2. November 1979,
Abg.haus-Drucks. 8/193, i.d.F. der Beschlußempfehlungen des Ausschusses für Kulturelle Angelegenheiten vom 8. Mai 1980 und des Ausschusses für Verfassung und Geschäftsordnung
vom 14. Mai 1980, Abg.haus-Drucks. 8/415.

[58] Btx war überdies ausdrücklicher Regelungsgegenstand des Landesgesetzes über einen
Versuch mit Breitbandkabel in Rheinland-Pfalz vom 4. Dezember 1980 (GVBl. S. 229) und
auch des Grundvertrages für das Kabelpilotprojekt München vom 16. Juli 1982, abgedruckt
bei *W.-D. Ring*, Medienrecht, unter F-III 4.2.1.

[59] Begr. zum Btx-Versuchsgesetz NW, LT-Drucks. 8/4620, S. 11; Begr. zum BiTEG Berlin,
Abg.haus-Drucks. 8/193, S. 5.

[60] Freilich unter Berücksichtigung der fernmeldetechnischen Bedingungen, deren Regelung gemäß Art. 73 Nr. 7 GG dem Bund obliegt. Dabei versäumten es die Länder (vgl. ebd.)
allerdings nicht, in Anlehnung an BVerfGE 12, 205, 239 f. (1. Fernseh-Entscheidung) darauf
hinzuweisen, daß umgekehrt der Bund seine diesbezüglichen Regelungen und Maßnahmen unter Beachtung des Verfassungsgrundsatzes des bundesfreundlichen Verhaltens und unter Berücksichtigung der Belange im Nutzungsbereich zu gestalten habe. Allgemein zum Problem
der Loyalität in diesem Sinne vgl. stellvertretend *W. Rudolf/W. Meng*, Rechtliche Konsequenzen der Entwicklung auf dem Gebiet der Breitbandkommunikation für die Kirchen, 1978, S.
25 f.; die Beiträge insbesondere von *P. Lerche* und *E.-J. Mestmäcker*, in: E.-J. Mestmäcker

konkreten, inhaltlichen Ausgestaltung waren sich die Länder jedoch im klaren darüber, daß sie medienrechtliches Neuland betraten. Die Versuchsgesetze beschränkten sich daher auf ein Mindestmaß an normativen Vorgaben; der Erprobungscharakter der Gesetze mit dem Ziel, Erkenntnisse darüber zu gewinnen, ob und gegebenenfalls welche rechtlichen Regelungen des neuen Informationssystems Btx auch im Blick auf seine Zugehörigkeit zum Rundfunkbegriff erforderlich sind, ist durchgängig erkennbar. Die Wiedergabe einschlägiger Stellen aus den Gesetzentwurfsbegründungen mag dies verdeutlichen:

"Eine endgültige Aussage, ob, gegebenenfalls inwieweit solche Abrufdienste Rundfunk oder ein neues Medium sind, erscheint ... zum gegenwärtigen Zeitpunkt weder möglich noch erforderlich. Eine endgültige Feststellung hängt insbesondere davon ab, wie die vorgesehene Erprobung der neuen Teleschriftformen ausgestaltet ist und welche publizistischen Auswirkungen sich bei der tatsächlichen Nutzung ergeben. ... Andererseits muß bei der Frage, ob und in welcher Weise eine gesetzliche Regelung im Nutzungsbereich geboten ist, dem Umstand Rechnung getragen werden, daß Bildschirmtext in einem Teilbereich Rundfunk sein könnte und daher nach der Rechtsprechung des Bundesverfassungsgerichts mindestens insoweit einer gesetzlichen Regelung für die Dauer des Feldversuchs bedarf. ... Sie muß berücksichtigen, daß es sich um einen auf ein Jahr befristeten Versuch handelt und daß erst nach dessen Abschluß beurteilt werden kann, ob und gegebenenfalls welche rechtlichen Regelungen, insbesondere in organisatorischer Hinsicht, auf Dauer erforderlich sein werden; dies verlangt Vorschriften, die sich auf das erforderliche Mindestmaß beschränken und organisatorischen Aufwand möglichst vermeiden.

Die Regelungen ... betreffen ... die zeitlich begrenzte Phase der Erprobung von Bildschirmtext. Der Feldversuch soll für die Entscheidung, ob und welche gesetzgeberischen Maßnahmen im Falle einer allgemeinen Einführung von Bildschirmtext künftig erforderlich sein werden, zunächst Grundlagen vermitteln. Diese Entscheidung kann und soll durch den vorliegenden Entwurf nicht vorweggenommen werden. Dieser beschränkt sich daher auf das für eine geordnete und sachgerechte Durchführung des Feldversuchs erforderliche Maß von Regelungen. ... Auch ... sollen die Ergebnisse des Feldversuchs Grundlagen für die Entscheidung vermitteln, ob und inwieweit die erprobte Suchbaumstruktur der Änderung bedarf und ob hierzu eine gesetzliche Regelung des Landesgesetzgebers erforderlich wird."[61]

Schließlich sei nicht ausgeschlossen, daß die durch die Erprobung zu gewinnenden Erkenntnisse und Erfahrungen nahelegen könnten, auf Bundes- oder Landesebene Vorschriften über den Datenschutz zu erlassen[62].

(Hrsg.), Kommunikation ohne Monopole, 1980, S. 139 ff., S. 161 ff.; *M. Bullinger*, Kommunikationsfreiheit im Strukturwandel der Telekommunikation, 1981, S. 84 ff.; *K. Stern*, DVBl. 1982, 1109, 1111 f. m.w.N.; *J. Scherer*, Telekommunikationsrecht und Telekommunikationspolitik, 1985, S. 663 ff.

[61] Begr. zum Btx-Versuchsgesetz NW, LT-Drucks. 8/4620, S. 13; vgl. auch die hier annähernd wortgleiche Begr. zum BiTEG Berlin, Abg.haus-Drucks. 8/193, S. 5 f.

[62] Vgl. Begr. zum BiTEG Berlin, Abg.haus-Drucks. 8/193, S. 6.

Dementsprechend wiesen die Gesetzesformulierungen der Btx-Versuchsregelungen deutlich das vorrangige Ziel der Erfahrungssammlung zum Zwecke der späteren Auswertung im Rahmen einer endgültigen Regelung aus. Schon die Gesetzesbezeichnungen und besonders die einleitenden Bestimmungen (§ 1 Abs. 1 Btx-Versuchsgesetz NW; § 2 Abs. 1 BiTEG Berlin) verdeutlichten diese Finalität.

Der vorübergehenden Natur des Versuchs wurde durch die Befristung der Geltungsdauer der Gesetze auf knapp drei Jahre Rechnung getragen. Nach den Vorhaben der Deutschen Bundespost waren die Versuche zwar auf ein Jahr begrenzt, jedoch sollte die Feldversuchsanlage darüber hinaus bis zur endgültigen Entscheidung über die allgemeine Einführung von Btx weiterbetrieben werden und dafür eine gesetzliche Grundlage bestehen[63]. Während § 12 BiTEG Berlin das Außerkrafttreten des Gesetzes zum 31. Dezember 1983 ausdrücklich festsetzte, wählte das Btx-Versuchsgesetz NW eine flexiblere Regelung: Nach seinem § 1 Abs. 2 sollte[64] der Versuch drei Jahre dauern; zur näheren Festsetzung des Beginns und der Dauer des Versuchs wurde die Landesregierung zum Erlaß einer Rechtsverordnung ermächtigt. In dieser[65] wurde - im Einvernehmen mit dem Hauptausschuß des Landtags - der Beginn des Versuchs auf den 1. Juni 1980 und seine Dauer bis längstens 31. März 1983 festgelegt, wobei ausdrücklich bei früherem Erreichen des Versuchszwecks die Möglichkeit einer früheren Beendigung und für den Fall des Nichterreichens des Versuchszwecks nach drei Jahren eine Verlängerung (um höchstens ein Jahr) eröffnet wurde.

In jeweils eigenen Vorschriften wurde die politische Bedeutung der wissenschaftlichen Begleituntersuchung und deren Auswertung unterstrichen. Neben den Auswirkungen auf den Arbeitsmarkt, den Datenschutz und den Medienbereich sollten vor allem die sozialen, kulturellen und wirtschaftlichen Folgen des neuen Mediums untersucht werden (§ 3 Abs. 1 Btx-Versuchsgesetz NW; § 2 Abs. 3 BiTEG Berlin). Das Land bzw. der Senat als

---

[63] Vgl. Begr. zum Btx-Versuchsgesetz NW, LT-Drucks. 8/4620, S. 13.

[64] Die Regelung der Dauer des Versuchs in einer Soll-Bestimmung erfolgte in Abänderung des Regierungsentwurfs aufgrund der Beschlußempfehlung des Hauptausschusses, LT-Drucks. 8/5681, "damit das Land flexibel den Zeitraum nach technischen, gesellschaftspolitischen als auch wirtschaftlichen Gesichtspunkten bestimmen kann" (Abg. *Büssow* [SPD], Plenarprotokoll 8/130 vom 12. März 1980, S. 8883, 8885 [D]).

[65] Siehe die Verordnung über Beginn und Dauer des Feldversuchs mit Bildschirmtext vom 25. März 1980 (GV. S. 258).

Träger des Versuchs wurde zur regelmäßigen Berichterstattung über den
Stand der Untersuchungen und zur Vorlage eines Abschlußberichts verpflichtet (§ 3 Abs. 2 Btx-Versuchsgesetz NW; § 2 Abs. 4 BiTEG Berlin).

Ebenfalls ausdrücklich wurde die Offenheit des Versuchs für die später
zu treffende Entscheidung gesetzlich bestimmt: Vor Abschluß der Untersuchungen und Beschlußfassung des Landtags bzw. des Abgeordnetenhauses
über den Abschlußbericht durfte keine Entscheidung über die endgültige
Einführung von Btx getroffen werden (§ 3 Abs. 3 Btx-Versuchsgesetz NW;
§ 2 Abs. 5 BiTEG Berlin).

Die konkrete Ausgestaltung des Versuchs - in beiden Ländern annähernd gleich - beschränkte sich im übrigen auf ein Minimum normativer
(Rahmen-)Bedingungen. Insbesondere wurde auf die Einführung einer gesellschaftlichen Kontrolle der anzubietenden Informationen zugunsten der
Gewährleistung eines chancengleichen Zugangs der Textanbieter verzichtet[66]. Die Zulassung im Wege der Erteilung einer Teilnahmebescheinigung
wurde im wesentlichen an die Zuverlässigkeit des Anbieters und an die
schriftliche Verpflichtung geknüpft, eine mißbräuchliche Verwendung des
erlangten Datenmaterials zu unterlassen (§§ 4, 5 Btx-Versuchsgesetz NW;
§§ 4, 5 BiTEG Berlin). Inhaltliche Anforderungen an das Angebot von Informationen und anderen Diensten wurden nur in der Form einiger weniger Grundsätze gestellt, wie die Verpflichtung zur Anbieterkennzeichnung,
zur Wahrheitstreue, Sachlichkeit und Objektivität von Nachrichten, zur
Kennzeichnung von Werbung, zur Aufnahme einer Gegendarstellung sowie zur Entgeltauszeichnung   (§§ 6 ff. Btx-Versuchsgesetz NW; §§ 6 ff.
BiTEG Berlin). Hinzu traten Bestimmungen über den Widerruf der Teilnahmebescheinigung und ein knapper Katalog von Ordnungswidrigkeiten
(§§ 9, 10 Btx-Versuchsgesetz NW; §§ 10, 11 BiTEG Berlin). Von Vorschriften über die Ausgestaltung des Suchbaums wurde abgesehen, nachdem ein Arbeitskreis der interessierten Anbieter unter Beteiligung der
Deutschen Bundespost einen Suchbaum erarbeitet hatte, der dem Feldversuch zugrunde gelegt werden konnte[67].

---

[66] Vgl. Begr. zum Btx-Versuchsgesetz NW, LT-Drucks. 8/4620, S. 11; Begr. zum BiTEG
Berlin, Abg.haus-Drucks. 8/193, S. 5.

[67] Vgl. Begr. zum Btx-Versuchsgesetz NW, LT-Drucks. 8/4620, S. 13; Begr. zum BiTEG
Berlin, Abg.haus-Drucks. 8/193, S. 6.

Im Jahre 1983 wurden die Ergebnisse und Erfahrungen mit der Erprobung von Btx vorgelegt[68], die die Annahme rechtfertigten, daß sich Btx etablieren würde[69]. Aufgrund dessen beschloß die Deutsche Bundespost, Btx mit Hilfe einer Leitzentrale und zahlreichen Unterzentralen[70] bundesweit einzuführen[71]. Hinsichtlich der Nutzungsvoraussetzungen und -inhalte erarbeiteten die Länder den Btx-Staatsvertrag, der die Erfahrungen der Versuchsgesetze etwa mit der Anbieterzulassung[72], der Werbekennzeichnung[73] oder dem Datenschutz[74] berücksichtigt. Mit seinem Inkrafttreten traten die Btx-Versuchs- oder Erprobungsgesetze Nordrhein-Westfalens[75] und Berlins[76] außer Kraft.

---

[68] Vgl. Landesregierung von Nordrhein-Westfalen, Wissenschaftliche Begleituntersuchung Feldversuch Bildschirmtext Düsseldorf/Neuß, Abschlußbericht, Bd. 1, 1983; *H.-U. Gallwas/V. Hassemer/J. Seetzen*, Bildschirmtexterprobung in Berlin, 1983.

[69] Dazu zusammenfassend und m.w.N. *W.-D. Ring/R. Hartstein*, Bildschirmtext heute, 1983, S. 13 ff.; *H. Bartl*, Handbuch Btx-Recht, 1984, S. 7 ff.; *D. Ratzke*, Handbuch der Neuen Medien, 2. Aufl. 1984, S. 219 f. - Allerdings ist wohl bis heute nicht eindeutig erkennbar, ob sich Btx zur "Volks-EDV" entwickeln wird oder ob die Deutsche Bundespost hier einen gigantischen "Flop" gelandet hat (so *W. Berg*, JZ 1985, 401, 402, unter Bezugnahme auf *P. J. Tettinger*, JZ 1984, 400, 402).

[70] Vgl. dazu *H. Bartl*, Handbuch Btx-Recht, 1984, S. 11 ff.

[71] Der Beschluß geht von über 3,5 Millionen Btx-Teilnehmern im Jahre 1990 aus (vgl. *K. Brepohl*, Lexikon der neuen Medien, 3. Aufl. 1984, Stichwort: Bildschirmtext, S. 41).

[72] Auf ein Zulassungsverfahren wurde verzichtet, da sich gezeigt habe, "daß die Prognose, ob ein Anbieter sich bei Bildschirmtextangeboten rechtstreu verhalten wird, allenfalls in Ausnahmefällen möglich ist, wenn sich der Anbieter bisher an Bildschirmtext in dieser Funktion noch nicht beteiligt hat". Vielmehr trage ein abgestuftes Sanktionsverfahren dem Anliegen, Mißbräuche zu verhindern, deutlich besser Rechnung (vgl. Begr. zum Btx-Staatsvertrag, unter IV., abgedruckt bei *H. Bartl*, Handbuch Btx-Recht, 1984, S. 36 ff., 45).

[73] Anstelle der bloßen Werbekennzeichnung sieht Art. 8 Btx-Staatsvertrag nunmehr im Sinne eines effektiven Verbraucherschutzes die Vorankündigung von solchen Angebotsseiten vor, die wirtschaftlichen Werbezwecken dienen (vgl. dazu Begr. zum Btx-Staatsvertrag, unter V. 8., abgedruckt ebd., S. 36 ff., 53 f.).

[74] Art. 9 Btx-Staatsvertrag enthält eine umfangreiche, bereichsspezifische Datenschutzregelung, die aufgrund des erkannten Gefährdungspotentials von Btx erforderlich geworden ist (vgl. dazu Begr. zum Btx-Staatsvertrag, unter V. 9., abgedruckt ebd., S. 36 ff., 54 ff.).

[75] Vgl. Art. 5 Abs. 2 Gesetz zum Staatsvertrag über Bildschirmtext (Bildschirmtext-Staatsvertrag) - Btx-Zustimmungsgesetz NW - vom 21. Juni 1983 (GV. S. 227).

[76] Vgl. § 6 Abs. 2 Gesetz zum Staatsvertrag über Bildschirmtext (Bildschirmtext-Staatsvertrag) - Btx-Zustimmungsgesetz - vom 23. Juni 1983 (GVBl. S. 971).

B. Vorläufige Weiterverbreitungsgesetze

In vergleichbarer Weise durch ordnungs- und medienpolitische sowie kompetenzrechtliche Kontroversen gekennzeichnet ist der Werdegang des inländischen Satelliten- und Kabelrundfunks, dessen technische Entwicklung[77] im wesentlichen - neben der Ausweitung terrestrischer Frequenzbereiche - für das Aufkommen des Privatrundfunks in der Bundesrepublik Deutschland[78] verantwortlich ist. Hier standen und stehen sich "postalisch-fernmelderechtliche Expansionsbestrebungen"[79] des Bundes und rundfunkrechtlich begründete Regelungsansprüche der Länder einerseits sowie unterschiedliche Auffassungen der Länder untereinander zu den Inhalten eines gemeinsamen Nutzungskonzepts der neuen Technologien andererseits gegenüber. Die Interessengeflechte und die daraus resultierenden medienpolitischen Positionskämpfe sind Gegenstand umfangreicher Darstellungen und Analysen[80]. Hier sollen nur einige wenige Eckdaten festgehalten werden, die schließlich zu gesetzlichen Regelungen betreffend die Weiterverbreitung von Rundfunkprogrammen in Kabelanlagen führten.

I. Die Situation: Kabel- und Satellitentechnik im Kraftfeld politischer (Nutzungs-)Interessen

Am Beginn dieser Entwicklung stand die "unternehmenspolitische" Zielsetzung[81] der Deutschen Bundespost Anfang der 70er Jahre, die Großgemeinschaftsantennenanlagen durch den Auf- und Ausbau von größeren Breitbandkabelnetzen zur Verteilung von Ton- und Fernsehrundfunkprogrammen auf der Grundlage einer vereinheitlichten Technik zu ergänzen.

---

[77] Dazu stellvertretend *D. Ratzke*, Handbuch der Neuen Medien, 2. Aufl. 1984, S. 125 ff., 155 ff.

[78] Einem knappen Überblick über die Entwicklungsstufen des privaten Rundfunks in der Bundesrepublik Deutschland dienen die Darlegungen ebd., S. 341 ff., sowie die Chronik, in: Direktorenkonferenz der Landesmedienanstalten (DLM) (Hrsg.), Jahrbuch 88, 1988, S. 5 ff.

[79] *M. Stock*, Medienfreiheit als Funktionsgrundrecht, 1985, S. 466 f.

[80] Vgl. dazu und zum folgenden vor allem *J. Scherer*, Telekommunikationsrecht und Telekommunikationspolitik, 1985, S. 502 ff.; auch *R. Groß*, Media Perspektiven 1983, 789 ff.; *ders.*, DÖV 1983, 437 ff.; *ders.*, NJW 1984, 409 ff.; *ders.*, Media Perspektiven 1985, 289 ff.; *M. Stock*, Medienfreiheit als Funktionsgrundrecht, 1985, S. 462 ff.; *ders.*, Landesmedienrecht im Wandel, 1986, S. 114 ff.; *A. Hesse*, ZUM 1987, 19, 21 f.

[81] Vgl. *J. Scherer*, Telekommunikationsrecht und Telekommunikationspolitik, 1985, S. 506.

Der Einrichtung und dem Betrieb von "Kabelfernseh-Versuchsanlagen"[82] folgten weitere Planungen und - investitionsintensive - Entscheidungen der Deutschen Bundespost zur zunächst flächendeckenden, später zur bedarfsorientierten (Insel-)Verkabelung. Infolge des zeitlichen Nachhinkens der Satelliten- und Antennentechnik wurden in die bestehenden Kabelanlagen trotz erheblich größerer Kapazität zunächst nur die "ortsüblichen" Programme (mit einer gewissen Mindestfeldstärke) auf der Grundlage entsprechender technischer Richtlinien der Deutschen Bundespost[83] eingespeist. Davon wurden zwar anfänglich nur die für den Bereich der Kabelanlage gesetzlich bestimmten öffentlich-rechtlichen Programme erfaßt. Dieses Vorpreschen der Deutschen Bundespost unter Ausnutzung ihres fernmeldetechnischen Informationsvorsprungs und zudem, jedenfalls anfänglich, ohne die erforderlichen Rechtsgrundlagen und ohne Abstimmung mit den Bundesländern stieß jedoch zum einen auf die Kritik der für die medienrechtliche Nutzungsentscheidung hinsichtlich neuer Technologien zuständigen Länder und zum anderen auf eine steigende Anzahl von Nachfragen von privater Seite zur Nutzung der neuen Übermittlungswege.

Erste ernstzunehmende Bemühungen, die Zulassung von Programmveranstaltern zu den entstehenden Breitbandkabelnetzen organisatorisch zu regeln, gingen schließlich von den Rundfunkanstalten aus, die die drohende Konkurrenz durch den mit größeren Übertragungskapazitäten ausgestatteten Kabelrundfunk erkannten. Sie gipfelten 1973 in der Gründung einer Arbeitsgruppe "Kabelverteilungsanlagen für Rundfunk", in der Rheinland-Pfalz, Nordrhein-Westfalen, der Südwestfunk, der Bayerische Rundfunk, das Zweite Deutsche Fernsehen (ZDF) und die Deutsche Bundespost vertreten waren. Ihr Ziel, bundesweit einheitliche Einspeisungsregelungen vorzubereiten, scheiterte jedoch Anfang 1976 infolge der Intervention der nichtbeteiligten Bundesländer.

Gleiches gilt dem Ergebnis nach für das sogenannte "Schliersee-Papier"[84] der Rundfunkreferenten der Länder vom 29. April 1975, von den Chefs der Staats- und Senatskanzleien am 19. Juni 1975 "zustimmend zur

---

[82] Siehe dazu die Angaben bei *D. Ratzke*, Handbuch der Neuen Medien, 2. Aufl. 1984, S. 136 f.

[83] Fernmeldetechnisches Zentralamt 175 R 4 und 176 R 10.

[84] "Bericht der Rundfunkreferenten der Länder zur Frage der Veranstaltung privater Rundfunksendungen und des Rundfunkbegriffs", abgedruckt bei *W.-D. Ring*, Medienrecht, unter F-I 1.5, und bei *W. Schmitt Glaeser*, Kabelkommunikation und Verfassung, S. 265 ff.

Kenntnis genommen", das an Stelle einer umfassenden Planung des neu entstehenden Kommunikationssystems einschließlich des Privat- und Kabelrundfunks lediglich eine vage Bestimmung des Rundfunkbegriffs und unzureichende Regelungen zur Koordination der Medienpolitik zwischen den Ländern sowie zwischen diesen und der Deutschen Bundespost enthielt[85].

Größeren Erfolg hingegen ließ die zwischenzeitlich, 1974, von der Bundesregierung eingerichtete "Kommission für den Ausbau des technischen Kommunikationssystems - KtK -" erwarten. Deren Planungsempfehlung für künftige Breitbandverteilnetze in ihrem Ende 1975 vorgelegten "Telekommunikationsbericht" hatte sich wegen der Unsicherheit des Bedarfs an einer bundesweiten Verkabelung an Stelle des Ausbaus eines flächendeckenden Netzes für die Durchführung von Pilotprojekten ausgesprochen[86]. Differenzen zwischen den Ländern, insbesondere über die Programmträgerschaft in den Pilotprojekten, führten jedoch dazu, daß erst am 11. Mai 1978 durch die Ministerpräsidenten-Konferenz die Durchführung von vier Pilotprojekten beschlossen wurde[87]. Sollten nach dem ursprünglichen Terminplan Ende 1979 die konkreten Versuchsbedingungen und die gemeinsame Finanzierung vereinbart sein, so wurden diese sowie die wissenschaftliche Begleitung der Projekte durch eine gemeinsame Medienkommission erst durch den Beschluß der Ministerpräsidenten auf ihrer Kronberger Konferenz vom 12. bis 14. November 1980 festgelegt[88], nachdem sich seit Ende 1979 der Rückzug Baden-Württembergs aus dem mit Rheinland-Pfalz gemeinsam geplanten Pilotprojekt Ludwigshafen-Mannheim abzeichnete und überdies der Streit um den Fortbestand des Norddeutschen Rundfunks als Dreiländeranstalt (vor dem Bundesverwaltungsgericht[89]) geschlichtet werden mußte.

Die Koordinationsprobleme der Länder bei der Vorbereitung ihrer medienpolitischen Planungsentscheidungen erleichterten es der Deutschen Bundespost, weitere Netzerrichtungsentscheidungen zu treffen und den

---

[85] Vgl. dazu insbesondere *J. Scherer*, Telekommunikationsrecht und Telekommunikationspolitik, 1985, S. 499 ff.

[86] Vgl. KtK, Telekommunikationsbericht, 1976, E 9, S. 10, 119.

[87] Abgedruckt bei *W.-D. Ring*, Medienrecht, unter F-III 1.1.

[88] Abgedruckt ebd., unter F-III 1.3.

[89] BVerwGE 60, 162 ff.

Ausbau von Breitbandkabelanlagen voranzutreiben[90]. Veranlassung dazu gab überdies die sich parallel vollziehende Entwicklung hin zu einer vermehrten Nutzung von Satelliten für die Übermittlung von Rundfunkprogrammen. Ihre Planung und Errichtung erfolgen auf internationaler Ebene, auf der zu verhandeln und zu entscheiden wiederum Sache des Bundes bzw. der Deutschen Bundespost ist.

Die ersten folgenreichen Entscheidungen fielen Mitte der 70er Jahre. Frühere Planungen für ein regionales Fernsehsatelliten-Versorgungssystem wurden in die 1975 gegründete Europäische Weltraumorganisation (European Space Agency - ESA -) eingebracht. Nachdem sich aber die Bundesrepublik Deutschland aus dem ersten geplanten Rundfunksatelliten-Projekt der ESA, "Heavy Satellite" (H-Sat), allmählich zurückzog und schließlich 1979 ausschied, konzentrierten sich ihre Bemühungen im Rahmen der europäischen Satellitenplanung zunächst auf den Aufbau eines Fernmeldesatelliten-Systems[91]. So wurde von der ESA am 11. Mai 1978 der "Orbital Test Satellite (OTS)-2" als Experimentiersatellit zur versuchswei-

---

[90] Vgl. dazu eingehend *J. Scherer*, Telekommunikationsrecht und Telekommunikationspolitik, 1985, S. 516 ff.

[91] Fernmeldesatelliten strahlen die ihnen zugespielten Programme im Wege richtfunkähnlicher Punkt-zu-Punkt-Übertragungen zur Erde zurück. Die Weiterleitung an die breite Öffentlichkeit erfolgt durch terrestrische Übermittlungstechniken, zum Beispiel Kabel. Die schwache Sendeleistung erfordert für den Empfang auf der Erde aufwendige Antennenanlagen, namentlich Parabolspiegelantennen mit einem Durchmesser von 3 bis 5 m. Die für die Richtfunk-Abstrahlungen benötigten Frequenzbereiche sind durch die Regeln der Internationalen Fernmeldeunion (International Telecommunications Union - ITU -) festgelegt.
Rundfunksatelliten strahlen die ihnen übermittelten Programme im Wege öffentlicher Sendungen zur Erde zurück. Aufgrund ihrer starken Sendeleistung sind ihre Programme mit relativ kleinen und kostengünstigen Parabolspiegelantennen nicht nur von zentralen, mit der terrestrischen Weiterverteilung beauftragten Erdefunkstellen, sondern auch direkt von einem breiten Publikum empfangbar. Für die Abwärts- oder Downlink-Strecken Satellit - Erde gelten die Frequenzzuweisungen der weltweiten Funkverwaltungskonferenz (World Administrative Radio Conference - WARC -) der ITU von 1977.
Neben die weltraumgestützten Sendetechniken der Rundfunk- und Fernmeldesatelliten tritt neuerdings der sog. Hybridsatellit. Dieser ist gleichzeitig sowohl als Fernmeldesatellit im richtfunkähnlichen Punkt-zu-Punkt-Sendedienst als auch für den Individualempfang als direktstrahlender Rundfunksatellit verwendbar. Ein Beispiel ist der im Dezember 1988 mit dem Flug 27 des europäischen ARIANE-Trägersystems gestartete Satellit ASTRA der Luxemburger Société Européenne des Satellites (SES). Der Sendebeginn war am 5. Februar 1989; welche deutschen Programme über den ASTRA-Satelliten abgestrahlt werden sollen, ist indes noch unklar (vgl. F.A.Z. vom 6. Februar 1989, S. 5). - Dazu und allgemein zu dem "Begriffsdschungel des satellitischen Rundfunkrechts" besonders anschaulich *A. Bueckling*, ZUM 1988, 164 ff. m.w.N.; auch *D. Ratzke*, Handbuch der Neuen Medien, 2. Aufl. 1984, S. 162 ff.

sen Übertragung von Fernsehsignalen gestartet[92]. Träger und Betriebsorganisation war die von siebzehn europäischen Fernmeldeverwaltungen 1977 gegründete Vorläufige Europäische Fernmeldesatellitenorganisation, Interim EUTELSAT (European Telecommunication Satellite Organization).

Inzwischen wurden allerdings auf der weltweiten Funkverwaltungskonferenz (WARC) der Internationalen Fernmeldeunion (ITU) 1977 in Genf den europäischen Staaten je fünf (Rundfunk-)Satellitenkanäle im Frequenzbereich von 11,7 bis 12,5 GHz zur nationalen Nutzung zugewiesen. Vor diesem Hintergrund kam es zu dem Projekt "TV-Sat/TDF" auf der Grundlage des deutsch-französischen Regierungsabkommens "über die technisch-industrielle Zusammenarbeit auf dem Gebiet von Rundfunksatelliten" vom 29. April 1980[93]. Nach dem Vertrag waren bzw. sind geplant die Entwicklung und Herstellung, der Start, die Positionierung und die mindestens zweijährige, präoperationelle Erprobung je eines deutschen und französischen Satelliten gleicher Bauart. Über ein gemeinsames Nutzungskonzept des deutschen Rundfunksatelliten, der (für die operationelle Phase) mit fünf Kanälen ausgestattet ist, konnten sich die Ministerpräsidenten der Bundesländer allerdings erst nach einem langwierigen[94] Konferenzverlauf[95] in dem Staatsvertrag zur Neuordnung des Rundfunkwesens vom 3. April 1987[96] verständigen. Dieser entfaltet freilich insoweit zur Zeit keine praktische Wirkung: Nachdem die TV-Sat-1-Mission nach zunächst mehrmaligen Verschiebungen im November 1987 erfolgreich gestartet war, scheiterte sie schließlich wegen eines defekten Sonnensegels[97]. Seit Oktober 1988 befindet sich der französische Satellit TDF-1 im All, ohne daß

---

[92] Seine Betriebsdauer endete im Frühjahr 1984. Vgl. die Angaben bei *J. Stender-Vorwachs*, "Staatsferne" und "Gruppenferne" in einem außenpluralistisch organisierten privaten Rundfunksystem, 1988, S. 31.

[93] BGBl. II 1981 S. 50.

[94] Zu den dazu aus bundesstaatlicher Perspektive aufgeworfenen Fragen vgl. *M. Bullinger*, AfP 1985, 1 ff.

[95] Die Stationen sind aufgelistet bei *J. Stender-Vorwachs*, "Staatsferne" und "Gruppenferne" in einem außenpluralistisch organisierten privaten Rundfunksystem, 1988, S. 26 ff. Fn. 79; vgl. dazu auch *J. Scherer*, Telekommunikationsrecht und Telekommunikationspolitik, 1985, S. 540 ff.; *M. Stock*, Medienfreiheit als Funktionsgrundrecht, 1985, S. 446 ff.; *ders.*, ZUM 1986, 411, 413 ff.

[96] Abgedruckt bei *W.-D. Ring*, Medienrecht, unter C-0.1; in Bayern bekanntgemacht am 24. Juli 1987 (GVBl. S. 249).

[97] Der Reservesatellit TV-Sat 2 soll noch im Laufe des Jahres 1989 in die geostationäre Umlaufbahn gebracht werden; vgl. Nordbayerischer Kurier vom 3. Februar 1989, S. 34.

auch bei ihm bislang Klarheit darüber besteht, welche Programme über ihn verbreitet werden sollen[98].

Die "Satelliten-Politik" des Bundes lief indessen seit Anfang der 80er Jahre zweigleisig. Einerseits wurden von internationalen Fernmeldesatellitenorganisationen Übertragungskapazitäten angemietet und andererseits der Bau eines eigenen Satellitensystems unter der Bezeichnung DFS (Deutsches Fernmeldesatelliten-System) "Kopernikus" in Auftrag gegeben. Am 16. Juli 1983 wurde von der Interim EUTELSAT[99] mit der Trägerrakete ARIANE das erste Flugmodell, der "European Communication Satellite (ECS)-F 1"[100], gestartet, der fast ausschließlich für die Übertragung von Fernsehprogrammen Verwendung findet. Auf ihm hat die Deutsche Bundespost zwei Rundfunkkanäle von der EUTELSAT angemietet, einen im Empfangsbereich West (Westbeam) und einen im Empfangsbereich Ost (Ostbeam). Anfang 1985 wurden weitere drei Kanäle für je zwei Fernsehprogramme von der INTELSAT (International Telecommunication Satellite Consortium)[101] auf dem am 5. März 1984 gestarteten "INTELSAT V-F 1" gemietet.

Hinsichtlich dieser Kapazitäten auf Fernmeldesatelliten fehlt es indes bislang an einer gemeinsamen Nutzungsregelung der Länder durch staatsvertragliche oder Verwaltungsvereinbarung. Noch in ihrer Jahreskonferenz 1983 in Stuttgart gingen die Regierungschefs der Länder zwar davon aus, daß auch die Fernmeldesatelliten in das gemeinsame Nutzungskonzept für den Satellitenrundfunk einzubeziehen seien[102]. Schon damals zeigte sich je-

---

[98] Vgl. F.A.Z. vom 10. Dezember 1988, S. 10. Die ersten digitalen Fernsehbilder konnten indes bereits empfangen werden; vgl. Nordbayerischer Kurier vom 3. Februar 1989, S. 34. - Zu weiteren Planungen von Rundfunksatelliten-Systemen in Europa siehe *J. Stender-Vorwachs*, "Staatsferne" und "Gruppenferne" in einem außenpluralistisch organisierten privaten Rundfunksystem, 1988, S. 28 f. mit Nachweisen, und auch *D. Ratzke*, Handbuch der Neuen Medien, 2. Aufl. 1984, S. 186 f.

[99] Ende 1983 wurde die Interim EUTELSAT umgewandelt in die Regierungsorganisation EUTELSAT (BGBl. II 1984 S. 682). Ihr Ziel ist die Planung und Entwicklung, der Bau und die Errichtung, der Betrieb und die Unterhaltung europäischer Satellitensysteme. Vgl. *J. Scherer*, Telekommunikationsrecht und Telekommunikationspolitik, 1985, S. 549.

[100] Als operationelles Nachfolgesystem von OTS-2. Dazu und zu den weiteren Angaben vgl. *J. Stender-Vorwachs*, "Staatsferne" und "Gruppenferne" in einem außenpluralistisch organisierten privaten Rundfunksystem, 1988, S. 31 mit Nachweisen.

[101] Am 20. August 1964 in Washington unter der Federführung der USA gegründet.

[102] Vgl. das Ergebnisprotokoll der Ministerpräsidentenkonferenz vom 17. bis 21. Oktober 1983 in Stuttgart, abgedruckt bei *R. Ricker*, Die Einspeisung von Rundfunkprogrammen in Ka-

doch das Land Rheinland-Pfalz im Blick auf die baldige Betriebsbereit-schaft des ECS-Satelliten an der Nutzung des Westbeam-Kanals im Rah-men des Kabelpilotprojekts Ludwigshafen interessiert[103]. Bereits am 4. De-zember 1980 war in Ausführung des Ministerpräsidenten-Beschlusses vom November 1978 in Rheinland-Pfalz das "Landesgesetz über einen Versuch mit Breitbandkabel"[104] erlassen worden, zu dessen Koordinierung und Kontrolle die Anstalt für Kabelkommunikation (AKK) errichtet wurde. In Abstimmung mit den übrigen unionsgeführten Ländern sollte diese die Ausstrahlung eines werbefinanzierten Fernsehvollprogramms von nationa-ler Reichweite über den ECS-Westbeam durch ein privates Konsortium li-zensieren. Dieses Vorhaben konnte sich auf der Konferenz der Länder-Re-gierungschefs am 23. Februar 1984 durchsetzen: Der Deutschen Bundes-post wurde die Nutzung des Westbeams des ECS-Satelliten durch die AKK "empfohlen", während der ECS-Ostbeam dem ZDF zugesprochen wurde. Die AKK teilte daraufhin am 28. März 1984 den Westbeam einer Arbeits-gemeinschaft von 21 privaten Antragstellern[105] für ein gemeinsames Fern-sehprogramm zu, das seit dem 1. Januar 1985 mit dem Namen Sat-1 ausge-strahlt wird. Als deutschsprachiges Programm wird seit August 1985 auch RTL-plus über das ECS-System abgestrahlt. Über den Ostbeam-Kanal wird seit dem 1. Dezember 1984 das "3-Sat Satellitenfernsehen des deut-schen Sprachraumes ZDF - ORF - SRG" verbreitet[106]. Hinsichtlich der Nutzung des "INTELSAT V-F 1" wurde erst auf dem sogenannten "Bre-merhavener Kompromiß" der Ministerpräsidenten vom 18. Oktober 1984[107] eine Nutzungs"empfehlung" formuliert. Danach sollte je ein Kanal

---

belanlagen aus verfassungsrechtlicher Sicht, 1984, S. 123 ff.; dazu auch *R. Groß*, Media Per-spektiven 1984, 45, 48 f.

[103] Vgl. ebd.

[104] GVBl. S. 229.

[105] Die "Arbeitsgemeinschaft ECS-1 Westbeam" besteht im wesentlichen aus der von der Deutschen Genossenschaftsbank gehaltenen PKS Programmgesellschaft für Kabel- und Satel-litenrundfunk mbH, Frankfurt, sowie zahlreichen Verlegern und Tageszeitungen, die zum größten Teil in der Aktuell Presse Fernsehen GmbH & Co. KG (APF), Berlin/Hamburg, zu-sammengeschlossen sind. Zu den Mitgliedern im einzelnen siehe F.A.Z. vom 31. Dezember 1984, S. 6.

[106] Zur Vorgeschichte von 3-Sat, Sat-1, RTL-plus und auch ARD-Eins-Plus siehe *M. Stock*, ZUM 1986, 411, 415 ff., sowie *D. Ratzke*, Handbuch der Neuen Medien, 2. Aufl. 1984, S. 155 ff.

[107] Beschluß betreffend Konzept der Länder zur Neuordnung des Rundfunkwesens, abge-druckt bei *W.-D. Ring*, Medienrecht, unter F-I 1.2.

der Arbeitsgemeinschaft der öffentlich-rechtlichen Rundfunkanstalten der Bundesrepublik Deutschland (ARD) sowie den Ländern Bayern, Berlin, Hamburg/Nordrhein-Westfalen, Niedersachsen und Schleswig-Holstein zugeordnet werden. Mittlerweile werden über das INTELSAT-System unter anderem die deutschsprachigen Programme ARD-Eins-Plus, WDR-3, BR-3, Tele 5 (ehemals Deutsche Musikbox) und Pro-7 (ehemals Eureka-TV) ausgestrahlt.

Diese neuen Möglichkeiten des satellitischen bzw. des satellitisch gestützten Rundfunks in Verbindung mit einer verbesserten Antennenempfangstechnik sowie der damit einhergehende postalische Ausbau des Kabelrundfunknetzes[108] provozierten schon aus betriebswirtschaftlichen Gründen die Heranführung und Einspeisung der auch andernorts veranstalteten Programme in die Kabelanlagen, da die Rentabilität der Breitbandkabelnetze von der Zahl und der Attraktivität der mit ihrer Hilfe verbreiteten Sendungen abhängt[109]. Nachdem Anfang 1976 die Vorbereitung von Einspeisungsregeln durch die Arbeitsgruppe "Kabelverteilungsanlagen für Rundfunk" gescheitert war, kam es jedoch erst im Februar 1983 zu einer ersten grundlegenden Regelung der Einspeisung in die Luft befindlicher Programme in Breitbandkabelnetze. Nicht zuletzt als eine Folge der wirtschaftlich motivierten Interventionen des Bundespostministeriums verständigten sich die Länder am 4. Februar 1983 in ihrer Besprechung über den "Bericht über die Verbreitung von Rundfunkprogrammen (Hörfunk und Fernsehen) in Kabelanlagen"[110] dahingehend, daß existierende und neugeschaffene Kabelanlagen nicht mehr nur für "ortsüblich", sondern auch für "ortsmöglich" empfangbare Programme zu öffnen seien. Rund-

---

[108] Zum Jahresende 1988 waren über 4,6 Millionen Haushalte der Bundesrepublik Deutschland an das Rundfunkkabelnetz der Deutschen Bundespost angeschlossen; vgl. Nordbayerischer Kurier vom 24. Januar 1989, S. 17. Der Stand der Versorgung, d.h. die konkrete Möglichkeit, an ein Kabelnetz angeschlossen zu werden, liegt jedoch weit höher. Zu weiteren statistischen Angaben vgl. Direktorenkonferenz der Landesmedienanstalten (DLM) (Hrsg.), Jahrbuch 88, 1988, S. 253 ff.

[109] Kritisch zu der dadurch bewirkten faktischen Präjudizierung der Einspeisungsentscheidung der Länder hinsichtlich des "Ob" der Nutzung *J. Scherer*, Telekommunikationsrecht und Telekommunikationspolitik, 1985, S. 531 ff.; ähnlich auch schon *R. Groß*, DÖV 1983, 437, 440, und *P. J. Tettinger*, JZ 1984, 400, 407 f.

[110] Abgedruckt bei *W.-D. Ring*, Medienrecht, unter F-III 1.4, und bei *R. Ricker*, Die Einspeisung von Rundfunkprogrammen in Kabelanlagen aus verfassungsrechtlicher Sicht, 1984, S. 119 ff.

funkrechtliche Bedenken wurden durch den Konsens darüber beseitigt, daß es sich bei der inhaltlich unveränderten, vollständigen und zeitgleichen Übernahme von in der Luft vorhandenen, zum unmittelbaren Empfang durch die Allgemeinheit bestimmten Rundfunkprogrammen "nicht um eine neue Rundfunkveranstaltung" handele. Während der Bericht die Einspeisung aller für das Sendegebiet gesetzlich bestimmten Programme zwingend vorschreibt, sei die Übernahme der sonstigen Programme fakultativ. Wenn sie erfolge, müßten jedoch alle empfangbaren Programme übernommen werden; reiche die Kapazität der Kabelanlage nicht aus, so sei auf die Reihenfolge ihrer Empfangsfeldstärke abzustellen.

Diese mit dem "Schliersee-Papier" von 1975 begonnene Politik definitorischer "Ausgrenzungen aus dem Rundfunkbegriff"[111] setzte sich im September 1983 mit der Ergänzung des genannten Berichts[112] fort. In dem Papier, das von der Ministerpräsidentenkonferenz auf ihrer Herbstsitzung (19. bis 21. Oktober) 1983 in Stuttgart zustimmend zur Kenntnis genommen wurde, drückt sich in besonderem Maße der gemeinsame Länderwille aus, die Rundfunkhoheit der Länder gegenüber der Fernmeldehoheit des Bundes abzugrenzen[113]. Die Einspeisung von für das Sendegebiet nicht gesetzlich bestimmten, zum Zwecke der Einspeisung herangeführten Rundfunkprogrammen, deren Beurteilung im ersten Bericht noch offen geblieben war, wird als "rundfunkrechtlich relevanter Vorgang" bezeichnet. Mit dieser Formulierung wurde nicht nur die Länderzuständigkeit für die Einspeisungsentscheidung dokumentiert, sondern auch die mit der Einstufung als Rundfunkveranstaltung verbundene, zwingende Konsequenz vermieden, die Organisation der Einspeisung dem Gesetzesvorbehalt und den sich aus Art. 5 Abs. 1 GG ergebenden materiellen Anforderungen der Meinungsvielfalt zu unterwerfen[114]. Dennoch wurden rundfunkrechtliche Re-

---

[111] R. Groß, Media Perspektiven 1983, 789, 790; auch J. Scherer, Telekommunikationsrecht und Telekommunikationspolitik, 1985, S. 537.

[112] "Ergänzung des Berichts über die Verbreitung von Rundfunkprogrammen (Hörfunk und Fernsehen) in Kabelanlagen" vom 14. September 1983, abgedruckt bei W.-D. Ring, Medienrecht, unter F-III 1.6, und bei R. Ricker, Die Einspeisung von Rundfunkprogrammen in Kabelanlagen aus verfassungsrechtlicher Sicht, 1984, S. 124 ff.

[113] Vgl. J. Scherer, Telekommunikationsrecht und Telekommunikationspolitik, 1985, S. 537 f.; M. Stock, Medienfreiheit als Funktionsgrundrecht, 1985, S. 468 f.

[114] So deutlich A. Hesse, ZUM 1987, 19, 21. - Zur Diskussion über die rundfunkrechtliche Einordnung vgl. stellvertretend Ch. Starck, JZ 1983, 405, 414; R. Ricker, Die Einspeisung von

gelungen für erforderlich gehalten, die "bei der Heranführung zugrundezulegen" seien. Sie sollten "von folgenden Zielen ausgehen: Erreichung von Meinungsvielfalt im Programmangebot, Beachtung des Grundsatzes des freien Informationsflusses, Verhinderung von Mißbräuchen im Rahmen der verfassungsrechtlichen Schranken". In diesem Sinne erklärten die Länder im Blick auf das im Rahmen des Kabelpilotprojekts Ludwigshafen einzurichtende, bundesweite private Fernsehprogramm Sat-1 auch auf der Konferenz vom 23. Februar 1984, sich um ein "flächendeckendes Netzwerk"[115] abgestimmter landesgesetzlicher Weiterverbreitungsregeln zu bemühen.

II. Vorläufige Einspeisungsregelungen als "vorgeschaltete Versuche"

Schien insoweit die Frage nach dem Gesetzesvorbehalt geklärt, so kam es jedoch nicht mehr zu einer (offiziell) föderativ abgestimmten, präziseren Abfassung inhaltlicher Grundsätze für die Weiterverbreitung von Fernmeldesatellitenprogrammen[116]. Vielmehr stellten die Länder, auf den - angesichts des Regelungsbedarfs relativ langen - Zeitraum der folgenden drei Jahre verteilt, nacheinander die Programmeinspeisung je für sich auf eine gesetzliche Grundlage. Die Dissonanzen in der Auffassung über Einzelheiten der rundfunkrechtlichen Ausgestaltung werden dabei schon in dem Gebrauch unterschiedlicher Gesetzestypen deutlich. So wurde die Weiterverbreitung teils in neuen Landesrundfunkgesetzen (Niedersachsen[117], Schleswig-Holstein[118], Saarland[119]), teils in Medienerprobungs- oder in den Ver-

---

Rundfunkprogrammen in Kabelanlagen aus verfassungsrechtlicher Sicht, 1984, passim; *M. Stock*, Medienfreiheit als Funktionsgrundrecht, 1985, S. 462 ff.; *ders.*, Landesmedienrecht im Wandel, 1986, S. 122 ff.; *A. Hesse*, ZUM 1987, 19, 22 f.; jeweils m.w.N. Jedenfalls brauchen die Vorkehrungen zur Sicherung der Rundfunkvielfalt bei der Verbreitung von Programmen "nicht so weit zu gehen wie die Anforderungen an die Veranstaltung von Rundfunksendungen" (BVerfGE 73, 118, 197 [4. Fernseh-Entscheidung]; auch schon *W. Schmitt Glaeser/Ch. Degenhart*, AfP 1986, 173, 174 f. m.w.N.; zur Rechtsprechung des Bundesverfassungsgerichts hierzu siehe im übrigen *W. Schmitt Glaeser*, AÖR 112 [1987], 215, 262 f.).

[115] *M. Stock*, ZUM 1986, 411, 415.

[116] Damit gelangte sowohl aus bundesstaatlicher als auch aus grundrechtlicher Sicht die Frage nach der "Koordinationspflicht der Länder im Rundfunkwesen" ins Blickfeld. Siehe dazu grundlegend *W. Schmitt Glaeser/Ch. Degenhart*, AfP 1986, 173 ff.

[117] § 44 Niedersächsisches Landesrundfunkgesetz vom 23. Mai 1984 (GVBl. S. 147).

suchsgesetzen über die Kabelpilotprojekte (Berlin[120], Bayern[121], Rheinland-Pfalz[122]), teils in speziellen Versuchs- oder Vorschaltgesetzen (Hamburg[123], Nordrhein-Westfalen[124], Baden-Württemberg[125], Bremen[126], Hessen[127]) geregelt[128]. Die Notwendigkeit einer vorsichtig-evolutionären Politik, die im Wege der Erprobung auf die Sammlung von Erfahrungen in der
Einspeisungsfrage zielt, wurde demnach von einer Mehrzahl der Bundesländer gesehen, nicht jedoch in Niedersachsen, Schleswig-Holstein und im
Saarland, deren "normal-gesetzliche" Normierungen im Rahmen der jeweiligen Landesrundfunkgesetze zudem allesamt zeitlich vor einer möglichen
Erkenntnisgewinnung durch die Versuchsanordnungen in den übrigen
Bundesländern ergingen. Diesen, doch bemerkenswerten Abweichungen in
der Einschätzung der Regelungssituation kann hier nicht weiter auf den
Grund gegangen werden. Näher betrachtet werden sollen indes - vor dem
Hintergrund der skizzierten Entwicklung - der Charakter und die Abfas-

---

[118] §§ 25 ff. Rundfunkgesetz für das Land Schleswig-Holstein vom 27. November 1984
(GVOBl. S. 214).

[119] §§ 48 ff. Rundfunkgesetz für das Saarland vom 28. November 1984 (ABl. S. 1249).

[120] §§ 56 ff. Kabelpilotprojekt- und Versuchsgesetz für drahtlosen Rundfunk im Land
Berlin vom 17. Juli 1984 (GVBl. S. 964).

[121] §§ 34 ff. Gesetz über die Erprobung und Entwicklung neuer Rundfunkangebote und
anderer Mediendienste in Bayern vom 22. November 1984 (GVBl. S. 445 ber. S. 546).

[122] §§ 34, 35 Landesgesetz über einen Versuch mit Breitbandkabel vom 4. Dezember
1980 (GVBl. S. 229) in der durch das Landesgesetz zur Änderung des Landesgesetzes über einen Versuch mit Breitbandkabel vom 20. Dezember 1984 (GVBl. S. 241) novellierten Fassung.

[123] Gesetz über die vorläufige Weiterverbreitung von Rundfunkprogrammen in Kabelanlagen vom 10. Oktober 1984 (GVBl. S. 207) - im folgenden: VorlWeiterverbreitungsG Hamburg.

[124] Gesetz über die vorläufige Weiterverbreitung von Rundfunkprogrammen in Kabelanlagen vom 19. März 1985 (GV. S. 248) - im folgenden: VorlWeiterverbreitungsG NW.

[125] Gesetz zur versuchsweisen Einspeisung von Satellitenprogrammen in Kabelnetze im
Land Baden-Württemberg vom 1. April 1985 (GBl. S. 50) - im folgenden: EinspeisungsVersuchsG BW.

[126] Gesetz über die vorläufige Weiterverbreitung von Rundfunkprogrammen in Kabelanlagen vom 30. Juli 1985 (GBl. S. 143) - im folgenden: VorlWeiterverbreitungsG Bremen.

[127] Gesetz über die Weiterverbreitung von Satellitenprogrammen vom 30. Januar 1987
(GVBl. I S. 17) - im folgenden: WeiterverbreitungsG Hessen.

[128] Synopse, Kommentierung und rechtliche Würdigung der Einspeisungsregelungen der
Länder (außer Hessen) finden sich bei *R. Ricker*, Privatrundfunk-Gesetze im Bundesstaat,
1985, S. 152 ff.; *H. D. Jarass*, ZUM 1986, 303, 313 ff.; *A. Hesse*, ZUM 1987, 19, 26 f.; siehe auch
W. Schmitt Glaeser/Ch. Degenhart, AfP 1986, 173 ff.

sung der Landesgesetze über die versuchsweise oder vorläufige Weiterverbreitung von (herangeführten) Satellitenprogrammen[129].

Als erste und zugleich kürzeste derartige Regelung erging diejenige *Hamburgs*. Sein VorlWeiterverbreitungsG vom 10. Oktober 1984 umfaßte lediglich zwei Paragraphen, wobei § 2 allein das Inkrafttreten des Gesetzes für den 1. Januar 1985 bestimmte. § 1 Abs. 1 des Gesetzes verband "die mit dem Gesetz angestrebte vorläufige Zulassung von Einspeisungen herangeführter Rundfunkprogramme mit dem Ziel, Erfahrungen über die Nutzung derartiger zusätzlich angebotener Programme zu sammeln"[130]. Zu diesem Zwecke hatten die Anbieter von Rundfunkprogrammen und die Betreiber von Kabelanlagen "einen Bericht über ihre Feststellungen zur Nutzung dieser Rundfunkprogramme der zuständigen Stelle vorzulegen" (§ 1 Abs. 2 Satz 2). Der vorläufige Charakter dieser Einspeisungsregelung wurde "dadurch klargestellt, daß ihre Geltungsdauer mit der endgültigen Regelung im Hamburgischen Mediengesetz, spätestens aber am 31. Dezember 1985 enden"[131] sollte. Dadurch fungierte das Gesetz "aus Gründen der Sicherung des Medienstandorts Hamburg"[132] auch als sogenanntes "Vorschaltgesetz"[133]. Dementsprechend trat es gemäß § 65 Abs. 2 Hamburgisches Mediengesetz[134] mit Ablauf des 31. Dezember 1985 außer Kraft. Inhaltlich beschränkte sich das VorlWeiterverbreitungsG auf die Zulassung und Anzeige der inhaltlich unveränderten, vollständigen und zeitgleichen Einspeisung herangeführter Programme, die im Geltungsbereich des Grundgesetzes in rechtlich zulässiger Weise veranstaltet werden. Eine nähere Regelung der Rangfolge der zur Weiterverbreitung vorgesehenen Programme wurde nicht für notwendig erachtet[135].

---

[129] Kritisch zum Erprobungscharakter dieser Gesetze stellt sich vor allem *K.-H. Ladeur*, Media Perspektiven 1985, 734, 741 ff.

[130] Begr. des Senatsentwurfs vom 18. September 1984, Bürgerschaft-Drucks. 11/2970, S. 2.

[131] Ebd.

[132] Ebd., S. 1.

[133] So ausdrücklich *Ch. Degenhart*, BayVBl. 1986, 577, 579 Fn. 47, 580. Allgemein zu Vorschaltgesetzen *M. Kloepfer*, Vorwirkung von Gesetzen, 1974, S. 201 f.

[134] Vom 3. Dezember 1985 (GVBl. S. 315).

[135] Vgl. Begr. des Senatsentwurfs vom 18. September 1984, Bürgerschaft-Drucks. 11/2970, S. 2.

Weiterreichende und differenziertere Anordnungen traf das in *Nord-rhein-Westfalen* am 19. März 1985 ergangene VorlWeiterverbreitungsG[136]. Auch sein Ziel war bis zum Inkrafttreten einer anderweitigen Regelung, längstens bis zum 31. Dezember 1987[137] (vgl. §§ 1 Abs. 1, 9) die "Erprobung der Nutzung neuer Kommunikationstechniken" (§ 1 Abs. 1). Die Einspeisung von herangeführten Rundfunkprogrammen in Kabelanlagen war nach einer entsprechenden, vom Rundfunkausschuß bestätigten Anzeige (§ 3) nur zulässig, wenn bestimmte "Voraussetzungen" an die Meinungsvielfalt und die Werbung (§ 2) erfüllt sowie die Rangfolgebestimmungen (§ 4) eingehalten waren. Danach waren grundsätzlich herangeführte inländische sowie weitere deutsch- und fremdsprachige Rundfunkprogramme gleichrangig[138] zugelassen. Bei Kapazitätsengpässen der Kabelanlage hatte der Rundfunkausschuß zu entscheiden. Dieser mußte überdies der Landesregierung jährlich einen Bericht über die Erfahrungen mit der Anwendung des Gesetzes vorlegen (§ 7).

Wegen einer Reihe noch offener technischer, gebührenrechtlicher und gerätemäßiger Fragen[139] sowie der in Aussicht stehenden landesgesetzlichen Einspeisungsregelung[140] wurde in *Baden-Württemberg* das EinspeisungsVersuchsG vom 1. April 1985 erlassen. Nach seinem § 3 Abs. 2 trat das Gesetz "am" (gemeint ist wohl: mit Ablauf des[141]) 31. Dezember 1985 außer Kraft. Mit der versuchsweisen Zulassung der Einspeisung bzw. Weiterverbreitung von Satellitenprogrammen (ohne Antrags- oder Anzeigepflicht) sollte "die Möglichkeit zur Klärung der noch offenen Fragen er-

---

[136] Das Gesetz erging auf der Grundlage des Entwurfs der Fraktion der SPD vom 29. Januar 1985, LT-Drucks. 9/3982, i.d.F. der Beschlußempfehlung des Hauptausschusses vom 8. März 1985, LT-Drucks. 9/4131.

[137] *Ch. Degenhart*, BayVBl. 1986, 577, 579 Fn. 47, 580, spricht daher auch insoweit von einem "Vorschaltgesetz"; ebenso *M. Stock*, Landesmedienrecht im Wandel, 1986, S. 106. Es trat gemäß § 64 des Rundfunkgesetzes für das Land Nordrhein-Westfalen vom 9. Januar 1987 (GV. S. 22) außer Kraft.

[138] Jedoch erhielten Vollprogramme den Vorrang vor Spartenprogrammen.

[139] Darüber hinaus sei bei der Einmessung der Programmübertragungsleistung mit Teilausfällen und Störungen in der Anfangsphase zu rechnen. Vgl. Begr. des Gesetzentwurfs der Landesregierung vom 21. Januar 1985, LT-Drucks. 9/994. S. 1, 5.

[140] *Ch. Gödel*, in: M. Bullinger/ders., Landesmediengesetz Baden-Württemberg (LMedienG), Kommentar, 1986, § 87 Rn. 1 ff., spricht daher von einem "Vorschaltgesetz".

[141] Vgl. ebd., § 87 Rn. 1.

reicht werden"[142]. Inhaltlich enthielt das Gesetz weder eine örtliche Beschränkung bei der Einspeisung herangeführter Programme noch eine
Rangfolgeregelung. Alle eingespeisten Programme mußten jedoch den gesetzlichen Bestimmungen zum Schutze der Programmwahrheit (Trennung
von Programm und Werbung), der Jugend und anderer fundamentaler Ver-
fassungswerte (§ 1 Abs. 2 bis 4) entsprechen, sollte ihre Weiterverbreitung
nicht untersagt werden (§ 2). Inzwischen ist die Weiterverbreitung von
Rundfunkprogrammen in den Vorschriften zur "Sicherung der Empfangs-
freiheit" der §§ 9 ff. des Landesmediengesetzes Baden-Württemberg vom
16. Dezember 1985[143] geregelt.

Als zunächst letzte derartige Regelung erging in *Bremen* das VorlWeiterverbreitungsG vom 30. Juli 1985[144]. Auch sein Ziel war bis zum Inkrafttreten einer anderweitigen, endgültigen Regelung[145] (vgl. §§ 1 Abs. 1, 8) -
allerdings ohne kalendermäßige Befristung - die "Erprobung der Nutzung
neuer Kommunikationstechniken" (§ 1 Abs. 1). Sein Inhalt entsprach weitgehend dem des VorlWeiterverbreitungsG in Nordrhein-Westfalen; lediglich an die Stelle der Anzeigepflicht trat eine Antragspflicht (§ 4).

Damit war ab Mitte 1985 *Hessen* das einzige Bundesland, in dem keinerlei gesetzliche Grundlagen über (und damit Möglichkeiten für) die Einspeisung herangeführter Hörfunk- und Fernsehprogramme, namentlich
von Sat-1, bestanden und auch keine Ansätze zu einer Neuordnung des
Rundfunkwesens erkennbar waren[146]. Erst nach heftigen medienpoliti-

---

[142] Begr. des Gesetzentwurfs der Landesregierung vom 21. Januar 1985, LT-Drucks. 9/994,
S. 5.

[143] GBl. S. 539, geändert durch Gesetz zur Änderung des Landesmediengesetzes von Baden-Württemberg vom 14. Dezember 1987 (GBl. S. 728).

[144] Geändert durch Gesetz zur Änderung des Gesetzes über die vorläufige Weiterverbreitung von Rundfunkprogrammen in Kabelanlagen vom 9. Dezember 1986 (GBl. S. 290); geändert durch Gesetz zur Änderung des Gesetzes über die vorläufige Weiterverbreitung von
Rundfunkprogrammen in Kabelanlagen und zur Änderung des Gesetzes über die Abgabe für
die vorläufige Weiterverbreitung von Rundfunkprogrammen in Kabelanlagen vom 25. Juni
1987 (GBl. S. 201). - Das Gesetz beruhte auf einem Antrag des Nichtständigen Ausschusses
"Zukünftige Entwicklungen auf dem Sektor des Rundfunkwesens im Lande Bremen" vom 26.
Juni 1985, Bürgerschaft-Drucks. 11/417.

[145] Daher ist auch hier die Einstufung als "Vorschaltgesetz" möglich; so *Ch. Degenhart*,
BayVBl. 1986, 577, 579 Fn. 47. Auch der (abgelehnte) Gesetzentwurf der Fraktion der CDU
trug den Titel "Vorschaltgesetz". - Das Gesetz wurde durch das neue, am 3. Februar 1989 verabschiedete Landesmediengesetz Bremen abgelöst.

[146] Vgl. *Ch. Degenhart*, BayVBl. 1986, 577, 579 Fn. 47.

schen wie -rechtlichen Auseinandersetzungen[147] kam es schließlich zu dem Gesetz über die Weiterverbreitung von Satellitenprogrammen vom 30. Januar 1987[148]. Dabei handelte es sich jedoch nicht um ein zeitlich befristetes Versuchsgesetz. Der hessische Gesetzgeber konnte auf manche Erfahrung in anderen Bundesländern zurückgreifen. Allerdings verlangte § 8 des Gesetzes vom als Überwachungsorgan eingesetzten Rundfunkausschuß die Vorlage eines Erfahrungsberichts. Mit Inkrafttreten des Gesetzes über privaten Rundfunk in Hessen vom 30. November 1988[149] ist das WeiterverbreitungsG außer Kraft getreten.

C. Kabelpilotprojekt- und andere Medienerprobungsgesetze

Als drittes Anwendungsfeld einer Experimentier- oder Erprobungsgesetzgebung[150] erweist sich das bundesweite Bemühen um eine vor dem Hintergrund der skizzierten Fortschritte in der Kommunikationstechnik nahezu unbestritten notwendige[151] Neuordnung der Rundfunkveranstaltung (Hörfunk und Fernsehen) in der Bundesrepublik Deutschland. Dabei ging und geht es vor allem um die (Ausmaße der) (versuchsweisen) Einbeziehung privater Trägerschaftsformen in das überkommene System des öffentlich-rechtlichen Anstaltsrundfunks. Quelle sind hier die gesetzlichen Grundlagen für die eingerichteten Kabelpilotprojekte sowie die übrigen, neuen Landesmediengesetze mit experimentellem Zuschnitt.

---

[147] Siehe dazu stellvertretend m.w.N. *W. Schmitt Glaeser/Ch. Degenhart*, AfP 1986, 173 ff.

[148] Geändert durch Gesetz zur Änderung des Gesetzes über die Weiterverbreitung von Satellitenprogrammen vom 25. September 1987 (GVBl. I S. 165). - Das Gesetz erging auf der Grundlage des Entwurfs der Landesregierung vom 3. Dezember 1985, LT-Drucks. 11/5010, i.d.F. des Antrags der Fraktion der SPD vom 20. Januar 1987, LT-Drucks. 11/7157, und der Beschlußempfehlung des Hauptausschusses vom 28. Januar 1987, LT-Drucks. 11/7178.

[149] GVBl. II S. 74.

[150] Kritisch demgegenüber wieder *K.-H. Ladeur*, Media Perspektiven 1985, 734, 734 ff.

[151] Vgl. etwa *W. Schmitt Glaeser*, Kabelkommunikation und Verfassung, 1979, S. 109 ff.; *Ch. Degenhart*, BayVBl. 1986, 577, 579; jeweils m.w.N.

I. Der rundfunkrechtliche Rahmen: die Rechtsprechung des Bundesverfassungsgerichts zur Rundfunkfreiheit des Art. 5 Abs. 1 Grundgesetz

Ausgangs- und Bezugspunkt, "Leitsatz" und Problem(aus)löser der Diskussion um die (Neu-)Organisation des Rundfunks und dabei die Sicherung der Rundfunkfreiheit ist die zur "Magna Charta des Rundfunkrechts"[152] avancierte Verfassungsrechtsprechung zu Art. 5 Abs. 1 GG (geworden)[153]. Nach ihr gehört der Rundfunk zu den "unentbehrlichen modernen Massenkommunikationsmitteln"[154]. Er "ist mehr als nur 'Medium' der öffentlichen Meinungsbildung; er ist ein eminenter 'Faktor' der öffentlichen Meinungsbildung"[155]. Daraus folgt ein gegenüber der Presse gleichgewichtiges Bedürfnis nach institutioneller Freiheit des Rundfunks[156]. Wegen der im Vergleich zum Pressewesen, 1961 in der "1. Fernseh-Entscheidung"[157] erstmals konstatierten[158] Sondersituation im Rundfunkwesen (Knappheit der Sendefrequenzen und hoher Finanzaufwand für die Veranstaltung von Rundfunkdarbietungen) mußten die Zahl der Veranstaltungsträger zunächst "verhältnismäßig klein bleiben" und vom Gesetzgeber besondere organisatorische (Repräsentation aller gesellschaftlich relevanten Kräfte) und programminhaltliche Vorkehrungen (Leitgrundsätze zur Gewährleistung von inhaltlicher Ausgewogenheit, Sachlichkeit und gegenseitiger Achtung) zur Sicherung der Rundfunkfreiheit getroffen sein. Als eines "der diesem Zweck dienlichen Mittel" wurde das Prinzip der öffentlichrechtlichen Rundfunkorganisation angesehen, jedoch unter Einhaltung der

---

[152] *K. Stern*, in: H. R. Klecatsky u.a., Rundfunkrecht und Rundfunkpolitik, 1969, S. 26, 27; auch *ders.*, DVBl. 1982, 1109, 1111.

[153] Zu dieser vgl. stellvertretend *P. Lerche*, in: M. Bullinger/F. Kübler (Hrsg.), Rundfunkorganisation und Kommunikationsfreiheit, 1979, S. 15 ff.; *Th. Oppermann*, JZ 1981, 721 ff.; *W. Schmitt Glaeser*, AÖR 97 (1972), 60, 115 f.; *ders.*, AÖR 112 (1987), 215 ff.; jeweils m.w.N. aus dem Schrifttum.

[154] BVerfGE 12, 205, 261 (1. Fernseh-Entscheidung); vgl. auch etwa BVerfGE 31, 314, 325 (3. Fernseh-Entscheidung).

[155] BVerfGE 12, 205, 260 (1. Fernseh-Entscheidung).

[156] Ebd., 260 f.

[157] Vgl. ebd., 261 ff.

[158] Vgl. *W. Schmitt Glaeser*, DVBl. 1987, 14, 14; *ders.*, AÖR 112 (1987), 215, 218.

genannten Voraussetzungen auch die prinzipielle Zulässigkeit einer privaten Rundfunkträgerschaft betont[159].

Zwar konnte die seinerzeitige Formulierung des Gerichts: "Art. 5 GG verlangt jedenfalls, daß dieses moderne Instrument der Meinungsbildung weder dem Staat noch *einer* gesellschaftlichen Gruppe ausgeliefert wird"[160] als "übergreifendes, gewissermaßen zeitloses Postulat"[161] aufgefaßt werden, das auch einen außenpluralistisch konzeptionierten Rundfunk auf einem "Marktplatz der Meinungen"[162] für denkbar und möglich erachtete. Jedoch hielt das Gericht[163] in seiner folgenden Rechtsprechung "jedenfalls vorerst"[164] - bis zur "4. Fernseh-Entscheidung" aus dem Jahre 1986[165] - an der Legitimierung des faktischen öffentlich-rechtlichen Rundfunkmonopols durch die in rechtstatsächlicher Hinsicht nur dürftig begründete[166] Sondersituation fest. Insbesondere die "3. Fernseh-Entscheidung" vom 16. Juni 1981 wurde in diesem Zusammenhang[167] im Schrifttum heftig kritisiert[168]. Dennoch findet sich dort[169] die erste grundsätzliche Anerkennung einer

---

[159] Vgl. BVerfGE 12, 205, 261 f. (1. Fernseh-Entscheidung). Die hier anerkannte privatrechtliche Organisationsform mit binnenpluralistischer Struktur stellt jedoch "publizistisch und rundfunkrechtlich gegenüber der Anstaltsverfassung lediglich eine Rechtsformenvertauschung dar" (*E. Kull*, FuR 1981, 644, 644; vgl. auch *W. Schmitt Glaeser*, DVBl. 1987, 14, 16; *ders.*, AÖR 112 [1987], 215, 220).

[160] BVerfGE 12, 205, 262 (1. Fernseh-Entscheidung).

[161] *P. J. Tettinger*, Neue Medien und Verfassungsrecht, 1980, S. 6; *ders.*, JZ 1984, 400, 404.

[162] *M. Bullinger*, AÖR 108 (1983), 161 ff.

[163] Vgl. auch die Rechtsprechung des Bayerischen Verfassungsgerichtshofs aus dem Jahre 1977 zu Art. 111 a der Bayerischen Verfassung, BayVerfGHE 30, 78, 97 f. Kritisch dazu *U. Scheuner*, AfP 1977, 367 ff.

[164] BVerfGE 31, 314, 326 (2. Fernseh-Entscheidung); vgl. auch BVerfGE 57, 295, 323 (3. Fernseh-Entscheidung).

[165] BVerfGE 73, 118 ff.

[166] Vgl. *W. Schmitt Glaeser*, DVBl. 1987, 14, 14 f.; *ders.*, AÖR 112 (1987), 215, 219; jeweils m.w.N.: "Die weitreichenden Folgerungen für die spezifischen Anforderungen an die Absicherung der Rundfunkfreiheit, die aus der angeblichen Sonderlage gezogen wurden, standen von Anfang an in einer eklatanten Diskrepanz zu der kargen Beschreibung dieser Situation. Sie erschien daher eher als eine bloß dezisionistische Behauptung, und ihre Richtigkeit lag keineswegs auf der Hand."

[167] Vgl. BVerfGE 57, 295, 322 f.

[168] Vgl. die Nachweise bei *W. Schmitt Glaeser*, AÖR 112 (1987), 215, 219 Fn. 16.

[169] Vgl. BVerfGE 57, 295, 325 ff.

"materiell-privaten Rundfunkfreiheit"[170] und der Gleichwertigkeit des außenpluralistischen Organisationsmodells gegenüber dem binnenpluralistischen Organisationssystem[171]. Diese mündet schließlich in der "4. Fernseh-
Entscheidung" - nach Feststellung einer veränderten bzw. verbesserten
Sondersituation[172] - in das "Gebot faktischer Zulässigkeit privaten Rundfunks"[173] und das Modell eines "dualen Rundfunksystems"[174] in der Form
eines Nebeneinander von öffentlich-rechtlicher und privater Rundfunkträgerschaft[175].

Hierzu bedarf es jedoch einer "positiven Ordnung" des Gesetzgebers,
welche ein möglichst hohes Maß an gleichgewichtiger Meinungsvielfalt im
Gesamtangebot inländischer Rundfunkprogramme und - im Blick auf die
"kulturelle Verantwortung" der öffentlich-rechtlichen Anstalten für die
"unerläßliche 'Grundversorgung'" - einen (niedrigeren) *Grundstandard*
gleichgewichtiger Vielfalt" im privaten Rundfunk sicherstellt[176]. Ob durch
diese Rechtsprechung tatsächlich eine "Weichenstellung"[177] vom bloßen
"Modell" zur Wirklichkeit eines gemischten Rundfunksystems als Konkur-
renzsystem erfolgt ist, ist indes mit der "5. Fernseh-Entscheidung"[178] des
Gerichts wieder in Frage gestellt worden. Die Aufgabe zur "unerläßlichen
Grundversorgung" scheint in der Fortentwicklung zur "Bestands- und Entwicklungsgarantie" die Legitimierungsfunktion der ehemaligen "Sondersi-

---

[170] *R. Scholz*, JZ 1981, 561, 563; auch *W. Schmitt Glaeser*, BayVBl. 1985, 97, 97; *ders.*,
DVBl. 1987, 14, 16; *ders.*, AÖR 112 (1987), 215, 220.

[171] So auch *R. Herzog*, in: Maunz/Dürig, Kommentar zum Grundgesetz, Art. 5 Abs. I, II
(1968/1982/1987), Rn. 232 ff., 235.

[172] Vgl. BVerfGE 73, 118, 121 ff., 154 ff. - Dazu vor allem *W. Schmitt Glaeser*, Kabelkommunikation und Verfassung, 1979, S. 20 ff., 33 ff., 111 ff.; *M. Bullinger*, Kommunikationsfreiheit im Strukturwandel der Telekommunikation, 1980, bes. S. 23 ff.

[173] *W. Schmitt Glaeser*, DVBl. 1987, 14, 16, und *ders.*, AÖR 112 (1987), 215, 221, 251 f., unter Bezugnahme auf BVerfGE 73, 118, 157.

[174] Vgl. BVerfGE 73, 118, 125 und etwa 157.

[175] *Th. Oppermann*, JZ 1981, 721, bes. 728 ff., spricht insoweit von "gemischter Rundfunkverfassung". - Damit wurde der Auffassung vom prinzipiell zur Programmvielfalt unfähigen,
"häßliche(n) 'Kommerzfunk'" (*W. Schmitt Glaeser*, DÖV 1986, 819 ff.) widersprochen; vgl.
ders., DVBl. 1987, 14, 16; *ders.*, AÖR 112 (1987), 215, 252.

[176] Vgl. BVerfGE 73, 118, 152 ff. (4. Fernseh-Entscheidung).

[177] So noch *W. Schmitt Glaeser*, DVBl. 1987, 14, 16; auch *ders.*, AÖR 112 (1987), 215, 221.

[178] BVerfGE 74, 297 ff.

tuation" für die faktische Monopolstellung der öffentlich-rechtlichen Rundfunkanstalten übernommen zu haben[179].

II. Vom gemeinsamen Experimentalprogramm zum "Pluralismus" der Kabelpilotprojekte

In der Rechtsprechung unentschieden blieb[180] und im Schrifttum nach wie vor umstritten[181] ist die Frage, ob eine verfassungsrechtliche Pflicht zur Zulassung privater Rundfunkveranstalter besteht. Diese hat jedoch schon frühzeitig begonnen, an aktueller Brisanz zu verlieren, da seit Ende der 70er Jahre das medienpolitische Klima in der Bundesrepublik Deutschland auf die Schaffung (landes)gesetzlicher Grundlagen für die Einführung des privaten Rundfunks - zumindest zum Zwecke der Erprobung - drängte. Geblieben und an den Bemühungen um länderübergreifend konsentierte und abgestimmte Experimentalphasen und Dauerregelungen auf dem Weg zu einem dualen Rundfunksystem erkennbar sind allerdings die medienrechtlichen wie -politischen Prinzipienkonflikte zwischen Außen- und Binnenpluralismus, Markt- und Integrationsmodell.

Als Beginn einschlägiger wie eingehender politischer Befassung und Aktivität kann der bereits erwähnte Beschluß der Ministerpräsidenten der Bundesländer vom 11. Mai 1978 über die Durchführung eines gemeinsamen Experimentalprogramms "Kabelfernsehen und Breitbandkommunikation"[182] angesehen werden[183]. In diesem Papier verständigten sich die Län-

---

[179] Zur Kritik vgl. stellvertretend *W. Schmitt Glaeser,* DÖV 1987, 837 ff.; *E. Kull,* AfP 1987, 568 ff.; *St. Ory,* ZUM 1987, 427 ff.; *Ch. Degenhart,* ZUM 1988, 47 ff.; *P. Selmer,* Bestands- und Entwicklungsgarantien für den öffentlich-rechtlichen Rundfunk in einer dualen Rundfunkordnung, 1988, S. 76 ff., 103 ff.; *H. Gröner,* in: E.-J. Mestmäcker (Hrsg.), Offene Rundfunkordnung, 1988, S. 349, 356 f. Ähnlich auch *H. Bethge,* ZUM 1987, 199, 200 ff., schon zur 4. Fernseh-Entscheidung des Bundesverfassungsgerichts.

[180] Vgl. ausdrücklich BVerfGE 57, 295, 318 (3. Fernseh-Entscheidung).

[181] Siehe dazu nur die Nachweise bei *W. Schmitt Glaeser,* AÖR 112 (1987), 215, 216 Fn. 2 und 3, sowie die Darstellung bei *J. Stender-Vorwachs,* "Staatsferne" und "Gruppenferne" in einem außenpluralistisch organisierten privaten Rundfunksystem, 1988, S. 60 ff. m.z.N. Näher dazu unten 6. Kap. A. II.

[182] Abgedruckt bei *W.-D. Ring,* Medienrecht, unter F-III 1.1.

[183] Bereits 1975 war indes das 1978 gestoppte "Kasseler Projekt" geplant worden. Vgl. dazu *D. Ratzke,* Handbuch der Neuen Medien, 2. Aufl. 1984, S. 137 f. Zur weiteren Vorgeschichte siehe *Th. Janssen,* FUNK-Korrespondenz 1979, Sonderausgabe: Kommunikationspolitik, 28 ff.,

der zum Zwecke einer einheitlichen Grundstruktur des Rundfunkwesens in der Bundesrepublik Deutschland auf die Durchführung und Auswertung von örtlich und zeitlich begrenzten Versuchsprojekten mit Breitbandkabel unter Einbeziehung privater Programmträgerschaft[184]. Dazu sollten "in die Verhandlungen mit dem Bund vier Projekte mit den Standorten Berlin, Ludwigshafen-Mannheim, Nordrhein-Westfalen (Köln oder Wuppertal) und München" eingebracht werden[185]. An der Durchführung der Pilotprojekte sollten nach dem Beschluß die Rundfunkanstalten, eine öffentlich-rechtliche Körperschaft und eine öffentlich-rechtliche Anstalt beteiligt werden, "wobei auch private Veranstalter bei der Erprobung der 'neuen' Medien ... zugelassen werden" sollten. Letzteres sollte auf der Grundlage des von Rheinland-Pfalz übermittelten "Modells für ein Kabelfernsehpilotprojekt in privater Trägerschaft" (in der Fassung vom 5. Mai 1978)[186] erfolgen, das unter der Überwachung einer öffentlich-rechtlichen Anstalt eine weitgehende Eigenverantwortung der privaten Veranstalter für die Einzelprogramme vorsah.

Mit dieser Einigung zur Erprobung der neuen Medien in Kabelpilotprojekten folgten die Länder grundsätzlich den Empfehlungen der von der Bundesregierung im Februar 1974 eingesetzten "Kommission für den Ausbau des technischen Kommunikationssytems - KtK -". In ihrem, im Dezember 1975 vorgelegten "Telekommunikationsbericht" heißt es:

"Da die Errichtung eines bundesweiten Breitbandverteilnetzes wegen des Fehlens eines ausgeprägten und drängenden Bedarfs heute noch nicht empfohlen werden kann, und da neue Inhalte - auch solche, die nicht Rundfunk sind - erst der Entwicklung bedürfen, werden zunächst Pilotprojekte (Modellversuche) mit Breitbandkabelsystemen empfohlen."[187]

Dazu wird unter anderem weiter ausgeführt:

33; die Nachweise bei *M. Stock*, Koordinationsrundfunk im Modellversuch, 1981, S. 15 Fn. 1; *J. Scherer*, Telekommunikationsrecht und Telekommunikationspolitik, 1985, S. 508 ff.

[184] Die in dem Beschluß der Ministerpräsidenten vertretene "Auffassung, daß auch die Netzträgerschaft in Pilotprojekten alternativ getestet werden sollte", scheiterte am beharrlichen Widerstand der Bundesregierung bzw. des Bundespostministeriums. Vgl. dazu die Angaben bei *J. Scherer*, Telekommunikationsrecht und Telekommunikationspolitik, 1985, S. 509 ff.

[185] Mit dieser Standortverteilung wären die Pilotprojekte proportional der Machtverteilung in den Bundesländern in drei unionsregierten und zwei SPD-geführten Ländern realisiert worden. Vgl. *D. Ratzke*, Handbuch der Neuen Medien, 2. Aufl. 1984, S. 139.

[186] Abgedruckt bei *W. Schmitt Glaeser*, Kabelkommunikation und Verfassung, 1979, S. 259 ff. Dazu *M. Stock*, Koordinationsrundfunk im Modellversuch, 1981, S. 16 ff.

[187] KtK, Telekommunikationsbericht, 1976, E 9, S. 10, 119.

"Die vorgeschlagenen Pilotprojekte dienen grundsätzlich dem Ziel, die noch offenen Fragen des Bedarfs, verschiedene Möglichkeiten seiner Deckung durch bekannte und neue Inhalte, die Akzeptanz und die Nutzungsintensität durch die Teilnehmer sowie die Bereitschaft zur Übernahme von Investitionsausgaben und Preisen für laufende Dienstleistungen zu klären."[188]

"Die Pilotprojekte zur Errichtung und Nutzung von Breitbandverteilnetzen mit Rückkanal dienen der Bewältigung eines Innovationsproblems und verlangen deshalb hohe Flexibilität."[189]

"Zu den Informationsinhalten (insbesondere Programmen) wird vorgeschlagen, in den Pilotprojekten eine möglichst vielfältige Versuchsanordnung zu wählen, um die Akzeptanz und Attraktivität der Nutzung von Breitbandverteilnetzen testen zu können. Hierzu ist - soweit es sich um Rundfunk handelt - eine Entscheidung der rechtlich kompetenten Länder unerläßlich."[190]

Weitere medienpolitische Entscheidungen sollten demnach vom Ausgang der Versuchsprojekte abhängig gemacht werden. Die Pilotprojekte stellten dabei "Innovationsversuche im Sinne geplanter und kontrollierter Feldexperimente dar. Sie sollten testen, welche Breitbandkabelnetze und Nutzungsformen technisch zweckmäßig, bedarfsgerecht, wirtschaftlich vorteilhaft, sozial akzeptabel und politisch wünschenswert sind"[191], und sich dabei "nicht nur auf Erfindungen im Bereich der Nachrichtentechnik, sondern auch auf neuartige Informationsinhalte, Organisationsmodelle, Angebotsmodalitäten, Preisstrukturen und Rechtskonstruktionen"[192] beziehen. Diese Zielsetzung erforderte, jedenfalls theoretisch, "daß sowohl möglichst alle denkbaren und realisierbaren Finanzierungsformen als auch alle möglichen Formen der Produktion von Programmen und alle Varianten von Programminhalten erprobt werden"[193].

Die tatsächlichen medienpolitischen Ereignisse der Folgezeit blieben jedoch hinter diesen Ansprüchen und Erwartungen zurück. Schon bald zeigte

---

[188] Ebd., S. 123.

[189] Ebd., F 53, S. 11, 126.

[190] Ebd., E 15, S. 12, 127.

[191] *E. Witte*, in: Bayerische Staatskanzlei (Hrsg.), Kabelpilotprojekt München, Bericht der Projektkommission, 1987, S. 1, 15. Vgl. auch *ders.*, Leitlinien für die wissenschaftliche Begleitung von Pilotprojekten der Kabelkommunikation, 1978, S. 3.

[192] *E. Witte*, in: Bayerische Staatskanzlei (Hrsg.), Kabelpilotprojekt München, Bericht der Projektkommission, 1987, S. 1, 14.

[193] *W. Rudolf/W. Meng*, Rechtliche Konsequenzen der Entwicklung auf dem Gebiet der Breitbandkommunikation für die Kirchen, 1978, S. 62.

sich, daß der "medienpolitische Grundkonsens"[194] vom 11. Mai 1978 nur von vorübergehender Haltbarkeit war[195] und die Fortsetzung[196] der (Länder-[197])Auseinandersetzungen über die Zulassung privatwirtschaftlicher Rundfunkveranstalter nicht verhindern konnte. Dies führte zum einen zu einer zeitlichen Verzögerung des Starts der Pilotprojekte und zum anderen dazu, daß die Versuchsvorhaben von vorgezogenen Dauerkodifikationen überholt wurden.

Einen Anlaß dazu gab der Streit um den Fortbestand des Norddeutschen Rundfunks (NDR) als Dreiländeranstalt (Hamburg, Niedersachsen, Schleswig-Holstein) seit Mitte des Jahres 1978. Nachdem das Bundesverwaltungsgericht der Kündigung des zugrundeliegenden Staatsvertrages durch das Land Schleswig-Holstein die (staatsvertrags)auflösende Wirkung abgesprochen hatte[198], kam es im August 1980 zu einer Einigung der drei Länder über eine Neufassung des NDR-Staatsvertrages. Schleswig-Holstein und Niedersachsen ließen sich ihre Zustimmung jedoch um den Preis abringen, daß von 1983 an auch privaten Rundfunkveranstaltern die Inanspruchnahme neuer UKW-Frequenzen im Bereich von 100 bis 108 MHz eröffnet ist[199].

---

[194] *R. Groß*, DÖV 1983, 437, 438.

[195] *M. Stock*, Koordinationsrundfunk im Modellversuch, 1981, S. 123, spricht insoweit von einem "Moratorium".

[196] Der Länderbeschluß vom 11. Mai 1978 war selbst bereits ein Kompromiß zwischen den SPD-geführten (A-)Ländern, die für die Beibehaltung der öffentlich-rechtlichen Trägerschaft auch für die neuen Medientechniken eintraten, und den unionsregierten (B-)Ländern, die die Beteiligung der Privaten an der Nutzung der neuen Techniken forderten. Vgl. *R. Groß*, DÖV 1983, 437, 438, und ausführlich *J. Scherer*, Telekommunikationsrecht und Telekommunikationspolitik, 1985, S. 508 ff.

[197] Zu den parteipolitischen Kontroversen auf Bundesebene siehe die Angaben bei *Th. Janssen*, FUNK-Korrespondenz 1979, Sonderausgabe: Kommunikationspolitik, 10 ff., und *M. Stock*, Koordinationsrundfunk im Modellversuch, 1981, S. 21 ff. Erwähnenswert ist hier insbesondere die Einsetzung der Enquête-Kommission "Neue Informations- und Kommunikationstechniken" durch den Deutschen Bundestag am 9. April 1981. Sie sollte die rechtlichen, wirtschaftlichen, technischen und gesellschaftspolitischen Probleme der neuen Techniken darstellen und Empfehlungen für Entscheidungen des Parlaments formulieren. Ihre Arbeiten verliefen jedoch "großenteils im Sande". Siehe *M. Stock*, a.a.O., S. 39 Fn. 85, und *ders.*, Medienfreiheit als Funktionsgrundrecht, 1985, S. 382 Fn. 202, jeweils m.z.N.

[198] BVerwGE 60, 162, 183 ff.

[199] Das sind - auf der (Genehmigungs-)Grundlage der jeweils im Jahr 1984 erlassenen Landesrundfunkgesetze - die landesweiten Hörfunksender radio ffn in Niedersachsen (Sendebeginn: 31. Dezember 1986) und Radio Schleswig-Holstein (Sendebeginn: 1. Juli 1986). - Zur

In Südwestdeutschland hingegen wurde Ende 1979 offenbar, daß es zu einem gemeinsamen Kabelpilotprojekt zwischen Rheinland-Pfalz und Baden-Württemberg auf staatsvertraglicher Basis nicht kommen würde[200]. Während in Mainz die Anstrengungen um eine Verwirklichung des Versuchsprojekts auf der Grundlage des in dem Ministerpräsidentenbeschluß von 1978 ausdrücklich vorbehaltenen Modellentwurfs konzentriert vorangetrieben wurden, stellte die Landesregierung in Stuttgart ihr Interesse zunächst zurück und favorisierte die Einsetzung einer weiteren Expertenkommission[201]. Sie sollte eine Klärung der als noch offen angesehenen Fragen der inhaltlichen, organisatorischen und finanziellen Ausgestaltung und der Ergebnisoffenheit der Versuchsanordnung des Projekts herbeiführen sowie die medien- und ordnungspolitischen Rahmenbedingungen für die künftige Nutzung der neuen Medien in Baden-Württemberg für den Fall abklären, daß kein Pilotprojekt durchgeführt würde.

Die "Expertenkommission Neue Medien - EKM Baden-Württemberg"[202], die am 7. Februar 1980 zu ihrer konstituierenden Sitzung zusammentrat, lehnte in ihrem Abschlußbericht vom Februar 1981[203] eine Beteiligung an dem Pilotprojekt Ludwigshafen ab und empfahl die Durchführung eines eigenen, in drei Phasen stufenweise voranschreitenden Kabelversuchs, wobei drei Organisationsmodelle als möglich aufgeführt wurden. Die Empfehlungen der EKM wurden indes nur selektiv aufgegriffen. In den "Medienpolitischen Leitsätzen der CDU Baden-Württemberg"[204] wurden

---

Entwicklung norddeutscher Privatfunkinitiativen in dieser Phase vgl. *M. Stock*, Koordinationsrundfunk im Modellversuch, 1981, S. 143 ff. mit umfassenden Nachweisen; auch *R. Groß*, DÖV 1983, 437, 438.

[200] Zur Entwicklungsgeschichte vgl. vor allem *M. Stock*, Koordinationsrundfunk im Modellversuch, 1981, S. 30 ff. mit umfassenden Nachweisen.

[201] Zur (auch) "Alibifunktion" der Einsetzung von Kommissionen trefflich *P. J. Tettinger*, JZ 1984, 400, 401.

[202] Ihre Einsetzung erfolgte mit Zustimmung aller Fraktionen des Landtags, allerdings aus unterschiedlichen Gründen: Im Ergebnis trafen sich die Befürworter einer möglichst frühzeitigen Einführung des Privatrundfunks ohne den "Umweg" über vorgeschaltete Versuchsprojekte sowie die Gegner jeglicher oder zumindest der Privatfunkinitiative in Rheinland-Pfalz, die eine weitgehende Programmverantwortung der privaten Veranstalter unter der "bloßen" Überwachung einer selbständigen Anstalt des öffentlichen Rechts vorsah. Vgl. dazu *M. Stock*, Koordinationsrundfunk im Modellversuch, 1981, S. 38.

[203] Expertenkommission Neue Medien - EKM Baden-Württemberg, Abschlußbericht, Bd. 1: Bericht und Projektempfehlungen, 1981. Ausführlich dazu *W. Schmitt Glaeser*, VBlBW 1981, 337 ff.; *H. Schneider*, DÖV 1981, 334 ff.

[204] Abgedruckt in Media Perspektiven 1981, 338 f.

im März 1981 die Nichtbeteiligung am rheinland-pfälzischen Kabelver-
suchsprojekt, aber auch die Nichtdurchführung eines eigenen Kabelversuchs beschlossen. Stattdessen sollten auf Vertragsbasis und in Eigenfinan-
zierung die öffentlich-rechtlichen Rundfunkanstalten und private Zei-
tungsverleger eine Kooperation beim Lokal- und Regionalrundfunk erproben[205], und gleichzeitig Vorarbeiten für einen "ordnungspolitischen Rahmen" betreffend die Zulassung privater Rundfunkanstalter geleistet werden. Zu diesem Zwecke wurde von der Landesregierung im Sommer 1981
die "Arbeitsgruppe Landesmediengesetz" eingesetzt.

Unterdessen wurde in *Rheinland-Pfalz* das Kabelpilotprojekt, allerdings
schließlich auf Ludwigshafen begrenzt, weiter verfolgt und an einer gesetzlichen Grundlage gearbeitet. Einem entsprechenden Referentenentwurf[206]
folgte im April 1980 ein Entwurf der Landesregierung[207]. Auf dessen Basis[208] wurde Ende November 1980 das "Landesgesetz über einen Versuch
mit Breitbandkabel" vom 4. Dezember 1980[209] verabschiedet, nachdem zuvor - trotz des Rückzugs Baden-Württembergs aus dem Pilotprojektpro-
gramm - auf der Kronberger Konferenz der Ministerpräsidenten vom 12.
bis 14. November 1980 eine Einigung über die gemeinsame Finanzierung
der Pilotprojekte[210] und deren wissenschaftliche Begleitung durch eine ge-

---

[205] Dies entsprach annähernd dem Modell III der EKM-Empfehlungen: Durchführung des
Versuchs durch die öffentlich-rechtlichen Rundfunkanstalten mit der Möglichkeit interner,
vertraglicher Beteiligung privater Interessenten an der Programmgestaltung. Dementsprechend kam es in der Folge zu einer Rahmenvereinbarung zwischen dem Süddeutschen Rundfunk, dem Südwestfunk und dem südwestdeutschen Zeitungsverlegerverband, auf dessen
Grundlage die Lokal-Hörfunkversuche in Freiburg und Ulm anliefen. Vgl. *M. Bullinger*, AÖR
108 (1983), 161, 172 f.; *ders.*, in: ders./Ch. Gödel, Landesmediengesetz Baden-Württemberg
(LMedienG), Kommentar, 1986, Einleitung Rn. 2. *W. Schmitt Glaeser,* VBlBW 1981, 337, 343,
spricht insoweit von einem "Schein-Einstieg" in den Privatrundfunk, da die volle Programmhoheit bei den bestehenden öffentlich-rechtlichen Rundfunkanstalten verblieb.

[206] Zu diesem siehe *W. Hoffmann-Riem*, ZRP 1980, 31 ff.; *M. Stock*, Koordinationsrundfunk im Modellversuch, 1981, S. 35, 40 ff.

[207] LT-Drucks. 9/687 vom 28. April 1980. Dazu *M. Stock*, Koordinationsrundfunk im Modellversuch, 1981, S. 44 ff.

[208] I.d.F. der Beschlußempfehlung des Kulturpolitischen Ausschusses vom 20. November
1980, LT-Drucks. 9/1033, und des Änderungsantrags der Fraktion der F.D.P. vom 26. November 1980, LT-Drucks. 9/1050.

[209] GVBl. S. 229 - im folgenden: KabVersG RP.

[210] Aufgrund eines Finanzierungsvorschlags der rheinland-pfälzischen Landesregierung.
Vgl. *D. Ratzke*, Handbuch der Neuen Medien, 2. Aufl. 1984, S. 141. Der sog. "Kabelgroschen"
ist nunmehr geregelt in Art. 6 Abs. 1, 13 Abs. 2 Nr. 3 Staatsvertrag zur Neuordnung des Rund-

meinsame Medienkommission erzielt werden konnte[211]. Danach konnten
in Rheinland-Pfalz, zum ersten Mal in der Mediengeschichte der Bundesrepublik Deutschland, private Veranstalter als eigenverantwortliche Pro-
grammträger (§ 19 KabVersG RP) zugelassen werden, wobei die Koordinierung und Kontrolle des Versuchs sowie die Überwachung der Ausgewogenheit des Gesamtprogramms der neugegründeten "Anstalt für Kabelkommunikation" überantwortet wurde (§§ 6, 9 KabVersG RP). Eine rege
Nachfrage privater Interessengruppen nach Teilnahme, vor allem aus dem
Bereich der Presse, war die Folge. Bis zum Sende- und Versuchsbeginn am
1. Januar 1984[212] hatten sich rund zwei Dutzend Programmanbieter in Ludwigshafen angemeldet[213], darunter die vom Bundesverband Deutscher Zei-
tungsverleger (BDZV) neugegründete Neue-Medien-GmbH, aus der die
Erste Private Fernsehgesellschaft mbH (EPF) hervorging, die Pilot-Medien
GmbH regionaler Wirtschaftsorganisationen und die PKS Programmge-
sellschaft für Kabel- und Satellitenrundfunk mbH in Kooperation mit der
Frankfurter Allgemeinen Zeitung[214].

Das Gesetz stellte die Zulassung privater Träger als Rundfunkveranstalter durchweg in den Dienst des Versuchszwecks[215]. Es sollten dadurch "ausreichende Grundlagen geschaffen und Erkenntnisse gewonnen werden, die
eine verantwortungsvolle Basis für die zukünftige Entscheidung im Me-

---

funkwesens (Rundfunkstaatsvertrag) vom 3. April 1987, in Bayern bekanntgemacht am 24. Juli
1987 (GVBl. S. 249).

[211] Beschluß der Ministerpräsidenten vom 14. November 1980, abgedruckt bei *W.-D. Ring*,
Medienrecht, unter F-III 1.3. Die "Kommission zur wissenschaftlichen Begleitung der Kabelpilotprojekte" wurde von den Ministerpräsidenten allerdings erst am 19. Mai 1983 berufen (Beschluß abgedruckt bei *W.-D. Ring*, a.a.O., unter F-III 1.5). Dazu *M. Stock*, Koordinationsrundfunk im Modellversuch, 1981, S. 132 ff.; *R. Groß*, DÖV 1983, 437, 438 f.; *D. Ratzke*, Handbuch
für Neue Medien, 2. Aufl. 1984, S. 149 f. Die Medienkommission ist am 30. Juni 1986 wieder
aufgelöst worden. Siehe dazu *B.-P. Lange*, Media Perspektiven 1986, 428 ff.

[212] Nach der Bekanntmachung der Landesregierung vom 26. Oktober 1983 gemäß § 2 Abs.
3 Satz 2 KabVersG RP. Vgl. *M. Stock*, Medienfreiheit als Funktionsgrundrecht, 1985, S. 383
Fn. 205.

[213] Die Konsumnachfrage entwickelte sich indes nur schleppend. Vgl. die Zahlenangaben
bei *M. Stock*, Medienfreiheit als Funktionsgrundrecht, 1985, S. 383 Fn. 205.

[214] Vgl. *D. Ratzke*, Handbuch für Neue Medien, 2. Aufl. 1984, S. 141 ff.

[215] Aus dem Schrifttum zum KabVersG RP siehe insbesondere *W. Hoffmann-Riem*, ZRP
1980, 31 ff.; *W. Fleck*, VerwArch. 71 (1980), 280, 284 ff.; *R. Ricker*, AfP 1980, 140 ff.; *ders.*,
NJW 1981, 849 ff.; *M. Stock*, Koordinationsrundfunk im Modellversuch, 1981, S. 44 ff., 69 ff.

dienbereich sichern"[216], und die Möglichkeit eröffnet werden "zu untersuchen, ob damit eine größere Meinungsvielfalt erreicht wird"[217]. Dementsprechend umfassend wurde in § 2 Abs. 1 KabVersG RP der Versuchszweck bestimmt: "Der Versuch dient dem Zweck, bei der Anwendung neuer Kommunikationstechniken ein vermehrtes Programmangebot, neue Programmformen, Programmstrukturen und Programminhalte, lokalen Rundfunk und die Beteiligung freier Veranstalter zu erproben" (Satz 1). Neben "der vorwiegend wirtschaftlich entscheidenden Frage der Akzeptanz neuer Technologien" sollte "der gesellschaftliche Aspekt möglicher Veränderungen von Strukturen des menschlichen Zusammenlebens im familiären und außerfamiliären Bereich zu einem Schwerpunkt des Versuchs gemacht"[218] werden. Ferner sollten untersucht werden "die Auswirkungen auf die bestehenden Rundfunkanstalten des öffentlichen Rechts, die Presse und den Film", "Möglichkeiten künftiger Organisationsformen für den Rundfunk und andere Kommunikationsdienste", "wirtschaftliche und finanzielle Fragen der Kabelkommunikation" sowie "die Kosten und die Finanzierung bei Veranstaltern und Teilnehmern" (Satz 2).

In das Versuchsgebiet (§ 5 KabVersG RP) wurden mindestens 30000, nach sozioökonomischen Gesichtspunkten ausgewählte Haushalte, an der Kabelnutzung wegen ihrer besonderen Aufgabe oder zum Zwecke der Rationalisierung interessierte Betriebe und Einrichtungen sowie Schulen und sonstige Bildungseinrichtungen einbezogen (§ 2 Abs. 2 KabVersG RP). Der Versuch wurde bei einer Verlängerungsmöglichkeit von zwei Jahren auf eine Dauer von drei Jahren ab Sendebeginn befristet (§ 2 Abs. 3 KabVersG) und "ergebnisoffen angelegt"[219]. Die Ausarbeitung der konkreten Versuchsbedingungen übertrug § 3 KabVersG RP der Landesregierung zur Regelung durch Rechtsverordnung, allerdings unter Beachtung zahlreicher Grundsätze, deren Inhalte sich unter Berücksichtigung der bundesverfassungsgerichtlichen Vorgaben zur Sicherung der Rundfunkfreiheit an einer dem umfassenden Versuchszweck entsprechenden, weiten Versuchsanordnung orientierten. Insbesondere sollten "unterschiedliche Programm-

---

[216] Begr. des Gesetzentwurfs der Landesregierung vom 28. April 1980, LT-Drucks. 9/687, S. 1.

[217] Ebd., S. 18.

[218] Ebd.

[219] Ebd., S. 1.

strukturen", d.h. mindestens ein Vollprogramm ("Programm mit vielfältigen Nutzungsinhalten"), "lokale und regionale Programme" sowie Spartenprogramme ("Programme mit gleichartigen Nutzungsinhalten") vorgesehen
werden (§ 3 Nr. 5 KabVersG RP). Schließlich wurde in § 4 KabVersG RP
die wissenschaftliche Begleitung und Auswertung des Pilotprojekts bestimmt; der Gesetzgeber entsprach damit dem einschlägigen Vorschlag der
KtK[220].

In organisations- und verfahrensrechtlicher Hinsicht wählte das Kab-
VersG RP das System des "Koordinationsrundfunks mit Elementen des Integrationsrundfunks"[221]: Jedermann erhielt einen Anspruch, als Rundfunkveranstalter an dem Versuch teilzunehmen. Dazu bedurfte es allein einer
Erlaubnis der Landesregierung[222] und einer Nutzungsgenehmigung der
neugegründeten, selbständigen öffentlich-rechtlichen Anstalt für Kabelkommunikation (§ 14 KabVersG RP). Diese war im wesentlichen mit der
Überwachung der Ausgewogenheit des Gesamtprogramms und der Einhaltung der Bestimmungen des Gesetzes betraut (§§ 9 Nr. 4, 18 Abs. 2 Kab-
VersG RP). Die Programmverantwortung für die Einzelbeiträge wurde in
die Hände der privaten Veranstalter gelegt (§ 19 KabVersG RP). Die Ein-
zelprogramminhalte hatten - im Rahmen eines ausgewogenen Gesamtprogramms - allein die Grundsätze zum Schutze fundamentaler Verfassungs-
werte sowie der Programm- und Nachrichtenwahrheit zu beachten (§ 17
KabVersG RP). Zudem war die Einrichtung eines "offenen Kanals" vorge-
sehen (§ 20 KabVersG RP).

Ende 1984 wurden infolge der zwischenzeitlich eingetretenen technischen Entwicklung der Satellitenrundfunk, der drahtlose Hörfunk im Bereich von 100 bis 108 MHz und die Verbreitung herangeführter Programme in Kabelanlagen in den Versuch miteinbezogen. Dafür wurden mit dem
Gesetz zur Änderung des Landesgesetzes über einen Versuch mit Breitbandkabel vom 20. Dezember 1984[223] die rechtlichen Grundlagen geschaffen.

---

[220] Vgl. KtK, Telekommunikationsbericht, 1976, S. 126.

[221] Begr. des Gesetzentwurfs der Landesregierung vom 28. April 1980, LT-Drucks. 9/687,
S. 18.

[222] Darin lag kein Verstoß gegen den Grundsatz der Staatsfreiheit des Rundfunks. Vielmehr ging es dabei allein um eine bloße Ordnungsfunktion. Vgl. die Nachweise bei *M. Stock*,
Koordinationsrundfunk im Modellversuch, 1981, S. 48.

Mit Ablauf des Jahres 1986 wurde der Projektversuch beendet. Gemäß § 38 des Landesrundfunkgesetzes vom 24. Juni 1986[224] trat das KabVersG RP zum 1. Januar 1987 außer Kraft.

Hinsichtlich des Einstiegs in die Kabelpilotprojekte kam Rheinland-Pfalz demnach die Vorreiterrolle zu. Dies gilt zum einen in bezug auf den Zeitpunkt; die Rechtsgrundlagen und der Start der übrigen Kabelversuche in den Ländern Bayern, Nordrhein-Westfalen und Berlin folgten demgegenüber erst mit einigem zeitlichen Abstand. Zum anderen aber unterschied sich auch das Experimentaldesign der nachfolgenden Pilotprojekte von dem des rheinland-pfälzischen Versuchsprojekts: Eine so weitgehende Öffnung der öffentlich-rechtlichen Rundfunkstruktur gegenüber Privaten wie im Kabelpilotprojekt Ludwigshafen war - aus unterschiedlichen Gründen - in keinem der anderen Projektländer zu beobachten. Deren Konzepte für die Zulassung privater Programmanbieter zeichneten sich in organisations- und rundfunkrechtlicher Hinsicht durch einen Verbleib der Programmträgerschaft und -verantwortung in öffentlich-rechtlichen Händen aus.

In chronologischer Sicht folgte auf das rheinland-pfälzische Kabelpilotprojekt dasjenige *Bayerns*. Im Zentrum der dortigen Überlegungen zur Organisation und Ausgestaltung des Münchner Pilotprojekts[225] standen durchweg die unterschiedlichen Auffassungen über die Interpretation des besonderen, 1973 in die bayerische Verfassung eingefügten[226] Vorbehalts in Art. 111 a Abs. 2 Satz 1, daß Rundfunk in "öffentlich-rechtlicher Trägerschaft" betrieben werden muß[227]. Wegen dieser formalen Anforderung[228]

---

[223] GVBl. S. 241. Das Gesetz beruhte auf dem Gesetzentwurf der Landesregierung vom 25. Juni 1984, LT-Drucks. 10/747, i.d.F. der Beschlußempfehlung des Kulturpolitischen Ausschusses vom 9. November 1984, LT-Drucks. 10/1051, und des Änderungsantrags der Fraktion der CDU vom 12. Dezember 1984, LT-Drucks. 10/1123.

[224] GVBl. S. 159.

[225] Zur Geschichte der Standortwahl vgl. *E. Witte*, in: Bayerische Staatskanzlei (Hrsg.), Kabelpilotprojekt München, Bericht der Projektkommission, 1987, S. 1, 22.

[226] Viertes Gesetz zur Änderung der Verfassung des Freistaates Bayern vom 19. Juli 1973 (GVBl. S. 389). Zur Entstehungsgeschichte vgl. *W. Schmitt Glaeser*, Kabelkommunikation und Verfassung, 1979, S. 60 ff.

[227] Siehe dazu stellvertretend *M. Rath*, AfP 1978, 67, 71 f.; *W. Schmitt Glaeser*, Kabelkommunikation und Verfassung, 1979, bes. S. 65 ff.; *ders.*, ZUM 1986, 330 ff.; *P. Lerche*, in: FG Gesellschaft für Rechtspolitik, 1984, S. 245 ff.; *K. Obermayer*, ZUM 1985, 461, 463 ff.; *H.*

stellte bereits das erste[229] "Denkmodell" aus dem Jahre 1978[230] die Durchführung eines Modellversuchs unter die Regie bestehender öffentlichrechtlicher Anstalten (Bayerischer Rundfunk und ZDF). Allerdings wurde zum Zwecke der Erprobung eine "Zusammenarbeit" mit anderen Einrichtungen und Unternehmen sowie die Einrichtung einer begleitenden Projektkommission ins Auge gefaßt. Vor diesem Hintergrund wurde schließlich[231] Ende 1980 die Projektkommission für das Kabelpilotprojekt München berufen. In ihren am 15. Juli 1981 vorgelegten Feststellungen und Empfehlungen schlug die Kommission der Staatsregierung zur Durchführung des Pilotprojekts ein "mutiges Experimentaldesign" vor, "um zu verhindern, daß nach Abschluß des Pilotprojektes die gestellten Fragen weiterhin unbeantwortet bleiben"[232]. "Gerade weil man Erkenntnisse hinsichtlich negativer Auswirkungen des Kabelfernsehens gewinnen wollte, sollte im Rahmen der Möglichkeiten experimentell alles gewagt werden, was man befürchtete."[233]

Die auf dieser, zwischen allen Beteiligten konsentierten Linie liegenden Vorarbeiten führten 1982 zur Herausbildung eines vertraglichen Instrumentariums: In dem am 16. Juli 1982 unterzeichneten "Grundvertrag für das Kabelpilotprojekt München"[234] vereinbarten der Freistaat Bayern, die Stadt München, der Bayerische Rundfunk, das ZDF sowie Interessenten

---

Bethge, ZUM 1986, 255 ff.; *R. Stettner*, ZUM 1986, 559, 561 ff.; *ders.*, Rundfunkstruktur im Wandel, 1988, S. 8 ff., 30 ff.; BayVerfGHE 30, 78, 95 ff.; BayVerfGH BayVBl. 1987, 77, 78 f.

[228] Der Bayerische Verfassungsgerichtshof (E 30, 78, 95) spricht in bezug auf die Regelung des Art. 111 a Abs. 2 Satz 1 BV von "formelle(r) Rundfunkfreiheit".

[229] Allerdings hatte schon im November 1977 der Bayerische Rundfunk einen Programmvorschlag für das Kabelfernsehen-Pilotprojekt Bayern unterbreitet. Vgl. *D. Ratzke*, Handbuch für Neue Medien, 2. Aufl. 1984, S. 146 f.

[230] Schreiben des Bayerischen Ministerpräsidenten an den Präsidenten des Bayerischen Landtags vom 8. Juni 1978, in Auszügen abgedruckt bei *W. Schmitt Glaeser*, Kabelkommunikation und Verfassung, 1979, S. 27 ff. Dazu auch *M. Stock*, Koordinationsrundfunk im Modellversuch, 1981, S. 94 Fn. 316.

[231] Zu den vorangegangenen parlamentarischen Auseinandersetzungen vgl. die Nachweise bei *M. Stock*, Koordinationsrundfunk im Modellversuch, 1981, S. 95 ff. Siehe auch *Th. Janssen*, FUNK-Korrespondenz 1979, Sonderausgabe: Kommunikationspolitik, 35.

[232] Zit. nach *E. Witte*, in: Bayerische Staatskanzlei (Hrsg.), Kabelpilotprojekt München, Bericht der Projektkommission, 1987, S. 1, 16.

[233] Ebd. Damit wurden sowohl Skeptiker als auch Enthusiasten beim Wort genommen, um die jeweiligen Prognosen in der Praxis überprüfen zu können. Vgl. ebd.

[234] Abgedruckt bei *W.-D. Ring*, Medienrecht, unter F-III 4.2.1.

aus der Zeitschriften-, Zeitungs-, Film- und Audiovisionsbranche die Durchführung eines auf drei Jahre befristeten, wissenschaftlich begleiteten und auszuwertenden "Modellversuchs" zum Zwecke der umfassenden und ergebnisoffenen Erprobung der technischen und inhaltlichen Möglichkeiten der Breitband-Kabelkommunikation und deren Akzeptanz in der Bevölkerung. Demgemäß sollte die Versuchsanordnung möglichst vielfältig sein, also eine möglichst große Zahl verschiedenartiger Angebote erreicht werden[235]. Den Rundfunkanstalten wurde daher aufgegeben, "Dritte" an der Erstellung des Gesamtrundfunkprogramms zu beteiligen[236]. Zur Organisation des Modellversuchs und Vergabe der Kabelkapazitäten nach Maßgabe der im Grundvertrag festgelegten Nutzungsbedingungen wurde[237] - einer entsprechenden Empfehlung der Projektkommission folgend - durch Gesellschaftsvertrag vom gleichen Tage die Münchner Pilot-Gesellschaft für Kabel-Kommunikation mbH (MPK) als "technische Zentrale" gegründet[238]. Ihr kam in der Folgezeit bei der Verwirklichung und Koordination privater Rundfunkangebote die tragende Rolle zu[239]. Zum Sendebeginn am 1. April 1984 lagen unter anderem Programmangebote der PKS Programmgesellschaft für Kabel- und Satellitenrundfunk mbH in Kooperation mit der Frankfurter Allgemeinen Zeitung sowie der Mediengesellschaft der Bayerischen Tageszeitungen für Kabelkommunikation mbH (m.b.t.) vor[240].

Dieses Kooperationsmodell im Rahmen des Münchner Pilotprojekts wurde Ende 1984 durch das Bayerische Medienerprobungs- und -entwicklungsgesetz (BayMEG)[241] abgelöst. Das Pilotprojekt wurde auf eine gesetz-

---

[235] Vgl. § 3 des Grundvertrages.

[236] Vgl. § 4 Abs. 1 des Grundvertrages.

[237] Von den genannten Parteien sowie der Industrie- und Handelskammer für München und Oberbayern und der Handwerkskammer für Oberbayern.

[238] Abgedruckt bei *W.-D. Ring*, Medienrecht, unter F-III 4.2.2.

[239] Vgl. *E. Witte*, in: Bayerische Staatskanzlei (Hrsg.), Kabelpilotprojekt München, Bericht der Projektkommission, 1987, S. 1, 19, 45 ff. Insoweit kritisch *M. Stock*, Medienfreiheit als Funktionsgrundrecht, 1985, S. 394 f.

[240] Vgl. die Angaben bei *E. Witte*, in: Bayerische Staatskanzlei (Hrsg.), Kabelpilotprojekt München, Bericht der Projektkommission, 1987, S. 1, 33 ff.

[241] Gesetz über die Erprobung und Entwicklung neuer Rundfunkangebote und anderer Mediendienste in Bayern vom 22. November 1984 (GVBl. S. 445, ber. S. 546). Das Gesetz erging auf der Grundlage des Entwurfs der Staatsregierung vom 22. Mai 1984, LT-Drucks. 10/3856. Dem Regierungsentwurf gingen ein Referenten- und ein Ministerratsentwurf voran,

liche Grundlage gestellt[242], an seiner vertragsgemäßen Fortführung bis zum Auslaufen der bis zum 31. Dezember 1985 befristeten Verträge jedoch festgehalten (Art. 5 Abs. 1, 6 BayMEG). Die öffentlich-rechtliche Verantwortung und Trägerschaft für die privaten Rundfunkangebote ging gemäß Art. 8 BayMEG ab 1. Juni 1985 auf die neugegründete selbständige Anstalt des öffentlichen Rechts (Art. 9 Abs. 1 BayMEG), "Bayerische Landeszentrale für Neue Medien" (BLM), über. Zudem liefert(e) das BayMEG die Grundlage für eine landesweite[243] Erprobung der neuen Medien (Art. 7), wobei neben den neuen, breitbandig übertragenen Kabelprogrammen auch drahtlos ausgestrahlte und die Weiterverbreitung herangeführter Rundfunkprogramme sowie andere, auch schmalbandige Dienste geregelt werden; das Pilotprojekt blieb allerdings bis zu seinem Abschluß das "Kernstück"[244].

Der Charakter des Gesetzes als Experimentiergesetz wird schon in seiner Bezeichnung deutlich hervorgehoben und in seinem Art. 1 Abs. 1[245] den nachfolgenden Bestimmungen "gleichsam als leitende Zielbestimmung"[246] vorangestellt. Nach der Begründung der Staatsregierung zum Gesetzentwurf[247] ist das Gesetz bewußt als Erprobungs- und Entwicklungsge-

---

und er berücksichtigt die Stellungnahme des Bayerischen Senats vom 17. Mai 1984, Sen.-Drucks. 91/84. Dazu weitere Angaben bei *M. Stock*, Medienfreiheit als Funktionsgrundrecht, 1985, S. 395 f. Fn. 244.

[242] Von Beginn des Pilotprojekts an wurde davon ausgegangen, daß mit seinem Voranschreiten gesetzliche Normierungen notwendig werden könnten. Vgl. *E. Witte*, in: Bayerische Staatskanzlei (Hrsg.), Kabelpilotprojekt München, Bericht der Projektkommission, 1987, S. 1, 43 f.

[243] Die Ausdehnung der Erprobung über das ursprüngliche Versuchsgebiet hinaus weicht freilich von den Empfehlungen der KtK, weitere Entscheidungen von dem Ausgang der Pilotprojekte abhängig zu machen, ab (so auch *G. Treffer/H. Regensburger/F. Kroll*, Medienerprobungs- und -entwicklungsgesetz, Handkommentar, 1985, Art. 1 Anm. 4). Als Begründung für diese Erweiterung des Versuchs nennt die Gesetzesbegründung des Entwurfs der Staatsregierung vom 22. Mai 1984, LT-Drucks. 10/3856, S. 15: die Verhinderung, daß der Versuch mit der "Beschränkung des Versuchsgebiets auf einen Stadtteil" und "der damit unzureichenden Finanzierungsbedingungen" zu einem "Scheintest" wird und daß "die inzwischen eingetretene Entwicklung im Bereich der neuen Medien" zu einer Beeinträchtigung der "Chancengleichheit" inländischer gegenüber ausländischer Rundfunkveranstaltern führt.

[244] Begr. des Gesetzentwurfs der Staatsregierung vom 22. Mai 1984, LT-Drucks. 10/3856, S. 15.

[245] "Dieses Gesetz ist Grundlage für die Erprobung, Entwicklung und Nutzung der durch neue Techniken eröffneten Möglichkeiten für die Veranstaltung von Hörfunk und Fernsehen (Rundfunk) und von anderen Diensten ..."

[246] *W. Schmitt Glaeser*, ZUM 1985, 523, 525.

setz bezeichnet und formuliert. Es gehe davon aus, daß sich durch seine Anwendung gegebenenfalls weitere Handlungserfordernisse für den Gesetzgeber zur Sicherung von Meinungsvielfalt, Chancengleichheit der Anbieter, Jugendschutz, öffentlich-rechtlicher Trägerschaft und öffentlicher Verantwortung sowie sonstiger grundsätzlicher Bestimmungen ergeben könnten. Der Erprobungscharakter trage in besonderem Maße den verfassungsrechtlichen Anforderungen in einer Situation Rechnung, in der für den Gesetzgeber die medienpolitischen, technischen und wirtschaftlichen Entwicklungen nicht in jeder Beziehung vorhersehbar seien[248]. Dementsprechend ist die Geltungsdauer (der wesentlichen Teile) des Gesetzes befristet - nach Art. 39 Abs. 2 BayMEG bis zum 1. Dezember 1992 - und stecken die Bestimmungen des Gesetzes lediglich "einen Mindestrahmen für die notwendige rechtliche Ordnung ab"[249]. Der Projektkommission obliegt die wissenschaftliche Begleitung und Auswertung des Versuchs (Art. 5 Abs. 2 BayMEG)[250].

Die Organisationsstruktur des Privatrundfunks unter dem BayMEG[251] weist sowohl öffentlich-rechtliche wie privatrechtliche als auch binnen- wie außenpluralistische Elemente auf[252]. Sie ist geprägt von einem Drei-Stufen-System: Der Betrieb[253] des Rundfunks erfolgt im Blick auf Art. 111 a Abs. 2

---

[247] Vom 22. Mai 1984, LT-Drucks. 10/3856, S. 13 f.

[248] Der Bayerische Verfassungsgerichtshof schließt sich in seinem Urteil über die Verfassungsmäßigkeit des BayMEG dieser Einschätzung an. Siehe BayVerfGH BayVBl. 1987, 77, 110, 110.

[249] Begr. des Gesetzentwurfs der Staatsregierung vom 22. Mai 1984, LT-Drucks. 10/3856, S. 1.

[250] Der Bericht war bis zum 31. Dezember 1987 vorzulegen: Bayerische Staatskanzlei (Hrsg.), Kabelpilotprojekt München, Bericht der Projektkommission, 1987. Berichterstatter war E. Witte. - Die Praxis der wissenschaftlichen Begleitforschung ist nicht ohne Kritik vor allem von sozialwissenschaftlicher Seite geblieben. Siehe stellvertretend zum Bericht der Projektkommission sowie umfassend zur Begleitforschung bei den Kabelpilotprojekten W. Teichert, Media Perspektiven 1988, 287 ff.; ders., Aus Politik und Zeitgeschichte B 46-47/88, S. 14 ff.

[251] Dazu vgl. K. Obermayer, ZUM 1985, 461 ff.; W. Schmitt Glaeser, ZUM 1985, 523, 528 ff.; W.-D. Ring/Ch. Rothemund, Media Perspektiven 1985, 39 ff.; R. Stettner, ZUM 1986, 559, 566 ff.; ders., Rundfunkstruktur im Wandel, 1988, S. 20 ff.; H. Bethge, ZUM 1986, 255 ff.

[252] M. Stock, Medienfreiheit als Funktionsgrundrecht, 1985, S. 398, spricht hier von einem "Koordinationsmodell sui generis". Nach W. Schmitt Glaeser, ZUM 1985, 523, 528, liegt eine "Mischform aus den beiden Grundmodellen" vor.

[253] "Betrieb" umfaßt dabei grundsätzlich alle Tätigkeiten, die mit dem Unternehmen Rundfunk zusammenhängen. Vgl. W. Schmitt Glaeser, ZUM 1985, 523, 528.

Satz 1 BV in öffentlicher Verantwortung und öffentlich-rechtlicher Träger-schaft der BLM als "öffentlich-rechtliches Dach"[254]. Unter diesem obliegt die Organisation der Rundfunkprogramme und -sendungen privaten, örtli-chen und überörtlichen Kabelgesellschaften[255], deren Entstehen, Fortbe-stehen und Tätigkeit einem vielfältigen Kanon von Hinwirkungs-, Kon-troll- und Aufsichtsbefugnissen der Landeszentrale unterliegen. Produk-tion und Gestaltung der Rundfunkprogramme hingegen ist in der Regel Aufgabe privater Anbieter. Das Gesetz zielt damit "auf Vielfalt durch Viel-zahl in offener Konkurrenz und eingefügt in öffentlich-rechtliche Träger-schaft"[256]. Die Erprobung eines "offenen Kanals" ist allerdings nicht vorge-sehen.

Diese bildete hingegen den Schwerpunkt des Kabelpilotprojekts in *Nordrhein-Westfalen*. Dort entschied sich die Landesregierung entgegen der Erklärung im Ministerpräsidentenbeschluß vom Mai 1978 im Dezember 1978 für Dortmund als Standort[257]. Die von Anfang an vom gesamten poli-tischen Spektrum geforderte[258] gesetzliche Grundlage wurde nach langwie-rigen außer- und innerparlamentarischen Vorarbeiten[259] erst in Gestalt des

---

[254] Begr. des Gesetzentwurfs der Staatsregierung vom 22. Mai 1984, LT-Drucks. 10/3856, S. 16. - Diese (umstrittene) "Dach"-Interpretation des Verfassungsbegriffs "Trägerschaft" war schließlich der Kernpunkt der u.a. von der SPD-Fraktion im Bayerischen Landtag und dem DGB-Landesbezirk Bayern angestrengten Normenkontrolle vor dem Bayerischen Verfas-sungsgerichtshof. Mit seinem Urteil vom 21. November 1986 (BayVerfGH BayVBl. 1987, 77 ff., 110 ff.; dazu *Ch. Degenhart*, AfP 1987, 371 ff.) entschied das Gericht, daß das im BayMEG geregelte Modell eines Rundfunkbetriebs im wesentlichen dem Verfassungsgebot des Art. 111 a Abs. 2 Satz 1 BV genügt. Als verfassungswidrig gerügte Einzelbestimmungen führten schließ-lich zu einer Novellierung des BayMEG durch das Gesetz zur Änderung des Medienerpro-bungs- und -entwicklungsgesetzes und des Bayerischen Rundfunkgesetzes vom 30. Juli 1987 (GVBl. S. 214; auf der Grundlage des Entwurfs der Staatsregierung vom 31. März 1987, LT-Drucks. 11/1191); vgl. dazu *Ch. Degenhart*, ZUM 1987, 595 ff. Daraufhin erfolgte die Bekannt-machung der Neufassung des BayMEG vom 8. Dezember 1987 (GVBl. S. 431; BayRS 2251-4-WK).

[255] Mit Abschluß des Münchner Pilotprojekts trat an die Stelle der MPK die Münchner Ge-sellschaft für Kabel-Kommunikation (MGK) als - bislang einzige - überörtliche Kabelgesell-schaft (vgl. Art. 24 Abs. 3 BayMEG). Neben dieser existierten per 30. September 1988 18 örtli-che Kabelgesellschaften (Quelle: BLM).

[256] *W. Schmitt Glaeser*, ZUM 1985, 523, 528.

[257] Vgl. dazu *Th. Janssen*, FUNK-Korrespondenz 1979, Sonderausgabe: Kommunikations-politik, 38 f.

[258] So *M. Stock*, Koordinationsrundfunk im Modellversuch, 1981, S. 112.

[259] Zu diesen siehe stellvertretend ebd., S. 108 ff.; *ders.*, Medienfreiheit als Funktionsgrund-recht, 1985, S. 424 ff.; *ders.*, Landesmedienrecht im Wandel, 1986, S. 105 ff.

"Gesetzes über die Durchführung eines Modellversuchs mit Breitbandkabel" vom 20. Dezember 1983[260] geschaffen[261]. Dabei bestand von vornherein kein Zweifel daran, daß das Projekt in Abgrenzung zu den Projekten in Ludwigshafen und München als streng öffentlich-rechtliches Alternativmodell ausgestaltet werden sollte. Demgemäß verfolgte das Gesetz ein eher "schonendes Design"[262] und beharrte mit dem Prinzip einer ausschließlich öffentlich-rechtlichen Trägerschaft (§ 1 Abs. 5 Nr. 1 Satz 1 KabVersG NW) auf dem Integrationsmodell. Veranstaltung und Verbreitung von neuen Rundfunkdiensten wurden dem Westdeutschen Rundfunk[263] und dem ZDF vorbehalten (§ 4 KabVersG NW); die Überlassung von Sendezeit an private Dritte zur "eigenverantwortlichen Gestaltung" wurde für die Dauer des Modellversuchs grundsätzlich[264] ausgeschlossen (§ 1 Abs. 5 Nr. 1 Satz 2 KabVersG NW).

Gegenstand des Dortmunder Experiments mit Breitbandkabel war vielmehr der Test einer Art "gemeinnützigen Anstaltsrundfunks"[265], wobei Konzepte größerer Bürgernähe und lokalen Bürgerrundfunks im Vordergrund standen: lokale öffentlich-rechtliche Rundfunkversuchsprogramme, offene Kanäle zum Zwecke direkter Bürgerbeteiligung[266] und Spartenprogramme gegen zusätzliche Pauschal- oder Einzelgebühr; außerdem Kabel-

---

[260] GV. S. 640 - im folgenden: KabVersG NW. Das Gesetz erging auf der Grundlage des Entwurfs der Landesregierung vom 22. Juni 1982, LT-Drucks. 9/1772, i.d.F. der Beschlußempfehlung des Hauptausschusses vom 8. Dezember 1983, LT-Drucks. 9/2990, und des Änderungsantrags der Fraktion der SPD vom 13. Dezember 1983, LT-Drucks. 9/2998. Dabei führte der Hauptausschuß am 16. Juni 1983 eine öffentliche Anhörung durch. Zu den Inhalten siehe die Ausschußfassung, LT-Drucks. 9/2990.

[261] Während der Beratungen zu einem KabVersG NW wurde allerdings auch schon über eine Dauerregelung diskutiert. Vgl. die Nachweise bei *M. Stock*, Koordinationsrundfunk im Modellversuch, 1981, S. 113 f.

[262] So *M. Stock*, Medienfreiheit als Funktionsgrundrecht, 1985, S. 437. Dabei wurde noch im Gesetzentwurf der Landesregierung besonders auf die medienpolitische Rückholbarkeit des Modellversuchs verwiesen, vgl. § 1 Abs. 1 Satz 2 des Entwurfs und die Begr. vom 22. Juni 1982, LT-Drucks. 9/1772, S. 1.

[263] Zu dessen Initiativen im Vorfeld des Versuchsgesetzes siehe *Th. Janssen*, FUNK-Korrespondenz 1979, Sonderausgabe: Kommunikationspolitik, 39 f.

[264] Ausnahme bildeten die offenen Kanäle, vgl. § 1 Abs. 5 Satz 2 Halbsatz 2 i.V.m. § 10 KabVersG NW.

[265] *M. Stock*, Landesmedienrecht im Wandel, 1986, S. 106.

[266] Siehe dazu insbesondere ebd., S. 109 ff.; *ders.*, Medienfreiheit als Funktionsgrundrecht, 1985, S. 429 ff.

textverteil- und andere Dienste sowie die Rückkanaltechnik. Als Erkenntnisinteresse wurden die Nutzungsmöglichkeiten und die Wirkungen bei der
Nutzung der neuen Techniken "auf den einzelnen, die Familie und das gesellschaftliche Leben", "auf die bestehende Medienstruktur, insbesondere
auf Presse und Film", "auf die bestehende Wirtschaftsstruktur, den Arbeitsmarkt und die Entwicklung der Informationsbeziehungen" sowie "hinsichtlich neuer Organisations- und Finanzierungsformen" ausgewiesen (§ 1
Abs. 2 Satz 2 KabVersG NW). Eine "verantwortliche Entscheidung"[267] über
die künftigen, landesweiten Nutzungsformen der neuen Kommunikationstechniken sollte erst nach Ablauf und Auswertung dieses örtlichen Experiments getroffen werden[268]. Dementsprechend wurde der Modellversuch auf
drei Jahre (ab Sendebeginn am 1. Juni 1985[269]) befristet und wissenschaftlich begleitet (§§ 1 Abs. 5 Nr. 5, 2 KabVersG NW). Die technisch-organi-
satorische Leitung und Abwicklung des Projekts wurde einer in Dortmund
eingerichteten "Projektstelle" des Westdeutschen Rundfunks übertragen,
die ihre Aufgaben organisatorisch, personell und finanziell getrennt vom
übrigen Betrieb der Anstalt erfüllen sollte (§ 6 KabVersG NW).

Als letztes der nach dem Ministerpräsidentenbeschluß vom Mai 1978
durchzuführenden Kabelpilotprojekte hat *Berlin* am 28. August 1985 mit
der Programmarbeit begonnen. Als Basis dient das "Kabelpilotprojektge-
setz und Versuchsgesetz für drahtlosen Rundfunk im Land Berlin" (KPPG
Berlin) vom 17. Juli 1984[270]. Wesentliche Grundlagen dazu wurden in einem am 3. April 1981 vorgelegten "Projektdesign" geleistet[271], zu dessen

---

[267] Begr. des Gesetzentwurfs der Landesregierung vom 22. Juni 1982, LT-Drucks. 9/1772,
S. 1.

[268] Vgl. § 1 Abs. 2 Satz 1 KabVersG NW; auch Begr. des Gesetzentwurfs der Landesregierung vom 22. Juni 1982, LT-Drucks. 9/1772, S. 1, 14.

[269] Aufgrund einer Verordnung der Landesregierung gemäß § 1 Abs. 5 Nr. 5 Satz 3 Kab-
VersG NW vom 6. März 1985; vgl. *M. Stock*, Landesmedienrecht im Wandel, 1986, S. 106 Fn.
294.

[270] GVBl. S. 964. Die ursprüngliche Gesetzesüberschrift "Gesetz über die Durchführung
des Kabelpilotprojekts Berlin" wurde durch das Erste Gesetz zur Änderung des Kabelpilotprojektgesetzes vom 27. März 1986 (GVBl. S. 526) geändert und durch das Zweite Gesetz zur Änderung des Kabelpilot- und Versuchsgesetzes für drahtlosen Rundfunk im Land Berlin vom
18. Dezember 1987 (GVBl. S. 2746) neu gefaßt.

[271] Wobei die Vorstudien der Interdisziplinären Arbeitsgruppe Kabelkommunikation Berlin (IKB) aus dem Jahre 1979 stammen. Zu weiteren Vorarbeiten etwa der Kommission "Mo-

Ausarbeitung eine unabhängige Wissenschaftlergruppe im Jahre 1980 vom Abgeordnetenhaus beauftragt worden war[272]. Zur Begleitung der Vorarbeiten wurde zusätzlich eine Kommission "Neue Kommunikationstechniken" eingesetzt. Die erarbeiteten Vorschläge gingen in modifizierter Form in den Referentenentwurf eines Kabelpilotprojektgesetzes ein, der am 25. November 1983 veröffentlicht wurde. Die Ergebnisse der im Anschluß erfolgten schriftlichen Anhörung[273] wurden schließlich in dem Entwurf des Berliner Senats vom 30. März 1984[274] berücksichtigt, auf dem im wesentlichen[275] die Endfassung des Gesetzes beruht. An dieser ist durchweg erkennbar, daß die relativ späte Abfassung den differenziert-selektiven Rückgriff auf die in den anderen Projektländern bereits vorliegenden Regelungen erlaubte.

Das KPPG Berlin "dient der Vorbereitung von Entscheidungen über die zukünftige Nutzung der Breitbandkommunikation durch die Erprobung ihrer inhaltlichen und technischen Möglichkeiten" (§ 1 Abs. 2 Satz 1 KPPG Berlin)[276], insbesondere "neuer Angebotsformen, -strukturen und -inhalte, die ... die Auswahlmöglichkeiten des Teilnehmers erweitern" (§ 1 Abs. 3 Satz 1 KPPG Berlin). Der Projektverlauf soll Grundlagen für die Richtungsbestimmung liefern, "unter welchen Prioritäten ... der weitere Ausbau der Kommunikationstechnologie erfolgen soll"[277]. Das weitreichende Erkenntnisinteresse des Versuchs ist in einen 13-Punkte-Katalog gefaßt (§ 1 Abs. 5 KPPG Berlin): er soll unter anderem Aufschluß geben über die sich durch die neuen Techniken "eröffnenden Möglichkeiten, in zusätzlichen Verteildiensten die Vielfalt der in der Gesellschaft vorhandenen Meinungsrichtungen sowie die kulturelle Vielfalt zum Ausdruck zu bringen";

---

dellversuch Kabelfernsehen Berlin" 1976/77 siehe *Th. Janssen*, FUNK-Korrespondenz 1979, Sonderausgabe: Kommunikationspolitik, 35 ff.

[272] Siehe dazu die Nachweise bei *M. Stock*, Koordinationsrundfunk im Modellversuch, 1981, S. 107 f.; *ders.*, Medienfreiheit als Funktionsgrundrecht, 1985, S. 390 Fn. 218; *D. Ratzke*, Handbuch der Neuen Medien, 2. Aufl. 1984, S. 147.

[273] Dazu die Begr. der Senatsvorlage vom 30. März 1984, Abg.haus-Drucks. 9/1718, S. 16.

[274] Abg.haus-Drucks. 9/1718.

[275] I.d.F. der Beschlußempfehlung des Ausschusses für Kulturelle Angelegenheiten vom 25. Juni 1984 und des Hauptausschusses vom 27. Juni 1984, Abg.haus-Drucks. 9/1985.

[276] Die zu erprobenden Übertragungsformen sind gemäß § 8 KPPG Berlin "einfache Verteildienste", "Verteildienste auf Abruf" sowie "Abrufdienste".

[277] Begr. der Senatsvorlage vom 30. März 1984, Abg.haus-Drucks. 9/1718, S. 12.

über deren Auswirkungen "auf den Einzelnen, die Familie und das gesellschaftliche Leben", "auf die Presse, die Rundfunkanstalten und den Film"
sowie "auf die Wirtschaftsstruktur und den Arbeitsmarkt"; ferner über "die
wirtschaftlichen und finanziellen Voraussetzungen neuer Angebote", "die
Möglichkeiten zur Sicherung eines chancengleichen Zusammenwirkens lokaler, regionaler, nationaler und internationaler Anbieter und zur Verhinderung von Konzentration publizistischer Macht" und "die Möglichkeiten
künftiger Organisationsformen". Auf diese Fragestellungen soll sich die
wissenschaftliche Begleituntersuchung der als Nachfolger der Kommission
"Neue Kommunikationstechniken" eingesetzten "Projektkommission" erstrecken (§§ 3, 4 KPPG Berlin).

Diesem Versuchsziel entsprechend soll die Versuchsanordnung "möglichst vielfältig sein und verschiedenartige Angebote durch eine Vielzahl
von Anbietern ermöglichen" (§ 1 Abs. 2 Satz 2 KPPG Berlin). Dabei ist
auch die Erprobung offener Kanäle vorgesehen (§ 26 KPPG Berlin). Eine
"offene und flexible Regelung der Versuchsbedingungen" soll nach Ablauf
der Versuchsdauer von fünf Jahren ab Sendestart (§ 6 KPPG Berlin) die
"Entwicklung zukunftsträchtiger Lösungen und Strukturen" erlauben[278].

Das konkrete, zur Erprobung gestellte Rundfunkmodell weist Parallelen
zum bayerischen Experiment auf: Ein "Kabelrat" als selbständige, öffentlich-rechtliche "Anstalt für Kabelkommunikation" ist das "'öffentlich-rechtliche Dach'"[279], unter dessen öffentlicher Verantwortung für die Sicherung
der Meinungsvielfalt des Gesamtangebots im Kabelpilotprojekt Berlin
(§ 12 KPPG Berlin) eine mit der technischen Organisation ("Kabelzentra-
le") und Durchführung des Pilotprojekts betraute "Projektgesellschaft" in
Privatrechtsform die eigenverantwortlich veranstalteten Programmangebote privater Anbieter koordiniert.

Dabei ging der Gesetzgeber von folgenden, in der Begründung zur Senatsvorlage umfassend ausgeführten Erwägungen aus: Jedenfalls im Bereich der Kabelkommunikation und unter Berücksichtigung der in Berlin
gegebenen Anschlußdichte an das Kabelnetz könne nicht mehr von einer
"Sondersituation" im Rundfunkwesen ausgegangen werden. Notwendige
Konsequenz sei die Gewährleistung von "gleichen Entwicklungschancen
für öffentlich-rechtliche Rundfunkanstalten wie für privatrechtlich organi-

---

[278] Ebd., S. 11.
[279] Ebd., S. 14.

sierte Veranstalter"[280]. Unter diesen Bedingungen sei "die Erprobung eines außenpluralistischen Modells ... verfassungsrechtlich zulässig, ja sogar geboten. ... Ein Binnenpluralismus würde die Festschreibung des herkömmlichen Zustands bedeuten"[281]. Meinungsvielfalt und kulturelle Vielfalt könne "nur in einem außenpluralistischen Modell zum Ausdruck kommen", könne sich nur dort "voll entfalten"[282]. Dem sei durch eine Angebotsstruktur Rechnung zu tragen, die die Vielfalt, die Chancengleichheit zwischen den Veranstaltern und die freie Nutzungsentscheidung des Bürgers sichere[283]. Der Gesetzgeber könne dabei "für die in ihrer Ausformung erst während des Versuchsverlaufs deutlicher erkennbaren Angebotsformen nicht ins einzelne gehende Regelungen treffen, ohne die notwendige Flexibilität und damit den Versuch insgesamt in Frage zu stellen"[284]. Zur Konkretisierung der gesetzgeberischen Rahmenbedingungen und Richtlinien werde deshalb der vom Gesetzgeber gewählte, als öffentlich-rechtliche Anstalt organisierte Kabelrat eingerichtet, der für die Sicherung der Meinungsvielfalt im Gesamtangebot, die Zulassung sowie die Aufsicht über die Anbieter und die Projektgesellschaft zuständig sei. Von dem einzelnen Angebot werde allerdings im Blick auf das breite Auswahlspektrum des Teilnehmers nicht verlangt, daß es ausgewogen ist[285]. Schließlich erfolgte die Einsetzung einer landeseigenen Begleituntersuchung "im Hinblick auf die Sorge, unüberlegt und unkontrolliert in eine schwer durchschaubare Medienzukunft zu 'schlittern'"[286].

Infolge der zwischenzeitlich erweiterten Möglichkeiten zur drahtlosen Übertragung von Rundfunkprogrammen wurde - ähnlich wie in Rheinland-Pfalz - das KPPG Berlin im Jahre 1986 entsprechend angepaßt[287].

---

[280] Ebd., S. 13.

[281] Ebd.

[282] Ebd.

[283] Siehe ebd., S. 13 f.

[284] Ebd., S. 14.

[285] Vgl. ebd., S. 15.

[286] Ebd., S. 16.

[287] Durch das Erste Gesetz zur Änderung des Kabelpilotprojektgesetzes vom 27. März 1986 (GVBl. S. 526). Maßgebend dafür war der Antrag der Fraktion der CDU vom 29. November 1985, Abg.haus-Drucks. 10/439, i.d.F. der Beschlußempfehlung des Ausschusses für

III. Vorgezogene Dauerregelungen in Sachen Privatrundfunk
als konzeptionelle Inkonsequenz

Der Blick über das ehemals von den Ländern einvernehmlich ange-
strengte Experimentalprogramm "Kabelfernsehen und Breitbandkommunikation" zeigt, daß das einstige Engagement für eine einheitliche Rundfunkstruktur unterschiedlichen, in verschiedene Richtung tendierenden Einzel-
projekten gewichen ist[288]. Als ursächlich erweisen sich unüberbrückbare,
aufgrund unterschiedlicher Einschätzungen des "Medium"- und "Faktor"-
Charakters des Rundfunks entstandene Differenzen zwischen den sozialde-
mokratisch geführten (A-)Ländern und den unionsregierten (B-)Ländern
über die Modellausgestaltung und die Zielsetzung des Versuchs; es man-
gelte an einer gemeinsamen Fragestellung. Die Entfernung von dem einsti-
gen Wunsch nach einer bundesstaatlich geordneten, sinnvoll aufeinander
bezogenen Gesetzgebung vergrößerte sich überdies noch durch einen
wachsenden Regelungsbedarf, der nicht zuletzt durch die - von dem Netz-
träger Deutsche Bundespost konsequent umgesetzte - technische Entwicklung hervorgerufen wurde, die die seit den KtK-Empfehlungen bis zur
Durchführung der Pilotprojekte vergangenen acht bzw. neun Jahre kenn-
zeichnete. Die daraus resultierende Neigung zur Schaffung umfassender
Dauer- an Stelle vorläufiger Erprobungsregelungen hatte zur Folge, daß
die wissenschaftliche Begleitforschung zu den Kabelpilotprojekten in ein
Spannungsfeld von forschungspolitischen Zielen und medienpolitischen
Intentionen[289] geriet. Vielerorts wurde den Versuchen und ihrer Evaluation vorgegriffen, der Lerneffekt durch die vorgezogene Verabschiedung
von dauerhaften Privatrundfunkgesetzen in Frage gestellt. Dementsprechend uneinheitlich zeigt sich die momentane Organisationsstruktur des
Privatrundfunks in der Bundesrepublik Deutschland:

Kulturelle Angelegenheiten vom 10. März 1986 und des Hauptausschusses vom 12. März 1986,
Abg.haus-Drucks. 10/637. Eine weitere Änderung erfolgte durch das Zweite Gesetz zur Änderung des Kabelpilotprojekt- und Versuchsgesetzes für drahtlosen Rundfunk im Land Berlin
vom 18. Dezember 1987 (GVBl. S. 2746).

[288] In diesem und folgendem Sinne auch *M. Stock*, Medienfreiheit als Funktionsgrundrecht,
1985, S. 441 ff.

[289] Vgl. *W. Teichert*, Aus Politik und Zeitgeschichte, B 46-47/88, S. 14, 19. - Die Hoffnung
auf eine Ausnahme nährt die Regelung in Berlin: In § 6 Abs. 4 KPPG Berlin heißt es: "Der
Versuch endet mit Ablauf der Versuchsdauer oder mit Inkrafttreten einer *auf der Grundlage
des Versuches* geschaffenen gesetzlichen Regelung für die Nutzung der Breitbandkommunikation." (Hervorhebung durch der Verfasser).

Das erste seiner Art ist das durch die "3. Fernseh-Entscheidung" des Bundesverfassungsgerichts vom 16. Juni 1981[290] hinlänglich bekannte "Gesetz über die Veranstaltung von Rundfunksendungen im Saarland" vom 2. Dezember 1964[291] in der die Zulassung privater Anbieter erlaubenden, geänderten Fassung vom 7. Juni 1967[292]. Auf das genannte Urteil folgte das "Rundfunkgesetz für das Saarland" vom 28. November 1984[293], das schließlich am 11. August 1987 neu bekanntgemacht wurde[294]. Dieses schaffte zwar zunächst Grundlagen für den Privatrundfunk, dient aber inzwischen vorrangig der verbesserten Sicherung des Bestands und der Entwicklungsmöglichkeiten des Saarländischen Rundfunks[295]. Denn nach Auffassung der Landesregierung des Jahres 1986/87 wird "zunehmend deutlich, daß die angenommene Möglichkeit einer Vielfaltssicherung durch eine große Zahl unterschiedlicher Veranstalter tatsächlich kaum erreichbar sein wird"[296].

Zuvor erging das "Niedersächsische Landesrundfunkgesetz" vom 23. Mai 1984[297], das "sich als ein Angebot (versteht), in Niedersachsen in den ver-

---

[290] BVerfGE 57, 295 ff.

[291] ABl. S. 1111.

[292] ABl. S. 478; Bekanntmachung der Neufassung in ABl. 1968 S. 558.

[293] ABl. S. 1249. Das Gesetz beruhte auf dem Gesetzentwurf der Landesregierung vom 3. Juli 1984, LT-Drucks. 8/1988, i.d.F. des Abänderungsantrags des Ausschusses für Kultus, Bildung und Sport vom 27. November 1984, LT-Drucks. 8/2178.

[294] ABl. S. 1005, ber. S. 1454. Der Neubekanntmachung ging voran das Gesetz zur Änderung des Landesrundfunkgesetzes vom 3. Juni 1987 (ABl. S. 601).

[295] Vgl. die Begr. des Gesetzentwurfs der Landesregierung zu Gesetzesänderungen vom 18. November 1986, LT-Drucks. 9/897, S. 1. So ist der Saarländische Rundfunk zu 20 Prozent an der Euro-Radio Saar GmbH beteiligt, dem Betreiber des ersten landesweiten privaten Hörfunkprogramms "Radio Salu", das im Oktober 1989 auf Sendung gehen soll. Vgl. F.A.Z. vom 16. März 1989, S. 6.

[296] Begr. des Gesetzentwurfs der Landesregierung zu Gesetzesänderungen vom 18. November 1986, LT-Drucks. 9/897, S. 23. Die Gesetzesbegründung läßt (nicht zuletzt wegen der punktuell in ihr enthaltenen Polemik) besonders deutlich erkennen, daß die Zulassung privater Rundfunkveranstalter von der medienpolitischen Auffassung abhängig ist, ob die in Art. 5 Abs. 1 GG garantierte Rundfunkfreiheit auch Veranstalterfreiheit bedeutet.

[297] GVBl. S. 147. Dem Gesetz lag der Entwurf der Landesregierung vom 5. Mai 1983, LT-Drucks. 10/1120, i.d.F. der Beschlußempfehlung des Ausschusses für Medienfragen vom 3. Mai 1984, LT-Drucks. 10/2630, zugrunde. Es wurde am 16. März 1987 aufgrund des Gesetzes zur Änderung des Niedersächsischen Landesrundfunkgesetzes vom 9. Februar 1987 (GVBl. S. 5) neu bekanntgemacht (GVBl. S. 43) und geändert durch Gesetz zum Staatsvertrag zur Neuordnung des Rundfunkwesens vom 28. Oktober 1987 (GVBl. S. 183). - Das Gesetz war Gegenstand der "4. Fernseh-Entscheidung" des Bundesverfassungsgerichts vom 4. November 1986 (BVerfGE 73, 118 ff.).

schiedensten Formen Hörfunk und Fernsehen zu veranstalten und zu verbreiten"[298]. In der Gesetzesbegründung wird lediglich die Notwendigkeit einer Überprüfung und gegebenenfalls Änderung betont, "wenn sich herausstellen sollte, daß die vorgenommene Zukunftsbeurteilung nicht zutreffend war"[299].

Das dritte, auf Dauer angelegte und Privatrundfunk ermöglichende Gesetz wurde ebenfalls in Norddeutschland erlassen: das "Rundfunkgesetz für das Land Schleswig-Holstein" vom 27. November 1984[300]. Lediglich in § 46 des Gesetzes findet sich eine Experimentierklausel[301], die die "Unabhängige Landesanstalt für das Rundfunkwesen" zu einem Versuch mit lokalem Kabelrundfunk ermächtigt.

Damit geriet die dritte Partei des NDR-Staatsvertrages in Zugzwang: Hamburg verabschiedete sein "Hamburgisches Mediengesetz" vom 3. Dezember 1985[302]. Damit sollten private Programmanbieter (unter der Aufsicht der "Hamburgischen Anstalt für neue Medien" als "öffentlich-rechtlichem Dach") "eine rechtlich abgesicherte Möglichkeit erhalten"[303], sich an der Veranstaltung von Rundfunk zu beteiligen. Allerdings werde - trotz des Festhaltens am binnenpluralistischen Modell - "zu erproben sein, ob sich die Regelungen bewähren oder inwieweit sie änderungs- und ergänzungsbedürftig sind"[304].

Etwa zeitgleich wurde vom baden-württembergischen Landtag das "Landesmediengesetz Baden-Württemberg" vom 16. Dezember 1985[305] (LMedi-

---

[298] Begr. des Gesetzentwurfs der Landesregierung vom 5. Mai 1983, LT-Drucks. 10/1120, S. 25.

[299] Ebd., S. 26.

[300] GVOBl. S. 214, geändert durch Gesetz zum Staatsvertrag zur Neuordnung des Rundfunkwesens (Rundfunkstaatsvertrag) und zur Änderung des Landesrundfunkgesetzes vom 5. Juni 1987 (GVOBl. S. 233). Das Gesetz erging aufgrund des Entwurfs der Landesregierung vom 30. März 1984, LT-Drucks. 10/450, i.d.F. der Beschlußempfehlung des Innen- und Rechtsausschusses vom 8. November 1984, LT-Drucks. 10/717.

[301] Dazu oben Einleitung B. I.

[302] GVBl. S. 315, geändert durch Gesetz zum Staatsvertrag zur Neuordnung des Rundfunkwesens (Rundfunkstaatsvertrag) vom 12. November 1987 (GVBl. S. 195).

[303] Begr. des Gesetzentwurfs des Senats vom 26. Februar 1985, Bürgerschaft-Drucks. 11/3769, S. 17.

[304] Ebd.

[305] GBl. S. 539.

enG BW) beschlossen. Die seit Mitte des Jahres 1981 besonders von der "Arbeitsgruppe Landesmediengesetz" vorangetriebenen Kodifikationsbestrebungen in Baden-Württemberg wurden immer wieder durch die technische und medienpolitische Entwicklung unterbrochen[306]. Schließlich[307] konnte sich mit dem Gesetz ein Ordnungsrahmen durchsetzen, "der den Bestand und die Entwicklung der öffentlich-rechtlichen Rundfunkanstalten gewährleistet sowie neuen, privaten Anbietern eine angemessene Start- und Entwicklungschance einräumt"[308]; letzteres[309] unter Aufsicht der öffentlich-rechtlichen "Landesanstalt für Kommunikation". In gesetzestypologischer Hinsicht unterscheidet sich das Gesetz von den anderen Medienerprobungsregelungen durch seinen Anspruch, langfristige Planungssicherheit[310] dadurch zu schaffen, daß es nicht ausdrücklich befristet ist. Andererseits enthält das Gesetz gegenüber den Vorentwürfen deutlich flexiblere Regelungsmechanismen[311] sowie - in § 88 Abs. 2 LMedienG BW - einen ausdrücklichen, zeitlich bestimmten (vier Jahre nach Inkrafttreten) Evaluierungsauftrag. Im Hinblick darauf wird die Zulassung privater Rundfunkveranstalter nur für die Dauer von fünf Jahren ausgesprochen (§ 26 Abs. 1 LMedienG BW). Damit trägt das Gesetz zumindest den Charakter eines Versuchsgesetzes, auch wenn es nicht ausdrücklich als solches ausgewiesen ist[312].

---

[306] Siehe dazu *M. Bullinger*, in: ders./Ch. Gödel, Landesmediengesetz Baden-Württemberg (LMedienG), Kommentar, 1986, Einleitung.

[307] Nach umfangreichen Erörterungen im Ständigen Ausschuß des Landtags, in die auch eine Anhörung einbezogen war (vgl. LT-Drucks. 9/2298), und zahlreichen Änderungsanträgen (vgl. LT-Drucks. 9/2321, 2484).

[308] Begr. des Gesetzentwurfs der Landesregierung vom 21. Januar 1985, LT-Drucks. 9/955, S. 52.

[309] Die diesbezüglichen Regelungen hielten indes vor dem Bundesverfassungsgericht nicht stand. In Reaktion auf die "5. Fernseh-Entscheidung" vom 24. März 1987 (BVerfGE 74, 297 ff.) wurde das LMedienG BW durch Gesetz zur Änderung des Landesmediengesetzes Baden-Württemberg vom 14. Dezember 1987 (GBl. S. 728) geändert.

[310] Vgl. Begr. des Gesetzentwurfs der Landesregierung vom 21. Januar 1985, LT-Drucks. 9/955, S. 134, zu Art. 85.

[311] Dies betont auch *M. Bullinger*, in: ders./Ch. Gödel, Landesmediengesetz Baden-Württemberg (LMedienG), Kommentar, 1986, Einleitung Rn. 20 ff.

[312] Vgl. auch Begr. des Gesetzentwurfs der Landesregierung vom 21. Januar 1985, LT-Drucks. 9/955, S. 68: "Das Landesmediengesetz kann angesichts der raschen technischen Entwicklung und angesichts der Schwierigkeiten, die tatsächlichen Auswirkungen seiner Regeln ... vorhersehen zu können, nicht Geltung für einen unbegrenzten Zeitraum beanspruchen, sondern muß in den ersten 5 (jetzt: 4) Jahren erprobt und dann grundlegend überprüft werden ..."

Vom 24. Juni 1986 schließlich stammt das rheinland-pfälzische "Landesrundfunkgesetz"[313]. Eine Verlängerung der Versuchsregelung zum Kabelpilotprojekt Ludwigshafen wurde nicht für notwendig erachtet, da ausreichend Erfahrungen bereits vorhanden bzw. im Laufe der parlamentarischen Beratungen zu erwarten waren[314].

Vollends überholt wurde das Kabelpilotprojekt in Dortmund durch das "Rundfunkgesetz für das Land Nordrhein-Westfalen" vom 19. Januar 1987[315]. Es schafft - an dem Dortmunder Versuch vorbei[316] - die gesetzliche Grundlage für privaten Rundfunk, enthält indes eine klare Absage an das außenpluralistische Modell. Denn wegen begrenzter technischer Übertragungsmöglichkeiten, des finanziellen Aufwands und begrenzter Werbekapazitäten werde die "Sondersituation des Rundfunks gegenüber der Presse ... auch in Zukunft bestehen bleiben"[317].

Demgegenüber vertrat Hessen mit dem Erlaß seines "Gesetzes über den privaten Rundfunk in Hessen" vom 30. November 1988[318] die Auffassung, daß der "Fortbestand des Oligopols der öffentlich-rechtlichen Rundfunk-

---

- Ebenso *M. Bullinger*, in: ders./Ch. Gödel, Landesmediengesetz Baden-Württemberg (LMedienG), Kommentar, 1986, Einleitung Rn. 23, sowie *Ch. Gödel*, in: M. Bullinger/ders., Landesmediengesetz Baden-Württemberg (LMedienG), Kommentar, 1986, § 88 Rn. 3. - Das Bundesverfassungsgericht läßt dies bei seiner Überprüfung des Gesetzes "dahingestellt" (BVerfGE 74, 297, 339 [5. Fernseh-Entscheidung]).

[313] GVBl. S. 159, in der durch das Landesgesetz zur Änderung rundfunkrechtlicher Vorschriften vom 5. Juli 1988 (GVBl. S. 123) geänderten Fassung. Es basiert auf dem Entwurf der Landesregierung vom 4. November 1985, LT-Drucks. 10/1861.

[314] Vgl. die Begr. des Gesetzentwurfs der Landesregierung vom 4. November 1985, LT-Drucks. 10/1861, S. 25.

[315] GV. S. 22, i.d.F. der Bekanntmachung vom 11. Januar 1988 (GV. S. 6), der die Änderung durch das Gesetz zur Änderung des Gesetzes über den "Westdeutschen Rundfunk Köln" und des Rundfunkgesetzes für das Land Nordrhein-Westfalen (Rundfunkänderungsgesetz) vom 8. Dezember 1987 (GV. S. 420) vorangegangen ist. Es beruht auf dem Entwurf der Landesregierung vom 23. Oktober 1986, LT-Drucks. 10/1440.

[316] Zur Zukunft des Dortmunder Projekts bestimmt § 65 Abs. 1 Nr. 14 des nordrheinwestfälischen Rundfunkgesetzes vom 19. Januar 1987, daß der Westdeutsche Rundfunk, auch nach Beendigung des Modellversuchs berechtigt ist, im Stadtgebiet Dortmund Rundfunkprogramme zu veranstalten und zu verbreiten.

[317] So die Begr. des Gesetzentwurfs der Landesregierung vom 23. Oktober 1986, LT-Drucks. 10/1440, S. 53. - Demgemäß ist bis heute in Nordrhein-Westfalen "von Privatfunk keine Spur". Vgl. *L. Bewerunge*, F.A.Z. vom 8. März 1989, S. 16.

[318] GVBl. II S. 74.

veranstaltungen nicht mehr gerechtfertigt"[319] sei. In den zugrundeliegenden Gesetzentwurf der Landesregierung vom 22. Juni 1988[320] gingen die Vorstellungen des am 25. November 1987 vorgelegten Berichts der im Juni 1987 eingesetzten "Arbeitsgruppe Landesmediengesetz" sowie die Ergebnisse der im März 1988 durchgeführten Anhörung ein[321]. Damit konstituiert sich in Hessen unter der Aufsicht der "Hessischen Landesanstalt für privaten Rundfunk" ein differenziertes Modell mit sowohl außen- wie auch binnenpluralistischen Elementen, das die bereits vorliegenden Erfahrungen in den anderen Bundesländern berücksichtigt[322]. Dennoch enthält das Gesetz, ähnlich wie das LMedienG BW, eine "Revisionsklausel" in § 58, nach der vier Jahre nach Inkrafttreten des Gesetzes eine Tauglichkeitsüberprüfung vorzunehmen ist. Denn die "Entwicklung läßt sich auch bei sorgfältiger Prüfung noch nicht abschließend prognostizieren"[323].

Als letztes Bundesland hat schließlich Bremen die gesetzlichen Voraussetzungen zur Veranstaltung privaten Rundfunks geschaffen. Es verabschiedete am 3. Februar 1989 sein "Landesmediengesetz"[324]. Dieses zeichnet sich indes wieder durch einen Vorrang der öffentlich-rechtlichen Rundfunkanstalten aus; privaten Veranstaltern werden nur unzureichende Start- und Entwicklungschancen eingeräumt.

---

[319] Begr. des Gesetzentwurfs der Landesregierung vom 22. Juni 1988, LT-Drucks. 12/2478, S. 26.

[320] LT-Drucks. 12/2478.

[321] Vgl. ebd., S. 29.

[322] Vgl. ebd., passim.

[323] Ebd., S. 53, zu Art. 58. - In diesem Zusammenhang ist der - abgelehnte - Gesetzentwurf der Fraktion der GRÜNEN für ein Gesetz zur Erprobung von lokalen Rundfunkstationen im Rahmen des öffentlich-rechtlichen Rundfunks vom 27. Januar 1986, LT-Drucks. 11/5231, erwähnenswert. Er zielte auf die Erprobung von lokalem Hörfunk durch den Hessischen Rundfunk.

[324] Siehe F.A.Z. vom 4. Februar 1989, S. 6.

2. Kapitel

Ansätze zur Anerkennung eines legislativen Experimentierrechts in der verfassungsgerichtlichen Rechtsprechung

Dem Versuch eigener Überlegungen zu den Konturen eines spezifisch gesetzgeberischen Experimentierrechts[1], die eine verfassungsgerichtliche Überprüfung eines legislatorischen Entscheids zu beachten hätte, hat gleichsam eine Ist-Analyse zu der Frage voranzugehen, ob und inwieweit in der (bundes- und länder)verfassungsgerichtlichen Rechtsprechung dem Gesetzgeber im Rahmen des Verfahrens von "trial and error" als einer Methode der Rechtsentwicklung[2] ein Spielraum für lediglich vorläufige Regelungen auf Probe zugestanden wird. Sie erfolgt im Wege einer "kommentierten Bestandsaufnahme"[3] (dazu A. und B.), deren zusammengefaßte, vorläufige Kritik (dazu C.) den Übergang zur Ausarbeitung der methodentheoretischen Grundlagen und verfassungsrechtlichen Bindungen der experimentellen Gesetzgebung leisten soll.

Dabei begegnet die Betrachtung der Judikatur, insbesondere des Bundesverfassungsgerichts, unter dem Blickwinkel, Anhaltspunkte für die Anerkennung experimenteller Rechtssetzungstätigkeit zu finden, nicht unerheblichen Schwierigkeiten. Zwar lassen sich zahlreiche Entscheidungen nachweisen, die Aussagen zum Verhältnis der grundsätzlichen gesetzgeberischen Einschätzungsprärogative künftiger Sachverhaltsgestaltungen zur verfassungsgerichtlichen Kontrollbefugnis enthalten. Jedoch scheint - um pauschal das Ergebnis vorwegzunehmen - die Rechtsprechung eine erhebli-

---

[1] Nach *D. H. Scheuing*, in: FS für O. Bachof, 1984, S. 343, 377, steht dem Gesetzgeber "ein regelrechtes Experimentierrecht zu".

[2] Vgl. *G. Dürig*, in: Maunz/Dürig, Kommentar zum Grundgesetz, Art. 3 Abs. I (1973), Rn. 210. Dazu näher unten 4. Kap. B. IV. 1.

[3] In Anlehnung an die Kategorie der "kommentierten Verfassungsrechtsprechung", deren Funktion und Aufgaben im Rechtsbildungsprozeß *P. Häberle* (1978), in: ders., Kommentierte Verfassungsrechtsprechung, 1979, S. 1 ff., aufgezeigt hat. Die "kommentierte Bestandsaufnahme" soll lediglich die Behandlung der interessierenden Fragestellung in der Rechtsprechung darstellen und durch deren kommentierende Betrachtung gleichsam die Aufgabe eines Problemaufrisses erfüllen. Ihre funktionelle Ähnlichkeit zur "kommentierten Verfassungsrechtsprechung" als deren gedankliche Vorstufe rechtfertigt aber ihre Orientierung an den Perspektiven, unter denen jene nach *P. Häberle*, a.a.O., S. 13 ff., zu erfolgen hat.

che Unsicherheit im Umgang mit dem legislativen Prognosevorrecht für den Fall zu begleiten, daß dem Normgeber selbst hinreichend sichere Entscheidungsgrundlagen fehlen. Hinzu kommt, daß, soweit ersichtlich, eine Behandlung dieses Problemkreises im Schrifttum gänzlich fehlt. Daher kann weder auf einen abgesteckten Kreis von Frage- und Problemstellungen noch auf einen anerkannten Katalog von Kriterien zurückgegriffen werden. Die Analyse formuliert deshalb bereits mit der Auswahl der für relevant gehaltenen Oberpunkte notwendig selbst, zumindest andeutungsweise, die Fragestellungen, die die problemorientierte Würdigung und die Entwicklung von Kriterien determinieren.

A. Der "suchende und erprobende" Gesetzgeber in der Rechtsprechung des Bundesverfassungsgerichts

Ausgangspunkt der Betrachtungen bilden die grundsätzliche Bedeutung und Ausformung der Gestaltungsfreiheit und des Prognosespielraums des gestaltenden Gesetzgebers im Verhältnis zur kontrollierenden Bundesverfassungsgerichtsbarkeit. Im Anschluß interessieren die tatsächlichen Voraussetzungen und dogmatischen Ansatzpunkte für die Annahme eines Rechts des Gesetzgebers, Erfahrungen zu sammeln. Die Folgen, die sich aus der Anerkennung des "suchenden und erprobenden" Gesetzgebers ergeben, kennzeichnen schließlich die Ausgestaltung und die Grenzen eines legislativen Experimentierrechts in der bisherigen Rechtsprechung.

I. Gestaltungsfreiheit und Prognosespielraum des Gesetzgebers

Auf der Suche nach Strukturen eines besonderen Spielraums des Gesetzgebers zur Sammlung von Erfahrungen in der Rechtsprechung des Bundesverfassungsgerichts wendet sich der Blick zunächst den hinlänglich bekannten und diskutierten[4] Fragen nach Begründung und Umfang der

---

[4] Aus dem umfangreichen Schrifttum jüngeren Datums vgl. dazu nur *H. Thierfelder,* Juristische Analysen 1970, 879 ff.; *K. J. Philippi,* Tatsachenfeststellungen des Bundesverfassungsgerichts, 1971; *M. Kloepfer,* NJW 1971, 1585 ff.; *G. F. Schuppert,* Die verfassungsgerichtliche Kontrolle der Auswärtigen Gewalt, 1973, S. 167 ff.; *E. Grabitz,* AÖR 98 (1973), 568 ff.; *U. Seetzen,* NJW 1975, 429 ff.; *H.-J. Mertens,* RdA 1975, 89, 93 ff.; *F. Ossenbühl,* in: FG für BVerfG, Bd. 1, 1976, S. 458 ff.; *H. H. Rupp,* in: FG für BVerfG, Bd. 2, 1976, S. 364, 371 ff.; *H. Schneider,* in: FG für BVerfG, Bd. 2, 1976, S. 390, 397 ff.; *W. Rupp-v.Brünneck,* AÖR 102 (1977), 1, 12 ff.;

Gestaltungsfreiheit und des Prognosespielraums der gesetzgebenden Gewalt zu. Beide Postulate prägen im Rahmen der Normenkontrolle das Verhältnis der überprüfenden Verfassungsgerichtsbarkeit zum (politischen[5] und) demokratischen Gesetzgeber. Auch die Frage nach einem legislativen Experimentierrecht berührt das Zusammenwirken der beiden Organe im Rechts- und Willensbildungsprozeß[6]; es ist ebenso wie die Gewährung von Gestaltungs- und Prognosespielraum Ausdruck eines verfassungs- und funktionsgerechten Respekt- und Toleranzbereichs. Seine Ausgestaltung und seine Grenzen in der bisherigen verfassungsgerichtlichen Rechtsprechung finden daher dort ihren Ursprung.

R. Breuer, Der Staat 16 (1977), 21 ff.; *P. Lerche*, in: K. Vogel (Hrsg.), Grundrechtsverständnis und Normenkontrolle, 1979, S. 24 ff.; *W.-R. Schenke*, NJW 1979, 1321 ff.; *H.-P. Schneider*, NJW 1980, 2103 ff.; *U. Scheuner*, DÖV 1980, 473 ff.; *P. Badura*, in: FS für L. Fröhler, 1980, S. 321 ff.; *K. Hesse* (1981), in: ders., Ausgewählte Schriften, hrsg. von P. Häberle/A. Hollerbach, 1984, S. 311 ff.; die Berichte von *K. Korinek, J. P. Müller* und *K. Schlaich*, in: VVDStRL 39 (1981).

[5] Zum Verhältnis des Bundesverfassungsgerichts zum Gesetzgeber und zum politischen Bereich vgl. z.B. *H. Triepel*, VVDStRL 5 (1929), 2 ff.; *G. Leipholz*, JÖR 6 (1957), 109 f.; *ders.*, in: Bundesverfassungsgericht (Hrsg.), Das Bundesverfassungsgericht, 1963, S. 61 ff.; *G. Roellecke*, Politik und Verfassungsgerichtsbarkeit, 1961; *O. Bachof* (1963/1966), in: ders., Wege zum Rechtsstaat, hrsg. in Verbindung mit ihm von L. Fröhler u.a., 1979, S. 263 ff.; *F. Klein*, Bundesverfassungsgericht und richterliche Beurteilung politischer Fragen, 1966; *H. H. Klein*, Bundesverfassungsgericht und Staatsraison, 1968 (dazu *P. Häberle*, DÖV 1969, 150 f.); *R. Dolzer*, Die staatstheoretische und staatsrechtliche Stellung des Bundesverfassungsgerichts, 1972, S. 51 ff.; *G. F. Schuppert*, Die verfassungsgerichtliche Kontrolle der Auswärtigen Gewalt, 1973, S. 115 ff., 207 ff.; *ders.*, ZRP 1973, 257 ff.; *P. Häberle*, in: ders. (Hrsg.), Verfassungsgerichtsbarkeit, 1976, S. 1 ff.; *ders.*, Verfassungsgerichtsbarkeit zwischen Politik und Rechtswissenschaft, 1980; *M. Kriele*, NJW 1976, 779 ff.; *E. Benda*, DÖV 1979, 465 ff.; *W.-R. Schenke*, NJW 1979, 1321, 1322 f.; *K. Stern*, Verfassungsgerichtsbarkeit zwischen Recht und Politik, 1980; *W. Geiger*, Recht und Politik im Verständnis des Bundesverfassungsgerichts, 1980; *U. Scheuner*, DÖV 1980, 473 ff.; *K. Hesse*, Grundzüge des Verfassungsrechts der Bundesrepublik Deutschland, 16. Aufl. 1988, Rn. 83, 567 ff.

[6] Vgl. statt vieler *P. Häberle* (1975), in: ders., Die Verfassung des Pluralismus, 1980, S. 79, 79 mit Fn. 5; *ders.*, in: ders. (Hrsg.), Verfassungsgerichtsbarkeit, 1976, S. 1, 12 ff.; *H.-P. Schneider*, Richterrecht, Gesetzesrecht und Verfassungsrecht, 1969, S. 33 ("Arbeitsteilung"); *E. Benda*, DÖV 1979, 465, 470 (Zusammenarbeit "*im partnerschaftlichen Sinne*"); *W. Haller*, DÖV 1980, 465, 467 f.; *P. Badura*, in: FS für L. Fröhler, 1980, S. 321, 326 f.; *K. Hesse*, Grundzüge des Verfassungsrechts der Bundesrepublik Deutschland, 16. Aufl. 1988, Rn. 566 mit Nachweisen in Fn. 78 ("begrenzter - Anteil an der obersten Staatsleitung"). Kritisch dazu hingegen *K. Schlaich*, VVDStRL 39 (1981), 99, 113, 116 Fn. 56 mit Nachweisen.

Im Zuge der Bewältigung des Dauerthemas[7] der Stellung der "Verfassungsgerichtsbarkeit im Gefüge der Staatsfunktionen"[8] hat sich zur Frage nach den Grenzen ihrer Tätigkeit in der Literatur[9] wie in der Rechtsprechung des Bundesverfassungsgerichts der funktionsrechtliche Interpretationsansatz durchgesetzt. Die auf ihm basierende[10] Forderung nach "judicial self-restraint"[11] ist Folge und Ausdruck der verfassungsmäßigen Verteilung der Aufgaben und Funktionen zwischen der rechtsprechenden Gewalt im allgemeinen und der Verfassungsgerichtsbarkeit im besonderen einerseits und dem Gesetzgeber andererseits. Danach obliegt vorrangig dem Gesetzgeber die Verantwortung für die (rechts)politische Ordnung des Gemeinwesens und in deren Rahmen für die "grundsätzlichen Entscheidungen darüber, ob und inwieweit der individuelle Freiheitsbereich mit Rücksicht auf die anderen Grundrechtsträger und die Interessen der Gemeinschaft eingeschränkt werden soll"[12]. Sein Wirken hat sich zwar innerhalb der ver-

---

[7] Vgl. *P. Häberle*, in: ders. (Hrsg.), Verfassungsgerichtsbarkeit, 1976, S. 1, 2. *P. Lerche*, in: K. Vogel (Hrsg.), Grundrechtsverständnis und Normenkontrolle, 1979, S. 24, 24, bezeichnet dies unter Verweis auf zahlreiche Arbeiten zu diesem Problemkreis a.a.O., Fn. 1, als das "geistige Eigentum" von *H. Spanner*.

[8] Vgl. den Ersten Beratungsgegenstand der Jahrestagung 1980 der Vereinigung der Deutschen Staatsrechtslehrer, VVDStRL 39 (1981), sowie *W. Haller*, DÖV 1980, 465 ff.

[9] Vgl. nur *E. Friesenhahn*, ZSchwR 73 (1954), 129 ff.; *H. Ehmke*, VVDStRL 20 (1963), 53, 73 f.; *P. Häberle* (1975), in: ders., Die Verfassung des Pluralismus, 1980, S. 79, 79 mit Fn. 5; *ders.*, in: ders. (Hrsg.), Verfassungsgerichtsbarkeit, 1976, S. 1, 5 ff.; *E.-W. Böckenförde*, NJW 1976, 2089, 2099; *G. F. Schuppert*, Funktionell-rechtliche Grenzen der Verfassungsinterpretation, 1980; *K. Hesse*, Grundzüge des Verfassungsrechts der Bundesrepublik Deutschland, 16. Aufl. 1988, Rn. 559 ff.

[10] Als allgemeine Regel allein ist "judicial self-restraint" ungeeignet, funktionelle Grenzen der Verfassungsgerichtsbarkeit aufzuweisen; vgl. *K. Hesse* (1981), in: ders., Ausgewählte Schriften, hrsg. von P. Häberle/A. Hollerbach, 1984, S. 311, 314. Den "Gedanken der Gerichtszurückhaltung" läßt auch nicht genügen *U. Scheuner*, DÖV 1980, 473, 473. Besonders deutlich *K. Schlaich*, VVDStRL 39 (1981), 99, 112: "Nicht das Gericht, sondern die Verfassung als Prüfungsmaßstab ist entweder zurückhaltend oder deutlich greifend."

[11] Als ein "Mittel, um die *funktionale Zuordnung* von Verfassungsgerichtsbarkeit und Staatsleitung auszubalancieren" (*G. F. Schuppert*, Die verfassungsgerichtliche Kontrolle der Auswärtigen Gewalt, 1973, S. 219; *G. F. Schuppert*, a.a.O., betont in diesem Zusammenhang allerdings das Demokratieprinzip, da aus der demokratischen Kontrolle von Herrschaft ableitbar sei, daß das demokratisch konstruierte Organ den Vorrang besitzen müsse). Der Grundsatz wird im "Grundlagenvertrags-Urteil" des Bundesverfassungsgerichts, BVerfGE 36, 1, 14, besonders deutlich formuliert: "Der Grundsatz des judicial self-restraint bedeutet ... den Verzicht 'Politik zu treiben', d.h. in den von der Verfassung geschaffenen und begrenzten Raum freier politischer Gestaltung einzugreifen."

fassungsmäßigen Ordnung, insbesondere unter Beachtung der grundrechtlichen Freiheiten, zu entfalten (Art. 1 Abs. 3, 20 Abs. 3 GG); im Rahmen
der "gemischten Verfassung"[13] des Grundgesetzes jedoch trägt institutionell und funktionell die Verfassungsgerichtsbarkeit als der "oberste Hüter
der Verfassung"[14] die Verantwortung für die Wahrung, die Gewähr und die
Fortbildung der Verfassung[15]. Aus diesem Grundzusammenhang[16] des Inhalts der Aufgabe und der Gewaltenteilung[17] folgt einerseits die besondere
Verantwortung des Bundesverfassungsgerichts für den Erfolg des Zusammenwirkens der Verfassungsorgane, aber andererseits auch das Gebot der
Respektierung der Aufgaben der anderen Gewalten und der Abstimmung
auf diese[18]. Daraus ergibt sich, daß die Grenzen verfassungsgerichtlicher
Kontrolltätigkeit sowohl gegenüber fachgerichtlichen Entscheidungen[19] als
auch für die Prüfung von Gesetzen nicht starr gezogen, sondern je an der
verfassungsmäßigen Funktions- und Verantwortungsgerechtigkeit im Einzelfall ausgerichtet sind.

---

[12] *W. Rupp-v.Brünneck,* AÖR 102 (1977), 1, 15. Vgl. auch *K. Hesse,* Grundzüge des Verfassungsrechts der Bundesrepublik Deutschland, 16. Aufl. 1988, Rn. 569, 314 mit Nachweisen aus
der Rechtsprechung in Fn. 11.

[13] Vgl. *K. Hesse* (1981), in: ders., Ausgewählte Schriften, hrsg. von P. Häberle/A. Hollerbach, 1984, S. 311, 315, im Anschluß an *M. Imboden,* Montesquieu und die Lehre der Gewaltentrennung, 1959, S. 14 ff. Bedenken gegen dieses Bild äußert *K. Schlaich,* VVDStRL 39
(1981), 99, 116 Fn. 56.

[14] Vgl. den "Status-Bericht" des Bundesverfassungsgerichts von 1952, in: JÖR 6 (1957),
144, 144 f.; insbesondere für das Verfahren der abstrakten Normenkontrolle seit BVerfGE 1,
184, 195 (Polizeiverordnung) std. Rspr.

[15] Vgl. nur *K. Hesse,* Grundzüge des Verfassungsrechts der Bundesrepublik Deutschland,
16. Aufl. 1988, Rn. 562.

[16] Vgl. *K. Hesse* (1981), in: ders., Ausgewählte Schriften, hrsg. von P. Häberle/A. Hollerbach, 1984, S. 311, 315 f.

[17] Siehe dazu insbesondere *P. Häberle,* in: ders., Verfassungsgerichtsbarkeit, 1976, S. 1, 12
ff.

[18] Vgl. nur *K. Hesse* (1981), in: ders., Ausgewählte Schriften, hrsg. von P. Häberle/A. Hollerbach, 1984, S. 311, 315 f.

[19] Zur Nachprüfung gerichtlicher Entscheidungen durch das Bundesverfassungsgericht siehe inbesondere *G. F. Schuppert,* AÖR 103 (1978), 43 ff. Zur Terminologie der "Fachgerichts-
barkeit" im Verhältnis zur "Verfassungsgerichtsbarkeit" vgl. die Diskussion zwischen *P. Badura*
und *K. Schlaich,* in: VVDStRL 39 (1981), 160 ff., 162 f.

Zwar erkennt das Bundesverfassungsgericht "als abstraktes Postulat"[20] mit der "Formel von der 'Freiheit des Gesetzgebers'"[21] in ständiger Rechtsprechung den freien politischen Bewegungsraum der Gesetzgebung als Grenze verfassungsgerichtlicher Kontrolle und Entscheidung an[22], soweit nicht die durch die Verfassung gezogenen Grenzen überschritten sind[23]. Es betont seine grundsätzliche Zurückhaltung gegenüber politischen Wertungen und Entscheidungen der legislativen Regelungsgewalt ebenso wie die gegenüber Prognoseentscheidungen als (den wesentlichen) Inhalten der gesetzgeberischen Gestaltungsarbeit[24].

Jedoch scheint die Frage nach dem Umfang des gesetzgeberischen Gestaltungs- und Prognosespielraums[25] bzw. der verfassungsgerichtlichen Kontrollbefugnis[26] ein "verwirrende(s) und buntscheckige(s) Bild"[27] zu ergeben. Dabei geht es letztlich um die (Kompetenz-)Frage, wem bei (unsicheren) Entscheidungen das letzte Wort zusteht, der legislativen Rege-

---

[20] *K. Hesse* (1981), in: ders., Ausgewählte Schriften, hrsg. von P. Häberle/A. Hollerbach, 1984, S. 311, 312.

[21] *U. Scheuner,* DÖV 1980, 473, 478.

[22] Vgl. *K. Hesse,* Grundzüge des Verfassungsrechts der Bundesrepublik Deutschland, 16. Aufl. 1988, Rn. 568.

[23] Der Begriff der "Gestaltungsfreiheit des Gesetzgebers" hat sich gegenüber dem früher verwendeten Terminus des "gesetzgeberischen Ermessens" durchgesetzt; vgl. *H.-P. Schneider,* NJW 1980, 2103, 2109; *K. Hesse,* Grundzüge des Verfassungsrechts der Bundesrepublik Deutschland, 16. Aufl. 1988, Rn. 570 Fn. 81 mit Nachweisen.

[24] Vgl. nur die grundsätzliche Feststellung (im Rahmen der Prüfung des Gleichheitssatzes) in BVerfGE 13, 356, 361 f. (Bremische Besoldungsordnung), "daß das Gericht dem Gesetzgeber gegenüber Zurückhaltung zu üben hat und nur die Verletzung äußerster Grenzen der gesetzgeberischen Freiheit feststellen kann". Siehe auch etwa BVerfGE 2, 79, 96 (EVG-Gutachten); 4, 157, 169 f., 178 (Saar-Statut); 7, 377, 400 (Apotheken-Urteil); 36, 1, 14 f. (Grundvertrag); 40, 141, 178 (Ostverträge); 55, 349, 364 f. (Rudolf Hess); 62, 1, 51 (Bundestagsauflösung); 68, 1, 97 (Pershing); 73, 40, 91 f. (Parteispenden).

[25] Als die "Chiffre für die verfassungsrechtliche Verantwortungsverteilung für Entscheidungen, die bei Unsicherheit der künftigen Entwicklung getroffen werden müssen" (*F. Ossenbühl,* in: FG für BVerfG, Bd. 1, 1976, S. 458, 513).

[26] Freilich ist hier auf eine sprachliche Unsauberkeit hinzuweisen: Es geht nicht um die Kontrollbefugnis im eigentlichen Sinne. Denn das Bundesverfassungsgericht kann jeden Gesetzgebungsakt voll überprüfen und kontrollieren. Nur die Möglichkeit der Rechtsfolgenanordnung (Verfassungswidrigkeit bzw. Nichtigkeit) unterliegt den von der Verfassung gezogenen funktionell-rechtlichen Grenzen. Vgl. auch *H. H. Rupp,* in: FG für BVerfG, Bd. 2, S. 364, 371 Fn. 26.

[27] Vgl. *F. Ossenbühl,* in: FG für BVerfG, Bd. 1, 1976, S. 458, 504.

lungs- oder der judikativen Kontrollgewalt[28]. Ihre Beantwortung und die Entwicklung von (auch handlungsanleitenden[29]) Kontrollmaßstäben kann, wie bereits angedeutet und im dazu ergangenen umfangreichen Schrifttum geschehen[30], nur im Wege einer funktionsgerechten (Ab-)Stufung erfolgen. Dementsprechend stellt sich das System der bundesverfassungsgerichtlichen Kontrollintensität legislativer Entscheidungen dar:

> Keiner besonderen Darlegung bedarf es, daß das Bundesverfassungsgericht im Hinblick auf Art. 2 Abs. 1 GG im allgemeinen eine strenge "Verfahrenskontrolle"[31] der Normsetzung, d.h. eine umfassende Prüfung der formellen Verfassungsmäßigkeit durchführt[32].

Die Frage nach dem Umfang der materiellen Kontrolle wird regelmäßig bei der Prüfung am Maßstab des Gleichheitssatzes und des Gebots der Verhältnismäßigkeit relevant. In ständiger Rechtsprechung bestimmt das Bundesverfassungsgericht[33], daß der Gleichheitssatz erst verletzt sei, "wenn sich ein vernünftiger, sich aus der Natur der Sache ergebender oder sonstwie einleuchtender Grund für die gesetzliche Differenzierung oder Gleichbehandlung nicht finden läßt, kurzum, wenn die Bestimmung als willkürlich bezeichnet werden muß". Die Grundsätze des "Übermaßverbots"[34] fordern[35] von der gesetzlichen Regelung die Geeignetheit im Hinblick auf die

---

[28] *G. F. Schuppert*, Die verfassungsgerichtliche Kontrolle der Auswärtigen Gewalt, 1973, S. 184, verweist hier (unter Bezugnahme auf *G. Roellecke*, Politik und Verfassungsgerichtsbarkeit, 1961, S. 150 f.) besonders deutlich auf den Zusammenhang von politischer Entscheidung und Prognose: "ergeht die politische Entscheidung auf der Grundlage von Erwartungen, so ist derjenige, der über die Erwartungen entscheidet, der eigentliche Träger der politischen Entscheidung". Vgl. auch *F. Ossenbühl*, in: FG für BVerfG, Bd. 1, 1976, S. 458, 504; *R. Breuer*, Der Staat 16 (1977), 21, 22.

[29] Vgl. *H.-P. Schneider*, NJW 1980, 2103, 2104 f.

[30] Besonders deutlich z.B. *F. Ossenbühl*, in: FG für BVerfG, Bd. 1, 1976, S. 458, 502 ff.; *H.-P. Schneider*, NJW 1980, 2103 ff.; *K. Hesse* (1981), in: ders., Ausgewählte Schriften, hrsg. von P. Häberle/A. Hollerbach, 1984, S. 311, 316.

[31] *H.-P. Schneider*, NJW 1980, 2103, 2107.

[32] Eine Tendenz, die Feststellung von Verfahrensfehlern in ihrer Bedeutung abzuschwächen, läßt sich allerdings in BVerfGE 8, 274, 296 f. (Preisgesetz), erkennen, wo ein Verzicht des Bundesrates auf die Anrufung des Vermittlungsausschusses wegen "besonderer Umstände" als Zustimmung zum Gesetz selbst verstanden wird.

[33] Seit BVerfGE 1, 14, 52 (Südweststaat); vgl. etwa auch BVerfGE 33, 367, 384 (Zeugnisverweigerung); 54, 11, 25 f. (Rentenbesteuerung); jeweils mit Nachweisen.

[34] Grundlegend dazu *P. Lerche*, Übermaß und Verfassungsrecht, 1961, S. 19 ff., 21.

gesetzgeberische Zielsetzung, die Beachtung des Prinzips des geringstmöglichen Eingriffs und die Angemessenheit oder Zumutbarkeit[36] im Verhältnis zu mit der Regelung verbundenen Grundrechtsbeschränkungen (Verhältnismäßigkeit im engeren Sinne)[37]. Die durch diese nur vage Bestimmung der verfassungsmäßigen Anforderungen gegebene Spannweite verfassungsgerichtlicher Kontrollintensität wird durch ein feingesponnenes (nicht immer feinfühliges) Netz funktionell-rechtlich begründeter Differenzierungen eingeengt[38].

Das Bild dieses Netzwerks wird bestimmt durch das Zusammenspiel und das gegenseitige Sich-Ergänzen des Überprüfungsumfangs der Tatsachenermittlungen, die einen zur gesetzlichen Regelung anstehenden Sachverhalt betreffen, einerseits und der wertenden (Prognose-)Entscheidung auf der Grundlage dieser Tatsachen andererseits[39]. Die Überprüfung von Tatsachenfeststellungen des Gesetzgebers gehört bei der Normenkontrolle zum essentiellen und ständig praktizierten Bestandteil der verfassungsgerichtlichen Kontrollkompetenz[40]. Die umfassende Kenntnis der Tatsachen-

---

[35] Als Ausdruck des Rechtsstaatsprinzips (vgl. etwa BVerfGE 17, 306, 314 [Mitfahrerzentralen]; 38, 348, 368 [Wohnraumzweckentfremdung]; 49, 24, 58 [Kontaktsperre]) oder "aus dem Wesen der Grundrechte selbst" folgend (vgl. etwa BVerfGE 19, 342, 349 [Haftverschonung]). Im ersteren Sinne *K. Hesse*, Grundzüge des Verfassungsrechts der Bundesrepublik Deutschland, 16. Aufl. 1988, Rn. 185. Im letzten Sinne, von Art. 19 Abs. 2 GG "herkommend", *G. Dürig* (1956), in: ders., Gesammelte Schriften, hrsg. von W. Schmitt Glaeser/P. Häberle, 1984, S. 127, 155 f.; *P. Häberle*, Die Wesensgehaltgarantie des Artikel 19 Abs. 2 Grundgesetz, 3. Aufl. 1983, S. 67 f., 236. - Gleichsam "harmonisierend" BVerfGE 61, 126, 134 (§ 901 ZPO): "Doch muß ein ... Eingriff dem Grundsatz der Verhältnismäßigkeit entsprechen, der sich bereits aus dem Wesen der Grundrechte selbst ergibt und dem als Element des Rechtsstaatsprinzips Verfassungsrang zukommt ..."

[36] Zu den Begriffen vgl. *F. Ossenbühl*, in: FG Gesellschaft für Rechtspolitik, 1984, S. 315 ff.

[37] Vgl. *P. Lerche*, Übermaß und Verfassungsrecht, 1961, S. 19 ff., 346 ff.; *E. Grabitz*, AÖR 98 (1973), 568 ff.; *R. Wendt*, AÖR 104 (1979), 414 ff.

[38] Vgl. auch *P. Häberle*, Die Wesensgehaltgarantie des Artikel 19 Abs. 2 Grundgesetz, 3. Aufl. 1983, S. 68: "Als Prinzip für die grundrechtsbegrenzende und grundrechtsausgestaltende Gesetzgebung ist der Grundsatz der Verhältnismäßigkeit nur dann geeignet, wenn er differenzierend angewendet wird, so daß der Gesetzgeber eine unterschiedliche Gestaltungsfreiheit besitzt."

[39] Vgl. dazu die umfassende Analyse von *F. Ossenbühl*, FG für BVerfG, Bd. 1, 1976, S. 458 ff.

[40] Vgl. z.B. BVerfGE 6, 389, 398 ff. (Homosexualität); 7, 377, 412 (Apotheken-Urteil); 39, 210, 226 (Mühlenstrukturgesetz); 76, 107, 121 (Landes-Raumordnungsprogramm). Eine ausführliche, empirische Darstellung hierzu findet sich bei *K. J. Philippi*, Tatsachenermittlungen des Bundesverfassungsgerichts, 1971.

feststellungen ist schon deshalb notwendig, um die Sachgerechtigkeit einer Regelung im Hinblick auf Art. 3 Abs. 1 GG sowie deren Geeignetheit, Erforderlichkeit und Angemessenheit verfassungsrechtlich beurteilen zu können[41]. Ihre Überprüfung erstreckt sich im Wege einer Ergebniskontrolle[42] auf die richtige und vollständige Ermittlung des Sachverhalts, der der Normsetzung zugrunde liegt[43]. Der Umfang der Kontrolle im Einzelfall hat allerdings zwei Aspekte zu beachten, die wiederum in der verfassungsmäßigen Aufgabenverteilung zwischen Gesetzgeber und Verfassungsgerichtsbarkeit begründet liegen: Zum einen ist die Ermittlung einer tragfähigen empirischen Basis für das Regelungswerk ebenso wie die wertende und prognostizierende Beurteilung der Tatsachen eine originäre Aufgabe des Gesetzgebungsorgans. Zum anderen ist eine feste Grenzziehung zwischen der objektiven Tatsachenfeststellung und der Würdigung dieser Tatsachen als unmittelbarstem Ausdruck der grundsätzlichen "Einschätzungsprärogative"[44] des Gesetzgebers unmöglich[45]. Folglich bilden die Überprüfung von Tatsachenfeststellungen und die von (Prognose-)Entscheidungen in der Rechtsprechung des Bundesverfassungsgerichts ein Neben- und Ineinander, deren Umfang und Intensität von der Art des Sachverhalts und der grundrechtlichen Relevanz der Regelung abhängig sind[46]. Für die sich daraus ergebenden, differenzierenden Kontrollmaßstäbe hat das Bundesverfassungsgericht im "Mitbestimmungs-Urteil" eine "Art funktionell-rechtlichen 'Methodenkanon'"[47] formuliert[48]: er umfaßt die bloße Evidenzkontrolle, die Vertretbarkeitskontrolle sowie die intensive Inhaltskontrolle.

---

[41] Vgl. *P. Lerche*, Übermaß und Verfassungsrecht, 1961, S. 337 ff., 347.

[42] So zutreffend *F. Ossenbühl*, in: FG für BVerfG, Bd. 1, 1976, S. 458, 483. - Insoweit mißverständlich spricht *H.-P. Schneider*, NJW 1980, 2103, 2106, von einer "Verhaltenskontrolle".

[43] Besonders deutlich BVerfGE 39, 210, 226 (Mühlenstrukturgesetz): "Die verfassungsrechtliche Prüfung erstreckt sich zunächst darauf, ob der Gesetzgeber sich die Kenntnis von der zur Zeit des Erlasses des Gesetzes bestehenden tatsächlichen Ausgangslage in korrekter und ausreichender Weise verschafft hat." - Aus dem Schrifttum siehe insbesondere *F. Ossenbühl*, in: FG für BVerfG, Bd. 1, 1976, S. 458, 483 f.

[44] BVerfGE 50, 290, 332 (Mitbestimmung).

[45] Vgl. auch *F. Ossenbühl*, in: FG für BVerfG, Bd. 1, 1976, S. 458, 485.

[46] Vgl. BVerfGE 50, 290, 332 f. (Mitbestimmung).

[47] *H.-P. Schneider*, NJW 1980, 2103, 2105.

[48] BVerfGE 50, 290, 333 (Mitbestimmung). Die Kontrollmaßstäbe wurden zwar dort allein im Hinblick auf den gesetzgeberischen Prognosespielraum aufgestellt, lassen sich aber als

Begnügt sich das Bundesverfassungsgericht mit einer bloßen Evidenzkontrolle, so respektiert es im vergleichsweise größten Umfang den Hand-
lungsspielraum des Gesetzgebers. Dieser Maßstab gibt erst dann Anlaß zu
verfassungsgerichtlichem Einschreiten, wenn die "äußersten Grenzen" des
Verfassungsrechts überschritten werden[49] bzw. ein Verstoß gegen das
Grundgesetz "offensichtlich", "evident" oder "eindeutig" ist[50].

Die stärkste Einengung hingegen erfährt der gesetzgeberische Hand-
lungs- und Beurteilungsspielraum, wenn das Bundesverfassungsgericht eine
intensive inhaltliche Kontrolle der Regelung vornimmt[51]. Darunter ist die
umfassende Überprüfung von Maßnahmen des Gesetzgebers auf ihre sachliche Übereinstimmung mit den Anforderungen des Grundgesetzes unter
dem Gesichtspunkt materieller Richtigkeit zu verstehen[52].

Den Raum zwischen den beiden genannten Kontrollmaßstäben füllt der
Vertretbarkeitsmaßstab. Hier beschränkt sich das Bundesverfassungsgericht auf die Prüfung, ob die (Prognose-)Entscheidung des Gesetzgebers
vertretbar ist. Offenbar durch die "Einsicht" begründet, daß die Forderung
nach verfassungsrechtlicher Vertretbarkeit in den Grenzen des evidenten
Verfassungsverstoßes und der umfassenden inhaltlichen Verfassungsmäßigkeit eine weite Bandbreite und damit die Gefahr einer erhöhten "Irra-
tionalität" in sich trägt, greift das Bundesverfassungsgericht hier auf die
"Methode" der umfassenden Kontrolle der gesetzgeberischen Tatsachenfeststellungen zurück:

> Der Gesetzgeber muß "sich an einer sachgerechten und vertretbaren Beurteilung des er-
> reichbaren Materials orientiert haben. Er muß die ihm zugänglichen Erkenntnisquellen
> ausgeschöpft haben, um die voraussichtlichen Auswirkungen seiner Regelung so zuverlässig
> wie möglich abschätzen zu können und einen Verstoß gegen Verfassungsrecht zu vermei-
> den. Es handelt sich also eher um Anforderungen des Verfahrens. Wird diesen Genüge ge-

---

Kennzeichen funktionell-rechtlicher Verhältnisbestimmung von Gesetzgebung und Verfassungsgerichtsbarkeit verallgemeinern; vgl. auch *H.-P. Schneider,* NJW 1980, 2103, 2105.

[49] Vgl. z.B. BVerfGE 18, 121, 124 (Fiskusprivileg); 27, 111, 127 f. (Besteuerung von Veräu-
ßerungsgewinnen bei Kapitalanteilen); 29, 327, 335 (Schankerlaubnissteuer); 50, 386, 392
(Schuldzinsenabzug).

[50] Z.B. BVerfGE 15, 313, 320 (Rückwirkende Steueränderung); 36, 1, 17 (Grundvertrag);
37, 1, 20 (Stabilisierungsfonds); 39, 210, 230 (Mühlenstrukturgesetz); 40, 109, 118 (Schachtel-
privileg); 41, 269, 291 (Erbschaftssteuer); 76, 107, 121 f. (Landes-Raumordnungsprogramm).

[51] So in BVerfGE 7, 377, 409 ff. (Apotheken-Urteil); 11, 30, 45 (Kassenarzt); 17, 269, 276
ff. (Arzneimittelgesetz); 39, 1, 51 ff. (Fristenlösung); 45, 187, 238 (Lebenslänglich).

[52] Vgl. allgemein *H.-P. Schneider,* NJW 1980, 2103, 2105.

tan, so erfüllen sie jedoch die Voraussetzung inhaltlicher Vertretbarkeit", und "*sie konstituieren* insoweit die Einschätzungsprärogative des Gesetzgebers"[53].

Die dieser verfassungsrechtlichen Würdigung zugrundeliegende Sichtweise ist gleichsam "individuell-objektiv". Denn es ist dabei "grundsätzlich von der Beurteilung der Verhältnisse auszugehen, die dem Gesetzgeber bei der Vorbereitung des Gesetzes möglich war"[54]. Anlaß für eine verfassungsgerichtliche Beanstandung ist dann nur gegeben, wenn sich daraus ergibt, daß das eingesetzte Mittel, also die legislative Entscheidung "objektiv untauglich"[55], "objektiv ungeeignet"[56] oder "schlechthin ungeeignet"[57] war[58].

Welcher Kontrollmaßstab im konkreten Fall zur Anwendung gelangt, hängt, wie bereits angedeutet,

"von der Eigenart des in Rede stehenden Sachbereichs ... und der Bedeutung der auf dem Spiele stehenden Rechtsgüter" ab[59].

---

[53] BVerfGE 50, 290, 333 f. (Mitbestimmung; Hervorhebung durch den Verfasser); vgl. ferner BVerfGE 25, 1, 12 f., 17 (Mühlengesetz); 30, 250, 263 (Absicherungsgesetz); 39, 210, 226 (Mühlenstrukturgesetz).

[54] BVerfGE 25, 1, 12 f. (Mühlengesetz); 39, 210, 226, 230 (Mühlenstrukturgesetz); vgl. auch z.B. BVerfGE 30, 250, 263 (Absicherungsgesetz); 43, 291, 317 (Parkstudium) m.w.N.; 77, 84, 109 (Arbeitnehmerüberlassung).

[55] BVerfGE 16, 147, 181 (Werkfernverkehr); 30, 250, 263 (Absicherungsgesetz).

[56] BVerfGE 17, 306, 317 (Mitfahrerzentralen); 30, 250, 263 (Absicherungsgesetz).

[57] BVerfGE 19, 119, 127 (Kuponsteuer); 30, 250, 263 (Absicherungsgesetz).

[58] Diese Spruchpraxis ist im Schrifttum auf breite Zustimmung gestoßen; vgl. die Nachweise bei *R. Breuer*, Der Staat 16 (1977), 21, 25 Fn. 29. - Scharfe Kritik an dieser "individuell-objektiven" Methode des Bundesverfassungsgerichts hat demgegenüber *M. Kloepfer*, NJW 1971, 1585 ff., anläßlich des Beschlusses über die Verfassungsmäßigkeit des Absicherungsgesetzes (BVerfGE 30, 250 ff.) geäußert: Der Geeignetheitsgedanke werde auf diese Weise subjektiviert und relativiert, die verfassungsrechtliche Frage der Zwecktauglichkeit mit Elementen der Vorwerfbarkeit vermengt und dadurch die Verfassungsmäßigkeit eines Gesetzes durch den Glauben an seine Verfassungsmäßigkeit ersetzt. Diese Einschätzung ist m.E. weniger eine Kritik, als daß sie allein die - zutreffende - Feststellung enthält, daß weder das Grundgesetz noch das Bundesverfassungsgericht vom Gesetzgeber Unmögliches verlangen. Lediglich nachweisbaren krassen Fehleinschätzungen des Gesetzgebers, die die Verfassungswidrigkeit eines Gesetzes bewirken können, wird prospektiv durch die Grenze des "schlechthin" Ungeeigneten vorgebeugt, so wie retrospektiv diesen durch die Pflicht zur "Nachbesserung" entgegengetreten wird. Das Verständnis des Gebots der Geeignetheit als ein "Verbot völliger Ungeeignetheit" (vgl. *M. Kloepfer*, a.a.O., 1586) ist vor dem Hintergrund, daß es sich auch bei der Frage nach der Geeignetheit um ein Prognoseproblem handelt, ebenso zutreffend wie folgerichtig.

[59] BVerfGE 50, 290, 332 f. (Mitbestimmung); die "Möglichkeiten, sich ein hinreichend sicheres Urteil zu bilden" (BVerfG, a.a.O.), sind dagegen *ein* Faktor der "Eigenart" des Sachverhalts.

Entscheidend ist hier die Konjunktion "und". Denn der Überblick über die bundesverfassungsgerichtliche Rechtsprechung ergibt - thesenförmig zusammengefaßt -, daß die Kontrollabstinenz desto größer ist, je geringer der Rationalitätsgrad[60] und / oder substanzärmer die verfassungsrechtlichen Anforderungen hinsichtlich eines Entscheidungssachverhalts sind[61] *und* je weniger die Entscheidung eine grundrechtliche Relevanz aufweist.

So erkennt das Bundesverfassungsgericht in ständiger Rechtsprechung im Bereich außenpolitischer Entscheidungen einen im Sinne der Evidenzkontrolle nur begrenzt justiziablen Prognosespielraum des Gesetzgebers an[62]. Gleiches gilt für gesetzgeberische Planungsentscheidungen[63]. Grundrechte treten hier kaum[64] ins Blickfeld.

Im Hinblick auf die "wirtschaftspolitische Neutralität"[65] des Grundgesetzes und den in weiten Teilen spekulativen Charakter von Vorhersagen der zukünftigen Entwicklung hat das Bundesverfassungsgericht dem Gesetzgeber auch bei Gesetzen mit wirtschafts-, arbeitsmarkt- und sozialpolitischem Regelungsinhalt einen weiten Prognosespielraum zugestanden und - konsequenterweise - Fehlprognosen toleriert[66]. Eine Kontrolle anhand des

---

[60] Damit sind vor allem die sachverhaltsabhängigen "Möglichkeiten, sich ein hinreichend sicheres Urteil" über die zukünftige Entwicklung und die Auswirkungen der Normsetzung zu bilden, gemeint.

[61] Vgl. auch *F. Ossenbühl*, in: FG für BVerfG, Bd. 1, 1976, S. 458, 505. - Für die Frage nach der bundesverfassungsgerichtlichen Kontrollweite im Rahmen des Übermaßverbotes fordert schon *P. Lerche*, Übermaß und Verfassungsrecht, 1961, S. 337 ff., eine "Wendung zur *Sachverhaltstypik*".

[62] Vgl. etwa BVerfGE 4, 157, 169 f. (Saar-Statut); 40, 141, 178 (Ostverträge); 55, 349, 364 f. (Rudolf Hess). Vgl. grundsätzlich auch BVerfGE 36, 1, 17 (Grundvertrag), wo allerdings die Grenze verfassungsgerichtlicher Kontrolle nicht strikt eingehalten wird, sondern durch die Auslegung des Grundgesetzes zur Frage der Verhältnismäßigkeit des Grundlagenvertrages die Handlungsfreiheit der Bundesregierung wesentlich beschränkt wird (vgl. dazu *K. Hesse*, Grundzüge des Verfassungsrechts der Bundesrepublik Deutschland, 16. Aufl. 1988, Rn. 570 Fn. 89). - Zum Problem der Kontrolle außenpolitischer Prognoseentscheidungen siehe im übrigen grundlegend *G. F. Schuppert*, Die verfassungsgerichtliche Kontrolle der Auswärtigen Gewalt, 1973, bes. S. 167 ff.

[63] Vgl. BVerfGE 77, 107, 121 f. (Landes-Raumordnungsprogramm).

[64] Vgl. dennoch BVerfGE 24, 33 ff. (AKU-Urteil); 40, 141, 165 ff. ff. (Ostverträge).

[65] Vgl. BVerfGE 4, 7, 17 (Investitionshilfe); 7, 377, 400 (Apotheken-Urteil); 50, 290, 337 ff. (Mitbestimmung).

[66] Vgl. z.B. BVerfGE 16, 147, 181 ff. (Werkfernverkehr); 18, 315, 332 (Milch- und Fettgesetz); 25, 1, 12 f. (Mühlengesetz); 30, 250, 262 ff. (Absicherungsgesetz); 30, 292, 317 (Mineralölbevorratung); 37, 1, 20 f. (Stabilisierungsfonds); 38, 61, 87 ff. ("Leberpfennig"); 39, 210, 225

Vertretbarkeitsmaßstabs ergibt sich hier im Falle der Berührung grundrechtlicher Freiheiten[67].

Seine (weitgehende) Zurückhaltung gibt das Bundesverfassungsgericht dann fast völlig auf, wenn der Staat gezielte "Grundrechtspolitik"[68] betreibt[69]. Da in diesem Fall Schutz und Effektivität der Grundrechte unmittelbar betroffen sind, entspricht dies der verfassungsmäßigen Aufgabenverteilung und Funktionenzuweisung.

Diese Kategorisierung nach der "Sachverhaltstypik" (P. Lerche) stellt aber wegen ihrer Unschärfe lediglich eine erste, nicht abschließende[70] Orientierung dar[71]. Entscheidend ist in der bundesverfassungsgerichtlichen Rechtsprechung zur Gestaltungs- und Entscheidungsfreiheit vielmehr die grundrechtliche Relevanz der zur Überprüfung anstehenden Normsetzung[72].

Zu den Kriterien, an denen das Bundesverfassungsgericht die Intensität der Prognosekontrolle bei grundrechtstangierenden Gesetzen ausrichtet, liegen im Schrifttum zahlreiche und umfangreiche Analysen vor[73]. Diese haben gezeigt, daß auch insoweit in der Praxis des Bundesverfassungsge-

---

ff. (Mühlenstrukturgesetz); 50, 290, 332 ff. (Mitbestimmung); 77, 84, 106 f. (Arbeitnehmerüberlassung) m.w.N. Vgl. auch die Entscheidungen des Gerichts zur Verbesserung der Haushaltsstruktur, BVerfGE 60, 16, 43 (Härteausgleich); 61, 43, 63 (Ruhegehalt). - Dazu näher unten, unter III.

[67] Daher ist eine prinzipielle Egalisierung von außenpolitischen und wirtschaftslenkenden Gesetzen im Prognosebereich nicht ohne weiteres zulässig; vgl. F. Ossenbühl, in: FG für BVerfG, Bd. 1, 1976, S. 458, 505.

[68] Grundlegend dazu P. Häberle (1972), in: ders., Die Verfassung des Pluralismus, 1980, S. 163, 177, 180 und passim.

[69] Dies wird besonders deutlich in BVerfGE 7, 377, 409 ff. (Apotheken-Urteil), und in BVerfGE 39, 1, 51 ff. (Fristenlösung). Vgl. aber etwa auch BVerfGE 35, 79, 120 f., 124, 142 f. (Hochschul-Urteil).

[70] Weitere Differenzierungen finden sich bei H.-J. Mertens, RdA 1975, 89, 98.

[71] Vgl. F. Ossenbühl, in: FG für BVerfG, Bd. 1, 1976, S. 458, 506. - Allerdings ist die "wirkliche" Unsicherheit der zukünftigen Entwicklung als ein Faktor der "Eigenart" des Sachverhalts immanente Voraussetzung für die Gewährung eines Prognosespielraums; vgl. dazu sogleich.

[72] Freilich kommen insoweit die Sachlage, daß es sich um eine "grundrechtspolitische" Normsetzung handelt, und der Umstand der Grundrechtsrelevanz zur Deckung.

[73] Vgl. z.B. E. Grabitz, AÖR 98 (1973), 568, 602 ff.; U. Seetzen, NJW 1975, 429 ff.; F. Ossenbühl, in: FG für BVerfG, Bd. 1, 1976, S. 458, 506 ff.; R. Breuer, Der Staat 16 (1977), 21, 32 ff. In bezug auf Art. 3 GG siehe insbesondere H. H. Rupp, in: FG für BVerfG, Bd. 2, 1976, S. 364, 371 ff.

richts verschiedene Differenzierungsgesichtspunkte in- und miteinander wirken.

So wird unterschieden zwischen Regelungen mit gewährendem und solchen mit Eingriffscharakter. Bei der gewährenden Staatstätigkeit habe der Gesetzgeber der Natur der Sache nach einen größeren (gleichheitsgrundrechtlichen) Gestaltungsspielraum als bei der Regelung staatlicher Eingriffe[74].

"Im übrigen" werden vornehmlich der Rang des durch die Regelung tangierten Rechtsguts und die wahrscheinliche Eingriffsintensität im Verhältnis zur "Qualität" der gesetzgeberischen Zielsetzung als Kriterien herangezogen. Die "'Wertigkeit' und 'Stärke' tangierter Grundrechte"[75] bestimmt sich dabei im Wege einer Art "Gesamtbetrachtung", in der positiv-rechtliche wie materielle Erwägungen sich ergänzen. Die grundgesetzliche Schrankendivergenz der Grundrechte gibt ebenso einen Anhaltspunkt[76], wie daran angeknüpft wird, ob und inwieweit "elementare Äußerungsformen der menschlichen Handlungsfreiheit"[77] betroffen sind[78].

Allerdings hat das Bundesverfassungsgericht dem Gesetzgeber auch im Bereich weitgehender Gesetzes- bzw. Regelungsvorbehalte einen Prognosespielraum eingeräumt[79]. Dem läßt sich entnehmen, daß die formelle Schrankendivergenz in der Regel[80] eine untergeordnete, allenfalls Indika-

---

[74] Etwa BVerfGE 49, 280, 283 (Zeugenentschädigung) mit Nachweisen. Vgl. dazu kritisch *H. H. Rupp*, in: FG für BVerfG, Bd. 2, 1976, S. 364, 372 f. m.w.N. in Fn. 28.

[75] *F. Ossenbühl*, in: FG für BVerfG, Bd. 1, 1976, S. 458, 506.

[76] Vgl. *U. Seetzen*, NJW 1975, 429, 431 ff. m.z.N.; siehe dazu auch *R. Breuer*, Der Staat 16 (1977), 21, 41 ff.

[77] BVerfGE 17, 306, 314 (Mitfahrerzentralen); vgl. z.B. auch BVerfGE 7, 377, 400, 404 (Apotheken-Urteil).

[78] Vgl. *E. Grabitz*, AÖR 98 (1973), 568, 608; *F. Ossenbühl*, in: FG für BVerfG, Bd. 1, 1976, S. 458, 507 f.; jeweils m.z.N.

[79] Zu Art. 2 Abs. 1 GG vgl., wenn auch nicht ausdrücklich als Prüfungsmaßstab genannt, BVerfGE 30, 250, 262 ff. (Absicherungsgesetz). Zu Art. 12 Abs. 1 GG unter dem Gesichtspunkt der Berufsausübungsfreiheit siehe BVerfGE 16, 147, 181 ff. (Werkfernverkehr); 25, 1, 12 f. (Mühlengesetz); 30, 292, 317 (Mineralölbevorratung); 38, 61, 87 ff. ("Leberpfennig"); 39, 210, 225 ff. (Mühlenstrukturgesetz). Zu Art. 14 Abs. 1 GG vgl. BVerfGE 21, 73, 78 (Grundstückverkehrsgesetz); 21, 150, 157 f. (Weinwirtschaftsgesetz).

[80] Etwas anderes gilt dann, wenn die gesetzliche Regelung vorbehaltlos gewährleistete Grundrechte berührt. In diesen "Enklaven vorgegebenen Verfassungsrechts" (*R. Breuer*, Der Staat 16 [1977], 21, 44) wandelt sich die Grenzkompetenz des Bundesverfassungsgerichts zur

torenrolle bei der materiellen Abstufung des Grundrechtsschutzes spielt[81]. Die "Wertigkeit" im Einzelfall und damit die Kontrollintensität ist vielmehr vornehmlich das Ergebnis eines materiellen Abwägungsprozesses, in dem sich einerseits die inhaltliche Werthöhe des tangierten Grundrechts und andererseits der Gemeinwohlgehalt[82], bei Gefahrenabwehrgesetzen namentlich die Gesamtheit der Faktoren der Gefahrenbreite, der Gefahrenintensität und der Gefahrenwahrscheinlichkeit[83], des gesetzgeberischen Regelungsziels gegenüberstehen.

In diesem Zusammenhang hat die frühere Praxis des Bundesverfassungsgerichts, beginnend mit dem "Apotheken-Urteil", wegen Überdehnung der judikativen Prognosekontrolle zu Recht Kritik im Schrifttum erfahren[84]. Denn dort wurde der stärkste Grundrechtseingriff (in Art. 12 Abs. 1 GG), nämlich die Beschränkung der Berufswahlfreiheit durch objektive Zulassungsschranken, unter dem Gesichtspunkt des Übermaßverbotes als nur durch die "Abwehr nachweisbarer oder höchstwahrscheinlicher schwerer Gefahren für ein überragend wichtiges Gemeinschaftsgut" gerechtfertigt angesehen[85]. Dies führt zu einer funktionell-rechtswidrigen Einengung der legislativen Regelungsgewalt, muß dieser doch eingeräumt werden, auch bei einfacher Wahrscheinlichkeit des Gefahreneintritts zugunsten eines gefährdeten, "überragend wichtigen Gemeinschaftsgutes" wirksame gesetzliche Schutzvorkehrungen zu erlassen[86]. Dementsprechend hat sich das Bun-

---

letztverbindlichen Vollkompetenz (vgl. auch *G. Dürig*, NJW 1955, 729, 731, sowie *W. Berg*, Konkurrenzen schrankendivergenter Freiheitsrechte im Grundrechtsabschnitt des Grundgesetzes, 1968, S. 10) mit der Folge einer umfassenden Kontrolle der vom Gesetzgeber getroffenen Prognoseentscheidungen. Vgl. dazu BVerfGE 35, 79, 120 f., 124, 142 f. (Hochschul-Urteil), im Hinblick auf Art. 5 Abs. 3 GG.

[81] Vgl. auch *R. Breuer*, Der Staat 16 (1977), 21, 41.

[82] Allgemein zu "'Gemeinwohljudikatur' und Bundesverfassungsgericht" vgl. *P. Häberle* (1970/1978), in: ders., Kommentierte Verfassungsrechtsprechung, 1979, S. 235 ff.

[83] Vgl. *F. Ossenbühl*, in: FG für BVerfG, Bd. 1, 1976, S. 458, 508.

[84] Siehe stellvertretend *U. Seetzen*, NJW 1975, 429, 430 f.; *F. Ossenbühl*, in: FG für BVerfG, Bd. 1, 1976, S. 458, 508 f.; *R. Breuer*, Der Staat 16 (1977), 21, 42 f.; jeweils m.w.N.

[85] BVerfGE 7, 377, 408. So auch in späteren Entscheidungen, etwa BVerfGE 9, 39, 51 (Mindestmilchmenge); 11, 168, 183 (Personenbeförderungsgesetz); 21, 245, 252 (Arbeitsvermittlungsmonopol).

[86] Zusammenfassend formuliert *R. Breuer*, Der Staat 16 (1977), 21, 42, zutreffend: "Je gewichtiger das bedrohte Rechtsgut und je größer der drohende Schaden ist, desto eher kann der Gesetzgeber präventive Vorkehrungen treffen, und zwar auch zu Lasten der stärker geschützten Grundrechte."

desverfassungsgericht später bei vergleichbaren Sachverhalten mit einer bloßen Vertretbarkeitskontrolle begnügt und dem Gesetzgeber auch bei objektiven Berufszulassungsschranken einen weiteren Prognosespielraum eingeräumt[87].

In umgekehrter Richtung scheint sich die Rechtsprechung zum allgemeinen Gleichheitssatz zu entwickeln. Betonte das Gericht in früheren Entscheidungen, daß für die Verletzung des Art. 3 Abs. 1 GG die Unsachlichkeit der gesetzlichen Regelung "evident" sein müsse, da es "primär die Aufgabe des Gesetzgebers (sei) zu beurteilen, ob und unter welchen sachlichen Gesichtspunkten zwei Lebensbereiche einander so gleich sind, daß Gleichbehandlung zwingend geboten ist, welche Sachverhaltselemente andererseits so wichtig sind, daß ihre Verschiedenheit eine Ungleichbehandlung rechtfertigt"[88], so erhöht es die Kontrolldichte in seiner neueren Rechtsprechung, indem es an die Stelle der Willkürformel offenbar die Frage nach der Vertretbarkeit setzt[89]. Eine solche Einschränkung der Gestaltungsfreiheit des Gesetzgebers ist vor allem dann gegeben, wenn die zu prüfende Regelung andere Grundrechte[90] oder andere verfassungsrechtlich geschützte Bereiche berührt. Schließlich müssen bei der unterschiedlichen Behandlung verschiedener Gruppen "Unterschiede von solcher Art und solchem Gewicht bestehen, daß sie die ungleiche Behandlung rechtfertigen könnten"[91]. Lediglich bei der Regelung von Massenerscheinungen hat das Bundesverfassungsgericht dem Gesetzgeber eine größere Gestaltungsfreiheit in Form der grundsätzlichen Generalisierungs- und Typisierungsfreiheit zugestanden[92].

---

[87] Siehe BVerfGE 25, 1, 17 (Mühlengesetz); 39, 210, 226 (Mühlenstrukturgesetz); zuletzt deutlich BVerfGE 77, 84, 112 f. (Arbeitnehmerüberlassung).

[88] BVerfGE 12, 326, 337 f. (Richterbesoldung).

[89] Zum Ganzen vgl. *K. Hesse*, Grundzüge des Verfassungsrechts der Bundesrepublik Deutschland, 16. Aufl. 1988, Rn. 438 ff., sowie *ders.*, AÖR 109 (1984), 174, 184 ff. - Anders *H.-P. Schneider*, NJW 1980, 2103, 2108.

[90] Aus der neuesten Rechtsprechung vgl. z.B. BVerfGE 74, 9, 24 (Arbeitslosengeld für Studenten) m.w.N.

[91] BVerfGE 55, 72, 88 (Präklusion) mit Nachweisen. Vgl. auch BVerfGE 60, 123, 133 f. (Transsexuelle); 60, 329, 346 (Versorgungsausgleichsvereinbarung); 62, 256, 274 (Kündigungsfristen); 64, 229, 239 (Sparkassenprivileg); 66, 66, 75 (Hinterbliebenenrente); 67, 231, 236 (Erwerbsunfähigkeit); 71, 364, 384 (Versorgungsausgleich III); 74, 9, 24 (Arbeitslosengeld für Studenten); jeweils m.w.N.

[92] Etwa BVerfGE 51, 115, 122 f. (Arbeitslosengeld); 63, 119, 128 (Angestelltenversicherung) m.w.N.

Die prognostizierte Sachgerechtigkeit der Ungleichbehandlung und / oder der Verhältnismäßigkeit ist freilich nur dann gerechtfertigt bzw. vertretbar, wenn die tatsächlichen Umstände, die die Wahrscheinlichkeit und die Intensität des Schadenseintritts für ein (gewichtiges) Schutzgut oder den sachlichen Differenzierungsgrund ausmachen, soweit es dem Gesetzgeber möglich war, richtig und vollständig ermittelt wurden[93]. Damit wird deutlich, daß der Prognosefreiheit des Gesetzgebers nicht nur "externe Grenzen" in Form der Grundrechte gezogen sind, sondern seine Weite auch durch "immanente Schranken" begrenzt wird[94]: Die Gewährung eines Prognose- und Beurteilungsspielraums kommt nämlich nur dann in Betracht, wenn die in Frage stehende Entwicklung "tatsächlich" unsicher ist, d.h. hinreichend sichere Einschätzungen der zukünftigen Bedingungen wegen ihres geringen Rationalitätsgrades nicht möglich sind, und wenn die dennoch erfolgte Prognoseentscheidung sich auf eine umfassende und nachvollziehbare Analyse der Ist-Situation gründet. Im "Mitbestimmungs-Urteil" betont das Bundesverfassungsgericht ausdrücklich: "Prognosen enthalten stets ein Wahrscheinlichkeitsurteil, dessen Grundlagen ausgewiesen werden können und müssen."[95] Diese sind, wie das Gericht weiter ausführt, "einer Beurteilung nicht entzogen"[96]; mit anderen Worten: Die Frage, ob der durch die Regelung erfaßte Sachverhalt in seiner zukünftigen Entwicklung "wirklich" unsicher ist, unterliegt genauso der unbeschränkten verfassungsgerichtlichen Kontrolle wie die Vollständigkeit und Richtigkeit der ermittelten Daten.

Gestaltungsfreiheit und Prognosespielraum spielen schließlich eine zentrale Rolle in der Rechtsprechung des Bundesverfassungsgerichts in den "Schutzpflicht-Fällen", in denen es im Rahmen des Art. 2 Abs. 2 Satz 1 GG um die staatliche Pflicht geht, Leben und Gesundheit vor Beeinträchtigun-

---

[93] So hat das Bundesverfassungsgericht beispielsweise im "Tierschutz-Beschluß", BVerfGE 36, 47, 60 ff., und im "Einzelhandels-Beschluß", BVerfGE 19, 330, 340, das angegriffene Gesetz für nichtig erklärt, weil die tatsächlichen Annahmen des Gesetzgebers entweder unrichtig oder unzureichend dargelegt wurden. Demgegenüber lehnte das Gericht in BVerfGE 18, 315, 332 (Milch- und Fettgesetz) eine umfangreiche Beweisaufnahme über den geregelten Sachbereich mit dem Hinweis darauf ab, daß die Entscheidungen der drei verwaltungsgerichtlichen Instanzen keine klaren Anzeichen für eine Willkür des Gesetzgebers ergeben.

[94] Die Ausdrücke stammen von *R. Breuer,* Der Staat 16 (1977), 21, 39, 41.

[95] BVerfGE 50, 290, 332 (Mitbestimmung); vgl. auch BVerfGE 57, 139, 159 (Pflichtplatzquote); 73, 40, 92 (Parteispenden).

[96] BVerfGE 50, 290, 332 (Mitbestimmung); 73, 40, 92 (Parteispenden).

gen durch Dritte zu schützen[97]. Einschlägig sind hier vor allem die Entscheidungen zum Schwangerschaftsabbruch[98], zur Entführung von H.-M. Schleyer[99], zum sogenannten Kontaktsperregesetz[100], zu den Kernkraftwerken in Kalkar[101] und Mülheim-Kärlich[102], zum Fluglärm in der Nähe des Flughafens Düsseldorf-Lohausen[103], zur Luftreinhaltung[104], zum Problem der Aidsbekämpfung[105] sowie zur Lagerung chemischer Waffen auf dem Gebiet der Bundesrepublik Deutschland[106]. Dort folgt auf die mehr oder weniger präzise[107] grundrechtsdogmatische Begründung der Schutzpflicht aus Art. 2 Abs. 2 Satz 1 GG[108], verstanden als das Gebot an den Staat, "sich schützend und fördernd vor dieses Leben zu stellen"[109], die für die Kontrollintensität entscheidende Frage nach Umfang und Inhalt dieser Schutzpflicht.

Auch hier bewegt sich das Gericht in den Bahnen eines abgestuften Kontrollsystems[110], da nach seiner Rechtsprechung Umfang und Reichweite der Schutzverpflichtung von der Bedeutung des betroffenen Rechts-

---

[97] Zu Schutzpflicht und Schutzanspruch aus Art. 2 Abs. 2 Satz 1 GG vgl. *E. Schmidt-Assmann*, AÖR 106 (1981), 205 ff.; *J. Isensee*, Das Grundrecht auf Sicherheit, 1983, S. 27 ff.; *D. Murswiek*, Die staatliche Verantwortung für die Risiken der Technik, 1985, S. 88 ff.; neuerdings *G. Hermes*, Das Grundrecht auf Schutz von Leben und Gesundheit, 1987; *G. Robbers*, Sicherheit als Menschenrecht, 1987; *E. Klein*, NJW 1989, 1633 ff.

[98] BVerfGE 39, 1 ff.

[99] BVerfGE 46, 160 ff.

[100] BVerfGE 49, 24 ff.

[101] BVerfGE 49, 89 ff.

[102] BVerfGE 53, 30 ff.

[103] BVerfGE 56, 54 ff.

[104] BVerfG (Vorprüfungsausschuß) NJW 1983, 2931 ff.

[105] BVerfG (Kammer) NJW 1987, 2287 f.

[106] BVerfGE 77, 170 ff.

[107] Vgl. dazu *G. Hermes*, Das Grundrecht auf Schutz von Leben und Gesundheit, 1987, S. 44 f. mit Nachweisen.

[108] Zum Teil "in Verbindung mit Art. 1 Abs. 1 Satz 2 GG", vgl. BVerfGE 39, 1, Leitsatz 1 und S. 41 (Fristenlösung); 46, 160, 164 (Schleyer); 49, 24, 53 (Kontaktsperre).

[109] BVerfGE 39, 1, 42 (Fristenlösung); 46, 160, 164 (Schleyer); vgl. auch BVerfGE 53, 30, 57 (Mülheim-Kärlich); 56, 54, 73 (Fluglärm).

[110] Insoweit ergibt sich kein Unterschied zu den oben skizzierten Fällen, in denen es um Eingriffsregelungen ging. Vgl. auch *R. Alexy*, Theorie der Grundrechte, 1986, S. 427 f.

guts[111] sowie der Nähe und des Ausmaßes der möglichen Gefahren[112] abhängen[113]. Zu der Frage, wie der Normgeber seine Pflicht zum wirksamen Grundrechtsschutz zu erfüllen hat, betont die Rechtsprechung einen grundsätzlich weiten Gestaltungsspielraum. Die Entscheidung darüber gehört "nach dem Grundsatz der Gewaltenteilung und dem demokratischen Prinzip in die Verantwortung des vom Volk unmittelbar legitimierten Gesetzgebers"[114].

II. Tatsächliche Voraussetzungen für das Recht des Gesetzgebers zur Sammlung von Erfahrungen

Im Rahmen der bundesverfassungsgerichtlichen Überprüfung legislativer Entscheidungen am Maßstab des Grundgesetzes wird, wie gesehen, "unter vielfältigen Aspekten ... die Wirklichkeit in die rechtliche Argumentation und Interpretation aufgenommen und 'verarbeitet'"[115]. Insbesondere hängt die verfassungsrechtliche Würdigung "von den derzeitigen Gegebenheiten und dem Stand der jeweiligen Erfahrung"[116] ab.

Diese wirklichkeitsabhängige Zurückhaltung bei der Kontrolle legislativer Prognoseentscheidungen prägt in besonderem Maße die Rechtsprechung des Bundesverfassungsgerichts in all den Fällen, in denen die Wirklichkeit des Regelungssachverhalts einer empirischen Analyse kaum oder nur wenig zugänglich ist. Zu fragen ist jedoch, ob auch dann das aufgezeigte, grundrechts- wie sachbereichssensible Kontrollsystem konsequente An-

---

[111] Besonders deutlich BVerfGE 39, 1, 42 (Fristenlösung): "Die Schutzverpflichtung des Staates muß umso ernster genommen werden, je höher der Rang des in Frage stehenden Rechtsgutes innerhalb der Wertordnung des Grundgesetzes anzusetzen ist."

[112] Vgl. etwa BVerfGE 49, 89, 142 (Kalkar); 56, 54, 80 (Fluglärm).

[113] Zu Umfang und Grenzen der Schutzpflicht in der Rechtsprechung des Bundesverfassungsgerichts vgl. *J. Isensee*, Das Grundrecht auf Sicherheit, 1983, S. 27 ff.; *G. Hermes*, Das Grundrecht auf Schutz von Leben und Gesundheit, 1987, S. 49 f., 240 ff.; *G. Robbers*, Sicherheit als Menschenrecht, 1987, S. 129 ff.

[114] BVerfGE 56, 54, 81 (Fluglärm); fast identisch BVerfG (Kammer) NJW 1987, 2287, 2287 (Aidsbekämpfung).

[115] *F. Ossenbühl*, in: FG für BVerfG, Bd. 1, 1976, S. 458, 460 m.z.N. aus dem Schrifttum hierzu. Dabei geht es um "wirklichkeitsorientierte Verfassungsauslegung". Siehe dazu *P. Häberle* (1972), in: ders., Die Verfassung des Pluralismus, 1980, S. 163, 182 mit Fn. 149; *H. H. Klein*, Bundesverfassungsgericht und Staatsraison, 1968, S. 25 ff.

[116] BVerfGE 43, 291, 317 (Parkstudium) m.w.N.

wendung findet. Denn regelmäßig gewinnt hier die grundsätzliche gesetzgeberische Gestaltungs- und Prognoseprärogative eine spezifische Dimension in der Gestalt eines mehr oder weniger fristgebundenen "Anpassungs- oder Erfahrungsspielraums". Seine Gewährung ist der zentrale Inhalt der Rechtsprechung zur verfassungsrechtlichen Pflicht des Gesetzgebers zur "Nachbesserung" von Gesetzen.

Seit dem Beginn dieser Rechtsprechung mit den Entscheidungen zur Wahlkreiseinteilung[117] und zur Sonderbesteuerung des Werkfernverkehrs[118] aus dem Jahre 1963 tritt diese, aus grundrechtlichen Handlungs- und Schutzdimensionen folgende[119] Pflicht des Gesetzgebers bei zwei, von der verfassungsgerichtlichen Praxis getrennten Fallgruppen in Erscheinung. Diese werden im Beschluß zur Rentenbesteuerung aus dem Jahre 1980[120] deutlich nebeneinander gestellt. Dort heißt es:

"Nach der Rechtsprechung des Bundesverfassungsgerichts führen vorhandene Ungleichheiten nicht in jedem Falle zur sofortigen Verfassungswidrigkeit der vorgefundenen Regelung. Der Gesetzgeber kann zur Beseitigung solcher Ungleichheiten in bestimmten Fällen Fristen in Anspruch nehmen. Das ist einmal dann der Fall, wenn der Gesetzgeber sich bei Neuregelung eines komplexen Sachverhalts zunächst mit einer gröber typisierenden und generalisierenden Regelung begnügt, um diese nach hinreichender Sammlung von Erfahrungen allmählich durch eine entsprechend fortschreitende Differenzierung zu verbessern... Das gilt aber auch dann, wenn die tatsächlichen Verhältnisse sich im Rahmen einer langfristigen Entwicklung in einer Weise verändert haben, daß die Beseitigung der Unstimmigkeiten durch eine einfache und daher schnell zu verwirklichende Anpassung nicht möglich ist ..."

Das Gericht unterläßt demnach in zwei Fällen die Feststellung der Gesetzesnichtigkeit. Diese regelmäßige Folge der Gleichheitswidrigkeit oder auch Unverhältnismäßigkeit von Gesetzen wird vielmehr zu einer Anpassungspflicht abgeschwächt[121], wenn der der Regelung zugrundeliegende Sachverhalt sich entweder von vornherein als besonders komplex darstellt oder nachträglich in relevantem Umfang verändert hat. Die Einstufung des kontrollierten Gesetzes als nicht verfassungswidrig, sondern als "noch verfassungsmäßig"[122] empfängt dadurch ihre Legitimation[123].

---

[117] Vgl. BVerfGE 16, 130, 141 ff.

[118] Vgl. BVerfGE 16, 147, 180 ff.

[119] Vgl. dazu insbesondere *P. Badura*, in: FS für K. Eichenberger, 1982, S. 481 ff.

[120] BVerfGE 54, 11, 37 m.w.N.

[121] So auch deutlich *R. Stettner*, DVBl. 1982, 1123, 1126.

[122] Dazu *Ch. Pestalozza*, in: FG für BVerfG, Bd. 1, 1976, S. 519, 540 ff.

Hat die Auferlegung von Korrekturpflichten die erst nachträglich erkennbare, nunmehr festgestellte[124] Falschprognose des Gesetzgebers zum
Gegenstand[125], so ist deren Tolerierung im Hinblick auf die grundsätzliche
Anerkennung eines gesetzgeberischen Gestaltungs- und Prognosevorrechts
funktionell-rechtlich konsequent. Das Urteil der Verfassungswidrigkeit
wird vermieden, wenn der Gesetzgeber von einer richtigen Tatsachen- und
vom Gericht nicht bemängelten Prognosebasis ausging, sich diese jedoch in
einer, im Moment des Zustandekommens des Gesetzes nicht erkennbaren,
relevanten Weise innerhalb der Geltungsdauer des Gesetzes verändert hat.
Die Gewährung eines "Nachbesserungsspielraums" hat demnach *zum ersten*
zur Voraussetzung, daß die gesetzgeberische Prognose ex ante den nach
dem einschlägigen Kontrollmaßstab zu stellenden verfassungsrechtlichen
Anforderungen genügt. *Zum zweiten* muß der "Nachbesserungsfall" einge-
treten sein, d.h. eine ex post sich herausstellende Falschprognose des Gesetzgebers gegeben sein[126]. In diesen Fällen besteht erst dann

"Anlaß zur verfassungsrechtlichen Beanstandung ..., wenn er (sc.: der Gesetzgeber) es un-
terließe, sich in Zukunft intensiv um eine sachgerechtere Lösung zu bemühen, welche die
sich in Richtung auf die Verfassungswidrigkeit hin bewegenden Wirkungen der gegenwärtigen Regelung auffangen würde"[127][128].

---

[123] So ausdrücklich auch *W.-R. Schenke*, NJW 1979, 1321, 1326.

[124] Die Frage, *ob* zum Zeitpunkt der Normenkontrolle eine Falschprognose vorliegt, ist
hier bereits entschieden. Die Prüfung selbst ist freilich, gleichsam als Vorstufe, Bestandteil der
verfassungsrechtlichen Pflicht des Gesetzgebers zum "Nachfassen": "Hat der Gesetzgeber eine
Entscheidung getroffen, deren Grundlage durch neue, im Zeitpunkt des Gesetzeserlasses noch
nicht abzusehende Entwicklungen entscheidend in Frage gestellt wird, dann kann er", wie das
Gericht im "Kalkar-Beschluß" (BVerfGE 49, 89, 130) deutlich ausführt, "von Verfassungs wegen gehalten sein zu überprüfen, ob die ursprüngliche Entscheidung auch unter den veränderten Umständen aufrechtzuerhalten ist".

[125] Allein unter diesem Gesichtspunkt wird, soweit ersichtlich, in der Literatur das Problem
der "Nachbesserungspflicht" des Gesetzgebers behandelt. Vgl. *P. Badura*, in: FS für K. Eichenberger, 1982, S. 481 ff.; *R. Stettner*, DVBl. 1982, 1123 ff.; *R. Steinberg*, Der Staat 26 (1987), 161
ff., der allerdings a.a.O., 171, kurz die Gewährung einer Mängelbeseitigungsfrist ex ante an-
spricht.

[126] Diese beiden Prüfungsschritte werden besonders deutlich in BVerfGE 16, 147, 177 ff.,
181 (Werkfernverkehr); 54, 11, 25 ff., 34 ff. (Rentenbesteuerung); 55, 274, 308 ff., 317 (Berufsausbildungsabgabe); vgl. auch BVerfGE 43, 291, 321 (Parkstudium), unter Hinweis auf
BVerfGE 39, 169, 194 (Witwerrente).

[127] BVerfGE 39, 169, 194 (Witwerrente).

[128] "Ob das auch für Fälle gelten kann, in denen sich schon alsbald nach Inkrafttreten des
Gesetzes die Fehlerhaftigkeit der Prognose evident ergibt", hat BVerfGE 57, 139, 163 (Pflichtplatzquote), ausdrücklich offengelassen.

Mit *P. Badura*[129] läßt sich der Inhalt der "Nachbesserungspflicht"[130] insoweit wie folgt zusammenfassen: "Der Gesetzgeber ist verpflichtet, die durch Gesetz unter Beschneidung oder sonstige Beeinträchtigung von Grundrechten gestaltete Rechtslage durch Aufhebung oder Änderung des Gesetzes 'nachzubessern', wenn sich eine dem Gesetz zugrundeliegende Prognose über regelungserhebliche Tatsachen oder über die Auswirkungen des Gesetzes als fehlerhaft erweist oder wenn die für Art und Ausmaß des Grundrechtseingriffs maßgeblichen Umstände sich geändert haben, so daß die verfassungsrechtlich gebotene Rechtfertigung des Gesetzes nachträglich entfällt oder sich anders darstellt."[131]

In der zweiten Fallgruppe, in der ein gesetzgeberischer "Anpassungsspielraum" in der bundesverfassungsgerichtlichen Rechtsprechung aktuell wird, geht es um die Gesetzgebung in Sachverhaltskonstellationen, die anerkanntermaßen bereits zum Zeitpunkt der erstmaligen Normierung durch Komplexität und Ungewißheit über die Bedingungszusammenhänge gekennzeichnet sind.

Die beiden Anwendungsfälle der "Nachbesserungs- oder Anpassungspflicht" lassen sich allerdings nur auf den ersten Blick in der dargestellten Weise voneinander trennen. Denn auch in dem Fall, in dem die Pflicht zur "Nachbesserung" bei nachträglich sich erweisender Falschprognose Gegenstand der verfassungsgerichtlichen Normenkontrolle ist, erfolgt die Gewährung einer Anpassungsfrist regelmäßig im Hinblick auf die Schwierigkeit, den genauen Zeitpunkt des Eintritts der Verfassungswidrigkeit der Regelung, den Entstehenszeitpunkt der "Nachbesserungspflicht" zu bestimmen[132]. Überdies kommt bei der Kontrolle sowohl der Einschätzung, ob

---

[129] In: FS für K. Eichenberger, 1982, S. 481, 484.

[130] Das Bundesverfassungsgericht spricht auch von der Pflicht zum "Nachfassen", vgl. BVerfGE 49, 89, 130 (Kalkar); 55, 274, 317 (Berufsausbildungsabgabe).

[131] Zutreffend weist *R. Stettner*, DVBl. 1982, 1123, 1125, darauf hin, daß es sich in jedem Fall um eine Falsch*prognose* handelt, denn auch die - stillschweigende - Annahme des Gesetzgebers, der Sachverhalt, der geregelt werden soll, werde sich nicht oder in nicht relevanter Form ändern, ist eine Prognose.

[132] Dies lassen insbesondere BVerfGE 16, 130, 142 (Wahlkreiseinteilung), und BVerfGE 39, 169, 187 ff., 191 (Witwerrente), deutlich erkennen. Auch in der oben zitierten Entscheidung zur Rentenbesteuerung trafen beide Gesichtspunkte zu (vgl. BVerfGE 54, 11, 37 ff.). - Aus dem Schrifttum siehe dazu *W. Rupp-v.Brünneck*, in: FS für G. Müller, 1970, S. 375 ff.; *J. Ipsen*, Rechtsfolgen der Verfassungswidrigkeit von Norm und Einzelakt, 1980, S. 132 ff.; *R. Steinberg*, Der Staat 26 (1987), 161, 171 f. - Nach *D. Murswiek*, Die staatliche Verantwortung

sich der Weg einer Norm in die Verfassungswidrigkeit auch in Zukunft fortsetzen wird, als auch der Prognose über die zukünftige Entwicklung zu Beginn der Normsetzung die grundsätzliche Prärogative des Gesetzgebers zum Tragen. Daher unterscheiden die folgenden Beispiele aus der bundesverfassungsgerichtlichen Rechtsprechung zur Legitimationsfunktion der "Nachbesserungs- oder Anpassungspflicht" in den Fällen, in denen dem Gesetzgeber selbst hinreichende Erkenntnisse über die zukünftige Tauglichkeit seiner Regelung fehlen, nicht mehr danach, ob es sich um ein anfängliches oder um ein nachträglich sich ergebendes (Falsch-)Prognoseproblem handelt.

Mit einer solchen Sachverhaltslage war das Gericht zum ersten Mal in seinem Urteil zur Erhöhung des Steuersatzes für den Werkfernverkehr durch das Beförderungssteuergesetz in der Fassung von 1958 konfrontiert:

> "Die Schwierigkeit seiner Lage ist unverkennbar. Auf der einen Seite sah er die ... ständig zunehmenden Gefahren (sc.: für die Funktionsfähigkeit des binnenländischen Verkehrs); um sie abzuwenden, mußte er rasch handeln. Andererseits fehlten ihm sichere Erfahrungen und Unterlagen darüber, in welchem Umfange der Werkfernverkehr die Gefahrenlage vergrößerte und welche Mittel geeignet waren, nicht nur den Werkfernverkehr zu reduzieren, sondern auch seine Verkehrsleistungen von der Straße auf die Schiene umzulenken."[133]

Auch in späteren Entscheidungen akzeptierte das Bundesverfassungsgericht das Vorliegen von "komplexen, in der Entwicklung begriffenen Sachverhalten"[134], einer "Unübersichtlichkeit und Vielschichtigkeit der tatsächlichen ... Zusammenhänge und der Schwierigkeit, eine ... befriedigende Regelung zu finden"[135], einer "besonderen und einmaligen Situation"[136], einer "ungewöhnlich schweren Aufgabe"[137] oder einer "Ungewißheit über die

---

für die Risiken der Technik, 1985, S. 187, soll der Gesetzgeber unmittelbar vor Eintritt des verfassungswidrigen Zustandes durch die entsprechende Feststellung des Bundesverfassungsgerichts zur Nachbesserung verpflichtet sein. Damit wird allerdings das Problem der Zeitpunktbestimmung nur verschoben. Kritisch demgegenüber auch *R. Steinberg*, Der Staat 26 (1987), 161, 172 Fn. 62.

[133] BVerfGE 16, 147, 182 (Werkfernverkehr).

[134] BVerfGE 43, 291, 321 (Parkstudium); 54, 173, 202 (Kapazitätsberechnung); vgl. auch BVerfGE 33, 171, 189 (Honorarstaffeln/Kassenärzte); 37, 104, 118 (Malus-Regelung); 45, 187, 252 (Lebenslänglich); 50, 290, 333 (Mitbestimmung); 53, 257, 312 (Versorgungsausgleich I); 54, 11, 37 (Rentenbesteuerung); 70, 1, 34 (Höchstpreise).

[135] BVerfGE 21, 12, 40 (Allphasenumsatzsteuer).

[136] Ebd., 42.

[137] BVerfGE 39, 169, 193 (Witwerrente).

Auswirkungen eines Gesetzes in einer ungewissen Zukunft"[138]. Ist bzw. war eine derartige Situation zum Zeitpunkt der zur Kontrolle anstehenden Prognoseentscheidung des Gesetzgebers gegeben, so knüpft das Bundesverfassungsgericht daran gleichsam die "Rechtsfolge"[139], daß dem Gesetzgeber ein "zeitlicher Anpassungsspielraum"[140], eine "angemessene Frist zur Sammlung von Erfahrungen"[141] gebührt, innerhalb derer trotz Mängel der Regelung kein verfassungsgerichtliches Eingreifen erfolgt[142].

In den Fällen, in denen ein solch komplexer, unüberschaubarer Sachverhalt vom Bundesverfassungsgericht angenommen wurde, handelte es sich - zusammenfassend - bei der gesetzlichen Regelung um eine wirtschafts-, sozial- oder ordnungspolitische Lenkungsmaßnahme. So wurde sein Vorliegen bejaht bei Regelungen etwa im Bereich des Steuerrechts[143] und der Beamtenversorgung[144], der (Wein-)Wirtschaft[145] und des Gesundheitswe-

---

[138] BVerfGE 50, 290, 332 (Mitbestimmung). - Weitere Beispiele, in denen auf die Schwierigkeit hinreichend sicherer prognostischer Aussagen hingewiesen wird, finden sich etwa in BVerfGE 49, 89, 130 ff. (Kalkar); 59, 1, 28 (Altwarter); 65, 1, 55 f. (Volkszählung); 77, 84, 112 f. (Arbeitnehmerüberlassung). Zur Rechtsprechung in den Schutzpflichtfällen siehe sogleich.

[139] Zu dieser unten III.

[140] BVerfGE 54, 173, 202 (Kapazitätsberechnung).

[141] BVerfGE 43, 291, 321 (Parkstudium); 45, 187, 252 (Lebenslänglich); vgl. auch BVerfGE 16, 147, 188 (Werkfernverkehr); 21, 12, 42 (Allphasenumsatzsteuer); 33, 171, 189 (Honorarstaffeln/Kassenärzte); 37, 104, 118 (Malus-Regelung); 53, 257, 312 f. (Versorgungsausgleich I); 70, 1, 34 (Höchstpreise).

[142] Im "Mitbestimmungs-Urteil" findet sich allerdings keine ausdrückliche Gewährung eines Anpassungs- oder Erfahrungsspielraums, sondern lediglich der Hinweis auf die Korrekturpflicht des Gesetzgebers: Nach der Auffassung des Gerichts hatte sich der Gesetzgeber "an dem derzeitigen Stand der Erfahrungen und Einsichten orientiert"; die Beurteilung der Auswirkungen des Gesetzes sei als vertretbar anzusehen, "mag sie sich später auch teilweise oder gänzlich als Irrtum erweisen, so daß der Gesetzgeber zur Korrektur verpflichtet ist" (BVerfGE 50, 290, 335). Hier erhält die funktionsrechtliche Begründung der inhaltlichen Vertretbarkeit eine argumentative Verstärkung durch den bloßen und zudem sanktionslosen (da ihre Verletzung nicht die Verfassungswidrigkeit, sondern die Anpassungspflicht des Gesetzgebers auslöst) Hinweis auf die Korrekturpflicht bei Veränderung der zum Zeitpunkt der Normsetzung richtig und vollständig ermittelten Tatsachengrundlage. Der Sache nach räumt hier das Gericht dem Gesetzgeber wegen der notwendigen Dürftigkeit der gesetzgeberischen Ermittlungsarbeit in einer anerkannten Situation der Ungewißheit und Unsicherheit von Anfang an einen Spielraum zur Sammlung von Erfahrungen ein. Näher dazu noch unten 5. Kap. B. III. 1. b.

[143] Vgl. BVerfGE 16, 147 ff. (Werkfernverkehr); 21, 12 ff. (Allphasenumsatzsteuer); 54, 11 ff. (Rentenbesteuerung).

[144] Vgl. BVerfGE 39, 169 ff. (Witwerrente).

sens[146], im Bereich der Bildungs-[147] und der Energiepolitik[148] sowie für Fragen nach der Ausgestaltung gesetzlicher Regelungen im Strafvollzugs-[149], im Arbeits-[150] und im Familienrecht[151].

In den genannten Fällen wurde regelmäßig dann die besondere Komplexität des Sachverhalts in die verfassungsgerichtliche Argumentation eingeführt, wenn es um die Frage der verfassungsrechtlich gerechtfertigten Ungleichbehandlung durch die Norm gemäß Art. 3 Abs. 1 GG oder um die Beachtung des Grundsatzes der Verhältnismäßigkeit ging. Hier erfährt die ständige Rechtsprechung des Bundesverfassungsgerichts, daß es bei seiner Kontrolle legislativer Entscheidungen, insbesondere im Hinblick auf die der Normsetzung zugrundeliegenden Prognosen des Gesetzgebers, die von der verfassungsmäßigen Ordnung der staatlichen Funktionen gebotene Zurückhaltung wahrt[152], nicht nur ihre Fortsetzung, sondern auch eine besondere Verstärkung. Denn nicht allein die verfassungsmäßige Verteilung der Funktionen begründet hier im Hinblick auf die (politische) Gestaltungs- und Prognosefreiheit des Gesetzgebers die Grenzen verfassungsgerichtlicher Kontrollbefugnis, sondern überdies die Komplexität und Unübersehbarkeit des geregelten Sachverhalts. In den Fällen "herkömmlicher", weitgehend gesicherter legislativer (Prognose-)Entscheidungen liegt eine solche Entscheidung jedenfalls vor. Die verfassungsgerichtliche Prüfung erstreckt sich dort allein auf die Frage, ob die der Normsetzung zugrundeliegende gesetzgeberische Prognose einer Evidenz-, Vertretbarkeits- oder Inhaltskontrolle standhält. Im Falle einer mangelnden Erfahrungsgrundlage des Gesetzgebers erkennt das Gericht jedoch an, daß gerade eine solche als "vorläufig endgültig" angesehene Prognoseentscheidung nicht gegeben ist, daß sich der Gesetzgeber hier vielmehr noch im Prozeß der *Prognoseentwicklung*" befindet:

---

[145] Vgl. BVerfGE 21, 150 ff. (Weinwirtschaftsgesetz).

[146] Vgl. BVerfGE 33, 171 ff. (Honorarstaffeln/Kassenärzte); 70, 1 ff. (Höchstpreise).

[147] Vgl. BVerfGE 37, 104 ff. (Malus-Regelung); 43, 291 ff. (Parkstudium); 54, 173 ff. (Kapazitätsberechnung); 59, 1 ff. (Altwarter).

[148] Vgl. BVerfGE 49, 89 ff. (Kalkar).

[149] Vgl. BVerfGE 45, 187 ff. (Lebenslänglich).

[150] Vgl. BVerfGE 50, 290 ff. (Mitbestimmung); 62, 256 ff. (Kündigungsfristen).

[151] Vgl. BVerfGE 53, 257 ff. (Versorgungsausgleich I).

[152] Siehe dazu oben, unter I.

"In solchen Fällen ist ... dem Gesetzgeber eine hinreichende Frist zuzubilligen, in der er die Möglichkeit hat, sich Gewißheit über die Entwicklung und damit über die Richtigkeit seiner Prognose zu verschaffen."[153]

Dieser Umstand ist Anlaß und Grund erheblich größerer verfassungsgerichtlicher Zurückhaltung bei der Würdigung der Sachgerechtigkeit im Sinne des Art. 3 Abs. 1 GG sowie der Tauglichkeit und Zumutbarkeit der Regelung:

"Bei einer derartigen Sachlage ist für die verfassungsgerichtliche Nachprüfung Zurückhaltung geboten."[154]

Diese Beschränkung der verfassungsgerichtlichen Überprüfung findet sich auch zu der Frage, ob der Gesetzgeber die aus Art. 2 Abs. 2 Satz 1 GG folgende Schutzpflicht verletzt hat. Erfolgt die gerichtliche Zurückhaltung hier zwar unter ausdrücklichem Hinweis auf die Prärogative des demokratisch legitimierten Gesetzgebers[155], so wird die Begrenzung der verfassungsrechtlichen Nachprüfung auf die Evidenz einer Schutzpflichtverletzung doch auch damit begründet, daß es regelmäßig[156] "eine höchst komplexe Frage ist, wie eine positive staatliche Schutz- und Handlungspflicht, die erst im Wege der Verfassungsinterpretation aus den in den Grundrechten verkörperten Grundentscheidungen hergeleitet wird, durch aktive gesetzgeberische Maßnahmen zu verwirklichen ist"[157]. Dem Gesetzgeber gebühren angemessene "Erfahrungs- und Anpassungsspielräume", sofern noch keine "sicheren Erkenntnisse" (über den richtigen und wirksamsten Weg der Aidsbekämpfung[158]) oder "verläßliche, wissenschaftliche Erkenntnisse" bzw. "verläßliche, auf amtlichen Untersuchungen beruhende Erkenntnisse" (über die Auswirkungen von Fluglärm[159] bzw. Luftverunreinigungen[160]) vorliegen.

---

[153] BVerfGE 57, 139, 162 f. (Pflichtplatzquote).

[154] BVerfGE 45, 187, 237 (Lebenslänglich) m.w.N.; deutlich auch BVerfGE 43, 291, 322 f. (Parkstudium).

[155] Siehe dazu oben, unter I.

[156] Diese Einschränkung fehlt in BVerfG (Vorprüfungsausschuß) NJW 1983, 2931, 2932 (Luftreinhaltung).

[157] BVerfGE 56, 54, 81 (Fluglärm); BVerfG (Kammer) NJW 1987, 2287, 2287 (Aidsbekämpfung).

[158] Vgl. BVerfG (Kammer) NJW 1987, 2287, 2287 (Aidsbekämpfung).

[159] Vgl. BVerfGE 56, 54, 82 (Fluglärm)

[160] Vgl. BVerfG (Vorprüfungsausschuß) NJW 1983, 2931, 2932 (Luftreinhaltung).

Mit einem durch besondere Komplexität ausgezeichneten sozialen Bereich hatte sich das Bundesverfassungsgericht in jüngster Zeit auch in seinen Urteilen zur Ausgestaltung der Rundfunkfreiheit im Sinne des Art. 5 Abs. 1 Satz 2 GG zu befassen. Die zunächst durch die ersten beiden "Fernseh-Urteile" von 1961 und 1971[161] geprägte Rundfunkordnung in der Bundesrepublik Deutschland ist infolge der Veränderung der die "Sondersituation" begründenden Umstände im Wandel begriffen. Die diesem Situationswandel durch vorsichtige Öffnung des Rundfunkmarktes gegenüber privaten Veranstaltern Rechnung tragenden neuen Rundfunkgesetze der Länder Saarland[162], Niedersachsen[163] und Baden-Württemberg[164] waren seit 1981 Gegenstand bundesverfassungsgerichtlicher Erkenntnisse[165]. Zunächst ist auffällig, daß in keiner dieser drei Entscheidungen das Bundesverfassungsgericht ausdrücklich seine Rechtsprechung zu den "komplexen, in der Entwicklung begriffenen Sachverhalten" aufgreift. Dies hätte sich freilich angeboten, zählt doch die Neuordnung des Rundfunkwesens sicherlich zu derartigen Regelungsbereichen[166]. Jedoch gelangt hier die Kategorie der Versuchs- und Erprobungsregelung[167] oder der "Gedanke eines Übergangsmodells"[168] in den Mittelpunkt der verfassungsgerichtlichen Argumentation. Zwar findet sich schon in den Entscheidungen zur Besteuerung des Werkfernverkehrs und zur Honorarverteilung durch die Kassenärztliche Vereinigung der ausdrückliche Hinweis auf die (bloß) "versuchsweise" getroffene Regelung, jedoch stand dieser - anders als in den genannten Rundfunkurteilen - stets in engem Zusammenhang mit der "festgestellten" und anerkannten Komplexität der Sachlage und entfaltete daher keine eigenständige Argumentationskraft[169]. Allerdings kann von dem besonde-

---

[161] BVerfGE 12, 205 ff. (1. Fernseh-Entscheidung); 31, 314 ff. (2. Fernseh-Entscheidung).

[162] BVerfGE 57, 295 ff. (3. Fernseh-Entscheidung).

[163] BVerfGE 73, 118 ff. (4. Fernseh-Entscheidung).

[164] BVerfGE 74, 297 ff. (5. Fernseh-Entscheidung).

[165] Zur Rechtsprechung des Bundesverfassungsgerichts zur Rundfunkfreiheit siehe schon oben 1. Kap. C. I.

[166] Siehe die Darstellung oben 1. Kap.

[167] BVerfGE 57, 295, 324 (3. Fernseh-Entscheidung); 74, 297, 339 (5. Fernseh-Entscheidung).

[168] BVerfGE 73, 118, 160 (4. Fernseh-Entscheidung).

[169] Vgl. BVerfGE 16, 147, 185 f., 188 (Werkfernverkehr); 33, 171, 190 (Honorarstaffeln/Kassenärzte). Gleiches gilt für den Hinweis auf das Vorliegen einer "Übergangsregelung", vgl. BVerfGE 37, 104, 129 (Malus-Regelung), einer Erprobungsregelung, vgl. BVerfGE 54,

ren Hervorheben bzw. der Problematisierung des Versuchscharakters der Rundfunkregelungen nicht auf eine neue Rechtsprechung geschlossen werden. Dies ergibt sich nicht zuletzt aus dem Verweis im Urteil zum Saarländischen Rundfunkgesetz[170] auf die Ausführungen in der Entscheidung zur Kapazitätsberechnung im Hochschulbereich[171]. Dem liegt die zutreffende, wenn auch nirgends näher ausgeführte Auffassung zugrunde, daß eine Versuchsregelung nur im Falle komplexer, schwer überschaubarer Sachverhalte in Betracht kommt.

Allerdings sucht man vergeblich nach Aussagen des Bundesverfassungsgerichts zu objektivierbaren Kriterien und Merkmalen, die die besondere "Komplexität" eines Sachverhalts kennzeichnen und daher die Behandlung des zur Kontrolle anstehenden Gesetzes als Versuchs- oder Erprobungsregelung rechtfertigen. Der oben angeführte, vage Hinweis auf wirtschafts-, sozial- oder ordnungspolitische Regelungsinhalte allein leistet offensichtlich keinen hinreichenden Beitrag zur inhaltlichen Auffüllung dieses Zu- oder Umstandes in der Wirklichkeit, der die entscheidende Schwelle für die verfassungsrechtliche Tolerierung der Folgen darstellt, die faktisch eine "Erprobungsfreiheit" des Gesetzgebers nach der bisherigen Rechtsprechung ausmachen[172].

Jedoch läßt der Blick auf die einschlägigen Entscheidungen keinen Zweifel daran, daß der Umstand der Komplexität und Unüberschaubarkeit umfassender verfassungsgerichtlicher Kontrolle unterliegt. Dies ist auch folgerichtig, wie sich aus zwei Überlegungen ergibt. Diese fußen auf der Erkenntnis, daß die Komplexität und Unübersehbarkeit eines Sachverhalts gleichermaßen ein Tatsachen- wie ein Prognoseproblem ist. Denn die besondere Komplexität liegt gerade darin begründet, daß das einen Sachbereich *tatsächlich* beherrschende Beziehungsgeflecht so unzulänglich bekannt ist, daß die Auswirkungen einer diesen Bereich *zukünftig* ganz oder teilweise regelnden Norm rational nicht oder nur wenig prognostizierbar sind.

173, 174 (Kapazitätsberechnung), oder anderer Fälle vorläufiger Regelungen, vgl. etwa BVerfGE 21, 12, 40 (Allphasenumsatzsteuer); 21, 150, 159 (Weinwirtschaftsgesetz); 25, 1, 15, 23 (Mühlengesetz).

[170] BVerfGE 57, 295, 324 (3. Fernseh-Entscheidung).

[171] BVerfGE 54, 173, 202 (Kapazitätsberechnung) m.w.N.

[172] Dazu unten III.

Demnach ist die Einschätzung, daß ein zu regelnder Sachverhalt komplex und unüberschaubar ist, zunächst die Feststellung einer (nichtsemantischen) Tatsache. Wie *F. Ossenbühl*[173] herausgearbeitet hat, hängt "das Maß der verfassungsgerichtlichen Tatsachenfeststellung allein von der Kontrollaufgabe und damit von der Funktionsteilung zwischen dem Bundesverfassungsgericht und der zu kontrollierenden Instanz" ab. Wie bereits ausgeführt, hat das Bundesverfassungsgericht im Rahmen der Rechtssatzkontrolle selbst seine Kompetenz und auch Pflicht zur Tatsachenfeststellung niemals in Frage gestellt[174]. So formuliert es im "Apotheken-Urteil" ausdrücklich:

"Der Inhalt des zur Prüfung stehenden Gesetzes und die für seine Gestaltung maßgebend gewesenen Erwägungen des Gesetzgebers müssen ... im einzelnen analysiert werden. Das setzt naturgemäß voraus, daß das Gericht - notfalls mit Hilfe von Sachverständigen - sich einen möglichst umfassenden Einblick in die durch das Gesetz zu ordnenden Lebensverhältnisse verschafft."[175]

Dabei erstreckt sich die Kontrolle auf die "Richtigkeit und Vollständigkeit des Sachverhalts, der einem Gesetz zugrunde liegt"[176], soweit deren Ermittlung dem Gesetzgeber möglich war[177]. Nimmt der Gesetzgeber für den Zeitpunkt der Normsetzung für sich die Unmöglichkeit in Anspruch, die Zusammenhänge des zur Regelung anstehenden Sachverhalts hinreichend zu kennen, so ist das Bundesverfassungsgericht daran nicht gebunden, sondern leistet insoweit selbst weitgehende Aufklärungsarbeit. Zwar bleibt im Hinblick auf die verfassungsmäßige Aufgabenverteilung und in aus der Natur der Sache sich ergebender Ermangelung konkreter Maßstäbe "die Kontrollweite dem judicial self-restraint überantwortet"[178]. Jedoch ist auch zu beachten, daß "Nachgiebigkeit in der Intensität der Tatsachenermittlungen

---

[173] In: FG für BVerfG, Bd. 1, 1976, S. 458, 472. *F. Ossenbühl* zieht in seiner Untersuchung vor allem die Arbeit von *H. J. Philippi*, Tatsachenfeststellungen des Bundesverfassungsgerichts, 1971, heran, differenziert aber für die Frage nach dem Kontrollumfang zusätzlich nach den verschiedenen Verfahrensarten der Bundesverfassungsgerichtsbarkeit.

[174] Siehe dazu schon oben, unter I., und *F. Ossenbühl*, in: FG für BVerfG, Bd. 1, 1976, S. 458, 479 ff.

[175] BVerfGE 7, 377, 412 (Apotheken-Urteil); diese grundsätzliche Position des Bundesverfassungsgerichts wird auch in späteren Entscheidungen beibehalten, vgl. z.B. BVerfGE 18, 315, 335 ff. (Milch- und Fettgesetz); 54, 173, 203 ff. (Kapazitätsberechnung).

[176] *F. Ossenbühl*, in: FG für BVerfG, Bd. 1, 1976, S. 458, 484; vgl. auch etwa BVerfGE 39, 210, 226 (Mühlenstrukturgesetz).

[177] Zur insoweit "individuell-objektiven" Methode siehe bereits oben, unter I.

[178] *F. Ossenbühl*, in: FG für BVerfG, Bd. 1, 1976, S. 458, 485.

... nicht nur die Förderung einer unsorgfältigen Rechtsetzung, sondern auch eine durch nachlässige Erhebung oder gar Manipulation von Fakten verursachte Gefährdung des Grundrechtsschutzes" bedeutet[179].

Dasselbe Ergebnis ergibt sich im Hinblick auf das Prognoseproblem. Wie oben dargelegt[180], setzt die verfassungsgerichtliche Anerkennung einer grundsätzlichen Prognosefreiheit des Gesetzgebers die nicht wesentlich eindämmbare Unsicherheit über die zukünftige Entwicklung und die Normwirkung voraus. In dieser Ungewißheit tritt "der Grundtatbestand jeder Prognose zutage"[181]. Sie unterliegt der verfassungsgerichtlichen Prüfung. Gilt dieser Kontrollumfang für die "herkömmliche" gesetzgeberische Prognosetätigkeit in nicht ausdrücklich als komplex eingestuften Sachverhaltslagen, so muß sie im Hinblick auf die Funktion und Aufgabe der Verfassungsgerichtsbarkeit erst recht für die "Prognoseentwicklungstätigkeit" des Gesetzgebers in komplexen und unüberschaubaren Regelungsbereichen gelten. Auch deren Vorliegen ist, was das Bundesverfassungsgericht zwar nicht immer ausdrücklich ausführt, aber folgerichtig praktiziert, "einer Beurteilung nicht entzogen"[182].

Folglich kann, gleichsam negativ, festgehalten werden, daß das Bundesverfassungsgericht jedenfalls dann die besondere Komplexität des Regelungsbereichs anerkennt, wenn es sich selbst - subjektiv - außerstande sieht, zusätzliche und verläßlichere Tatsachen festzustellen bzw. eine ("rationalere") Prognose abzugeben. Der Gesetzgeber kann also nur dann die Unüberschaubarkeit der Sachlage für sich in Anspruch nehmen, wenn das Gericht insoweit zu keiner anderen Beurteilung gelangt. Auffällig ist allein, daß das Gericht seine Kontrolle insoweit auf das "Ob" des Vorliegens einer solchen Sachverhaltskonstellation begrenzt, jedoch das "Wie", d.h. die Qualität der Unsicherheit und Ungewißheit unberücksichtigt läßt[183].

Da das Bundesverfassungsgericht für die Frage nach der inhaltlichen Vertretbarkeit der (vorläufigen) Normsetzung auf die Sorgfältigkeit der

---

[179] Ebd., S. 487.

[180] Unter I.

[181] BVerfGE 50, 290, 331 (Mitbestimmung).

[182] BVerfGE 50, 290, 332 (Mitbestimmung), zu den prognostizierten Wirkungen des Mitbestimmungsgesetzes von 1976.

[183] Dazu näher unten 5. Kap. B. III. 1.

Auswertung der zugänglichen Erkenntnisquellen abstellt[184], muß demnach aus der bisherigen Rechtsprechung des Gerichts gefolgert werden, daß vorbehaltlich der Grundrechtsrelevanz mit der "Feststellung" der Komplexität und Unübersehbarkeit des zugrundeliegenden Sachverhalts insoweit die inhaltliche Vertretbarkeit der vorläufigen Regelung jedenfalls für die Dauer einer bestimmten Frist gleichsam indiziert ist.

Leistet dieses Bild zwar keinen Beitrag zur materialen Erfassung des "komplexen Sachverhalts", so findet es doch seine Bestätigung in der Rechtsprechung des Gerichts zu besonderen Härtefällen. So wird die Komplexität eines Sachverhalts dann verneint, wenn "von Anfang an mit Härtefällen zu rechnen" ist, wie das nach Auffassung des Bundesverfassungsgerichts bei der pauschalen Kostenerstattung ohne Ausgleich für typische Sonderfälle für die kostenlose Beförderung von Schwerbehinderten durch private Nahverkehrsunternehmen nach dem Schwerbehindertengesetz in der Fassung von 1979 der Fall war[185]. Der Gesetzgeber ist verpflichtet, allen voraussehbaren grundrechtswidrigen Härten entgegenzuwirken, jedenfalls soweit "nicht nur einzelne, aus dem Rahmen fallende Sonderfälle, sondern bestimmte, wenn auch zahlenmäßig begrenzte Gruppen typischer Fälle" betroffen sind[186]. Die unschwer vorhersehbaren, typischen Härtefälle sind gerade nicht komplex, schwer überschaubar oder unabschätzbar[187].

Die Figur des "komplexen, in der Entwicklung begriffenen Sachverhalts" als Auslöser für die verfassungsgerichtliche Anerkennung eines legislativen Rechts zur Sammlung von Erfahrungen innerhalb einer bestimmten Frist wird schließlich durch weitere Anlässe ergänzt. So sind Mängel "bei einer als Übergangslösung unter Zeitdruck vereinbarten Regelung" zunächst in Kauf zu nehmen[188]. Gleiches gilt im Falle gewährender Staatstätigkeit hinsichtlich der sachgerechten Abgrenzung des begünstigten Personenkreises,

---

[184] Vgl. BVerfGE 50, 290, 333 f. (Mitbestimmung), und oben, unter I.

[185] Vgl. BVerfGE 68, 155, 174 (Schwerbehindertenbeförderung); vgl. auch BVerfGE 71, 364, 393 f. (Versorgungsausgleich III).

[186] BVerfGE 68, 155, 173 f. (Schwerbehindertenbeförderung). - Zu Typisierungsfreiheit und Härtefällen in der Rechtsprechung des Bundesverfassungsgerichts vgl. umfassend *I. Pernice*, Billigkeit und Härteklauseln im öffentlichen Recht, Habil. iur. 1987, S. 203 ff.

[187] Insoweit anders *I. Pernice*, Billigkeit und Härteklauseln im öffentlichen Recht, Habil. iur. 1987, S. 219 f.

[188] BVerfGE 37, 104, 120 (Malus-Regelung); das Argument der Zeitnot läßt dagegen nicht gelten BVerfGE 71, 364, 392 f., 398 (Versorgungsausgleich III).

wenn "eine Tendenz zur allmählichen Ausweitung des begünstigten Personenkreises erkennbar ist"[189], sowie dann, "wenn die tatsächlichen Verhältnisse sich im Rahmen einer langfristigen Entwicklung in einer Weise verändert haben, daß die Beseitigung der Unstimmigkeiten durch eine einfache und daher schnell zu verwirklichende Anpassung nicht möglich ist"[190].

III. Ausgestaltung und Grenzen eines "Anpassungs- und Erfahrungsspielraums" des Gesetzgebers

"Dem Gesetzgeber gebührt bei komplexen, in der Entwicklung begriffenen Sachverhalten eine angemessene Frist zur Sammlung von Erfahrungen"[191], "ein zeitlicher Anpassungsspielraum"[192]. "Mängel einer Regelung geben erst dann Anlaß zum verfassungsgerichtlichen Eingreifen, wenn der Gesetzgeber eine spätere Überprüfung und Verbesserung trotz ausreichender Erfahrungen für eine sachgerechtere Lösung unterläßt."[193]

Diese ständige Rechtsprechung[194] umschreibt den Kern dessen, was einen legislativen "Experimentier- oder Erprobungsspielraum" in der bisherigen Spruchpraxis des Bundesverfassungsgerichts ausmacht. Ist der zu regelnde Sachverhalt auch nach Auffassung des Gerichts "nach den derzeitigen Gegebenheiten und dem Stand der ... Erfahrung"[195] in seiner Entwicklung nicht überschaubar, so muß sich die inhaltliche Würdigung beschränken[196]. Dies entspricht zum einen schon der faktischen Lage; angesichts der Komplexität der Problematik ist die Entwicklung sachgerechter Alternativen, die einen Maßstab abgeben, mit erheblichen Schwierigkeiten verbun-

---

[189] BVerfGE 39, 148, 153 (Körperbehinderte); 62, 256, 286 (Kündigungsfristen).

[190] BVerfGE 54, 11, 37 (Rentenbesteuerung); vgl. auch BVerfGE 21, 12, 42 (Allphasenumsatzsteuer); 23, 242, 257 f. (Einheitswert).

[191] BVerfGE 43, 291, 321 (Parkstudium) m.w.N.

[192] BVerfGE 54, 173, 202 (Kapazitätsberechnung).

[193] BVerfGE 45, 187, 252 (Lebenslänglich); vgl. auch BVerfGE 43, 291, 321 (Parkstudium) m.w.N.; 53, 257, 312 f. (Versorgungsausgleich I). Hier gilt also erst recht, daß, wie das Gericht in BVerfGE 18, 315, 332 (Milch- und Fettgesetz) allgemein formuliert, ein "gewisses zeitliches 'Nachhinken' der Gesetzgebung" in Kauf genommen werden muß.

[194] Weitere Nachweise siehe oben, unter II.

[195] BVerfGE 43, 291, 317 (Parkstudium) m.w.N.

[196] Vgl. BVerfGE 45, 187, 237 (Lebenslänglich) m.w.N.; 43, 291, 322 f. (Parkstudium). Näher dazu oben II.

den, wenn nicht aktuell unmöglich[197]. Zum anderen liegt diese Zurückhaltung wieder in der verfassungsmäßigen Aufgaben- und Funktionenverteilung begründet: Die Entwicklung brauchbarer Regelungsalternativen hat der Gesetzgeber zu leisten[198].

Diese richterliche Zurückhaltung findet ihren Ausdruck in der Gewährung einer angemessenen (Mängelbeseitigungs-)Frist, innerhalb derer zwar der Gesetzgeber aufgrund der gewonnenen Erfahrung zur "schrittweisen"[199] Anpassung seiner Regelung verpflichtet ist, bestehende Mängel der Regelung aber toleriert werden. Die Prognoseentscheidungen, die den hier interessierenden bundesverfassungsgerichtlichen Normenkontrollen zugrunde liegen, werden also immer als anpassungs- oder nachbesserungsbedürftig angesehen. Ihr Inhalt wird für eine Übergangszeit als "noch-verfassungsmäßig" oder noch nicht verfassungswidrig hingenommen und damit dem Problem, den Entstehenszeitpunkt des Verfassungswidrigwerdens zu bestimmen, aus dem Wege gegangen. Mit der Fristgewährung wird die sofortige Feststellung der Verfassungswidrigkeit der Regelung vermieden und an den Gesetzgeber "appelliert"[200], seine grundrechtstangierende Maßnahme entsprechend der tatsächlichen Entwicklung anzupassen oder aufzuheben. Gerade in dieser befristeten Mängeltolerierung liegt der besondere, erweiterte Spielraum des Gesetzgebers bei der Regelung komplexer und in unabsehbarer Entwicklung begriffener Sachverhalte.

---

[197] Dies galt z.B. 1975 für die Gleichstellung der Anspruchsvoraussetzungen für Witwer- und Witwenrente in der Sozialversicherung (vgl. BVerfGE 39, 169, 194 [Witwerrente]) oder 1977 für die Einführung eines verbesserten Auswahlverfahrens in den harten Numerus-clausus-Fächern (vgl. BVerfGE 43, 291, 321 [Parkstudium]: "Dieser Spielraum muß dem Gesetzgeber nicht zuletzt deshalb zustehen, weil die ursprüngliche Regelung verfassungsrechtlich gebilligt worden war und die Entwicklung brauchbarer Alternativen angesichts der Komplexität der Problematik mit erheblichen Schwierigkeiten verbunden ist.").

[198] So ausdrücklich BVerfGE 39, 169, 194 (Witwerrente). Vgl. aber auch BVerfGE 49, 89, 131 (Kalkar): "In dieser, notwendigerweise mit Ungewißheit belasteten Situation (sc.: ob die Entscheidung für die Anwendung der Brütertechnik mehr zum Nutzen oder zum Schaden gereichen wird) liegt es zuvörderst in der politischen Verantwortung des Gesetzgebers und der Regierung, im Rahmen ihrer jeweiligen Kompetenzen die von ihnen für zweckmäßig erachteten Entscheidungen zu treffen. Bei dieser Sachlage ist es nicht Aufgabe der Gerichte, mit ihrer Einschätzung an die Stelle der dazu berufenen politischen Organe zu treten. Denn insoweit ermangelt es rechtlicher Maßstäbe." Ähnlich z.B. auch BVerfGE 56, 54, 81 (Fluglärm); 76, 107, 121 (Landes-Raumordnungsprogramm).

[199] BVerfGE 39, 148, 153 (Körperbehinderte).

[200] Zu den sog. "Appellentscheidungen" des Bundesverfassungsgerichts vgl. stellvertretend *W. Rupp-v.Brünneck*, in: FS für G. Müller, 1970, S. 375 ff.

Im einzelnen hat das Bundesverfassungsgericht etwa nachfolgende Mängel einer gesetzlichen Regelung als vorübergehend hinzunehmen eingestuft:

Der Gesetzgeber darf sich innerhalb dieser Frist im Hinblick auf die vom allgemeinen Gleichheitssatz geforderte sachlich einleuchtende Rechtfertigung von Ungleichbehandlungen mit "gröberen Typisierungen und Generalisierungen" begnügen. Diese können "unter dem Gesichtspunkt der Praktikabilität namentlich deshalb gerechtfertigt sein ..., weil eine Verfeinerung die Gefahr mangelnder Wirksamkeit mit sich bringen kann". Die damit verbundenen "Unzuträglichkeiten" müssen hingenommen werden. Dies gilt nicht nur für die Vernachlässigung der Besonderheiten eines einzelnen Falles, sondern auch ganzer Gruppen[201]. Solche Mängel sind erst recht deshalb in Kauf zu nehmen, weil für die durch die Regelung nachteilig Betroffenen eine sichere Aussicht auf Gesetzesänderung besteht[202], oder dann, wenn die Regelung im ganzen zu erträglichen Ergebnissen sowie zu einer Verbesserung des bisherigen Zustands führt und überzeugendere, die Betroffenen weniger belastende Alternativen nicht erkennbar sind[203]. Interessanterweise führt letztere Begründung im Beschluß zur Malus-Regelung im Staatsvertrag über die Vergabe von Studienplätzen von 1973[204] zu einer (Wieder-)Ausdehnung des im Rahmen der Regelung von Hochschulzulassungsbeschränkungen grundsätzlich "nicht mehr erheblichen" Gestaltungsspielraums. Die Grenzen dieser größeren Typisierungsfreiheit sind erst dort gegeben, wo die Vorteile einer Typisierung nicht mehr im rechten Verhältnis zu der mit ihr verbundenen Ungleichheit der Belastung stehen[205] oder die Generalisierung von Anfang an als evident unsachlich bezeichnet werden kann[206].

---

[201] Vgl. z.B. BVerfGE 16, 147, 187 (Werkfernverkehr); 21, 12, 27 (Allphasenumsatzsteuer); 33, 171, 189 f. (Honorarstaffeln/Kassenärzte) mit Nachweisen; 37, 104, 118 (Malus-Regelung); 43, 291, 321 (Parkstudium); 54, 11, 37 (Rentenbesteuerung); 68, 155, 174 (Schwerbehindertenbeförderung); 70, 1, 34 (Höchstpreise). - Ausgenommen sind die Fälle, in denen von Anfang an mit grundrechtswidrigen Härten zu rechnen ist. Dann liegt aber schon kein komplexer, unüberschaubarer Sachverhalt als tatsächliche Voraussetzung für die Gewährung einer größeren Typisierungsfreiheit vor (vgl. schon oben II. a.E.).

[202] Vgl. BVerfGE 21, 12, 40 (Allphasenumsatzsteuer); 33, 171, 191 (Honorarstaffeln/Kassenärzte).

[203] Vgl. BVerfGE 37, 104, 120 (Malus-Regelung); vgl. auch BVerfGE 21, 150, 159 (Weinwirtschaftsgesetz).

[204] Vgl. BVerfGE 37, 104, 113.

Auch im Rahmen der Verhältnismäßigkeitsprüfung übt das Bundesverfassungsgericht bei entsprechender Sachlage eine weitaus größere Zurückhaltung. Erste Anhaltspunkte dazu finden sich wieder im "Werkfernver-
kehrs-Urteil" aus dem Jahre 1963. Hier hatte das Gericht im Rahmen der
Vereinbarkeitsprüfung mit Art. 12 Abs. 1 GG die Verhältnismäßigkeit der
Erhöhung der Beförderungssteuer für den Werkfernverkehr trotz erheblicher Bedenken bejaht:

"Das Bundesverfassungsgericht verkennt nicht, daß die harte Besteuerung des Werkfernverkehrs an der Grenze des verfassungsrechtlich Zulässigen liegt, weil nicht sicher erkennbar ist, daß dem empfindlichen steuerlichen Eingriff in die Freiheit der beruflichen Betätigung - auf die Dauer gesehen - ein gleich bedeutsamer Nutzen für das Gemeinwohl gegen-
übersteht. Gleichwohl vermag das Gericht nicht die Unzumutbarkeit und damit die Verfassungswidrigkeit des Eingriffs festzustellen, da ... angesichts der verhältnismäßigen Kürze
des seit der Steuererhöhung verflossenen Zeitraums die Auswirkungen der Maßnahme
noch nicht in jeder Hinsicht mit der Klarheit übersehen werden können, die den Richter
befähigen würde, die Verfassungswidrigkeit einer gesetzlichen Norm auszusprechen. Bei
dieser Sachlage muß die vom Gesetzgeber getroffene Entscheidung aufrechterhalten bleiben. Angesichts der besonderen Schwierigkeiten, denen eine rechtliche Ordnung des modernen Verkehrswesens ... begegnet ..., muß auch dem Gesetzgeber eine längere Frist zuge-
billigt werden, innerhalb deren er die Wirkung einzelner von ihm versuchsweise getroffener
Anordnungen beobachten und für seine weiteren Entschließungen auswerten darf."[207]

Die Vorläufigkeit der Regelung rechtfertigte auch die Unvermeidbarkeit
und Zumutbarkeit von Belastungen infolge des im Weinwirtschaftsgesetz
von 1961 angeordneten Genehmigungserfordernisses für den Anbau von
Weinreben[208].

Auch bei der vollzugsrechtlichen Ausgestaltung der lebenslangen Frei-
heitsstrafe wurde dem Gesetzgeber ein zeitlicher Anpassungsspielraum
eingeräumt[209]. Dessen Gewährung bewirkte ferner 1980, daß die aus Art.
12 Abs. 1 in Verbindung mit Art. 3 Abs. 1 GG folgende Pflicht des Norm-
gebers, die erschöpfende Nutzung der universitären Kapazitäten zu gewährleisten, auf die Überprüfung der in den Höchstzahlverordnungen fest-

---

[205] Vgl. BVerfGE 21, 12, 27 (Allphasenumsatzsteuer).

[206] Vgl. BVerfGE 33, 171, 190 (Honorarstaffeln/Kassenärzte); 37, 104, 119 (Malus-Regelung).

[207] BVerfGE 16, 147, 187 f. (Werkfernverkehr).

[208] Vgl. BVerfGE 21, 150, 159 (Weinwirtschaftsgesetz).

[209] Vgl. BVerfGE 45, 187, 252 (Lebenslänglich): Mängel einer gesetzlichen Regelung mit
dem Inhalt des (seinerzeit) vorliegenden Referentenentwurfs müßten vorübergehend hingenommen werden.

gesetzten Zulassungszahlen lediglich für die Zukunft beschränkt wurde. Es könne von Verfassungs wegen nur ausnahmsweise die rückwirkende Anpassung der Hochschulen an höhere Zulassungsmöglichkeiten verlangt werden mit der Folge, daß insoweit trotz mangelhafter Kapazitätsberechnung ein Anspruch auf Zulassung zur Hochschule nicht bestehe[210].

Mit der gleichen Begründung konnten etwa auch die Bedenken gegen die atomrechtliche Entscheidung zugunsten der Nutzung der Brütertechnik keinen durchgreifenden Erfolg haben:

"Erst die Zukunft wird erweisen, ob die Entscheidung für die Anwendung der Brütertechnik mehr zum Nutzen oder zum Schaden gereichen wird. In dieser notwendigerweise mit Ungewißheit belasteten Situation liegt es zuvorderst in der politischen Verantwortung des Gesetzgebers und der Regierung, im Rahmen ihrer jeweiligen Kompetenzen die von ihnen für zweckmäßig erachteten Entscheidungen zu treffen. Bei dieser Sachlage ist es nicht Aufgabe der Gerichte, mit ihrer Einschätzung an die Stelle der dazu berufenen politischen Organe zu treten. Denn insoweit ermangelt es rechtlicher Maßstäbe.

In einer Situation, in der vernünftige Zweifel möglich sind, ob Gefahren ... eintreten oder nicht eintreten werden, sind die staatlichen Organe, mithin auch der Gesetzgeber, aus ihrer verfassungsrechtlichen Pflicht, dem gemeinen Wohl zu dienen, ... gehalten, alle Anstrengungen zu unternehmen, um mögliche Gefahren frühzeitig zu erkennen und ihnen mit den erforderlichen verfassungsmäßigen Mitteln zu begegnen."[211]

"Ungewißheiten jenseits dieser Schwelle praktischer Vernunft haben ihre Ursache in den Grenzen des menschlichen Erkenntnisvermögens; sie sind unentrinnbar und insofern als sozial-adäquate Lasten von allen Bürgern zu tragen."[212]

In den bislang aufgezeigten Fällen erlangte die besondere Schwierigkeit der Sachverhaltskonstellation regelmäßig entscheidendes Gewicht in der Begründung, daß eine gesetzliche Regelung trotz verfassungsrechtlicher Mängel (noch) nicht als verfassungswidrig erklärt wird, solange deren Unhaltbarkeit nicht offenkundig ist[213]. Diese Rechtsprechungslinie zu typischen Eingriffsfällen wird jedoch differenzierter gehandhabt, wenn die Verletzung einer Schutzpflicht des Gesetzgebers in Frage steht, und schließlich im Bereich der Rundfunkfreiheit gerade umgekehrt:

---

[210] Vgl. BVerfGE 54, 173, 201 ff. (Kapazitätsberechnung).

[211] BVerfGE 49, 89, 131 f. (Kalkar).

[212] Ebd., 143.

[213] Vgl. BVerfGE 33, 171, 190 (Honorarstaffeln/Kassenärzte).

In den Schutzpflichtfällen läßt das Gericht erkennen, daß es an der Begrenzung der Kontrollintensität auf evidente Verfassungsverstöße im Falle komplexer und unsicherer Regelungssachverhalte nicht durchgängig festhält. Zwar enthält die "Fluglärm-Entscheidung" die ausdrückliche Feststellung, daß sich die verfassungsgerichtliche Nachprüfung darauf beschränkt, ob den staatlichen Organen eine evidente Verletzung ihrer Schutzverpflichtung zur Last zu legen ist[214]. Allerdings läßt sich dieser Entscheidung auch entnehmen, daß eine Anpassungsfrist dann nicht in Betracht kommt, wenn "Rechtsgüter von höchster Bedeutung auf dem Spiele" stehen[215]. Da das menschliche Leben, "wie nicht näher begründet werden muß", innerhalb der grundgesetzlichen Ordnung einen Höchstwert darstellt[216], ist die Schutzpflicht des Staates insoweit in den Grenzen menschlichen Erkenntnisvermögens und praktischer Vernunft umfassend[217] und weitreichend. Dementsprechend unterzieht das Gericht die das Rechtsgut Leben berührende strafrechtliche Regelung des Schwangerschaftsabbruchs einer umfassenden Kontrolle am Maßstab der (gebotenen) Effektivität. Die legislativen Prognosen über die tatsächlichen Gefahrenlagen und die zukünftigen Wirkungen der (Schutz-)Regelungen werden hier im Rahmen des Gebots der Verhältnismäßigkeit "unter Berücksichtigung des Grundgedankens des Art. 19 Abs. 2 GG"[218] vorbehaltlos überprüft. "Experimente sind ... bei dem hohen Wert des zu schützenden Rechtsgutes nicht zulässig."[219]

---

[214] Vgl. BVerfGE 56, 54, 81 (Fluglärm). Gegenstand der verfassungsgerichtlichen Kontrolle ist hier die Frage, ob eine Verletzung der Schutzpflicht des Gesetzgebers durch unterlassene Nachbesserung zu bejahen ist: "Einen Verfassungsverstoß dieser Art kann das Bundesverfassungsgericht erst dann feststellen, wenn evident ist, daß eine ursprünglich rechtmäßige Regelung wegen zwischenzeitlicher Änderung der Verhältnisse verfassungsrechtlich untragbar geworden ist, und wenn der Gesetzgeber gleichwohl weiterhin untätig geblieben ist oder offensichtlich fehlsame Nachbesserungsmaßnahmen getroffen hat." - Vgl. auch BVerfGE 39, 1, 44 (Fristenlösung); 46, 160, 164 f. (Schleyer); BVerfG (Kammer) NJW 1987, 2287, 2287 (Aidsbekämpfung).

[215] BVerfGE 56, 54, 81 (Fluglärm); siehe auch BVerfGE 50, 290, 333 (Mitbestimmung).

[216] BVerfGE 39, 1, 42 (Fristenlösung).

[217] D.h. auch das Gebot zur Verhinderung *privater* Eingriffe beinhaltend; vgl. nur BVerfGE 49, 89, 143 (Kalkar).

[218] BVerfGE 39, 1, 43 (Fristenlösung). Allerdings begründet das Grundgesetz "eine Schutzpflicht nicht nur gegenüber dem Einzelnen, sondern auch gegenüber der Gesamtheit aller Bürger", BVerfGE 46, 160, 165 (Schleyer).

[219] BVerfGE 39, 1, 60 (Fristenlösung).

Im Ergebnis, aber nicht in der Begründung vergleichbar stellt sich die Bewegungsfreiheit des Gesetzgebers im Bereich des Rundfunkwesens dar. Bei seinen (zeitlich und örtlich begrenzten) Versuchen, die "Grundlinien der Rundfunkordnung" unter Einbeziehung privater Rundfunkveranstalter neu zu regeln, kommt ihm zwar eine grundsätzlich "erheblich größere Gestaltungsfreiheit" zu, "denn solche Versuche dienen der Aufgabe, Erfahrungen zu gewinnen"[220]. Seine Freiheit zur organisatorischen Gestaltung findet jedoch ihre Schranke in seiner Bindung an die Anforderungen des Grundgesetzes, hier an Art. 5 Abs. 1 Satz 2 GG[221]. Diesen Hinweis auf Art. 1 Abs. 3 GG benutzt das Bundesverfassungsgericht dazu, durch Auslegung des Art. 5 Abs. 1 Satz 2 GG die gewährte "erheblich größere Gestaltungsfreiheit" im Ergebnis wieder "erheblich" einzuschränken[222]. Schließlich verneint es sogar in der "5. Fernseh-Entscheidung" den Versuchscharakter der §§ 13 Abs. 2 Satz 1 und 2 in Verbindung mit 88 Abs. 2 Nr. 4 des Baden-Württembergischen Landesmediengesetzes, nach denen der Ausschluß öffentlich-rechtlicher lokaler und regionaler Programme spätestens vier Jahre nach Inkrafttreten des Gesetzes überprüft und gegebenenfalls angepaßt werden soll, mit der Begründung, bei dem Verbot der genannten Bestimmung könne es sich schon seinem Inhalt nach um keinen echten Versuch handeln:

"Dies würde voraussetzen, daß die Vorschrift wiederholbare Tatbestände regelte, daß also bei einem Fehlschlag des Versuchs eine andere Regelung des Tatbestandes getroffen werden könnte. Das ist jedoch für die 'Startphase' ausgeschlossen: Sie ist kein wiederholbarer, sondern ein einmaliger und definitiver Vorgang. Sollte der Gesetzgeber später zu der Auffassung gelangen, daß der Ausschluß der Landesrundfunkanstalten die noch bestehenden Marktchancen privater Rundfunkanstalter nicht erschwert habe, ließe sich die Ausgangssituation nicht wiederherstellen und nunmehr eine Regelung treffen, welche *dieser* Situation in anderer Weise Rechnung trüge."[223]

---

[220] BVerfGE 57, 295, 324 (3. Fernseh-Entscheidung).

[221] Vgl. BVerfGE 57, 295, 325 ff. (3. Fernseh-Entscheidung); 73, 118, 153 ff. (4. Fernseh-Entscheidung); 74, 297, 334 (5. Fernseh-Entscheidung).

[222] Profunde Kritik an der Prognose-Rechtsprechung des Bundesverfassungsgerichts im Bereich der Rundfunkfreiheit äußert jüngst *P. Selmer*, Bestands- und Entwicklungsgarantie für den öffentlich-rechtlichen Rundfunk in einer dualen Rundfunkordnung, 1988, S. 64 ff. Zur Rundfunkfreiheit in der bundesverfassungsgerichtlichen Rechtsprechung allgemein sowie im Hinblick auf die tatsächlichen Verhältnisse ebenfalls kritisch *W. Schmitt Glaeser*, BayVBl. 1985, 97 ff.; *ders.*, DVBl. 1987, 14 ff.; *ders.*, DÖV 1987, 837 ff.; *ders.*, AÖR 112 (1987), 215 ff.; *E. Kull*, AfP 1987, 568 ff.; *St. Ory*, ZUM 1987, 427 ff. - Näher dazu noch unten 6. Kap.

[223] BVerfGE 74, 297, 339 (5. Fernseh-Entscheidung).

Die Fragwürdigkeit dieser allein methodentheoretischen Argumentation läßt sich schon hier kurz anreißen: Man wird ihr mit *P. Lerche*[224] entgegenhalten müssen, daß gerade im Medienbereich zum Zwecke der Erprobung gewisse vollendete Tatsachen geschaffen werden müssen, und sei es auch nur, um festzustellen, ob "Schäden" erzeugt werden. Andernfalls ist ein "derartiges Experimentiergesetz in sich selbst nicht recht sinnvoll".

Diese Rechtsprechung scheint einer Haltung des Gerichts zu entsprechen, die es an anderer Stelle zur Rechtfertigung der Tolerierung grundrechtswidriger Zustände innerhalb einer Anpassungsfrist erkennen läßt: Zur Erfüllung einer umfassenden Reformaufgabe[225] seien wegen der Besonderheiten des Regelungsbereichs "kurzfristige Versuchslösungen" nicht möglich; sie müßten auf längere Sicht mit der gebotenen Umsicht und auf wenigstens einigermaßen abgesicherten Grundlagen in die Wege geleitet werden.

Das Gericht betont aber auch , wiederum in mehreren, nicht weniger "besonderen" Fällen, gerade das Gebot versuchsweisen Vorgehens des Gesetzgebers, nämlich dann, wenn es um die Erfüllung verfassungsrechtlicher Anforderungen geht. So heißt es im Urteil zur sogenannten "Fristenlösung": "Wenn der Gesetzgeber die bisherige undifferenzierte Strafandrohung für den Schwangerschaftsabbruch als ein fragwürdiges Mittel des Lebensschutzes ansieht, so entbindet ihn dies doch nicht von der *Verpflichtung*, zumindest den *Versuch* zu unternehmen, durch eine differenziertere strafrechtliche Regelung einen besseren Lebensschutz zu erreichen, indem er diejenigen Fälle unter Strafe stellt, in denen der Schwangerschaftsabbruch verfassungsrechtlich zu mißbilligen ist."[226] Auch die verfassungsrechtliche Beurteilung des Auswahlverfahrens nach dem Hochschulrahmengesetz von 1976 enthält den Gedanken, daß eine Übergangsregelung die Möglichkeit zur Erprobung von Verfahrenstechniken eröffnet, die den Anforderungen an ein "gerechtes" Auswahlverfahren genügen[227]. Zur Erfüllung der Nachbesserungspflicht des Gesetzgebers kann ebenfalls eine "vorläufige Regelung in Betracht kommen"[228].

---

[224] VVDStRL 40 (1982), 116, 117 (Diskussion).

[225] Im Bereich der Beamtenversorgung (vgl. BVerfGE 39, 169, 194 [Witwerrente]) oder des Umsatzsteuerrechts (vgl. BVerfGE 21, 12, 42 [Allphasenumsatzsteuer]).

[226] BVerfGE 39, 1, 65 (Hervorhebung durch den Verfasser); vgl. auch BVerfG, a.a.O., 66.

[227] Vgl. BVerfGE 43, 291, 325 (Parkstudium).

Die aufgezeigten Rechtsprechungsbeispiele belegen, daß die Frage nach der Weite eines (möglichen) Erfahrungs- oder Erprobungsspielraums des Gesetzgebers als qualifizierte Weiterentwicklung des gesetzgeberischen Gestaltungs- und Prognosespielraums keine klare, sachverhalts- und grundrechtssensible Beantwortung erfährt. Dies ist im wesentlichen die Folge einer unzureichenden oder fehlenden funktionsrechtlichen "Selbstbestimmung" im Gegen- und Zusammenspiel der Verfassungsorgane Gesetzgeber und Bundesverfassungsgericht in einer besonderen Situation, die gekennzeichnet ist durch eine besondere Qualität der Unabsehbarkeit der zukünftigen Entwicklung, der die Gesetzgebung durch möglichst realitätsnahe Prognoseentwicklung Rechnung zu tragen sucht.

B. Ansätze in der länderverfassungsgerichtlichen Rechtsprechung

Der Überblick über die Rechtsprechung der Länderverfassungsgerichte bestätigt das oben skizzierte Bild zum grundsätzlichen Verhältnis zwischen Verfassungsgerichtsbarkeit und Gesetzgeber. Die eingehendste Auseinandersetzung damit enthalten die Urteile zu den Gesetzen zur kommunalen Neugliederung. Bei deren Überprüfung haben die Verfassungsgerichtshöfe der Länder nicht nur eine Wertungs- und Abwägungsfreiheit des Gesetzgebers hinsichtlich der erforderlichen "Gründe des öffentlichen Wohls" und der Verhältnismäßigkeit der Regelung jeweils unter Beachtung des gemeindlichen Selbstverwaltungsrechts anerkannt, sondern ausdrücklich auch einen Spielraum bei der Beurteilung künftiger Entwicklungen[229]. Soweit für die Frage, ob die Gebietsreform durch "Gründe des öffentlichen Wohls" gedeckt ist, "Wertungen und (politische) Erwägungen des Gesetzgebers von Bedeutung sind, kann das Gericht sie nur dann rechtlich beanstanden, wenn sie eindeutig widerlegbar oder offensichtlich fehlerhaft sind oder der verfassungsrechtlichen Wertordnung widersprechen. Das gleiche

---

[228] BVerfGE 53, 257, 313 (Versorgungsausgleich I). - Weitere Beispiele finden sich in BVerfGE 43, 291, 325 (Parkstudium), und BVerfGE 54, 173, 195 (Kapazitätsberechnung). - Das hier ins Blickfeld gelangende Verhältnis von Nachbesserungs- und Erprobungspflicht wird unten 5. Kap. B. III. 1. erörtert.

[229] Vgl. etwa BW StGH ESVGH 23, 1 ff. m.w.N.; 25, 1 ff.; NW VerfGH OVGE 24, 315 ff.; 26, 270 ff.; 26, 286 ff.; 28, 291 ff.; 28, 307 ff.; 28, 312 ff.; Nds StGH DVBl. 1974, 520 ff.; RP VerfGH AS 11, 73 ff.; 11, 118 ff.

gilt für die Wertung des Gesetzgebers, daß unter verschiedenen denkbaren Alternativlösungen im konkreten Fall eine bestimmte Lösung die zweckmäßigste oder sinnvollste sei"[230].

In gleichem Maße beschränkt sich die Kontrollbefugnis auf die eindeutige Widerlegbarkeit, soweit "der Gesetzgeber *Prognosen* über künftige Entwicklungen aufstellt"[231]. Dabei begründet der Staatsgerichtshof Baden-Württemberg diesen gesetzgeberischen Prognosespielraum mit zwei Erwägungen: Zum einen sei dieser sachlich gerechtfertigt "durch den zusätzlichen Unsicherheitsfaktor gegenüber bereits feststehenden Tatsachen ...; angesichts dieser Unsicherheit würde es - abgesehen von eindeutiger Widerlegbarkeit - willkürlich erscheinen, wenn das Gericht die Prognosen des Gesetzgebers durch eigene - notwendigerweise ebenso ungewisse - Voraussetzungen ergänzen würde"[232]. Zum anderen könne der Gesetzgeber die von ihm vorausgeschätzte Entwicklung später selbst im Sinne seiner Prognose durch gezielte Maßnahmen steuern[233]. Allerdings muß der Gesetzgeber die für die Wertung und Abwägung relevanten Tatsachen ermittelt haben. Diese unterliegen der uneingeschränkten verfassungsgerichtlichen Nachprüfung[234].

In dem angeführten Urteil zur Gebietsreform stellt der Staatsgerichtshof Baden-Württemberg der Prüfung des Übermaßverbots eine hier interessierende Überlegung zur Weite des gesetzgeberischen Gestaltungs- und Prognosespielraums voran: Für die Frage nach der Geeignetheit der Reformmaßnahmen ergebe sich für "gebietliche Neugliederungen eine Besonderheit. Eingemeindungen und Gemeindevereinigungen sollen grundsätzlich eine örtliche Neuordnung für einen künftigen größeren Zeitraum darstellen". Daher sei eine rasche Aufeinanderfolge abweichender Neugliederungen, "ein ständiges 'Experimentieren' ... wegen der damit verbundenen erheblichen Unsicherheiten, Übergangsschwierigkeiten und Reibungsverlu-

---

[230] BW StGH ESVGH 25, 1, 9.

[231] Ebd., 24.

[232] Ebd., 25.

[233] Ebd.

[234] Ebd., 24. Dabei betont der Staatsgerichtshof Baden-Württemberg jedoch ausdrücklich, daß eine Nachprüfungspflicht nur dann bestehe, "wenn die Richtigkeit einer die Entscheidung des Gesetzgebers *tragenden* Tatsache bestritten ist und es sonach möglich wäre, daß die Neuregelungsmaßnahme anders ausgefallen sein könnte".

ste verfassungsrechtlich bedenklich"[235]. Wird somit im Hinblick auf eine besondere Dimension des zu regelnden Sachverhalts trotz kaum abzuschätzender Konsequenzen im tatsächlichen wie im rechtlichen Bereich eine Art Erprobungsspielraum des Gesetzgebers verneint, so verkennt das Gericht dennoch nicht, daß "auch eine einmalige Neugliederung nicht ohne eine gewisse Übergangsphase der Neuorientierung, Anpassung, Konsolidation und Integration auskommen kann". Daher setze ihre Geeignetheit zur Erreichung des beabsichtigten Zwecks nicht voraus, "daß dieser Zweck sofort, schlagartig und in vollem Umfang verwirklicht werden müßte". Ausreichend sei vielmehr, daß die Neugliederung dazu geeignet ist, in absehbarer Zeit künftig die Ziele und Zwecke des Gesetzgebers zu erfüllen. Die insofern erforderliche Prognose der kommenden Entwicklung sei aber gerichtlich nur beschränkt überprüfbar[236]. Im Ergebnis wird damit doch für die Frage nach dem Kontrollumfang die objektive Ungewißheit der Situation und die daraus folgende Anpassungs- und Erprobungsbefugnis des Gesetzgebers berücksichtigt.

Die bislang, soweit ersichtlich, umfangreichste Auseinandersetzung mit dem Problem des bloßen Erprobungscharakters einer gesetzlichen Regelung findet sich im Urteil des Bayerischen Verfassungsgerichtshofs[237] zur Verfassungsmäßigkeit des Gesetzes über die Erprobung und Entwicklung neuer Rundfunkangebote und anderer Mediendienste in Bayern (BayMEG) von 1984[238]. Hier zieht das Gericht den Gesichtspunkt "gleichsam vor die Klammer", daß es sich bei dem BayMEG "(nur) um ein Erprobungsgesetz mit entsprechender Experimentier- und Gestaltungsfreiheit des Gesetzgebers handelt"[239]. Sein Erprobungscharakter trage der Situation Rechnung, daß für den Gesetzgeber die medienpolitischen, technischen und wirtschaftlichen Entwicklungen nicht in jeder Beziehung vorhersehbar seien, und ergebe sich besonders deutlich aus der zeitlichen Befristung der Geltungsdauer der wesentlichen Teile des Gesetzes (bis 1. Dezember

---

[235] Ebd., 19 mit Hinweis auf *W. Hoppe/H.-W. Rengeling*, Rechtsschutz bei der kommunalen Gebietsreform, 1973, S. 134 ff., und *K. Stern/G. Püttner*, Grundfragen zur Verwaltungsreform im Stadtumland, 1968, S. 26. - Zustimmend dazu, als Beispiel für die "Experimentierfeindlichkeit von Dauergesetzen" anführend, *F. Ossenbühl*, in: FG für BVerfG, Bd. 1, 1976, S. 458, 512.

[236] BW StGH ESVGH 25, 1, 19.

[237] BayVBl. 1987, 77 ff., 110 ff.

[238] GVBl. S. 445, ber. S. 546, i.d.F. der Neubekanntmachung vom 8. Dezember 1987 (GVBl. S. 431; BayRS 2251-4-WK).

[239] BayVBl. 1987, 77, 110, 110.

1992). Schon unter Berücksichtigung dessen grenzt das Gericht die zu klärende Verfassungsrechtsfrage entsprechend ein:

> Es geht nicht um die Frage, "ob es zulässig wäre, Rundfunk auf unbestimmte Zeit in der vom Medienerprobungs- und -entwicklungsgesetz vorgesehenen Weise zu betreiben, sondern nur, ob der Gesetzgeber auf der Grundlage der hier angefochtenen Bestimmungen bis zum 1. 12. 1992 Erfahrungen für Regelungen nach diesem Zeitpunkt sammeln darf"[240].

> Freilich darf "der Gesetzgeber sich auch in einem Erprobungsgesetz keine 'Spielwiese' für verfassungswidrige Experimente schaffen... Dennoch muß ihm zugebilligt werden, sich mit neuen Sachgebieten und Entwicklungen, bei denen es an zuverlässigen Erfahrungen fehlt, erst einmal versuchsweise zu befassen. Die Gestaltungsfreiheit des Gesetzgebers ist dann besonders groß, wenn seine Vorschriften im wesentlichen dazu dienen sollen, auf einem neuen Sachgebiet Erfahrungen zu sammeln, die später die Grundlage für dauerhafte normative Entscheidungen geben sollen... In einem Erprobungsgesetz ist der Rahmen, innerhalb dessen Regelungen noch als verfassungsmäßig angesehen werden können, mangels zuverlässiger Beurteilungsgrundlagen größer als sonst."[241].

Dem könne auch nicht der Einwand entgegengesetzt werden, daß das Experiment im Hinblick auf die bis 1992 geschaffenen tatsächlichen Verhältnisse nicht beendet werden könne. Wegen der deutlichen Befristung des Gesetzes könne sich ein verfassungsrechtlich zu beachtender Vertrauensschutz auf einen etwa erworbenen Besitzstand im Bereich des Rundfunkbetriebs nicht entwickeln. Im übrigen ließen die sich bis 1992 einstellenden rechtlichen Entwicklungen jetzt noch keine Beurteilung zu, wie neue rundfunkrechtliche Regelungen dann gestaltet sein müssen[242].

Damit stellt sich die Rechtsprechung des Bayerischen Verfassungsgerichtshofs in krassen Widerspruch zu der des Bundesverfassungsgerichts in der "5. Fernseh-Entscheidung", in der das Gericht den (denkbaren) Erprobungscharakter des Landesmediengesetzes Baden-Württemberg mit Hinweis auf die Irreversibilität der durch das Gesetz geschaffenen sozialen Realität ablehnte[243].

C. Zusammengefaßte kritische Würdigung

Obwohl sich die erprobende oder experimentelle Rechtssetzung zur Ermittlung hinreichend gesicherter Erkenntnisse, um diese durch eine dauer-

---

[240] Ebd.

[241] Ebd.

[242] Ebd., 111.

[243] Vgl. BVerfGE 74, 297, 339 (5. Fernseh-Entscheidung). Dazu oben, unter A. III.

hafte Regelung ersetzen zu können, zunehmender Beliebtheit erfreut[244], ist ihre Institutionalisierung noch in den Anfängen begriffen. Daher hatten die Verfassungsgerichte bisher nur vereinzelt Anlaß, eine ausdrücklich oder offensichtlich als solche erlassene Erprobungsregelung einer verfassungsrechtlichen Prüfung zu unterziehen.

Dieser Umstand mag zwar eine (zusammengefaßte) kritische Betrachtung der aufgezeigten Rechtsprechung erschweren. Indes ist es bedauerlich, daß es die Verfassungsgerichte gerade in den Anfängen einer (möglichen) Entwicklung (bisher) offensichtlich versäumt haben, sich eingehender mit der Figur der vorläufigen, auf Erfahrungssammlung angelegten gesetzlichen Regelung auseinanderzusetzen. Eine kritische Würdigung wird demnach genau hier ein- und ansetzen müssen.

Die dargestellte (vor allem bundesverfassungsgerichtliche) Rechtsprechung hinterläßt den Eindruck, daß die Haltung der zur Normüberprüfung angerufenen Verfassungsgerichte von nicht unerheblicher Unsicherheit im Umgang mit einem Gesetzgeber bestimmt ist, der neuartige und in ihren Strukturen (noch) nicht übersehbare soziale Erscheinungen einer normativen Regelung zuführen will, seine fehlende Erfahrung einsehend sich aber nur "vorsichtig" an die politische Zielsetzung herantastet.

Grundrechtstangierende Maßnahmegesetze treffen im Falle komplexer und unsicherer Sachverhaltslagen nicht auf ein ähnlich differenziert abgestuftes Kontrollsystem, wie es in der Rechtsprechung für hinreichend gesicherte Prognoseentscheidungen entwickelt worden ist. Vielmehr gewinnt bei der Bestimmung des gesetzgeberischen Prognosespielraums gerade die als solches anerkannte Komplexität und Unüberschaubarkeit des Regelungsbereichs eine besondere Bedeutung, wenn in diesen Fällen unter Hinweis auf die Beschränktheit menschlichen Erkenntnisvermögens die Notwendigkeit verfassungsgerichtlicher Zurückhaltung betont wird. Ungewißheit und Unsicherheit erlangen so innerhalb einer gewährten Anpassungs- und Erfahrungsfrist gleichsam die Stellung eines "sachlich rechtfertigenden Grundes" für verfassungsrechtlich relevante Ungleichbehandlungen oder Unzumutbarkeiten. Die grundsätzliche Prognoseprärogative des Gesetzgebers erfährt hier eine "neue" Qualität.

---

[244] Siehe die Beispiele oben 1. Kap.

Die alleinige Legitimation dieses indifferenten Verweises auf die Ungewißheit als Grundtatbestand jeder Prognose[245] durch den Umstand, daß im
Falle sich einstellender Unhaltbarkeit der (vorläufigen) Prognose eine verfassungsrechtliche Pflicht zur Korrektur der hierauf basierenden Norm besteht, erscheint dabei aus rechtsstaatlicher Sicht bedenklich. Denn es müssen empfindliche Eingriffe in Grundrechtspositionen hingenommen werden, ohne daß es hierfür auf den Grad der Ungewißheit über deren Tauglichkeit zur Erreichung des (legitimen) Normziels ankommt. Die Wirklichkeitsorientierung der Verfassungsrechtsprechung läßt hier gerade die Berücksichtigung der Differenziertheit dieser Wirklichkeit vermissen.

Diese Einschätzung findet sich in den Fällen bestätigt, in denen der
grundrechtsausgestaltende Gesetzgeber selbst seine Unsicherheit zu erkennen gibt, indem er das Gesetz ausdrücklich als Instrumentarium zur Erfahrungssammlung einsetzt, wie dies vor allem im Rundfunkbereich geschehen
ist. Hier hat jedenfalls das Bundesverfassungsgericht jegliche Gestaltungsfreiheit des Gesetzgebers entgegen seiner Rechtsprechung zu den Maßnahmegesetzen beschränkt, obwohl Rechtsgüter von höchster Bedeutung nicht
auf dem Spiele stehen.

Der Nichtgewährung eines gesetzgeberischen Erfahrungsspielraums
scheint hier die Überlegung zugrunde zu liegen, daß eine Beschränkung des
Kontrollumfangs dann nicht mit dem Hinweis auf die Korrekturpflicht des
Gesetzgebers im Falle sich ändernder Verhältnisse legitimiert werden
kann, wenn der Sachbereich später nicht mehr korrektur*fähig* ist. Die
"Nachbesserungspflicht" des Gesetzgebers wird hier mit dem in der Literatur sogenannten "Irreversibilitätsverbot"[246] dergestalt in Verbindung gebracht, daß die Gründe für einen weitgesteckten legislativen Prognosespielraum dann ihre (verfassungsrechtliche) Rechtfertigung verlieren, wenn eine Korrektur der gefällten Entscheidung für die Zukunft nicht mehr möglich ist[247]. Eine solchermaßen verstandene und geforderte Korrekturpflicht
hieße jedoch die Verpflichtung aufstellen, im Falle der Unhaltbarkeit der
vorläufigen Prognoseentscheidung "das Rad der Geschichte zurückzudre-
hen".

---

[245] Vgl. BVerfGE 50, 290, 331 (Mitbestimmung).

[246] Der Begriff stammt wohl von *P. Dagtoglou*, VVDStRL 40 (1982), 117, 117 (Diskussion).

[247] In diesem Sinne jedenfalls mißverständlich *W.-R. Schenke*, NJW 1979, 1321, 1326.

Zusammenfassend läßt sich vermerken, das es bislang - von Einzelheiten abgesehen - an einer Verdeutlichung der verfassungsrechtlichen Anforderungen und -gerichtlichen Kontrollmaßstäbe fehlt, denen ein schrittweises Vorgehen des in der Situation der Ungewißheit normierungswilligen Gesetzgebers zu gehorchen hat. Dies würde indes dem Gesetzgeber Orientierungshilfen an die Hand geben und damit einen Beitrag zur Rechtssicherheit leisten.

Diese Anforderungen und Maßstäbe hätten gleichermaßen die Besonderheiten der Sachlage, die "Qualität" des gesetzgeberischen Ziels und die grundrechtliche Relevanz der Regelung zu beachten und diese in ein Verhältnis "praktischer Konkordanz" (K. Hesse) zu bringen, das den "schonendsten Ausgleich" (P. Lerche) zwischen der besonderen Verantwortung der Verfassungsgerichtsbarkeit für die Wahrung der Verfassung, insbesondere der grundrechtlichen Freiheiten, und der vorrangigen politischen Gestaltungsbefugnis des Gesetzgebers herstellt. Gerade im Falle der Normierung regelungsbedürftiger, aber in ihrem Bedingungsgeflecht unübersehbarer Wirklichkeitsausschnitte muß sich die Erfolgsverantwortung der kontrollierenden Verfassungsgerichtsbarkeit bewähren.

Daß dieser Forderung eine kritische Würdigung der bisherigen Rechtsprechung nicht standhält, liegt jedenfalls auch darin begründet, daß Wesen und Methodik sowie verfassungsrechtliche Vorgaben einer Gesetzgebung auf Probe nicht zueinander in Bezug gesetzt wurden.

Zweiter Teil

Theoretische Überlegungen
zu einer experimentellen Rechtssetzung

Die Entwicklung verfassungsrechtlicher und dabei verfassungs"gerechter" Bedingungen für eine experimentelle Gesetzgebung verlangt die Erfassung und Durchdringung der vom Gesetzgeber gewählten Vorgehensweise auf theoretisch-methodologischer Ebene. Die Würdigung einer Experimentier- oder Erprobungsgesetzgebung unter dem Gesichtspunkt verfassungsnormativer Voraussetzungen kann nicht ohne Berücksichtigung der ihr zugrundeliegenden spezifischen Methode und Zielsetzung erfolgen, will sie sich nicht dem Vorwurf etwa der Sach- oder Realitätsferne oder der inhaltsarmen Dogmatisierung aussetzen.

Die Verwendung der experimentellen Methode in der Gesetzgebung wirft freilich grundlegende Fragestellungen auf, deren Beantwortung das Verharren in spezifisch juristischen Denkkategorien verbietet. Vielmehr ist über den "Tellerrand" herkömmlicher Jurisprudenz hinausblickend bzw. -schreitend der Weg (und stets das Wagnis) eines interdisziplinären Ansatzes gefordert. Damit ist hier vor allem die Öffnung gegenüber den methodologischen Erkenntnissen der (Rechts-)Soziologie gemeint, weisen doch Sinn und Zweck der "experimentellen" Gesetzgebung auf eine Berücksichtigung der sozialempirisch erfahrenen Wirklichkeit bei der Normsetzung hin.

In dem Bemühen darum gelangen die Überlegungen in der Rechtssoziologie zur sogenannten Rechtstatsachenforschung ins Blickfeld, die alle für die Rechtsanwendung und -setzung relevanten Tatsachen zu ihrem Erkenntnisgegenstand hat. Auf das letztere - die Rechtssetzung - konzentrieren sich dabei neuere Ansätze zur Entwicklung einer "Experimentellen Rechtswissenschaft", deren Konzeption Ausgangs- und partiell auch Anhaltspunkte für eine Theorie der experimentellen Gesetzgebung liefern.

Sie soll daher zunächst einer näheren Betrachtung im Kanon der Wissenschaftsdisziplinen zugeführt werden (dazu 3. Kap.), bevor anschließend die wesentlichen methodentheoretischen Grundlagen des Experiments in der Rechts(setzungs)wissenschaft auf der Basis der kritisch-rationalen Erkenntnistheorie herausgearbeitet werden (dazu 4. Kap.). Hierbei werden im Sinne einer "pragmatischen Integration von Theorieelementen"[1] (nicht immer ausgewiesenermaßen) Impulse der beiden, den sogenannten "Positivismusstreit" *(Th. W. Adorno)*[2] begründenden Richtungen der empirisch-analytischen und der verstehend-nachkonstruierenden[3] Soziologie aufgegriffen werden können.

3. Kapitel

Wissenschaftsdisziplinäre Standortbestimmung einer "Experimentellen Rechtswissenschaft"

Als einem methodischen Programm aus der Rechtstatsachenforschung geht es der "Experimentellen Rechtswissenschaft" um die Umsetzung soziologischer Erkenntnisse in die Jurisprudenz mit dem spezifischen Ziel, den Erlaß juristischer Normen auf eine mehr "reale" Grundlage zu stellen (dazu A.). Dieses rechtswissenschaftlich orientierte Forschungsinteresse zwingt zur Klärung des Verhältnisses der Rechtstatsachenforschung zur Rechtssoziologie einerseits und zur Rechtswissenschaft andererseits (dazu B.). Angesichts der Praxisorientierung der Rechtstatsachenforschung mag diese Fragestellung auf den ersten Blick allzu akademisch anmuten, jedoch kann die wissenschaftsdisziplinäre Lokalisierung der "Experimentellen Rechtswissenschaft" konkrete Auswirkungen auf und damit praktischen Nutzen für die später aufzuwerfenden Fragen nach Methode und Verfassungsbindung des experimentierenden Gesetzgebers haben.

---

[1] Die Formulierung stammt von *P. Häberle*, VVDStRL 39 (1981), 202, 202 (Diskussion); *ders.*, Die Wesensgehaltgarantie des Artikel 19 Abs. 2 Grundgesetz, 3. Aufl. 1983, S. 328 f.; *ders.*, in: J. Isensee/P. Kirchhof (Hrsg.), Handbuch des Staatsrechts der Bundesrepublik Deutschland, Bd. I, 1987, S. 815, 837 Rn. 40.

[2] Vgl. *Th. W. Adorno u.a.*, Der Positivismusstreit in der deutschen Soziologie, 12. Aufl. 1987.

[3] So die Bezeichnungen der beiden Strömungen in der Soziologie bei *H. Ryffel*, Rechtssoziologie, 1974, S. 183 ff. und passim.

A. Experimentelle Rechtswissenschaft
als Rechtstatsachenforschung

Der Begriff und die grundlegende Programmatik der "Rechtstatsachenforschung" gehen auf *A. Nußbaum* zurück[4]. Im Mittelpunkt seiner wissenschaftlichen Arbeit standen die Bemühungen, die normative Behandlung des Rechts durch eine empirische Rechtsforschung mit dem Ziel zu ergänzen, den gesamten Rechtsstoff, insbesondere solche Materien, die dogmatisch bereits verfestigt und gesetzlich umfassend geregelt sind, einer allgemeinen Neubewertung zu unterziehen[5]. Denn: "Nur die Erforschung der Rechtswirklichkeit kann dazu verhelfen, den ungeheuren Ballast, den die dogmatische Rechtslehre mit sich führt, endlich als solchen zu erkennen und seinem verdienten Schicksal zu überliefern."[6] Ihm ging es im Rahmen der "rechtsrealistischen Schule" im Verlauf der Wissenschaftsdiskussion zu Beginn des 20. Jahrhunderts "um eine Ergänzung der Dogmatik"[7], um "die Einfügung der Realien in das System der Rechtswissenschaft"[8].

Mit dieser Forderung entsprach *A. Nußbaum* dem seinerzeitigen Verlangen nach einer Öffnung der Rechtsdogmatik zur gesellschaftlichen Wirklichkeit[9], wie sie bereits in Abgrenzung zur damals in Deutschland herrschenden Begriffsjurisprudenz durch die Zweckjurisprudenz *R. v.Jherings*, die Interessenjurisprudenz *Ph. Hecks* und die Freirechtslehre *H. Kantorowicz'*, aber auch in der Staatsrechtslehre beginnend mit *G. Jellinek* und in

---

[4] Vgl. dazu die Programmschriften *A. Nußbaums* aus den Jahren 1914 ff., nachgedruckt in: *ders.*, Die Rechtstatsachenforschung, Programmschriften und praktische Beispiele, ausgewählt und eingeleitet von M. Rehbinder, 1968, und seine vier großen rechtstatsächlichen Untersuchungen aus dem Bereich des Zivilrechts, siehe die Nachweise von *A. Nußbaum*, a.a.O., S. 10 Fn. 8.

[5] Vgl. *M. Rehbinder*, in: A. Nußbaum, Die Rechtstatsachenforschung, 1968, S. 12.

[6] *A. Nußbaum*, Das Nießbrauchsrecht des BGB unter den Gesichtspunkten der Rechtstatsachenforschung, zugleich ein Beitrag zur Kritik des BGB, 1919, Vorwort, zit. nach M. Rehbinder, in: A. Nußbaum, Die Rechtstatsachenforschung, 1968, S. 10 Fn. 9.

[7] *A. Nußbaum*, Die Rechtstatsachenforschung, 1968, S. 55.

[8] Ebd., S. 48. Vgl. auch den Ausdruck *Eugen Hubers:* "Realien der Gesetzgebung", in: *ders.*, Recht und Rechtsverwirklichung, 1921, passim.

[9] Zur Geschichte der Rechtstatsachenforschung vgl. stellvertretend *H. Ryffel*, Rechtssoziologie, 1974, S. 17 ff.; *K. F. Röhl*, Das Dilemma der Rechtstatsachenforschung, 1974, S. 5 ff.; *O. Hartwieg*, Rechtstatsachenforschung im Übergang, 1975, S. 21 ff.; auch *M. Rehbinder*, Rechtssoziologie, 1977, S. 36 ff.

der Folgezeit vor allem von *H. Heller* und *R. Smend* postuliert wurde[10]. Diese Entwicklung entsprang einem sich abzeichnenden "Strukturwandel der Öffentlichkeit"[11], dem sich das Recht und die Rechtswissenschaft gegenüber sah und in dessen Verlauf sich die in Frankreich von *A. Comte* inaugurierte und unter anderem von *K. Marx, F. Engels, F. Le Play, T. Parsons* und *E. Durkheim* fortentwickelte Soziologie als eine eigenständige Wissenschaft von der Gesellschaft zunehmend etablierte[12]. Sie mündete schließlich mit *E. Ehrlich, M. Weber, G. Gurvitch* und *Th. Geiger* in die Ausprägung der "Rechtssoziologie" als einer "Sondersoziologie"[13].

Nach den Vorstellungen *A. Nußbaums* ist die Rechtstatsachenforschung indes keine soziologische[14], sondern eine "juristische Disziplin"[15]. Die kausale Betrachtung der Erscheinungen des Rechtslebens gehöre zwar zunächst nicht in eine Normenlehre, wie die Jurisprudenz es ist. Jedoch sei die Kenntnis der typischen Tatsachen des Rechtslebens zu einem vollen Verständnis der Rechtsnormen erforderlich[16].

Im Mittelpunkt der Rechtswissenschaft stünden "immer nur die Normen als solche". Hinzu gehöre aber "daneben ... auch ein bestimmter Komplex von induktiv zu erforschenden Tatsachen", eben jener Rechtstatsachen, "deren Kenntnis für ein volles Verständnis und eine sachgemäße Anwendung der Normen erforderlich ist"[17] (heuristische Betrachtungsweise). Diese seien "großenteils rein politischer, gesellschaftlicher und psychologischer Natur" und durch "ihre spezifisch juristische Färbung gekennzeichnet"[18] (materielle Betrachtungsweise). Ihre Auswahl erfolge mit "Rücksicht auf

---

[10] Aber auch schon die historische Rechtsschule *F. C. v.Savignys* wies soziologische Züge auf. Vgl. *J. Carbonnier*, Rechtssoziologie, 1974, S. 62.

[11] Dazu grundlegend das gleichnamige Werk von *J. Habermas*, 17. Aufl. 1987. Vgl. auch *E. Forsthoff*, Der Staat der Industriegesellschaft, 2. Aufl. 1971.

[12] Zur Entstehungsgeschichte der Soziologie vgl. nur die knappe Darstellung von *H. Ryffel*, Rechtssoziologie, 1974, S. 19 ff.

[13] So *H. Ryffel*, Rechtssoziologie, 1974, S. 51 ff.

[14] Nach *M. Rehbinder*, JbRSoz. 1 (1970), 333, 335, "dürften wir allerdings in heutiger Sicht nicht umhinkommen, einen guten Teil dessen, was Nußbaum unter Rechtstatsachenforschung verstand, als soziologisch zu bezeichnen".

[15] Vgl. *E. E. Hirsch*, in: ders./M. Rehbinder (Hrsg.), Studien und Materialien zur Rechtssoziologie, 2. Aufl. 1971, S. 9 ff., 35 Fn. 31.

[16] Vgl. *A. Nußbaum*, Die Rechtstatsachenforschung, 1968, S. 126 f.

[17] Ebd., S. 20 f.

[18] Ebd., S. 21 f.

die besonderen Bedürfnisse des Juristen"[19], und zwar vor allem des rechts-
anwendenden.

Dementsprechend forderte *A. Nußbaum* von der Rechtswissenschaft neben der Untersuchung des Inhalts der Rechtsnormen auch die ihrer Ziele,
Anwendungsformen und Wirkungen[20], wobei neben den gesetzlichen Normen auch die außergesetzlichen Normen, die "freien Rechtsbildungen"[21] zu
berücksichtigen seien, also alle "allgemeinen Regeln, die das Verhalten der
Rechtsgenossen in rechtlich bindender Weise bestimmen (Normen im weiteren Sinne)"[22]. Die freien Rechtsnormen, wie Gewohnheitsrecht und bewußte rechtsschöpferische Akte, seien auf ihr Zustandekommen und die
Methode ihrer Feststellung zu untersuchen[23]. Hinsichtlich des Gesetzesrechts forderte *A. Nußbaum* eine Untersuchung der Formen der tatsächlichen Anwendung, "der in der Rechtsprechung obwaltenden psychologischen Antriebe" sowie der "psychologisch-genetischen" Abhängigkeit der
Gesetzesanwendung von allgemeinen Zeitströmungen[24].

Rechtstatsachenforschung ist demnach "die systematische Untersuchung
der sozialen, politischen und anderen tatsächlichen Bedingungen, auf
Grund derer einzelne rechtliche Regeln entstehen, und die Prüfung der sozialen, politischen und sonstigen Wirkungen jener Normen"[25]. Sie hat dabei "insofern eine kritische Funktion, als sie die normativ geleitete Verkennung von Wirklichkeitszusammenhängen aufzuheben versucht"[26]. Sie mißt
"den Imperativ einer Rechtsnorm an seiner tatsächlichen Erfüllung"[27].

Der damit vermeintlich hohen praktischen Bedeutung der Rechtstatsachenforschung entspricht jedoch nicht ihr heutiger wissenschaftlicher Stellenwert. Obwohl die sozialwissenschaftliche "Neuorientierung" der Rechtswissenschaft geradezu zum "Schlagwort" geworden ist[28], wird die (rechts)-

---

[19] Ebd., S. 31.

[20] Vgl. ebd., S. 24.

[21] Ebd., S. 27.

[22] Ebd., S. 49.

[23] Vgl. ebd.

[24] Vgl. ebd., S. 52 ff.

[25] Ebd., S. 67.

[26] *E. Blankenburg*, in: ders. (Hrsg.), Empirische Rechtssoziologie, 1975, S. 7, 9.

[27] Ebd.

[28] So *K. F. Röhl*, Das Dilemma der Rechtstatsachenforschung, 1974, S. 9 m.z.N.

wissenschaftliche Nachkriegs-Literatur erst allmählich, vor allem als eine Folge der Anstrengungen von *E. E. Hirsch* und *M. Rehbinder*[29], durch Untersuchungen aus dem Bereich der Rechtstatsachenforschung bereichert[30]. Die kritische Analyse von *F. Wieacker*, der das Fehlen einer neueren Rechtstatsachenforschung als "bedenkliche Lücke unserer Privatrechtswissenschaft" bezeichnete[31], und die Forderung von *F. Baur*, die Rechtswissenschaft müsse sich, um ihrer Aufgabe gerecht zu werden, "mehr als nur zur Zeit üblich um die Rechtstatsachenforschung bemühen und sich auch die gesicherten Erkenntnisse der soziologischen Forschung zunutze machen"[32], scheinen daher nach wie vor aktuell[33].

Eine weit größere Rolle spielt dagegen die Erforschung der gesellschaftlichen Realität und damit die Rechtstatsachenforschung in der amerikanischen Rechtswissenschaft[34]. Dies ist insbesondere das Verdienst von *R. Pound* und seinem Programm der "sociological jurisprudence", als dessen Kern er den Begriff des "social engineering" als der vorrangigen Aufgabe des Rechts prägte. Weitere Bestrebungen zur soziologischen Ausrichtung der Jurisprudenz sind Fortentwicklungen dieser Lehre *R. Pounds*, so etwa

---

[29] Siehe die seit 1966 erscheinende "Schriftenreihe zur Rechtssoziologie und Rechtstatsachenforschung", begr. von E. E. Hirsch und hrsg. von M. Rehbinder.

[30] Vgl. z.B. die neueste Untersuchung von *A. Chiotellis/W. Fikentscher*, Rechtstatsachenforschung, Methodische Beispiele aus dem Schuld- und Wirtschaftsstrafrecht, 1985; die neugegründete Schriftenreihe "Konstanzer Schriften zur Rechtstatsachenforschung" mit Bd. 1: W. Heinz (Hrsg.), Rechtstatsachenforschung heute, 1986. Siehe ferner *M. Rehbinder*, JbRSoz. 1 (1970), 333 ff. m.w.N.; *O. Hartwieg*, Rechtstatsachenforschung im Übergang, 1975; *K. F. Röhl*, Das Dilemma der Rechtstatsachenforschung, 1974, m.w.N. auf S. 8 ff.; R. Bender (Hrsg.), Tatsachenforschung in der Justiz, 1972; weitere Nachweise bei *H. Ryffel*, Rechtssoziologie, 1974, S. 41 f. mit Fn. 55. - Zu vermerken ist allerdings die Einrichtung eines Referats "Rechtstatsachenforschung" im Bundesministerium der Justiz im Jahre 1973. Der Schwerpunkt seiner Arbeit lag indes bislang auf der "speziellen" Rechtstatsachenforschung Kriminologie; siehe dazu z.B. Bundesministerium der Justiz (Hrsg.), Rechtstatsachenforschung Kriminologie, 1974.

[31] *F. Wieacker*, Privatrechtsgeschichte der Neuzeit, 1. Aufl. 1952, S. 340; vgl. auch 2. Aufl. 1967, S. 573.

[32] *F. Baur*, JZ 1957, 193, 197.

[33] Das gilt besonders für den Bereich des Rundfunkwesens. Auch hier fehlt es nach wie vor an einer ausreichenden Rechtstatsachenforschung. Sowohl für die Frage nach der Existenz als auch für die nach der "Normalisierung" der "Sondersituation" mangelt(e) es an einer exakten Bestandsaufnahme im technischen Bereich wie an Erhebungen über die tatsächlich anfallenden Kosten für Rundfunkdarbietungen. Vgl. *W. Schmitt Glaeser*, Kabelkommunikation und Verfassung, 1979, S. 117; *ders.*, DVBl. 1987, 14, 14 f.; *ders.*, AÖR 112 (1987), 215, 219.

[34] Vgl. dazu eingehend *M. Rehbinder*, Entwicklung und gegenwärtiger Stand der Rechtstatsachenforschung in den USA, 1970.

der vor allem von *K. N. Llewellyn* vertretene "legal realism", der ein noch stärkeres Gewicht auf die gesellschaftliche Realität legte[35].

Allen diesen Bemühungen wie auch der Rechtstatsachenforschung *A. Nußbaums* ging es um die wissenschaftliche Fundierung der Rechtsanwendung. Sollte die Rechtstatsachenforschung zwar, wie *A. Nußbaum*[36] betonte, auch für die Gesetzgebung von Nutzen sein, so stand die Ermittlung der Rechtstatsachen doch vorrangig im Dienste der Ermöglichung einer rationalen und intersubjektiv überprüfbaren Anwendung des Rechts[37]. Ihr Ausgangspunkt und Untersuchungsinteresse konzentrierte sich vornehmlich, soweit sie überhaupt betrieben wurde, auf das existierende Recht und seine Handhabung[38].

Der Schwerpunkt der "Experimentellen Rechtswissenschaft" hingegen liegt weniger in der Hilfe für die Recht*sanwendung*, als vielmehr in der gesetzgeberischen Rechtsgestaltung, in der Recht*spolitik*[39]. Dabei handelt es sich um einen relativ jungen, aus den USA kommenden[40] und in der Bundesrepublik Deutschland bisher wenig beachteten Wissenschaftszweig[41],

---

[35] Umfassend dazu *N. Reich*, Sociological Jurisprudence und Legal Realism im Rechtsdenken Amerikas, 1967. - Weitere Nachweise von Vertretern des amerikanischen Rechtsrealismus bei *A. Nußbaum*, Die Rechtstatsachenforschung, 1968, S. 57 ff.

[36] *A. Nußbaum*, Die Rechtstatsachenforschung, 1968, S. 67.

[37] Und zwar unabhängig von der Einordnung der Rechtstatsachenforschung in die Jurisprudenz oder in die Soziologie. Gemäß seinem Wahlspruch: "Bilde, Künstler, rede nicht" *(Goethe)* stand für *A. Nußbaum* die praktische Einzelarbeit, nicht die methodologische Grundlagendiskussion im Vordergrund. Vgl. *M. Rehbinder*, in: A. Nußbaum, Die Rechtstatsachenforschung, 1968, S. 11.

[38] Im Hinblick darauf erklärt sich die kritische Feststellung *K. F. Röhls*, Das Dilemma der Rechtstatsachenforschung, 1974, S. 293, daß die Rechtstatsachenforschung zur Rechtsgewinnung unmittelbar und direkt nur punktuell beitragen könne, ihre eigentliche Bedeutung für die Rechtswissenschaft viel eher in ihren mittelbaren Einflüssen liege.

[39] Vgl. *M. Rehbinder*, in: F. K. Beutel, Die Experimentelle Rechtswissenschaft, 1971, S. 6.

[40] Auch die "experimental jurisprudence" kann als eine Weiterführung der "sociological jurisprudence" *R. Pounds* angesehen werden. Zu weiteren Grundlagen siehe *M. Rehbinder*, Entwicklung und gegenwärtiger Stand der Rechtstatsachenforschung in den USA, 1970, S. 11 ff., 27 ff.; *ders.*, in: F. K. Beutel, Die Experimentelle Rechtswissenschaft, 1971, S. 5 ff.

[41] Um eine theoretische Konzeptionierung einer "Experimentellen Rechtswissenschaft" bemüht sich *W. Vogel*, Rechtstheorie 9 (1978), 317 ff.; *ders.*, Rechtstheorie 11 (1980), 165 ff. - Eine legislativ-politisch orientierte Jurisprudenz vertrat allerdings schon, wenn auch wenig erfolgreich, *A. Menger* mit seiner Kritik am deutschen Entwurf des Bürgerlichen Gesetzbuchs aus sozialistischer Sicht.

der vor allem mit den Namen *F. K. Beutel* und *Th. A. Cowan* verbunden ist[42].

Der "experimental jurisprudence" geht es um die Sozialadäquanz der Rechtsnormen, um deren Ausrichtung an "rechtlichen Sozialgesetzlichkeiten"[43], "indem neue Gesetze auf wissenschaftlicher Grundlage erarbeitet und in Kraft gesetzt werden"[44]. Sie will die Rechtswissenschaft, bestehend aus Rechtsprechungs-, Verwaltungs- und Gesetzgebungswissenschaft[45], loslösen von der traditionsbedingten Verhaftung in rein dogmatischem Denken[46] und sie zu den seinstatsächlichen Bedingungen in Beziehung setzen. Ausgehend von der Erkenntnis, daß das Recht *eine* Methode sozialer Gestaltung und Kontrolle ist, versteht sich die "Experimentelle Rechtswissenschaft" als ein neuer Zweig der Sozialwissenschaften im weiteren Sinne, der den Gebrauch von Gesetzen als ein Instrument für sozialwissenschaftliche Experimente zum Gegenstand hat[47]. Insoweit ist "Experimentelle Rechtswissenschaft" eingebettet in eine Gesellschafts- oder Sozialtechnik und betont im Verhältnis zur rein deskriptiven Wissenschaftsform den auch experimentellen Charakter der Rechtswissenschaft[48].

Als "Rechtstatsachenforschung in rechtspolitischer Absicht"[49] hat sie die Aufgabe zu ermitteln, "was im Recht und mit den Mitteln des Rechts praktisch möglich ist"[50], um der Rechtspolitik die tatsächlichen Grundlagen für

---

[42] Vgl. grundlegend *F. K. Beutel*, Some Implications of Experimental Jurisprudence, Harvard Law Review 1934, 169 ff.; *ders.*, Die Experimentelle Rechtswissenschaft (Some Potentialities of Experimental Jurisprudence as a New Branch of Social Science [1957]), 1971; *ders.*, Experimental Jurisprudence and the Scienstate, 1975; *Th. A. Cowan*, Experimental Jurisprudence: Science, Morality, Law, ARSP Beiheft Nr. 38 (1960), 57 ff.; *ders.*, Das Verhältnis des Rechts zur experimentellen Sozialwissenschaft (The Relation of Law to Experimental Social Science), in: E. E. Hirsch/M. Rehbinder (Hrsg.), Studien und Materialien zur Rechtssoziologie, 2. Aufl. 1971, S. 161 ff.; jeweils mit Nachweisen aus dem amerikanischen Schrifttum.

[43] Vgl. schon 1910 *H. Kantorowicz*, in: ders., Rechtswissenschaft und Soziologie, hrsg. von Th. Würtenberger, 1962, S. 117. Für ihn ist "das ... so selbstverständlich, daß hier von einem Problem gar nicht die Rede sein kann".

[44] *M. Rehbinder*, in: F. K. Beutel, Die Experimentelle Rechtswissenschaft, 1971, S. 6.

[45] Vgl. *W. Maihofer*, in: W. Heinz (Hrsg.), Rechtstatsachenforschung heute, 1986, S. 157 ff.

[46] Vgl. *P. Noll*, Gesetzgebungslehre, 1973, S. 28, 38; *ders.*, JbRSoz. 2 (1972), 524, 525 f.

[47] Vgl. *F. K. Beutel*, Die Experimentelle Rechtswissenschaft, 1971, S. 18 ff.

[48] Vgl. ebd., S. 23.

[49] *M. Rehbinder*, in: F. K. Beutel, Die Experimentelle Rechtswissenschaft, 1971, S. 6.

[50] *M. Rehbinder*, JbRSoz. 1 (1970), 333, 355.

die Entscheidung zu liefern, "welche sozialen Ziele mit welchen rechtlichen Mitteln und auf welchen rechtlichen Wegen erreicht werden sollen"[51].

Rechtspolitik ist, wie jede Politik, "die Kunst des Möglichen" *(Bismarck)*. Die rechtspolitisch orientierte Rechtstatsachenforschung will dabei ermitteln, welche konkreten Gestaltungsmöglichkeiten dem Gesetzgeber im Hinblick auf ihre Akzeptanz und Praktikabilität offenstehen. Indem sie dem Gesetzgeber die Daten über das Spannungsverhältnis von Normintention und Normwirkung bereitstellt, die diesem ein exaktes tatsächliches Bild von der zu regelnden Materie verschaffen, dient sie dazu, möglichst zu verhindern, daß die legislatorische Entscheidung ein "Schuß ins Dunkle"[52] wird. Denn erst die funktionelle Analyse dessen, was im Recht und mit den Mitteln des Rechts praktisch möglich ist, liefert hinreichende Anhaltspunkte für die Beurteilung brauchbarer politischer Problemlösungen[53]. Erst die möglichst umfassende Kenntnis der Rechtstatsachen erlaubt dem Gesetzgeber die sinnvolle und haltbare politische Zweckmäßigkeitsentscheidung[54]. Der Rechtstatsachenforschung erwächst so auch die Aufgabe, als "Rückkopplung der lex lata an die lex ferenda"[55] zu dienen. Vor allem diesem Auftrag kommt die Rechtstatsachenforschung bislang kaum nach[56].

Das Ziel der "Experimentellen Rechtswissenschaft" ist die Ausrichtung und Anpassung der zukünftigen Rechtsnormen an den (die) sozialen Bedürfnisse(n) und gesellschaftlichen Strömungen, um das oft beklagte Effektivitäts- und damit Akzeptanzdefizit der Normsetzung so gering wie möglich zu halten. Sie will politisch-ideologisch (möglichst) wertfrei im Vorfeld einer (endgültigen) Rechtssetzung das "Funktionieren" des Rechts in der sozialen Wirklichkeit, die soziale Differenz zwischen normativer Erwartung und tatsächlichem Verhalten der Adressaten des Rechtsgesetzes er-

---

[51] *E. E. Hirsch*, Das Recht im sozialen Ordnungsgefüge, 1966, S. 45.

[52] *M. Rehbinder*, JbRSoz. 1 (1970), 333, 354, im Anschluß an *E. E. Hirsch*, in: ders./M. Rehbinder (Hrsg.), Studien und Materialien zur Rechtssoziologie, 2. Aufl. 1971, S. 9, 28.

[53] Siehe *E. E. Hirsch*, Das Recht im sozialen Ordnungsgefüge, 1966, S. 45; *W. Pieger*, in: A. Chiotellis/W. Fikentscher, Rechtstatsachenforschung, 1985, S. 127, 136; *M. Rehbinder*, JbRSoz. 1 (1970), 333, 355; *N. Luhmann*, Grundrechte als Institution, 3. Aufl. 1986, S. 209; *O. Hartwieg*, Rechtstatsachenforschung im Übergang, 1975, S. 51.

[54] Experimentelle Rechtswissenschaft ist damit eine Möglichkeit wissenschaftlicher Politikberatung. Siehe dazu näher unten 5. Kap. B. I. 4. a.E.

[55] *K. F. Röhl*, Das Dilemma der Rechtstatsachenforschung, 1974, S. 266.

[56] So auch *W. Hugger*, Der Test als Instrument zur Verbesserung von Gesetzen, 1978, S. 20.

forschen[57]. Ihre Wirkungsintention besteht (lediglich) in der Einengung der prinzipiell unbeschränkten Wertungsmöglichkeiten nach dem Motto: "Wer die Tatsachen kennt, entscheidet besser"[58].

Diese Tatsachen gilt es "experimentell", also auf naturwissenschaftlichem Wege zu entdecken. Das bedeutet in Anlehnung an *F. K. Beutels* Grundkonzeption einer "experimental jurisprudence", daß juristische Gesetze wie naturwissenschaftliche Hypothesen behandelt und mit ihnen experimentiert werden soll(en), um solide Kenntnisse der sozialen Wirkung von Rechtsnormen und der Rechtsverwirklichung zu erlangen[59]. "Experimentell" ist also die Methode des rechtspolitischen Vorgehens.

Die grundlegenden methodischen Schritte, in denen eine "experimental jurisprudence" nach *F. K. Beutel* vorzugehen hat und die für die nachfolgenden Betrachtungen als Aufhänger und Ausgangspunkt verwandt werden, sind:[60]

1.   Erforschung der sozialen Erscheinung oder des sozialen Problems, das ein bestimmtes Gesetz regeln soll;

2.   Feststellung und Aufstellung der Regelungsnorm;

3.   Analyse der Auswirkungen der angewandten Norm in der Gesellschaft;

4.   Entwicklung einer die festgestellte soziale Reaktion erklärenden Hypothese;

5.   Verdichtung der Hypothese zur rechtlichen Sozialgesetzlichkeit durch deren mögliche Transferierung auf ähnliche Situationen;

6.   Angleichung der Rechtsnorm an die soziale Gesetzmäßigkeit im Falle ihrer Wirkungslosigkeit;

7.   Aufstellung des neuen Gesetzes und gegebenenfalls Wiederholung des Verfahrens;

8.   Hinterfragen der Gesetzeszwecke anhand der gefundenen Ergebnisse.

---

[57] Vgl. auch *W. Pieger*, in: A. Chiotellis/W. Fikentscher, Rechtstatsachenforschung, 1985, S. 127, 133.

[58] Dazu *W. Fikentscher*, Methoden des Rechts, Bd. IV, Dogmatischer Teil, 1977, S. 192 ff. Siehe auch *P. Noll*, Gesetzgebungslehre, 1973, S. 35.

[59] Vgl. *M. Rehbinder*, in: F. K. Beutel, Die Experimentelle Rechtswissenschaft, 1971, S. 6, und auch *U. Krüger*, Der Adressat des Rechtsgesetzes, 1969, S. 59.

[60] Vgl. *F. K. Beutel*, Die Experimentelle Rechtswissenschaft, 1971, S. 35.

Gesetzgebung als schöpferische Jurisprudenz soll (so) zu einer wissenschaftlichen Technik der Problemlösung werden.

Ungeachtet der methodologisch[61] und auch demokratietheoretisch[62] möglichen Kritik an der Konzeption F. K. *Beutels* läßt sich damit "experimentelle Gesetzgebung" als eine methodische Vorgehensweise beim "Machen von Gesetzen" begreifen, die sich von vornherein und final in den Rahmen einer "Experimentellen Rechtswissenschaft" eingebunden versteht, die ihrerseits "Gesetzgebung als gesamtgesellschaftlichen Prozeß"[63] ansieht. Experimentelle Gesetzgebung setzt das experimentierende Denken in der Rechtssetzung[64] methodisch konsequent um. In dieser Funktion ist sie eingebettet inmitten einer Wirklichkeitsanalyse der sozialen Realität, die Rechtstatsachenforschung voraussetzt, und einer Wirkungskontrolle der juristischen Norm in der sozialen Realität, die wiederum Rechtstatsachenforschung, sogenannte Implementationsforschung, erfordert[65]. Ihre Finalität liegt in rechtspolitischer Ausrichtung in der Sammlung von praktischen Erfahrungen über die tatsächliche Normanwendung und deren wissenschaftlicher Umsetzung in eine sinnvolle und haltbare Gesetzeskonzeption.

B. Experimentelle Rechtswissenschaft im Schnittpunkt von Rechtssoziologie und Jurisprudenz

Bislang ungeklärt blieb, in welchem Verhältnis Rechtswissenschaft, Soziologie, Rechtssoziologie und Rechtstatsachenforschung zueinander stehen. Die Einordnung bestimmt sich nach Forschungsgegenstand und Erkenntnisinteresse.

---

[61] Siehe unten 4. Kap. B. IV. 2., 3.

[62] Dazu unten 5. Kap. B. I. 4.

[63] *R. Lautmann*, in: F. Rotter/G. Dux/ders. (Hrsg.), Rechtssoziologie, 1980, S. 119 ff.

[64] Dazu näher unten 4. Kap. B. IV. 1.

[65] Vgl. *W. Maihofer*, in: W. Heinz (Hrsg.), Rechtstatsachenforschung heute, 1986, S. 157, 163, und *K. F. Röhl*, Das Dilemma der Rechtstatsachenforschung, 1974, S. 255. Ähnlich verstehen *P. Fricke/W. Hugger*, Test von Gesetzentwürfen, Teil 2, Bd. 1, 1980, S. 154, das Verhältnis der Rechtstatsachenforschung zur experimentellen Gesetzgebung: Experimentelle Gesetzgebung ist ein "umfassendes, integriertes Untersuchungsprogramm unter Verwendung rechtstatsächlicher Methoden und gekennzeichnet durch prinzipielle Einsetzbarkeit auch bei erstmaligen, neuartigen Rechtssetzungsakten". Zur "Nachkontrolle" siehe schon *P. Noll*, Gesetzgebungslehre, 1973, S. 146 ff., und auch die Beiträge in JbRSoz. 3 (1972) zur Effektivität des Rechts.

Untersuchungsgegenstand der Rechtssoziologie ist die wechselseitige Abhängigkeit von Recht und Sozialleben. Rechtssoziologie wird daher als "Wirklichkeitswissenschaft vom Recht"[66] bezeichnet. Die dabei möglichen Blickwinkel, das Recht als Ergebnis und als bestimmenden Faktor des Soziallebens zu sehen, machen die Rechtssoziologie sowohl zum Spezialgebiet der Rechtswissenschaft als auch zum Spezialgebiet der Soziologie (Rechtssoziologie als "Bindestrich-Wissenschaft")[67]. Die als Soziologie betriebene Rechtssoziologie hat zum Erkenntnisziel, mit den in der Soziologie üblichen analytischen und empirischen Methoden wissenschaftliche Gesetzmäßigkeiten hinsichtlich des Rechts als Regulator und Funktion des Soziallebens zu ermitteln[68]. Insbesondere von den Kritikern einer bloß empirischen Soziologie, wie etwa *M. Weber*, der "Frankfurter Schule" oder *N. Luhmann*, wird die soziologisch orientierte Rechtssoziologie oft zu einer Theorie sozialer Systeme und einer evolutionären Gesellschaftstheorie erweitert[69]. Dem steht das Interesse des Rechtswissenschaftlers gegenüber, der die Erkenntnisse der Interdependenz von Recht und Sozialleben für die Praxis der Rechtsanwendung und Rechtssetzung nutzbar machen möchte. In diesem Sinne ist Rechtssoziologie angewandte soziologische Rechtslehre[70].

Mit entsprechenden Überlegungen kann die Einordnung der Rechtstatsachenforschung und der "Experimentellen Rechtswissenschaft" erfolgen[71]. Dabei stellt sich mit *M. Rehbinder*[72] die Frage: "Sind es (sc.: die Rechtstatsachen) die tatsächlich wirksamen Normen oder das 'lebende Recht' im Sinne von Ehrlich oder die fait sociaux von Durkheim? Geht es um die Rechtswirklichkeit oder um die soziale Wirklichkeit des Rechts. Und was ist dann Rechtstatsachenforschung: Eine normative Disziplin (soziologische Jurisprudenz) oder empirische Rechtssoziologie?"

---

[66] *M. Rehbinder*, Rechtssoziologie, 1977, S. 9.

[67] Vgl. *H. Ryffel*, Rechtssoziologie, 1974, S. 2; *M. Rehbinder*, Rechtssoziologie, 1977, S. 11; *ders.*, in: EvStL, 3. Aufl. 1987, Sp. 2798, 2798.

[68] In Anlehnung an *E. E. Hirsch*, Das Recht im sozialen Ordnungsgefüge, 1966, S. 44, 320.

[69] Vgl. *M. Rehbinder*, Rechtssoziologie, 1977, S. 12; *ders.*, in: EvStL, 3. Aufl. 1987, Sp. 2798, 2800.

[70] Vgl. ebd.

[71] Eingehend dazu *K. F. Röhl*, Das Dilemma der Rechtstatsachenforschung, 1974, S. 16 ff.

[72] In: *A. Nußbaum*, Die Rechtstatsachenforschung, 1968, S. 17.

M. Rehbinder selbst gibt darauf eine überzeugende und, soweit ersichtlich, im wesentlichen in der neueren Literatur unwidersprochene[73] Antwort[74]. In dem hier interessierenden Rahmen braucht nur zusammenfassend festgehalten zu werden, daß die Rechtstatsachenforschung rechtlich relevante Daten erarbeitet und analysiert. Diese Rechtstatsachen finden sich einmal im "sozialen Unterbau" des Rechts und wirken rechtserzeugend sowie im Bereich der Rechtswirklichkeit, wenn sie aus Normen erwachsen, d.h. auf das Recht "genetisch" einwirken und durch das Recht "operational" hervorgerufen werden[75].

Je nach Interessengewichtung kann die Rechtstatsachenforschung demnach ebenfalls sowohl soziologisch als auch juristisch orientiert sein. Soziologisch orientiert entscheidet sie als der empirische Teil der Rechtssoziologie[76] über die wissenschaftliche Wahrheit rechtssoziologischer Theorien zu das Recht betreffenden sozialen Gesetzmäßigkeiten. ("Erst durch Rechtstatsachenforschung wird Rechtssoziologie belangvoll."[77]) Juristisch orientiert ist sie seinswissenschaftlicher Bestandteil einer soziologischen Jurisprudenz, verstanden als die Lehre von der soziologisch orientierten Aufstellung, Anwendung und Durchsetzung der Rechtsnormen durch den Rechtsstab[78] und angesiedelt im Zwischenbereich zwischen der "reinen" sollenswissenschaftlichen (normativen) Rechtslehre und der Rechtssoziologie. Als solchermaßen angewandte empirische Rechtssoziologie[79] dient die Rechtstatsachenforschung der Jurisprudenz als "Hilfsdisziplin", indem

---

[73] Ein wenig mißverständlich jedoch *K. J. T. Wach*, in: A. Chiotellis/W. Fikentscher, Rechtstatsachenforschung, 1985, S. 89, 92 f. Diese "moderne" Auffassung löst sich von der "klassischen" Auffassung *A. Nußbaums*, Die Rechtstatsachenforschung, 1968, S. 18 ff., der die Rechtstatsachenforschung als "juristische Disziplin" verstand.

[74] *M. Rehbinder*, JbRSoz. 1 (1970), 333, 339 ff.; *ders.*, Einführung in die Rechtssoziologie, 1971, S. 36 f. Vgl. aber auch schon *H. Kantorowicz* (1910), in: ders., Rechtswissenschaft und Soziologie, hrsg. von Th. Würtenberger, 1962, S. 117 ff., und *ders.*, KZfSS 18 (1966), 532, 534, 551.

[75] Vgl. auch *W. Pieger*, in: A. Chiotellis/W. Fikentscher, Rechtstatsachenforschung, 1985, S. 127, 133.

[76] In Abgrenzung zur theoretischen Rechtssoziologie. Vgl. dazu deutlich *M. Rehbinder*, Rechtssoziologie, 1977, S. 12 ff.; *ders.*, in: EvStL, 3. Aufl. 1987, Sp. 2798, 2800 f.

[77] *M. Rehbinder*, JbRSoz. 1 (1970), 333, 355.

[78] Vgl. *M. Rehbinder*, Die Begründung der Rechtssoziologie durch Eugen Ehrlich, 2. Aufl. 1986, S. 87, und *ders.*, JbRSoz. 1 (1970), 333, 340.

[79] So *K. F. Röhl*, Das Dilemma der Rechtstatsachenforschung, 1974, S. 22.

sie der Rechtsdogmatik und der Rechtspolitik Erkenntnisse über die Rechtswirklichkeit verfügbar macht.

Im Hinblick auf die Aufstellung von Rechtsnormen, also bezogen auf die Rechtspolitik, ist die Rechtstatsachenforschung Bestandteil der "Experimentellen Rechtswissenschaft". Diese bedient sich der Methode der experimentellen Gesetzgebung. Sie verbindet die empirisch-praktischen Elemente der Rechtstatsachenforschung mit Aspekten der theoretischen Rechtssoziologie zu Funktion, Aufbau und Inhalt juristischer Normen.

Die Bestimmung des Standorts der "Experimentellen Rechtswissenschaft" im "Schnittpunkt"[80] zwischen Rechtssoziologie und Jurisprudenz verlangt freilich die Erkenntnis, daß die Rechtswissenschaft und im besonderen die Gesetzgebungswissenschaft nur als Norm- *und* Sozialwissenschaft zu begreifen und zu betreiben sind[81]. Dies entspricht einem modernen Wissenschaftsverständnis, das - über den Positivismus hinausgehend - die juristische Norm nicht als etwas bereits Gemachtes und Vorgegebenes sowie Ewigwährendes, sondern ihre dialektische Eingebundenheit in die soziale und damit variable Realität, eben die Rechtswirklichkeit und die Rechtswirkung, als Erkenntnisgegenstand der Rechtswissenschaft ansieht[82]. Folgerichtig entwickelte sich diese von der Rechtsanwendungs- zur auch Rechtssetzungswissenschaft[83].

---

[80] In Anlehnung an *M. Rehbinder*, Die Rechtstatsachenforschung im Schnittpunkt von Rechtssoziologie und soziologischer Jurisprudenz, JbRSoz. 1 (1970), 333 ff.; auch *H. Ryffel*, Rechtssoziologie, 1974, S. 202: "Die Rechtssoziologie im Schnittpunkt von Rechtswissenschaft und Soziologie".

[81] Siehe dazu näher unten 4. Kap. B. IV. 2.

[82] Zur Rechtswissenschaft als Norm- und Sozialwissenschaft vgl. *W. Maihofer*, in: W. Heinz (Hrsg.), Rechtstatsachenforschung heute, 1986, S. 157, 162, und *ders.*, in: G. Winkler/B. Schilcher (Hrsg.), Gesetzgebung, 1981, S. 3, 12 ff. Dazu siehe auch *W. Naucke*, Über die juristische Relevanz der Sozialwissenschaften, 1972, passim; *Th. A. Cowan*, in: E. E. Hirsch/M. Rehbinder (Hrsg.), Studien und Materialien zur Rechtssoziologie, 2. Aufl. 1971, S. 161 ff.; *P. Noll*, Gesetzgebungslehre, 1973, S. 64 ff.
Die "Gretchenfrage" an den Juristen, wie er es mit den Sozialwissenschaften halte, soll damit weder im Sinne einer enthusiastischen, absoluten Zuwendung noch allerdings im Sinne einer entschlossenen, bedingungslosen Ablehnung oder einer uninteressierten Gleichgültigkeit beantwortet werden. Vielmehr liegt den Ausführungen der Standpunkt des - um mit *W. Naucke*, a.a.O., S. 10, zu sprechen - "skeptischen Sympathisanten mit den Sozialwissenschaften" zugrunde, der den vielschichtigen, komplexen Erscheinungen der (Rechts-)Wirklichkeit zu entsprechen versucht, indem er - wissenschaftspragmatisch - sich die Erkenntnisse der Sozialwissenschaften nach kritisch-rationaler Prüfung ihrer (juristischen) Relevanz zunutze macht.

Gerade die Gesetzgebungswissenschaft als ein eigenständiger Bereich einer so verstandenen Rechtswissenschaft muß damit zugleich als Erkenntnis- und Handlungswissenschaft aufgefaßt werden[84]. Ihr Erkenntnisinteresse bezieht sich nicht nur auf das Entstehen von Gesetzen, sondern auch auf das Handeln des Gesetzgebers, auf das "Machen von Gesetzen". Die heutige Rechtswissenschaft auch und gerade als Gesetzgebungswissenschaft begreift sich nicht als "Theorie für Theorie, sondern Theorie für Praxis - mit anderen Worten: als durch theoretische Erkenntnis vorbereitetes und angeleitetes praktisches Handeln"[85].

Experimentelle Gesetzgebung ist damit zugleich ein Instrument einer Gesetzgebungswissenschaft[86], die die wissenschaftliche Vorbereitung einer Gesetzgebung leistet und eine umfassende Problemanalyse sowie deren wissenschaftliche Umsetzung in eine effektive Gesetzeskonzeption ermöglicht[87].

---

[83] Als Folge der Begründung eines "historischen Naturrechts". Siehe dazu *F. Wieacker*, Privatrechtsgeschichte der Neuzeit, 2. Aufl. 1967, S. 312 ff., und *St. Gagnér*, Studien zur Ideengeschichte der Gesetzgebung, 1960, S. 60 ff., 96 ff. Vgl. auch *J. Rödig*, in: ders. (Hrsg.), Studien zu einer Theorie der Gesetzgebung, 1976, S. 5 ff.; *P. Noll*, Gesetzgebungslehre, 1973, S. 29 ff.; *ders.*, in: JbRSoz. 2 (1972), 524 ff.

[84] Vgl. auch *W. Maihofer*, in: W. Heinz (Hrsg.), Rechtstatsachenforschung heute, 1986, S. 157, 162 f.

[85] Ebd., S. 164. Vgl. auch *ders.*, in: G. Winkler/B. Schilcher (Hrsg.), Gesetzgebung, 1981, S. 3, 24 f. Nach *K. Hopt*, JZ 1972, 65, 66, stellt sich für denjenigen, der sich mit der Gesetzgebung wissenschaftlich befaßt, die Frage nach den Bedingungen und Möglichkeiten wissenschaftlicher Rechtspolitik; ferner tritt das Problem einer Verwissenschaftlichung des Gesetzgebungsprozesses und enger einer Optimierung der gesetzgeberischen Ziel-Mittel-Beziehung auf.

[86] Dazu näher noch unten 4. Kap. B. IV. 2.

[87] Mit *P. Fricke/W. Hugger*, Test von Gesetzentwürfen, Teil 2, Bd. 1, 1980, S. 154, scheint es nicht zweckmäßig, für die experimentelle Gesetzgebung ein eigenes Forschungsgebiet auszuweisen. Eine Absorption durch die Rechtstatsachenforschung oder eine beidseitige Eingliederung in einen erweiterten Forschungsbereich der Rechtssetzungswissenschaft mag dem gemeinsamen Anliegen einer verbesserten Rechtssetzung ebenso Genüge tun. Ebenso *K. Hopt*, JZ 1972, 65, 66 Fn. 17. Vgl. hingegen *Th. A. Cowan*, in: E. E. Hirsch/M. Rehbinder (Hrsg.), Studien und Materialien zur Rechtssoziologie, 2. Aufl. 1971, S. 161 ff.

4. Kapitel

Zur Logik des Gesetzesexperiments in der Rechts(setzungs)wissenschaft

Die Befürwortung einer experimentellen Vorgehensweise in der Rechts-(setzungs)politik wirft unter dem Blickwinkel der Wissenschaftstheorie die Frage danach auf, ob die Methode des Experiments als der klassischen Methode der Wissenschaften, die unter der Bezeichnung "Naturwissenschaften" zusammengefaßt werden, auf die Rechtswissenschaft, insbesondere die Rechtssetzungswissenschaft, übertragen werden kann und möglicherweise soll.

Bei näherer Betrachtung wird deutlich, daß ihre Beantwortung nicht isoliert, nicht in der spezifischen Dimension des Besonderen erfolgen kann. Vielmehr erweist sich die Frage nach der Geltung einer bestimmten Wissenschaftstheorie "der Naturwissenschaften" (auch) in der Rechtswissenschaft als Einfallstor für die Behandlung von Grundlagenfragen der wissenschaftlichen Methodologie im allgemeinen. Denn erst die (Er-)Kenntnis der naturwissenschaftlichen Forschungsmethoden erlaubt die Beantwortung der Frage, ob und inwieweit bei Berücksichtigung möglicher Eigenarten der beiden Wissenschaftszweige eine einheitliche wissenschaftstheoretische Konzeption angenommen werden kann.

Damit ist zum einen eine Kernfrage der Philosophie, die nach der Methode der Erkenntnisgewinnung, angesprochen. Zum anderen gelangen dabei - vor dem Hintergrund des Verständnisses der Rechtswissenschaft als auch Sozialwissenschaft - Fragestellungen ins Blickfeld, die Gegenstand des die gesamten Sozialwissenschaften beherrschenden (Positivismus-)Streits zwischen einer positivistischen und einer dialektischen oder kritischen Sozialwissenschaft sind. Der hier auf gesellschafts- und systemtheoretischer Ebene geführten Auseinandersetzung zwischen - stellvertretend - *K. R. Popper, H. Albert* und *N. Luhmann* auf der einen und *Th. W. Adorno* und *J. Habermas* auf der anderen Seite[1] entspricht der Gegensatz zwischen einer

---

[1] Siehe dazu nur *Th. W. Adorno u. a.*, Der Positivismusstreit in der deutschen Soziologie, 12. Aufl. 1987; *J. Habermas/N. Luhmann*, Theorie der Gesellschaft oder Sozialtechnologie, 1971.

mehr empirisch-analytisch ausgerichteten und einer mehr verstehenden So-ziologie[2].

Die erstere und wohl herrschende Richtung sieht die Soziologie als Sach- oder Realwissenschaft und erblickt demgemäß ihre Hauptaufgabe und -zielsetzung in der Erklärung der gesellschaftlichen Wirklichkeit im Wege sozialer Gesetzmäßigkeiten, um, gestützt darauf, Prognosen, die Kontrolle der Wirklichkeit und planmäßiges politisches Handeln zu er-möglichen. In der Methodenfrage neigen die Vertreter[3] dieser Auffassung der Annahme einer wissenschaftslogischen Einheit der Realwissenschaften und damit auch der Anwendbarkeit der experimentellen Methode in der Praxis der empirischen Sozialforschung zu.

Demgegenüber will die verstehende Soziologie die "Ganzheit" der sozia-len Phänomene, die von einer "rein" empirisch-analytischen Wissenschaft nicht oder nur unvollkommen operationalisiert werden kann, der Erkennt-nis zugänglich machen. Anknüpfend an die Phänomenologie E. *Husserls* werden etwa von *H. Schelsky* und *F. H. Tenbruck* der Mensch, die sozialen Beziehungen und Institutionen als sinnhafte, sich verstehend verhaltende Wesensgebilde aufgefaßt, deren Entwicklungen im Wege der Typisierung im Sinne des "Idealtypus" *M. Webers* nachkonstruiert werden können und sollen. Der naheliegende oder auch "unvermeidliche"[4], von *M. Weber* aller-dings nicht gewollte Übergang in eine kritisch-wertende Sozialphilosophie etwa im Sinne der sogenannten "Kritischen Theorie", die sich um eine nor-mative Analyse der Sinnstrukturen des gesellschaftlichen und politischen Daseins bemüht, führt in Abgrenzung zur empirisch-analytisch orientierten Theorie zur Betonung eines kritisch-normativ ausgerichteten Erkenntnis-interesses an dem dialektischen Verhältnis von Geschichte und Realität. Dies schließt prinzipiell die Behandlung und Organisation der Sozialwis-senschaften nach den Grundsätzen, die sich in den Naturwissenschaften be-währt haben, aus.

---

[2] Vgl. dazu die zusammenfassende Darstellung bei *H. Ryffel*, Rechtssoziologie, 1974, S. 181 ff.; auch *K.-D. Opp*, Soziologie im Recht, 1973, S. 65 ff.

[3] Siehe dazu etwa die bibliographischen Nachweise bei E. Topitsch (Hrsg.), Logik der Sozi-alwissenschaften, 10. Aufl. 1980, S. 505 ff., 510 ff.

[4] So *H. Ryffel*, Rechtssoziologie, 1974, S. 187.

Allerdings ist der Gegensatz, wie etwa *H. Ryffel*[5] darlegt, kein so radikaler, wie er erscheinen möchte. Denn auf dem Weg zu der von beiden Richtungen angestrebten "offenen Gesellschaft" greift das verstehend-nachkonstruierende Verfahren mit der prinzipiellen Anerkennung der Fehlbarkeit des menschlichen Wissens ebenso auf die Methodenlehre der emprisch-analytischen Wissenschaft zurück, wie diese auch immer auf das (vorwissenschaftliche) Verstehen der erhobenen Sozialdaten angewiesen ist. Allein die instrumentale Funktion des jeweiligen Erkenntnisstrebens wird unterschiedlich gesehen, was *K. R. Popper*[6] im Bemühen um eine kritische Rationalität auch in den Sozialwissenschaften mit dem Gegensatz von "peacemeal engineering" und "utopian engineering" ausgedrückt hat.

Unter Beachtung dieser (eben nur eingeschränkt) gegensätzlichen Positionen zur Logik der Sozialwissenschaften wird daher auch die Frage nach der Theorie des Experiments in der Gesetzgebungslehre zu erörtern sein. Dabei kann - ausgehend von der Einsicht in die Begrenztheit und Fehlbarkeit menschlichen Wissens um die Welt - der Methodologie des kritischen Rationalismus das Streben nach einer Integration der Polarisierungen zugesprochen werden. Sie sieht die gesellschaftliche ebenso wie die physikalische Wirklichkeit prinzipiell als empirisch erfahrbar an. Denn zum einen liegt darin die auch praktische Nützlichkeit der Soziologie und der Sozialwissenschaften[7]. Und zum anderen führt die anerkannte Normativität des sozial- und rechtswissenschaftlichen Untersuchungsgegenstandes nicht dazu, daß das Erfordernis der rationalen Nachvollziehbarkeit der Erkenntnis durch deren Überprüfbarkeit anhand der Erfahrung aufgegeben oder relativiert werden muß. Vielmehr ist an ihm gerade zum Zwecke einer möglichst allgemein verstehenden Nachkonstruktion sozialer Verhaltensweisen festzuhalten. In diesem Sinne werden vorwissenschaftliche Verstehenshorizonte in den Erkenntnisprozeß integriert, dabei aber als solche identifiziert.

Im folgenden werden daher zunächst die Grundzüge einer (natur)wissenschaftlichen Methodenlehre skizziert, die die rationale Erkenntnis zum Ziel hat (dazu A.). Im Anschluß wird erörtert werden, inwieweit diese und

---

[5] Ebd., S. 189 ff.

[6] Das Elend des Historizismus, 4. Aufl. 1974, S. 51 ff., 57 ff. und passim.

[7] Dies gilt insbesondere für die Lösung juristischer Probleme. So deutlich *K.-D. Opp*, Soziologie im Recht, 1973, S. 77.

damit die experimentelle Methode in der Sozial- und Rechtswissenschaft Verwendung finden kann (dazu B.).

A. Wissenschaftstheoretische "Basissätze"[8]

Es ist nicht Aufgabe der vorliegenden Untersuchung und würde zudem ihren Rahmen sprengen, die Beiträge der (auch) Erkenntnistheoretiker von *Platon* bis *R. Descartes*, von *G. W. Leibniz, I. Kant, P. Duhem* und *J. Poincaré*, von *F. Bacon, Th. Hobbes, J. Locke* bis zu *D. Hume, J. St. Mill, B. Russell* und nicht zuletzt von *K. R. Popper* in der methodologischen Diskussion umfassend darzustellen und zu würdigen[9]. Jedoch soll - insofern notwendig skizzenhaft - der wissenschaftstheoretische Hintergrund der Untersuchung im folgenden offengelegt und damit zugleich das methodologische Fundament einer "experimentellen Gesetzgebung" geschaffen werden. Dabei wird, wie soeben angedeutet, versucht, die Erkenntnisse der modernen Wissenschaftstheorie, die im wesentlichen auf der Philosophie *K. R. Poppers* beruhen, für die Rechtswissenschaft, hier für den Teilbereich der Rechtssetzungswissenschaft, fruchtbar zu machen.

---

[8] In Anlehnung an *K. R. Popper*, der als "Basissätze" diejenigen besonderen empirischen Sätze bezeichnet, die als Obersätze einer empirischen Falsifikation auftreten können. Das sind - vereinfacht ausgedrückt - in der Erkenntnislogik *K. R. Poppers* nur solche besonderen Sätze, die in Abgrenzung zu bloß subjektiven Wahrnehmungssätzen ihrerseits objektiv, d.h. intersubjektiv überprüfbar, also falsifizierbar sind. Eben eine solche und nur eine solche "empirische Basis" liefert die Falsifikationsmöglichkeiten einer Theorie, wodurch die Frage nach dem empirischen, also wissenschaftlichen Charakter der Theorien in Abgrenzung zur Metaphysik zur Frage nach dem empirischen Charakter der besonderen Sätze zurückführt. Vgl. dazu *K. R. Popper*, Logik der Forschung, 8. Aufl. 1984, S. 17 ff., 52 ff., 66 ff. Auf den naheliegenden Einwand des "regressus ad infinitum" wird im Text eingegangen.

Der Verfasser ist sich vor diesem Hintergrund der Antinomie des Ausdrucks "Wissenschaftstheoretische Basissätze" bewußt, da die Wissenschaftstheorie als "Theorie der Theorien" keine Erfahrungswissenschaft ist, also nicht dem Risiko des Scheiterns an der empirisch erfaßten Realität ausgesetzt werden kann. Die Formulierung dieser Überschrift soll lediglich die Offenheit auch im wissenschaftstheoretischen Bereich zum Ausdruck bringen (auch für *K. R. Popper*, a.a.O., S. 426 ist sein Ansatz nur "ein normativer Voschlag"), aber zugleich die erkenntnistheoretische "Basis" der Untersuchung festlegen.

[9] Einen instruktiven Überblick über die Geschichte der erkenntnistheoretischen Auffassungen über die experimentelle Methode geben *H. Parthey/D. Wahl*, Die experimentelle Methode in Natur- und Gesellschaftswissenschaften, 1966, S. 38 ff. Vgl. auch *R. Leclercq*, Histoire et Avenir de la Méthode expérimentale, 1960.

Das Ziel empirischer Forschung ist die *Erkenntnis* der Realität[10]. Demgemäß besteht die wissenschaftliche Tätigkeit darin, "Sätze oder Systeme von Sätzen aufzustellen und systematisch zu überprüfen; in den empirischen Wissenschaften sind es insbesondere Hypothesen, Theoriensysteme, die aufgestellt und an der Erfahrung durch Beobachtung und Experiment überprüft werden"[11].

Aufgabe der Erkenntnistheorie ist es, dieses Verfahren einer logischen Analyse zu unterziehen sowie die Art festzusetzen, wie mit wissenschaftlichen Sätzen verfahren werden muß, wenn gewisse Ziele erreicht werden sollen *(methodologische Festsetzungen[12])*. Erkenntnistheorie oder Forschungslogik ist demnach *Methodenlehre[13]*.

I. Das Falsifikationstheorem

Nach dem von *K. R. Popper*[14] so genannten "methodologischen Essentialismus" der platonisch-aristotelischen Erkenntnistheorie besteht die Aufgabe der Wissenschaften in der Entdeckung und Beschreibung der hinter aller Erfahrung liegenden und alle Erfahrung übergreifenden Natur der Dinge, d.h. ihres "wirklichen" Wesens, ihrer Essenz. Die Essentialisten fragen nach dem "Was" der Dinge und streben, von der Ideenlehre *Platons* ausgehend, nach der "Entschleierung" der "offenbaren", "manifesten"[15] Wahrheit, indem sie sie zu definieren suchen.

---

[10] Die Erfahrungswissenschaften streben nach der Formulierung sog. "allgemeiner Wirklichkeitsaussagen", die auf Erfahrung beruhen. Da empirische Daten immer auf die Menge ihrer Beobachtungsfälle bezogen bleiben, implizieren diese Aussagen über die Wirklichkeit keine apriorische oder endgültige Allgemeingültigkeit. Sie müssen vom logischen Standpunkt aus als "Scheinsätze" angesehen werden (vgl. *K. R. Popper*, Die beiden Grundprobleme der Erkenntnistheorie, 1979, S. 40), da sie jederzeit empirischer Kritik ausgesetzt sind. Anders verhält es sich in den technischen Wissenschaften, wie z.B. in der Mathematik. Sie arbeitet mit technischen Festlegungen, die ihre Gültigkeit unabhängig von einer Erfahrungsquantität besitzen und somit auch nicht Gefahr laufen, durch eine empirisch gestützte Falsifikation außer Kraft gesetzt zu werden. Sie entwirft innerhalb ihrer eigenen geschlossenen Semantik Begriffe und Sätze, die aber auch nur systemimmanent allgemeingültige Bedeutung haben.

[11] *K. R. Popper*, Logik der Forschung, 8. Aufl. 1984, S. 3.

[12] Ebd., S. 25, spricht hier auch von den "Spielregeln des Spiels 'empirische Wissenschaft'".

[13] Es wird hier insoweit dem Vorschlag ebd., S. 3, 22, gefolgt.

[14] Die offene Gesellschaft und ihre Feinde 1, 6. Aufl. 1980, S. 59.

Die hierzu in der philosophischen Diskussion zum Zwecke der Abgrenzung von der reinen Metaphysik vertretenen Methodologien hat *K. R. Popper* in seinen erkenntnistheoretischen Hauptwerken, "Die beiden Grundprobleme der Erkenntnistheorie" und "Logik der Forschung", überzeugend widerlegt[16]. Aufbauend auf der "kopernikanischen Revolution" des "Philosophen der Aufklärung"[17], *I. Kant*, der die Autonomie des menschlichen Willens in das Zentrum des philosophischen Denksystems rückte[18], stellt *K. R. Popper* fest, daß sowohl der klassische Empirismus oder Induktivismus als auch der klassische Rationalismus oder Intuitionismus unhaltbar sind, wenn man nicht die "ideelle" Wahrheit bzw. ihre höchste logische Wahrscheinlichkeit, sondern die "objektive Erkenntnis" im Sinne der Bewährung von Theorien als Resultat ernsthafter[19], aber erfolgloser Überprüfungsversuche als Ziel wissenschaftlichen, d.h. rationalen Erkenntnisstrebens anerkennt[20].

---

[15] Speziell zur "Manifestationstheorie" der Wahrheit der optimistischen Epistemologie von *R. Descartes* und *F. Bacon* vgl. die Kritik von *K. R. Popper*, Conjectures and Refutations, 5. Aufl. 1974, S. 5 ff.

[16] Siehe aber auch die wichtigen propädeutischen Stationen bei *K. R. Popper*, Conjectures and Refutations, 5. Aufl. 1974.

[17] Vgl. die Widmung von *K. R. Popper* der deutschen Ausgabe der "Offenen Gesellschaft".

[18] Vgl. etwa *I. Kant*, Die Metaphysik der Sitten (1797), hrsg. von W. Weischedel, 5. Aufl. 1982, S. 11 ff. Siehe im übrigen die Darstellung der grundlegenden Aspekte der Transzendentalphilosophie I. Kants in der "Gedächtnisrede" *K. R. Poppers* zu I. Kants 150. Todestag im Jahre 1954, abgedruckt in der deutschen Ausgabe von: *ders.*, Die offene Gesellschaft und ihre Feinde 1, 6. Aufl. 1980, S. 9 ff., sowie in: *ders.*, Auf der Suche nach einer besseren Welt, 2. Aufl. 1987, S. 137 ff.

[19] Nur *ernsthafte* Prüfungen stellen eine "echte" Bewährungsprobe für eine Problemlösung dar. Ernsthaft ist eine Prüfung dann, wenn sie sich auf die vor dem allgemein akzeptierten Hintergrund(wissen) riskanteste Konsequenz konzentriert. Das Hintergrundwissen selbst ist dabei nicht eine unkritisch, a priori hinzunehmende Größe, sondern lediglich pragmatische Voraussetzung für die wissenschaftliche, d.h. kritische Thematisierung eines Aspektes überhaupt. Vgl. *K. R. Popper*, Conjectures and Refutations, 5. Aufl. 1974, S. 238 ff. In dieser Hinsicht ist Wissenschaft somit "die Fortsetzung der vorwissenschaftlichen Arbeit an den Erwartungshorizonten"; siehe *K. R. Popper*, in: S. Moser (Hrsg.), Gesetz und Wirklichkeit, 1949, S. 43, 48.

[20] Vereinfacht ausgedrückt meint Rationalität im Sinne *K. R. Poppers* die Offenheit und Möglichkeit zur kritischen Untersuchung der (vorläufig) gefundenen Lösung eines Problems. Rationales Erkenntnisstreben impliziert demnach die kritische Einstellung, d.h. das Prinzip des bewußten Lernens durch dauernde Fehlerkorrektur, des "trial and error". Vgl. nur *K. R. Popper*, Logik der Forschung, 8. Aufl. 1984, S. XV, XXV, oder *ders.*, Das Elend des Historizismus, 4. Aufl. 1974, S. IX.

Sowohl die Kombination von intellektueller Intuition und Deduktion, durch die nach dem klassischen Rationalismus (*R. Descartes, B. Spinoza, G. W. Leibniz* und andere) letzten Endes alle Wahrheit erreicht werden soll, als auch die Verbindung von Beobachtung und Induktion, die dem logischen Empirismus (*F. Bacon, J. Locke, D. Hume, J. St. Mill* und andere) zugrunde liegt, basieren durchgängig auf Subjektivismen[21]. Die Begründungen der Wesenserkenntnis dieser essentialistischen Philosophie werden "immer wieder in die Subjektivität zurückgeworfen, aus der sie entsprang"[22]. Beide Tendenzen fußen auf einem Dogmatismus, "der die Rolle der Kritik in der Erkenntnis übersieht, der darauf zielt, durch geistige 'Schau' oder sinnliche Wahrnehmung sichere und damit der Kritik nicht mehr ausgesetzte Erkenntnis zu erwerben"[23]. Damit handelt es sich aber um Erkenntnis*anmaßung*, nicht um rationale, d.h. nachprüfbare Erkenntnis. Sie leiden unter "einer Vermengung von psychologischen und erkenntnistheoretischen Fragestellungen"[24]. Denn die *Aufstellung* von Theorien und Hypothesen sind Erfindungen, Resultate einer schöpferischen, irrationalen Tätigkeit. Intuition ist Theoriengenese. Diese mag Gegenstand einer empirischen Erkenntnis*psychologie* sein, nicht aber einer wissenschaftlichen Erkenntnis*logik*. Denn die Vorgänge beim Zustandekommen eines Einfalls können allenfalls einer empirisch-psychologischen Untersuchung unterzogen werden, einer logisch-kritischen Analyse sind sie weder fähig noch bedürftig[25].

Die kritische Diskussion mit Hilfe von Argumenten, die sich auf Logik und Erfahrung stützen, und die prinzipielle Revidierbarkeit jeder Theorie über die Realität sind aber Wesensmerkmale der Wissenschaft. Durch die Erfindung von Theorien *und* ihre nachfolgende rationale Überprüfung an-

---

[21] Vgl. die Auseinandersetzung *K. R. Poppers* mit der sog. optimistischen Epistemologie in: *ders.*, Conjectures and Refutations, 5. Aufl. 1974, S. 4 ff., sowie deren vereinfachte Darstellung in: *ders.*, in: S. Moser (Hrsg.), Gesetz und Wirklichkeit, 1949, S. 43 ff. Verkürzend formuliert *H. Albert*, ARSP 46 (1960), 391, 395: "Der Intuitionismus überschätzt die Spekulation, indem er sie von der Erfahrungskontrolle vollständig löst, der Induktivismus unterschätzt sie und will sie daher mehr oder weniger durch 'unvoreingenommene' Beobachtung ersetzen." Siehe dazu auch *ders.*, Traktat über kritische Vernunft, 4. Aufl. 1980, S. 21 ff., 30: "Alle Sicherheiten in der Erkenntnis sind selbstfabriziert und damit für die Erfassung der Wirklichkeit wertlos."

[22] *P. P. Müller-Schmid*, ARSP 56 (1970), 123, 124.

[23] *H. Albert*, ARSP 46 (1960), 391, 396.

[24] *K. R. Popper*, Logik der Forschung, 8. Aufl. 1984, S. 6.

[25] Vgl. ebd., S. 6 f.

hand der Erfahrung, eben durch Versuch und Irrtum tastet sich die Wissenschaft an die Wahrheit heran[26]. Rationales Erkenntnisstreben und wissenschaftlicher Fortschritt implizieren demnach die kritische Einstellung, d.h. das bewußte Lernen durch dauernde Fehlerkorrektur als methodische Weiterentwicklung des "trial and error"-Prinzips[27]. Für die Theorie der wissenschaftlichen Erkenntnis folgt daraus, daß Wissenschaft nicht der Besitz von wahrhaftem Wissen ist, wie es die platonisch-aristotelische Wissenschaftstheorie annimmt, sondern das Suchen nach Wahrheit. Die Wahrheit eines Satzes ist dabei seine Übereinstimmung mit den Tatsachen oder mit der Wirklichkeit (*Korrespondenztheorie* der Wahrheit[28]). Da aber diese Wahrheit, soweit sie für den menschlichen Geist erfaßbar ist, notwendig in ihrer endlich bleibenden Reduktion begriffen ist, stellt sich Wahrheit immer "nur" als stets widerlegbares "Vermutungswissen" dar ("Conjectures" und "Refutations"[29]). Wissenschaft ist demnach eine "durch Beobachtung und Experiment überprüfte Theorie"[30], die zu keiner Zeit vor Falsifikation sicher ist ("Dynamische" Erkenntnistheorie).

Aufgabe der Erkenntnistheorie oder Erkenntnislogik, die eine realistische, d.h. praktizierbare Erkenntnis zum Ziel hat, kann es daher nur sein, Methoden der systematischen Überprüfung zu entwickeln, der die Ergebnisse der betreffenden denkpsychologischen Vorgänge zu unterwerfen sind. Deshalb ersetzt die Philosophie des "kritischen Rationalismus" die Frage nach dem "Was" eines Dinges durch die Frage nach dem "Wie"[31], den "methodologischen Essentialismus" durch den "methodologischen Nominalis-

---

[26] Vgl. dazu instruktiv *K. R. Popper*, Die Zielsetzung der Erfahrungswissenschaft, in: ders., Objektive Erkenntnis, 2. Aufl. 1974, S. 213 ff. Dabei handelt es sich um eine überarbeitete Fassung eines in Ratio I (1957), 24 ff., erschienenen Aufsatzes. - In Abgrenzung zur Manifestationstheorie, der Theorie, daß die Wahrheit "offenbar" ist, spricht *H. Albert*, ARSP 46 (1960), 391, 397, hier von der Approximationstheorie.

[27] Zur Methode des trial and error siehe insbesondere die Auseinandersetzung *K. R. Poppers* mit der Dialektik *Hegelscher* Prägung in: ders., Conjectures and Refutations, 5. Aufl. 1974, S. 312 ff.

[28] Die Theorie ist im einzelnen von *A. Tarski* entwickelt worden. Vgl. *K. R. Popper*, Die beiden Grundprobleme der Erkenntnistheorie, 1979, S. XXII ff., sowie *ders.*, Objektive Erkenntnis, 2. Aufl. 1974, S. 347 ff.

[29] Vgl. dazu das gleichnamige Werk von *K. R. Popper* sowie das erste Kapitel in: *ders.*, Objektive Erkenntnis, 2. Aufl. 1974, S. 13 ff.

[30] *K. R. Popper*, Die offene Gesellschaft und ihre Feinde 2, 6. Aufl. 1980, S. 361 Fn. 36.

[31] Vgl. *K. R. Popper*, Die offene Gesellschaft und ihre Feinde 1, 6. Aufl. 1980, S. 61.

mus"[32]. Danach besteht das Ziel der Wissenschaft nicht in der Definition im platonisch-aristotelischen Sinne, d.h. in der Erkenntnis und Beschreibung wesentlicher, idealer Gehalte, die sich nie von metaphysischen Elementen befreien kann, sondern "in der Beschreibung der Gegenstände und Ereignisse unserer Erfahrung und in einer 'Erklärung' dieser Ereignisse, das heißt in ihrer Beschreibung mit Hilfe universeller Gesetze"[33]. Denn: "Definitionen sind Dogmen, nur die Deduktionen aus ihnen sind Erkenntnisse."[34] Namen und Worte sind nicht der Ausgangspunkt des wissenschaftlichen Fragens nach dem Wesen, sondern "Hilfswerkzeuge zur Durchführung dieser Aufgabe"[35], bloß "abkürzende Symbole oder Etiketten, die zur abkürzenden Darstellung einer langen Formel eingeführt wurden"[36].

In diesem theoretischen Denksystem ist jeder induktionslogische Versuch zur Abgrenzung der (empirischen) Wissenschaft von der Nicht-Wissenschaft, der Metaphysik, untauglich[37]. Die logische Analyse der induktiven Methode ergibt, wie *K. R. Popper* nachgewiesen hat[38], daß diese unter unüberwindbaren Schwierigkeiten leidet. Denn der Versuch, das Induktionsproblem zu lösen, d.h. die Frage, ob und wann induktive Schlüsse berechtigt sind, führt zu einem Dilemma, da letzlich nur die Wahl bleibt zwischen einem unendlichen Regreß ("regressus ad infinitum") und einem dogmatischen Apriorismus[39]. Da die formale Logik aber keine erkenntniserweiternde Disziplin ist, stellt sich das Festhalten an[40] und das Ergebnis der Induktionsforschung stets als erschlichene Erkenntnisanmaßung positivistischer Verifikation dar[41]. Die reine Logik ist lediglich eine Funktion der

---

[32] Vgl. zur Kritik der platonisch-aristotelischen Definitionenlehre *K. R. Popper*, Die offene Gesellschaft und ihre Feinde 1, 6. Aufl. 1980, S. 60 f., und *ders.*, Die offene Gesellschaft und ihre Feinde 2, 6. Aufl. 1980, S. 14 ff.

[33] *K. R. Popper*, Die offene Gesellschaft und ihre Feinde 1, 6. Aufl. 1980, S. 61.

[34] *K. R. Popper*, Logik der Forschung, 8. Aufl. 1984, S. 27, im Anschluß an *K. Menger*.

[35] *K. R. Popper*, Die offene Gesellschaft und ihre Feinde 1, 6. Aufl. 1980, S. 61.

[36] *K. R. Popper*, Die offene Gesellschaft und ihre Feinde 2, 6. Aufl. 1980, S. 21.

[37] Das Induktionsproblem ist nicht nur zum genannten Abgrenzungsproblem gehörig, seine Lösung ist bei *K. R. Popper*, Objektive Erkenntnis, 2. Aufl. 1974, S. 13 mit Fn. 1, "Ausgangspunkt" für seine Erörterung der Drei-Welten-Ontologie.

[38] Vgl. vor allem *K. R. Popper*, Logik der Forschung, 8. Aufl. 1984, S. 3 ff.

[39] Dies gilt auch dann, wenn man versucht, diesen Schwierigkeiten durch die Berufung auf die "Wahrscheinlichkeit" zu entgehen, vgl. ebd., S. 5.

[40] Vgl. *K. R. Popper*, Conjectures and Refutations, 5. Aufl. 1974, S. 52 f.

Folgerungsbeziehung ohne jede Zusatzinformation und hat daher nur die Aufgabe eines "Organons der Kritik"[42], d.h. eines bloßen Werkzeugs. Um zu "gültigen" wissenschaftlichen Theorien, zu sich bewährenden, nicht zu absolut wahren Theorien zu gelangen, genügt es daher, sie dem Risiko des Scheiterns an den Tatsachen auszusetzen. Dem Rationalitätsanspruch einer wissenschaftlichen Theorie ist dann entsprochen, wenn sie intersubjektiv kritisierbar, d.h. nachprüfbar ist, also die Möglichkeit der Fehlerausmerzung durch Falsifikation eröffnet. An die Stelle des angemaßten Wahrheitsanspruchs der Induktionslogik hat eine kritisch-rationale Verfahrensweise zu treten, die K. R. Popper[43] als die "Lehre von der deduktiven Methodik der Nachprüfung" bezeichnet. Die Falsifizierbarkeit einer Theorie, d.h. ihre Überprüfbarkeit anhand der Erfahrung, wird zum Kriterium der Abgrenzung von Wissenschaft und Nicht-Wissenschaft[44]. Die ernsthaften Widerlegungsversuchen standhaltende Theorie ist dann Teil der "objektiven Erkenntnis" als einer subjektunabhängigen, aber jederzeit überprüfbaren und zu keiner Zeit endgültigen Ontologie, in der und durch die "die Erkenntnissubjekte interagierend in Kontakt treten können, um so ihr Vermutungswissen kontrollierend auf den Weg der Wahrheitsapproximation zu bringen, ohne jemals in den Besitz sicherer Erkenntnis gelangen zu können"[45].

II. Die Theorie des Experiments

Die Methode der kritischen Überprüfung bedeutet die logisch-deduktive Ableitung von Folgerungen aus der vorläufig begründeten, in sich wider-

---

[41] Die Immunisierung von Überzeugungen gegen jede mögliche Kritik und damit ihre Absicherung gegen das Risiko des Scheiterns durch deren Dogmatisierung führt zur "*Ersetzung* der *Erkenntnis* durch die *Entscheidung*". Vgl. *H. Albert*, Traktat über kritische Vernunft, 4. Aufl. 1980, S. 30, 32.

[42] *K. R. Popper* (1962), in: ders., Auf der Suche nach einer besseren Welt, 2. Aufl. 1987, S. 79, 91.

[43] Logik der Forschung, 8. Aufl. 1984, S. 5.

[44] Theorien, die diesem Kriterium nicht genügen, sind (z.B. als metaphysische Aussagen) nicht "sinnlos", sondern sind nur nicht Bestandteil der Erfahrungswissenschaft. Die Falsifizierbarkeit zieht lediglich eine Trennungslinie innerhalb der sinnvollen Sprache, ist also kein Sinnkriterium. Darauf weist *K. R. Popper* immer wieder hin; vgl. nur *ders.*, Logik der Forschung, 8. Aufl. 1984, S. 15 Fn. *3 mit Nachweisen.

[45] *E. Döring*, Karl R. Popper: Einführung in Leben und Werk, 1987, S. 131 f.

spruchsfreien (synthetischen) Antizipation, dem Einfall, der Hypothese, dem theoretischen System. D.h. die Folgerungen werden untereinander und mit anderen Sätzen verglichen, indem festgestellt wird, welche logischen Beziehungen (zum Beispiel Äquivalenz, Ableitbarkeit, Vereinbarkeit, Widerspruch) zwischen ihnen bestehen[46]. Im Vordergrund der möglichen Prüfrichtungen[47] steht die "Prüfung durch 'empirische Anwendung' der abgeleiteten Folgerungen"[48]. Dadurch soll festgestellt werden, ob das, was die Theorie behauptet, sich auch praktisch bewährt. Dabei werden aus dem neuen theoretischen System anwendbare singuläre Folgerungen, "Prognosen", deduziert[49] und diese der technisch-praktischen Anwendung, etwa wissenschaftlichen Experimenten unterzogen. Besteht die singuläre Folgerung die Prüfung, so hat auch das theoretische System die Prüfung bestanden[50]. Während jene verifiziert ist, gilt die Theorie aber nur vorläufig, d.h. sie *bewährt* sich so lange, wie sie nicht durch die Erfahrung widerlegt wird[51].

Die technisch-praktische Überprüfung der deduzierten Prognose vollzieht sich durch einen Vergleich mit unserer Erfahrung[52]. Es stellt sich da-

---

[46] Vgl. *K. R. Popper*, Logik der Forschung, 8. Aufl. 1984, S. 7.

[47] Siehe dazu nur die kurze Andeutung ebd., S. 7 f.

[48] Ebd., S. 8.

[49] Eine solche (besondere oder singuläre) Prognose ergibt sich aus der Verbindung des allgemeinen Satzes, der Hypothese, mit besonderen Sätzen, den als unproblematisch angesehenen Randbedingungen, d.h. Sätzen, die nur für den betreffenden Fall gelten. Denn die (zu überprüfende) kausale Erklärung eines Vorgangs ist immer ein aus Gesetzen *und* Randbedingungen deduktiv abgeleiteter Satz. Vgl. ebd., S. 31 f.

[50] Vgl. ebd., sowie *ders.*, Das Elend des Historizismus, 4. Aufl. 1974, S. 104. Rationale Logik hat nach der *Popperschen* Erkenntnistheorie ihre Stärke demnach in der Negation, denn die deduktive Logik ist nicht nur die Theorie der Übertragung der Wahrheit von den Prämissen auf die Konklusion, sondern ermöglicht die Rückübertragung der Falschheit von der Konklusion auf wenigstens eine der Prämissen ("modus tollens" der klassischen Logik). Vgl. dazu *K. R. Popper* (1962), in: ders., Auf der Suche nach einer besseren Welt, 2. Aufl. 1987, S. 79, 91, und *ders.*, Logik der Forschung, 8. Aufl. 1984, S. 44 ff.

[51] Denn Theorien haben allgemeinen Charakter und gehen daher in ihrem Gehalt über jede (stets nur endliche) Menge von Beobachtungen hinaus. Damit ist es aber immer möglich, daß ihnen eine zukünftige Beobachtung widerspricht. Mit dem Informationsgehalt einer Theorie steigt also ihre Falsifizierbarkeit. Ihre Verifikation im Sinne eines positiven Wahrheitsentscheids ist daher ausgeschlossen.

[52] Weshalb man mit *K. R. Popper*, Logik der Forschung, 8. Aufl. 1984, S. 14, diese Methodentheorie auch als Theorie der Erfahrung bezeichnen kann. Vgl. auch die Überschrift des

mit die Frage, was als Erfahrungsgrundlage herangezogen werden kann. Da *"Sätze nur durch Sätze logisch begründet* werden können"[53], bedarf es besonderer empirischer Sätze, sogenannter "Basissätze", die als Obersätze eines falsifizierenden Schlusses von der Falsifikation eines Folgesatzes auf die des Satzsystems auftreten, also etwa Tatsachenfeststellungen[54]. Theorien sind demnach nur dann falsifiziert, wenn *Basissätze anerkannt* werden, die ihr widersprechen[55].

Um eine Theorie in der logischen Form eines Allsatzes[56] mit Hilfe der Basisaussagen zu falsifizieren, muß dieser zunächst in einen logisch gleich-

---

zweiten Teils seiner "Logik der Forschung", 8. Aufl. 1984, S. 30 ff.: "Bausteine zu einer Theorie der Erfahrung", aus dem im wesentlichen die folgenden Gedanken im Text entnommen sind.

[53] Ebd., S. 17.

[54] Ein solcher falsifizierender Schluß ist natürlich nur dann möglich, wenn der Folgesatz seinerseits aus dem Satzsystem logisch ableitbar ist. Das setzt voraus, daß es sich bei der Theorie um ein empirisch-wissenschaftliches System handelt, das an der Erfahrung scheitern können muß, also falsifizierbar ist. Eine Theorie ist logisch dann als empirisch bzw. falsifizierbar charakterisiert, wenn sie eine Aussage über ihre Falsifikationsmöglichkeiten enthält, nämlich die Aussage über deren Falschheit. Das ist der Fall, wenn mit Hilfe der Theorie mehr besondere empirische Sätze deduziert werden können, als aus den Randbedingungen allein ableitbar sind (vgl. ebd., S. 52 f.). Damit haben diese besonderen empirischen Sätze, die Basissätze, zwei Funktionen: Sie dienen einerseits zur Entscheidung darüber, wann eine Theorie empirisch bzw. falsifizierbar ist, und andererseits zur Falsifikation der Theorien (vgl. ebd., S. 66).

[55] Da für die wissenschaftliche Erkenntnis nichtreproduzierbare Einzelereignisse ohne Bedeutung sind, ist genauer zu formulieren: Eine Theorie ist dann falsifiziert, wenn ein ihr widersprechender Effekt, der in einer empirischen Hypothese niedrigerer Allgemeinheitsstufe ausgedrückt werden kann und niemals auf bloß gehäufte Zufälle zurückgeführt ist, gefunden wird. Anerkannte Basissätze sind somit nur dann Grundlage für die Falsifikation einer Theorie, wenn sie dieser widersprechen und gleichzeitig die falsifizierende Hypothese bewähren. Das falsifizierende Experiment wird dabei zum *"experimentum crucis"*. Denn die Falsifizierung einer Hypothese geschieht meist vor dem Hintergrund einer anderen Hypothese. Das Experiment ist demnach angeregt durch das Vorliegen zweier sich unterscheidender Hypothesen und soll zwischen ihnen entscheiden, indem (zumindest) eine von ihnen widerlegt wird. Vgl. ebd., S. 54 f. mit Fn. 1.

[56] Allsätze sind universelle Sätze, die raum-zeitlich nicht beschränkt, auf kein durch Individualien ausgezeichnetes Koordinatensystem bezogen sind. Sie sind falsifizierbar, nicht aber verifizierbar. Im Gegensatz dazu stehen unbeschränkte Existenzsätze (universelle Es-gibt-Sätze), die zwar verifizierbar, aber nicht falsifizierbar, also nicht empirisch sind. Denn zur Verifizierung eines Allsatzes wie zur Falsifizierung eines universellen Es-gibt-Satzes müßten wir, was wir nicht können, die ganze Welt absuchen, um zu beweisen, daß es etwas nicht gibt. Vgl. ebd., S. 40. - Z.B. wird der universelle Es-gibt-Satz: "Es gibt weiße Raben" nicht durch das Auffinden eines schwarzen Raben falsifiziert, jedoch durch die Entdeckung eines weißen Raben verifiziert. Im ersten Fall würde ein dem Es-gibt-Satz widersprechender Allsatz des Inhalts: "Alle Raben sind schwarz" nicht verifiziert, im zweiten Fall aber falsifiziert.

wertigen Existenzsatz negatorischer Art, also in einen universellen Es-gibt-
nicht-Satz transformiert werden. Die Theorie enthält damit eine Aussage,
die die Nicht-Existenz ihr widersprechender Basissätze und damit die
Falschheit aller ihrer Falsifikationsmöglichkeiten behauptet. Ein *Basissatz*
dient der Beschreibung oder Darstellung eines besonderen, singulären Ereignisses in der Wirklichkeit. Demnach verbietet die Theorie den Eintritt
gewisser Ereignisse bzw. wird durch das Eintreffen solcher Ereignisse falsifiziert. Diese Überlegungen "sind für die *Theorie des Experiments* entscheidend: Der Experimentator wird durch den Theoretiker vor ganz bestimmte
Fragen gestellt und sucht durch seine Experimente für diese Fragen und
nur für sie eine Entscheidung zu erzwingen; alle anderen Fragen bemüht er
sich dabei auszuschalten"[57]. Die wichtigste Aufgabe des Theoretikers ist also die möglichst präzise Zielformulierung an den Experimentator.

Um dem Postulat der Rationalität des Erkenntnisprozesses zu genügen
und den logischen Begründungszusammenhang der wissenschaftlichen Sätze zu erhalten, muß es sich bei den Basissätzen um eine objektive Darstellung der Tatsachen handeln. Daraus folgt, daß diese besonderen empirischen Sätze widerspruchsfrei und falsifizierbar sein müssen. Wegen des ihr
innewohnenden Psychologismus können daher niemals Wahrnehmungs-
oder Überzeugungserlebnisse Grundlage dieser Erfahrungssätze sein[58].
Freilich sind Tatsachen nur durch Beobachtung, die immer Sinneswahr-
nehmung ist, erfaßbar. Durch das gewonnene "Wissen" wird aber die Geltung von Sätzen nicht begründet. Die erkenntnistheoretisch allein relevante Frage ist vielmehr, durch welche intersubjektiv überprüfbaren Folgerungen die wissenschaftlichen Sätze überprüfbar sind[59]. Von den Basissätzen
ist daher zu fordern, daß sie durch "Beobachtung" intersubjektiv nachprüfbar sein müssen. Die Ereignisse und Vorgänge[60], deren Ablauf ein Basissatz behauptet, müssen *"beobachtbar"* sein[61]. "Basissätze sind also ... Sätze,
die behaupten, daß sich in einem individuellen Raum-Zeit-Gebiet ein be-
obachtbarer Vorgang abspielt."[62]

---

[57] Ebd., S. 72.

[58] Siehe dazu ebda, S. 17 f., 60 ff.

[59] Vgl. ebd., S. 64 ff.

[60] Zu den Begriffen "Ereignis" und "Vorgang" siehe ebd., S. 55 ff.

[61] Vgl. ebd., S. 68.

[62] Ebd., S. 69.

Die (vorläufige) Bewährung oder die Falsifikation einer Theorie setzt voraus, daß an irgendeiner Stelle der Überprüfung Basissätze als hinreichend geprüft *anerkannt* werden, d.h. über sie unter den Prüfern eine Einigung erzielt ist. Die Anerkennung der Basissätze erfolgt durch Beschluß, sie sind Festsetzungen[63], die letztlich im vorwissenschaftlichen Verstehenszusammenhang des Alltags fundiert werden müssen. Damit sind es diese Festsetzungen, die über das Schicksal einer Theorie entscheiden.

Dem möglichen Vorwurf des Dogmatismus und auch des Positivismus dieses erkenntnistheoretischen Modells widersprechen hingegen folgende Überlegungen: Um einem denkbaren unendlichen Regreß durch die Festsetzung der Basissätze auszuweichen, wird nicht einem Dogmatismus das Wort geredet[64]. Denn auch die anerkannten Basissätze sind jederzeit offen für eine weitere Nachprüfung, sofern ein Bedürfnis dazu besteht. Die Festsetzung der Basissätze impliziert auch keine positivistische Haltung, denn sie sind keine Begründung der erfahrenen Erlebnisse[65], sondern lediglich, logisch betrachtet, willkürliche Entscheidungen, die als zweckmäßig betrachtet und daher vorläufig hingenommen werden[66]. Hinzuweisen bleibt daher nur noch auf einen Umstand, der auch für die Theorie des Experiments von entscheidender Bedeutung ist: Beobachtungen und erst recht Sätze über Beobachtungen sind immer Interpretationen der beobachteten Tatsachen und diese sind stets Interpretationen im Lichte der Theorien[67]. Also ist die Festsetzung der Basissätze bereits Anwendung der zu prüfenden Theorie und zugleich ein Teil der Anwendung, durch die die Theorie erprobt wird[68]. Wie die Anwendung der Theorie überhaupt, "so ist die Festsetzung ein durch theoretische Überlegungen geleitetes planmäßiges Handeln"[69]. Diese Verhältnisse bestimmen auch die Arbeit des Experimentators. Auch dessen Arbeit sind "wieder theoretische Überlegungen: Diese

---

[63] Vgl. ebd., S. 71.

[64] Vielmehr ist "diese Art von Dogmatismus ... harmlos". Siehe ebd., S. 70 und auch S. 21.

[65] "Erlebnisse können Entschlüsse, also auch Festsetzungen *motivieren* ...; aber sie können einen *Basissatz* ebensowenig begründen wie einen Faustschlag auf den Tisch." Siehe ebd., S. 71.

[66] Zum Gegensatz zwischen einer Begründung und einer Beschlußfassung vgl. das Beispiel des Schwurgerichtsverfahrens ebd., S. 74 f.: Durch den Spruch der Geschworenen wird die Wahrheit der von ihnen aufgestellten Tatsachenbehauptung in keiner Weise begründet. Dagegen muß der Richter sein Urteil begründen.

[67] Vgl. ebd., S. 72 Fn. *2, S. 76 und passim.

[68] Siehe ebd., S. 71, 75.

[69] Ebd., S. 71.

beherrschen die experimentelle Arbeit von der Planung des Versuchs bis zu den letzten Handgriffen"[70]. Dieser Umstand ist im Hinblick auf die Gefahr eines Zirkelschlusses jedoch unschädlich, da das Ziel wissenschaftlicher Forschung die Falsifizierung der Theorien ist, nicht deren Bestätigung. Nur auf diese Weise kann ein Erkenntnisfortschritt erreicht werden.

Die Schlußweise von der Falsifikation eines Folgesatzes durch anerkannte Basissätze auf die des Satzsystems, aus dem jener ableitbar ist, läßt sich wie folgt darstellen: $[(t \rightarrow p) \cdot p'] \rightarrow t'$; in Worten: Ist p aus t ableitbar und ist p falsch, so ist auch t falsch[71] - der "modus tollens" der klassischen Logik[72]. Daraus folgt, daß der Grad der Prüfbarkeit einer Theorie mit ihrem Falsifizierbarkeitsgrad wächst, d.h. je größer die Klasse der von ihr als verboten ausgezeichneten Basissätze ist[73].

B. Experimentelle Gesetzgebung als sozialtechnologisches Instrumentarium

Ging es bisher auf rein erkenntnistheoretischer Ebene um die "methodologischen Festsetzungen", also um die Beschlüsse über die Art, wie mit wissenschaftlichen Sätzen verfahren werden muß[74], so ist nun nach der Anwendbarkeit und Geltung dieser Methodentheorie im einzelwissenschaftlichen Forschungsprozeß zu fragen.

In den Naturwissenschaften ist der methodologische Nominalismus vorherrschend, d.h. es wird als Aufgabe der wissenschaftlichen Forschung angesehen, Hypothesen zu konstruieren, die das Verhalten bestimmter Objekte eines Bereichs beschreiben, erklären und vorhersagen können. So untersucht der Physiker nicht das Wesen zum Beispiel der Atome, sondern verwendet den Begriff "Atom" lediglich zur Beschreibung und Erklärung

---

[70] Ebd., S. 72.

[71] Vgl. ebd., S. 45.

[72] Die (quasi-)induktive Schlußweise ist von der zuvor kritisierten Induktionslogik streng zu trennen. In dem skizzierten deduktivistischen Verfahren wird niemals von der Geltung eines singulären Satzes auf die Geltung im Sinne von Wahrheit (oder auch Wahrscheinlichkeit) der Theorie geschlossen.

[73] Dementsprechend wächst auch der empirische Gehalt einer Theorie mit ihrem Falsifizierbarkeitsgrad, da sie über die Klasse der erlaubten Basissätze nichts aussagt, insbesondere nicht, daß sie wahr sind.

[74] Vgl. K. R. Popper, Logik der Forschung, 8. Aufl. 1984, S. 22.

bestimmter physikalischer Beobachtungen[75]. Dementsprechend bedient sich die Physik auch vornehmlich der experimentellen Forschungsmethode, "d.h. sie lenkt und isoliert die Vorgänge künstlich und sichert so die Reproduktion ähnlicher Versuchsbedingungen sowie die sich daraus ergebende Produktion bestimmter Effekte"[76].

In den Sozialwissenschaften hingegen bestimmt (immer noch) weitgehend das Konzept des methodologischen Essentialismus der platonisch-aristotelischen Philosophie die Forschungsarbeit[77]. Hier tritt an die Stelle der Frage, "wie" sich bestimmte Objekte unter bestimmten Bedingungen in der Regel verhalten und durch welche Gesetze ihr Verhalten erklärt werden kann, die Frage nach dem "Was" aller Dinge und das Bestreben, ihre Wesenheiten mit Hilfe von Definitionen zu enthüllen. Der essentialistisch denkende Sozialwissenschaftler fragt also: Was ist der Staat? Was ist das Wesen der Wirtschaft oder des wirtschaftlichen Verhaltens? Was ist Gerechtigkeit? Was ist das Wesen der Freiheit oder auch des Rechts?[78] Das experimentelle Forschungsverfahren kann hier keine (befriedigenden) Antworten geben.

Die Verfolgung unterschiedlicher Methodentheorien in Natur- und Sozialwissenschaften unterzieht *K. R. Popper* vor allem in seiner Untersuchung über "Das Elend des Historizismus" einer anschaulichen Kritik. Vor dem Hintergrund des oben skizzierten erkenntnistheoretischen Modells stellt er dem Prophetie-Konzept essentialistischer Sozialphilosophien ein verantwortbares, technologisch-nominalistisch orientiertes Verständnis der sozialwissenschaftlichen Methodologie gegenüber, das sich der besonderen Pflicht zur kritischen Einstellung im politisch-soziologischen Bereich bewußt ist und sich daher mit einer praktisch nützlichen und prüfbaren Stückwerk-Sozialtechnik begnügt. Dies erlaubt und fordert zugleich die Anwendbarkeit des methodologisch deduktiv genützten "trial-and-error-

---

[75] Vgl. *K. R. Popper*, Das Elend des Historizismus, 4. Aufl. 1974, S. 23.

[76] Ebd., S. 7.

[77] Vgl. ebd., S. 23 und passim; *ders.*, Die offene Gesellschaft und ihre Feinde 1, 6. Aufl. 1980, S. 61, 289 f. Fn. 30; *H. Albert*, ARSP 46 (1960), 391, 402. Besonders augenscheinlich ist dies in der Phänomenologie *E. Husserls*. Sie will die "Phänomene" erfassen, d.h. das Gegebene, das, was wir vor unserem Bewußtsein sehen, und zum Wesen vordringen, das jedes sinnliche und individuelle Objekt besitzt. Vgl. dazu *K. R. Popper*, Die offene Gesellschaft und ihre Feinde 1, 6. Aufl. 1980, S. 289 f. Fn. 30.

[78] So deutlich *H. Ryffel*, Rechtssoziologie, 1974, S. 196.

Verfahrens" auch in der Praxis der Sozialwissenschaften, also die Annahme einer "Einheit der Methode", auf deren Grundlage Theorie und Methode des sozialtechnologischen legislativen Experiments entwickelt werden können.

I. Technologische statt "prophetische" Sozialtechnik

Daß in den Sozialwissenschaften von einem methodologischen Essentialismus ausgegangen werden muß, wird mit der "wesentlichen" Verschiedenheit der Untersuchungsfelder von Natur- und Sozialwissenschaften begründet[79]:

Während es die Physik mit einzelnen Gegenständen, wie den Atomen, zu tun habe, sei es Aufgabe der Sozialwissenschaften, soziologische Entitäten, wie den Staat, zu beschreiben und zu "verstehen", "d.h. das Wesentliche vom Akzidentellen zu unterscheiden: dies aber setzt Kenntnis ihres Wesens voraus"[80]. Was damit gemeint ist, wird deutlich, wenn man auf die Veränderung des Untersuchungsobjekts abstellt: Die Beobachtung und die Behauptung einer Veränderung setzen die Identifizierung dessen, was sich verändert hat, voraus. Dies ist in der Physik relativ leicht, da die Materie, obgleich sie sich verändert, immer bis zu einem gewissen Grad konstant bleibt. Hier ist es deshalb nicht erforderlich, Wesenheiten oder unwandelbare Entitäten zu konstruieren. Anders verhält es sich in den Sozialwissenschaften. Hier unterliegt das ganze Untersuchungsgebiet der "Herrschaft des historischen Flusses", unwandelbare Wesenheiten gibt es nicht. Ohne die Annahme einer essentiellen Identität ist es daher nicht möglich, zum Beispiel eine soziale Institution vor und nach einer Veränderung oder deren Entwicklung zu beschreiben und zu erklären[81].

Dieser Auffassung hat insbesondere *K. R. Popper* immer wieder wegen der ihr innewohnenden totalitären Tendenz widersprochen. Denn diese Sichtweise führt zu einer "Orakelphilosophie", zu einer Art Dogmatizis-

---

[79] Vgl. dazu *K. R. Popper*, Die offene Gesellschaft und ihre Feinde 1, 6. Aufl. 1980, S. 61.

[80] *K. R. Popper*, Das Elend des Historizismus, 4. Aufl. 1974, S. 24.

[81] Da, deskriptiv gesehen, die Institution eine vollkommen andere geworden sein kann. Vgl. dazu *K. R. Popper*, Das Elend des Historizismus, 4. Aufl. 1974, S. 24 f.; *ders.*, Die offene Gesellschaft und ihre Feinde 1, 6. Aufl. 1980, S. 61 f.

mus, "der nur blindlings akzeptiert oder verworfen werden kann"[82]. Das Ergebnis ist "Größenwahnsinn oder Verantwortungslosigkeit; auch dann, wenn es von den besten Absichten geleitet ist"[83], da es einer kritisch-rationalen Prüfung entzogen ist:

Wenn schon eine soziologische Beschreibung nicht ohne Essenzen auskommt, kann es eine Theorie der sozialen Entwicklung erst recht nicht. Damit setzt aber die Erkenntnis (der sozialen Entwicklung) die Essenz voraus; die (Sozial-)Geschichte, d.h. die Beschreibung der Veränderung, und die Essenz - die unwandelbaren Wesenheiten - treten in korrelative Beziehung[84]. Da die Essenz einer Sache aber ihrerseits nur durch ihre Veränderungen als die Verwirklichung oder Aktualisierung der der Essenz innewohnenden Potentialitäten erkannt werden kann, bedeutet dies für die Sozialwissenschaften, daß der wahre Charakter einer sozialen Institution nur durch ihre Geschichte und nur durch die Verwendung historischer Begriffe beschrieben werden kann[85]. Das proklamierte primäre Ziel der Sozialwissenschaften ist demnach die historische Voraussage, die sich dadurch erreichen läßt, "daß man die 'Rhythmen' oder 'Patterns', die 'Gesetze' oder 'Trends' entdeckt, die der geschichtlichen Entwicklung zugrunde liegen"[86]. Diese Reduktion von Tendenzen und relativen Trends auf allgemeine Entwicklungsgesetze, auf absolute Trends bilden dann die "Grundlage von unbedingten *Prophezeiungen*, die den bedingten *Prognosen* der Erfahrungswissenschaften gegenüberstehen"[87]. Die Vorstellung solcher "Sukzessionsgesetze" ist geprägt von bloßen Spekulationen, die der Geschichte eine eigene Subjektivität und Aktivität unterstellen, deren scheinbare Eigengesetzlichkeit zu irrationalem Vertrauen und passiver Ohnmacht auffordert.

K. R. Popper stellt nicht die Existenz von Trends oder Tendenzen des sozialen Wandels in Frage. Die überzeugende Kritik der rationalen Erkenntnistheorie richtet sich "lediglich" gegen die Gleichstellung von Trends und Gesetzen im Sinne wissenschaftlicher Theorien. Sie hält einer Prüfung vor den Regeln der Logik, die allein als Werkzeug der Kritik Rationalität, also

---

[82] *K. R. Popper*, Die offene Gesellschaft und ihre Feinde 2, 6. Aufl. 1980, S. 30.

[83] *K. R. Popper*, Das Elend des Historizismus, 4. Aufl. 1974, S. IX.

[84] Vgl. ebd., S. 26.

[85] Vgl. ebd.

[86] Ebd., S. 2.

[87] Ebd., S. 101. Als Bedingung sind hier die tatsächlichen Randbedingungen gemeint.

intersubjektive Nachprüfbarkeit eines wissenschaftlichen Erkenntnisprozesses gewährleisten, nicht stand[88]. Ein Satz, der die Existenz eines Trends zu einer bestimmten Zeit und an einem bestimmten Ort aussagt, ist ein singulärer Satz und kein universelles Gesetz[89]. Daraus folgt, daß die bloße Existenz von Trends, anders als ein Gesetz, nicht Grundlage wissenschaftlicher Prognosen sein kann.

Das Bestreben einer essentialistisch doktrinierten Sozialwissenschaft, Gesetze der historischen Entwicklung aufzustellen, führt also zu bloß *prophetischen Vorhersagen*, die einer rationalen Kontrolle und menschlichen Beeinflussung nicht zugänglich sind. Die damit gegebene "unheilige Allianz" dieser Auffassung, des sogenannten "Historizismus"[90], mit dem Utopismus wird durch die ihr zugrundeliegende "holistische" Einstellung gestärkt[91]. "Den Historizisten interessieren nicht Teilaspekte, sondern die Entwicklung der 'Gesellschaft als Ganzes'."[92] Die Sozialwissenschaft soll - als Wissenschaft von der Geschichte -, um zur Enthüllung der politischen Zukunft und damit zu einer weitblickenden praktischen Politik beitragen zu können, die Gesetze der Sozialentwicklung, die großen Tendenzen er-

---

[88] Erkenntnistheoretisch entspricht eine wissenschaftliche Theorie ihrem Rationalitätsanspruch, wenn sie die Möglichkeit der Falsifikation eröffnet. Dies ist aber, wie bereits ausgeführt wurde, nur bei einem universellen, d.h. allgemeinen Satz der Fall, der die logische Form eines sog. *Allsatzes* hat, d.h. eine (nichtverifizierbare) Aussage über unbegrenzt viele Elemente enthält und unabhängig von allen Raum-Zeitpunkten und Raum-Zeitgebieten gilt (vgl. *K. R. Popper*, Logik der Forschung, 8. Aufl. 1984, S. 34 f. Allsätze sind danach von Sätzen bloß numerischer Allgemeinheit abzugrenzen, die sich auf eine endliche Menge von Elementen innerhalb eines individuellen Raum-Zeit-Bereichs beziehen. Diese können nämlich jederzeit durch eine Konjunktion von singulären Sätzen ersetzt werden.). Denn nur solchermaßen strukturierte Sätze können als wissenschaftliche Hypothesen falsifiziert werden, wenn den in ihnen enthaltenen Negationen ein besonderer, singulärer Satz (Basissatz) widerspricht. Ein Satz aber, der die Existenz eines Trends behauptet, ist kein Allsatz, sondern ein *Es-gibt-Satz*. Ein solcher Es-gibt-Satz ist nicht falsifizierbar; kein besonderer Satz kann mit ihm in logischem Widerspruch stehen. Er ist demnach nicht-empirisch ("metaphysisch"). Vgl. dazu ebd., S. 39 f., und schon oben, unter A. II.

[89] Vgl. *K. R. Popper*, Das Elend des Historizismus, 4. Aufl. 1974, S. 91.

[90] Deren Vertreter sind insbesondere *J. St. Mill, K. Marx, M. Weber* und *H. Spencer*. Siehe die Nachweise ebd., passim, sowie in *ders.*, Die offene Gesellschaft und ihre Feinde 1, 6. Aufl. 1980, S. 289 f. Fn. 30.

[91] Vgl. *K. R. Popper*, Das Elend des Historizismus, 4. Aufl. 1974, Kap. 22: "Die unheilige Allianz mit dem Utopismus", S. 57 ff.

[92] Ebd., S. 59 und passim.

forschen, denen der Wandel sozialer Strukturen gehorcht[93]. Diese historizistisch-holistische Betrachtungsweise der sozialen Entwicklung impliziert dabei nicht den Fatalismus und die Tatenlosigkeit. Der ihr innewohnende Aktivismus konzentriert sich aber auf die *Anpassung* der Menschen an die aus diesen "Gesetzen" abgeleiteten Prophezeiungen der sozialen Veränderung. Nur solche Handlungen werden als vernünftig[94], ihre Endziele aber als von den geschichtlichen Kräften abhängig[95] angesehen. Da damit der menschlichen Vernunft das Vermögen abgesprochen wird, eine andere, vernünftigere Welt zu *schaffen*, kommt diese Ansicht dem Glauben an das soziale und politische Wunder gleich[96]. Überdies führt dieser Aktivismus wegen der überwiegenden Unabsehbarkeit zumindest der Folgewirkungen einer prophezeiten Veränderung zu dem "notorischen Phänomen der *ungeplanten Planung*"[97].

Im Gegensatz zur historizistisch-essentialistischen Methodologie führt eine vom Definitionendogma gelöste, nominalistische Haltung zu einer Methodologie, deren Ziel eine *"technologische Sozialwissenschaft"*[98] ist. Eine solche technologische Methodologie hat die Erforschung jener tatsächlichen Gesetzmäßigkeiten des sozialen Lebens zur Aufgabe, die unentbehrliche Grundlage jeder Reformbestrebung gesellschaftlicher Einrichtungen ist. Ihr Ziel ist nicht die Entwicklung allgemeiner Gesetze der sozialen Entwicklung, sondern die Aufstellung von Gesetzen, die der Konstruktion sozialer Institutionen *Grenzen* setzen, um so die Schaffung unrealistischer Konstruktionen zu vermeiden[99]. Diese Einstellung will *praktische* Resultate dadurch erzielen, daß soziale Verbesserungsvorschläge einer rationalen

---

[93] Vgl. ebd., S. 35 ff.

[94] Vgl. ebd., S. 40, 43: "Der Historizist kann sogar noch weitergehen. Er kann hinzufügen, daß für jeden die vernünftigste Haltung darin besteht, *sein Wertsystem so zu modifizieren, daß es den bevorstehenden Veränderungen konform ist.*" Hier wird die Tendenz zum und die Gefahr des Totalitarismus deutlich: Die Diagnose der "Forderungen der Zeit" auf dem Weg zu den wahren Endzielen der "Gesellschaft" erfordert das Bekenntnis zu irgendeiner Moraltheorie. Vgl. ebd., S. 43, 60; zu den historizistischen Moralphilosophien siehe *ders.*, Die offene Gesellschaft und ihre Feinde 2, 6. Aufl. 1980, S. 243 ff., und *ders.*, Conjectures and Refutations, 5. Aufl. 1974, S. 336 ff.

[95] Vgl. *K. R. Popper*, Das Elend des Historizismus, 4. Aufl. 1974, S. 52.

[96] Ebd., S. 40 f.

[97] Ebd., S. 55.

[98] Ebd., S. 37.

[99] Vgl. ebd.: "Sie wäre antihistorizistisch, aber keineswegs antihistorisch."

Kritik unterzogen werden, d.h. sie will versuchen festzustellen, "ob damit zu rechnen ist, daß eine bestimmte wirtschaftliche oder politische Handlungsweise ein erwartetes oder erwünschtes Ergebnis herbeiführen wird"[100]. An die Stelle metaphysischer Doktrinen von der gesamtgesellschaftlichen Entwicklung tritt eine "technologische Theorie sozialer Institutionen"[101].

Die technologische Orientierung der Sozialwissenschaften erweist sich als politisch-praktische Umsetzung der oben skizzierten[102] epistemologischen Kerngedanken von der Unmöglichkeit positiver Verifikation und dem Erfordernis kritischer Rationalität in der Wissenschaft durch Versuch und Irrtum, Kritik und Fehlerausmerzung. Ihre wichtigste Funktion liegt in der Disziplinierung spekulativer Neigungen und in der Vermeidung jeder Art von angemaßtem Wissen, das über das hinausreicht, was gewußt werden kann[103], denn ihre Theorien können dem eindeutigen Maßstab der praktischen Prüfbarkeit unterworfen werden: Verfügt man über allgemeine soziologische Hypothesen, so lassen sich diese nämlich entsprechend in gleichwertige negative Existentialaussagen technologischer Natur transformieren, die eine überprüfbare Aussage darüber enthalten, welche Resultate man nicht erzielen kann oder welche Nebenwirkungen in Kauf zu nehmen sind, wenn man bestimmte Maßnahmen ergreift[104]. *Aufgabe der Sozialtechnologie ist es zu zeigen, was (jedenfalls so) nicht erreicht werden kann*[105]. Eine solche, "bescheidene" Haltung der Sozialforschung impliziert ihrer-

---

[100] Ebd., S. 47.

[101] *K. R. Popper*, Die offene Gesellschaft und ihre Feinde 1, 6. Aufl. 1980, S. 289 f. Fn. 30.

[102] Siehe oben A. I.

[103] *K. R. Popper*, Das Elend des Historizismus, 4. Aufl. 1974, S. 48, drückt das, was mit technologischer Orientierung der Sozialforschung gemeint ist, so aus: "die Soziologie (und vielleicht die Sozialwissenschaften im allgemeinen) soll nicht nach 'ihrem Newton oder ihrem Darwin' suchen, sondern vielmehr nach ihrem Galilei oder ihrem Pasteur."

[104] Eine solche, negierte Existentialaussage technologischer Natur hat wieder die logische Form eines negativen, universellen Es-gibt-Satzes, eines Es-gibt-nicht-Satzes. Dieser ist im Gegensatz zum universellen Es-gibt-Satz falsifizierbar und nicht verifizierbar. Denn mit ihm kann, wie bereits ausgeführt wurde, ein besonderer Satz logisch in Widerspruch stehen; einem universellen Es-gibt-Satz kann dagegen nur ein Allsatz widersprechen. Diesen Unterschied verkennt m.E. *W. Siebel*, Die Logik des Experiments in den Sozialwissenschaften, 1965, S. 129 f., wenn er das Verfahren der Falsifizierung für die Prüfung von Hypothesen mit der Begründung ablehnt, die Suchleistung im Universum nach dem falsifizierenden Ereignis sei völlig gleich und diene daher nicht dem Erkenntnisfortschritt.

[105] Vgl. *K. R. Popper*, Das Elend des Historizismus, 4. Aufl. 1974, S. 49.

seits den methodologischen Nominalismus, der Worte nur als nützliche Instrumente zur Beschreibung des Verhaltens der Dinge betrachtet.

Ein technologisch-nominalistisches Verständnis der Sozialwissenschaft bedeutet ferner, daß das Ziel eines Sozialforschers nicht die *Prophezeiung* einer sozialen Entwicklung ist, an die es sich anzupassen gilt, sondern die *technologische Prognose*[106]. Deren praktische Nützlichkeit liegt in ihrer Konstruktivität, da sie durch die Feststellung der unbeabsichtigten sozialen Rückwirkungen absichtsgeleiteter menschlicher Handlungen Informationen darüber enthält, welche Maßnahmen zur Erreichung eines bestimmten Ziels tauglich sind[107]. Das praktische, nichtmetaphysische Ziel der Sozialwissenschaft ist demnach eine Sozialtechnik im Sinne einer *geplanten Planung* und Konstruktion von Institutionen[108]. Die *Endziele*, die man aus moralischen Erwägungen heraus glaubt vertreten zu können, werden dabei als *außerhalb* des Bereichs der Technik liegend betrachtet[109].

Nun läßt sich dieser praktisch-technologischen Einstellung vorwerfen, daß damit der Bereich der Wissenschaft verlassen wird. Denn im Gegensatz zum rein wissenschaftlichen Interesse, das darauf gerichtet ist, inwieweit die Prüfung einer Theorie einen Beitrag zum Wachstum unseres Wissens leistet, verfolgt der technologische Ansatz einen unmittelbar praktischen Zweck. Er unterzieht zwar auch formulierte Hypothesen einer Prüfung, zum Beispiel durch Experimente, aber nicht mit dem Ziel der Theorienbildung, d.h. des Wachstums des Wissens, sondern zum Zwecke der praktischen *Anwendung* (oder Verwerfung) der Hypothese.

---

[106] Vgl. ebd., S. 35: "Der Unterschied zwischen diesen beiden Arten von Vorhersagen entspricht ungefähr der größeren oder geringeren Bedeutung, die in einer Wissenschaft dem geplanten Experiment im Gegensatz zur bloß geduldigen Beobachtung zukommt."

[107] Vgl. ebd., sowie *ders.*, in: E. Topitsch (Hrsg.), Logik der Sozialwissenschaften, 10. Aufl. 1980, S. 113, 120.

[108] Etwa mit dem Zweck, herannahende soziale Entwicklungen zu stoppen, zu lenken oder zu beschleunigen. Vgl. *K. R. Popper*, Das Elend des Historizismus, 4. Aufl. 1974, S. 36.

[109] Im Gegensatz zu der als Historizismus bezeichneten Auffassung, der die Endziele menschlichen Tuns als von geschichtlichen Kräften abhängig ansieht. Vgl. ebd., S. 52. Damit wird nicht einer notwendigen Wertfreiheit der Sozialtheorien in der Praxis (Politik, Soziologie etc.) das Wort geredet. Eine erkenntniserweiternde Wirkung kommt aber nur einer technologischen Sozialwissenschaft zu, die ihre Objekte wertfrei analysiert und die technologische Systeme plant und konstruiert, die auf die für politisch-moralisch vertretbar gehaltenen Zielsetzungen bezogen sind.

Sicherlich ist diese Erwägung nicht vollkommen von der Hand zu weisen. Jedoch soll die Befürwortung einer Sozialtechnologie gerade der Praxisorientierung der Sozialtheorien wie etwa der Politik in verantwortbarer Weise Rechnung tragen, indem sie sich gegen einen dogmatischen "Szientismus" wendet. Sie will gerade einem verwirrenden Pseudo-Legitimismus und Determinismus sozialer Entwicklungen durch pseudowissenschaftliche Erkenntnisse dadurch vorbeugen, daß sie die Endziele menschlichen Handelns der Autonomie des Menschen und damit dem Bereich der Moralphilosophie zuweist, den Weg dorthin aber einer rationalen, kritischen Sozialtechnik. Dabei geht es ihr allein um eine "pragmatische Integration von Theorieelementen" *(P. Häberle)*, ohne die Absicht zu verfolgen, irgendein theoretisches Problem der Sozialwissenschaften auszuschließen. Im Gegenteil: So vermutet *K. R. Popper*[110], "daß die technologische Orientierung sich als fruchtbar erweisen wird, indem sie bedeutsame Probleme rein theoretischer Art aufwirft", also bei der "fundamentalen Aufgabe der Problemauswahl" behilflich ist[111]. Zu Recht weist auch *K. Eckel*[112] darauf hin, daß gerade der Primat der Theorie den Anfang beim praktischen Problem verlangt, weil am Anfang nur dieses (alltags)theoretisch strukturiert ist.

Eine solche Sozialtechnik kann sich vor dem Hintergrund des theoretischen Erkenntnismodells des nur über Fehlschritte erreichbaren Fortschritts nur als "Stückwerk-Sozialtechnik" ("piecemeal-engineering")[113] verstehen. "Wie Sokrates weiß der Stückwerk-Ingenieur, wie wenig er weiß. Er weiß, daß wir nur aus unseren Fehlern lernen können. Daher wird er nur Schritt für Schritt vorgehen und die erwarteten Resultate stets sorgfältig mit den tatsächlich erreichten vergleichen..."[114] Er gibt sich mit dem "Herumbasteln" und "Fortwursteln" zufrieden[115].

---

[110] Das Elend des Historizismus, 4. Aufl. 1974, S. 48. Vgl. auch *ders.* (1962), in: ders., Auf der Suche nach einer besseren Welt, 2. Aufl. 1987, S. 79, 81, 83.

[111] In: Die offene Gesellschaft und ihre Feinde 1, 6. Aufl. 1980, S. 397 Fn. 8, formuliert *K. R. Popper*, daß der Aufbau einer empirischen Sozialwissenschaft nur durch eine systematische Sozialtechnik von konkreten, praktischen Einzelproblemen begonnen werden kann. Vgl. auch *ders.,* Das Elend des Historizismus, 4. Aufl. 1974, S. 69.

[112] ZfSoz. 1978, 39, 42 Fn. 8.

[113] *K. R. Popper*, Das Elend des Historizismus, 4. Aufl. 1974, S. 51.

[114] Ebd., S. 54.

[115] Wie *K. R. Popper* es absichtlich verniedlichend ausdrückt, siehe ebd., S. 59.

Deshalb ist eine Stückwerk-Sozialtechnik darum bemüht, nur Reformen von noch annähernd überschaubarer Komplexität und Tragweite zu unternehmen, eben um noch zu *wissen*, was eigentlich geschieht[116] [117]. Freilich wird *"nur eine Minderheit sozialer Institutionen bewußt geplant ..., während die große Mehrzahl als ungeplantes Ergebnis menschlichen Handelns einfach 'gewachsen' ist"*[118]. Es ist aber gerade das Ziel der sozialtechnologischen Orientierung, die Menschen zu bewußten Schöpfern ihrer sozialen Welt zu machen[119].

II. Methodenäquivalenz von Natur- und Sozialwissenschaften

Die Methodenlehre, die an die Stelle des Deduktivismus und Induktivismus, die beide den Anforderungen der Erkenntnislogik nicht standhalten, das Prinzip des kritisch-rationalen Eliminationismus treten läßt und die durch den methodologischen Nominalismus den wissenschaftlichen Erkenntnisprozeß von der Tendenz zu Wissensanmaßung und Spekulation

---

[116] Vgl. ebd., S. 54. Sollte nämlich ein sozialpolitischer Fehler so groß ausfallen, daß sein Entstehen nicht mehr rekonstruierbar ist, kann von einem "Lernen" nicht mehr die Rede sein. Daher übernimmt sich der an einer ganzheitsgesellschaftlichen Umstülpung interessierte Historizist nicht nur im Anspruch an seine Methodologie, sondern kann auch unmöglich die Verantwortung für globale Folgeprobleme übernehmen. Vgl. *E. Döring*, Karl R. Popper: Einführung in Leben und Werk, 1987, S. 105.

[117] Diese Stückwerk-Sozialtechnologie ist in den Verfassungen westlicher Demokratien institutionell verankert: Das Prinzip der Gewaltenteilung und -kontrolle sowie das der zeitlich begrenzten Legislaturperioden zwingen zur Beschränkung auf überschaubare Problemkreise. Vgl. *Ch. v.Mettenheim*, Recht und Rationalität, 1984, S. 79.

[118] *K. R. Popper*, Das Elend des Historizismus, 4. Aufl. 1974, S. 52.

[119] Überdies führt das nicht zur Notwendigkeit einer ohnmächtigen und ganzheitlichen (holistischen) Betrachtungsweise der sozialen Entwicklung. Denn es bestehen, wie *K. R. Popper* darlegt (vgl. ebd., S. 61 ff.), zwei verschiedene Verwendungsweisen des Wortes "Ganzheit": Es kann (1) die Gesamtheit (Totalität) aller Eigenschaften oder Aspekte eines Objekts einschließlich aller Relationen zwischen seinen Teilen gemeint sein oder (2) als Bezeichnung bestimmter spezieller Eigenschaften oder Aspekte des Objekts dienen, nämlich solcher, die ein organisiertes Gebilde (Struktur) aus ihm machen. Die Stückwerk-Sozialtechnologie ist nur an Ganzheiten der zweiten Art interessiert; sie können wissenschaftlich studiert werden. Ganzheiten der ersten Art sind hingegen einer wissenschaftlichen Untersuchung nicht zugänglich, da jede Analyse, jede Beschreibung und Erklärung im Hinblick auf die Begrenztheit des menschlichen Fassungsvermögens notwendig selektiv ist, also immer bestimmte Aspekte herausgreifen muß. Soziale Institutionen sind daher Mittel in der Hand des die Stückwerk-Technik anwendenden Sozialingenieurs zur schrittweisen Erreichung bestimmter Ziele.

befreit, kennzeichnet im Umriß die Methode aller Wissenschaften, die sich auf Erfahrung stützen. Der Wissenschaftler erstellt eine Hypothese, etwa ein allgemeines Gesetz. Um sie zu belegen, werden aus ihr unter Berücksichtigung irgendwelcher unproblematischer Randbedingungen Prognosen deduziert. Diese Prognose wird dann mit den Ergebnissen experimenteller oder anderer Beobachtungen verglichen. Übereinstimmung mit diesen gilt als vorübergehende Bestätigung, Nichtübereinstimmung als Falsifikation der Hypothese. Die Prüfungen führen zur Auswahl der "lebenstüchtigen" Hypothesen und zur Eliminierung der Hypothesen, die die Prüfung nicht bestanden haben. Die Prüfungen sind demnach nichts anderes als Versuche, falsche Theorien auszumerzen, als die Suche nach dem Irrtum[120].

All dies gilt aber grundsätzlich nicht nur für die Naturwissenschaften, sondern auch für die (technologisch orientierten) Sozialwissenschaften[121].

Das muß schon deshalb einleuchten, weil ein Fehler ausmerzendes Ausscheidungsverfahren, das mit der "negativen" (die Kraft der Negation und die Logik als "Organon der Kritik" verwendenden) Methode vor Irrtümern und Mißgriffen, vor Anmaßung und Manipulation zu schützen vermag, überall dort gefragt ist, wo Kritik und Verantwortungsbewußtsein besonders erforderlich sind. Daß dies in den praxisorientierten Sozialwissenschaften wie etwa in der Politik der Fall ist, versteht sich von selbst[122].

Überdies wird aber die Untauglichkeit vor allem der Methode der induktiven Verallgemeinerung gerade in den Sozialwissenschaften deutlich: Anders als in den Naturwissenschaften sind zumindest die meisten Gegenstände der Sozialwissenschaften abstrakt. Sie sind *theoretische* Konstruktionen, die der *Interpretation* der Erfahrung dienen (zum Beispiel die "Gesellschaft", der "Staat", der "Markt", der "Krieg"). Diese wiederum entstehen aufgrund bestimmter Modelle, die zur *Erklärung* bestimmter Erfahrungen

---

[120] Diese Auffassung ist nicht paradox. "Denn wenn wir unkritisch sind, werden wir stets finden, was wir suchen: wir werden nach Bestätigungen Ausschau halten und sie finden... Wenn wir wollen, daß die Methode der Auswahl durch Eliminierung funktioniert und daß nur die lebenstüchtigen Theorien am Leben bleiben, dann müssen wir dafür sorgen, daß ihr Kampf ums Dasein hart ist." (Ebd., S. 105.)

[121] Vgl. ebd., S. 106, und auch *H. Albert*, in: E. Topitsch (Hrsg.), Logik der Sozialwissenschaften, 10. Aufl. 1980, S. 53 ff. Zu gewissen, durch den Wissenschaftsgegenstand bedingten methodisch-praktischen Differenzierungen siehe unten III.

[122] Vgl. auch *E. Döring*, Karl R. Popper: Einführung in Leben und Werk, 1987, S. 107 f. Grundlegend zu "reforms as experiments" *D. T. Campbell*, American Psychologist 1969, 409 ff.

konstruiert werden - eine in den Naturwissenschaften häufig gebrauchte Vorgehensweise. Der Sozialwissenschaftler arbeitet also mit theoretischen Modellen, mit Hypothesen, nicht mit konkreten Dingen[123]. Also beginnt der sozialwissenschaftliche Forschungsprozeß nicht mit "unvoreingenommenen" Beobachtungen, aus denen er Theorien abzuleiten versucht. Vielmehr ist die Vorgehensweise vom soziologischen Modell zur Konstruktion (von Institutionen) Bestandteil der Methode der Erklärung durch Deduktion von Prognosen aus Hypothesen. Sie bringt zugleich die Aufgabe der Sozialtheorie im allgemeinen zum Ausdruck: die Konstruktion und sorgfältige Analyse, d.h. Überprüfung der soziologischen Modelle, und zwar mit Hilfe rein deskriptiver (nominalistischer) Begriffe[124].

III. Theorie des sozialtechnologischen Experiments

Die Theorie der experimentellen Methode in der Sozialtechnologie stellt sich demnach etwa folgendermaßen dar: Man formuliert eine politische Forderung, die eine soziale Veränderung zum Inhalt hat. Diese wird in eine hypothetische Mittel-Ziel-Korrelation eingebracht, d.h. eine Hypothese über die Tauglichkeit eines bestimmten Mittels zur Erreichung des politischen Ziels erstellt. Ihre Transformation in eine technologische Prognose in der Form eines universellen Es-gibt-nicht-Satzes ermöglicht die logische Deduktion einer besonderen, singulären Folgerung (Prognose), bestehend aus der hypothetisch angenommenen Kausalgesetzlichkeit und besonderen, unproblematischen (Rand-)Bedingungen. Diese ist an der Erfahrung dergestalt zu messen, daß sie einem Vergleich mit die Wirklichkeit ausdrückenden Basissätzen zugeführt wird. Die Basissätze werden ihrerseits im Wege des Experiments dadurch gewonnen, daß die Wenn-Komponente als experimenteller Faktor in die soziale Experimentsituation eingeführt und ihre Auswirkung beobachtet, genauer: gemessen wird[125].

---

[123] Dies erklärt den methodologischen Essentialismus. Denn das abstrakte Modell, die Hypothese wird als Essenz, als eine Art ewiger Geist in oder auch hinter den wechselnden beobachtbaren Ereignissen wahrgenommen. Vgl. *K. R. Popper*, Das Elend des Historizismus, 4. Aufl. 1974, S. 107.

[124] Da diese Modelle auf Individuen beruhen, auf deren Haltungen und Erwartungen, bezeichnet *K. R. Popper* (vgl. ebd.) dieses Postulat als den "methodologischen Individualismus".

[125] Wegen der praktischen Orientierung der Vorgehensweise - es wird die Hypothese "Wenn A, dann B" geprüft, um festzustellen, ob A ein geeignetes Instrument zur Verwirklichung von B ist - handelt es sich hier nicht um ein streng wissenschaftliches Experiment, da

Sozialtechnologische Fragestellungen können privater oder öffentlicher Natur sein. Dementsprechend kann man das private und das öffentliche sozialtechnologische (oder praxeologische) (Stückwerk-)Sozialexperiment[126] unterscheiden. Ein Beispiel für ein privates Experiment mag sein, daß ein Einzelunternehmer investiert, um langfristig seinen Ertrag zu steigern. Ein öffentliches Experiment, das nachfolgend Gegenstand der Betrachtungen sein soll, ist zum Beispiel die Änderung des Studienplans durch den Fachbereich einer Universität, um das Niveau der Absolventen zu erhöhen. Die streng logisch aus der Kausalhypothese abgeleitete technologische Prognose lautet hier: "Es gibt nicht die (bestimmte) Änderung des Studienplans ohne Erhöhung des Absolventenniveaus". Sie ist in einem beschränkten Raum-Zeit-Bereich experimentell überprüfbar.

Fraglich bleibt dennoch, ob es nicht trotz der grundsätzlichen "Einheit der Methode"[127] in den speziellen Ansätzen und Techniken einer Differenzierung nach dem Wissenschaftsgegenstand bedarf. Bei der Suche nach der methodischen Vorgehensweise kann dieser nicht völlig unbeachtet bleiben.

Gegenstand der Sozialwissenschaften ist der Mensch bzw. das "soziale Handeln" oder das "soziale System", in dem das soziale Handeln organisiert und auf das es hin orientiert ist[128]. Die Sozialwissenschaften sind auf den Menschen als Versuchsperson angewiesen, dabei weniger als Individuum,

---

durch es nicht unmittelbar ein Beitrag zum Wachstum des Wissens geleistet wird. Siehe schon oben I. a.E. und auch ebd., S. 68 f. Vielmehr geht es um die Verbesserung der sozialen Wirklichkeit. Ziel des sozialtechnischen Experiments ist dabei das Lernen aus Versuch und Irrtum. Dieses ist aber nicht, wie *K. Eckel*, ZfSoz. 1978, 39, 46, meint, im Verhältnis zur wissenschaftlichen Erkenntnis lediglich sekundär. Sondern es ist Ausdruck einer rationalen und verantwortbaren Sozialtechnik, wie bereits aufgezeigt wurde, auf dem Weg zu einer theoretischen Sozialwissenschaft.

[126] Die Bezeichnung "Ad-hoc-Sozialexperiment", die sich bei *K. Eckel*, ZfSoz. 1978, 39, 45 ff., findet, wird hier abgelehnt. Im allgemeinen Sprachgebrauch wird "ad hoc" allzu leicht im Sinne von "ungeplant" und/oder "unkontrolliert" (miß)verstanden. Auch soll eine (vermeintliche) Nähe zum Konventionalismus vermieden werden, der Gefahr läuft, durch ad hoc eingeführte Hilfshypothesen ("konventionalistische Wendung") das aufgestellte Theoriensystem gegen seine Falsifikation zu "immunisieren" *(H. Albert)*. Vgl. dazu *K. R. Popper*, Logik der Forschung, 8. Aufl. 1984, S. 47 ff.

[127] Vgl. die gleichlautende Überschrift des Kap. 29 in *K. R. Popper*, Das Elend des Historizismus, 4. Aufl. 1974, S. 102.

[128] Vgl. dazu im Zusammenhang mit der Stellung des Experiments in der sozialwissenschaftlichen Forschung *W. Siebel*, Die Logik des Experiments in den Sozialwissenschaften, 1965, S. 179 ff. Allgemein vgl. *K. R. Popper*, Die offene Gesellschaft und ihre Feinde 2, 6. Aufl. 1980, S. 112 ff.

sondern mehr als Träger einer sozialen Funktion, d.h. als Repräsentant einer sozialen Wirklichkeit.

Freilich bedarf es zunächst des deutlichen Hinweises darauf, daß experimentelle Methode und Experiment nicht identisch sind[129]. Das Experiment ist ein Schritt *innerhalb* der experimentellen Methode. "Nur im Zusammenhang mit der Ableitung von Folgerungen aus einer Hypothese und mit der theoretischen Deutung der im Experiment beobachteten Veränderungen im experimentellen System hat es Wert und Bedeutung."[130] Es realisiert die experimentelle Fragestellung im angegebenen Ausschnitt der Wirklichkeit und ermöglicht die Feststellung der Bestätigung oder Widerlegung hypothetischer Bedingungsaussagen in der entsprechenden Praxis.

Das Experiment im streng wissenschaftlichen Sinne (das "reine" Experiment)[131] ist definiert durch die Prüfung einer Kausalhypothese (explicandum) in unterschiedlichen Situationen (explicans), wobei die Faktoren dieser unterschiedlichen Situationen kontrolliert werden[132]. Das experimentelle System besteht dabei aus den Elementen: der Experimentator als Leiter des experimentellen Prozesses; die experimentelle Situation als Gesamtheit der relevanten und unproblematischen Bedingungen einschließlich des Experimentobjekts; schließlich der experimentelle Faktor als die gesteuerte, als "Ursache" in die experimentelle Situation eingeführte Bedingung. Methodentypisch für das Experiment sind: die Rückholbarkeit des experimentellen Faktors, die Wiederherstellbarkeit des vorexperimen-

---

[129] Darauf weisen besonders deutlich *H. Parthey/D. Wahl*, Die experimentelle Methode in Natur- und Gesellschaftswissenschaften, 1966, S. 121 f. und passim, hin.

[130] Ebd., S. 121.

[131] Allgemein zum Experiment in der Soziologie bzw. der soziologischen Forschung vgl. stellvertretend *E. Greenwood*, in: R. König (Hrsg.), Beobachtung und Experiment in der Sozialforschung, 1956, Neudruck 1975, S. 171 ff.; *F. St. Chapin*, in: R. König (Hrsg.), Beobachtung und Experiment in der Sozialforschung, 1956, Neudruck 1975, S. 221 ff.; *W. Siebel*, Die Logik des Experiments in den Sozialwissenschaften, 1965; *E. Zimmermann*, Das Experiment in den Sozialwissenschaften, 1972.

[132] Vgl. die Definition des Experimenttheoretikers *E. Greenwood*, in: R. König (Hrsg.), Beobachtung und Experiment in der Sozialforschung, 1956, Neudruck 1975, S. 171, 177: "Ein Experiment ist der Beweis für eine Hypothese, die zwei Faktoren in eine ursächliche Beziehung zueinander bringen will, indem sie sie in unterschiedlichen Situationen untersucht. Diese Situationen werden in Bezug auf alle Faktoren kontrolliert mit Ausnahme des einen, der uns besonders interessiert, da er entweder die hypothetische Ursache oder die hypothetische Wirkung darstellt." Siehe auch a.a.O., S. 320 (Glossar); *E. Zimmermann*, Das Experiment in den Sozialwissenschaften, 1972, S. 32 ff. m.w.N.

tellen Zustands, die Freiwilligkeit der Teilnahme der Experimentpersonen sowie die praktische Wiederholbarkeit.

Vor diesem Hintergrund lassen sich im Hinblick auf das sozialtechnologische Experiment im wesentlichen drei Fragenkomplexe voneinander unterscheiden, die alle ihren Ursprung in der Besonderheit des Untersuchungsgegenstandes haben und daher jeweils aufeinander bezogen sind[133]: die Bestimmung und Kontrolle der experimentellen Situation, die Kausalität der Erklärung und die Wiederholbarkeit sowie die Rückkoppelungsproblematik. Die spezifischen Schwierigkeiten, die hinsichtlich der Meßbarkeit der empirischen Sozialdaten auftreten, seien hier nur erwähnt. Sie führen zweifellos zu einer Verringerung ihrer Interpretations- und Prüffähigkeit und damit ihrer Bedeutung. Bei der Frage nach den Meßmethoden handelt es sich aber um ein spezifisches Problem der empirischen Sozialforschung und soll daher im folgenden vernachlässigt werden.

1. Bestimmung und Kontrolle der experimentellen Situation

Bei der experimentellen Überprüfung sozialwissenschaftlicher und auch sozialtechnologischer Hypothesen treten "verwirrende und komplizierende Störungsprobleme"[134] auf. Sie sind bedingt durch die verschiedenen Orientierungsdimensionen des sozialen Handelns im gegebenen Handlungsraum. Dies sind vor allem (implizite wie explizite) normative Faktoren, wie Weltbilder und Gruppennormen sowie daraus abgeleitete konkrete Zielsetzungen, ferner Umweltfaktoren, bestehend aus dem kulturellen, sozialen und materialen Umfeld, und schließlich die individuellen Potentialitäten und Qualifikationen[135]. Alle Dimensionen durchdringen und beeinflussen sich je gegenseitig. Sie bestimmen in ihrer - individuell strukturierten - Gesamtheit das menschliche Handeln, indem sie ihm Richtung verleihen. Die Struktur des Handlungsraumes des Menschen erfährt demnach als Aus-

---

[133] Die Probleme können im gegebenen Rahmen nur angerissen werden. Einen Überblick über Entwicklung und Stand der Beobachtung und des Experiments in der Sozialforschung gibt *R. König*, in: ders. (Hrsg.), Beobachtung und Experiment in der Sozialforschung, 1956, Neudruck 1975, S. 17 ff.

[134] *K. Eckel*, ZfSoz. 1978, 39, 41. Zu Analysen der sozialen Störungsproblematik siehe die Nachweise bei *K. Eckel*, a.a.O., Fn. 2.

[135] Vgl. *W. Siebel*, Die Logik des Experiments in den Sozialwissenschaften, 1965, S. 179.

druck der individuellen Freiheit eine einzigartige Prägung, die ihrem Wesen nach diffus ist.

Diese Einsicht führt schon bei der für die Durchführung eines Experiments erforderlichen und für die Genauigkeit der Folgerungen entscheidenden Bestimmung und Kontrolle der Faktoren der experimentellen Situation zu Schwierigkeiten[136]. Eine Erfassung aller relevanter Bedingungen des Experimentobjekts ist ausgeschlossen. Gleiches gilt für seine totale Isolier- und Manipulierbarkeit. Dies führt beim Laborexperiment[137] zur "Selbststörung" insoweit, als daß die Versuchsperson(en) durch die Künstlichkeit der Versuchssituation nicht unerheblich beeinflußt ist (werden). Beim Feldexperiment[138] tritt eine "Fremdstörung"[139] in der Form auf, daß das Untersuchungsfeld durch das Experiment selbst verändert wird; das Feldexperiment selbst erzeugt soziale Realität. Hinzu kommt ein nicht zu kontrollierender Wandel der sozialen Verhältnisse bei längerer Zeitdauer des Experiments. Zusammenfassend läßt sich sagen, daß die Komplexität der sozialen Situation ihre Analyse erheblich erschwert.

Das Problem der Komplexität[140] schließt aber die *Anwendung* der experimentellen Methode nicht aus, allenfalls ergeben sich schon hier Konsequenzen für ihren *Inhalt*[141]. Denn es wäre nicht sachgemäß zu behaupten, daß konkrete soziale Situationen einen höheren Grad an Komplexität aufweisen als konkrete Situationen in der Natur. Die tatsächliche Aktion und Reaktion eines Naturelements ist ebenso eingebunden in und abhängig von

---

[136] Zur Technik der Kontrolle in soziologischen Experimenten und ihren Problemen allgemein siehe *E. Greenwood*, in: R. König (Hrsg.), Beobachtung und Experiment in der Sozialforschung, 1956, Neudruck 1975, S. 171, 191 ff.; *E. Zimmermann*, Das Experiment in den Sozialwissenschaften, 1972, S. 61 ff.

[137] Labor- oder Laboratoriumsexperiment bezeichnet ein Experiment, bei dem ein Vorgang unter "reinen", vereinfachten und damit in der Regel leicht kontrollierbaren Bedingungen untersucht wird. Vgl. R. König (Hrsg.), Beobachtung und Experiment in der Sozialforschung, 1956, Neudruck 1975, S. 321 (Glossar).

[138] Das Feldexperiment ist ein Experiment, bei dem der untersuchte Gegenstand nicht aus der natürlichen Umgebung herausgelöst wird. Vgl. ebd.

[139] Die Begriffe "Selbststörung" und "Fremdstörung" sind dem Aufsatz von *K. Eckel*, ZfSoz. 1978, 39, 41 ff., entnommen.

[140] Zur Komplexheit in den Sozialwissenschaften vgl. z.B. *E. Greenwood*, in: R. König (Hrsg.), Beobachtung und Experiment in der Sozialforschung, 1956, Neudruck 1975, S. 171, 194 f.

[141] So ausdrücklich auch *E. Zimmermann*, Das Experiment in den Sozialwissenschaften, 1972, S. 47, 52 ff., 55 f., 60.

eine(r) Vielzahl von Bedingungen und Zuständen wie die soziale Handlung. Nur unser Wissen um die Subaktionen und -reaktionen in der "physischen Natur" ist weit größer als in der "sozialen Natur". Allerdings ist auch das naturwissenschaftliche Wissen nicht umfassend und absolut. So ist es beispielsweise unmöglich, eine chemische Reaktion unter Berücksichtigung der atomaren und subatomaren Zustände aller beteiligten Elementarteilchen zu beschreiben[142].

Diese Überlegungen rechtfertigen es, zur Zeit das "soziale Laborexperiment" für ungeeignet zu halten. In Ermangelung einer ausreichenden Anzahl von (bewährten) Theorien in den Sozialwissenschaften, die etwa die Auswirkungen der Künstlichkeit[143] erklären[144] und damit einen Komplexitätsabbau im formalen Sinne bewirken, müßten zur Erfassung und Isolierung der experimentellen Situation eine Unzahl von Ad-hoc-Annahmen gemacht werden. Dies wäre aber im Hinblick auf die Erkenntnisleistung des Experiments dysfunktional[145].

Beim "sozialen Feldexperiment" stellt sich das Problem der Isolier- und Manipulierbarkeit der experimentellen Situation nicht in dem Ausmaß, ist es doch das Wesen seiner Vorgehensweise, die Faktoren des sozialnatürlichen Ablaufs variabel und unkontrolliert zu belassen. Der Fremdstörungseffekt wird erst für die Rückkoppelungsproblematik und die Frage der Wiederholbarkeit bedeutsam. Die Bestimmung und Kontrolle der relevanten Faktoren allerdings bleibt ein Problem, das mit Hilfe genauerer Meßmethoden der empirischen Sozialforschung in den Griff zu bekommen ist. Freilich muß auch der an wirkungsoptimaler und rationaler Durchführung des Experiments interessierte Feldforscher das Untersuchungsfeld in der Weise abstecken, daß es überschaubar bleibt, und damit eine praktisch nützliche und verantwortbare technologische Prognose ermöglichen. Das soziale Feldexperiment ist damit Teil und Anwendung der Methode der an

---

[142] Dieses Beispiel führt *K. R. Popper*, Das Elend des Historizismus, 4. Aufl. 1974, S. 110, an.

[143] Zum Problem der Künstlichkeit siehe *E. Greenwood*, in: R. König (Hrsg.), Beobachtung und Experiment in der Sozialforschung, 1956, Neudruck 1975, S. 171, 213 ff.; *E. Zimmermann*, Das Experiment in den Sozialwissenschaften, 1972, S. 48 ff.

[144] Die Vornahme einer sog. "Zwecktäuschung", um die durch das Wissen der Versuchspersonen um den Experimentcharakter der (Labor-)Situation bedingten Verzerrungen zu vermeiden, wirft weitreichende ethische und auch rechtliche Probleme auf. Vgl. dazu etwa *E. Zimmermann*, Das Experiment in den Sozialwissenschaften, 1972, S. 270 ff.

[145] Vgl. auch *K. Eckel*, ZfSoz. 1978, 39, 42.

Rationalität und Verantwortbarkeit orientierten "Stückwerk-Sozialtechnik"[146]. Stückwerk-Technik impliziert immer auch das "Stückwerk-Experiment"[147] [148].

2. Kausalität und Wiederholbarkeit

Der Grad der "(Un-)Reife" des sozialwissenschaftlichen Wissens um die normengesteuerte Struktur des Handlungsraums des Menschen wirft überdies die Kausalfrage auf. Die empirischen Wissenschaften streben nach der Explikation eines konkreten Vorgangs bzw. einer konkreten Regelmäßigkeit in der Wirklichkeit, d.h. nach der Beschreibung von Kausalitäten, die Vorhersagen ermöglichen. Demnach besteht das Ziel des Experiments darin, die Existenz von Kausalzusammenhängen zu bestätigen oder ihre Nichtexistenz zu beweisen. Vor dem gleichen Problem steht die Sozialtechnologie. Der zugrundeliegende Kausalitätsbegriff[149] läßt sich dabei nicht einfach mit dem Zusammenhang von Ursache und Wirkung umschreiben[150], vielmehr erschließt sich sein Inhalt aus dem Kausalprinzip und dem Kausalgesetz. Das Kausalprinzip besagt, daß jedem Geschehen eine Ursache zugrunde liegt. Der Inhalt des Kausalgesetzes kann in Anlehnung an *W. Siebel*[151] so beschrieben werden, daß bei Zusammentreffen einer (gleichen) Ursache mit einer (gleichen) Situation eine bestimmte (gleiche) Wir-

---

[146] Siehe dazu oben I. Der holistisch denkende Sozialforscher wird schon hier mit unüberwindbaren Schwierigkeiten zu kämpfen haben.

[147] Im folgenden ist daher mit "Experiment" immer das "soziale Stückwerk-Feldexperiment" gemeint. Im übrigen ist es in den Naturwissenschaften selbstverständlich, daß ein Experiment immer nur ein Stückwerk-Experiment ist.

[148] Vgl. auch *E. Greenwood*, in: R. König (Hrsg.), Beobachtung und Experiment in der Sozialforschung, 1956, Neudruck 1975, S. 171, 206 f., der die experimentellen Verfahren entgegen *J. St. Mill* auf einfache Situationen anwenden will, in denen eine befriedigende Kontrolle zu verwirklichen ist.

[149] Zur Diskussion um den Kausalitätsbegriff siehe stellvertretend *W. Siebel*, Die Logik des Experiments in den Sozialwissenschaften, 1965, S. 92 ff.; *E. Zimmermann*, Das Experiment in den Sozialwissenschaften, 1972, S. 39 ff.; jeweils m.w.N.

[150] Da es keine einzelne zureichende Ursache für die Erklärung eines Ereignisses gibt. Bezeichnet man als Ursache den gesamten Bedingungskomplex, der der Ereigniswirkung zugrunde liegt, so ist eine Unterscheidung zwischen Ursachen und notwendigen Bedingungen unmöglich. Vgl. auch *K. R. Popper*, Das Elend des Historizismus, 4. Aufl. 1974, S. 98 f. Siehe dagegen *F. St. Chapin*, in: R. König (Hrsg.), Beobachtung und Experiment in der Sozialforschung, 1956, Neudruck 1975, S. 221, 233.

[151] Die Logik des Experiments in den Sozialwissenschaften, 1965, S. 100.

kung entsteht. Die logische Analyse ergibt, daß die kausale Erklärung *eines spezifischen Ereignisses* nur in einem Satz enthalten sein kann, der sich aus zwei Prämissen ableitet: aus universellen Gesetzen und aus besonderen, singulären Sätzen, d.h. spezifischen Randbedingungen[152]. Die kausale Erklärung einer *Regelmäßigkeit* besteht "in der Ableitung eines Gesetzes (das die Bedingungen enthält, unter denen die behauptete Regelmäßigkeit gilt) aus einem System von allgemeineren Gesetzen, die unabhängig geprüft und bewährt sind"[153]. Die Formulierung der Kausalität im "Wenn-dann-Modus" enthält somit eine Aussage über die Reaktionen bzw. Eigenschaften des Untersuchungsobjekts in Relation zu besonderen Randbedingungen.

Die dialektische Eingebundenheit des Menschen als Träger sozialer Funktionen in die Normenkonstellationen sozialer Systeme[154] und die dadurch bewirkte normative Abhängigkeit des sozialen Handelns erschweren nun die Formulierung eines Kausalsatzes; ein Festhalten an einem rein mechanistisch verstandenen Kausalbegriff scheint in den Sozialwissenschaften unmöglich. Denn die "Verwirklichung" einer sozialen Funktion kann nicht ohne Berücksichtigung der Normenstruktur des Systems begriffen werden.

Theoretisch läßt sich dem Problem mit Hilfe einer "objektiv verstehenden" Methode oder "Situationslogik" in den Sozialwissenschaften begegnen[155]. Die hinreichende Analyse der Situation des menschlichen Handelns ermöglicht dessen objektives "Verstehen" in dem Sinne, daß im Wege der Korrelation festgestellt werden kann, ob das Verhalten der Logik der Situation entspricht, ob es "situationsgerecht" ist oder nicht. In die Situationsanalyse muß dabei zum einen die den Handelnden umgebende physische und soziale Welt eingehen. Letztere besteht vor allem aus den sozialen Institutionen, die den Dingen der physischen Welt entsprechen[156]. Zum anderen muß sich die Situationsanalyse der psychologischen Momente im

---

[152] Vgl. *K. R. Popper*, Logik der Forschung, 8. Aufl. 1984, S. 31 f.; siehe auch *ders.*, Das Elend des Historizismus, 4. Aufl. 1974, S. 96 f.

[153] *K. R. Popper*, Das Elend des Historizismus, 4. Aufl. 1974, S. 98.

[154] Die soziale Funktion ist Bestandteil des sozialen Systems und als solche von diesem beeinflußt, umgekehrt kann aber das soziale System nur aus den in ihm enthaltenen Funktionen erfaßt werden.

[155] Siehe dazu *K. R. Popper* (1962), in: ders., Auf der Suche nach einer besseren Welt, 2. Aufl. 1987, S. 79, 95 ff., sowie *ders.*, Die offene Gesellschaft und ihre Feinde 2, 6. Aufl. 1980, S. 122 f. *K. R. Popper* orientiert sich dabei ausdrücklich an der Anwendung der "Logik der Macht" *(F. v.Hayek)* in der Nationalökonomie.

[156] Z.B. der Bundestag, ein Universitätsinstitut, die Polizei oder auch die Gesetze.

weitesten Sinne annehmen, indem sie diese in Situationselemente transformiert, d.h. Wünsche, Wertvorstellungen etc. des Handelnden werden als zur Situation objektiv zugehörig angesehen[157]. Somit wird eine vergleichbare Erklärung menschlicher Handlungen ermöglicht[158] [159].

Praktisch bleibt aber zum einen wieder das Problem der Bestimm- und Kontrollierbarkeit, hier insoweit, als die erforderliche Definition der besonderen Randbedingungen bzw. der (gleichen) Situation (noch) nicht in ähnlich genauer Weise möglich ist wie in den Naturwissenschaften. Auch

---

[157] Hier liegt der Unterschied zu der im Ansatz vergleichbaren Methodologie des "Idealtypus" nach *M. Weber*, Die "Objektivität" sozialwissenschaftlicher und sozialpolitischer Erkenntnis (1904), in: ders., Gesammelte Aufsätze zur Wissenschaftslehre, hrsg. von J. Winckelmann, 4. Aufl. 1973, S. 146 ff., bes. S. 190 f.: Wegen der Unendlichkeit der Zahl und der Art der Ursachen, die irgendein individuelles Ereignis bestimme (vgl. *M. Weber*, a.a.O., S. 177), müsse das unvermeidlicherweise selektive Suchen und Erklären näher bestimmt und gesichert werden. Dem diene die pragmatische Veranschaulichung und Verständlichmachung der Eigenart der Zusammenhänge an einem Idealtypus. Er werde "gewonnen durch einseitige Steigerung eines oder einiger Gesichtspunkte und durch Zusammenschluß einer Fülle von diffus und diskret, hier mehr, dort weniger, stellenweise gar nicht, vorhandenen Einzelerscheinungen, die sich jenen einseitig herausgehobenen Gesichtspunkten fügen, zu einem in sich einheitlichen Gedankengebilde. In seiner begrifflichen Reinheit ist dieses Gedankenbild nirgends in der Wirklichkeit empirisch vorfindbar, es ist eine Utopie, und für die historische Arbeit erwächst die Aufgabe, in jedem einzelnen Falle festzustellen, wie nahe oder wie fern die Wirklichkeit jenem Idealbilde steht". Die Konstruktion des jeweiligen Idealtypus ist demnach durch die Auswahl des Forschers bedingt, die ihrerseits von Wertungen abhängig ist. In das auf diesem Wege nachkonstruierende Erkenntnisverfahren gehen folglich subjektive Momente ein, die eine Theorie der rationalen, d.h. intersubjektiv nachprüfbaren Erkenntnis vermeiden will. Ihrer Auffassung nach sind die die individuelle Situation beeinflussenden Faktoren nicht unendlich, sondern lediglich teilweise der Praxis der empirischen Sozialforschung nach deren gegenwärtigem Erkenntnisstand nicht zugänglich.

[158] Die Anwendung der Situationslogik setzt freilich die Auffassung voraus, daß die psychologischen Momente im Handeln eines Menschen durch die Situation des Handelnden hervorgerufen werden, ihr entspringen und nicht naturgegeben, "natürlich" sind. Siehe dazu unten IV. Inkurs.

[159] Damit wird der Auffassung *W. Siebels*, Die Logik des Experiments in den Sozialwissenschaften, 1965, S. 104, 161 ff., 181 ff. und passim, widersprochen, nach der das soziale Handeln keine "Relationseigenschaften" in dem Sinne kennzeichne, daß sie sich starr bei bestimmten Bedingungen stets in gleicher Weise realisieren, da die Handlung in der gleichen Situation völlig anders und umgekehrt in verschiedenartigen Situationen gleichartig verlaufen könne. Ihr liegt ein hier abgelehnter Psychologismus zugrunde mit dem Inhalt, daß die durch die menschlichen Handlungen bewirkten Ereignisse des sozialen Lebens die Ergebnisse von Beweggründen sein müssen, die dem seinsunabhängigen Bewußtsein individueller Menschen entspringen. Siehe dazu unten IV. Inkurs. Daher ist dieser von *W. Siebel* konstatierte, "tatsächlich" nicht zu leugnende Umstand auf das Fehlen sozialwissenschaftlicher Erklärungen der relevanten Situation zurückzuführen.

dafür zeichnet wieder nicht eine etwaige besondere Komplexität des sozialwissenschaftlichen Gegenstandes verantwortlich, sondern die relativ niedri-
gere Entwicklungsstufe der sozialwissenschaftlichen Forschung. Hier bedarf es zum Zwecke einer genaueren Situationsanalyse einer weiteren Verfeinerung der Meßmethoden und fortschreitender theoretischer Durchdringung des Geflechts der Zusammenhänge. Gleiches gilt zum anderen
für den Faktor der "Gleichheit" als Voraussetzung für die Formulierung einer kausalen Erklärung: Unter Berücksichtigung dessen, daß die erforderliche Gleichheit immer nur relativ, nie absolut sein kann, fehlt es in den Sozialwissenschaften (noch) an einem umfassenden (bewährten) Wissen um
die für die Bestimmung des erforderlichen Gleichheitsgrades relevanten
Faktoren[160]. M. *Rehbinder*[161] spricht daher an Stelle von sozialwissenschaftlichen Kausalzusammenhängen von Funktionszusammenhängen.

Jedoch weist *K. R. Popper*[162] zu Recht darauf hin, daß es jedenfalls in den
meisten sozialen Situationen im Unterschied zu "natürlichen" Situationen
ein rationales Element gibt. Das mehr oder weniger rationale Handeln der
Menschen ermöglicht die Konstruktion relativ einfacher Modelle ihrer Ak-
tionen und Interaktionen, die als Annäherungen an die "wirklichen" Zusammenhänge verwendet werden können[163]. Bei all dem ist zu berücksichtigen, daß sich die Stückwerk-Technik mit einem "Herumbasteln" in beschei-
denem Rahmen, also mit der Reduktion auf das Überschaubare zufrieden
gibt. Auf ihrer Grundlage entsteht eine "Stufenleiter der experimentellen
Technik" in dem Sinne, daß "Objekte, die in einem Entwicklungsabschnitt
der Wissenschaft Objekte der Untersuchung sind, in der nächsten Periode,
wenn sie genügend erforscht sind, Momente im System der experimentellen

---

[160] Die Erforschung dieser Faktoren fällt dabei zum Teil in den Bereich der Sozialwissenschaften im engeren Sinne, zum Teil aber auch in den anderer Wissenschaften, z.B. der Psychologie.

[161] Rechtssoziologie, 1977, S. 106.

[162] Das Elend des Historizismus, 4. Aufl. 1974, S. 110. Vollkommen rational, d.h. situationsgerecht wäre ein Handeln der Menschen dann, wenn sie zur Erreichung ihrer jeweiligen
Ziele alle erreichbaren Informationen optimal ausnützen könnten.

[163] *K. R. Popper* (vgl. ebd., S. 110 f.) verweist in diesem Zusammenhang auf ein in den Sozialwissenschaften verwendbares Verfahren, das er die Methode der rationalen oder logischen
Konstruktion oder die "Nullmethode" nennt: Da Menschen kaum je rational handeln, liegt der
Erkenntnisgewinn in der durch Vergleich festgestellten Abweichung des tatsächlichen Verhaltens der Individuen vom vollkommen rationalen, d.h. Modellverhalten, das aufgrund der "reinen Logik der Wahl" zu erwarten gewesen wäre, wobei dieses als eine Art Nullkoordinate angenommen werden kann.

Einwirkung, Kontrolle und Beobachtung sein können. Sie werden zum Mittel, neue Bereiche und Zusammenhänge zu analysieren"[164]. Dabei bedarf es eben genauer Zielvorgaben an den Experimentator[165], die sich danach richten müssen, welche sozialen Erscheinungen zunächst exakt zu erforschen sind, damit diese später als Mittel der weiteren experimentellen Forschung verwendet werden können.

Bislang unerörtert blieb der mit dem Problem der Formulierung einer kausalen Erklärung eng verbundene Aspekt der Wiederholung oder Wiederholbarkeit des (Sozial-)Experiments. Das Postulat der Rationalität der aufgestellten Kausalgesetzlichkeit fordert die Wiederholbarkeit des sie beweisenden Experiments im Sinne der Reproduzierbarkeit des gleichen Ergebnisses. Nur die Wiederholung des Experiments unter gleichen Bedingungen und mit den gleichen Ergebnissen kann wissenschaftliche Ergebnisse liefern[166]. "Nur dort, wo gewisse Vorgänge (Experimente) auf Grund von Gesetzmäßigkeiten sich wiederholen, bzw. reproduziert werden können, nur dort können Beobachtungen, die wir gemacht haben, grundsätzlich von jedermann nachgeprüft werden."[167] Nicht reproduzierbare, "zufällig" auftretende Einzelereignisse, "okkulte Effekte"[168] sind für die Wissenschaft bedeutungslos. Die Falsifikation oder (vorläufige) Bestätigung einer Hypothese ist erst mit dem Auffinden eines die Theorie widerlegenden oder bestätigenden Effektes möglich.

Zwar gibt es auch in den Naturwissenschaften keine raumzeitlich völlig gleichartigen Versuchsbedingungen in dem Sinne, daß es gleiche Situationen gibt und daß die gleiche Technik bei zwei Situationen zum gleichen Ergebnis führt. Doch stellt sich vor dem Hintergrund des sozialwissenschaftlichen Gegenstandes, der Variabilität der sozialen Verhältnisse und des Störungseffektes durch das Experiment selbst im besonderen die Frage, ob So-

---

[164] H. Parthey/D. Wahl, Die experimentelle Methode in Natur- und Gesellschaftswissenschaften, 1966, S. 223.

[165] Siehe schon oben, unter A. II.

[166] Vgl. z.B. F. St. Chapin, in: R. König (Hrsg.), Beobachtung und Experiment in der Sozialforschung, 1956, Neudruck 1975, S. 221, 223 f., 236, 243. Siehe auch die Nachweise zum Problem der Wiederholbarkeit bei K. Eckel, ZfSoz. 1978, 39, 45 Fn. 13. Insbesondere für sozialwissenschaftlich unterstützte Reformvorhaben betont dies D. T. Campbell, American Psychologist 1969, 409, 427 f.

[167] K. R. Popper, Logik der Forschung, 8. Aufl. 1984, S. 19 und auch S. 54.

[168] Ebd., S. 19.

zialexperimente möglicherweise unnütz sind, weil sie nicht unter annähernd gleichartigen Bedingungen wiederholt werden können.

Zur Untersuchung dieser Frage muß zunächst zwischen zwei Bedeutungsinhalten des Begriffes "Wiederholung" unterschieden werden: Es kann entweder Wiederholung des Experiments im technisch-praktischen Sinne ohne Rücksicht auf das Resultat gemeint sein, oder Wiederholung bezeichnet die Reproduktion des Experiments, i.e. die praktische Wiederholung bei gleicher Ergebniserzielung[169]. Letzteres setzt vollkommen ähnliche Versuchsbedingungen voraus. Eine Differenz der Ergebnisse zwischen Ursprungs- und Vergleichsexperiment kann unter anderem darauf zurückzuführen sein, daß die Situationen bzw. die einwirkenden Faktoren verschiedene Einflüsse hervorgebracht haben, also nicht ähnlich waren[170]. Den Unterschied in den Versuchsbedingungen zu finden, ist aber oft - auch in der Physik - recht schwierig. Die Beantwortung der Frage, welche Art von Ähnlichkeit relevant ist und welcher Grad von Ähnlichkeit ausreicht, kann aber nur durch lange Nachforschungen, eben vor allem unter Verwendung der experimentellen Methode erfolgen. "Man kann von keiner beobachteten Verschiedenheit oder Ähnlichkeit, so auffallend sie auch sein mag, a priori sagen, ob sie für die Reproduktion eines Experiments relevant sein wird oder nicht. Wir müssen daher die experimentelle Methode sich selbst überlassen."[171] Nur durch Experimente läßt sich auf die nötige Ähnlichkeit und Isolierbarkeit der Bedingungen schließen. Auch in den Sozialwissenschaften ist also theoretisch die Reproduzierbarkeit experimenteller Ergebnisse gegeben[172]. Die Anwendbarkeit der experimentellen Methode auf die Probleme der Gesellschaft wird insoweit nicht tangiert.

Lediglich in der technisch-praktischen Durchführung von Wiederholungsversuchen bestehen nach dem status quo der sozialwissenschaftlichen Forschung nicht zu leugnende Schwierigkeiten. Der Sozialwissenschaftler ist kaum in der Lage, seine Versuchsbedingungen beliebig zu wählen und

---

[169] Vgl. dazu *K. Eckel*, ZfSoz. 1978, 39, 43.

[170] Vgl. *W. Siebel*, Die Logik des Experiments in den Sozialwissenschaften, 1965, S. 66 f.

[171] *K. R. Popper*, Das Elend des Historizismus, 4. Aufl. 1974, S. 74.

[172] Reproduzierbarkeit ist dagegen kein methodentypisches Merkmal des Experiments selbst. Die Wiederholung des Experiments mit demselben Ergebnis ist nicht Voraussetzung für die Wahrheit der durch das Experiment nachgewiesenen, einmaligen ursächlichen Beziehung zweier Faktoren. Vgl. z.B. *H. Parthey/D. Wahl*, Die experimentelle Methode in Natur- und Gesellschaftswissenschaften, 1966, S. 177 ff.

zu variieren[173]. Den gleichen "Gegenstand" für die soziologische Wiederho-
lungsuntersuchung zu nehmen, verbietet sich schon wegen des "Lernef-
fekts"[174]. Ferner kann der Faktor der "Freiwilligkeit" der Teilnahme an der
experimentellen Operation selbst Ungenauigkeiten bzw. Verfälschungen
bewirken[175]. Dieselbe Wirkung kann als Folge der gefühlsmäßigen Abnei-
gung des Menschen auftreten, wie "weiße Mäuse" oder "Versuchskanin-
chen" zu Experimentierzwecken gebraucht zu werden[176]. Diese Schwierigkeiten sind aber Ausdruck eines Entwicklungsstandes der soziologischen
Forschung, den die Naturwissenschaft bereits überwunden hat.

So wird sich die emprische Forschung in den Sozialwissenschaften vorläufig, so lange noch nicht umfassende (bewährte) Theorien zum erforderlichen Ähnlichkeitsgrad der Versuchsbedingungen vorhanden sind, eher
auf eine Experimentierreihe mit ähnlichen Funktionsträgern erstrecken.
Die unkontrollierte Variation der Versuchsbedingungen läuft dementsprechend nicht auf eine Wiederholbarkeit des Experiments, sondern auf ein
neues Experiment hinaus. Die Ergebnisse nachfolgender Experimente können dann eine Anpassung der Prognose an die seit der Erstuntersuchung
eingetretenen Änderungen bewirken[177]. Der praktische Wert der methodischen Nutzung des experimentellen Prinzips in der Sozialtechnologie liegt
demnach (noch) in der Erfolgskontrolle und in der Bereitschaft, durch Lernen aus Versuch und Irrtum die Grundlage für eine kontinuierliche und rationale Veränderung der für reformbedürftig gehaltenen sozialen Zustände
zu schaffen. In diesem Lernen nach dem trial-and-error-Verfahren liegt die
(vor)wissenschaftliche "Erkenntnis".

Freilich läßt sich damit ein Festhalten an der Methode des Experiments
im engeren Sinne, wie es oben skizziert wurde[178], nicht mehr vertreten. Bei

---

[173] Darauf weist auch *K. R. Popper*, Das Elend des Historizismus, 4. Aufl. 1974, S. 76 f., hin.

[174] Vgl. *W. Siebel*, Die Logik des Experiments in den Sozialwissenschaften, 1965, S. 67. Etwas anderes kann nur im Falle einer bloß statistischen Erfassung angenommen werden. Hier
kann mit einer Auswahl aus der gleichen Gesamtheit die Untersuchung erneut vorgenommen
werden. Vgl. *W. Siebel*, a.a.O., S. 194.

[175] Vgl. auch *K. Eckel*, ZfSoz. 1978, 39, 41.

[176] Vgl. *E. Greenwood*, in: R. König (Hrsg.), Beobachtung und Experiment in der Sozialforschung, 1956, Neudruck 1975, S. 171, 208: "Meerschweinchenkomplex".

[177] So auch *W. Siebel*, Die Logik des Experiments in den Sozialwissenschaften, 1965, S. 194.
- Zum Ganzen vgl. auch schon *E. Durkheim* (1894/95), Die Regeln der soziologischen Methode, hrsg. und eingeleitet von R. König, 1984, S. 205 ff.

[178] Vor 1.

insoweit genauer Betrachtungsweise handelt es sich bei dem sozialtechnischen Experiment um eine Probiermethode, um ein "Probier-Experiment" (nach Versuch und Irrtum)[179][180].

3. Die Rückkoppelung von der Erfahrung auf die Hypothese

Jedoch gelangt nun das Problem der Rückkoppelung, der induktiven Schlußweise von der experimentell gewonnenen Erfahrung auf die Theorie ins Blickfeld. Aus den vorangegangenen Feststellungen ergibt sich, daß in der Sozialtechnologie zwar aus der Theorie ein besonderer, singulärer Satz logisch deduktiv abgeleitet werden kann, aber fraglich ist, ob umgekehrt von der Bestätigung der singulären Folgerung durch die Basisaussage ohne weiteres auf die (vorläufige) Bewährung der Hypothese geschlossen werden kann. Denn es läßt sich - wiederum infolge der relativen Schwierigkeit der Sozialforschung, die experimentellen Faktoren zu bestimmen - nicht mit hinreichender Bestimmtheit behaupten, daß das Eintreffen der gewünschten Wirkung (Prognose) ausschließlich durch die gesetzte(n) Ursache(n) bedingt ist. Im oben angeführten Beispiel[181] könnte die Steigerung des Absolventenniveaus im Experimentzeitraum auch durch andere Einflüsse als durch die Änderung des Studienplans des universitären Fachbereichs hervorgerufen worden sein. Die aufgestellte Mittel-Zweck-Hypothese ("Wenn Änderung des Studienplans, dann Erhöhung des Absolventenniveaus") erhält durch das Auffinden akzeptierter und erlaubter Basisaussagen keine hinreichende Bestätigung, da die Erreichung des Zwecks auch Folge anderer, nicht oder ungenügend kontrollierter Effekte als des eingesetzten Mittels gewesen sein kann.

---

[179] Zu den verschiedenen Arten des Experiments siehe stellvertretend *R. König*, in: ders. (Hrsg.), Beobachtung und Experiment in der Sozialforschung, 1956, Neudruck 1975, S. 17 ff., sowie a.a.O., S. 320 ff. (Glossar); *W. Siebel*, Die Logik des Experiments in den Sozialwissenschaften, 1965, S. 17 ff.; *H. Parthey/D. Wahl*, Die experimentelle Methode in Natur- und Gesellschaftswissenschaften, 1966, S. 183 ff.; *E. Zimmermann*, Das Experiment in den Sozialwissenschaften, 1972, S. 185 ff.

[180] Obwohl es sich hier also nicht um eine streng wissenschaftliche Methode handelt, ist - wiederholt - darauf hinzuweisen, daß sie stets am Anfang der Entwicklung der empirisch-experimentellen Wissenschaften steht und damit auch Ausgangspunkt einer (streng) wissenschaftlichen Experimenttheorie ist.

[181] Vor 1.

Dies ist aber auf der Grundlage der aufgezeigten Methodentheorie von der Überprüfung von Hypothesen nicht problematisch. Denn die (empirische) Hypothese beinhaltet lediglich eine Aussage über die (nichtleere) Klasse ihrer Falsifikationsmöglichkeiten, die in der technologischen Prognose als aus der aufgestellten Mittel-Zweck-Hypothese abgeleitete, negatorische Existentialaussage ausgedrückt wird. Über die anderen, die erlaubten Basissätze sagt sie nichts aus, insbesondere nicht, daß sie "wahr" sind. Also bleibt auch eine sozialtechnologische Prognose solange bewährt, wie sie nicht widerlegt wird.

Wird aber eine singuläre technologische Folgerung widerlegt, so ist der induktive Schluß auf die Falsifikation der Hypothese ohne weiteres möglich[182]. Führt zum Beispiel die (probeweise erfolgte) Änderung des Studienplans innerhalb eines universitären Fachbereichs X nicht zu einer Steigerung des Niveaus der dortigen Absolventen (gemessen zum Beispiel an dem durchschnittlichen Examensergebnis im Verhältnis zu vorangegangenen Jahrgängen), so kann auf die Widerlegung der technologischen Prognose geschlossen werden: Denn "es gibt (die bestimmte) Änderung des Studienplans ohne Erhöhung des Niveaus". Hier manifestiert sich die Aufgabe der Sozialtechnologie, eben aufzuzeigen, was (jedenfalls so) nicht erreicht werden kann.

Für das sozialtechnologische Stückwerk-Experiment gilt nur, daß der Informationsgehalt der durch das Experiment zu überprüfenden Hypothese relativ gering ist, da ihr Falsifizierbarkeitsgrad relativ geringer ist als bei einfachen naturwissenschaftlichen Theorien[183]. Dies folgt aus dem noch-

---

[182] Hier könnte allenfalls eingewendet werden, daß der Nichteintritt der singulären Prognose nicht bloß auf die Untauglichkeit des eingesetzten Mittels zurückzuführen sein könnte, sondern auch auf das Zusammenwirken des - isoliert betrachtet tauglichen - Mittels mit anderen, dieses egalisierenden Faktoren. Dies könnte eine mögliche Folge der (Fremd-)Störung des Experiments selbst sein. Dazu ist jedoch anzumerken, daß zum einen für ein solches verdecktes, unkontrolliertes Zusammenwirken eine ungenügende Faktorenkontrolle verantwortlich zeichnet. Zum anderen ist die durch die Einführung des experimentellen Faktors in die soziale Situation selbst geschaffene Veränderung der sozialen Realität ein genauso zu beachtender Bestandteil der gewonnenen Erfahrung wie die Wirkungen, die unabhängig vom isoliert gedachten Ursachenfaktor eintreten.

[183] Zu den Graden der Prüfbarkeit siehe *K. R. Popper*, Logik der Forschung, 8. Aufl. 1984, S. 77 ff. Er macht, a.a.O., den Versuch, den Begriff der Falsifizierbarkeit zu topologisieren, d.h. ein Modell zu konstruieren, das den Vergleich der Falsifizierbarkeit (und damit des Gehaltes) verschiedener Theorien erlaubt. Hierzu bedient er sich der Teilklassen-Relation und des mengentheoretischen Begriffs der Dimension.

mals zu verdeutlichenden wissenschaftstheoretischen Zusammenhang: Je allgemeiner, je genauer und je einfacher eine Theorie ist, desto höher ist ihre Falsifizierbarkeit und damit ihr Informationsgehalt. Da Hypothesen oder Theorien logisch in negierte Existenzaussagen transformierbar sind, behaupten sie nicht die Existenz konformer Fälle, sondern die Nicht-Existenz konträrer Fälle. Je umfassender der Bereich der (konträren) Fälle ist, der durch die Hypothese ausgeschlossen wird, desto größer ist ihr Informationsgehalt, so daß dieser und der Falsifizierbarkeitsgrad identifiziert werden können. Je allgemeiner die Theorie also ist, desto größer ist aber auch das Risiko, daß sie an den Tatsachen scheitert.

Den in diesem Sinne geringen Informationsgehalt wird der Stückwerk-Sozialingenieur jedoch so lange hinnehmen, wie sich die Aufstellung allgemeinerer Theorien wegen der unaufgelösten Komplexität und damit fehlender Nachprüfbarkeit der in ihr enthaltenen Basisaussagen bzw. der weniger allgemeinen Hypothesen verbietet. Dadurch wird aber die Bedeutung der experimentellen Methode für den Fortschritt in den Sozialwissenschaften nicht geschmälert. Vielmehr liegt in dem relativ niedrigeren Falsifizierbarkeitsgrad einer sozialtechnologischen Hypothese gerade die Konsequenz eines kontrollierten und bewußten Erkenntnisfortschritts.

IV. Zur Theorie der experimentellen Gesetzgebung

Legislative Experimente stellen nun eine Teilklasse der öffentlichen sozialtechnologischen Experimente dar[184]. Hier erprobt der Staat, dessen Handeln sich vornehmlich der Formen des Rechts bedient, die Tauglichkeit einer gesetzlichen Regelung im Hinblick auf seine politischen Zielsetzungen. Diese Vorgehensweise ist Ausdruck eines experimentierenden und pluralen Denkens in der Rechtsbildung. Sie stellt sich, wie bereits angedeutet wurde[185], als Teil einer anwendungsorientierten Lehre von der Gesetzgebung dar und fügt sich in ihrer methodischen Schrittfolge in die Phasen des inneren Gesetzgebungsverfahrens ein. Die methodische Nutzung des experimentellen Prinzips in der Gesetzgebung wirft freilich noch die Fragen danach auf, ob es so etwas wie eine Gesetzmäßigkeit im Recht über-

---

[184] Zur Betonung der sozialtechnologischen Funktion des Experimentiergesetzes siehe bereits oben Einleitung B. II.

[185] Siehe oben 3. Kap. B.

haupt geben kann und wie sich das Problem des Menschen als Versuchsperson darstellt.

1. Plurales und experimentierendes Denken
als Methode der Rechtserkenntnis

Der Versuch, eine auf der kritisch-rationalen Erkenntnistheorie basierende Theorie der experimentellen Gesetzgebung zu entwickeln, versteht
sich als konkrete Umsetzung des Anliegens, die Wissenschaftstheorie des
kritischen Rationalismus für die Methodologie der Rechtserkenntnis im
allgemeinen fruchtbar zu machen.

Der Prozeß der Rechtserkenntnis weist in seinen verschiedenen Phasen
eine besondere Ähnlichkeit zum Prozeß der wissenschaftlichen Erkenntnis
auf, wie er von *K. R. Popper* beschrieben wird. Er entspricht zugleich dem
in der Entscheidungstheorie entwickelten Verständnis der Entscheidung
als "Ablaufprozeß"[186], dessen mehrgliedrige Phasenstruktur nach *W.
Schmitt Glaeser*[187] zu einem "stufenweisen Herantasten an die Lösung"
führt. Auch hier erweist sich die "Idee der Kritik" *(H. Albert)* an Stelle der
Idee einer die objektive Wahrheit beanspruchenden Rechtfertigung von
Theorien als eine tragfähige, rationale Basis. Sie wendet sich gegen die Immunisierung getroffener Entscheidungen durch Autorität und Dogmatismus[188], sucht Rationalität durch Öffnung zur Kritik sowie Sicherheit durch
Bewährung und bewirkt damit eine Loslösung der Jurisprudenz von einem
"klassisch"-dogmatischen Rechtsdenken[189].

Das wissenschaftstheoretische Konzept des von der schärfsten Kritik
kontrollierten, tentativen Lösungsversuchs als der qualifizierten Weiterentwicklung des trial-and-error-Prinzips ist dabei nicht nur der theoretische Ausgangspunkt der *Popper*schen Philosophie der "offenen Gesellschaft", sondern auch - wie von *P. Häberle* bereits 1971 auf der Staatsrechts-

---

[186] *F. Naschold*, in: Staatslexikon, 9. Bd., 6. Aufl. 1969, Sp. 700.

[187] VVDStRL 31 (1973), 179, 195, zur Verwaltungsentscheidung.

[188] Vgl. *H. Albert*, Traktat über kritische Vernunft, 4. Aufl. 1980, S. 29 ff.

[189] Zur Bedeutung der "Methode der kritischen Prüfung" für die Herbeiführung und Legitimation eines *billigen* Ergebnisses im Einzelfall vgl. eingehend *I. Pernice*, Billigkeit und Härteklauseln im öffentlichen Recht, Habil. iur. 1987, S. 304 ff.

lehrertagung in Regensburg proklamiert[190] - der theoretische "Wesensgehalt" einer pluralistischen (Grund-)Rechts- und Verfassungstheorie, die in der Werthaftigkeit des Personseins, der Subjektstellung und Würde des Menschen im Sinne *I. Kants*[191] ihre Wurzel findet und von der Einsicht in die prinzipielle Fehlbarkeit des Menschen und seines Wissens um die Welt geleitet ist.

Es sind das Verständnis der Verfassung als Versuch oder Entwurf[192] und der Gedanke der "offenen Gesellschaft der Verfassungsinterpreten"[193] in der "Verfassung des Pluralismus" *(P. Häberle)*[194], die mit der Anerkennung der Vorläufigkeit und Relativität der Richtigkeit von Entscheidungen im pluralistischen Gemeinwesen die Erkenntnis der Notwendigkeit einer ständig neuen Legitimierung und Korrektur bestehender "Wahrheiten" in der Verfassungstheorie praktisch[195] umsetzen. Die verfassungstheoretische Rezeption des kritischen Rationalismus gewährleistet auf der Grundlage des (verfassungs)vertragstheoretischen Modells eine immer neue Konsensfindung im ständigen Bemühen um die Bewährung einer gerechten und "fairen"[196] Ordnung. Darin entfaltet sich die Dynamik der prinzipiell offenen[197] Verfassung als "öffentlicher"[198] und "kultureller Prozeß"[199] in der Zeit.

---

[190] Vgl. *P. Häberle*, VVDStRL 30 (1972), 43 ff., wieder abgedruckt in: ders., Die Verfassung des Pluralismus, 1980, S. 163 ff., dort bes. S. 177 ff.

[191] Vgl. etwa *I. Kant*, Die Metaphysik der Sitten (1797), hrsg. von W. Weischedel, 5. Aufl. 1982, S. 600 f.

[192] Vgl. *P. Badura*, in: FS für U. Scheuner, 1973, S. 19, 33; *U. Scheuner* (1976), in: ders., Staatstheorie und Staatsrecht, hrsg. von J. Listl und W. Rüfner, 1978, S. 135, 137.

[193] Vgl. *P. Häberle* (1975/1978), in: ders., Verfassung als öffentlicher Prozeß, 1978, S. 155 ff.

[194] Siehe dazu die Beiträge von *P. Häberle* in dem gleichnamigen Band, 1980, insbesondere: Verfassungsinterpretation als öffentlicher Prozeß - ein Pluralismuskonzept (a.a.O., S. 45 ff.).

[195] Zu den Aufgaben und Inhalten einer "praktischen Verfassungstheorie" als "Verfassungstheorie der Verfahren und Alternativen" siehe *P. Häberle*, Verfassungstheorie ohne Naturrecht (1974/1978), in: ders., Verfassung als öffentlicher Prozeß, 1978, S. 93 ff., 105 ff.

[196] Vgl. *J. Rawls* (1958), in: Gerechtigkeit als Fairneß, hrsg. von O. Höffe, 1977, S. 34 ff., sowie *ders.*, Eine Theorie der Gerechtigkeit, 1979, S. 19 ff.: "Gerechtigkeit als Fairneß".

[197] In den Grenzen, in denen die Verfassung unfähig wird, dem Leben des Gemeinwesens leitenden Halt zu geben. Vgl. *K. Hesse*, Grundzüge des Verfassungsrechts der Bundesrepublik Deutschland, 16. Aufl. 1988, Rn. 22 ff.

[198] Vgl. *P. Häberle*, Verfassung als öffentlicher Prozeß, 1978.

[199] Als Erweiterung des Gedankens von der Verfassung als öffentlichem Prozeß; vgl. dazu *P. Häberle*, Verfassungslehre als Kulturwissenschaft, 1982, S. 18 ff.

Diese Überlegungen sind in der Rechtstheorie für die Frage nach der Erkenntnis des Rechts richtungsweisend. Sie münden, im Blick auf die Freiheit des Bürgers im Rechts- und Verfassungsstaat, in ein plurales[200] und experimentierendes[201] Denken in der Rechtsfindung und Rechtsentwicklung, das die Möglichkeit einer Reform der Reform offenhält[202]. Auch die "Gesetzgebung des Pluralismus" als ein "Motor" dieses Prozesses mit dem Ziel und der Aufgabe der Konkretisierung der Verfassungsvertragsgerechtigkeit[203] kann und muß sich daher dem kritischen Prinzip des "trial and error" verpflichtet wissen.

Die bisherigen rechtswissenschaftlichen Bemühungen, die Methodenlehre des kritischen Rationalismus für die Rechtstheorie fruchtbar zu machen, konzentrier(t)en sich jedoch weitgehend auf die Rechtsanwendung, d.h. die Umsetzung positiven Rechts in die Entscheidung im Einzelfall. Dennoch liefern die dabei erlangten methodischen Einsichten Ausgangspunkte für die hier zu entwickelnde Methodentheorie der experimentellen Gesetzgebung.

Stichwortartig und stellvertretend seien genannt[204]: M. Krieles Theorie der experimentell testenden[205] Rechtsgewinnung, nach der das kritische "Hin- und Herwandern des Blickes" (K. Engisch[206]) in zwei Stufen, zum ersten zwischen der Lebenswirklichkeit und einer vernunftrechtlich begründeten "Rechtsnormhypothese" zur Bildung einer "Normhypothese" und

---

[200] "Plurales Rechtsdenken" postuliert ausdrücklich K.-H. Fezer, JZ 1985, 762 ff.; siehe dazu sogleich.

[201] Von "experimentierendem Denken" zur Rechtsgewinnung spricht ausdrücklich R. Zippelius, in: FS für H. Huber, 1981, S. 143 ff.; siehe dazu sogleich.

[202] Vgl. G. Dürig, in: Maunz/Dürig, Kommentar zum Grundgesetz, Art. 3 Abs. I (1973), Rn. 210.

[203] Vgl. dazu H. Schulze-Fielitz, Theorie und Praxis parlamentarischer Gesetzgebung, 1988, S. 213 ff.

[204] Vgl. aber etwa auch die umfangreiche Kritik an rechtswissenschaftlichen Methodenlehren bei P. Schwerdtner, Rechtstheorie 2 (1971), 67 ff., 224 ff., und K. F. Röhl, Das Dilemma der Rechtstatsachenforschung, 1974, S. 25 ff.; siehe ferner Ch. v.Mettenheim, Recht und Rationalität, 1984, der in enger Anlehnung an die Erkenntnistheorie K. R. Poppers einen subjektiven Stil richterlicher Urteile fordert, da sie das Verantwortungsbewußtsein des Richters für seine Entscheidung und deren Überzeugungskraft erhöhen würde (a.a.O., S. 96 ff.; ihm folgend K.-H. Fezer, JZ 1985, 762, 768); auch H. Garrn, Zur Rationalität rechtlicher Entscheidungen, 1986.

[205] M. Kriele, Theorie der Rechtsgewinnung, 2. Aufl. 1976, S. 163, unter ausdrücklichem Bezug auf E. R. Bierling.

[206] Logische Studien zur Gesetzesanwendung, 3. Aufl. 1963, S. 15.

zum zweiten zwischen dieser und den positiv-rechtlichen Rechtssätzen, zur rational begründeten und "richtigen" Entscheidung führt[207]; die Betonung des konsensintendierenden, topischen oder Problemdenkens im tentativen Rechtsfindungsprozeß durch *J. Esser*, für den sich die Richtigkeitsgewähr einer juristischen Entscheidung aus dem "Hin- und Herwandern des Blikkes" zwischen "den Notwendigkeiten einer unangetasteten Rechtsredlichkeit und dem 'Erwartungssog', nämlich der Rücksicht auf die konkrete und generelle Adäquanz der Entscheidung im gesellschaftlichen Bewußtsein"[208] ergibt, was die größtmögliche Offenlegung der in diesem Vorgang wirkenden Vorverständnisse bedinge[209]; der in die gleiche Richtung wie die Arbeiten von *M. Kriele* und *J. Esser* zielende Ansatz[210] *R. Zippelius'*, für den es bei der Rechtsgewinnung nicht um die Erschließung von "Wahrheiten" geht, sondern aus Gründen praktischer Legitimität um das Auffinden des breitestmöglichen Konsenses, dies im Wege des "Typenvergleichs", der "sich am augenscheinlichsten in einer Art 'tentativen', 'experimentierenden' Denkens" vollzieht[211]; schließlich die These *K.-H. Fezers*[212] von einem pluralen Rechtsdenken, das das "Recht als eine Theorie über die Wirklichkeit" und folglich Rechtssätze als "Vorschläge zur Regelung sozialer Lebensbereiche der Menschen"[213] begreift, die in "verschiedenen Rechtsfindungsverfahren oder Rechtserkenntnisverfahren - verstanden als Rechtsverfahren der rationalen Rechtskritik - innerhalb der Gesellschaft als einer organisierten Rechtsfindungsgemeinschaft", in der "die Gesamtheit aller an den Einrichtungen und Verfahren der Rechtsfindung beteiligten Personen"[214] vereinigt ist, unter Zuhilfenahme der juristischen Hermeneutik entstehen[215].

---

[207] *M. Kriele*, Theorie der Rechtsgewinnung, 2. Aufl. 1976, bes. S. 157 ff., 195 ff.

[208] *J. Esser*, Vorverständnis und Methodenwahl in der Rechtsfindung, Ausgabe 1972, S. 152.

[209] Ebd., bes. S. 136 ff., 154 ff.

[210] So auch *I. Pernice*, Billigkeit und Härteklauseln im öffentlichen Recht, Habil. iur. 1987, S. 312.

[211] *R. Zippelius*, in: FS für H. Huber, 1981, S. 143, 148 f.

[212] *K.-H. Fezer*, JZ 1985, 762 ff.

[213] Ebd., 765.

[214] Ebd., 768, unter ausdrücklicher Anlehnung an *P. Häberles* Pluralismuskonzept der Verfassungsinterpretation als eines öffentlichen Prozesses, in dem sich die offene Gesellschaft der Verfassungsinterpreten konstituiert.

[215] Ebd., 766: "Rechtserkenntnis ist kritisch rational und zugleich hermeneutisch."

Die Vorstellung einer Art pluralen und experimentierenden Rechtsdenkens ist freilich nicht neu. Bereits im Jahre 1872 schrieb *R. v.Jhering* in seiner berühmten Schrift "Der Kampf ums Recht": "Aber das Recht als Zweckbegriff, mitten hineingestellt in das chaotische Getriebe menschlicher Zwecke, Bestrebungen, Interessen muß unausgesetzt tasten und suchen, um den richtigen Weg zu finden, und, wenn es ihn entdeckt hat, den Widerstand zu Boden werfen, welcher ihm denselben versperrt."[216] Oder bei *O. Bülow*[217] heißt es im Jahre 1885: "Das Recht ist ein Ergebnis der Erfahrung. Es hat herausexperimentirt werden müssen". Dieser Erkenntnis entspringt die Auffassung vom Experiment- oder Versuchscharakter jeglicher Rechtsbildung, so auch der Gesetzgebung[218].

Der experimentellen Gesetzgebung geht es indes um die *bewußte* Rezeption der Methode des Experiments als Verfahren rationaler Kritik in den Prozeß der Rechtssetzung. Sie ist Konsequenz und unmittelbarer Ausdruck des Verständnisses von der Gesetzgebung als "Rechtsverfahren der rationalen Rechtskritik" *(K.-H. Fezer*[219]*)*, das (Vorstellungen von) Rechtssätze(n) als jederzeit durch den Vorschlag einer besseren Problemlösung falsifizierbare Hypothesen über die effektivste und gerechteste Regelung sozialer Lebensbereiche ansieht[220]. Das Experiment in der Gesetzgebung ist "angewandtes" experimentierendes und plurales Rechtsdenken, ist "angewandte" Rechtssoziologie[221] im tentativen Prozeß der Rechtsfindung und Rechtsentwicklung in der "offenen Gesellschaft". Es ist rationale Kritik der Pluralität gesetzlicher Regelungsmodelle zum Zwecke der Entwicklung konsensfähiger und integrierender Rechtssätze, d.h. "subsistenter Normen" mit hoher "Wirkungs-Chance" *(Th. Geiger*[222]*)*.

---

[216] *R. v.Jhering*, Der Kampf ums Recht (1872), bearbeitet von A. Hollerbach, 6. Aufl. 1981, S. 10 f.

[217] Gesetz und Richteramt, 1885, Neudruck 1972, S. 17.

[218] Vgl. dazu schon oben Einleitung B. I.

[219] JZ 1985, 762, 768.

[220] Als rechtstheoretische Grundlage kommt daher eine kritisch-rationale Rechtslehre in Betracht, wie sie *K.-H. Fezer*, JZ 1985, 762 ff., ausgehend vom Verständnis des Rechts als einer Theorie über die Wirklichkeit dargelegt hat.

[221] Allgemein dazu *K. F. Röhl*, Das Dilemma der Rechtstatsachenforschung, 1974, S. 46 ff.; auch *K.-D. Opp*, Soziologie im Recht, 1973, S. 126 ff.

[222] Vgl. *Th. Geiger*, Vorstudien zu einer Soziologie des Rechts, 4. Aufl., durchgesehen und hrsg. von M. Rehbinder, 1987, bes. S. 23 ff., 165 ff.

Diese Funktion des legislativen Experiments sowie schon die Tatsache, daß die Ordnungsfunktion des Rechts ein "sprunghaftes Herumexperimentieren"[223] nicht zuläßt, bedingen freilich die Rationalität seiner Methodik[224].

2. Experimentelle Gesetzgebung als Teil einer anwendungsorientierten Gesetzgebungslehre

Das Experimentier- oder Erprobungsgesetz als ein ("der") Schritt innerhalb einer experimentellen Methode in der Rechtssetzung "entscheidet" (noch) nicht verbindlich über die politischen Alternativen zur zukünftigen Gestaltung des Gemeinwesens, ist (noch) nicht "eine auf Zeit verbindlich verdichtete Aggregatform von Politik"[225]. Sein Ziel *und* Auftrag ist es vielmehr, die (relative) Beliebigkeit von Regelungsalternativen nach dem Kriterium ihrer Effizienz einzugrenzen oder den politischen Gestaltungsspielraum überhaupt erst zu schaffen bzw. zu erweitern, indem es der (Rechts-)-Politik (rechts)tatsächliche Daten aus dem zu kodifizierenden sozialen Bereich liefert. Experimentelle Rechtssetzungstechnik ist "empirisch-praktische Wirkungsanalyse, vorgreifendes Evaluierungsinstrument zur Prüfung der Zielprojektion, Medium zur Erschließung von Wertorientierungen und Hilfe zur Alternativenfindung"[226]. Der Beliebigkeit der politischen Handlungs- und Gestaltungsfreiheit, gegebenenfalls auch der politischen "Ad-Hoc-Willkür", soll der Stempel der Rationalität aufgedrückt werden, indem dem Kern der politischen Methode, dem Gesetzgebungsverfahren, *jedenfalls* dort, wo es dem gestaltungswilligen Gesetzgeber an hinreichender tatsächlicher Kenntnis mangelt, wissenschaftliche Züge eingeprägt werden[227]. Das legislative Experiment steht im Dienste der Erforschung der Rechts-

---

[223] *R. Zippelius*, in: FS für H. Huber, 1981, S. 143, 143, unter Verweis auf *H. Huber* (1970), in: ders., Rechtstheorie, Verfassungsrecht, Völkerrecht, hrsg. von K. Eichenberger u.a., 1971, S. 11, 15 f.

[224] Vgl. *K.-H. Fezer*, JZ 1985, 762, 765: *"Rechtsbildung als rationale Rechtskritik* macht in einer freien Gesellschaft allerdings erforderlich, Verfahren zur kritisch rationalen Ausbildung von Rechtssätzen einzurichten."

[225] *H. Schulze-Fielitz*, Theorie und Praxis parlamentarischer Gesetzgebung, 1988, S. 378, für das (normale) positive Gesetzesrecht.

[226] *W. Hugger*, in: H. Kindermann (Hrsg.), Studien zu einer Theorie der Gesetzgebung 1982, 1982, S. 331, 354.

[227] Zu "Rationalität und Gesetzgebung" siehe unten 5. Kap. B. I. 5.

tatsachen in rechtspolitischer Absicht, d.h. der Ermittlung dessen, "was im Recht und mit den Mitteln des Rechts praktisch möglich ist"[228].

Der Funktionszusammenhang von experimenteller Gesetzgebung, Rechtstatsachenforschung und Rechtspolitik ist bereits einer Betrachtung unterzogen worden[229]. Jedoch gilt es, der experimentellen Methode in der Gesetzgebung im folgenden erneute Aufmerksamkeit zu widmen. Denn nach der hier vertretenen Methodentheorie stellt sich die von *F. K. Beutel* vorgeschlagene Vorgehensweise[230] als konkretisierungsbedürftig und auch -fähig dar. Zunächst erinnert die von ihm vorgeschlagene methodische Schrittfolge von der "reinen" Beobachtung (über die Effizienzanalyse einer Regelungsnorm) zur Hypothese bzw. Sozialgesetzlichkeit an die Theorie des klassischen Empirismus oder Induktivismus. Beobachtungen führen aber nur dann zu Problemen, wenn sie gewissen bewußten oder unbewußten Erwartungen widersprechen. Ausgangspunkt ist also nicht die Beobachtung als solche, sondern die "problem-erzeugende Beobachtung"[231] im Lichte der Theorie oder Hypothese. Vor allem aber läßt die Konzeption *F. K. Beutels* eine Konjunktion mit gesetzgebungstheoretischen Elementen vermissen. Die Entwicklung einer kritisch-rationalen Theorie der experimentellen Rechtssetzungsmethodik, deren Leistungsvermögen und Funktion in der "Rationalisierung"[232] der Gesetzgebung besteht, erfordert aber die Integration von Elementen der sozialtechnologischen Experiment- und der Gesetzgebungstheorie.

Freilich steckt die Entwicklung einer Lehre von der Gesetzgebung als Teil einer Gesetzgebungs- oder Rechtssetzungswissenschaft[233] unter der Verfassung des Grundgesetzes noch in den Anfängen, auch wenn sie - vor dem Hintergrund der Reformdiskussion in den 60er und 70er Jahren[234] - einen "steilen Karrieresprung"[235] hinter sich hat[236]. Zu dem hier interessie-

---

[228] *M. Rehbinder*, JbRSoz. 1 (1970), 333, 335.

[229] Siehe oben 3. Kap. A.

[230] Siehe *F. K. Beutel*, Die experimentelle Rechtswissenschaft, 1971, S. 35, sowie oben 3. Kap. A.

[231] *K. R. Popper* (1962), in: ders., Auf der Suche nach einer besseren Welt, 2. Aufl. 1987, S. 79, 81.

[232] Im Sinne von "rational(er)" und damit aber auch "rationell(er)".

[233] *W. Maihofer*, in: G. Winkler/B. Schilcher (Hrsg.), Gesetzgebung, 1981, S. 3, 24 ff.

[234] Zu dieser oben 2. Kap., vor A.

[235] *H. Schulze-Fielitz*, Theorie und Praxis parlamentarischer Gesetzgebung, 1988, S. 1.

renden Aspekt der Möglichkeiten und praktischen Bedingungen einer "Rationalisierung" der Gesetzgebung wurden vor allem von *P. Noll* (Pionier-)-Arbeiten geleistet, die die dogmatische Ausrichtung der Rechtsanwendung durch Rechtsprechung und die Beiträge der (empirischen) Sozialwissenschaften für die Rechtserzeugung durch Gesetzgebung fruchtbar zu machen suchten[237]. Nach ihm ist die Gesetzgebungslehre als Lehre zu postulieren, "die Form und Inhalt der Rechtsnormen mit dem Ziel untersucht, Kriterien, Richtlinien und Anleitungen zur rationalen Normgebung und Normgestaltung zu erarbeiten"[238].

Für *H. Schäffer* ist "Gesetzgebungslehre eine Lehre vom guten oder zumindest besseren Gesetz"[239], "eine Wissenschaftslehre von der allgemeinen Rechtspolitik. Sie ist daher ein Teil der Rechtswissenschaften, freilich nicht reine Rechtstheorie, sondern anwendungsorientierte Rechtswissenschaft"[240]. Jüngste "Bausteine" für eine Gesetzgebungstheorie, "die auf verfassungstheoretischer Ebene empirisch-analytische und juristisch-normative Erkenntnisse" vereinigt, liefert *H. Schulze-Fielitz*[241].

Zusammenfassend "lebt" eine praxis-, d.h. anwendungsorientierte Lehre von der Gesetzgebung demnach von der Integration von wissenschaftlich-rechtssystematischen und rechtsphilosophischen Elementen einerseits und

---

[236] Zu (fünf zentralen) Impulsen für die Thematisierung der Gesetzgebung in der Wissenschaft vgl. ebd., S. 22 ff. m.z.N.; siehe auch den Abriß der Entwicklung einer Gesetzgebungslehre von *D. Grimm*, JbRSoz. 13 (1988), 9 f.

[237] *P. Noll*, Gesetzgebungslehre, 1973; vgl. dazu *R. Bender*, ZRP 1976, 132 ff., und *P. Häberle*, JZ 1981, 853 ff.; *P. Noll*, JbRSoz. 2 (1972), 524 ff. Besonders hinzuweisen ist noch auf die Arbeiten von *Th. Fleiner(-Gerster), K. Eichenberger, Th. Öhlinger, J. Rödig, R. Bender, C. Böhret, H. Kindermann, U. Karpen, W. Hugger, P. Fricke, W. Maihofer, W. Zeh* u.a.

[238] *P. Noll*, Gesetzgebungslehre, 1973, S. 15. Denn: "Wenn, wie in der Demokratie, das Volk selber letztlich Gesetzgeber ist, müssen Entstehung und Inhalt der Gesetze allgemein zugänglich, allgemein einsehbar, rational kontrollierbar sein ..."

[239] *H. Schäffer*, in: ders. (Hrsg.), Gesetzgebung und Rechtskultur, 1987, S. III.

[240] *H. Schäffer*, in: ders./O. Triffterer (Hrsg.), Rationalisierung der Gesetzgebung, 1984, S. 21, 22; siehe auch *ders.*, in: ders. (Hrsg.), Gesetzgebung und Rechtskultur, 1987, S. 3, 3: Gesetzgebungslehre ist "Theorie und Methodik der allgemeinen oder bereichsspezifischen Rechtspolitik".

[241] Theorie und Praxis parlamentarischer Gesetzgebung, 1988; siehe dort S. 21. *H. Schulze-Fielitz* unterscheidet dabei zwischen Gesetzgebungslehre als Theorie von "guter" Gesetzgebung, wie sie sein soll, und Gesetzgebungstheorie(n) im Sinne wahrer empirisch-analytischer Theorien über Gesetzgebung als deren Voraussetzung. Vgl. a.a.O., S. 26 f. Siehe überdies *ders.*, ZG 1 (1986), 87 ff.

sozialwissenschaftlichen, rechtspolitisch orientierten Aspekten andererseits. Ihr geht es darum, "analytische Einsichten und praktisch umsetzbare Erkenntnisse zu gewinnen über Grad und Bestimmungsgründe der *sozialen Wirksamkeit* des Rechts, über die wenn auch vielleicht nur *relative Güte* der Gesetze und über die *Steuerungsfähigkeit* der Rechtsordnung"[242]. Ihre Aufgabe und ihr Ziel ist die "Verbesserung" der Methodik des legisferierenden Staates schon im Vorbereitungsstadium der Rechtssetzung, um "ideale" oder "gute", zumindest "erfolgreiche", d.h. wirkungsoptimale Kodifikationen zu ermöglichen[243]. "Empirisch-analytisches Erfahrungswissen der Sozialwissenschaften soll um einer (besseren) Gesetzgebungspraxis willen den bloß rechtswissenschaftlichen, normativen Ansatz einer Gesetzgebungslehre integrativ-sozialwissenschaftlich ergänzen."[244] Eine "sinnvolle" Gesetzgebung muß (möglichst) alle gesetzgebungsrelevanten Tatsachen und Theorien im Hinblick auf den jeweiligen Regelungskomplex erfassen und integrieren: Gesetzgebungslehre ist per se eine multi- und interdisziplinäre Wissenschaft[245]; Gesetzgebungswissenschaft ist Norm- *und* Sozialwissenschaft[246] und damit "Integrationswissenschaft"[247], der die Auffassung vom Recht als "social engineering" *(R. Pound)* zugrunde liegt und die die angewandte (Rechts-)Soziologie als Instrument zu zweckrationaler Mittelauswahl betrachtet[248].

Die Funktion einer solchen, offenen Gesetzgebungslehre impliziert ihre politische Neutralität[249] in der Intention. Die politische Zielsetzung bleibt außerhalb der im Hinblick auf die wirkungsoptimale Umsetzung des ge-

---

[242] *H. Schäffer*, in: ders. (Hrsg.), Gesetzgebung und Rechtskultur, 1987, S. 3, 4.

[243] Vgl. *C. Böhret*, in: W. Hugger, Gesetze - Ihre Vorbereitung, Abfassung und Prüfung, 1983, S. 5, 11 f.

[244] *H. Schulze-Fielitz*, Theorie und Praxis parlamentarischer Gesetzgebung, 1988, S. 31.

[245] Vgl. *P. Noll*, Gesetzgebungslehre, 1973, S. 64, und *U. Karpen*, ZG 1 (1986), 5, 9. Zu den praktischen Schwierigkeiten der Zusammenarbeit von Juristen und Rechtssoziologen vgl. *W. Naucke*, JbRSoz. 1 (1970), 491 ff.

[246] Vgl. *W. Maihofer*, in: W. Heinz (Hrsg.), Rechtstatsachenforschung heute, 1986, S. 157, 162, sowie *ders.*, in: G. Winkler/B. Schilcher (Hrsg.), Gesetzgebung, 1981, S. 3, 12 ff. Siehe auch schon oben 3. Kap. B.

[247] *H. Schulze-Fielitz*, Theorie und Praxis parlamentarischer Gesetzgebung, 1988, S. 34.

[248] Vgl. *K. F. Röhl*, Das Dilemma der Rechtstatsachenforschung, 1974, S. 46 ff. Ähnlich auch *R. Schmidt*, AcP 184 (1984), 1, 7.

[249] Vgl. auch *H. Schulze-Fielitz*, Theorie und Praxis parlamentarischer Gesetzgebung, 1988, S. 36 f.

setzgeberischen Willens (technologischen) Betrachtung rechtstechnischer, normlogischer und normnotativer Bedingungen. Nur ihre politisch-ideologische Wertfreiheit im Sinne von (möglichster) Wertabstinenz gewährleistet ihre (integrative) Funktion als Optimierungsfaktor bei der "Verwirklichung" politischer Entscheidungen. Der Rationalitätsanspruch der Gesetzgebungslehre kann freilich zu einer Revision der politischen Wertvorstellungen führen und damit politische Wirkungen entfalten. Die Kritisierbarkeit, die denknotwendig auch das "negative" Ergebnis ermöglicht, ist aber gerade Ziel und Inhalt einer Gesetzgebungslehre, die wissenschaftliche Rationalität als "Organon" verantwortlicher Politik versteht. Wissenschaft und Politik sind und bleiben so miteinander im "Gespräch"[250].

In konsequenter Fortführung einer systematisch-integrativen Methodenlehre der Gesetzgebung mündet diese Vorgehensweise in die "experimentelle Rechtssetzung". "Gegenüber den noch dominierenden rechtsdogmatischen Auffassungen und ihren Folgen für die Gesetzgebung kann ... das Experiment paradigmatische Bedeutung für eine veränderte Vorgehensweise bei der legislativen Rechtsschöpfung erlangen."[251]

Neben den "internen" Verfahren des Entwurfstests, wie Planspiel, Simulation etc.[252], spielt hier das "externe" Experiment, das Experimentier- oder Erprobungsgesetz, eine besondere Rolle. Denn welche konkreten Bedingungen letzlich für die Betroffenenfreundlichkeit und die Effizienz einer Rechtsvorschrift relevant sind, kann möglichst zuverlässig nur durch eine experimentelle Prüfung, d.h. erprobende Anwendung der beabsichtigten Regelungsnorm selbst erkannt werden. "Experimentelle Gesetzgebung" gewährleistet die "realitätsnahesten" Erkenntnisse über das Verhältnis von Normanspruch und Normwirklichkeit und ist daher am ehesten geeignet, dem "Spannungsverhältnis zwischen Absicht und Wirkung, zwischen Entwurf und Vollzug, zwischen Zielsetzung und Annahme"[253] zu begegnen.

---

[250] Im Sinne der *Habermasschen* "pragmatistischen" wissenschaftlichen Politikberatung. Vgl. *J. Habermas* (1963), in: ders., Technik und Wissenschaft als "Ideologie", 1968, S. 120, 126 ff. Dazu noch näher unten 5. Kap. B. I. 4. a.E.

[251] *W. Hugger*, Der Test als Instrument zur Verbesserung von Gesetzen, 1978, S. 18.

[252] Siehe zu diesen oben Einleitung B. I.

[253] *C. Böhret*, in: W. Hugger, Gesetze - Ihre Vorbereitung, Abfassung und Prüfung, 1983, S. 5, 6.

3. Konjunktion von Experiment- und Gesetzgebungstheorie

Nach dem Vorschlag von *P. Fricke / W. Hugger*[254] für eine Themenstrukturierung der Rechtssetzungswissenschaft umfaßt die Gesetzgebungstheorie die Themenbereiche Zielbildung, Lösungsfindung, Gesetzgebungsexperiment, Experimentelle Gesetzgebung, Rechtshandhabung, Normwirkung, Normimplementation, Gesetzesevaluierung und Rechtsfortbildung. Ihnen entspricht weitgehend das Ablaufmodell des inneren Gesetzgebungsverfahrens als der *"Methodik der gesetzlichen Entscheidungsfindung"*[255]. In Anlehnung an *P. Noll*[256] und *H. Kindermann*[257] lassen sich folgende Phasen des Gesetzgebungsprozesses unterscheiden[258]:

1. Problemimpuls;

2. Problemerkenntnis und -definition;

3. Entwurf von Zielvorstellungen;

4. Tatsachen- und Bedingungsanalyse;

5. Entwurf von Regelungsmöglichkeiten;

6. Kritik von Regelungsmöglichkeiten;

7. Erfolgskontrolle oder Evaluation;

8. Korrektur.

Die aufgezeigte *"Struktur des gesetzgeberischen Aktes"*[259] orientiert sich am Modell des individuellen, finalen Handelns[260]: Der Entscheidung für ein bestimmtes Ziel aus dem Spektrum der Zweckvarianten folgt die Suche

---

[254] Test von Gesetzentwürfen, Teil 1, 1979, S. 172. Vgl. auch *W. Hugger*, Gesetze - Ihre Vorbereitung, Abfassung und Prüfung, 1983, S. 33; *H. Hill*, Einführung in die Gesetzgebungslehre, 1982, S. 4 f. Anforderungen an eine Gesetzgebungslehre formulieren auch *U. Scheuner*, in: FS für H. Huber, 1981, S. 127, 141, sowie *P. Häberle*, JZ 1981, 853, 854 f.

[255] *H. Hill*, Einführung in die Gesetzgebungslehre, 1982, S. 62, wohl im Anschluß an *G. Schwerdtfeger*, in: FS für H. P. Ipsen, 1977, S. 173, 173. Das äußere Gesetzgebungsverfahren bezeichnet demgegenüber den formalen Entstehungsablauf.

[256] Gesetzgebungslehre, 1973, S. 72 ff.

[257] Rechtstheorie 9 (1978), 229, 230.

[258] Siehe aber auch das Entwurfsmodell eines Gesetzes, in: Bundesministerium der Justiz (Hrsg.), Das juristische Informationssystem - Analyse, Planung, Vorschläge, 1972, S. 57.

[259] *P. Noll*, Gesetzgebungslehre, 1973, S. 72.

[260] Vgl. auch *H. Hill*, Einführung in die Gesetzgebungslehre, 1982, S. 65 f.

nach einem tauglichen Mittel zur Erreichung des gesteckten Ziels; schließlich gelangt das Mittel zur Anwendung, von dem angenommen wird, es verwirkliche am sichersten und mit den wenigsten unerwünschten Nebenwirkungen das gewünschte Ziel. Wenn auch nicht der finalen Struktur individuellen Handelns zugehörig, so implizieren doch Rationalitätsanspruch sowie Lernfähigkeit und -bereitschaft individuellen Tuns die Wirksamkeits- bzw. Erfolgskontrolle der getroffenen Entscheidungen sowie - erforderlichenfalls - deren Korrektur[261]. In vergleichbarer Weise wird auch in der Entscheidungstheorie die Phasenstruktur eines Entscheidungsprozesses diskutiert[262]: Problemformulierung, Informationssammlung, Situationsanalyse, Ausarbeitung von Alternativen, Abwägung und Beratung unter Infragestellung des Bisherigen, gegebenenfalls Rückkoppelung, Beschluß.

Freilich ist darauf hinzuweisen, daß die aufgezeigten Stufen in der Praxis meist nicht in dieser Deutlichkeit erkennbar sind, da sie ineinander und im Zusammenhang ablaufen. Überdies handelt es sich nicht um einen methodisch-logischen, linearen Stufenbau in dem Sinne, daß (jedenfalls innerhalb der Punkte 1 bis 4) der jeweils spätere Schritt den vorangegangenen notwendig voraussetzt. Die Stadien sind "*problemvariabel* und lassen sich nicht ein für allemal und allgemein festlegen"[263]. Ihre Inhalte erschließen sich vielmehr durch ein "Hin- und Herwandern des Blickes" *(K. Engisch)*[264]. So bedarf es zum Beispiel zur Problemdefinition einer vorläufigen Tatsachenkenntnis, die Tatsachenanalyse kann ihrerseits nur im Lichte der Zielvorstellungen erfolgen[265].

---

[261] Nach *K. Hopt*, JZ 1972, 65, 68, "benötigt der in rationaler Weise Regelnde *Informationen* in vierfacher Hinsicht: über den Sachverhalt, den er regeln will bzw. regeln muß (Gesetzesmaterie - Rechtsfall), über das dem Sachverhalt entsprechende, sach-gerechte Regelungsergebnis, auf das er hinordnen will (Gesetz - Entscheidung), über die Nebenfolgen dieser Hinordnungsentscheidung, die positiv wie negativ bewertet werden können, und schließlich über die Mittel und Wege, mittels derer das bei der Einbeziehung der Nebenfolgen erwünschte oder jedenfalls sozial noch tragbare Regelungsergebnis erreicht werden kann (Ausgestaltung der gesetzlichen Vorschriften - Rechtsfindung)".

[262] Vgl. dazu, im Zusammenhang mit der Verwaltungsentscheidung, *W. Schmitt Glaeser*, VVDStRL 31 (1973), 179, 195 mit Nachweisen in Fn. 66.

[263] Ebd., 195.

[264] Vgl. auch *K. Hopt*, JZ 1972, 65, 68.

[265] Vgl. auch *P. Noll*, Gesetzgebungslehre, 1973, S. 82. Für die Wissenschaftstheorie faßt dies *K. R. Popper* (1962) in seiner vierten These zur "Logik der Sozialwissenschaften", in: ders., Auf der Suche nach einer besseren Welt, 2. Aufl. 1987, S. 79, 80, zusammen.

Bringt man nun die Methodenfolge des inneren Gesetzgebungsverfahrens und die Theorie des (sozialtechnischen) Experiments zur Deckung, so zeigt sich, daß sich die experimentelle Rechtssetzungsmethodik reibungslos in das System des Gesetzgebungsprozesses einfügt: Sie ist zum einen als Werkzeug der "Kritik von Regelungsmöglichkeiten" eingebunden in die Phasenstruktur der gesetzlichen Entscheidungsfindung und zum anderen durch eine zu ihr analoge Struktur ausgezeichnet. Sie ist zugleich Teil und Anwendung einer Methodik auf dem Weg zu einer "Versachlichung"[266] der Gesetzgebung. Im Hinblick auf die Zielsetzung, die Rationalisierung der Gesetzgebung, erscheint dies auch und besonders für das Experimentier- oder Erprobungsgesetz nur folgerichtig.

a) Das Experimentier- oder Erprobungsgesetz als subsidiäre Methode der Kritik von Regelungsmöglichkeiten

In der aufgezeigten Methodik, der eine rationale und an wirkungsoptimalen Ergebnissen interessierte gesetzliche Entscheidungsfindung folgt, schließt sich an die Formulierung der (politischen) Zielvorstellung und den Entwurf von Problemlösungsmöglichkeiten deren kritische Würdigung an. Die final orientierte (gesetzgeberische) Handlungsweise bedarf der "Bewertung" der denkmöglichen Regelungsentwürfe zu einem als problematisch empfundenen und für regelungsbedürftig erkannten Bereich anhand des Zielsystems[267]. Sie kann, darauf weist insbesondere *P. Noll*[268] zu Recht deutlich hin, unter seinstatsächlichen und unter Wertungsgesichtspunkten durchgeführt werden. Die seinstatsächliche Kritik hat sich mit der Frage zu beschäftigen, "ob die zugrunde gelegten und prognostizierten Tatsachen zutreffen"; die wertende Kritik fragt danach, ob die Zweck-Mittel-Kombination, d.h. die "Anwendung" der politischen Zielsetzung, "wirklich" die von ihr intendierte Verbesserung des gegebenen sozialen Zustands bewirkt.

Die technologische Betrachtung läßt letzteres, die Wertfrage, außer Betracht, ist deshalb aber nicht Selbstzweck, sondern funktionell darauf ausgerichtet, der wertenden Auslese aufzuzeigen, was nicht oder jedenfalls so nicht erreicht werden kann. Die wertende Beurteilung von Interessen- und

---

[266] Vgl. *P. Noll*, Gesetzgebungslehre, 1973, S. 54.

[267] Vgl. *H. Hill*, Einführung in die Gesetzgebungslehre, 1982, S. 74.

[268] Gesetzgebungslehre, 1973, S. 120.

Zielkonflikten ist Gegenstand und Folge einer (normativen) politisch-ideologischen, rechtsethischen Einstellung und als solche an moralischen, "vernünftigen" Maßstäben zu messen. Sie liegt *außerhalb* des Bemühens um eine technologische Orientierung der Rechtssetzungswissenschaft als ein Beitrag zur Rationalisierung des gesetzgeberischen Entscheidungsprozesses. Ihr Interesse und ihre praktische Nützlichkeit liegen allein in der systematischen Erarbeitung der überhaupt gegebenen rechtsinstitutionellen Möglichkeiten sowie in der Annäherung von Intention und Wirkung der Rechtssetzung durch die Integration seinstatsächlicher Gegebenheiten in den Entscheidungsfindungsprozeß des Gesetzgebers. Wertende Erwägungen finden in der Technologie keinen Platz, diese ist in funktioneller Hinsicht notwendig wertneutral[269].

Eine sorgfältige und erkenntnisträchtige Kritik von denkbaren Möglichkeiten zur Regelung eines sozialen Bereichs unter seinstatsächlichen Gesichtspunkten - methodisch gesprochen: die Überprüfung der durch eine Norm ausgedrückten Mittel-Zweck-Hypothese anhand der Erfahrung - sowie die Aufstellung eines Maßstabs für die spätere Wirkungskontrolle machen eine klare Formulierung, d.h. eine möglichst konkrete Definition des politisch gewünschten Zustands erforderlich[270]. Möglichkeits- bzw. Alternativendenken setzt notwendig eine *positive Zieldefinition* voraus[271]. Sie ist

---

[269] Freilich wird damit nicht dem Postulat totaler Wertfreiheit (dazu insbesondere *M. Weber*, Die "Objektivität" sozialwissenschaftlicher und sozialpolitischer Erkenntnis [1904], in: ders., Gesammelte Aufsätze zur Wissenschaftslehre, hrsg. von J. Winckelmann, 4. Aufl. 1973, S. 146 ff.; *ders.*, Der Sinn der "Wertfreiheit" der Sozialwissenschaften [1917], a.a.O., S. 489 ff.) als Kriterium der Wissenschaftlichkeit das Wort geredet. Denn mit *K. R. Popper* und *H. Albert* kann gesagt werden, daß die Wertfreiheit selbst ein Wert, die Forderung nach unbedingter Wertfreiheit also paradox ist, und überdies auch die Entscheidung für die Methodenlehre des kritischen Rationalismus, die auch und gerade dem technologischen Aspekt einer Lehre von der Gesetzgebung zugrunde liegt, eine normative Konzeption ist. Aufgabe einer rationalen, wissenschaftlichen Kritik und Diskussion muß es aber sein, Wertvermischungen zu bekämpfen und wissenschaftliche (Wert-)Fragen von außerwissenschaftlichen Wertungen zu trennen. Vgl. z.B. *K. R. Popper* (1962), in: ders., Auf der Suche nach einer besseren Welt, 2. Aufl. 1987, S. 79, 89 f.; *H. Albert*, Traktat über kritische Vernunft, 4. Aufl. 1980, S. 62 ff.; *ders.*, in: E. Topitsch (Hrsg.), Logik der Sozialwissenschaften, 10. Aufl. 1980, S. 196 ff.; *ders.*, JbRSoz. 2 (1972), 109 ff. Siehe auch *K. F. Röhl*, Das Dilemma der Rechtstatsachenforschung, 1974, S. 33 ff. Damit soll nicht behauptet werden, daß die politisch wertende Entscheidung als Ausdruck menschlichen Problemlösungsverhaltens nicht dem Rationalitätsgesichtspunkt unterworfen werden kann. Sie liegt nur außerhalb der rein (sozial)technologischen Betrachtung.

[270] Zu diesem methodologischen Erfordernis siehe schon oben A. II.; B. III. 2.

[271] Dies "erscheint selbstverständlich, wird aber in der Gesetzgebungspraxis aus den verschiedensten Gründen sehr oft vernachlässigt". Siehe *P. Noll*, Gesetzgebungslehre, 1973, S. 83.

das Ergebnis normativer und analytischer Erwägungen, die die Reformbedürftigkeit des bestehenden (Rechts-)Zustands begründen. In ihr verdichtet sich das durch empirische Analyse untermauerte Gefühl des Mißbehagens zum aktivistischen Reformwillen, der das vorgestellte "Wertgefälle"[272] zwischen dem vorhandenen und einem möglichen anderen, besseren Zustand überwinden soll.

Dieser läßt sich um so präziser und damit operationabler[273] formulieren, je geringer die "normative Distanz"[274], i.e. die Standpunkthöhe gegenüber den in der gegebenen Rechtsordnung vorliegenden normativen Daten[275], und je kurzfristiger die Zukunftsperspektive des Reformvorhabens ist. Oder: Je weniger sich eine politische Zielvorstellung von den rechtlichen, institutionellen und faktischen Gegebenheiten löst, desto bestimmter kann sie sein. Allerdings führt eine geringe normative Distanz zu einer Verengung der Problemsicht. Denkbare Lösungsmöglichkeiten bleiben dann fixiert auf das schon gegebene System; viele Wege zu besseren Lösungen kommen erst gar nicht in den Blick. Demgegenüber erlangen Zielvorstellungen utopischen, allzu realitätsfernen Charakter mit der Folge des Verlusts rationaler Kontrollmöglichkeiten, wenn der Gesetzgeber eine zu große normative Distanz einnimmt. Hier gilt es, den (Mittel-)Weg einer "Stückwerk-Technik" einzuhalten, die eine so weite Problemsicht, wie es für erforderlich gehalten wird, und eine so enge, wie es im Hinblick auf die Kontrollierbarkeit möglich ist, verlangt.

Der Hauptgrund dafür liegt in der praktischen Schwierigkeit der Konsensfindung, denn es läßt sich in der Regel einfacher und schneller Einigkeit darüber erzielen, was nicht gewollt wird, als eine genaue Vorstellung von dem ermitteln, was gewollt wird.

[272] Ebd., S. 82.

[273] Die Beachtung des Erfordernisses präziser Zielformulierung führt damit auch zu mehr Rationalität im Recht. So auch deutlich *K.-D. Opp*, Soziologie im Recht, 1973, S. 75 ff.

[274] Siehe dazu *P. Noll*, Gesetzgebungslehre, 1973, S. 76 ff., 85.

[275] Gesetzgebung ist immer nur Rechtsänderung, nie totaler Neubeginn. Vgl. ebd., S. 76. Dies korrespondiert auch mit der wissenschaftstheoretischen Erkenntnis, daß neue Theorien nie völlig losgelöst sind von vorangegangenen und deren Erkenntniszielen ("Hintergrundwissen"), sondern auf ihnen aufbauend auf höherer Allgemeinheitsstufe nach weiteren Erkenntnissen streben. Nur dann ist eine wissenschaftliche, d.h. kritische Diskussion der neu vorgestellten Theorie möglich. Wissenschaft ist immer die Fortsetzung der (vor)wissenschaftlichen Arbeit an den Erwartungshorizonten; vgl. *K. R. Popper*, in: S. Moser (Hrsg.), Gesetz und Wirklichkeit, 1949, S. 43, 48.

Der wertenden Entscheidung über die zu verfolgenden Ziele schließen sich die Suche und Analyse der *Möglichkeiten zur Zielerreichung* an[276]. Der Gesetzgeber erstellt einen Katalog der möglichen Mittel, die geeignet sind, die politische Reformvorstellung zu verwirklichen.

Das Denken in und mit Alternativen, aus denen später diejenige ausgewählt wird, die den besten Erfolg bei den geringsten unerwünschten Nebenwirkungen verspricht, ist dabei von erheblicher verfassungsrechtlicher Bedeutung[277]. Denn es ist Voraussetzung und Maßstab zugleich für die Überprüfung der an die Verfassung gebundenen legislativen Entscheidung anhand des Übermaß- (Art. 20 Abs. 3 GG) und des Willkürverbotes (Art. 3 Abs. 1 GG)[278]. Die Erarbeitung alternativer Lösungsmöglichkeiten in der Form von Mittel-Zweck-Hypothesen vollzieht sich dabei vornehmlich unter Zuhilfenahme rechtsgeschichtlicher und rechtsvergleichender Erkenntnisse sowie wiederum der Rechtstatsachenforschung.

Die Erhaltung der Vielfalt der Lösungsentwürfe und die Eröffnung der Freiheit zur Entscheidung verlangen theoretisch die Wertneutralität des Alternativendenkens und -suchens. Praktisch ist die Vielfalt denkbarer Entwürfe zur Zielverwirklichung jedoch von vornherein durch faktische und normative Bindungen eingeengt[279]. Ihr Umfang ist schon durch die Standpunkthöhe des die politische Zielvorstellung formulierenden Gesetzgebers determiniert. Eine Bindung der normativen Gestaltung an Fakten meint dabei allein die Beachtung der "Realien der Gesetzgebung" *(Eugen Huber)* als den tatsächlichen Verhältnissen, den realen Mächten, mit denen

---

[276] Zur Zielverwirklichungstechnik vgl. *R. Bender*, in: J. Rödig (Hrsg.), Studien zu einer Theorie der Gesetzgebung, 1976, S. 475 ff.

[277] Zu demokratischer Verfassungstheorie und Möglichkeitsdenken vgl. unten 5. Kap. B. I. 4. b.

[278] Vgl. auch *H. Hill*, Einführung in die Gesetzgebungslehre, 1982, S. 71. Gleiches gilt auch für die Analyse der tatsächlichen Gegebenheiten, konkretisiert in der gesetzgeberischen Heranziehungs- und Ermittlungspflicht; siehe dazu *G. Schwerdtfeger*, in: FS für H. P. Ipsen, 1977, S. 173, 178 ff.

[279] Freilich kann dieser Umstand auch als ein methoden*theoretischer* angesehen werden. Auf die Abgrenzung zwischen Theorie und Praxis bzw. auf die Existenz eines Unterschieds überhaupt soll hier nicht eingegangen werden. Überdies ließe sich rein methodentheoretisch vertreten, daß die Faktoren, die von vornherein praktisch die faktische und normative Bindung des Möglichkeitsdenkens ausmachen, erst im Rahmen der kritischen Auswahl das Ausscheiden insoweit betroffener Alternativen bewirken.

unter jeder menschlichen Vergesellschaftung gerechnet werden muß[280], und nicht die Annahme einer "Normativität des Faktischen" als Ableitung des Topos von der "Natur der Sache"[281]. Dies widerspräche einer antihistorizistischen, gestaltenden Haltung (auch und gerade) in der Rechtssetzung[282]. Auch sollte die Frage nach dem "politisch Machbaren" erst im Rahmen der endgültigen Entscheidung reflektiert werden.

Neben sachlogischen Strukturen wie der Widerspruchslosigkeit in der (rechtlichen) Wertung ("Wertungskonsequenz"[283]) und mangelnden Ressourcen[284] ist gesetzgeberisches Möglichkeitsdenken überdies durch die Normen der Verfassung und der bestehenden Rechtsordnung[285] eingeschränkt[286]. Das Prinzip des Vorrangs der Verfassung als Ausfluß des unter der grundgesetzlichen Ordnung geltenden "Primats des Rechts"[287] bindet die Gesetzgebung an die verfassungsmäßige Ordnung (Art. 20 Abs. 3 GG). Die Verfassungsbindung konkretisiert sich vor allem in Art. 1 Abs. 3, Art. 19 Abs. 2, Art. 79 Abs. 1 und 2 sowie in Art. 79 Abs. 3 GG[288].

---

[280] Vgl. *Eugen Huber*, Recht und Rechtsverwirklichung, 1921, S. 282.

[281] Als "Lieblingstopos juristischer ars inveniendi", *J. Esser*, Grundsatz und Norm, 1956, S. 68. Siehe dazu aus dem umfangreichen Schrifttum vor allem *G. Radbruch*, in: FS für R. Laun, 1948, S. 157 ff.

[282] Vgl. auch *P. Noll*, Gesetzgebungslehre, 1973, S. 98 ff.

[283] Ebd., S. 102. Vgl. dazu auch *Ch. Degenhart*, Systemgerechtigkeit und Selbstbindung des Gesetzgebers als Verfassungspostulat, 1976, S. 36 ff.

[284] Zu verfassungsrechtlichen Determinanten für Zuteilungskriterien bei knappen Ressourcen vgl. *W. Berg*, Der Staat 15 (1976), 1 ff.

[285] Das ist im Verhältnis zwischen Normen höheren und Normen niederen Ranges einleuchtend. Bei Normen derselben Rangstufe gilt zwar der Satz "lex posterior derogat legi priori", doch muß jede neue Rechtssetzung auf bereits vorhandene Regeln Rücksicht nehmen, um (Wertungs-)Widersprüche und damit Rechtsunsicherheit (Art. 20 Abs. 3 GG) zu vermeiden.

[286] Die Gegenüberstellung von faktischen und normativen Bindungen darf nicht im Sinne einer Unterscheidung von empirisch belegbaren, seinstatsächlichen Gesichtspunkten einerseits und reinen Wertungen andererseits aufgefaßt werden. Sie versucht nur dem von *Eugen Huber* geprägten Begriff der "Realien der Gesetzgebung" inhaltlich Rechnung zu tragen.

[287] Vgl. *K. Hesse*, Grundzüge des Verfassungsrechts der Bundesrepublik Deutschland, 16. Aufl. 1988, Rn. 193 ff. Zum Vorrang der Verfassung vgl. auch *R. Wahl*, Der Staat 20 (1981), 485 ff.

[288] Freilich ist der Gesetzgeber ferner durch verfassungsrechtliche Verfahrensbestimmungen und Kompetenzregelungen sowie an Staatszielbestimmungen oder Verfassungsaufträge gebunden.

Die schließlich zur Auswahl stehenden und formulierten Regelungsvorschläge enthalten technologische Prognosen über die "Wahrheit" der Mittel-Zweck-Hypothesen. Die gesetzliche Norm, also das gesetzgeberische Mittel, soll das soziale Verhalten beeinflussen, und das gesteuerte Verhalten soll den gesetzten Zweck erreichen[289].

Welcher der Regelungsentwürfe nun geeignet ist, am sichersten die gesteckte Zielsetzung mit den wenigsten unerwünschten Nebenfolgen zu verwirklichen, ist im Wege der *kritischen Überprüfung* zu ermitteln. Das Ergebnis einer die (endgültige und dauerhafte) Gesetzgebung vorbereitenden Prüfung wird freilich immer eine Prognose bleiben, denn die Regelungsnorm ist immer zukunftsorientiert; sie prognostiziert das von ihr intendierte Ordnungsgefüge[290]. Die Kritik der in den Regelungsentwürfen ausgedrückten Vorstellungen von der Konzeption künftigen Rechts hat "nur" die Aufgabe, die Unsicherheitsmarge der Prognose zu senken. Sie kann dabei, da auf einen zukünftigen Geschehensablauf bezogen, in der Regel nur aufgrund eines bloßen Wahrscheinlichkeitsmaßstabes erfolgen[291]. Hier, in der kritischen Prüfung, findet der legislative Handlungs- und Gestaltungsspielraum seinen Ausdruck.

Diese Einschätzungsfreiheit des Gesetzgebers ist jedoch ebenfalls nicht ungebunden, sondern normativ durch die Verfassung beschränkt. Seine Entscheidung muß sich, so das Bundesverfassungsgericht, "an einer sachgerechten und vertretbaren Beurteilung des erreichbaren Materials orientiert", "die ihm zugänglichen Erkenntnisquellen ausgeschöpft haben, um die voraussichtlichen Auswirkungen seiner Regelung so zuverlässig wie möglich abschätzen zu können und einen Verstoß gegen Verfassungsrecht zu vermeiden"[292]. Das materielle, verfassungsrechtliche Kriterium, an dem sich die kritische Auswahl der Regelungsentwürfe auszurichten hat und anhand dessen der legislatorische Entscheid überprüfbar ist, bildet vor allem der Grundsatz der Verhältnismäßigkeit. Er verlangt, daß eine gesetzliche Regelung geeignet, erforderlich und (im engeren Sinne) verhältnismäßig sein muß.

---

[289] Vgl. auch *P. Noll*, Gesetzgebungslehre, 1973, S. 108.

[290] Siehe dazu schon oben Einleitung B. II.

[291] Siehe *H. Hill*, Einführung in die Gesetzgebungslehre, 1982, S. 74.

[292] BVerfGE 50, 292, 333 f. (Mitbestimmung).

Die Geeignetheit umschreibt dabei die Wahrscheinlichkeit, daß der angestrebte Zweck mit den gewählten Mitteln erreicht wird. Ihr Erfordernis bildet das Einfallstor für die kritisch-technologische Beurteilung der Regelungsentwürfe unter seinstatsächlichen Gesichtspunkten, d.h. für die Prüfung danach, ob die dem Normentwurf innewohnende technologische Prognose über das Verhältnis von Mittel und Zweck "wirklich" zutrifft. Die technologische Orientierung der Rechtssetzung setzt bei der Frage nach der Geeignetheit einer Regelung als Bestandteil des Übermaßverbotes an.

Auch die Frage nach der Erforderlichkeit ist einer technologischen Betrachtung zugänglich bzw. wird durch sie entschieden. Denn das Prinzip des geringstmöglichen Eingriffs durch eine normative Regelung verlangt nichts anderes, als unter sämtlichen gleichermaßen geeigneten Regelungsvorschlägen diejenige vorzuziehen, die mit den geringsten Nebenwirkungen oder Folgelasten für den Betroffenen verbunden ist.

Daraus folgt aber, daß die Forderung nach einer soziologischen Orientierung der Gesetzgebung bereits in der Verfassung angelegt ist. Das den Gesetzgeber verpflichtende Gebot der Verhältnismäßigkeit verlangt gerade die Ausrichtung der Rechtssetzung an den seinstatsächlichen Gegebenheiten. Es verknüpft durch die Erfordernisse der Geeignetheit und Erforderlichkeit die Wirklichkeit des Soziallebens mit der dieses Zusammenleben gestaltenden und ermöglichenden Ordnung. Die Verfassung zwingt den Gesetzgeber, sich seiner wirklichkeitsgestaltenden Verantwortung bewußt zu werden[293]. Die Normierung eines bloß in sich widerspruchsfreien Rechtssystems wird von ihr als nicht ausreichend erachtet[294]. Im Hinblick auf das an der *Gerechtigkeit der Wirklichkeit* an "tatsächlicher" Gerechtigkeit, interessierte Individuum als Sozialwesen und Rechtssubjekt ist der Gesetzgeber von Verfassungs wegen zur Herstellung einer *Wirklichkeitsgerechtigkeit* gehalten. Erst dann stellt sich *wirkliche Gerechtigkeit, Gerechtigkeitswirklichkeit* ein[295].

---

[293] Aus dieser verfassungsnormativen Vorgabe folgt die Verpflichtung der Legislative als einer Beteiligten in der "offenen Gesellschaft der Verfassungsinterpreten" (*P. Häberle* [1975], in: ders., Die Verfassung des Pluralismus, 1980, S. 79 ff.) zur "wirklichkeitsorientierten Verfassungsauslegung" (*ders.* [1972], a.a.O., S. 163, 182).

[294] Vgl. dazu auch das "Bild" der "dirigierenden Verfassung" bei *P. Lerche*, Übermaß und Verfassungsrecht, 1961, S. 61 ff., 162.

[295] *K. Hesse* (1959), in: ders., Ausgewählte Schriften, hrsg. von P. Häberle/A. Hollerbach, 1984, S. 3, 7, spricht insoweit in Anlehnung an *H. Heller*, Staatslehre (1934), 6. Aufl. 1983, S. 211, von einem "Verhältnis korrelativer Zuordnung" von (Verfassungs-)Norm und Wirklich-

Dagegen kann die Frage nach der Verhältnismäßigkeit im engeren Sinne, d.h. ob die Folgen zu dem beabsichtigten Zweck in einem offenbaren Mißverhältnis stehen, "nur" einer wertenden Betrachtung unterzogen werden.

Zu den Verfahren, die der Gesetzgeber bei der Vorbereitung der Gesetze im Hinblick auf ihre (prognostizierte) Geeignetheit und Erforderlichkeit verfolgt, zählen unter anderem Konsequenz- und Wirkungsanalysen, Nutzen-Kosten-Analysen[296] unter Verwendung prognostischer Methoden[297], die Erfahrungen anderer (in- und ausländischer) Rechtsordnungen sowie die Formen der "experimentellen Rechtssetzung" wie Modellversuche, Planspiele, Entwurfstests und eben auch Experimentier- oder Erprobungsgesetze. Hilfsdienste zu einer "Versachlichung und Objektivierung der Gesetzgebung" leisten überdies die im Vorfeld hinzugezogenen Expertengremien als institutionalisierte Möglichkeiten, den *Sachverstand* zu mobilisieren[298] [299]. Die Zielsetzung der Methoden liegt in der "Verbesserung" der Gesetze durch Vorabkontrolle; es sollen die voraussichtlichen Folgen und Auswirkungen einer Kodifizierung hinsichtlich ihrer Praktikabilität, ihrer Kosten, ihres personellen und sonstigen Aufwands sowie anderer Spät- und Nebenfolgen[300] im Vorfeld der (endgültigen und dauerhaften) Normsetzung geprüft werden.

Die genannten Experiment-Methoden unterscheiden sich zum Teil erheblich in ihrer Nähe zur Realität[301]. Planspielen und Simulationen liegen Wirklichkeitsausschnitte oder bloß "Modell-Wirklichkeiten" zugrunde, während das Experimentier- oder Erprobungsgesetz als Realexperiment unmittelbar in die umfassende Realität implantiert wird. Es ermöglicht die relativ "realistischeren" Erkenntnisse und Erfahrungen über das Mittel-

---

keit. Allgemein und umfassend zu "Norm und Wirklichkeit" siehe *Th. Fleiner(-Gerster)*, ZSchwR NF 93 II. Halbbd. (1974), 279 ff.

[296] Vgl. dazu die Nachweise bei *H. Hill*, Einführung in die Gesetzgebungslehre, 1982, S. 75.

[297] Vgl. dazu allgemein *H. Albert*, in: E. Topitsch (Hrsg.), Logik der Sozialwissenschaften, 10. Aufl. 1980, S. 126 ff.

[298] Vgl. *P. Noll*, Gesetzgebungslehre, 1973, S. 55; *K. Hopt*, JZ 1972, 65, 69. Dazu noch unten 5. Kap. B. I. 4. b.

[299] Zur Objektivierung der normativen Problemlösungsversuche durch Objektivierung der Probleme siehe unten Inkurs.

[300] Vgl. *H. Hill*, Einführung in die Gesetzgebungslehre, 1982, S. 76.

[301] Vgl. schon oben Einleitung B. I.

Zweck-Verhältnis. "Letzlich kann nur das in Kraft gesetzte und angewandte Gesetz selbst den experimentellen Beweis der Richtigkeit der gesetzgeberischen Prognose liefern; denn selbst für verhältnismäßig einfache prognostische Fragen können die gegenwärtigen Sozialwissenschaften kaum verläßliche Antworten zur Verfügung stellen, geschweige denn für höchst komplexe ..."[302]

Im Hinblick auf die Eindämmung unerwünschter Nebenfolgen als Bestandteil der sozialtechnologischen Intentionsrichtung stellt sich nun schon methodentheoretisch die Frage, ob dem Gesetzgeber eine ungebundene Auswahlfreiheit hinsichtlich der Anwendung der verschiedenen Methoden im Vorbereitungsstadium der Gesetzgebung zukommt. Denn mit zunehmender Realitätsnähe und zunehmendem Zwangscharakter vorbereitender Gesetzgebungsmethoden steigt auch die "unmittelbare Betroffenheit" der Normadressaten aus Experimentiergründen. In konsequenter Fortführung der gerade zum Zwecke der Begrenzung staatlicher Macht bestehenden verfassungsrechtlichen Bindungen der gesetzgeberischen Einschätzungs- und Entscheidungsfreiheit ist daher eine *Stufenfolge* der Methoden des vorab prüfenden Gesetzgebers von der realitätsfernsten zur realitätsnahesten zu fordern. Die Verpflichtung des Gesetzgebers zur Erschöpfung aller zugänglichen Erkenntnisquellen zum Zwecke möglichst zuverlässiger Einschätzung der Normwirkung und zur Vermeidung verfassungswidriger, insbesondere grundrechtsverletzender Zustände bedeutet, daß der experimentierende bzw. erprobende Gesetzgeber bei der Anwendung der Methoden zur kritischen Würdigung der gegebenen Regelungsmöglichkeiten in umgekehrter Reihenfolge zu ihrer Eingriffsintensität vorgehen muß. Daraus folgt, daß dem Experimentier- oder Erprobungsgesetz, das für die Dauer seiner Geltung die gleiche normative Geltungskraft entfaltet wie ein "normales" Gesetz, alle anderen genannten Prüfmethoden vorangegangen sein müssen; es ist insoweit als *subsidiäre Methode* der Kritik von Regelungsmöglichkeiten anzusehen[303].

Die schließlich folgende *endgültige Normsetzung* ist die verbindliche und als dauerhaft gültig gedachte Entscheidung über die gegebenen Möglich-

---

[302] *P. Noll,* Gesetzgebungslehre, 1973, S. 35.

[303] In JZ 1971, 286, 287, kritisiert *E. E. Hirsch* die gesetzgeberische Vorgehensweise bei der Einführung der Experimentierklausel des § 5a in das DRiG, da der Erprobung in der Wirklichkeit keine "internen" Tests der bestehenden Modellentwürfe mit Hilfe sozialwissenschaftlicher Methoden vorangegangen seien.

keiten zur zukünftigen Regelung des Gemeinwesens. Unter Berücksichtigung des Umstands jedoch, daß auch ihr lediglich eine Prognoseentscheidung zugrunde liegt, verlangt eine rationale und wirkungsoptimal ausgerichtete Gesetzgebung die nachfolgende Kontrolle der getroffenen Entscheidung hinsichtlich ihrer Erfolgs- und Funktionstauglichkeit[304]. Sie erstreckt sich auf die Effektivität der Rechtsnormen, d.h. auf ihre faktische Wirksamkeit und Geltung und auf ihre soziale Wirksamkeit im Sinne der Tauglichkeit ihrer Befolgung für die Erreichung des vorgestellten gesetzgeberischen Zwecks[305]. Der *Evaluation* der Gesetzgebung[306] dient vor allem[307] die allgemeine Überprüfungs- und Nachbesserungspflicht des Gesetzgebers "als eine besondere Rechtsfolge der den Grundrechten abzugewinnenden Schutzwirkung"[308]. Hier kann der Gesetzgeber von Verfassungs wegen gehalten sein zu überprüfen, ob die ursprüngliche Entscheidung auch unter den eingetretenen, veränderten Umständen aufrechtzuerhalten ist, und gegebenenfalls "nachzubessern", zu korrigieren[309] [310].

---

[304] So deutlich auch *W. Zeh*, JbRSoz. 13 (1988), 194 ff.

[305] Zur Effektivität des Rechts als einem der ältesten Themen der Rechtssoziologie vgl. die Beiträge in JbRSoz. 3 (1972), insbesondere *H. Ryffel*, 225 ff.; *P. Noll*, 259 ff., und *H. J. Schröder*, 271 ff. Siehe auch *V. Aubert*, in: E. E. Hirsch/M. Rehbinder, Studien und Materialien zur Rechtssoziologie, 2. Aufl. 1971, S. 284 ff., sowie *K. N. Llewellyn*, in: E. E. Hirsch/M. Rehbinder, Studien und Materialien zur Rechtssoziologie, 2. Aufl. 1971, S. 54 ff.

[306] Siehe dazu vor allem *H. J. Schröder*, JbRSoz. 3 (1972), 271 ff.; *P. Noll*, in: J. Rödig (Hrsg.), Studien zu einer Theorie der Gesetzgebung, 1976, S. 552 ff.; *K. König*, Evaluation als Kontrolle der Gesetzgebung, 1983; *W. Hugger*, PVS 1979, 202 ff.; *G.-M. Hellstern/H. Wollmann*, (Hrsg.), Handbuch zur Evaluierungsforschung, Bd. 1, 1984, und die Beiträge in *dies.* (Hrsg.), Experimentelle Politik - Reformstrohfeuer oder Lernstrategie, 1983. Überdies ist die Arbeit von *L. Mader*, L'évaluation législative, 1985, erwähnenswert, der die französischsprachige Öffentlichkeit mit dieser Problematik vertraut zu machen sucht.

[307] Daneben sind beispielhaft zu nennen institutionalisierte Erfahrungsberichte der Exekutive an die Legislative (vgl. z.B. § 12 StabG), Petitionen (vgl. Art. 17 und 45 c GG), Ergebnisse der gerichtlichen Überprüfung sowie Diskussionen in der Wissenschaft. Vgl. dazu *H. Hill*, Einführung in die Gesetzgebungslehre, 1982, S. 80 ff.

[308] *P. Badura*, in: FS für K. Eichenberger, 1982, S. 481, 483.

[309] Zur allgemeinen Nachbesserungspflicht des Gesetzgebers vgl. vor allem BVerfGE 16, 147, 188 (Werkfernverkehr); 49, 89, 130 ff. (Kalkar); 50, 290, 335 (Mitbestimmung); ferner *P. Badura*, in: FS für K. Eichenberger, S. 481 ff.; *R. Steinberg*, Der Staat 26 (1987), 161 ff.; *R. Stettner*, DVBl. 1982, 1123 ff.

[310] Aus den USA ist die sog. "Sunset"-Gesetzgebung bekannt, i.e. die Erfolgskontrolle der Gesetzgebung durch eine Art "Rahmen"-Gesetzgebung, die Organisation und Verfahren der Effektivitätskontrolle in einem bestimmten Bereich institutionalisiert. Vgl. dazu stellvertretend *B. Rürup/G. Färber*, DÖV 1980, 661, 665 ff.; *D. Rethorn*, in: H. Kindermann (Hrsg.), Studien zu einer Theorie der Gesetzgebung 1982, 1982, S. 316 ff.; *H. Kindermann*, in: H. Schäffer/O. Triff-

b) Strukturelle Analogie von konventioneller und experimenteller Rechtssetzungsmethodik

Es zeigt sich, daß die Struktur der experimentellen Methode in der Sozialtechnik zu der der gesetzlichen Entscheidungsfindung analog ist. Denn die Theorie des (sozialtechnologischen) Experiments kann ebenfalls in acht Schritten dargestellt werden, die sich mit denen des inneren Gesetzgebungsverfahrens decken. Daraus folgt, daß schon methodentheoretisch für das legislative (Real-)Experiment, freilich unter Berücksichtigung spezifischer Besonderheiten, eine grundsätzlich gleiche Vorgehensweise vom Gesetzgeber zu fordern ist wie für die konventionelle Normsetzung. Dabei können auch hier zumindest die ersten vier Schritte nicht im Sinne eines linearen Fortschreitens verstanden werden:

1. Problemimpuls;

2. Umschreibung des sozialen Problems;

3. Aufstellung einer (sozial)politischen Forderung;

4. Analyse der sozialen Situation und der Randbedingungen;

5. Entwurf einer Mittel-Zweck-Hypothese und deren Transformation in eine technologische Prognose;

6. Technisch-praktische Anwendung der deduzierten singulären Folgerung;

7. Rückkoppelung von der Erfahrung auf die Hypothese;

8. Korrektur.

Die Anwendung des Konzepts der erprobenden Normsetzung als Mittel zur kritischen Überprüfung der im Rahmen des inneren Gesetzgebungsverfahrens aufgestellten Regelungsentwürfe bedingt, daß Problemimpuls und -umschreibung, politische Zielsetzung und Tatsachenanalyse inhaltlich einander ähneln, sogar gleichen *können*, aber nicht *müssen*. Denn im Laufe des bereits vorangegangenen Entscheidungsfindungsprozesses, insbesondere als Ergebnis der vorrangig zu verfolgenden Methoden der Vorabkontrolle von Gesetzentwürfen[311], kann sich eine Modifizierung der Problemsicht

---

terer, Rationalisierung der Gesetzgebung, 1984, S. 133, 141; *L. Mader*, L'évaluation législative, 1985, S. 123 ff.; jeweils mit Nachweisen.

[311] Siehe dazu oben a.

und / oder der Zielvorstellung über deren Korrektur ergeben. Sie sind daher nicht notwendig identisch mit denen, die Ausgangspunkt und Grundlage des "tatsächlichen" Inkraftsetzens einer Norm auf Probe sind. Dies gilt um so mehr für die (hypothetische) Formulierung des für die Zweckverwirklichung tauglich gehaltenen Mittels, liegt doch gerade in seiner Identifizierung das Erkenntnisinteresse auch der vorrangigen Kritikmethoden.

Durch die Gesetzgebung auf Probe vollzieht sich nun die unmittelbar technisch-praktische Anwendung der bislang gefundenen Prognose über das in der Norm ausgedrückte Mittel-Zweck-Verhältnis. Wiewohl die taugliche, d.h. praktikable, wirkungsoptimale und progressive normative Regelung die Intention gesetzgeberischer Initiative ist bzw. war, muß - methodologisch gesehen - die Falsifizierung der zu überprüfenden Hypothese, also die Feststellung der Untauglichkeit der vorgeschlagenen Norm das Motiv und der Leitgedanke experimenteller Gesetzgebung sein.

Das mag paradox klingen, ist es aber nicht. Denn gerade die erwähnte Intention verpflichtet den rationalistisch eingestellten[312] Gesetzgeber dazu, den prognostizierten Mittel-Zweck-Zusammenhang dem größtmöglichen Risiko des Scheiterns auszusetzen. Nur dann erhält der Normgeber "realistische" Erkenntnisse über die Tauglichkeit seines Regelungsentwurfs, und nur auf deren Grundlage kann er die Geeignetheit und Erforderlichkeit einer Norm nachprüfbar feststellen, besser: vorhersagen. Dies impliziert die Verwerfung der erprobten Norm für den Fall, daß die in ihr enthaltene Prognose über die sozialen Verhältnisse und Reaktionen in der Wirklichkeit nicht zutrifft und sie sich daher für die intendierte Verbesserung des sozialen Zustands als nicht tauglich erweist.

Der methodentheoretischen Forderung des Strebens nach Falsifikation steht die Notwendigkeit einer normativen Entscheidung nicht entgegen. Vielmehr sucht sie nur die (sozial)technologische Orientierung der Gesetzgebungstätigkeit, d.h. ihre Ausrichtung an den Sozialgesetzlichkeiten zu erreichen, um so ihre Effizienz zu steigern. Das bedeutet aber auch, daß eine auf Dauer gedachte Normsetzung so lange unterbleiben muß, wie durch die Methoden der Vorabkontrolle der Entwürfe keine ausreichenden Erkenntnisse über ihre Tauglichkeit vorliegen.

---

[312] Zur "rationalistischen Einstellung" siehe *K. R. Popper*, Die offene Gesellschaft und ihre Feinde 2, 6. Aufl. 1980, S. 275 ff.

Demnach verlangt eine kritisch-rationale Gesetzgebungsmethodik die Korrektur des Norminhalts im Falle ihrer Untauglichkeit und die Wiederholung der experimentellen Vorgehensweise, wenn die aus der Falsifizierung erlangten Daten für die Auswahl *einer* Regelungsalternative nicht hinreichend sind. Schließlich kann eine gefällte legislative Entscheidung nicht als endgültig im Sinne von unumstößlich, sondern immer nur als vorläufig, also korrigierbar angesehen werden. Dem trägt die verfassungsrechtliche allgemeine Überprüfungs- und Nachbesserungspflicht des Gesetzgebers Rechnung.

4. Gesetzmäßigkeit im Recht und
das Experimentobjekt Mensch als spezifische Probleme
des Experiments in der Gesetzgebung?

Die experimentelle Operation in der Gesetzgebung ist durch folgende Grundelemente gekennzeichnet[313]: Die Leitung des gesamten experimentellen Prozesses unterliegt dem Gesetzgeber bzw. dem funktionell zuständigen Organ. Der experimentelle Faktor, die gesteuerte und planmäßig eingeführte Bedingung, ist die zu untersuchende, zu erprobende Rechtsnorm. Der experimentellen Situation schließlich entspricht die rechtstatsächliche Wirklichkeit, in die die Experimentalnorm implantiert wird und in der sich Anwendung und Wirkungsweise der Norm zeigen.

Die legislative Nutzbarmachung des Experiments verlangt freilich auch die Beachtung der experimenttheoretischen Anforderungen, wie sie bereits oben skizziert und für die Sozialtechnologie modifiziert wurden[314].

Indes bleibt die Frage danach zu klären, ob die Anwendung der experimentellen Methode in der Gesetzgebung überhaupt ihr Ziel, nämlich die Formulierung einer rechtstatsächlichen Gesetzmäßigkeit, erreichen kann. Denn es ließe sich behaupten, daß im Gegenstandsbereich des Rechts bzw. der Rechtssoziologie keine Gesetzmäßigkeiten vorhanden seien, daß es im Wesen des Rechts begründet liege, "daß es kein Objekt exakter Wissenschaft sein kann, so daß man nicht auf die Auffindung zeitlos gültiger Ge-

---

[313] Vgl. dazu *P. Fricke/W. Hugger*, Test von Gesetzentwürfen, Teil 2, Bd. 1, 1980, S. 144.

[314] Siehe oben A. II.; B. III.

setze ausgeht, sondern sich auf die Darstellung und das Begreiflichmachen einmaliger, historisch realer Abläufe *(Simmel)* beschränkt"[315].

Diese Auffassung hieße, die Rechtswissenschaft in den Bereich der moralphilosophischen (Geistes-)Wissenschaften zu "verdammen" und als Ergebnis ihrer auf Rechtsdogmatik, Rechtsgeschichte, Rechtsvergleichung und Rechtsphilosophie beschränkten Arbeit bloß formale Begriffsbildungen, wirklichkeitsfremde Abstraktionen hinzunehmen. Da die moralisch-weltanschaulichen Ansichten über das "Wahre" und "Richtige" in der Regel differieren, würde die rechtliche Gestaltung des Soziallebens den ständig wechselnden "Mode"-Strömungen weltanschaulicher Theorien und Systeme preisgegeben. Sie gewänne eine "chamäleonhafte Geschmeidigkeit", die die Auszeichnung eines jeden Sozialsystems und eines jeden Gesetzes als "richtig" oder "rechtmäßig" ermöglichte[316]. Schließlich ließe sich dann erst recht die Rechtswissenschaft nicht als Wissenschaft im eigentlichen Sinne verstehen[317].

Ansätze, die Rechtswissenschaft von dieser dogmenverhafteten Denkart zu lösen, finden sich unter anderem bereits in der soziologischen Rechtsschule, in der Freirechtsschule und in der Interessenjurisprudenz[318], denen freilich die Lehre der Rechtspositivisten, die "reine" Rechtslehre, widerspricht. Im Zuge der fortschreitenden soziologischen Orientierung der Rechtswissenschaft hat *E. E. Hirsch* schon im Jahre 1948 überzeugend dargestellt, daß rechtliche Sozialgesetzlichkeiten mit naturwissenschaftlichen Mitteln erarbeitet werden können[319]. Seine Überlegungen gipfelten in dem Verständnis der Rechtswissenschaft als - jedenfalls auch - "Seinswissenschaft" und als *"Wissenschaft von der bewußten Ordnung des Soziallebens"*[320]. "Der Gegenstand der Rechtswissenschaft ist mit anderen Worten die Untersuchung und Klärung der Wechselwirkung zwischen der stets im Fluß

---

[315] *E. E. Hirsch*, Das Recht im sozialen Ordnungsgefüge, 1966, S. 69.

[316] Siehe dazu ebd., S. 69 f.

[317] Vgl. die Nachweise bei ebd., S. 66, die sich mit der "Unwissenschaftlichkeit der Rechtswissenschaft" befassen.

[318] Vgl. dazu schon oben 3. Kap. A.

[319] Vgl. *E. E. Hirsch*, Das Recht im sozialen Ordnungsgefüge, 1966, S. 65 ff. Seine Gedanken wurden fortentwickelt von *J. Tiemeyer*, Zur Methodenfrage der Rechtssoziologie, 1969. Siehe auch *C. A. Emge*, Recht und Psychologie, 1954, und *U. Krüger*, Der Adressat des Rechtsgesetzes, 1969.

[320] *E. E. Hirsch*, Das Recht im sozialen Ordnungsgefüge, 1966, S. 70, 72.

befindlichen und sich wandelnden Wirklichkeit des menschlichen Zusammenlebens und der dieses Zusammenleben ermöglichenden Ordnung"[321] - des Rechts[322].

Nicht die isolierte Rechtsnorm darf daher im Mittelpunkt der rechtswissenschaftlichen Betrachtungen stehen. Vielmehr sind ihre Beziehungen und Abhängigkeiten im Geflecht der Gesamtheit der Normen "in Anbetracht des Soziallebens, das sie gebiert, trägt, verändert, verschlingt"[323] zu untersuchen. Denn, so *R. v.Jhering*[324]: "Das konkrete Recht empfängt nicht bloß Leben und Kraft vom abstrakten, sondern gibt ihm dasselbe zurück. Das Wesen des Rechts ist praktische Verwirklichung. Eine Rechtsnorm, welche derselben nie teilhaftig geworden oder derselben wieder verlustig gegangen ist, hat auf diesen Namen keinen Anspruch mehr, sie ist eine lahme Feder in der Maschinerie des Rechts geworden, die nicht mitarbeitet, und die man herausnehmen kann, ohne daß sich das mindeste ändert".

Sozialleben aber erfährt seine "Lebendigkeit" durch das Zusammenwirken der Faktoren individuellen Handelns, das auf dieses hin orientiert ist[325]. Die Einsicht in die Gesetzmäßigkeiten des menschlichen Soziallebens, also die Erkenntnis der das Handeln des einzelnen Menschen als Sozialwesen bestimmenden Kräfte und Faktoren, ermöglicht die "richtige" Erklärung und Darstellung der sozialen und damit der Rechtsordnung. An ihrer Aufdeckung muß die Rechtswissenschaft mitarbeiten, so lange die Sozialwissenschaften noch "keine befriedigende und erschöpfende Antwort geben" können[326]. Denn der Mensch als Rechtssubjekt ist weniger an einer "dogmatisch sauberen" Rechtsordnung, an ihrer inneren Widerspruchslosigkeit interessiert, als vielmehr an der Gerechtigkeit der Wirklichkeit, der *Wirklichkeitsgerechtigkeit* der Normordnung[327].

---

[321] Ebd., S. 72.

[322] Vgl. dazu bereits die Überlegungen zu einer "Experimentellen Rechtswissenschaft" (oben 3. Kap.) sowie die Intentionen einer Gesetzgebungslehre (dazu oben 2.).

[323] *E. E. Hirsch*, Das Recht im sozialen Ordnungsgefüge, 1966, S. 73.

[324] Der Kampf ums Recht (1872), bearbeitet von A. Hollerbach, 6. Aufl. 1981, S. 25.

[325] Vgl. auch *K. R. Popper*, Die offene Gesellschaft und ihre Feinde 2, 6. Aufl. 1980, S. 412 Fn. 11 [1].

[326] *E. E. Hirsch*, Das Recht im sozialen Ordnungsgefüge, 1966, S. 75.

[327] Siehe schon oben 3. a. - Freilich enthalten Normen *Sollens*anordnungen, sie sollen gelten. Es geht aber um ihre *faktische* Geltung, um ihre Akzeptanz und Umsetzung in der Wirklichkeit. Eine Norm, die die Interdependenz von Sein und Sollen in einem geordneten Sozialle-

Trotz aller individuellen Willkür und Willensfreiheit, die die Tatsachen und Vorgänge des Soziallebens beeinflussen, bleibt das Wollen und Handeln des Menschen als Sozialwesen auf die soziale Gesamtheit hin bezogen[328]. Es kann daher nur insoweit wirksam werden, wie ihm das soziale System dies gestattet, dessen Bestandteil er ist[329]. Die rational kritisierbare Identifizierung der die Wirksamkeit bestimmenden Faktoren erfordert deren "objektives Verstehen". Dies kann durch die von *K. R. Popper* vorgeschlagene Methode von der "Situationslogik" erreicht werden[330]. Die hinreichende Analyse der Situation des handelnden Menschen, die die physische Welt ebenso wie die soziale Welt[331] und die in Situationsmomente umgewandelten psychologischen Einflüsse erfaßt, ermöglicht die Feststellung, ob das Verhalten der Logik der Situation entspricht, ob es objektiv situationsgerecht ist oder nicht. Es verliert damit seinen "Zufallscharakter"[332] und kann in empirischer Weise auf seine Wechselbeziehungen und Abhängigkeiten in der sozialen Wirklichkeit wissenschaftlich untersucht werden.

In dem Grade, in dem es möglich ist, diese Wirksamkeit anhand der Erfahrung zu messen[333], ist es auch möglich, (rechtliche) Sozialgesetzlichkei-

---

ben unbeachtet läßt, wird nie die von ihr intendierte Ordnungsfunktion in der Wirklichkeit des Soziallebens erfüllen.

[328] Siehe schon oben III. vor 1.

[329] Vgl. *E. E. Hirsch,* Das Recht im sozialen Ordnungsgefüge, 1966, S. 82, und auch *K. R. Popper,* Die offene Gesellschaft und ihre Feinde 2, 6. Aufl. 1980, S. 114, sowie *ders.,* Die offene Gesellschaft und ihre Feinde 1, 6. Aufl. 1980, S. 113 f., 114: "Grundsätzlich werden jedoch Institutionen immer im Hinblick auf bestimmte Normen aufgebaut, sie werden mit einem wohlbestimmten Ziel vor Augen entworfen. Das gilt vor allem für sämtliche bewußt geschaffenen Institutionen; aber auch jene Institutionen, die als das unbeabsichtigte Resultat menschlicher Handlungen entstanden sind ... - und das ist bei weitem die Mehrzahl -, sind das indirekte Ergebnis eines zweckhaften Vorgehens der einen oder anderen Art; und ihr Funktionieren hängt zum Großteil davon ab, daß gewisse Normen beachtet werden."

[330] Vgl. dazu *K. R. Popper* (1962), in: ders., Auf der Suche nach einer besseren Welt, 2. Aufl. 1987, S. 79, 95 ff., und auch *ders.,* Die offene Gesellschaft und ihre Feinde 2, 6. Aufl. 1980, S. 122 f., und schon oben, unter III. 2.

[331] Sie wird vor allem durch die sozialen Institutionen bestimmt. Diese bestehen aus allen jenen sozialen Wesenheiten der sozialen Welt, die den Dingen der physischen Welt entsprechen, z.B. der Bundestag, ein Universitätsinstitut, die Polizei oder auch ein Gesetz. Vgl. *K. R. Popper* (1962), in: ders., Auf der Suche nach einer besseren Welt, 2. Aufl. 1987, S. 79, 97.

[332] Zum Verhältnis von Zufall und Freiheit vgl. *J. Tiemeyer,* Zur Methodenfrage in der Rechtssoziologie, 1969, S. 14 ff.

[333] Z.B. durch statistische Erhebungen.

ten aufzustellen[334]. Dem steht auch nicht der Einwand aus der (vermeintlichen) Einmaligkeit sozialer Erscheinungen entgegen[335]. Es gilt nur, die für die Ähnlichkeit der Erscheinungen relevanten Merkmale zu entdecken. Daran mitzuwirken obliegt auch und gerade einer Rechts-Wissenschaft, die ihre Verantwortung für die Gestaltung des Soziallebens erkennt. Nur dann erhalten einfache Rechtsbegriffe wie zum Beispiel "Fahrlässigkeit", "Treu und Glauben" oder der "ordentliche Kaufmann" sowie verfassungsrechtliche Kategorien wie "Menschenwürde", "Ehre"[336], "Kunst", "Familie" oder die "Sozialpflichtigkeit des Eigentums" einen realen Inhalt und können realistische Bedeutung für die Ordnung des Soziallebens beanspruchen[337].

Auch für die Aufstellung von Rechtsnormen gilt es daher, "allgemeine Bestimmtheiten (Prinzipien)"[338] über die "Formen, in denen sich das Sozialleben tatsächlich verwirklicht oder möglicherweise verwirklichen kann"[339] zu gewinnen, um aus der Fülle der Möglichkeiten schließlich diejenigen auswählen zu können, "die mit dem Zweck der Allgemeingültigkeit als Norm billigenswert erscheinen und realisiert werden sollen"[340]. Dazu kann der gesetzgebungswillige Staat eben auch im Wege der experimentellen oder erprobenden Normsetzung, die das juristische Gesetz wie eine naturwissenschaftliche Hypothese behandelt[341], als methodischer Weiterentwicklung des trial-and-error-Prinzips vorgehen.

Freilich besteht zwischen Behauptungen über tatsächliche Zusammenhänge und Forderungen oder Vorschlägen zur Regelung des sozialen Zusammenlebens kein *logischer* Zusammenhang[342]. Die wertende, politische

---

[334] Diese Sozialgesetzlichkeiten oder "soziologischen Gesetze" haben freilich mit den Gesetzen der sozialen Entwicklung, um deren Aufdeckung eine historizistisch-holistisch eingestellte Sozialwissenschaft bemüht ist, nichts gemein.

[335] Vgl. dazu *J. Tiemeyer*, Zur Methodenfrage der Rechtssoziologie, 1969, S. 50 ff.

[336] Zur "Phänomenologie der Ehre" und zu den daraus zu ziehenden Konsequenzen für die Struktur des verfassungsrechtlichen Ehrenschutzes vgl. neuerdings *R. Mackeprang*, Ehrenschutz im Verfassungsstaat, Diss. iur. 1989, S. 122 ff.

[337] Vgl. auch *K.-D. Opp*, Soziologie im Recht, 1973, S. 75 f.

[338] *E. E. Hirsch*, Das Recht im sozialen Ordnungsgefüge, 1966, S. 84.

[339] Ebd.

[340] Ebd.

[341] Vgl. im Anschluß an *F. K. Beutel* auch *U. Krüger*, Der Adressat des Rechtsgesetzes, 1969, S. 59, und *K. F. Röhl*, Das Dilemma der Rechtstatsachenforschung, 1974, S. 30.

Entscheidung bleibt eine moralisch-ethische, die wissenschaftlich nicht überprüfbar ist[343]. Die Berücksichtigung der tatsächlichen Verhältnisse im Laufe der (rechts)politischen Entscheidungsfindung dient allein dem Zweck der möglichst wirklichkeitsnahen und damit sach- und wirklichkeitsgerechten zukünftigen Gestaltung des Soziallebens.

Ist somit die Suche und Aufstellung von Gesetzmäßigkeiten auch auf dem Gebiet des Soziallebens, von Sozialgesetzlichkeiten des Rechts möglich, so bleibt dennoch die Frage danach zu stellen, wie es um die praktische Durchführbarkeit des legislativen Experiments als Methode auf dem Weg dorthin steht. Konkret ist zu untersuchen, inwieweit die Probleme der praktischen Prüfbarkeit, die oben für das allgemeine sozialtechnologische Experiment erörtert wurden[344], auch für das legislative Experiment bestehen. Sie wurzelten allesamt in dem Umstand, daß der Mensch - trotz seiner dialektischen Eingebundenheit in das soziale System - in seiner Individualität und Diffusität das Experimentobjekt darstellt.

Zutreffend verknüpfen *P. Fricke / W. Hugger*[345] die für das experimentelle gegenüber dem direkt-dezisionistischen Rechtssetzungsverfahren methodentypischen Merkmale wie folgt: Ist die *Rückholbarkeit* der experimentellen Norm ohne hinreichende Legitimation der durch sie eingetretenen Veränderungen in der sozialen Realität nicht möglich, so muß die *Wiederherstellbarkeit* des vorexperimentellen Zustands gewährleistet sein. Ist dies praktisch nicht möglich und fehlt eine legitimatorische Absicherung der Experimentfolgen und der durch sie bewirkten Ungleichbehandlung der Experimentpersonen gegenüber Nicht-Betroffenen, so bedarf es der *Freiwilligkeit* der Teilnahme der Experimentpersonen an der Durchführung des Experiments[346].

---

[342] Vgl. die moralphilosophische Konzeption des "kritischen Dualismus" von Gesetzen und Normen *K. R. Poppers*, Die offene Gesellschaft und ihre Feinde 1, 6. Aufl. 1980, S. 90 ff. Siehe dazu unten Inkurs.

[343] Aber es wäre verfehlt, deshalb alle Entscheidungen und Normen als irrational anzusehen. Gerade weil an dieser Stelle die Möglichkeit der Deduktion endet, sind die Menschen bei ihren Entscheidungen um so mehr auf ihre Vernunft, ihren kritischen Verstand und ihr Verantwortungsbewußtsein angewiesen. Der "kritische Rationalismus" erkennt die Grenzen der Rationalität, aber auch die sich daraus ergebende Verantwortung des Menschen für seine Entscheidungen. Vgl. dazu *K. R. Popper*, Die offene Gesellschaft und ihre Feinde 2, 6. Aufl. 1980, S. 275 ff.

[344] Siehe oben III.

[345] Test von Gesetzentwürfen, Teil 2, Bd. 1, 1980, S. 146 f.

Die Beachtung dieser experimenttheoretischen Anforderungen erscheint für die (internen) Methoden der Vorabkontrolle von Gesetzentwürfen noch möglich. Anders jedoch beurteilt sich die Situation im Falle der Erprobung des Gesetzes in der Wirklichkeit. Hier stellt sich die Frage nach der Freiwilligkeit der Teilnahme von Experimentpersonen nicht mehr. "Legislative Experimente sind ... solche Sozialexperimente, bei denen das Problem der Mitwirkung des Menschen 'als Versuchsperson' nicht auftritt."[347] Denn das Experimentier- oder Erprobungsgesetz ist gleichermaßen wie jeder gesetzgeberische Akt durch seine normative Geltungskraft, durch seinen Zwangscharakter ausgezeichnet. "*Jede Rechtsperson ist Versuchsperson im ... verrechtlichten, sozialen Feldexperiment.*"[348]

Demnach muß entsprechend dem aufgezeigten Bedingungssystem der methodentypischen Merkmale die Wiederherstellbarkeit des vorexperimentellen Zustands gewährleistet sein, d.h. die durch die Durchführung des Experiments bewirkten Effekte müssen revidierbar und rücknehmbar sein. Daß dies im Falle des verrechtlichten, sozialen Feldexperiments nicht möglich ist, liegt auf der Hand. Dies ergibt sich schon aus den Schwierigkeiten bei der Bestimmung und Kontrolle der experimentellen Situation[349]. Überdies liegt es im Wesen des experimentellen Faktors, der als Bedingung eingeführten Norm selbst, daß sie durch ihren normativen Gestaltungsauftrag auf Veränderung angelegt ist. Experimentelle Gesetzgebung schafft ihrem Wesen und ihrer Intention nach selbst soziale Realität. Und gerade in der durch die experimentelle Norm veränderten Realität liegt das Potential der Erfahrungen, um deren Erkenntnis willen sie in Kraft gesetzt wurde. Die vor der Normsetzung bestehende Wirklichkeit läßt sich demnach genausowenig wiederherstellen wie sich das "Rad der Geschichte" zurückdrehen oder die Zeit anhalten läßt. Einen praktischen Wiederholungsversuch mit identischer Ausgangssituation gibt es wesensgemäß nicht.

---

[346] Vgl. auch *W. Hugger*, Gesetze - Ihre Vorbereitung, Abfassung und Prüfung, 1983, S. 326.

[347] *K. Eckel*, ZfSoz. 1978, 39, 48.

[348] Ebd., 53. Vgl. auch *E. Greenwood*, in: R. König (Hrsg.), Beobachtung und Experiment in der Sozialforschung, 1956, Neudruck 1975, S. 171, 209. - Unberührt davon bleibt freilich gegebenenfalls die Freiwilligkeit, die unmittelbaren Voraussetzungen für die Eröffnung des personellen Geltungsbereichs des Gesetzes zu schaffen.

[349] Dazu siehe oben III. 1.

Schon methodologisch rückt daher die Frage ins Blickfeld, ob die Erkenntnisträchtigkeit experimenteller Normsetzung die durch sie nach Zahl und faktischer Betroffenheit bei den Experimentadressaten bewirkten ungleichen Belastungen bzw. Begünstigungen hinreichend legitimiert oder ob dieser Umstand ein Verbot experimenteller Gesetzgebung fordert. Hier ist in eine abwägende Betrachtung darüber einzutreten, ob die irreversiblen Experimentfolgen im Hinblick auf die Erkenntnisleistung der Methode hingenommen werden können. Das Abwägungsergebnis ist entscheidend davon abhängig, welchen Charakter und welche Intensität die Experimentwirkungen aufweisen und als wie notwendig und bedeutsam demgegenüber die erwarteten rechtstatsächlichen Erkenntnisse angesehen werden. In den Abwägungsvorgang sind jedenfalls folgende methodologische Überlegungen einzubeziehen: Experimentelle bzw. erprobende Gesetzgebung ist keine andere Vorgehensweisen experimenteller Rechtssetzung substituierende Methode, sondern steht zu ihnen in einem Subsidiaritätsverhältnis[350]. Das Prinzip des Lernens aus Versuch und Irrtum ist ein dynamisch-progressives Prinzip, kein statisch-regressives. Experimentator und Experimentobjekt sind im System des Gesetzesexperiments (teil)identisch und über die Kette der demokratischen Legitimation miteinander verknüpft.

Inkurs: Soziologisch orientierte Normgebung
im System des "kritischen Dualismus" von
Tatsachen und Entscheidungen

Die aufgezeigte Theorie der experimentellen Gesetzgebung verfolgt eine rein technologische, bescheidene und damit "machbare" sozialpolitische Gestaltung. Ihr liegt eine an *K. R. Popper* angelehnte moralphilosophische Konzeption des kritischen Dualismus (oder kritischen Konventionalismus) von Tatsachen und Entscheidungen zugrunde[351] oder, wie *K. R. Popper* sich verbessernd formuliert, von Tatsachen und Vorschlägen[352].

Normen und Entscheidungen sind ein Werk des Menschen, sie sind von ihm gemacht und können von ihm verändert werden, und zwar durch die Übereinkunft, sie zu beachten oder umzuformen. Der Mensch ist daher für

---

[350] Siehe dazu oben 3. a.

[351] *K. R. Popper*, Die offene Gesellschaft und ihre Feinde 1, 6. Aufl. 1980, S. 90 ff.

[352] Ebd., S. 316 Fn. 5 [3].

sie verantwortlich. Die Verantwortung kann weder auf die Natur oder auf die Geschichte oder auf Gott noch auf irgendwelche speziellen Tatsachen oder Bestandteile der Wirklichkeit "abgeschoben" werden[353]. Daraus folgt die dualistische These, "daß sich *Vorschläge nicht auf Tatsachen reduzieren lassen* (oder auf Sätze, d.h. auf die Feststellung von Tatsachen), *obgleich sie sich auf Tatsachen beziehen*"[354]. Dieser Dualismus, der aus der Erkenntnis der Autonomie des Willens folgerichtig die Konsequenz der Verantwortung des Menschen für *seine* (Willens-)Entscheidung zieht, charakterisiert die offene Gesellschaftsordnung[355].

Nun sind die Entscheidungen der Menschen, die in dem individuellen Handeln ihren Ausdruck finden, nicht natürlich vorgegeben, nicht das Ergebnis einer präsozialen "menschlichen Natur". "Die Menschen - das heißt das menschliche Bewußtsein, die Bedürfnisse, Hoffnungen, Ängste, Erwartungen, die Beweggründe und das Streben und Trachten menschlicher Individuen - sind, wenn überhaupt, eher das Erzeugnis des Lebens in der Gesellschaft als seine Erzeuger."[356] Denn "unsere Handlungen (lassen sich) nicht ohne Berücksichtigung unserer sozialen Umgebung, sozialer Institutionen und ihrer Funktionsweise *erklären*"[357].

---

[353] Vgl. ebd., S. 95 f.; *H. Albert*, ARSP 46 (1960), 391, 407.

[354] *K. R. Popper*, Die offene Gesellschaft und ihre Feinde 1, 6. Aufl. 1980, S. 316 Fn. 5 [3]. Siehe auch *ders.*, a.a.O., S. 97 f.: "Alle moralischen Entscheidungen beziehen sich ... auf die eine oder andere Tatsache, insbesondere auf Tatsachen des sozialen Lebens, und umgekehrt geben alle Tatsachen des sozialen Lebens, die man ändern kann, zu verschiedenen Entscheidungen Anlaß. Das zeigt, daß sich die Entscheidungen niemals aus Tatsachen oder einer Beschreibung dieser Tatsachen herleiten lassen." Gleiches gilt für unveränderliche ("natürliche"), soziologische Tatsachen: "... dann ist jede Entscheidung, die sich ihre Veränderung zum Ziel setzt, einfach unpraktisch, uninteressant und bedeutungslos". Ebenso *ders.*, Logik der Forschung, 8. Aufl. 1984, S. 11: "Auch die Naturgesetze sind auf elementare Erfahrungssätze *logisch* nicht zurückführbar." Vgl. auch *G. Radbruch*, MSchKrim 2 (1906), 422, 424: "Nimmer mehr läßt sich aus dem Sein das Sein-Sollende ableiten, gleichviel ob ein gegenwärtiges oder vergangenes oder ob ein wahrscheinlich zukünftiges Sein in Frage steht." Siehe allgemein auch die Beiträge zu "Sein und Sollen im Erfahrungsbereich des Rechts", in: ARSP Beiheft Nr. 6 (1970).

[355] *K. R. Popper*, Die offene Gesellschaft und ihre Feinde 1, 6. Aufl. 1980, S. 94. *K. F. Röhl*, Das Dilemma der Rechtstatsachenforschung, 1974, S. 25, sieht hier - in der "Kluft zwischen Sein und Sollen" - den Grund für das Dilemma der Rechtstatsachenforschung und aller soziologischen Jurisprudenz.

[356] *K. R. Popper*, Die offene Gesellschaft und ihre Feinde 2, 6. Aufl. 1980, S. 117 f.

[357] Ebd., S. 114 (Hervorhebung durch den Verfasser).

Das bedeutet, daß soziale Institutionen und mit ihnen typische soziale Regelmäßigkeiten oder "soziologische Gesetze" im Sinne von Naturgesetzen des Soziallebens[358] vor dem "natürlichen" Bewußtsein individueller Menschen, dem diese entspringen könnten, existiert haben[359]. Sie "bestimmen" das individuelle Handeln. Dies entspricht in Abgrenzung zu einem Psychologismus *Millscher* und einem Idealismus *Hegelscher* Prägung dem Epigramm *K. Marx'*, daß es nicht das Bewußtsein der Menschen ist, das ihr Sein, sondern umgekehrt ihr gesellschaftliches Sein, das ihr Bewußtsein bestimmt[360].

Nun sind zwar die Strukturen der sozialen Umgebung in gewissem Sinne von Menschen geschaffen, sind soziale Gesetze "konventionell", nicht "natürlich"[361]. Aber das Problem liegt darin, daß diese in der Regel nicht bewußt geplant werden und nicht "auf Grund von Bedürfnissen, Hoffnungen und Beweggründen *erklärt* werden können"[362]. Die Feststellung, daß Normen Menschenwerk sind, bedeutet nicht, daß sie bewußt aufgestellt werden, sondern ist allein in dem Sinne zu verstehen, "daß die Menschen sie einer Beurteilung unterwerfen und sie ändern können - das heißt in dem Sinne, daß wir für sie völlig verantwortlich sind"[363]. (Soziale) Institutionen und Traditionen "sind in der Regel das *indirekte, unbeabsichtigte und oft unerwünschte Beiprodukt*" bewußter Handlungen[364], "*die große Mehrzahl (ist) als ungeplantes Ergebnis menschlichen Handelns einfach 'gewachsen'*"[365].

Aufgabe einer Sozialtechnologie ist es daher, die Strukturen der sozialen Umgebung zu erklären, d.h. die unbeabsichtigten Rückwirkungen situativer, individueller Pläne und Handlungen, auf die allein soziale Institutionen und Traditionen zurückgeführt werden können[366], soweit wie möglich

---

[358] In Abgrenzung zu den normativen Gesetzen des Soziallebens. Vgl. ebd., S. 412 Fn. 10, sowie *ders.*, Die offene Gesellschaft und ihre Feinde 1, 6. Aufl. 1980, S. 103.

[359] Vgl. *K. R. Popper*, Die offene Gesellschaft und ihre Feinde 2, 6. Aufl. 1980, S. 117.

[360] Vgl. dazu ebd., S. 112 ff., 411 Fn. 2 mit Nachweisen.

[361] Vgl. ebd., S. 113.

[362] Ebd., S. 118 (Hervorhebung durch den Verfasser).

[363] *K. R. Popper*, Die offene Gesellschaft und ihre Feinde 1, 6. Aufl. 1980, S. 100.

[364] *K. R. Popper*, Die offene Gesellschaft und ihre Feinde 2, 6. Aufl. 1980, S. 118.

[365] *K. R. Popper*, Das Elend des Historizismus, 4. Aufl. 1974, S. 52.

[366] In Abgrenzung zur methodologisch kollektivistischen Auffassung *K. Marx'*, der im "System ökonomischer Bedingungen" die Ursache ihres Entstehens sieht. Vgl. dazu *K. R. Popper*, Die offene Gesellschaft und ihre Feinde 2, 6. Aufl. 1980, S. 412 Fn. 11 [1].

vorauszusehen und damit die Menschen zu "bewußten Schöpfern einer offenen Gesellschaft"[367] zu befähigen[368].

Übertragen auf die (Rechts-)Normgebung als sozial orientiertes Ordnungshandeln des Menschen bedeutet dies: Im System des kritischen *Dualismus* von Sollen und Sein oder von Normen und Tatsachen, sind jene nicht auf diese reduzierbar, sondern liegen in der alleinigen Verantwortung des Menschen, obgleich sie auf die Tatsachen und die Gesetzmäßigkeiten des sozialen Lebens bezogen und von diesen bestimmt sind. Der *kritische* Dualismus fordert aber die Erkenntnis der soziologischen Abhängigkeiten, um von einer ungeplanten Konstruktion sozialer Institutionen zu einer bewußten, d.h. möglichst geplanten und von unbeabsichtigten Rückwirkungen möglichst freien normativen Gestaltung des Soziallebens, also Herstellung einer Sozialordnung, zu gelangen. Es gilt, die Erklärung der normativen Handlungen des Menschen durch die Erkenntnis der sie bestimmenden "Logik der Situation"[369] zu ermöglichen, und zwar nicht nur in der Retrospektive, sondern vor allem in der Prospektive.

Mit Hilfe einer in dieser Weise erklärenden Soziologie kann der Weg zu einer Bewußtwerdung der Bestimmungsfaktoren finalen Normhandelns des Menschen beschritten werden. Die Kenntnis der rechtsrelevanten, "natürlichen" Gesetzlichkeiten im sozialen Leben sowie der soziologischen Tatsachen, ob bzw. daß und wie bestehende Normen befolgt und / oder akzeptiert werden[370], führt zur Objektivierung der Problemsicht und folglich zu einer Objektivierung[371] der normativen Entscheidung als Problemlösungsversuch. Mit zunehmender Problemlösungseffizienz steigt aber auch der Gültigkeits- und Richtigkeitsanspruch des Normentscheids. Daraus folgt, daß die "Gültigkeit" des Sollens und damit die Verantwortbarkeit der willentlichen Sollensentscheidung vom Bewußtseinsgrad der gesellschaftlichen Seinsstrukturen abhängig sind, ohne daß damit der Dualismus von

---

[367] Ebd., S. 119.

[368] So auch *K. F. Röhl*, Das Dilemma der Rechtstatsachenforschung, 1974, S. 26 f.

[369] Dazu *K. R. Popper*, Die offene Gesellschaft und ihre Feinde 2, 6. Aufl. 1980, S. 122 f.

[370] D.h. der Rechtstatsachen, die einerseits auf das Recht "genetisch" einwirken und andererseits durch das Recht "operational" hervorgerufen werden. Zur Definition der Rechtstatsachen vgl. oben 3. Kap. A.

[371] Im Sinne einer (mehr) geplanten Entscheidung.

Normen und Tatsachen "überwunden" wird[372]. Sie verbleibt auf der Ebene des Sollens, aber in der Perspektive auf das Sein.

Auch im Bereich des Rechts kann daher die These des "kritischen Dualismus" nicht als "Scheinproblem"[373] qualifiziert und durch die These eines "kritischen Monismus"[374] ersetzt werden. Entsprechende Begründungen im Schrifttum erweisen sich als unergiebige Kritik. Freilich muß das Recht in seiner Geschichtlichkeit und Gesellschaftlichkeit als Kulturerscheinung begriffen[375], und können daher Rechtsnormen als zur "Welt 3" im Sinne der Drei-Welten-Lehre K. R. Poppers[376] über die Wirklichkeit gehörig angesehen werden[377]. Als "geistige Produkte" des menschlichen, autonomen Willens sind auch Normen Bestandteile der Wirklichkeit, also Tatsachen. Daher können mit K.-H. Fezer[378] das "Recht als Theorie über die Wirklichkeit" und Rechtssätze als "Vorschläge zur Regelung sozialer Lebensbereiche" verstanden werden.

Jedoch scheint es damit nur so, daß die These vom Dualismus von Tatsachen und Entscheidungen nicht aufrechterhalten werden kann. Denn die Zuordnung sozialer Normen zur Tatsachen-"Welt 3" führt lediglich zur Notwendigkeit der Unterscheidung zwischen Tatsachen und anderen Tatsachen, als deren Kriterium der Grad des an der "Anerkennung" dieser Tatsachen beteiligten willentlichen Moments auftritt. So wie physikalische Tatsachen das Ergebnis willentlich anerkannter Festsetzungen sind, so ist auch die Rechtswirklichkeit, bestehend aus den Rechtstatsachen, die durch das Recht hervorgerufen werden, das Produkt willentlicher Übereinstimmung. Mit anderen Worten: So wie sich in der Naturwissenschaft die anerkannten Basissätze als Festsetzungen logisch nicht aus den Tatsachen an sich deduzieren lassen, so sind auch in der Sozial- und Rechts(setzungs)-

---

[372] Vgl. auch K. F. Röhl, Das Dilemma der Rechtstatsachenforschung, 1974, S. 26: "Die Abhängigkeit des Rechts von der sozialen Wirklichkeit ... darf aber nicht den Entscheidungsakt verschleiern, der zwischen Wirklichkeit und Recht vermittelt."

[373] So aber K.-H. Fezer, JZ 1985, 762, 765.

[374] Dies fordert Ch. v.Mettenheim, Recht und Rationalität, 1984, S. 36.

[375] Vgl. K.-H. Fezer, JZ 1985, 762, 765.

[376] Vgl. dazu K. R. Popper, Objektive Erkenntnis, 1973, S. 123 ff.; ders. (1982), in: ders., Auf der Suche nach einer besseren Welt, 2. Aufl. 1987, S. 16 ff., 32 ff.

[377] So Ch. v.Mettenheim, Recht und Rationalität, 1984, S. 35; ihm folgend K.-H. Fezer, JZ 1985, 762, 765.

[378] JZ 1985, 762, 765.

wissenschaft "soziologische Tatsachen" als im allgemeinen Sprachgebrauch sogenannte Normen[379] nicht auf die Tatsachen an sich reduzierbar.

Die These vom "kritischen Dualismus" will in beiden Fällen nur das willentliche Element und damit die Verantwortung des Menschen bei der Anerkennung von Tatsachen bewußt machen, indem es diese als Norm oder Entscheidung bezeichnet. Die Verantwortbarkeit jeglicher Entscheidung im Sinne ihrer Rationalität steigt dabei mit ihrer Konsensfähigkeit, d.h. mit der Zahl möglicher und mißlungener Widerlegungsversuche anhand der Erfahrung in der Wirklichkeit. Wegen des hohen willentlichen Elements bei der Beurteilung einer gesetzlichen Norm als "richtig", man könnte auch sagen: wegen des vergleichsweise großen Prognoseproblems, ist das Recht "mehr" Norm als Tatsache.

---

[379] Vgl. auch *K. R. Popper*, Die offene Gesellschaft und ihre Feinde 1, 6. Aufl. 1980, S. 98 ff.

Dritter Teil

Verfassungsrechtliche Möglichkeit und Notwendigkeit experimenteller Gesetzgebung

Im Verlauf der Untersuchung wurde der Blick auf die Praxis der experimentellen (Rundfunk-)Gesetzgebung und deren verfassungsgerichtliche Behandlung gerichtet[1]. Dabei konnten rechtstatsächliche Initialfaktoren für das Gesetzesexperiment am aktuellen Beispiel veranschaulicht sowie nach der bisherigen Rechtsprechung verbliebene oder neu aufgeworfene Fragestellungen hinsichtlich seiner Zulässigkeit und Ausgestaltung herausgestellt werden.

Im folgenden wird nun der spezifisch verfassungsrechtliche Blickwinkel wieder eingenommen, wenn versucht wird, das Gesetzesexperiment in die grundgesetzliche Verfassungsordnung einzugliedern und im Zuge dessen seine verfassungsrechtlichen Voraussetzungen zu entwickeln. Die hier auf dogmatisch-abstrakter Ebene unter Einbeziehung der angeführten methodologischen Aspekte[2] gefundenen Bedingungen der Möglichkeit und Notwendigkeit experimenteller Gesetzgebung (dazu 5. Kap.) werden schließlich anhand der Privatrundfunk-Gesetzgebung auf Probe exemplifiziert (dazu 6. Kap.).

5. Kapitel

Das Experimentier- oder Erprobungsgesetz im Rahmen der verfassungsmäßigen Ordnung des Grundgesetzes

Das Verhältnis von experimenteller Gesetzgebung und Verfassung ist im rechtswissenschaftlichen Schrifttum vor allem von *M. Kloepfer* näher be-

---

[1] Vgl. oben Erster Teil.

[2] Dazu oben Zweiter Teil.

trachtet worden. Seine Überlegungen (dazu A.) werden daher dem eigenen Ansatz (dazu B.) vorangestellt.

A. Die verfassungsrechtlichen Voraussetzungen nach M. Kloepfer

Soweit ersichtlich, ist bisher allein *M. Kloepfer* eine umfassende verfassungsdogmatische Betrachtung der experimentellen Gesetzgebung zu verdanken[3]. In seinem (Mit-)Bericht zur "Gesetzgebung im Rechtsstaat" auf der Staatsrechtslehrertagung 1981 in Trier[4] forderte er zum Zwecke der "Sicherung der materiellen Verfassungsmäßigkeit eines Gesetzes" eine stärkere rechtliche Durchdringung der Phase der Gesetzgebungsvorbereitung. Daher seien Verfassungsregeln für die gesetzgeberische Entscheidungsfindung "auch von den Verfassungsanforderungen an den Inhalt eines fertigen Gesetzes her zu entwickeln". Aus den materiellen Geeignetheits- und Erforderlichkeitsprinzipien ließen sich verfassungsrechtliche Anforderungen an eine rationale gesetzgeberische Entscheidung, wie die Pflicht zur hinlänglichen Tatsachenermittlung oder zur rationalen Prognose, ableiten[5].

Diese Ausgangsüberlegung *M. Kloepfers* findet sich in Übereinstimmung mit der bereits dargelegten[6], materiell-verfassungsrechtlichen Funktion der rechtsstaatlichen Gebote der Geeignetheit und Erforderlichkeit: Durch sie ist der Gesetzgeber zur Herstellung einer *wirklichkeitsgerechten Normordnung* aufgefordert. Diese Verpflichtung der legislativen Regelungsgewalt

---

[3] Vgl. aber auch, zum Teil im Zusammenhang mit der Erörterung der an eine gesetzgeberische Experimentierklausel zu stellenden Anforderungen, die Überlegungen von *K. Hopt*, JZ 1972, 65, 70 f.; *H. Säcker*, RdJB 20 (1972), 13 ff.; *ders.*, DVBl. 1972, 312 ff.; *D. Pirson*, in: FS für H. Jahrreiß, 1974, S. 181 ff.; *F. Ossenbühl*, in: FG für BVerfG, Bd. 1, 1976, S. 458, 511 ff.; *ders.*, Verfassungsrechtliche Probleme der Kooperativen Schule, Sonderdruck Bildung Real 21 (1977), S. 59 ff.; *ders.*, Das elterliche Erziehungsrecht im Sinne des Grundgesetzes, 1981, S. 130 ff.; *R. Stober*, DÖV 1976, 518 ff.; *I. Richter*, JZ 1978, 553 ff.; *ders.*, in: FS für H. Becker, 1979, S. 63 ff.; *W. Schmitt Glaeser*, Kabelkommunikation und Verfassung, 1979, passim, bes. S. 201 ff., 226 f.; *ders.*, ZUM 1985, 523, 525 ff.; *W. Hoffmann-Riem*, ZRP 1980, 31 ff.; *M. Stock*, Zur Theorie des Koordinationsrundfunks, 1981, S. 65 ff., 133 ff.; *W. Braun*, VerwArch. 76 (1985), 24, 158, 163 f.; *K.-H. Ladeur*, Media Perspektiven 1985, 739 ff.; *L. Mader*, JbRSoz. 13 (1988), 211 ff. - Weitere Nachweise bei *M. Kloepfer*, VVDStRL 40 (1982), 91 ff.

[4] *M. Kloepfer*, VVDStRL 40 (1982), 63 ff. Siehe aber auch schon *ders.*, DÖV 1978, 225, 226; *ders.*, in: K. Vogel (Hrsg.), Grundrechtsverständnis und Normenkontrolle, 1979, S. 85, 86 (Diskussion).

[5] Vgl. *M. Kloepfer*, VVDStRL 40 (1982), 63, 90.

[6] Siehe oben 4. Kap. B. IV. 3. a.

(sowie deren gerichtliche Kontrollierbarkeit) setzt die ausreichende Heranziehung und Aufbereitung des einschlägigen Entscheidungsmaterials voraus, aber auch - soll dieses nicht zur bloßen Makulatur verkümmern bzw. dem "Gebot legislatorischer In-sich-Konsequenz"[7] widersprechen - deren rationale Bewertung als Grundlage für die zu treffende (Prognose-)Entscheidung.

Als Hilfsmittel der gesetzgeberischen Ermittlung und Prognose dienen die von *M. Kloepfer* so genannten "Gesetzgebungsexperimente", zu denen neben den "Experimentierklauseln" die "Experimentgesetze" zählen[8]. Dabei sind für *M. Kloepfer* die verfassungsrechtlichen Voraussetzungen und Rahmenbedingungen für die Einführung und Ausgestaltung derartiger Gesetzgebungsexperimente "besonders wichtig"[9].

Vor deren Erörterung setzt *M. Kloepfer* allerdings die Frage nach ihrer grundsätzlichen Zulässigkeit, d.h. "wann ein Gesetzgebungsexperiment evtl. verfassungsrechtlich verboten oder umgekehrt geboten ist", denn "Gesetzgebungsexperimente gefährden die Rechtssicherheit, sind bisweilen auch normative Experimente mit Menschen und deshalb keineswegs beliebig einführbar"[10]. So sei bei "rechtsbewußtseinssensiblen Gerechtigkeitsgesetzen", bei "Gesetzen mit Dauertatbeständen" und im "so versuchsfreudigen Ausbildungsbereich" insoweit Zurückhaltung zu üben. Im Blick auf das "Fristenlösungs-Urteil" des Bundesverfassungsgerichts[11] könnten Gesetzgebungsexperimente wegen des hohen Verfassungs- und Rechtsrangs möglicherweise gefährdeter Rechtsgüter schließlich ganz untersagt sein. Andererseits könnten solche legislativen Experimente vor einer umfassenden Regelung zur Vermeidung mangelhafter, auf Ungewißheit fußender Normgebung auch geboten sein. Dies wäre zum Beispiel bei breiter Einführung neuer Techniken der Fall.

Neben dem Erfordernis der Zulässigkeit hat nach Ansicht *M. Kloepfers* ein Gesetzgebungsexperiment "spezifischen verfassungsrechtlichen Testvoraussetzungen" zu genügen. Dazu zählen "neben der grundsätzlichen Legitimität und Testbarkeit des Testziels das Testbedürfnis, die Testgeeignet-

---

[7] *M. Kloepfer*, VVDStRL 40 (1982), 63, 95.

[8] Vgl. ebd., 92. - Zu der hier verwandten Terminologie siehe oben Einleitung B. I.

[9] Ebd., 94.

[10] Ebd., 93.

[11] Vgl. BVerfGE 39, 1, 60.

heit und die Testerforderlichkeit" sowie das Gebot der "Testverhältnismäßigkeit": "Ein Testbedürfnis liegt nicht vor, wenn verwertbare Erfahrungen
im Inland (insbesondere in einem Bundesland) bzw. - soweit vergleichbar -
im Ausland vorliegen. Die Testgeeignetheit fragt danach, ob die erstrebten
Erkenntnisse überhaupt durch die angestrebten Tests erreichbar sind. Testerforderlichkeit liegt nicht vor, wenn geringer dimensionierte Tests oder
sogar bloße Modellrechnungen bzw. Planspiele etc. zur Ermittlung der zu
testenden Ergebnisse im wesentlichen ausreichen. Das Gebot der Testverhältnismäßigkeit ist verletzt, wenn die durch den Versuch verursachten Gefahren und möglichen Schäden außer Verhältnis zu den durch den Test
voraussichtlich zu erreichenden Erkenntnissen stehen würden."[12] Ferner
seien "Noch-Nicht-Abgeschlossenheit der politischen Willensbildung", Befristung und realitätsnahe Ausgestaltung des Tests, Vorkehrungen für die
sachgerechte und objektive Auswertung des Experiments sowie Vorsorge-
und Auffangregeln für das Testende zu fordern. Schließlich müsse der Test
"ergebnisoffen sein, d.h. eine Ergebnispräjudizierung durch Versuchsanordnung vermeiden", und dürfe "deshalb grundsätzlich keine dauerhaft irreversiblen Rechts- und Sachlagen schaffen"[13].

Mit der Frage, ob - und gegebenenfalls inwieweit - sie "in gelockerter
Verfassungsbindung stattfinden können", wendet sich *M. Kloepfer* im Anschluß der verfassungsrechtlichen Prüfung der Inhalte der Gesetzgebungsexperimente selbst zu. Zwar gebe es für diese grundsätzlich keine verfas-
sungsfreien Räume; die Grundrechtsbindung sowie die Einhaltung der Ge-
setzgebungszuständigkeiten und des -verfahrens seien unabdingbar[14]. Besonders das "Experimentgesetz" betreffend vertritt er jedoch die Auffassung, daß die rechtsstaatlichen Vorhersehbarkeits- und Bestimmbarkeitsgebote sowie die gesetzgeberischen Ermittlungs- und Prognosepflichten bei
Gesetzgebungsexperimenten zu relativieren seien. Auch könne das Geeignetheitsgebot nicht in gewohntem Umfang verfassungsrechtlich gelten[15].

Endlich formuliert *M. Kloepfer:* "Diese testbezogenen Lockerungen einiger wesentlicher allgemeiner Verfassungsbindungen erweisen - ebenso wie
die spezifischen verfassungsrechtlichen Testvoraussetzungen - den eigenen

---

[12] *M. Kloepfer*, VVDStRL 40 (1982), 63, 94.

[13] Ebd., 94 f.

[14] Ebd., 95.

[15] Ebd., 96.

juristischen Sinn und Charakter des Gesetzgebungsexperiments, das so zu einer neuen, selbständigen Rechtsfigur wird."[16]

Zwar ist *M. Kloepfer* zuzugestehen, daß er auf knappem Raum die wesentlichen, im Zusammenhang mit experimenteller Gesetzgebung auftauchenden verfassungsrechtlichen Fragestellungen aufgeworfen hat. Bei näherer Betrachtung jedoch können seine Überlegungen nicht umfassend zufriedenstellen; konturelle und konzeptionelle Unschärfen erschweren das Verständnis und die Justitiabilität der skizzierten Maßstäbe[17]. So ist zum Beispiel der vorgestellte dreistufige Aufbau seiner verfassungsrechtlichen Würdigung wegen zahlreicher Überschneidungen der einzelnen Prüfungsgesichtspunkte nicht überzeugend. Auch bleibt das Verhältnis bzw. der Zusammenhang zwischen den verfassungsrechtlichen Anforderungen der Geeignetheit und Erforderlichkeit an das "endgültige" Gesetz und denen an das Experimentiergesetz sowie den "spezifischen verfassungsrechtlichen Testvoraussetzungen" im Dunkeln. Gleiches gilt für die Forderungen nach "Testverhältnismäßigkeit", Ergebnisoffenheit und Beachtung des sogenannten "Irreversibilitätsverbots".

Nicht zuletzt vermißt man ein Eingehen auf das Verhältnis zwischen der Pflicht des Gesetzgebers zur "Nachbesserung" von Gesetzen einerseits und der Gesetzeserprobung andererseits. Denn es stellt sich augenscheinlich die Frage nach dem verfassungsrechtlichen "Sinn" des Gesetzgebungsexperiments bzw. Experimentier- oder Erprobungsgesetzes: Warum soll der legisferierungswillige Gesetzgeber den Weg der Gesetzeserprobung, der ihm die zusätzlichen "Testvoraussetzungen" zu beachten aufgibt, wählen, wenn ihn bei der - nach der Rechtsprechung des Bundesverfassungsgerichts selbst bei Ungewißheit über deren Auswirkungen gestatteten[18] - Rechtssetzung auf "normalem" oder "herkömmlichem" Weg allein die Pflicht zur "Nachbesserung" treffen würde? Diesen und weiteren Problemstellungen versuchen die folgenden Überlegungen Rechnung zu tragen.

---

[16] Ebd.

[17] Insoweit kritisch auch *J. Schwabe*, VVDStRL 40 (1982), 113, 113 (Diskussion).

[18] Vgl. BVerfGE 50, 290, 332 (Mitbestimmung).

B. Der eigene Ansatz:
Der Prognoseprognosespielraum des Gesetzgebers

Die eigenen Überlegungen ziehen wegen ihres grundsätzlichen Gehalts und ihres Umfangs die Betrachtung des legislativen Experiments im Lichte fundamentaler Verfassungsprinzipien gleichsam vor die Klammer. Sie bildet die Richtschnur und die Rahmenvorgabe für die sich anschließende Konturierung der verfassungsrechtlichen Bedingungen der Gesetzeserprobung. Diese erfordert im Hinblick auf den Regelungsinhalt des Experimentier- oder Erprobungsgesetzes, zu dessen Umschreibung hier der Begriff der "*Prognoseprognose*" vorgeschlagen werden soll, die Zweispurigkeit des Ansatzes.

I. Das legislative Experiment
im Lichte fundamentaler Verfassungsprinzipien

Bislang unerörtert blieb, ob einer "experimentellen Gesetzgebung" als der konkret-praktischen Anwendung und Umsetzung pluralen und experimentierenden Denkens[19] in der Rechtspolitik möglicherweise verfassungsnormative Vorgaben grundsätzlicher Art entgegenstehen. Daraufhin sind die fundamentalen Verfassungsprinzipien, Gewaltenteilung, Demokratie, Rechtsstaat und Sozialstaat, sowie der Menschenwürde-Grundsatz zu untersuchen. Die hier anzustellenden Erwägungen basieren auf einem "zeitgerechten"[20] und "offenen" Verfassungs- und Interpretationsverständnis.

1. Die Einbindung des Experimentiergesetzes
in die Verfassungsordnung

Der (Bundes-)Gesetzgeber ist an die verfassungsmäßige Ordnung des Grundgesetzes gebunden (Art. 1 Abs. 1 Satz 2, Abs. 3; Art. 20 Abs. 3 GG).

Die Frage ist, ob im Hinblick auf ihre zeitliche Befristung und möglicherweise örtliche Begrenzung für "einfache" Experimentiergesetze Abwei-

---

[19] Siehe dazu oben 4. Kap. B. IV. 1.

[20] Zum "Zeitfaktor" in Verfassung und Verfassungskultur vgl. grundlegend *P. Häberle* (1974/1978), in: ders., Verfassung als öffentlicher Prozeß, 1978, S. 59 ff., m.w.N. auf S. 92; *ders.*, in: A. Peisl/A.Mohler (Hrsg.), Die Zeit, 1983, S. 289 ff. - Zum Moment der Tradition in und unter dem Grundgesetz siehe *A. Blankenagel*, Tradition und Verfassung, 1987.

chungen von diesem Grundsatz in der Weise gelten können oder vielleicht müssen, daß ihr Verhältnis zur Verfassung nicht so stringent wie bei einem "Normalgesetz" zu bewerten ist, ja daß sie (vorübergehend) von Verfassungssätzen *dispensieren* können[21].

Unter Berücksichtigung der Wandlungsfähigkeit der "offenen" Verfassung in der Zeit scheint es mit *P. Häberle* "durchaus sinnvoll, Verfassungsänderungen nicht 'ins Blaue' durchzuführen", sondern sie zunächst in einem begrenzten Bereich durch "experimentelle Vorschaltgesetze" zu erproben[22]. Jedoch kann, wie auch *P. Häberle* zu Recht betont[23], ein Verfassungswandel bzw. Verfassungsentwicklung anstrebendes oder bewirkendes (Reform-)Gesetz, so auch das Experimentiergesetz, im Hinblick auf Art. 79 Abs. 2 und 3 GG immer nur ein "verfassungsimmanentes" Reform- oder Experimentiergesetz sein. Die Voraussetzung der Zweidrittelmehrheit und die materielle Änderungsgrenze der "Ewigkeitsklausel" legen fest, daß es nur zu solchen Verfassungsänderungen kommen kann, die sich innerhalb des Typus' unseres grundgesetzlichen Verfassungsstaates halten. Von ihnen gibt es keinen Dispens[24]. Bestimmte Dinge als Möglichkeit politischen Wollens sind in einem derart verfaßten Staat überhaupt ausgeschlossen[25]. Zwar ist diese Staatsform ihrerseits nur eine Alternative, aber - wie *K. Hesse*[26] zu Recht feststellt - unter den Voraussetzungen der Gegenwart gibt es keine andere Form, die den Bedingungen des modernen Gemeinwesens eher zu entsprechen imstande ist. Das Dispensverbot gilt gleichermaßen für das Gebot der Verfassungs*text*änderung gemäß Art. 79 Abs. 1 Satz 1 GG.

Treffend formuliert daher der Bayerische Verfassungsgerichtshof[27], "daß der Gesetzgeber sich auch in einem Erprobungsgesetz keine 'Spielwiese'

---

[21] Vgl. *P. Häberle* (1974/1978), in: ders., Verfassung als öffentlicher Prozeß, 1978, S. 59, 86; auch *W. Schmitt Glaeser*, Kabelkommunikation und Verfassung, 1979, S. 226.

[22] *P. Häberle* (1974/1978), in: ders., Verfassung als öffentlicher Prozeß, 1978, S. 59, 86.

[23] Ebd., S. 87.

[24] So auch *W. Schmitt Glaeser*, Kabelkommunikation und Verfassung, 1979, S. 207, 227; *W. Hoffmann-Riem*, ZRP 1980, 31, 32; *M. Stock*, Zur Theorie des Koordinationsrundfunks, 1981, S. 134; *ders.*, Koordinationsrundfunk im Modellversuch, 1981, S. 167.

[25] Vgl. auch *W. v.Simson*, VVDStRL 29 (1971), 3, 12 ff.

[26] Grundzüge des Verfassungsrechts der Bundesrepublik Deutschland, 16. Aufl. 1988, Rn. 136.

[27] BayVBl. 1987, 77, 110, 110, zum BayMEG.

für verfassungswidrige Experimente schaffen darf". "Verfassungsimmanente Reformen stehen aber mit dem Wesen der Verfassung nicht in Widerspruch, sie sind dessen *Konsequenz*, Ausdruck der Verfassung als lebendigem Gebilde, ermöglicht durch offenes Verfassungsverständnis!"[28]

Hierauf gründet sich auch die Ablehnung zweier von *M. Kloepfer* eingebrachter Begriffe: Von "gelockerter Verfassungsbindung" für Experimentiergesetze zu sprechen, übersieht, daß es eine solche wesensgemäß nicht geben kann[29]. Die unbedingte Bindung an die Verfassung besteht für jegliches staatliches Handeln, also auch für die "experimentelle" Gesetzgebung. Diese genügt entweder dieser Bindung, dann ist sie verfassungsgemäß, oder sie genügt ihr nicht, dann ist sie verfassungswidrig. "Ein bißchen" Verfassungsbindung ist nicht denkbar. Die materiell-verfassungsrechtliche Würdigung von Experimentiergesetzen kann allenfalls im Vergleich zu "normalen" Gesetzen die differenzierte Berücksichtigung weiterer oder anderer, ihrerseits mit der "offenen" Verfassung im Einklang stehender Gesichtspunkte verlangen. Unabdingbar im Sinne von keinerlei Besonderheiten aufweisend bleiben überdies die Anforderungen an die formelle Verfassungsmäßigkeit auch von Experimentiergesetzen, wie Zuständigkeit und Verfahren. Im Hinblick auf die Vielzahl von Gesetzesvarianten[30] erscheint es daher auch nicht zweckmäßig, das Experimentiergesetz diesem Umstand zufolge als "neue, selbständige Rechtsfigur" zu bezeichnen[31].

Die somit festgestellte Eingebundenheit der "experimentellen Gesetzgebung" in die Verfassungsordnung des Grundgesetzes soll freilich nicht davon entlasten, die einzelnen Verfassungsprinzipien auf ihre "zeit-gerechten" Gehalte hin zu befragen.

---

[28] *P. Häberle* (1974/1978), in: ders., Verfassung als öffentlicher Prozeß, 1978, S. 59, 87.

[29] Auch ebd., S. 59, 87, wird insoweit leicht mißverständlich davon gesprochen, daß ein "offenes" Verfassungsverständnis bei der Entscheidung der aufgeworfenen Fragen wird "großzügiger" sein können.

[30] Zu den Erscheinungsformen der Gesetze (am Beispiel der Praxis des 9. Deutschen Bundestages) vgl. *H. Schulze-Fielitz*, Theorie und Praxis parlamentarischer Gesetzgebung, 1988, S. 39 ff.

[31] So auch *W. Hugger*, Gesetze - Ihre Vorbereitung, Abfassung und Prüfung, 1983, S. 326 f.; *H. Schulze-Fielitz*, Theorie und Praxis parlamentarischer Gesetzgebung, 1988, S. 557; a.A. *L. Mader*, JbRSoz. 13 (1988), 211, 214.

2. Zum Einwand aus Art. 1 Abs. 1 Grundgesetz

"Gesetzgeben ist ein Experimentieren mit Menschenschicksalen..."

"Gesetzgebungsexperimente ... sind bisweilen auch normative Experimente mit Menschen ..."

Diese beiden Sätze von *H. Jahrreiss*[32] und *M. Kloepfer*[33] provozieren[34], jedenfalls emotional[35], und fordern die Auseinandersetzung mit dem "Versuchskaninchen-Komplex"[36], d.h. mit dem (scheinbaren) Konflikt zwischen einer Rechtssetzung "nur" zum Zwecke ihrer Erprobung und der "Menschenwürde", die in Art. 1 Abs. 1 GG ihren verfassungstextlichen Niederschlag gefunden hat.

Freilich wird der Mensch im Gesetzesexperiment als Rechtssubjekt und Normadressat zum Bestandteil der gesetzgeberischen Versuchsanordnung. Wegen der jedem Gesetzgebungsakt, also auch einem Erprobungsgesetz zukommenden normativen Geltungskraft ist jede Rechtsperson Versuchsperson im verrechtlichten Experiment[37]. Die Forderung nach Freiwilligkeit der Teilnahme von Versuchspersonen an der experimentellen Operation kann hier von vornherein ausgeschlossen sein[38].

---

[32] Größe und Not der Gesetzgebung, 1952, S. 32.

[33] VVDStRL 40 (1982), 63, 93. Ähnlich auch schon *ders.*, in: K. Vogel (Hrsg.), Grundrechtsverständnis und Normenkontrolle, 1979, S. 85, 86 (Diskussion).

[34] Auch *E. E. Hirsch*, JZ 1971, 286, 287, gründet seine Kritik an der Experimentierklausel des § 5a DRiG maßgeblich darauf, daß es sich dabei um "Experimente mit Menschen" handelt. Die Menschen seien die "'Objekte' der Experimente".

[35] Weil damit die sprachliche Nähe zu "Menschenversuchen" oder "Experimenten an Menschen" assoziativ genutzt wird. Vgl. *I. Richter*, in: FS für H. Becker, 1979, S. 63, 79.

[36] *E. Greenwood*, in: R. König (Hrsg.), Beobachtung und Experiment in der Sozialforschung, 1956, Neudruck 1975, S. 171, 208, spricht von "Meerschweinchenkomplex".

[37] Vgl. schon oben 4. Kap. B. IV. 4. unter Verweis auf *K. Eckel*, ZfSoz. 1978, 39, 53.

[38] Insoweit läßt sich auch in einer freiheitlichen Verfassungsordnung der Freiwilligkeit kein besonderer Stellenwert mehr einräumen. Ähnlich *L. Mader*, JbRSoz. 13 (1988), 211, 218. Anders - zu von Verfassungssätzen dispensierenden Experimentier- und Erfahrungsklauseln allgemein - *P. Häberle* (1974/1978), in: ders., Verfassung als öffentlicher Prozeß, S. 59, 86, sowie - bezogen auf bildungspolitische Experimentalprogramme - *H. Säcker*, RdJB 20 (1972), 13, 13, 16; *D. Prison*, in: FS für H. Jahrreiß, 1974, S. 181, 192, 194; *I. Richter*, in: FS für H. Becker, 1979, S. 63, 69; *F. Ossenbühl*, Das elterliche Erziehungsrecht im Sinne des Grundgesetzes, 1981, S. 132 f.

Wird damit aber der "soziale Wert- und Achtungsanspruch" des Menschen als Ausfluß der "anthropologischen Prämisse"[39] und eines "tragenden Konstitutionsprinzips" der grundgesetzlichen Wertordnung[40], der Menschenwürde, mißachtet, ja "mit Füßen getreten"? Ist hier eine "Degradierung des Menschen zum Ding"[41] gegeben, die - in Anlehnung an die Objektthese *G. Dürigs*[42] - gegen das Verbot verstößt, den Menschen zum "bloßen Objekt des Staates zu machen ... oder ihn einer Behandlung auszusetzen, die seine Subjektqualität prinzipiell in Frage stellt"[43]?

Eine solche Auffassung hieße, diese "Staatsfundamentalnorm"[44] des Verfassungsstaates miß-, d.h. "einseitig"[45] zu verstehen[46]. Das vom Grundgesetz "vorausgesetzte"[47] Menschenbild[48] erschöpft sich nicht in der "Frontstellung" gegen einen "herabwürdigenden Kollektivismus", sondern umfaßt "ebenso eindeutig" die Abwehrstellung gegen einen "Individualismus" klassisch liberalistischer Prägung[49]. So formuliert das Bundesverfassungsgericht in ständiger Rechtsprechung: "Das Menschenbild des Grundgesetzes

---

[39] *P. Häberle*, in: J. Isensee/P. Kirchhof (Hrsg.), Handbuch des Staatsrechts der Bundesrepublik Deutschland, Bd. I, 1987, S. 815, 843 Rn. 56; *ders.*, Das Menschenbild im Verfassungsstaat, 1988, S. 35.

[40] Vgl. die std. Rspr. des Bundesverfassungsgerichts, etwa BVerfGE 27, 1, 6 (Mikrozensus); 30, 173, 195 (Mephisto); 45, 187, 227 (Lebenslänglich); 50, 166, 175 (Waffenbesitz); jeweils m.w.N.

[41] *G. Dürig*, in: Maunz/Dürig, Kommentar zum Grundgesetz, Art. 1 Abs. I (1958), Rn. 28.

[42] In: Maunz/Dürig, Kommentar zum Grundgesetz, Art. 1 Abs. I (1958), Rn. 28: "Die Menschenwürde ist getroffen, wenn der konkrete Mensch zum Objekt, zu einem bloßen Mittel, zur vertretbaren Größe herabgewürdigt wird." Vgl. dazu auch *P. Häberle*, in: ders., Die Verfassung des Pluralismus, 1980, S. 110 ff.

[43] BVerfGE 50, 166, 175 (Waffenbesitz); std. Rspr. - Zur Menschenwürde-Judikatur der Verfassungsgerichte der Länder siehe stellvertretend den Überblick bei *P. Häberle*, in: J. Isensee/P. Kirchhof (Hrsg.), Handbuch des Staatsrechts der Bundesrepublik Deutschland, Bd. I, 1987, S. 815, 820 ff. Rn. 5 ff.

[44] *P. Häberle*, in: J. Isensee/P. Kirchhof (Hrsg.), Handbuch des Staatsrechts der Bundesrepublik Deutschland, Bd. I, 1987, S. 815, S. 844 Rn. 56.

[45] *G. Dürig*, in: Maunz/Dürig, Kommentar zum Grundgesetz, Art. 1 Abs. I (1958), Rn. 46.

[46] Aus dem umfangreichen Schrifttum zur Menschenwürde vgl. stellvertretend *G. Dürig* (1956), in: ders., Gesammelte Schriften 1952 - 1983, in Verbindung mit H. Maurer hrsg. von W. Schmitt Glaeser und P. Häberle, 1984, S. 127 ff., und *P. Häberle*, in: J. Isensee/P. Kirchhof (Hrsg.), Handbuch des Staatsrechts der Bundesrepublik Deutschland, Bd. I, 1987, S. 815 ff.

[47] Vgl. BVerfGE 25, 269, 285 (Verjährungsfristen).

[48] Siehe dazu neuerdings *P. Häberle*, Das Menschenbild im Verfassungsstaat, 1988.

[49] *G. Dürig*, in: Maunz/Dürig, Kommentar zum Grundgesetz, Art. 1 Abs. I (1958), Rn. 46.

ist nicht das eines isolierten souveränen Individuums; das Grundgesetz hat vielmehr die Spannung Individuum - Gemeinschaft im Sinne der Gemeinschaftsbezogenheit und Gemeinschaftsgebundenheit der Person entschieden, ohne dabei deren Eigenwert anzutasten."[50]

Es ist diese "mittlere Linie des Personalismus"[51], die das Bild vom Menschen als Träger einer unantastbaren Würde prägt. Bei aller vorausgesetzten Eigenwertigkeit des Personseins im Sinne des Daseins *und* Soseins des einzelnen betont das Grundgesetz demnach (auch) die Sozialbereitschaft des Menschen und die Sozialgebundenheit seiner Freiheit.

Nur ein solchermaßen personalistisch-dualistisch gezeichnetes und verstandenes Bild des Menschen *ermöglicht* (repräsentativ verfaßte) Demokratie und die durch sie legitimierte allgemeinverbindliche Gesetzgebung. Es besteht nicht nur ein gedanklicher "Fortsetzungszusammmenhang" zwischen Menschenwürde und Demokratie, der mit der Hervorhebung des *Rechts* auf politische Mitgestaltung zur Interpretation der Menschenwürde als "(Maßgabe-)Grundrecht auf Demokratie" führt[52], sondern auch ein solcher, der in gleicher Weise die "demokratiebegründende Seite" der Menschenwürde betont. "Gelebte" Demokratie kann sich nur durch die "gelebte" Menschenwürde der "Summe" der Gemeinschaftsbürger verwirklichen, die gleichermaßen geprägt ist vom individuellen *und* vom gemeinschaftlichen Selbstverständnis des einzelnen. Demokratie gedeiht nur auf dem "Nährboden" der auch für sie empfundenen Verantwortung, da "wir *selbst* der politischen Geschichte einen Sinn *geben* und ein Ziel *setzen* können, und zwar einen menschenwürdigen Sinn und ein menschenwürdiges Ziel"[53].

Diese Sinngebung der Menschenwürde liegt der "Sozialentscheidung des Grundgesetzes (vgl. Art. 20)" zugrunde, die den Staat für die Gestaltung der Sozialordnung verantwortlich und zuständig macht, daß sich diese staatliche Verantwortung für die Lebensgestaltung jedoch "(geradezu automatisch) auch als subjektive Verantwortlichkeit der diesen Staat bildenden

---

[50] BVerfGE 4, 7, 15 f. (Investitionshilfe); vgl. auch BVerfGE 45, 187, 227 f. (Lebenslänglich) m.w.N.

[51] *H. Peters*, in: FS für R. Laun, 1953, S. 669, 671; im Anschluß an ihn *G. Dürig*, in: Maunz/Dürig, Kommentar zum Grundgesetz, Art. 1 Abs. I (1958), Rn. 47.

[52] Vgl. *P. Häberle*, in: J. Isensee/P. Kirchhof (Hrsg.), Handbuch des Staatsrechts der Bundesrepublik Deutschland, Bd. I, 1987, S. 815, 847 f. Rn. 66 ff.

[53] *K. R. Popper* (1961), in: ders., Auf der Suche nach einer besseren Welt, 2. Aufl. 1987, S. 149, 157.

Menschen manifestieren muß"[54]. So erfährt das "Menschenwürde-Prinzip", wenn auch keine verfassungsstaatliche "Eingebundenheit", so doch eine "zweiseitige" "Konkretisierung" im demokratischen Verfassungsstaat. Trotz des für die neuzeitliche Staatlichkeit charakteristischen Spannungsverhältnisses zwischen Individuum und Gemeinschaft bzw. verfaßtem Gemeinwesen[55] eröffnet die Menschenwürde in ihrer auch demokratischen Orientierung eine Chance zur (mit)verantwortlichen Sozialgestaltung, die von ihrer Wahrnehmung und damit von (dem Streben nach) der Konkordanz der Spannungspole lebt.

In der Rechtsprechung des Bundesverfassungsgerichts ist dieser Gedanke, jedenfalls ausdrücklich, kaum ausfindig zu machen. Sicherlich auch als eine Folge der Justitiabilisierung durch die "Objekt-Formel" steht die abwehr- oder schutzrechtliche Richtung des Menschenwürde-Postulats im Vordergrund. Lediglich Ansätze zu einer mehr pflichtenbezogenen Auslegung finden sich zum Beispiel zum Problem der allgemeinen Wehrpflicht[56]. Im Zusammenhang mit der hier interessierenden Frage, ob eine "experimentelle Gesetzgebung" die Menschenwürde tangiert, ist allerdings auffällig und richtungsweisend zugleich, daß das Bundesverfassungsgericht in all den oben angeführten Fällen[57], in denen es im Hinblick auf die "komplexen, in der Entwicklung begriffenen Sachverhalte" Mängel einer gesetzlichen Regelung als vorübergehend hinnehmbar und zumutbar einstufte, die Möglichkeit der Verletzung der Menschenwürde an keiner Stelle erörterte, also (wohl) als gar nicht in Betracht kommend ansah[58]. Die Begründung hierfür könnte die Auffassung des Gerichts liefern, die sich an anderer Stelle, nämlich im "Abhör-Urteil"[59] findet: "Der Mensch ist nicht selten bloßes Objekt nicht nur der Verhältnisse und der gesellschaftlichen Entwicklung,

---

[54] G. Dürig, in: Maunz/Dürig, Kommentar zum Grundgesetz, Art. 1 Abs. I (1958), Rn. 32. Vgl. auch K. Hesse, Grundzüge des Verfassungsrechts der Bundesrepublik Deutschland, 16. Aufl. 1988, Rn. 213.

[55] Vgl. P. Häberle, in: J. Isensee/P. Kirchhof (Hrsg.), Handbuch des Staatsrechts der Bundesrepublik Deutschland, Bd. I, 1987, S. 815, 847 Rn. 66.

[56] BVerfGE 12, 45, 51 (Wehrpflicht); 38, 154, 167 (Wehrdienstbefreiung)); 48, 127, 163 (Wehrpflichtänderungsgesetz).

[57] Siehe oben 2. Kap. A. III.

[58] Anders aber BremStGH DÖV 1975, 352, 357 (verkürzter Abdruck), der den Experimentcharakter des Bremer Reformmodells zur Juristenausbildung zum Anlaß für eine Prüfung anhand des Menschenwürde-Grundsatzes nahm.

[59] BVerfGE 30, 1, 25 f.

sondern auch des Rechts, insofern er ohne Rücksicht auf seine Interessen sich fügen muß. Eine Verletzung der Menschenwürde kann darin allein nicht gefunden werden. Hinzukommen muß, daß er einer Behandlung ausgesetzt wird, die seine Subjektqualität prinzipiell in Frage stellt, oder daß in der Behandlung im konkreten Fall eine willkürliche Mißachtung der Würde des Menschen liegt."

Nun ist das "Abhör-Urteil" des Bundesverfassungsgerichts unter vielfältigen Aspekten und weitenteils zu Recht herber Kritik in der "offenen Gesellschaft der Verfassungsinterpreten"[60], besonders durch die "Rechtsprechungsrezensenten"[61] ausgesetzt[62], was sein nur zurückhaltendes und vorsichtiges Zitieren gebietet[63]. Sie richtet sich nicht zuletzt auch gegen die Menschenwürde-Judikatur. Insoweit liegt ihr Schwerpunkt allerdings in der Ablehnung der an die zitierte Stelle sich anschließenden Ausführungen des Gerichts, mit denen es in Abweichung von der eigenen Judikatur (des Ersten Senats) und der *Dürigschen* "Objekt-Formel" das subjektive Moment einer "verächtlichen Behandlung" als Kriterium der Menschenwürdeverletzung einführt[64]. Dem soll hier nicht weiter nachgegangen werden. Aber auch der angeführte Passus ist mit "Betroffenheit" aufgenommen und etwa als "Fossil obrigkeitsstaatlicher Provenienz und eines gesellschaftlichen Determinismus'" bezeichnet worden[65]. Damit sei der "emanzipatorische Charakter" der Menschenwürde und das Rechtsverständnis der freiheitli-

---

[60] Vgl. grundlegend *P. Häberle* (1975), in: ders., Die Verfassung des Pluralismus, 1980, S. 79 ff.

[61] Zu deren Aufgabe, Stellung und Funktion vgl. *P. Häberle*, in: ders., Kommentierte Verfassungsrechtsprechung, 1979, S. 1 ff.

[62] Vgl. dazu zuvörderst das Minderheitsvotum BVerfGE 30, 1, 33 ff. (Abhör-Urteil); aus der Literatur siehe stellvertretend *H. H. Rupp*, NJW 1971, 275 ff.; *G. Dürig*, in: Maunz/Dürig, Kommentar zum Grundgesetz, Art. 10 (1973), Rn. 36 ff.; *P. Häberle* (1971/1978), in: ders., Kommentierte Verfassungsrechtsprechung, 1979, S. 91 ff., spricht von "verfassungswidriger Verfassungsrechtsprechung"; siehe des weiteren die Nachweise im folgenden.

[63] Vgl. auch *P. Häberle*, (1971/1978), in: ders., Kommentierte Verfassungsrechtsprechung, 1979, S. 123.

[64] Die kritisierte Stelle (BVerfGE 30, 1, 26 [Abhör-Urteil]) lautet: "Die Behandlung des Menschen durch die öffentliche Hand, die das Gesetz vollzieht, muß also, wenn sie die Menschenwürde berühren soll, Ausdruck der Verachtung des Wertes, der dem Menschen kraft seines Personseins zukommt, also in diesem Sinne eine 'verächtliche Behandlung' sein."

[65] So *P. Häberle* (1971/1978), in: ders., Kommentierte Verfassungsrechtsprechung, 1979, S. 91, 108.

chen Demokratie verkannt[66]. Auch das Sondervotum stellt sich insoweit kritisch zur Mehrheitsentscheidung im "Abhör-Urteil" mit dem Hinweis, daß die Unterwerfung des Bürgers unter die Rechtsordnung ihn noch nicht zum Objekt der Staatsgewalt mache, sondern er "lebendiges Glied der Rechtsgemeinschaft" bleibe[67].

Dieser Kritik kann - jedenfalls dann, wenn der hier vom Gericht verwendete Begriff "Objekt" mit *Dürigschem* "Gedankengut" aufgefüllt wird - in einem prinzipiellen Sinne ihre Berechtigung nicht versagt werden, will man nicht "das pathetische Wort" Menschenwürde "ausschließlich in seinem höchsten Sinne" verstehen[68]. Andererseits gebührt dem Gericht mit der, wenn auch äußerst unpräzisen und damit "Überinterpretationen" Vorschub leistenden Formulierung dieses Passus' das Verdienst, deutlich die ("unpopuläre"?) Komponente der Gemeinschaftsgebundenheit des grundgesetzlichen Menschenbildes herausgestellt zu haben: Die durch Art. 1 Abs. 1 GG geschützte "Subjektqualität" des Individuums erfährt keinen Abbruch, wenn der Bürger im demokratischen Rechtsstaat als Ausfluß seiner der internen Befriedung dienenden Rechtsgehorsamspflicht[69] (freilich objektiv) willkürfreie Rechtsregeln "befolgen", d.h. sich ihnen "fügen muß", auch wenn er sie im Einzelfall nicht "akzeptiert", da sie "ohne Rücksicht auf *seine* Interessen", aber zum Zwecke der Gemeinwohlverwirklichung ergangen sind. Im Hinblick auf diese Befolgungspflicht kann er als "Objekt", allerdings *allein* in einem (rechts)soziologischen Sinne, bezeichnet werden[70]. Freilich folgt aus dem Zusammenhang zwischen Menschenwürde und Demokratie im pluralistischen Verfassungsstaat gleichsam eine "Befassungspflicht"[71] des rechtssetzungswilligen Staates mit den individuellen Interessenlagen. Dadurch wird die Auffassung vom Bürger als "lebendiges Glied

---

[66] Vgl. ebd., S. 108; *ders.*, Rechtstheorie 11 (1980), 389, 400 f.; *ders.*, in: J. Isensee/P. Kirchhof (Hrsg.), Handbuch des Staatsrechts der Bundesrepublik Deutschland, Bd. I, 1987, S. 815, 823 Rn. 9.

[67] Vgl. BVerfGE 30, 1, 33, 42 (Abhör-Urteil/Sondervotum).

[68] Davor warnt im Hinblick auf die Folgen das Minderheitsvotum BVerfGE 30, 1, 33, 39 f. (Abhör-Urteil).

[69] Siehe dazu etwa *Th. Würtenberger*, in: FG Gesellschaft für Rechtspolitik, 1984, S. 533, 539 f., 546.

[70] In Anlehnung an *Montesquieu* könnte man insofern auch von "Tugend" sprechen. Vgl. *ders.*, Vom Geist der Gesetze (1748), eingeleitet, ausgewählt und übersetzt von K. Weigand, 1980, III. Buch, 5. Kap. (S. 122 f.), und V. Buch, 2. Kap (S. 138 f.).

[71] Eben keine "Entsprechenspflicht".

der Rechtsgemeinschaft" aktualisiert und dem Verbot, von Obrigkeits wegen den Menschen "wie eine Sache zu behandeln"[72], entsprochen.

Die Folgerungen aus dieser Erkenntnis für die "experimentelle Gesetzgebung" liegen auf der Hand: Die Akzeleration des Wandels der technischen, wirtschaftlichen und sozio-kulturellen Verhältnisse, die Komplexität ihrer Zusammenhänge sowie die damit einhergehende Pluralisierung der Gesellschaft machen es dem Gesetzgeber immer schwieriger, diese normativ zu bewältigen und seinen Auftrag zur *Gemein*wohlpolitik zu erfüllen. Dementsprechend ist der einzelne Bürger vergleichsweise eher der "Gefahr" ausgesetzt, allein auf seine Rechtsbefolgungspflicht verwiesen zu werden. Prospektiv formuliert auch *P. Häberle*, daß eine stärkere Betonung der Gemeinschaftsbezogenheit in Zukunft in dem Maße aktuell werden wird, "wie die 'Grenzen des Wachstums' auf den sozialen Rechtsstaat durchschlagen"[73]. Eine Überstrapazierung dieser "Erwartungen" des Verfassungsstaats an seine Bürger freilich berührt seine existentiellen Fundamente. Denn nur (jedenfalls überwiegend) freiwilliger Rechtsgehorsam, der sich auf den akzeptierten Gerechtigkeitsgehalt der Rechtsregeln stützt, gewährleistet wahrhafte Stabilität sozialer und politischer Ordnung[74]. Ein allzu großes Akzeptanzdefizit des Volkes gegenüber staatlichem Handeln torpediert die Friedensfunktion des Rechts und untergräbt damit die Funktionsfähigkeit des Staates: "Der Staat funktioniert dann noch, wenn die Summe der Zentripetalkräfte größer ist als die Summe der Zentrifugalkräfte"[75].

"Experimentelle Gesetzgebung" ist nun gerade *ein* Instrumentarium, dieser Gefahr zu begegnen: Bei vorhandenem Regelungsbedarf, aber Unübersehbarkeit der gegenwärtigen und zukünftigen Wirkungszusammenhänge des Regelungsbereichs, wird zur Verbesserung der endgültigen Gesetzesqualität und damit zum Zwecke der Erhöhung des Akzeptanzniveaus das vorgestellte Regelungswerk zunächst befristet "ausprobiert". Die Einführung von Rechtsregeln auf Probe im Stadium der Unsicherheit ersetzt blanken legislativen Dezisionismus durch verantwortbare und wirklich-

---

[72] BVerfGE 27, 1, 6 (Mikrozensus).

[73] *P. Häberle*, in: J. Isensee/P. Kirchhof (Hrsg.), Handbuch des Staatsrechts der Bundesrepublik Deutschland, Bd. I, 1987, S. 815, 823 f. Rn. 12.

[74] Zur Bedeutung der Akzeptanz für legitime Legalität vgl. *Th. Würtenberger*, in: FG Gesellschaft für Rechtspolitik, 1984, S. 533 ff., bes. S. 541 ff.

[75] *R. Herzog*, in: P. Eisenmann/B. Rill (Hrsg.), Jurist und Staatsbewußtsein, 1987, S. 15, 17.

keitsgerechte und damit akzeptable Rechtssetzung. Sie steht so im Dienste der Gerechtigkeit der Norminhalte und ist Vehikel der langfristigen Gemeinwohlverwirklichung. "Experimentelle Gesetzgebung" macht den Bürger als Normadressat daher weniger zum "Befolgungs-Objekt" staatlicher Rechtssetzung. Vielmehr nimmt sie umgekehrt den mündigen Demokratie-Bürger in der Situation der Ungewißheit als "lebendiges Glied" der verfaßten Rechtsgesellschaft ernst, indem sie ihn in den Prozeß der (mit)verantwortlichen Gestaltung des Soziallebens integriert.

Freilich erhält die Menschenwürde mit ihrer Ausstrahlung auf andere Verfassungsprinzipien und -bereiche, also etwa auf das Rechtsstaatsprinzip und die Grundrechte, auch im Bereich der "experimentellen Gesetzgebung" ihre Ausformung und Konkretisierung im Einzelfall. Ihre "grundlegende" Bedeutung[76] bleibt auch hier aktuell.

3. Der Gesetzgeber als Initiativorgan zur Wahrung der Verfassung

Nach der verfassungsmäßigen Verteilung der Funktionen der Verfassungsorgane ist es in erster Linie die Aufgabe der Gesetzgebung, die Ordnung des Gemeinwesens zu gestalten[77]. Aus seiner funktionell-rechtlichen Stellung in der Verfassungsordnung des Grundgesetzes folgt gegenüber der judikativen Kontrollgewalt die Prärogative des Gesetzgebers zu rechts- und verfassungspolitischem Handeln. Seine schöpferische Gestaltungsarbeit findet ihre Grenze erst in den allgemeinen Verfassungsprinzipien und -institutionen sowie in den Grundrechten "als den konkreten Ordnungsentscheidungen für die gesamte Gesellschafts-, Wirtschafts- und Arbeitsverfassung"[78], über deren Einhaltung die Verfassungsgerichtsbarkeit zu wachen hat. An die Stelle des "selbstherrlichen Gesetzgebers" der Weimarer Ära[79] ist - unter der Geltung des Bonner Grundgesetzes - der verfassungsgebun-

---

[76] Vgl. *P. Häberle,* in: J. Isensee/P. Kirchhof (Hrsg.), Handbuch des Staatsrechts der Bundesrepublik Deutschland, Bd. I, 1987, S. 815, 823 Rn. 11.

[77] Siehe dazu schon oben 2. Kap., unter A. I.

[78] *R. Scholz,* Paritätische Mitbestimmung und Grundgesetz, 1974, S. 32.

[79] Vgl. *F. Ossenbühl,* Verfassungsrechtliche Probleme der Kooperativen Schule, Sonderdruck Bildung Real 21 (1977), S. 52, unter Verweis auf RGZ 139, 177 ff. (Gefrierfleisch-Entscheidung). - Zur Geschichte der Gesetzgebung vgl. stellvertretend *E.-W. Böckenförde,* Gesetz und gesetzgebende Gewalt, 2. Aufl. 1981.

dene Gesetzgeber getreten, der sich nur in den Grenzen der Verfassung, aber auch unter Ausnutzung ihrer Möglichkeiten bewegen darf[80].

Innerhalb dieser Grenzen verfassungsrechtlicher Vorgaben obliegt es dem demokratischen Gesetzgeber, über die konkret-verbindliche Sozialordnung zu entscheiden. Ihm steht grundsätzlich sowohl das Initiativrecht, *ob*, als auch das Ermessen zu, *wie* er dieser Aufgabe nachkommt.

Die Grenzen, die die Verfassung dem gesetzgeberischen Initiativrecht oder der Entschließungsfreiheit setzt, sind vielfältiger Natur. Verfassungsaufträge und Staatszielbestimmungen sowie konkrete Gesetzgebungsaufträge der Verfassung[81] verpflichten (und legitimieren) den Gesetzgeber zum Tätigwerden. Überdies ist er von Verfassungs wegen zur "Abhilfe" grundrechtswidriger Zustände aufgerufen.

Diese Aufforderung konkretisiert sich nicht nur in der verfassungsmäßigen Pflicht des Gesetzgebers zur "Nachbesserung" nachträglich verfassungswidrig gewordener Gesetze[82]. Es kann den Gesetzgeber, wie *W. Schmitt Glaeser*[83] an der Rundfunkfreiheit des Art. 5 Abs. 1 Satz 2 GG beispielhaft aufgezeigt hat, auch eine "Dienstleistungspflicht" in Form einer "Prüfungspflicht" oder - um im Bild zu bleiben - eine "Initiativpflicht" für ein Individualrecht treffen, die die Erforschung seiner Verwirklichungschancen zum Gegenstand hat. Denn der Anspruchscharakter der Grundrechte und der rechtsstaatliche Grundsatz der Verhältnismäßigkeit bewirken einen um so größeren Rechtfertigungszwang des Gesetzgebers, je niedriger er die prak-

---

[80] *D. Grimm*, VVDStRL 40 (1982), 104, 105 (Diskussion), kritisiert zu Recht, daß "Verfassung ... nur noch als Einbindung von Politik und nicht zumindest auch als Ermöglichung von Politik in Erscheinung (tritt)".

[81] Aus der umfangreichen, in der Begrifflichkeit nicht einheitlichen Literatur dazu vgl. grundlegend und stellvertretend *U. Scheuner*, in: FS für E. Forsthoff, 1972, S. 325 ff.; *J. Lücke*, AÖR 107 (1982), 15 ff. - Zur Möglichkeit einer systematischen Reduktion der Vielfalt der Begriffsbildungen unter Berücksichtigung ihrer Funktions- und Wirkrichtungen vgl. - am Beispiel einer objektiv-rechtlichen Umweltschutznorm de constitutione ferenda - neuerdings *B. Bock*, Umweltschutz im Spiegel von Verfassungsrecht und Verfassungspolitik, Diss. iur. 1989, S. 194 ff., 204 ff.

[82] Zu ihr vgl. stellvertretend *P. Badura*, in: FS für K. Eichenberger, 1982, S. 481 ff.; *R. Stettner*, DVBl. 1982, 1123 ff.; *R. Steinberg*, Der Staat 26 (1987), 161 ff.; jeweils m.z.N. aus der Rechtsprechung.

[83] Kabelkommunikation und Verfassung, 1979, S. 160 ff., 174 f., 204. Ihm folgend *U. Scheuner*, Das Grundrecht der Rundfunkfreiheit, 1982, S. 88 f.

tische Tragweite der grundrechtlichen Freiheiten festlegt[84]. Dieser besteht in zwei Richtungen: zum einen hinsichtlich des Gewichts und zum anderen hinsichtlich der (Wahrscheinlichkeit der) tatsächlichen Gefährdung des Gemeinschaftsguts, um dessentwillen das betroffene Grundrecht beschränkt wird[85]. Eröffnet der soziale Wandel die realistische Möglichkeit, daß die Sicherung des Gemeinschaftsguts auch auf anderem Wege erreicht werden kann, so ist der Gesetzgeber verpflichtet zu prüfen, ob und inwieweit die tatsächlichen Voraussetzungen für die Grundrechtsbeschränkung noch vorliegen[86]. Dabei steigen mit fallender Wahrscheinlichkeit des Gefahreneintritts die Anforderungen an die Wichtigkeit des grundrechtsbeschränkenden Gemeinschaftsguts[87].

Bei der Wahl der Methoden zur Feststellung der Voraussetzungen, die die grundrechtsbeschränkende (Prognose-)Entscheidung legitimieren, ist der Gesetzgeber grundsätzlich frei. Grundsätzliche Entschließungs- und Gestaltungsfreiheit setzen die grundsätzliche Freiheit der Methodenwahl zur Prognoseentwicklung, d.h. zur kritischen Überprüfung der Regelungsmöglichkeiten, voraus. Ihre Ziel- und Zweckgerichtetheit im Hinblick auf die materiellen verfassungsrechtlichen Anforderungen, insbesondere auf die der Geeignetheit und Erforderlichkeit, des zu entwickelnden Normentscheids erfordern freilich eine hinreichende Methodeneffizienz[88]. Die bereits insoweit immanent begrenzte Methodenbeliebigkeit erfährt überdies eine weitere Beschränkung durch die auch im Rechtssetzungsprozeß zu beachtenden Prinzipien der Verfassung, sobald und soweit sie tangiert werden, wie etwa durch den Grundsatz der Verhältnismäßigkeit. Für die "Prü-

---

[84] Vgl. *W. Schmitt Glaeser,* Kabelkommunikation und Verfassung, 1979, S. 160.

[85] Aus der Rechtsprechung des Bundesverfassungsgerichts vgl. z.B. BVerfGE 7, 377, 405 ff. (Apotheken-Urteil).

[86] Anlaß dazu ergab bzw. ergibt sich im Bereich des Rundfunkwesens: Nachdem festgestellt werden konnte, daß die technisch und finanziell bedingte und das öffentlich-rechtliche Rundfunkmonopol legitimierende Sondersituation zumindest weitgehend weggefallen ist, mußte bzw. muß der Gesetzgeber prüfen, ob die verfassungsrechtlich gebotene Meinungsvielfalt im Rundfunkbereich auch durch eine Vielzahl von, eben auch privaten, Rundfunkunternehmen erreichbar ist. Vgl. dazu *W. Schmitt Glaeser,* Kabelkommunikation und Verfassung, 1979, S. 162 f., und näher unten 6. Kap. A.

[87] Vgl. insofern die Kritik am "Apotheken-Urteil" des Bundesverfassungsgerichts oben 2. Kap., unter A. I.

[88] Vgl. dazu schon oben 4. Kap. B. IV. 3. a. - Zur Frage einer verfassungsrechtlichen Pflicht des Gesetzgebers zur Wahl einer optimalen Methodik der Entscheidungsfindung siehe unten, unter 5 b.

fungspflicht" des Gesetzgebers bedeutet das: Er ist bei ungewissen, aber denkbaren Realisierungschancen grundrechtlicher Freiheiten zur umfassenden Prüfung der ihre Ausübung (bislang) hindernden tatsächlichen Umstände verpflichtet. Dabei muß er bei der Auswahl der Prüfungsmethoden in umgekehrter Reihenfolge zur Intensität ihrer möglichen Grundrechtsrelevanz vorgehen[89].

Daraus kann gefolgert werden, daß sich für den Fall, daß dem Gesetzgeber zum Beispiel in Ermangelung einer ausreichenden Rechtstatsachenforschung faktische Daten und Erfahrungen aller Art fehlen[90], seine "Prüfungspflicht" für ein Individualrecht zur Pflicht zu einer Rechtssetzung auf Probe verdichtet[91]. "Experimentelle Gesetzgebung" wird hier zu einem von der Verfassung geforderten Instrumentarium des Gesetzgebers zur "grundrechtssichernden Geltungsfortbildung"[92] der Rechtsordnung durch "progressive Grundrechtspolitik" mit dem Ziel der Annäherung von Verfassungsgewährleistung und Verfassungswirklichkeit[93]. Wann und wie dies im einzelnen zu erfolgen hat, wird noch darzustellen sein[94].

Die judikative Kontrollgewalt hat diese verfassungsrechtliche Konstellation zu beachten. Die aus der verfassungsmäßigen Aufgabenverteilung folgende besondere Verantwortung der Verfassungsgerichtsbarkeit für den Erfolg verfassungskonformer Ausgestaltung der Sozialordnung verlangt die verfassungsgerichtliche Respektierung verfassungssichernder Vorgehens-

---

[89] Vgl. oben 4. Kap. B. IV. 3. a.

[90] Dies war z.B. bislang für die Frage nach Zulassung privater Rundfunkunternehmen der Fall. Hier hatten sich Lücken in der technischen Bestandsaufnahme ebenso deutlich gezeigt wie das Fehlen genauer Unterlagen über die tatsächlich anfallenden Kosten. Vgl. *W. Schmitt Glaeser*, Kabelkommunikation und Verfassung, 1979, passim, z.B. S. 117, 204.

[91] Vgl. auch ebd., S. 175, 204.

[92] Im Sinne von *P. Häberle* (1972), in: ders., Die Verfassung des Pluralismus, 1980, S. 163, 177 ff.

[93] Zum Thema "Grundrechte und soziale Wirklichkeit" allgemein vgl. die Beiträge in der gleichnamigen Schrift, hrsg. von W. Hassemer u.a., 1982. - Die Bedeutung des Experiments für die Grundrechtsgewährleistung und -verwirklichung betont auch *I. Richter*, in: W. Hassemer u.a. (Hrsg.), Grundrechte und soziale Wirklichkeit, 1982, S. 77, 93 ff. ("experimentelle Grundrechtspolitik").

[94] Siehe unten III., IV.

weisen des Gesetzgebers, zu denen eben auch und gerade die "experimentelle Gesetzgebung" zählt[95].

4. Das Experimentiergesetz als praktische Konsequenz des Möglichkeitsdenkens in der Demokratie des Pluralismus

Im Rahmen des Versuchs, eine Methodentheorie des Experiments in der Gesetzgebung zu entwickeln, wurden bereits Stellung und Funktion einer "experimentellen Gesetzgebung" im rechtspolitischen Entscheidungsprozeß verdeutlicht[96]. Die sozialtechnologische Orientierung einer legislativen Rechtsschöpfung, in der das Experiment "paradigmatische Bedeutung"[97] erlangt, dient der Filtrierung wirklichkeitsgerechter Interessenausgleiche aus den prinzipiell beliebigen Normierungsmöglichkeiten. In ihr verbinden sich politisch-pragmatisches Gestaltungsinteresse und wissenschaftliches Erklärungs- und Erkenntnisinteresse zum Zwecke der Rationalisierung der Gesetzgebung und damit zur Verbesserung ihrer Qualität. Da es dem legislativen Experiment "nur" um die Prüfung der Tauglichkeit einer politischen Regelungsvorstellung geht, handelt es sich zwar, wie bereits festgestellt[98], nicht um ein Experiment im streng wissenschaftlichen Sinne. Die rechtspolitische Instrumentalisierung dieser Methode einer "Experimentellen Rechtswissenschaft" verlangt jedoch gleichermaßen ihre politische Neutralität. Sie verlöre aber auch ihren rationalen Sinn, würden die durch sie gefundenen Ergebnisse nicht zu der politischen Regelungsvorstellung mit der möglichen Folge ihrer Korrektur in Beziehung gesetzt[99].

Der "Demokrat" wittert damit die Gefahr, die in einer solchermaßen bewirkten Tendenz zur Verwissenschaftlichung der Politik liegt: Eine "totale" Verwissenschaftlichung von "Law and Policy Making"[100] erschüttert die

---

[95] Vgl. auch *P. Häberle* (1974/1978), in: ders., Verfassung als öffentlicher Prozeß, 1978, S. 59, 86 Fn. 128, zu den Experimentierklauseln: "Solche Klauseln haben nur dann Sinn, wenn sich das BVerfG bei ihrer Überprüfung des self-restraint befleißigt und den Experimentierprozeß - zeitlich begrenzt - 'laufen' läßt. Der demokratische Gesetzgeber hat insofern funktionell-rechtlich die 'Vorhand'."

[96] Vgl. oben 4. Kap. B. IV. 3.

[97] *W. Hugger*, Der Test als Instrument zur Verbesserung von Gesetzen, 1978, S. 18.

[98] Siehe oben 4. Kap. B. III.

[99] Vgl. schon oben 4. Kap., unter B. IV. 3.

[100] Vgl. *F. K. Beutel*, Democracy or The Scientific Method in Law and Policy Making, 1965.

fundamentalen Ideen einer demokratischen Gesellschaftsordnung. Die demokratietheoretische Legitimation der Gesetzgebung im und für das Gemeinwesen gerät ins Wanken, wenn an die Stelle der demokratischen Methode die rein wissenschaftliche tritt.

Dies wird besonders deutlich, wenn man die methodischen Schritte nach der oben vorgestellten[101] Konzeption *F. K. Beutels*, in denen eine ausschließlich experimentell begriffene Rechtswissenschaft vorzugehen hat, zu Ende führt. Allerdings ist auch danach zu fragen, ob nicht eine demokratische Verfassungstheorie notwendig auch ein "experimentelles Demokratieverständnis" verlangt.

a) Der sogenannte "Scienstate" nach F. K. Beutel

Die unbedingte Anpassung der Rechtsregeln an die experimentell erfahrenen rechtlichen Sozialgesetzlichkeiten und die Untersuchung ihrer Ergebnisse würden Auskunft geben über die Brauchbarkeit der dem Recht zugrundeliegenden politischen Zwecksetzungen und im Falle ihrer Unbrauchbarkeit die Änderung oder Aufgabe des Vorhabens fordern. Es liegt auf der Hand, daß ein solcher "soziologischer Positivismus" auf lange Sicht eine Revision unserer gegenwärtigen sozialen und politischen Wertmaßstäbe einleiten kann[102].

In der Tat führt die methodologische Konzeption der US-amerikanischen "experimental jurisprudence" mit *F. K. Beutel* zu einer strukturellen Umwälzung des Demokratiemodells westlicher Prägung: Die Verwaltung als Normgeber und der Gesetzgeber sollen durch "teams of experimental social scientists" ersetzt werden, die auf der Grundlage der im Volk erforschten Bedürfnisse und Erwartungen die Brauchbarkeit von Regelungsvorhaben erkennen und die Auswahl aus alternativen Problemlösungen an den gefundenen Ergebnissen ausrichten sollen[103]. Am Ende dieses schon

---

[101] Siehe oben 3. Kap. A. I.

[102] Vgl. Punkt 8 in der Methodenfolge der "experimental jurisprudence" nach *F. K. Beutel*, Die Experimentelle Rechtswissenschaft, 1971, S. 35.

[103] Vgl. *F. K. Beutel*, Democracy or The Scientific Method in Law and Policy Making, 1965, S. 106: "Under a regime of science ... in what we now call policy making, teams of experimental social scientists will supply the administrator or law maker with the jural laws to predict the results of alternate choices of action or laws. They will also determine the facts of the needs and demands of the people governed, together with the prediction of how each alternate course of

atemberaubenden Gedankengebäudes steht der von *F. K. Beutel* sogenannte "Scienstate", ein ausschließlich unter der Herrschaft der (Sozial-)Wissen-
schaft stehender Staat, der optimale Freiheitssicherung gewährleisten und
das System von "checks and balances" überflüssig machen soll[104].

Sicherlich ist ein solches Vertrauen in die Rationalität, die Wahrhaftig-
keit und das Verantwortungsbewußtsein der Wissenschaft, wie es *F. K. Beutel* seiner Konzeption zugrunde legt, achtenswert. Zweifel zumindest an der
Praktikabilität dieser Staatskonstruktion sind jedoch berechtigt, jedenfalls
kann der revolutionäre Charakter seiner Ideen[105] nicht verkannt werden.
Diese sollen hingegen hier nicht weiter verfolgt bzw. einer kritischen
staatsphilosophischen und verfassungstheoretischen Würdigung unterzogen werden. Ihre kurze Darstellung diente lediglich dazu, das (scheinbare)
Konfliktpotential aufzuzeigen, das im Aufeinandertreffen einer unbedingten Bindung der Rechtspolitik an die im Wege des wissenschaftlichen Experiments erlangten Ergebnisse und einer demokratietheoretisch legitimierten Staatspolitik liegt, die sich im Rechtsstaat vorrangig der Instrumente des Rechts bedient.

---

action may affect the body politic. In such a situation the law maker will be faced only with the
social engineering problem of choosing the course of action best calculated to supply the grea-
test actual needs of society." - Vgl zu dieser Forderung auch *H. Jäger*, in: FS für U. Klug, Bd. I,
1983, S. 83, 96; *U. Thaysen*, ZParl 15 (1984), 137, 138.

[104] Vgl. *F. K. Beutel*, Democracy or The Scientific Method in Law and Policy Making, 1965,
S. 144 ff.: "When all the functions of scientific control of government and education ... are put
together in an operating unit directed toward social control the result would be a scientific government. Hereafter, for convenience, such a government will be called the Scienstate ... At the
top would be the central Planning Unit or Units made up of Systems Engineers, Social Scientists and Experimental Jurists. The results of their experiments in social control would be re-
corded by the Science Foundation ... which would be custodian of state history and the compi-
ler and collector of jural laws developed in the operation of governmental experiments. Both of
these units would of course be vast organizations changing to meet the requirements of their
work. Their exact internal structure would change as conditions demanded." Siehe auch *ders.*,
a.a.O., S. 119 ff., 121, 248: "The Scienstate offers a means by which men, putting aside his Ne-
anderthal emotional violence and selfishness, can move steadily forward on all fronts for the
benefit of each to better life for all under the guidance of science." Vgl. dazu auch *ders.*, Experimental Jurisprudence and the Scienstate, 1975, S. 218 ff. - Die Besetzung der obersten Pla-
nungseinheit in diesem "Scienstate" soll nach sorgfältigen psychologischen Tests erfolgen, um
so die Weisesten an die Spitze des Staats zu stellen, vgl. *ders.*, Democracy or The Scientific Method in Law and Policy Making, 1965, S. 147 ff.

[105] "Revolutionär" ist hier nur relativ zur gegenwärtigen politischen Ordnung demokratisch
verfaßter Gemeinwesen gemeint. Strukturell unterscheidet sich das Modell *F. K. Beutels* nicht
oder nur wenig von der platonisch-aristotelischen Staatsphilosophie.

Dementsprechend rief *F. K. Beutels* "leidenschaftliches Plädoyer"[106] für eine Verwissenschaftlichung des Rechts "grundsätzliche" Gegnerschaft hervor[107] und erklärt sich die Zurückhaltung, mit der jedenfalls die amerikanische "experimental jurisprudence" bisher in der Bundesrepublik Deutschland aufgenommen wurde.

b) Die "experimentelle Demokratie"

Dabei ist zu fragen, ob die Entwicklung eines "Scienstate" die zwingende Folge einer "experimentellen Gesetzgebung" ist, oder ob nicht die ihr zugrundeliegenden Ideen einer Experimentellen Rechtswissenschaft als Ausdruck einer mehr soziologisch orientierten Jurisprudenz (auch) mit dem Demokratiemodell vereinbar, ja sogar demokratieimmanent sind.

Wie bereits aufgezeigt wurde[108], hat eine experimentell verstandene Rechtswissenschaft die Aufgabe zu ermitteln, "was im Recht und mit den Mitteln des Rechts praktisch möglich ist"[109]. Der Akzent liegt auf "praktisch": Hierdurch wird deutlich, daß einer experimentellen Rechts(setzungs)wissenschaft, ausgehend von einem theoretisch unerschöpflichen Kanon an rechtsgestalterischen Alternativen - genauer: Möglichkeiten -, die Intention innewohnt, praktikable Problemlösungswege für den rechtspolitischen Denkprozeß zu identifizieren. Experimentelle Rechtswissenschaft ist "rechtspolitische Grundlagenforschung" und als solche "Problemsuche und Problemdefinition, ist Entwurf von ... Alternativen und nicht zuletzt auch Prognose und Möglichkeitsdenken"[110].

Dabei handelt es sich um nichts anderes als um die Instrumentarisierung und Operationalisierung eines Möglichkeits- im Sinne pluralistischen Alternativendenkens, das versucht, unter der Prämisse der ergebnisbezogenen

---

[106] *M. Rehbinder*, in: F. K. Beutel, Die Experimentelle Rechtswissenschaft, 1971, S. 7.

[107] Vgl. vor allem die Nachweise ebd., Fn. 14. Es erscheint daher auch nicht verwunderlich, daß die Neuauflage der Ideen *F. K. Beutels*, in: *ders.*, Experimental Jurisprudence and the Scienstate, 1975, in den USA abgelehnt wurde und erst das günstigere intellektuelle Klima in der Bundesrepublik Deutschland (!) eine Veröffentlichung ermöglichte, siehe *F. K. Beutel*, a.a.O., S. 10.

[108] Siehe oben 3. Kap. A.

[109] *M. Rehbinder*, JbRSoz. 1 (1970), 333, 355.

[110] Vgl. für die Rechtspolitik im allgemeinen *W. Schmitt Glaeser*, AÖR 107 (1982), 337, 338.

Akzeptanz, mithin Konsensfähigkeit und Integrationswirkung intendierend, das Spektrum aller, eben auch insoweit prämissenneutraler oder -disgruenter Denkmöglichkeiten (vor-) zu filtern - oder den Spielraum an Möglichkeiten überhaupt erst herzustellen bzw. zu vergrößern.

Demokratische Verfassungstheorie und "Möglichkeitsdenken" sind aber keine Gegensätze, sondern in- und miteinander zu denken. Dies hat *P. Häberle* umfassend dargestellt und belegt[111]: "In der res publica gibt es ein spezifisch juristisches Ethos des Denkens in Alternativen, des Fragens nach Möglichkeiten, das den Blick für die Wirklichkeit und Notwendigkeiten einschließt, ohne sich von ihnen suggerieren zu lassen."[112] So öffnet Möglichkeits- bzw. pluralistisches Alternativendenken "den Blick für 'neue' Wirklichkeit, die die heutige Wirklichkeit, das Gestrige korrigieren kann, insbesondere die Notwendigkeiten der Zeit vom Normativen her anpassen kann"[113]. Die verantwortliche (rechts)politische Entscheidung setzt daher die Kenntnis von politischen und sachlichen Alternativen voraus. Ihre bewußte Integration in den gesetzgeberischen Entscheidungsprozeß ist ein wichtiger Faktor der inhaltlichen Rationalisierung[114]. Dieses Offenhalten von Möglichkeiten ist zentraler Inhalt wichtiger verfassungsrechtlicher Prinzipien *innerhalb* der pluralistischen Ordnung des Grundgesetzes, so auch des demokratischen Prinzips[115].

Freilich bestehen darüber, was "Demokratie" ist, sowohl innerhalb als auch abgehoben von der verfassungsmäßigen Ordnung des Grundgesetzes unterschiedliche, ja zum Teil gegensätzliche Auffassungen[116]. In negativer, ausgrenzender Hinsicht läßt sich jedoch der Mittelpunkt herauskristalisieren, um den sich alle Demokratieformen ranken: das "Volksinteresse"[117].

---

[111] Siehe dazu *P. Häberle,* Demokratische Verfassungstheorie im Lichte des Möglichkeitsdenkens (1977), in: ders., Die Verfassung des Pluralismus, 1980, S. 1 ff.

[112] Ebd., S. 3.

[113] Ebd.

[114] Vgl. auch *H. Schulze-Fielitz,* Theorie und Praxis parlamentarischer Gesetzgebung, 1988, S. 481, mit besonderem Hinweis auf die Existenz von Alternativgesetzentwürfen; ferner *U. Karpen,* ZG 1 (1986), 5, 28, und *Eike v.Hippel,* JZ 1984, 953, 955. - Zur Rationalität (in) der Gesetzgebung siehe näher unten 5.

[115] Vgl. *P. Häberle,* in: ders., Die Verfassung des Pluralismus, 1980, S. 1, 5.

[116] Vgl. etwa *K. Hesse,* Grundzüge des Verfassungsrechts der Bundesrepublik Deutschland, 16. Aufl. 1988, Rn. 127; *R. Bäumlin,* in: EvStL, 3. Aufl. 1987, Sp. 458, 458; *W. v.Simson,* VVDStRL 29 (1971), 3, 5.

[117] Vgl. auch *W. v.Simson,* VVDStRL 29 (1971), 3, 5 ff.

In einer freiheitlichen, pluralistischen Demokratie westlicher Prägung geht es um die *Erkenntnis* des "wahren" Volksinteresses, welches die Staatsmacht legitimiert: *Demokratie als Entdeckungsverfahren des Volkswillens*[118]. Dieses vollzieht sich in einem nach festgelegten Regeln stattfindenden Prozeß der freien Willensbildung, wobei die demokratische Ordnung des Grundgesetzes formal die Geltung des Mehrheitsprinzips "unterstellt"[119]. Einer Demokratie "als Ordnung eines freien und offenen politischen Prozesses", die sich nicht auf einen einheitlichen, "richtigen", sondern auf den in seiner Vielheit und Vielfalt "realen" Volkswillen gründet[120], geht es aber nicht nur - heuristisch betrachtet - um die Legitimierung mehrheitlich getragener, begrenzter Herrschaft, sondern - inhaltlich - "zugleich auch um *pluralistische Initiativen und Alternativen*"[121].

Konflikt- und Ergebnisoffenheit, also Offenheit für Alternativen in der Zeit, aber auch die Erkenntnis einer Kompromiß- und Konsensnotwendigkeit sind die tragenden Säulen einer freiheitlichen, pluralistischen und demokratischen Ordnung. Freiheit verwirklicht sich hier im Möglichkeitsdenken, im Denken der und in Alternativen[122] als "ein(em) Mittel zur Bewährung und einer neuen Schaffung von Freiheitlichkeit des Gemeinwesens, für gerechten und vernünftigen Interessenausgleich, Bewährung der Verfassung in der Zeit, Entwicklung der res publica des Menschen und für den Menschen"[123].

Das insoweit nicht nur demokratietheoretisch, sondern auch anthropologisch legitimierte Möglichkeitsdenken ist demnach kein Selbstzweck, damit auch nicht grenzenlos, nicht "isoliert". Juristisches Möglichkeitsdenken wird durch seinsgesetzliche Bedingtheiten sowie, sollensgesetzlich, durch sachliche Notwendigkeiten hervorgerufen und provoziert, zugleich jedoch

---

[118] In Abwandlung von *F. A. v.Hayek* (1968), in: ders., Freiburger Studien, 1969, S. 249 ff.: "Wettbewerb als Entdeckungsverfahren".

[119] *W. v.Simson*, VVDStRL 29 (1971), 3, 8 f. Zum "Mehrheitsprinzip als Strukturelement der freiheitlich-demokratischen Grundordnung" siehe auch *P. Häberle* (1977/1978), in: ders., Verfassung als öffentlicher Prozeß, 1978, S. 565 ff. mit Nachweisen.

[120] Hierzu prägend *E. Kaufmann* (1931), in: ders., Gesammelte Schriften, hrsg. von A. H. v.Scherpenberg u.a., Bd. III, 1960, S. 272 ff.

[121] *K. Hesse*, Grundzüge des Verfassungsrechts der Bundesrepublik Deutschland, 16. Aufl. 1988, Rn. 135.

[122] Vgl. *P. Häberle* (1977), in: ders., Die Verfassung des Pluralismus, 1980, S. 1, 6.

[123] Ebd., S. 8.

258   5. Kap.: Das Experimentiergesetz in der verfassungsmäßigen Ordnung

auch funktional begrenzt. Die im evolutionären, nicht revolutionären Sinne[124] verstandene innovatorische Kraft des Möglichkeits- und Alternativendenkens ist eingebunden in ein "vieldimensionales und höchst kompliziertes In-, Mit- und Gegeneinander"[125] von am Normativen orientierten "Möglichkeits-, Wirklichkeits- und Notwendigkeitsdenken"[126] [127]. Das Normative, also das Gewollte ist aber in einem freiheitlich-demokratischen Rechtsstaat ausgedrückt in der "akzeptierten" im Sinne von wirklich konsentierten Norm, nicht in der bloß "befolgten". Sowohl für den Rechtsanwendungs- als auch für den Rechtssetzungsprozeß gilt daher, daß die Grenzen des Alternativendenkens mit der Toleranzgrenze freiheitlicher Verfassungen praktisch identisch sind[128].

Daraus folgt, daß Alternativendenken in diesem Sinne *system*immanent bleiben muß[129], aber auch *demokratie*immanent ist. Eine offene, pluralistische und damit freiheitliche Demokratie ist auch und gerade eine "*experimentelle Demokratie*" verstanden als dynamischer, offener Prozeß auf der Suche nach dem, "was (nicht) sein kann und (nicht) sein soll". Wissenschaftstheoretisch finden diese Überlegungen ihre Stütze im kritischen Rationalismus.

Institutionell spielt die gesetzgebende Gewalt in der "experimentellen Demokratie" die Hauptrolle. Ihre Gemeinwohlverantwortung und Freiheitssicherungsfunktion verpflichten sie dazu, Spielraum für Möglichkeits- und Alternativendenken zu schaffen, es zu praktizieren, und Alternativen mit sie überlagernden normativen Vorgaben zum "schonendsten Ausgleich" *(P. Lerche)* bzw. zur "praktischen Konkordanz" *(K. Hesse)* zu bringen. Der demokratische Gesetzgeber muß mit Alternativen experimentie-

---

[124] Zu den revolutionären Zügen einer "schlechten" Rechtspolitik vgl. *W. Schmitt Glaeser*, AÖR 107 (1982), 337, 346 ff., 350.

[125] *P. Häberle* (1977), in: ders., Die Verfassung des Pluralismus, 1980, S. 1, 18.

[126] Vgl. dazu ebd., S. 10 ff.

[127] Besonders für die Rechtspolitik und die Gesetzgebung gilt: Sie ist nicht "Politik der Stunde Null", sie "geschieht nie im rechtsleeren Raum", "sie ist niemals genuine *Neu*-Bildung, sondern stets *Fort*-Bildung des Rechts". So verstandene Rechtsfortbildung ist gleichermaßen zukunftsorientiert wie gebunden an die Gegenwart und die Vergangenheit. "*Sie ist Vor- und Nachdenken zugleich*". Vgl. *W. Schmitt Glaeser*, AÖR 107 (1982), 337, 339, sowie *P. Noll*, Gesetzgebungslehre, 1973, S. 76 f., 98 ff.

[128] Vgl. auch *P. Häberle* (1977), in: ders., Die Verfassung des Pluralismus, 1980, S. 1, 9.

[129] Vgl. auch ebd.

ren können[130], damit Gesetz und Gesetzgebung "vor dem Forum rechtsstaatlich geprägter Maßgeblichkeiten"[131] unserer Verfassungsordnung bestehen können. Demokratische und rechtsstaatliche Legitimation erfahren
Gesetz und Gesetzgebung nicht nur durch die Einhaltung formaler Regeln,
sondern zugleich und vornehmlich auch durch die Einlösung materialer
Postulate wie "Sachqualität" und "Demokratieerfüllung"[132] - zwei Aspekte,
die wesensgemäß aufeinander bezogen sind.

Der Gerechtigkeit und Rechtsfrieden anstrebende legisferierende Staat
muß bemüht sein, "fortwährend die *möglichen* Versuche zu richtigem Recht
zu unternehmen"[133]. Hierbei ist "eine Vielzahl normprägender Vorgege-
benheiten zu entdecken und zu beachten"[134], verschiedene Regelungsalternativen zu eröffnen und zu "testen". Erst solches Vorgehen begründet eine
sachgerechte, eben nicht per se bestehende Gestaltungsfreiheit des formal-
demokratisch legitimierten Gesetzgebers im gewaltengeteilten Verfassungsgefüge[135].

Der solchermaßen qualifizierte Inhalt einer Regelungsmöglichkeit muß
überdies in der demokratischen Gesellschaft Werteverwirklichung und Interessenausgleiche herbeiführen, die konsens- und akzeptanzfähig sind und
die die Apperzeption der Rechtsordnung durch die Rechtssubjekte gewährleisten.

Nur dann läßt sich unsere Verfassungsordnung als "Integrationsord-
nung" *(R. Smend)*[136] begreifen, die auf einen permanenten und dynamischen Prozeß der internen Befriedung angelegt ist[137] und dabei soviel "Distanz" wie nötig[138] und soviel "Nähe" wie möglich schafft.

---

[130] Vgl. auch ebd., S. 6.

[131] *K. Eichenberger*, VVDStRL 40 (1982), 7, 12.

[132] Vgl. ebd.

[133] Ebd., 12 f. (Hervorhebung durch den Verfasser).

[134] Ebd., 13.

[135] Zur Gestaltungsfreiheit des Gesetzgebers siehe oben 2. Kap. A. I.

[136] Vgl. *R. Smend*, in: *ders.*, Staatsrechtliche Abhandlungen, 2. Aufl. 1968, S. 119 ff., 187 ff.,
195.

[137] Vgl. *K. Ipsen*, in: P. Eisenmann/B. Rill (Hrsg.), Jurist und Staatsbewußtsein, 1987, S. 23,
40.

[138] Zu "Distanz durch Rechtsstaat und Gesetz" vgl. *M. Kloepfer*, VVDStRL 40 (1982), 63,
65 ff., und unten 5 b. Kritisch dazu *P. Häberle*, VVDStRL 40 (1982), 110, 111 (Diskussion).

Notwendiges Experimentieren im Sinne des Möglichkeits- und Alternativendenkens und -testens vollzieht sich im Rechtssetzungsprozeß an vielerlei Stellen. Vorrangig genannt sei hier das parlamentarische Gesetzgebungsverfahren selbst: Die bundesverfassungsrechtlich vorgesehenen dreimaligen Lesungen, in denen die "Machbarkeit" eines Gesetzesvorhabens geprüft, mit anderen Worten: vor allem theoretisch getestet wird, sind Ausdruck und Medium einer in diesem Sinne "experimentellen Demokratie"[139]. Zu den "Methoden der Invention", die die "Gewinnung von Einfällen für neuartige Problemlösungen" im Gesetzgebungsverfahren ermöglichen sollen[140], zählt aber auch das selbst als Experiment angelegte Gesetz. Hier hofft der Gesetzgeber "angesichts einer bestimmten - in Entwicklung begriffenen - Wirklichkeit und ihrer mutmaßlichen, für die Zukunft zu steuernden Entwicklung im Blick auf bestimmte Notwendigkeiten, sachliche Gegebenheiten und verfassungsrechtliche Ziele"[141] zu regeln, indem er als Ausdruck des Möglichkeitsdenkens verschiedene Entwicklungsvarianten ins Auge faßt, die Reaktionen betroffener Rechtssubjekte möglichst wirklichkeitsnah testet und für Veränderungen offen ist.

Aber nicht nur der parlamentarische Gesetzgeber wie auch die anderen Staatsorgane sind "Organe" der Rechtspolitik im Sinne der Beteiligung am "Vorausschätzen, Vorbereiten, Auswählen und Festlegen zukünftiger Entscheidungsrichtungen"[142]. Vielmehr ist Rechtspolitik in der "offenen Gesellschaft der Rechtspolitiker"[143] die Sache Jedermanns[144]. Neben den Privaten und den Interessenverbänden im "Massenstaat" der Gegenwart ist aber nicht zuletzt auch die Wissenschaft ein "Träger der Rechtspolitik"[145]. So sind Wissenschaftler über Hearings, Alternativgesetzentwürfe, Gutach-

---

[139] Vgl. auch *M. Kloepfer*, VVDStRL 40 (1982), 63, 67.

[140] *P. Noll*, Gesetzgebungslehre, 1973, S. 113.

[141] *P. Häberle* (1977), in: ders., Die Verfassung des Pluralismus, 1980, S. 1, 25, für das "steuernde Entwicklungsgesetz".

[142] *W. Graf Vitzthum*, Parlament und Planung, 1978, S. 46.

[143] *W. Schmitt Glaeser*, AÖR 107 (1982), 337, 346 f., in Abwandlung von *P. Häberle*, Erziehungsziele und Orientierungswerte im Verfassungsstaat, 1981, S. 13: "Offene Gesellschaft der Verfassungspolitiker". So der Sache nach auch *P. Noll*, Gesetzgebungslehre, 1973, S. 45 f., der zwischen materiellem und informellem Gesetzgeber unterscheidet.

[144] Vgl. *W. Schmitt Glaeser*, AÖR 107 (1982), 337, 346.

[145] Vgl. ebd., 342 f. Siehe auch die engagierte Befürwortung einer durch die Wissenschaft unterstützten und damit rationalen Politik von *H. Albert*, Traktat über kritische Vernunft, 4. Aufl. 1980, S. 158 ff. und bes. S. 173 ff.

ten, Stellungnahmen, Experten-Kommissionen, Enquête-Kommissionen[146] etc. am "Vorverfahren" der Rechtssetzung beteiligt[147]. Wissenschaft initiiert und fundiert Rechtspolitik, ist als solche "demokratisiert" und multidisziplinär[148] und sollte interdisziplinär sein[149].

Es besteht daher zwischen den Postulaten der Demokratie und einer wissenschaftlich vorbereiteten Gesetzgebung, entgegen *F. K. Beutel*, kein Gegensatz[150]. Experimentelle und insoweit wissenschaftlich fundierte Gesetzgebung leistet vielmehr eine Beratung der Politik *in* der Demokratie. Es geht ihr um die Verwissenschaftlichung der Politik zum Zwecke der Rationalisierung demokratischer Herrschaft.

Über die inhaltliche Umsetzung der rechtspolitischen Entscheidungen, über die Gesetzesinhalte entscheidet aber letztlich das (politische) Parlament, nicht die Wissenschaft[151]. In politikwissenschaftlicher Hinsicht ist die experimentelle Vorgehensweise in der Gesetzgebung keine Umsetzung der "Technokratie-These" von der Unausweichlichkeit der "Sachzwänge" bzw.

---

[146] Als "instrumentalisierte Rechtspolitik", vgl. *W. Schmitt Glaeser*, AÖR 107 (1982), 337, 344. *W. Hoffmann-Riem*, JbRSoz. 13 (1988), 350 ff., spricht jedoch - anhand der Arbeit der Enquête-Kommission "Neue Informations- und Kommunikationstechniken" empirisch begründet - von einer "relativierten Verwendungstauglichkeit von Wissenschaft" im Rahmen der Politikberatung.

[147] Dazu zuletzt mit zahlreichen Beispielen *H. Schulze-Fielitz*, Theorie und Praxis parlamentarischer Gesetzgebung, 1988, S. 481 ff.

[148] Vgl. *P. Noll*, Gesetzgebungslehre, 1973, S. 64 ff.: "Gesetzgebung als multidisziplinäre Disziplin". Näher dazu oben 4. Kap. B. IV. 2. Für *P. Häberle*, JZ 1981, 853, 853, ist dies eine wegweisende Forderung.

[149] So auch *W. Schmitt Glaeser*, AÖR 107 (1982), 337, 343. Für die Rechtswissenschaft stellt *K. Larenz*, Methodenlehre der Rechtswissenschaft, 5. Aufl. 1983, S. 228, fest: "Sie hat sich niemals nur als 'Rechtsprechungswissenschaft', sondern stets auch als eine Wissenschaft betrachtet, zu deren Aufgabe es gehört, rechtspolitischen Forderungen Ausdruck zu verleihen, neue Vorschläge für die Gesetzgebung zu erarbeiten." Auf dem Felde der Rechtspolitik freilich, so *ders.*, a.a.O., S. 186, "reichen die jurisprudentiellen Methoden keinesfalls mehr aus. Vielfach hat die Jurisprudenz hier anderen Wissenschaften das erste Wort zu überlassen ... Der Jurist, der rechtspolitisch arbeiten will, muß sich die nötigen Daten, das Erfahrungsmaterial, von den jeweils zuständigen Wissenschaften geben lassen. Auf der anderen Seite ist aber auch die Rechtspolitik ein legitimes Arbeitsfeld der Jurisprudenz, deren Mitwirkung auch auf diesem Felde unentbehrlich".

[150] So auch *P. Noll*, Gesetzgebungslehre, 1973, S. 70.

[151] Dies betont auch *W. Naucke*, Über die juristische Relevanz der Sozialwissenschaften, 1972, S. 27, mit wünschenswerter Deutlichkeit.

von dem Primat der Technik über die Politik[152]. In ihrer Funktion will sie vielmehr als Instrument des von *J. Habermas* so bezeichneten "pragmatistischen Modells"[153] wissenschaftlicher Politikberatung[154] verstanden sein. Denn in ihrer Rückbezüglichkeit an und Einbindung in den politischen Rechtssetzungsprozeß ermöglicht experimentelle Gesetzgebung ein "kritisches Wechselverhältnis"[155] zwischen den Funktionen des Sachverständigen und des Politikers. Die Beschreibung dieses Vorgangs der wechselseitigen Beeinflussung durch *J. Habermas*[156] bringt - politikwissenschaftlich - in gleicher Weise Aufgabe und Funktion des Experiments in der Gesetzgebung zum Ausdruck: "Dabei wird einerseits die Entwicklung neuer Techniken und Strategien aus einem explizit gemachten Horizont von Bedürfnissen und den geschichtlich bestimmten Interpretationen dieser Bedürfnisse, von Wertsystemen also, gesteuert; andererseits werden diese in Wertsystemen gespiegelten gesellschaftlichen Interessen ihrerseits durch Prüfung an technischen Möglichkeiten und strategischen Mitteln ihrer Befriedigung kontrolliert." In diesem Prozeß findet eine "*Übersetzung praktischer Fragen* in wissenschaftlich gestellte Probleme" und eine "*Rückübersetzung wissenschaftlicher Informationen* in Antworten auf praktische Fragen" statt[157]. Die Ausarbeitung theoretischer Lösungen wirkt zurück auf das Vorverständnis des Problems[158] und vermag "gesellschaftliche Bedürfnisse und erklärte

---

[152] Im Sinne des von *J. Habermas* (1963), in: ders., Technik und Wissenschaft als "Ideologie", 8. Aufl. 1976, S. 120, 122, so genannten "technokratischen Modells" zum Verhältnis von Wissenschaft und Politik: der Politiker als "Vollzugsorgan einer wissenschaftlichen Intelligenz, die unter konkreten Umständen den Sachzwang der verfügbaren Techniken und Hilfsquellen sowie der optimalen Strategien und Steuerungsvorschriften entwickelt". - Als Vertreter dieses Modells gilt in Deutschland vor allem *H. Schelsky*; vgl. *ders.* (1961), in: ders., Auf der Suche nach Wirklichkeit, 1965, S. 439 ff. Vgl. aber auch *E. Forsthoff*, Der Staat der Industriegesellschaft, 1971, S. 30 ff.

[153] *J. Habermas* (1963), in: ders., Technik und Wissenschaft als "Ideologie", 8. Aufl. 1976, S. 120, 126.

[154] Grundlegend zum Verhältnis von Wissenschaft und Politik ebd., S. 120 ff.; weitere, umfangreiche Nachweise zu diesem Thema finden sich bei *G. F. Schuppert*, Die verfassungsgerichtliche Kontrolle der Auswärtigen Gewalt, 1973, S. 188 Fn. 2.

[155] *J. Habermas*, (1963), in: ders., Technik und Wissenschaft als "Ideologie", 8. Aufl. 1976, S. 120, 126.

[156] Ebd., S. 127.

[157] Vgl. ebd., S. 132.

[158] Vgl. ebd.

Ziele zu reorientieren"[159]. Es geht um die Entfaltung der "Dialektik von aufgeklärtem Wollen und selbstbewußtem Können"[160] [161].

Experimentelle Gesetzgebung erscheint damit als eine Methode demokratischer Willensbildung im Rahmen der Verfassungsordnung des Bundes und auch der Länder. Demokratie ist als permanenter, dynamischer, sich immer wieder bewährender und offener Prozeß gewissermaßen immer "experimentell". "Experimentelle Demokratie" ist kein Widerspruch in sich, sondern notwendig in- und miteinander zu begreifen. Somit ist "experimentelle Gesetzgebung" als rechtspolitische Vorgehensweise Teil einer *"verfassungsstaatlichen* Rechtspolitik"[162] in der demokratischen Ordnung des Grundgesetzes.

5. Rechtsstaatliche Rationalität (in) der Rechtssetzung durch experimentelle Gesetzgebung

"Der Rechtsstaat ist im Verfassungsgefüge des Grundgesetzes *Form der Rationalisierung staatlichen Lebens.*" *K. Hesse*[163] bringt mit dieser Formulie-

---

[159] Ebd., S. 135.

[160] Ebd.

[161] Ihre in diesem Sinne pragmatische Funktion bedingt indes die Betonung der technologischen Zielsetzung der experimentellen Gesetzgebung. In dem *kritischen* Wechselverhältnis von Wissenschaft und (Rechts-)Politik kann funktional die wissenschaftliche Methode des Experiments in der Gesetzgebung ihren Beitrag nur im Wege der kritischen Überprüfung politisch denkbarer Handlungsmodelle leisten. Will sie ihre Kritikfunktion gegenüber der Rechtspolitik wahrnehmen und behaupten, so muß sich die experimentelle Methode auf ihre technologische Aufgabe und damit auf die Prüfung der Mittel-Zweck-Relation konzentrieren. Erst dann kann hier eine erkenntnisträchtige, dialektische und rationale Kommunikation zwischen Wissenschaft und Politik stattfinden. Dies bedeutet aber die Notwendigkeit einer Unabhängigkeit der wissenschaftlichen Vorgehensweise von der Politik, wie sie der Trennung von wissenschaftlichem Sachverstand und Politik nach dem "dezisionistischen" *(J. Habermas)* Beratungsmodell *M. Webers* (vgl. *ders.*, Parlament und Regierung im neugeordneten Deutschland, Kap. II: Beamtenherrschaft und politisches Führertum [1918], in: ders., Gesammelte Politische Schriften, hrsg. von J. Winckelmann, 4. Aufl. 1980, S. 306, 320 ff.; auch *ders.*, Die "Objektivität" sozialwissenschaftlicher und sozialpolitischer Erkenntnis [1904], in: ders., Gesammelte Aufsätze zur Wissenschaftslehre, hrsg. von J. Winckelmann, 4. Aufl. 1973, S. 146 ff., bes. S. 156 f.) vorschwebt, gleichsam als Vorstufe und Voraussetzung für das Funktionieren einer "pragmatistischen" Politikberatung (ähnlich, allerdings auf der theoretischen Grundlage des "dezisionistischen" Modells, *H. Lübbe*, Der Staat 1 [1962], S. 19 ff.).

[162] *W. Schmitt Glaeser*, AÖR 107 (1982), 337, 338.

[163] Grundzüge des Verfassungsrechts der Bundesrepublik Deutschland, 16. Aufl. 1988, Rn. 190.

rung eine der funktionalen Grundbedingungen eines friedlichen, freien und politischen Zusammenlebens der Menschen in der Demokratie zum Ausdruck. Ihre Einlösung ist eine der wesentlichen Aufgaben der sozialgestaltenden Gesetzgebung. Denn: "Die Idee des Rechtsstaates, die in der Menschenwürde und mit der Freiheit im Anliegen der Machtbegrenzungen gründet, erlangt ihre Konturen und verdichtet sich zum staatsprägenden Strukturprinzip *(Klaus Stern)* von relativ gesichertem Inhalt weitgehend erst in der einzelnen Verfassung und ... mit der Gesetzgebung."[164]

a) Zum rechtsstaatlichen Gehalt der Forderung
nach rationaler Gesetzgebung

Der Rechtsstaat gewährleistet die Funktion der Rechtsordnung als Friedensordnung und die bewußte, verantwortliche Integration des Staatsbürgers in das öffentliche Geschehen, indem es diesem "Geformtheit, Verstehbarkeit, Übersichtlichkeit und Klarheit vermittelt"[165]. Die aktive Mitgestaltung, aber auch das passive Mittragen der Entwicklung des staatlichen Lebens haben das "Verstehen", das "Nachvollziehen" hoheitlicher Entscheidungen zur Voraussetzung. Diese durch den Rechtsstaat bewirkte und gewährleistete Transparenz der rechtlichen Ordnung ist dabei sowohl für die Existenz des einzelnen als auch für den (Fort-)Bestand des Gemeinwesens unerläßlich.

Das spezifische Instrument dieser rechtlichen Gesamtordnung ist das Gesetz. Es definiert und ordnet die Geltungs- und Interessenansprüche der Subjekte innerhalb dieser Ordnung sowie deren Verhältnisse zueinander. "In dieser umfassenden ... Bedeutung ist der Rechtsstaat Gesetzesstaat, gewinnt das Leben des Gemeinwesens durch rechtliche Ordnung Form und Gestalt."[166]

Die in Wissenschaft und Politik vertretenen Forderungen nach Rationalisierung (in) der Gesetzgebung[167] gewinnen daher insoweit an Berechti-

---

[164] *K. Eichenberger*, VVDStRL 40 (1982), 7, 8.

[165] *K. Hesse*, Grundzüge des Verfassungsrechts der Bundesrepublik Deutschland, 16. Aufl. 1988, Rn. 190.

[166] Ebd., Rn. 194.

[167] Vgl. z.B. *G. F. Schuppert*, Die verfassungsgerichtliche Kontrolle der Auswärtigen Gewalt, 1973, S. 187 ff.; *F. Ossenbühl*, in: FG für BVerfG, Bd. 1, 1976, S. 458, 501 ff., 513 ff.; *P. Lerche*, in: FS für H. P. Ipsen, 1977, S. 437 ff.; *H. Goerlich*, JR 1977, 89 ff.; *Ch. Degenhart*,

gung, wie die Wirklichkeit der grundgesetzlichen Rechtsordnung sich von diesem Anspruch der Rechtsstaatlichkeit zu entfernen scheint. Einer solchen Entwicklung suchen unter anderem die Ansätze einer Gesetzgebungslehre zu begegnen[168].

Jegliche Versuche, Gesetzgebung zu rationalisieren, stehen freilich unter dem (methodologischen) Zwang zur Zielformulierung, d.h. es obliegt ihnen die Last der Definition von Rationalität (in) der Gesetzgebung. Hierzu kann unterschieden werden zwischen der formalen Fassung des Regelungsgehalts einerseits und seiner inhaltlichen Richtigkeit andererseits.

Die statische[169], formale (Rechts-)Technik der Entscheidungsformulierung steht im Dienste der Schaffung "formaler Rationalität"[170]. Sie bemüht sich um die "kommunikative Korrektheit"[171] der Gesetze, d.h. um die möglichst klare, verständliche, präzise, widerspruchsfreie, ökonomische, lückenlose usw. Abfassung der Gesetzesform, um dem am Verlust der Formqualität der Gesetze[172] sichtbaren "Verfall" der "Gesetzgebungskunst"[173] entgegenzuwirken. Diese Anstrengungen entspringen den verfassungsrechtlichen Anforderungen an die Gesetzgebung im Rechtsstaat. Die Sicherung der (relativen) Dauerhaftigkeit und Verbindlichkeit des Rechts sowie die Herstellung jener Rationalisierung und Stabilisierung des staatlichen Lebens verlangen die Beachtung der im Rechtsstaatsprinzip enthaltenen Grundsätze der Rechtssicherheit und Berechenbarkeit des Rechts. Erst durch die klare, bestimmte und unmißverständliche Abfassung des Entschiedenen wird die Gesetzgebung "zu einer Form der Gewährleistung

---

DÖV 1981, 477, 486; *I. Richter*, in: W. Hassemer u.a. (Hrsg.), Grundrechte und soziale Wirklichkeit, 1982, S. 77, 81 ff.; *Th. Ellwein*, DÖV 1984, 748, 750; *Th. Würtenberger*, in: FG Gesellschaft für Rechtspolitik, 1984, S. 533, 537 und passim; *L. Mader*, L'évaluation législative, 1985, S. 98 ff.; umfassend zur Rationalität als Maßstab der Gesetzgebung siehe *H. Schulze-Fielitz*, Theorie und Praxis parlamentarischer Gesetzgebung, 1988, S. 454 ff.

[168] Siehe dazu schon oben 4. Kap., unter B. IV. 2.

[169] *J. Rödig*, in: ders. u.a. (Hrsg.), Vorstudien zu einer Theorie der Gesetzgebung, 1975, S. 11, 14, unterscheidet zwischen einer dynamischen und einer statischen Gesetzgebungstheorie.

[170] Zum Begriffspaar "formelle und materielle Rationalität" siehe *H. Schulze-Fielitz*, Theorie und Praxis parlamentarischer Gesetzgebung, 1988, S. 459, 480 ff., 514 ff.

[171] *K. Eichenberger*, VVDStRL 40 (1982), 7, 17, kritisiert insoweit "kommunikative Unkorrektheiten" der Gesetze, d.h. ihre unzureichende Aufbereitung für die Kommunikation mit den Normadresaten. Vgl. schon oben Einleitung A.

[172] So *J. Isensee*, ZRP 1985, 139, 139 f.

[173] *R. Bender*, Zur Notwendigkeit einer Gesetzgebungslehre, 1974, S. 1 ff.

rechtsstaatlicher Freiheit"[174] des einzelnen[175]. Auch wenn sich die Gesetzesqualität vornehmlich aus der Intensität der materialen Sachbezogenheit ergibt[176], darf daher die Bedeutung formaler Rationalitätskriterien[177] in der Gesetzgebung nicht übersehen werden. Hier liegt wohl (noch) der Schwerpunkt juristischer Gesetzgebungslehren[178].

"Materielle Rationalität" in der Gesetzgebung hingegen zielt auf die Regelungs*inhalte* der Gesetze, auf ihre inhaltliche "Richtigkeit". Setzt sie implizit einen (empirisch festgestellten) Regelungsbedarf ("Problemdefinition"[179]) voraus[180], so ist im übrigen höchst unklar, welche Kriterien über die inhaltliche Rationalität von Gesetzen "entscheiden".

Die Auseinandersetzung hierzu[181] ist im wesentlichen geprägt von der Unterscheidung zwischen einer mehr technologisch-instrumentellen Sichtweise einerseits und einer mehr moralphilosophisch-vernunftorientierten andererseits[182] [183]. Die "instrumentelle Vernunft"[184] fragt allein nach der

---

[174] *K. Hesse,* Grundzüge des Verfassungsrechts der Bundesrepublik Deutschland, 16. Aufl. 1988, Rn. 505.

[175] Aus der Rechtsprechung des Bundesverfassungsgerichts vgl. etwa BVerfGE 1, 14, 45 (Neugliederung); 5, 25, 31 (Apothekenstoppgesetz); 21, 73, 79 (Grundstücksverkehr); 37, 132, 142 (Wohnraumkündigung).

[176] So etwa *R. Wahl,* NVwZ 1984, 401, 407.

[177] Zu diesen - im parlamentarischen Gesetzgebungsprozeß - ausführlich *H. Schulze-Fielitz,* Theorie und Praxis parlamentarischer Gesetzgebung, 1988, S. 516 ff. - Vgl. im übrigen allgemein zu ihrer Bedeutung und Funktion *H. Hill,* Jura 1986, 57, 63 ff.; *U. Karpen,* ZG 1 (1986), 5, 29 ff.

[178] Vgl. die zahlreichen Nachweise in der Auswahlbibliographie zur Gesetzgebungslehre von *E. Baden,* in: W. Schreckenberger (Hrsg.), Gesetzgebungslehre, 1986, S. 187 ff.; aus der jüngeren Literatur noch *Th. Fleiner-Gerster,* Wie soll man Gesetze schreiben?, 1985.

[179] *P. Noll,* Gesetzgebungslehre, 1973, S. 79 ff. Vgl. auch oben 4. Kap., unter B. IV. 3. a.

[180] Zur Notwendigkeit oder Erforderlichkeit der Gesetzgebung siehe stellvertretend *R. J. Schweizer,* in: GS für J. Rödig, 1978, S. 66 ff.; *Ch. Pestalozza,* NJW 1981, 2081, 2083 f.; *K. Eichenberger,* VVDStRL 40 (1982), 7, 21 ff.; *M. Kloepfer,* VVDStRL 40 (1982), 63, 79 ff. ("Übernormierungsverbot"); *H. Schulze-Fielitz,* Theorie und Praxis parlamentarischer Gesetzgebung, 1988, S. 379 ff.

[181] Vgl. zusammenfassend *H. Schulze-Fielitz,* Theorie und Praxis parlamentarischer Gesetzgebung, 1988, S. 480 f.

[182] Weitere Überlegungen finden sich z.B. bei *S. Strömholm,* in: J. Rödig (Hrsg.), Studien zu einer Theorie der Gesetzgebung, 1976, S. 50, 51, der das Kriterium der Rationalität als durch im wesentlichen drei Elemente ausgefüllt ansieht: durch die Effizienz des Systems, durch die Fähigkeit des Systems, den Auffassungen und Interessen vor allem der Betroffenen Rechnung zu tragen, sowie durch die juristische und praktische Qualität der Systemerzeugnisse; *H.*

Zweckrationalität, d.h. nach der Tauglichkeit des zur Verwirklichung eines gegebenen Zweckes eingesetzten Mittels. Das "fundamentale" Erkenntnisinteresse hingegen richtet sich auf die Wertrationalität, d.h. auf die vernünftige und moralische Legitimierung eben jener Zwecke, etwa durch ein Allgemeininteresse oder fundamentalere Interessen[185].

Das rechtsstaatliche Gesetz vereint beides in sich: sowohl fundamentale Wert- als auch instrumentelle Zweckrationalität[186]. Diese Verbindung ist Ausdruck und Konsequenz der Orientierung jeglichen hoheitlichen Handelns im Rechtsstaat an den Kategorien von Recht und Gesetz im Sinne von Art. 20 Abs. 3 GG. Zweck- und Wertrationalität, Gesetz und Recht bilden dabei kein bloßes Nebeneinander, sondern ein funktionales Miteinander. Mit der Reduktion gegebener Wertepluralität und -komplexität sowie der Umsetzung fundamentaler Rationalität durch instrumentelle Rationalisierung steht diese ebenso im Dienste der Verwirklichung jener wie tauglich Gesetze Gerechtigkeitsprinzipien instrumentalisieren. Das fundamental "gute" Gesetz ist nur dann "gut", wenn es auch (!) "erfolgreich" ist. Denn das zweckrationale Gesetz transportiert (optimal) wertrationale Gerechtigkeitsideen im pluralistischen Gemeinwesen. Hierauf gründen sich die verfassungsrechtlichen Gebote der Geeignetheit und Erforderlichkeit grundrechtsbeschränkender Regelungen. Der Geltungsanspruch des Gesetzes erfährt demnach seine rechtsstaatliche (und politische) Legitimität durch rationale Zweck*setzung* und rationale Zweck*verwirklichung*[187]. Ein

---

Schelsky, Die Soziologen und das Recht, 1980, S. 34 ff., bes. S. 53 ff., betont die Eigenart einer spezifisch "juridisch-institutionellen Rationalität"; *G. Teubner*, ARSP 68 (1982), 13 ff., bes. 24 ff., schließlich unterscheidet drei Arten der Rationalität des Rechts, nämlich die interne, rechtsdogmatische Rationalität, die den Geltungsanspruch rechtfertigende Normrationalität und die zum Gesellschaftssystem kongruente Systemrationalität; vgl. auch *ders./H. Willke*, ZfRSoz. 5 (1984), 4, 19 ff.

[183] Man ist geneigt anzunehmen, daß diese Trennung schon in der Unterscheidung *M. Webers* zwischen formaler und materialer Rationalität des Rechts angelegt ist. Vgl. *ders.*, Rechtssoziologie, hrsg. von J. Winckelmann, 1967, S. 261 ff. und passim. Auf diese Nähe weist auch *G. Teubner*, ARSP 68 (1982), 13, 14 f., hin.

[184] Siehe *M. Horkheimer*, Zur Kritik der instrumentellen Vernunft, hrsg. von A. Schmidt, 1974.

[185] Siehe dazu *M. Kriele*, Kriterien der Gerechtigkeit, 1963, S. 70 ff.

[186] Vgl. dazu etwa *J. Esser*, Recht und Staat 470 (1977), 13 ff.; *K. Redeker*, NJW 1977, 1183 f.; *H. Goerlich*, JR 1977, 89, 93; *W. Maihofer*, in: Theorie und Methoden der Gesetzgebung, 1983, S. 9, 11. Siehe auch schon oben Einleitung B. II.

Verzicht auf diese Maßstäbe im Rechtsstaat implizierte einen Verzicht auf den Regelungsanspruch des Gesetzes überhaupt[188].

Dieser Zusammenhang ist bedeutsam für das (Spannungs-)Verhältnis der Forderung nach rationalen Gesetzen zur Politik und deren irrationalen Eigenarten. Die antinomische Gegenüberstellung von politisch-parlamentarischer Souveränität und Rationalisierung[189] verkennt diese Funktion der (Zweck-)Rationalität im (rechts)politischen Gestaltungsprozeß. "Rationale Gesetze sind *Instrumente*, um politische Gestaltung rationalen Maßstäben zu unterwerfen, ohne damit die Politik dominieren zu wollen."[190] Rationalisierung der Politik soll allein die verantwortbare, d.h. (sozial)gerechte Auswertung politischer Gestaltungsalternativen durch deren umfassende und rationale (antizipierte) Wirkungs- und Folgenanalyse ermöglichen - und umgekehrt. Dadurch wird die "Autonomie" des (demokratischen) Gesetzgebers in der Werte verwirklichenden Regelung der Sozialordnung nicht berührt. Vielmehr wird seine Gestaltungsfreiheit dadurch gestärkt und rechtsstaatlich aufgefüllt, daß er (besser) weiß, was er tun bzw. nicht tun kann[191]. Es gilt, "willkürliches Walten politischer Kräfte"[192] in der Gesetzgebung durch eine "juridische Rationalität" zu kanalisieren[193].

Freilich sind damit noch keine hinreichend konkreten, generalisierbaren Rationalitätskriterien gefunden worden. Das Scheitern solcher Versuche ergibt sich jedoch aus der Natur der Sache. Fragen der Rationalität lassen sich nur unter Berücksichtigung der Vielfalt der Systeme - dann nur abstrakt-generell - oder in bezug auf ein spezifisches System - dann individuell-konkret - stellen und beantworten. "Aussagekraft gewinnen solche Kri-

---

[187] In diesem Sinne siehe auch *P. Noll*, Gesetzgebungslehre, 1973, S. 63 f.: Daher läßt sich die Aufgabe der Gesetzgebungslehre auch nicht auf die Entwicklung einer normativen Machttechnologie unter Ausklammerung der Wertfrage reduzieren.

[188] Vgl. *H. Schulze-Fielitz*, Theorie und Praxis parlamentarischer Gesetzgebung, 1988, S. 458.

[189] Vgl. etwa *N. Wimmer*, in: H. Schäffer/O. Triffterer (Hrsg.), Rationalisierung der Gesetzgebung, 1984, S. 225, 228 f.

[190] *H. Schulze-Fielitz*, Theorie und Praxis parlamentarischer Gesetzgebung, 1988, S. 456.

[191] Vgl. auch ebd.

[192] *P. Noll*, Gesetzgebungslehre, 1973, S. 95.

[193] So auch *H. Schulze-Fielitz*, Theorie und Praxis parlamentarischer Gesetzgebung, 1988, S. 457 f. - Zum Ganzen siehe schon oben 4. b. a.E.

terien erst durch ihre rechts- und sachbereichsspezifische Konkretisie-rung"[194] im und durch den Gesetzgebungsprozeß.

Überdies können die Grenzen der Rationalität in ihrem Verhältnis zur Politik[195] nicht übersehen werden. Machtkonstellationen und Durchset-zungsinteressen, taktische Erfordernisse, Zeitdruck etc. können die Aus-richtung legislativer Entscheidungen am Maßstab der Rationalität in der politischen Realität behindern. Die Forderung nach möglichst optimal-ra-tionaler im Sinne von effektiver Gesetzgebung verliert dadurch jedoch nicht ihre rechtsstaatliche Legitimität.

b) Gewährleistung rationaler (Prognose-)Gesetzgebung durch Organisation und Verfahren

Jegliche Bemühungen (einer Gesetzgebungslehre im weitesten Sinne), dieser Forderung nachzukommen, haben daher zum Ziel, unter dem "Leit-motiv" der Rechtsstaatlichkeit gesetzgeberischen Handelns zwischen den Notwendigkeiten legislativer Dezision und ihrer rationalen Begründung im Einzelfall zu vermitteln. Ihre Aufgabe ist es, zur Verwirklichung und Siche-rung des Rationalitätsanspruchs des Rechts- und Gesetzesstaats Organisa-tions- und Verfahrensregeln zu entwickeln, die die gegenseitige Beeinflus-sung von Politik und Rationalität ermöglichen[196]. Der freiheitssichernde und gerechtigkeitsverwirklichende Zusammenhang von Grundrechtsver-bürgungen und Rechtsstaat legt es nahe, hier den Gedanken der "Grund-rechtsverwirklichung und -sicherung durch Organisation und Verfahren"[197]

---

[194] Ebd., S. 481.

[195] Siehe dazu noch unten c.

[196] Vgl. dazu allgemein *R. Münch*, ZfRSoz. 6 (1985), 19, 26 f.; auch *G. F. Schuppert*, Die verfassungsgerichtliche Kontrolle der Auswärtigen Gewalt, 1973, S. 200; zum Ganzen *H. Schulze-Fielitz*, Theorie und Praxis parlamentarischer Gesetzgebung, 1988, S. 459. - Diese wechselseitige Beeinflussung ist kennzeichnend für das "pragmatistische" Modell der wissen-schaftlichen Politikberatung. Vgl. dazu *J. Habermas* (1963), in: ders., Technik und Wissen-schaft als "Ideologie", 1968, S. 120, 126 ff., und schon oben 4. b. a.E.

[197] Vgl. dazu stellvertretend *P. Häberle* (1972), in: ders., Die Verfassung des Pluralismus, 1980, S. 163, 182 ff.; *K. Hesse* (1978), in: ders., Ausgewählte Schriften, hrsg. von P. Häberle/A. Hollerbach, 1984, S. 283, 300 ff.; *H. Goerlich*, Grundrechte als Verfahrensgarantien, 1981; *H. Bethge*, NJW 1982, 1 ff.; *F. Ossenbühl*, in: FS für K. Eichenberger, 1982, S. 183 ff.; *P. Lerche/W. Schmitt Glaeser/E. Schmidt-Aßmann*, Verfahren als staats- und verwaltungsrechtliche Katego-rie, 1984. - Aus der Rechtsprechung siehe vor allem BVerfGE 53, 30, 62 (Mülheim-Kärlich); 56, 216, 235 (Asyl).

für den Rationalitätsanspruch rechtsstaatlicher Gesetzgebung fruchtbar zu machen.

Erst unter der Voraussetzung des Gelingens solcher Anstrengungen kann dem modernen Recht gesellschaftstheoretisch die Stellung und Funktion als "Interpenetrationszone zwischen dem rationalen Denken, der politischen Satzung, der ökonomischen Interessenartikulation und den kollektiven Überzeugungen der mehr oder weniger pluralistischen Rechtsgemeinschaft"[198] zugesprochen werden.

Damit wird das (äußere und innere[199]) Gesetzgebungs*verfahren*[200] mit seiner Dynamik[201] zum Einfallstor für rechtsstaatliche Rationalität. Durch die rationale Ausgestaltung werden Organisation und Verfahren der Rechtssetzung zum entscheidenden "Medium und Faktor" der normativen Gewährleistung und Sicherung von Freiheit und Gerechtigkeit.

Zentrale Bedeutung erlangt hier der Distanzgehalt des Gesetzgebungsverfahrens. Das abstrakt-generelle und allgemeinverbindliche Gesetz im Rechtsstaat gewährt (bzw. soll gewähren) Distanz zwischen Entscheidungsträgern und Betroffenen, zwischen (Einzel-)Interessen und Staatsgebot[202] (Gesetz als "ratio scripta"[203]). Diese Distanz als "ein essentielles rechtsstaatliches Wesensmerkmal"[204] im Dienste der Sicherung von Freiheit und

---

[198] *R. Münch*, ZfRSoz. 6 (1985) 19, 22.

[199] Zu dieser - wohl nur analytisch möglichen (vgl. *H. Schulze-Fielitz*, Theorie und Praxis parlamentarischer Gesetzgebung, 1988, S. 459) - Unterscheidung vgl. *G. Schwerdtfeger*, in: FS für H. P. Ipsen, 1977, S. 173, 173; auch *H. Hill*, Einführung in die Gesetzgebungslehre, 1982, S. 62. *W. Hug*, in: J. Rödig (Hrsg.), Studien zu einer Theorie der Gesetzgebung, 1976, S. 79 ff., unterscheidet vorparlamentarisches und parlamentarisches Rechtssetzungsverfahren.

[200] Zur Unterscheidung von Technik und Methode der Gesetzgebung vgl. *P. Noll*, Gesetzgebungslehre, 1973, S. 63 ff., 164 ff.; *H. Kindermann*, Rechtstheorie 9 (1978), 229, 230; *H. Hill*, Einführung in die Gesetzgebungslehre, 1982, S. 63.

[201] Im Gegensatz zum mehr statischen Charakter der Gesetzgebungstechnik; vgl. *J. Rödig*, in: ders. u.a. (Hrsg.), Vorstudien zu einer Theorie der Gesetzgebung, 1975, S. 11, 14, und oben, unter a.

[202] Zur Distanz durch Rechtsstaat und Gesetz(gebungsverfahren) vgl. jeweils m.z.N. *P. Lerche*, Übermaß und Verfassungsrecht, 1961, S. 54; *Ch. Degenhart*, DÖV 1981, 477, 479; *M. Kloepfer*, VVDStRL 40 (1982), 63, 65 ff.; *Th. Würtenberger*, in: FG Gesellschaft für Rechtspolitik, 1984, S. 533, 547 f.; *H. Schulze-Fielitz*, Theorie und Praxis parlamentarischer Gesetzgebung, 1988, S. 459 ff. - Kritisch insoweit wohl *P. Häberle*, VVDStRL 40 (1982), 110, 111 (Diskussion).

[203] *J. H. Kaiser*, VVDStRL 40 (1982), 99, 100 (Diskussion).

[204] *M. Kloepfer*, VVDStRL 40 (1982), 63, 66.

Gerechtigkeit verwirklicht sich auch und gerade im und durch das Gesetzgebungsverfahren. Denn die Distanzhöhe der Legislativkräfte gegenüber
der Unmittelbarkeit der Politik und den Zwängen der Werbewirksam-
keit[205] ist Voraussetzung und Gradmesser für die Sachgerechtigkeit des gesetzgeberischen Diskussions- und Entscheidungsprozesses. (Auch) hier
muß sich die in den Grenzen der repräsentativ-demokratischen Verfassung
beanspruchte "Autonomie" des Organs "Gesetzgeber" zeigen und bewähren.

Rechtsstaatliche Rationalität im reformwilligen legislativen Entscheidungsprozeß verwirklicht sich dabei einerseits durch eine überschau- und
verantwortbare, aber auch progressive "normative Distanz"[206] gegenüber
unmittelbaren (partei)politischen (Kurzfrist-)Interessen und "Moden"[207]
sowie (rechts)tatsächlichen Gegebenheiten[208]. Distanzierte Betrachtung
schafft so die Möglichkeit zur Verwirklichung langfristiger und grundlegender Reformen[209]. Andererseits verlangt die Integrität gesetzgeberischen
Handelns im Sinne einer "Sauberkeit im öffentlichen Leben" in den Grenzen ihrer demokratischen Legitimität die Distanz der Entscheidungsträger
gegenüber (individuellen wie kollektiven) Sonderinteressen[210].

Von zentraler, praktischer Bedeutung auf dem Weg zu einer optimalen
Gesetzgebungsrationalität ist neben der Vielfältigkeit der an der Gesetzgebung beteiligten "Instanzen" als institutionalisierte Formen "Distanz schaf-
fender Rationalisierung"[211], wie die Ministerialbürokratie der Bundesregierung, sowie Bundestag und Bundesrat mit den jeweiligen sach- und fach-
spezifischen Kooperationseinrichtungen, die Art und Weise, *wie* distanzier-

---

[205] Zur Kritik an der Ausrichtung der (rechts)politischen Diskussion allein an der Werbe-
wirksamkeit vgl. *H. Schelsky*, Der Staat 22 (1983), 321, 335 ff.

[206] Vgl. dazu *P. Noll*, Gesetzgebungslehre, 1973, S. 76 ff., 85; *R. J. Schweizer*, in: GS für J.
Rödig, 1978, S. 66, 67. - Dieser Aspekt rechtsstaatlich-rationaler Distanz ist vom Distanzbe-
griff bei *M. Kloepfer*, VVDStRL 40 (1982), 63, 65 ff., nicht erfaßt (vgl. *M. Kloepfer*, a.a.O., 65
Fn. 3).

[207] Zur Wankelmütigkeit des Gesetzgebers vgl. *M. Kloepfer*, DÖV 1978, 225 ff.

[208] Siehe dazu auch oben 4. Kap., unter B. IV. 3. a.

[209] Vgl. auch *Th. Ellwein*, DÖV 1984, 748, 748; *E. Schmidt-Aßmann*, DVBl. 1984, 582, 582.
H. Schulze-Fielitz, Theorie und Praxis parlamentarischer Gesetzgebung, 1988, S. 460, spricht
insoweit von der Notwendigkeit einer "'informellen' Großen Koalition".

[210] Siehe dazu auch *M. Kloepfer*, VVDStRL 40 (1982), 63, 66 f.

[211] Siehe dazu grundlegend *H. Schulze-Fielitz*, Theorie und Praxis parlamentarischer Gesetzgebung, 1988, S. 461 ff.

te Rationalität im Lichte des Rechtsstaats methodisch umgesetzt wird. Hier geht es um die je funktional aufeinander bezogenen Elemente inhaltlicher Rationalisierung, wie die Aktivierung und Förderung des Möglichkeitsdenkens im Sinne pluralistischen Alternativendenkens[212], die Sicherung rationaler Prognosen und pluralistischer im Sinne realistisch abwägender Entscheidungsfindung sowie die Garantie der Evaluation[213].

Die rechtsstaatliche Sichtweise eines (möglichst) distanziert-rationalen und diskursiven Gesetzgebungsverfahrens kann dabei weder den Ruf von Sozialwissenschaftlern und Rechtsgelehrten an die Spitze des Staates[214] noch die Forderung nach einer Verrechtlichung des Gesetzgebungsverfahrens[215] rechtfertigen. Dies würde dem Gedanken der demokratischen Legitimität legislativen Handelns widersprechen und den (ebenfalls verfassungsrechtlich legitimierten) Eigengesetzlichkeiten der Politik nicht gerecht[216]. Distanzierte Rationalisierung des (rechts)politischen Prozesses der Zielsetzung und Zielverwirklichung will allein die Prononcierung der rechtsstaatlichen Verantwortlichkeit gesetzgeberischen Handelns.

Jedoch bleibt zu fragen, ob der Gedanke der Verwirklichung und Sicherung des Rechts- und Gesetzesstaats durch Organisation und Verfahren eine "optimale Methodik der Gesetzgebung als Verfassungspflicht"[217] enthält. Eine solche, im Wege der Normenkontrolle gerichtlich überprüfbare und im Falle ihrer Verletzung die Verfassungswidrigkeit des Gesetzes begründende *Verfahrensbindung* der Gesetzgebung läßt sich indes dem Grundgesetz nicht entnehmen und im Gewaltengefüge auch kaum unterbringen[218]. Gegenstand der Normenkontrolle ist die Verfassungsmäßigkeit

---

[212] Siehe dazu oben 4. b.

[213] Vgl. auch *H. Schulze-Fielitz*, Theorie und Praxis parlamentarischer Gesetzgebung, 1988, S. 480 ff. m.z.N.

[214] So aber die Forderung *F. K. Beutels*. Vgl. dazu oben 4.

[215] So aber wohl *P. Noll*, Gesetzgebungslehre, 1973, S. 54 f.; auch *H. Jäger*, in: FS für U. Klug, Bd. I, 1983, S. 83 ff.; *H.-J. Mengel*, ZRP 1984, 153, 159 ff. - In der Schweiz ist nach *K. Eichenberger*, VVDStRL 40 (1982), 7, 34, das letzte Wort zur "Normierung der Normierung" noch nicht gesprochen.

[216] *H. Schulze-Fielitz*, Theorie und Praxis parlamentarischer Gesetzgebung, 1988, S. 461, meint zu Recht, daß solche Formalisierungen die Abwanderung der politischen Entscheidungen in andere, informale Verfahrensstationen zur Folge hätte. So auch *H. Schäffer*, VVDStRL 40 (1982), 113, 114 (Diskussion); *H.-U. Erichsen*, VVDStRL 40 (1982), 128, 128 (Diskussion).

[217] *G. Schwerdtfeger*, in: FS für H. P. Ipsen, 1977, S. 173 ff.

des Gesetzes als Ergebnis des parlamentarischen Gesetzgebungsverfahrens, nicht die argumentative Konsistenz oder das sonstige Verfahren und Verhalten des Gesetzgebers[219]. Es gibt "keinen Anspruch darauf, daß Grundrechte nur durch wissenschaftlich begründete und begründbare politische Entscheidungen eingeschränkt werden dürfen"[220]. Allerdings ziehen die verfassungsrechtlichen, der gerichtlichen Kontrolle unterliegenden Anforderungen an das "fertige" Gesetz, wie Sach- und Wirklichkeitsgerechtigkeit durch Geeignetheit und Erforderlichkeit sowie die Verhältnismäßigkeit im engeren Sinne, der Gesetzgebung gleichsam *externe* oder *negative* Grenzen[221]. Diese verpflichten[222] den Gesetzgeber vor allem bei grundrechtstangierenden (Prognose-)Entscheidungen und Abwägungen zu möglichst rationaler Vorbereitungsarbeit[223] und konstituieren die Pflicht zur "Nachbesserung" der gesetzlichen Regelung für den Fall, daß sich die Wirklichkeit ("zu weit") von der Entscheidungsgrundlage entfernt. Gerade aus der Nachbesserungspflicht "als eine(r) besondere(n) Rechtsfolge der den Grundrechten abzugewinnenden Schutzwirkung"[224] folgt präventiv "ein Gebot zur Ausschöpfung des prognostisch Möglichen, das Nachbesserungen verhindern kann"[225] [226].

---

[218] So etwa *W. Geiger*, in: Th. Berberich u.a. (Hrsg.), Neue Entwicklungen im öffentlichen Recht, 1979, S. 131, 141 f.; *K. M. Meesen*, NJW 1979, 833, 836; *K. Schlaich*, VVDStRL 39 (1981), 99, 109 f. m.w.N.; *H. Schulze-Fielitz*, Theorie und Praxis parlamentarischer Gesetzgebung, 1988, S. 496 f. - Insoweit a.A., zum Teil in Anlehnung an verwaltungsrechtliche Denkweisen, *G. Schwerdtfeger*, in: FS für H. P. Ipsen, 1977, S. 173 ff.; *H.-J. Mengel*, ZRP 1984, 153, 159 ff. - Unentschieden *E. Benda*, Grundrechtswidrige Gesetze, 1979, S. 21 f.; *ders.*, DÖV 1979, 465, 467.

[219] Vgl. *K. Schlaich*, VVDStRL 39 (1981), 99, 110 mit Nachweisen.

[220] *I. Richter*, in: W. Hassemer u.a. (Hrsg.), Grundrechte und soziale Wirklichkeit, 1982, S. 77, 92.

[221] So auch *H. Schulze-Fielitz*, Theorie und Praxis parlamentarischer Gesetzgebung, 1988, S. 496.

[222] Deutlich *Ch. Degenhart*, DÖV 1981, 477, 486: "Der Gesetzgeber schuldet Rationalität im Verfahren." Ähnlich *Ch.-A. Morand*, JbRSoz. 13 (1988), 11, 15 f.

[223] Vgl. dazu schon oben 4. Kap. B. IV. 3. a.; 5. Kap., unter A.

[224] *P. Badura*, in: FS für K. Eichenberger, 1982, S. 481, 483.

[225] *H. Schulze-Fielitz*, Theorie und Praxis parlamentarischer Gesetzgebung, 1988, S. 496. - Zum Verhältnis einer möglichst rationalen Gesetzesvorbereitung zur Nachbesserungspflicht vgl. noch weiter unten III.

[226] Hierauf gründet sich die Notwendigkeit einer Weiterarbeit an der Gesetzgebungslehre.

Damit erlangt die Frage nach den Kriterien der Rationalität für gesetzgeberische Prognoseentscheidungen verfassungsrechtliche Relevanz und - im Blick auf die Komplexität der sozialen Verhältnisse in der modernen Gesellschaft - aktuelle Brisanz.

Deren Ziel ist es, das Risiko von Fehleinschätzungen zu mindern. Das Bundesverfassungsgericht verlangt hier vom Gesetzgeber mit der Forderung, daß er die ihm zugänglichen Erkenntnisquellen ausgeschöpft haben muß[227], umfassende empirische Arbeit, d.h. Datenerhebung und (antizipierte) Wirkungsanalyse. Dem versuchen die vielfältigen Methoden der Gesetzespräparation als der materiell tragenden Phase der Gesetzgebung[228], wie Modellversuche, Planspiele, Praxistests etc., aber auch die experimentelle Gesetzgebung, jeweils unter Aktivierung der Rechtstatsachen- und Effektivitätsforschung, zu entsprechen.

Der Erarbeitung "empirisch-analytischen Sachverhaltswissens"[229] sind freilich methodologisch immanente Grenzen gesetzt. Sie kann zum einen niemals alle Aspekte vollständig im Sinne von lückenlos erfassen. Das menschliche Erkenntnisvermögen verweist hier von vornherein eine Forderung nach "absoluter" Gesetzgebungsrationalität in ihre "irdischen" Schranken[230]. Für eine möglichst optimale Gesetzgebungsrationalität folgt daraus aber, daß die Maßstäbe prognostischer Rationalität bereichsspezifisch in Abhängigkeit vom Stand der jeweils einschlägigen empirischen Wissenschaft zu bestimmen sind[231] [232]. So verlangt auch die verfassungsgerichtliche Kontrolle die Orientierung des Gesetzgebers am Stand der jeweiligen Erfahrungen und Einsichten[233].

---

[227] BVerfGE 50, 290, 334 (Mitbestimmung).

[228] Vgl. *K. Eichenberger*, VVDStRL 40 (1982), 7, 29.

[229] *H. Schulze-Fielitz*, Theorie und Praxis parlamentarischer Gesetzgebung, 1988, S. 491 und passim.

[230] Im übrigen handelte es sich andernfalls nicht mehr um eine "Prognose"-Entscheidung.

[231] Siehe auch *H. Schulze-Fielitz*, Theorie und Praxis parlamentarischer Gesetzgebung, 1988, S. 495.

[232] Was die Sozialwissenschaften anbelangt, so wurde(n) auf deren relative "Unreife" bereits oben 4. Kap. B. II. und III. hingewiesen und daraus die theoretischen Konsequenzen gezogen.

[233] Vgl. z.B. BVerfGE 50, 290, 335 (Mitbestimmung); auch BVerfGE 34, 165, 183 f. (Förderstufen-Urteil) betreffend die Bildungsforschung; 65, 1, 55 f. (Volkszählung) betreffend den Stand der sozialwissenschaftlichen Methodik und Statistik. Weitere Nachweise siehe oben 2. Kap., unter A. II. und III.

Freilich verbleibt auch nach dieser Einschränkung erfahrungsgemäß die Schwierigkeit, das je erforderliche Mindestmaß empirisch-analytischer Absicherung eines legislatorischen Entscheids zu bestimmen. Der hier jenseits der hinzunehmenden Ungewißheit über die Zukunft entstehenden Unsicherheit kann nur durch die Forderung nach Transparenz der Methoden der Datenerhebung und -analyse begegnet werden[234], um die Diskussion über die "Vollständigkeit und Richtigkeit" des Datenmaterials sowie schließlich deren verantwortlich "anerkannte Festsetzung" (im Sinne *K. R. Poppers*) zu ermöglichen.

Diese immanenten Wirksamkeitshemmnisse dürfen nicht zum Verzicht auf das Streben nach einer möglichst optimalen prognostischen Rationalität verleiten. Dies hieße, seine methodische Zielsetzung und (wissenschafts)theoretische Funktion verkennen. Vielmehr wird zum einen gerade durch das bewußte Erkennen der Grenzen der Prognostik Gesetzgebung verantwortbarer. *H. Schulze-Fielitz*[235] weist hier zu Recht darauf hin, daß Gesetzgebung nicht nur durch positives Wissen, "sondern *auch* schon *durch das Wissen um das Nicht-Wissen*, also um die Beschreibung von Risiken, *rationaler*" wird. Zum anderen liegt die Funktion einer Anwendung prognostischer Techniken in der Gesetzgebung darin aufzuzeigen, was (jedenfalls so) nicht erreicht werden kann. Empirisches Wissen kann die einer Norm innewohnende Hypothese ihrer Tauglichkeit nie positiv begründen, sondern sie allein (nicht) falsifizieren[236].

---

[234] Vgl. *H. Schulze-Fielitz*, Theorie und Praxis parlamentarischer Gesetzgebung, 1988, S. 493.

[235] Ebd., S. 495.

[236] Zum wissenschaftstheoretischen Hintergrund vgl. oben 4. Kap. A. sowie B. I. und II. - *H. Schulze-Fielitz*, Theorie und Praxis parlamentarischer Gesetzgebung, 1988, S. 495 f., erkennt hier die praktische Neigung zu einer "konventionalistischen Wendung" (vgl. dazu *K. R. Popper*, Logik der Forschung, 8. Aufl. 1984, S. 47 ff.), d.h. Lücken einer Hypothese durch ad hoc eingeführte Hypothesen zu überwinden bzw. sie gegen eine Falsifikation zu immunisieren, und begegnet ihr als einem Beitrag zur inhaltlichen Rationalisierung des Gesetzes mit dem Appell nach "einer positiven Unterscheidung von 'objektivem' empirischem Wissensbestand, bloß theoretisch-plausibler Hypothese und eigenen normativen Wünschen".

c) Experimentelle Gesetzgebung als Mittel zur Ausdehnung der Grenzen optimaler Gesetzgebungsrationalität

In der (rechts)politischen Wirklichkeit zeigen sich allerdings die vielfältigsten Faktoren, die auch verfassungsrechtlich die Relativierung einer Forderung nach optimaler Rationalität der Gesetzgebung verlangen.

Unter der "Verfassung des Pluralismus" (*P. Häberle*) erfordert die Vielfalt der (konfligierenden) (Verbands-)Interessen und Meinungen in der "offenen Gesellschaft der Rechtspolitiker"[237] bzw. in der "(prinzipiell) offenen Gesellschaft der Gesetzgeber"[238] aus- und angleichende Konfliktlösungen auf der Basis eines "haltbaren" Minimalkonsenses[239]. Allein diesen herzustellen, hemmt in einem Zeitalter des Zerfalls von einheitlichen, integrierenden Glaubens- und Weltbildern[240] jedes gemeinwohlorientierte, evolutionär-reformistische Streben. Ist die insoweit folgerichtige gegensätzliche Grundsatzpolitisierung anstehender gesetzlicher Sachfragen zwar Voraussetzung für die Wandelungsfähigkeit des Gemeinwesens, so führt doch die Unmöglichkeit einer gleichen Konzentration und Organisation gesellschaftlicher Interessen zu ungleicher Konfliktfähigkeit und damit zu strukturellen Rationalitätsdefiziten im politischen Willensbildungsprozeß[241]. Zudem tragen politische Kompromißbildungen[242] als Ausdruck eines für den Verfassungsstaat lebensnotwendigen "konkordanzdemokrati-

---

[237] *W. Schmitt Glaeser*, AÖR 107 (1982), 337, 346 f., in Abwandlung von *P. Häberle*, Erziehungsziele und Orientierungswerte im Verfassungsstaat, 1981, S. 13: "Offene Gesellschaft der Verfassungspolitiker".

[238] *H. Schulze-Fielitz*, Theorie und Praxis parlamentarischer Gesetzgebung, 1988, S. 255.

[239] Vgl. auch *P. Häberle*, VVDStRL 40 (1982), 110, 110 (Diskussion): "Gesetzgebung ist in der pluralistischen Demokratie ... *Verarbeitung sozialen Wandels*, kompromißhafte Lösung sozialer Konflikte in der Zeitdimension." - Zur Bedeutung des Konsenses für legitime Legalität vgl. *Th. Würtenberger*, in: FG Gesellschaft für Rechtspolitik, 1984, S. 533, 541 ff.

[240] So *H. Schulze-Fielitz*, Theorie und Praxis parlamentarischer Gesetzgebung, 1988, S. 393; auch *M. Kloepfer*, VVDStRL 40 (1982), 63, 72.

[241] Vgl. *A. Podlech*, in: G. Jakobs (Hrsg.), Rechtsgeltung und Konsens, 1976, S. 9, 27; *P. Lerche*, in: FS für H.-P. Ipsen, 1977, S. 437, 437; *F. Lehner*, Der Staat 24 (1985), 91, 95 ff. - Zum Ganzen *H. Schulze-Fielitz*, Theorie und Praxis parlamentarischer Gesetzgebung, 1988, S. 393 ff., 554 m.w.N.

[242] Zu ihrer Funktion im Rechts- und Gesetzesstaat vgl. ausführlich *H. Schulze-Fielitz*, Theorie und Praxis parlamentarischer Gesetzgebung, 1988, S. 404 ff.; *ders.*, JbRSoz. 13 (1988), 290 ff.

schen Einigungstrends"[243] die Gefahr einer Restriktion der Rationalität auf das "politisch Machbare" in sich[244]. Auch führen die vielfältigen Formen der Eigendynamik des politischen Prozesses im Rahmen des Gesetzgebungsverfahrens, wie zum Beispiel das Hinausschieben von (unpopulären) Maßnahmen oder die Annahme eines (vermeintlichen) Drucks der (veröffentlichten) (Wähler-)Öffentlichkeit[245], zur Entsachlichung der Entscheidungsfindung, steht überdies stichtags- oder polittaktisch bedingter Zeitdruck[246] einer Rationalisierung der Politik entgegen. Nicht zuletzt zeichnen schließlich die gruppendynamischen und psychosozialen Bedingungen innerhalb der Gesetzgebungsbürokratie, die genuine Schwerfälligkeit des Parlaments, die zur Zeit noch eingeschränkte Leistungsfähigkeit und Aussagekraft empirischer Sozialforschung sowie die (dadurch bedingte?) wohl noch weit verbreitete Skepsis gegenüber den Sozialwissenschaften für die mangelhafte Rationalität und für die Auffassung von der modernen Gesetzgebung verantwortlich, daß sie "zu bloß situativem Krisenmanagement, zur betriebsamen Hektik des legislatorischen 'Durchwurstelns'" verkümmere[247].

Wollen die vielfältigen Bemühungen, der Einschätzung der Vorbereitungsphase der Gesetzgebung als ein "'schwarzes Loch' im verfassungsrechtlichen Universum"[248] entgegenzuwirken, realistisch und damit erfolgversprechend bleiben, so müssen sie daher im Hinblick auf die Realität des pluralistischen Verfassungsstaats "auf dem Boden" bleiben[249]. Das Stellen überzogener Rationalitätsanforderungen an die Gesetzgebung unter Verweis auf das Rechtsstaatprinzip hieße zudem, den Rechtsstaat aus dem Geflecht und Zusammenspiel mit den anderen, den Verfassungsstaat insgesamt prägenden und stabilisierenden Strukturprinzipien, wie Demokratie,

---

[243] Zur Formulierung siehe *H. Schulze-Fielitz*, Theorie und Praxis parlamentarischer Gesetzgebung, 1988, S. 554.

[244] Vgl. dazu etwa *Eike v.Hippel*, JZ 1984, 953, 959 f.; *Ch. Starck*, VVDStRL 40 (1982), 122, 123 (Diskussion).

[245] Siehe *Th. Ellwein*, DÖV 1984, 748, 752 f.; *H. H. Rupp*, in: W. Schreckenberger (Hrsg.), Gesetzgebungslehre, 1986, S. 42, 49.

[246] Zum Problem des Zeitdrucks im Gesetzgebungsverfahren vgl. *H. Schulze-Fielitz*, Theorie und Praxis parlamentarischer Gesetzgebung, 1988, S. 397 ff. m.z.N.

[247] *H. H. Rupp*, in: W. Schreckenberger (Hrsg.), Gesetzgebungslehre, 1986, S. 42, 48.

[248] *M. Kloepfer*, VVDStRL 40 (1982), 133, 136 (Diskussion).

[249] Vgl. auch *G. Wielinger*, VVDStRL 40 (1982), 115, 115 (Diskussion); *K. Eichenberger*, VVDStRL 40 (1982), 150, 151 (Diskussion).

Gewaltenteilung und Parteienvielfalt, in denen die Eigengesetzlichkeit und Eigendynamik der Politik ihre Legitimationsgrundlage finden, herauszulösen und damit das empfindliche System der "checks and balances" ins Wanken zu bringen.

Instrumenten im Dienste der Rationalisierung von Gesetzgebung kann es daher immer nur um das "relativ gute" Gesetz gehen, das wesentliche "Fehler" vermeidet[250]. Das verfassungsrechtlich und legislatorisch zu fordernde Ausmaß rationaler Gesetzesvorbereitung hat diesem Umstand (regelungsspezifisch) Rechnung zu tragen - im Sinne seiner Begrenzung, aber auch im Sinne seiner (Mindest-)Reichweite.

Unter den vielfältigen Praktiken der Gesetzesvorbereitung gewinnt in einer Zeit, in der die legislativen Entscheidungen vornehmlich auf weitreichenden Prognosen basieren, die "experimentelle Gesetzgebung" zunehmende Bedeutung[251]. Sie versucht gerade die Grenzen wissenschaftlichen und praktischen Erkenntnisvermögens hinauszuschieben, indem sie durch die befristete Inkraftsetzung von Gesetzen die Gewinnung realen, eben nicht bloß fiktiven Sachverhaltswissens und realer Wirkungserfahrungen ermöglicht. Experimentelle Gesetzgebung ist ein möglichst realistisches, Distanz schaffendes Hilfsmittel zur Herstellung materieller Rationalität (in) der Gesetzgebung für den Fall, daß als Alternative, um gegebenem Regelungsbedarf bei mangelnder rationaler Entscheidungsgrundlage zu genügen, nur die mehr oder weniger "blinde", jedenfalls wenig distanziert-rationale Dezision bliebe.

Das Experimentier- oder Erprobungsgesetz erweist sich so als *ein* Instrument zur Sicherung des Rechtsstaats im und durch das Gesetzgebungsverfahren, wenn andernfalls nur eine endgültige Rechtssetzung auf ungesicherter Grundlage in Betracht käme; ihm geht es um die "Zukunftssicherheit der Gesetze"[252]. Denn es begegnet den (verfassungsrechtlich bedenklichen) Gefährdungen und Aufweichungen rechtsstaatlicher und anderer verfassungsrechtlicher Prinzipien, die nach der bisherigen Rechtsprechung

---

[250] So *P. Noll*, Gesetzgebungslehre, 1973, S. 76, 96; *M. Kloepfer*, VVDStRL 40 (1982), 133, 136 (Diskussion), der insoweit allerdings eine verfassungsrechtliche Pflicht der Gesetzgebungsmethodik fordert; *H. Schulze-Fielitz*, Theorie und Praxis parlamentarischer Gesetzgebung, 1988, S. 556: "Fehlervermeidungsstrategie".

[251] Vgl. schon oben Einleitung A., B.

[252] *W. Leisner*, DVBl. 1981, 849, 855.

des Bundesverfassungsgerichts im Falle einer ("herkömmlichen") gesetzlichen Regelung "komplexer, in der Entwicklung begriffener Sachverhalte" zum Zwecke des Sammelns von Erfahrungen (für eine gewisse Zeit) von den Betroffenen hinzunehmen sind[253]. Gerade dieser Aushöhlung verfassungs- und grundrechtlicher Standards entgegenzuwirken, ist das Ziel und die Aufgabe der ihrerseits an spezifische verfassungsnormative Vorgaben gebundenen "experimentellen Gesetzgebung"[254] als funktionalem Äquivalent zur "Nachbesserungspflicht" des Gesetzgebers. Ihr geht es um "zeit-gerechte"[255] Fortbildung, um "Entwicklungsadäquanz"[256] der Gesetzgebung *im* Rechtsstaat als einem Beitrag zur Eindämmung der "Gesetzeskrise" und der damit einhergehenden "Autoritätskrise"[257] des Rechts.

6. "Sozialer" Rechtsstaat und legislatives Experiment

Die rechtsstaatssichernde Funktion und Wirkung experimenteller Gesetzgebung begründet sich schließlich nicht nur durch den skizzierten Gewinn von Rationalität (in) der Gesetzgebung. Sie ist vielmehr auch die konsequente Umsetzung der grundgesetzlichen Formel vom "sozialen" Rechtsstaat.

Die Sozialstaatsklausel gehört zur Substanz der Verfassung[258] und ist entscheidendes Kennzeichen der rechtsstaatlichen Ordnung des Grundgesetzes[259]. Mit ihr nimmt das Grundgesetz "die Gegebenheiten der modernen technischen, wirtschaftlichen und sozialen Entwicklung in sich auf"[260], indem es den staatlichen Auftrag zur Verwirklichung des Sozialstaats als "Staat 'sozialer Gerechtigkeit'"[261] normiert.

---

[253] Vgl. die Analyse der bisherigen verfassungsgerichtlichen Rechtsprechung zur Anerkennung eines legislativen Experimentierrechts oben 2. Kap.

[254] So deutlich auch *M. Kloepfer*, VVDStRL 40 (1982), 133, 137 f. (Diskussion).

[255] Zum "zeitgerechten" Verfassungsverständnis vgl. *P. Häberle* (1974/1978), in: ders., Verfassung als öffentlicher Prozeß, 1978, S. 59 ff.; *ders.*, in: A. Peisl/A. Mohler (Hrsg.), Die Zeit, 1983, S. 289 ff.

[256] *H. Schulze-Fielitz*, Theorie und Praxis parlamentarischer Gesetzgebung, 1988, S. 556.

[257] Zum Zusammenhang beider siehe oben Einleitung A.

[258] Vgl. *P. Häberle* (1976), in: ders., Verfassung als öffentlicher Prozeß, 1978, S. 396, 401.

[259] Vgl. *K. Hesse*, Grundzüge des Verfassungsrechts der Bundesrepublik Deutschland, 16. Aufl. 1988, Rn. 207.

[260] Ebd., Rn. 209.

Angesichts der tatsächlichen Entwicklung in Wirtschaft und Gesellschaft ist der Gesetzgeber vor immer neue sozialstaatliche Aufgaben gestellt[262]. Ihre Erfüllung verlangt immer weitergehende Intervention, Lenkung und planende Gestaltung durch den Staat[263] und zwar im qualitativen, nicht bloß quantitativen Sinne[264], d.h. vor allem durch die (nicht nur leistungsrechtliche) "Effektivierung" der Grundrechte[265]. Dem Sozialstaat fällt hier eine steuernde Funktion[266] zu, die die soziale Sicherung und die Herstellung einer gerechten Sozialordnung unter den Geboten des Rechtstaats[267] zum Ziel hat. Als "offene" Norm ist die Sozialstaatsklausel dabei das Einfallstor für eine "wirklichkeitsorientierte" und wirklichkeitsgerechte Verfassungs-, inbesondere Grundrechtsinterpretation, und -ausgestaltung in der Zeitdimension[268] [269].

---

[261] *P. Häberle* (1976), in: ders., Verfassung als öffentlicher Prozeß, 1978, S. 396, 401.

[262] Vgl. schon oben Einleitung B. II. - Die konkreten Aufgaben, die sich aus der Sozialstaatsentscheidung des Grundgesetzes für den diese inhaltlich konkretisierenden Gesetzgeber (vgl. z.B. BVerfGE 1, 97, 105 [Kriegerwitwe]) ergeben, sind im einzelnen umstritten (vgl. dazu die Nachweise bei *K. Hesse*, Grundzüge des Verfassungsrechts der Bundesrepublik Deutschland, 16. Aufl. 1988, Rn. 208 Fn. 26). - Angesichts der besonderen Dynamik, die dem Sozialstaatsgedanken des Grundgesetzes innewohnt, scheint dies nicht verwunderlich, ja sogar eine wesensgemäße Konsequenz zu sein.

[263] Vgl. *K. Hesse*, Grundzüge des Verfassungsrechts der Bundesrepublik Deutschland, 16. Aufl. 1988, Rn. 210.

[264] Vgl. *P. Häberle*, in: ders., Verfassung als öffentlicher Prozeß, 1978, S. 121, 152.

[265] Dazu sowie zu "Effizienz und Verfassung" im allgemeinen vgl. *P. Häberle* (1973/1978), in: ders., Verfassung als öffentlicher Prozeß, 1978, S. 290 ff., bes. S. 296.

[266] Vgl. auch *P. Häberle* (1972/1978), in: ders., Verfassung als öffentlicher Prozeß, 1978, S. 445, 445, sowie *K. Hesse*, Grundzüge des Verfassungsrechts der Bundesrepublik Deutschland, 16. Aufl. 1988, Rn. 212.

[267] Vgl. *K. Hesse*, Grundzüge des Verfassungsrechts der Bundesrepublik Deutschland, 16. Aufl. 1988, Rn. 214.

[268] Vgl. *P. Häberle* (1975), in: ders., Verfassung als öffentlicher Prozeß, 1978, S. 467, 469, sowie *ders.* (1977), in: ders., Die Verfassung des Pluralismus, 1980, S. 1, 13.

[269] Selbst *N. Luhmann*, Der Staat 12 (1973), 1, 2, 4, der eine Konformität der Verfassungstheorie mit dem Entwicklungsstand soziologischer und politischer Systemanalyse als "noch unerfülltes Desiderat" bezeichnet, gesteht der Sozialstaatsklausel immerhin zu, ein unsystematisches "Einschiebsel" zu sein. Dazu siehe *P. Häberle* (1974/1978), in: ders., Verfassung als öffentlicher Prozeß, 1978, S. 93, 112 Fn. 85.

Die Konkretisierung und Realisierung des ("effektiven") "sozialen Rechtsstaats" verlangt daher zuvörderst ein hinreichend sicheres analytisches Wissen um den Regelungsbereich und die Regelungswirkungen. Dies gilt insbesondere in einer Situation fundamentaler und / oder instrumenteller Unsicherheit. Nicht nur hier ist die sozialtechnologische Orientierung der Gesetzgebung mit dem Ziel sich bewährender Rechtsregeln Ausdruck und Konsequenz sozialer Rechtsstaatlichkeit. Die instrumentelle Verwendung des Gesetzes als Experiment zum Zwecke der Ermittlung der soziostrukturellen Gegebenheiten ist daher im Blick auf den von der Verfassung geforderten sozialgerechten Gehalt der endgültigen Ordnung dann gerechtfertigt, wenn anders die Effektivitätsbedingungen des Sozialstaats nicht zu ermitteln sind. In einer solchen Lage kann sich nur im Wege der experimentellen Gesetzgebung die legitime Konkretisierung der Verfassung einstellen und sich der Sozialstaatsgedanke als "entscheidendes Stück (stabilisierender) moderner Staatlichkeit"[270] erweisen.

II. Die Zweispurigkeit
der verfassungsrechtlichen Würdigung

Die Betrachtung des legislativen Experiments im Lichte fundamentaler Verfassungsprinzipien hat in grundlegender Weise seine spezifische "Leistung" in der demokratischen Rechts- und Verfassungsordnung des Grundgesetzes gezeigt. Ihre Ergebnisse werden in der konkreten verfassungsrechtlichen Überprüfung eines Experimentier- oder Erprobungsgesetzes zu beachten sein.

Die verfassungsrechtliche Würdigung eines Gesetzes anhand konkreter (verfassungs)rechtsdogmatischer Maßstäbe verlangt aber zunächst die Kenntnis der ihren Inhalten entsprechenden Ansatzpunkte, d.h. die Präzisierung des Prüfungsgegenstandes. Diese ist notwendige Voraussetzung, um dem ambivalenten Verhältnis von Dogmatik und Gesetz[271] Rechnung zu tragen und damit die Entfaltung des rechtsstaatlichen und Gerechtigkeitsgehalts verfassungsdogmatischer Strukturen zu ermöglichen. Für den Fall des Experimentier- oder Erprobungsgesetzes ergibt sich aus seinem

---

[270] *P. Häberle* (1972/1978), in: ders., Verfassung als öffentlicher Prozeß, 1978, S. 246, 258 Fn. 51.

[271] Vgl. dazu *O. Bachof*, VVDStRL 30 (1972), 193, 202 f.

spezifischen Regelungscharakter die Notwendigkeit einer zweispurigen verfassungsrechtlichen Begutachtung.

1. Der Regelungsinhalt des Experimentiergesetzes: die "Prognoseprognose"

Das Experimentier- oder Erprobungsgesetz ist in einer Situation der Ungewißheit über die tatsächliche Bewährung eines beabsichtigten Regelungswerks ein Instrument der Gesetzespräparation. Sein Einsatz erfolgt zur Herstellung einer gesicherten Sachverhaltskenntnis und einer (zumindest) vertretbaren Prognosegrundlage für eine nachfolgend gedachte, dauerhaft haltbare Regelung. Es steht im Dienste der gesetzgeberischen Prognoseentwicklung.

Aus dieser spezifischen Funktion und Stellung des Experimentiergesetzes innerhalb des Verfahrens der Gesetzgebung[272] ergibt sich sein von einem "Normalgesetz" verschiedener, spezifischer Regelungscharakter.

Jedes Gesetz enthält, wenn auch je nach Regelungsgegenstand in unterschiedlicher Intensität, eine Prognose, nämlich das "Wahrscheinlichkeitsurteil"[273] über die Tauglichkeit seiner normativen Anordnungen zur Erreichung des gesetzten Regelungsziels. Die Zukunftsgerichtetheit jeglicher Normgebung versetzt den Gesetzgeber stets in die Lage, daß er sich insoweit mit bloßen "Annäherungsgewißheiten"[274] begnügen muß[275].

Das "Normalgesetz" enthält als Ergebnis der kritischen Prüfung der zuvor entworfenen Regelungsmöglichkeiten die Prognose, daß seine Anwendung die gewünschte Lösung des empfundenen Problems in der Wirklichkeit bewirken wird. Das einem "Normalgesetz" innewohnende Wahrscheinlichkeitsurteil ist demnach allein auf das intendierte Reformvorhaben bezogen.

Anders verhält es sich hingegen bei einem Experimentiergesetz. Sein Regelungsinhalt läßt sich im Hinblick auf seine Funktion mit dem Begriff der *"Prognoseprognose"* umschreiben: Die Finalität eines legislativen Expe-

---

[272] Siehe dazu oben 4. Kap. B. IV. 3. a.

[273] BVerfGE 50, 290, 332 (Mitbestimmung).

[274] *P. Noll*, Gesetzgebungslehre, 1973, S. 96.

[275] Näher dazu bereits oben Einleitung B. II.

riments liegt in der Sammlung von Erfahrungen aller Art über die Wirkungen eines Regelungs*entwurfs*, um diese in den späteren legislatorischen Entscheid einfließen zu lassen. Dieser Normentwurf freilich enthält eine Hypothese über das Mittel-Zweck-Verhältnis in der Sache. Genau diese ist der Gegenstand der Erprobung; der Test soll darüber Auskunft erteilen, ob eine endgültige Regelung gleichen Inhalts für die Herstellung der gewünschten Ordnung untauglich ist[276], eine "technologische Prognose" (im Sinne *K. R. Poppers*) ermöglichen. Das Experimentier- oder Erprobungsgesetz beinhaltet demnach zum einen eine (mehr oder weniger fundierte[277]) Prognose über das Verhältnis von Intention und Wirkung der nachfolgend zu erlassenden Norm. Zum anderen prognostiziert das Experimentiergesetz seine Tauglichkeit im Hinblick auf die Ermittlung der eine fundierte Sachprognose ermöglichenden rechtstatsächlichen Bedingungen. Es enthält die Prognose darüber, daß sein "Einsatz" die gewünschten Erfahrungen über die Auswirkungen der vorgestellten Regelung auch tatsächlich erbringen wird.

Demnach ist die experimentelle Norm ihrem Wesen nach gekennzeichnet durch eine "Prognoseprognose", nämlich die Prognose über ihre Tauglichkeit zur Entwicklung einer technologischen Prognose über die Tauglichkeit der endgültig gedachten Norm. Die in das Experiment eingegangene gesetzliche Anordnung hat zum Zweck, Erkenntnisse über ihre Geeignetheit, Erforderlichkeit, Praktikabilität etc. im Hinblick auf die gewünschte Wirklichkeit des betroffenen Ausschnitts der Rechtsordnung zu erlangen.

Diese Erwägungen zum Wesen des Experimentiergesetzes treffen sich mit der methodologischen Erkenntnis, daß experimentelles Vorgehen im-

---

[276] Entsprechend seiner sozialtechnologischen Verwendung geht es dem Experimentiergesetz allein darum festzustellen, was (jedenfalls so) nicht erreicht werden kann. Zum wissenschaftstheoretischen Hintergrund siehe oben 4. Kap.

[277] Der Inhalt der Prognose in der Sache ist abhängig von dem - freilich noch den Erlaß eines Experimentier- oder Erprobungsgesetzes rechtfertigenden - Grad der Unsicherheit des Gesetzgebers über das Verhältnis von Intention und Wirkung der noch zu erlassenden Norm. Einzelne Aspekte aus der Bedingungsvielfalt und -komplexität, die auf den Inhalt der späteren Norm Einfluß nehmen, können noch eher vorhersagbar sein als andere. Der graduell unterschiedliche Grad der Prognosesicherheit kommt in der mehr konditionalen oder mehr finalen Abfassung der einzelnen Erprobungsnorm zum Ausdruck. Phänomenologisch bleibt das Experimentiergesetz jedoch ein typisches, final programmiertes Planungsgesetz. Vgl. dazu *W. Schmitt Glaeser*, ZUM 1985, 523, 526 ff., und noch unten IV. 3.

mer theoriegeleitetes, planmäßiges Handeln ist. Der Gewinn und die Aus-
differenzierung der empirischen Erfahrungen mit der in Kraft gesetzten experimentellen Norm sind bereits unmittelbare Anwendung der zu überprüfenden Regelungsvorstellung und zugleich ein Teil der Anwendung, durch
die diese erprobt wird. Denn die gewonnenen Erfahrungen sind stets Interpretationen der beobachteten Tatsachen und diese sind stets Interpretationen im Lichte der Normhypothese, die Gegenstand der Erprobung ist[278].

2. Die doppelte Verfassungsrelevanz des Experimentiergesetzes

Eine verfassungsdogmatische Einordnung des Experimentier- oder Erprobungsgesetzes kann an seinem aufgezeigten Regelungscharakter nicht
vorbeigehen bzw. hat ihn gerade zu beachten, will sie nicht ihre Aufgabe
und Zielsetzung verfehlen, der Unsicherheit und Konzeptionslosigkeit insbesondere der Gerichte, aber auch des Gesetzgebers im Umgang mit dem
legislativen Experiment unter der Verfassung des Grundgesetzes zu begegnen.

Daher haben die an ein Experimentiergesetz zu stellenden verfassungsrechtlichen Anforderungen wesensgemäß an zwei Stellen anzusetzen. Die
experimentelle Norm erhält aus verfassungsrechtlicher Perspektive eine
doppelte Relevanz[279]: zum einen hinsichtlich des im Wege des Experiments
zu prüfenden materiellen Regelungsgehalts, der *Prognose*prognose, und
zum anderen in bezug auf seine unmittelbare, technologische Zwecksetzung der Erfahrungssammlung, die Prognose*prognose*.

3. Das System des vorläufigen Rechtsschutzes als Parallele

Die doppelte (verfassungs)rechtliche Relevanz der experimentellen Gesetzgebung findet eine strukturelle Ähnlichkeit in dem Rechtsgedanken,
der allen Fällen zugrunde liegt, in denen ein rechtsrelevanter Zu- oder
Umstand innerhalb der Rechts- und Sozialordnung vorläufig, d.h. vorübergehend bis zu einer endgültigen Entscheidung, geregelt werden soll bzw.

---

[278] Vgl. die Ausführungen zur Theorie des Experiments, oben 4. Kap. A. II.

[279] Eine entsprechende Doppelspurigkeit der verfassungsrechtlichen Betrachtung fordert
auch *W. Hoffmann-Riem*, ZRP 1980, 31, 32. Angedeutet wird dies auch von *M. Kloepfer*,
VVDStRL 40 (1982), 63, 93 f.; siehe auch schon *ders.*, in: K. Vogel (Hrsg.), Grundrechtsverständnis und Normenkontrolle, 1979, S. 85, 86 (Diskussion).

wird. Dies wird besonders deutlich am Verfahren des einstweiligen Rechtsschutzes.

Der Rechtsstaat des Grundgesetzes gebietet mit der Rechtsschutzgaran-
tie des Art. 19 Abs. 4 GG "effektiven Rechtsschutz". Dieser verlangt die
Gewährleistung vorläufigen Rechtsschutzes, wenn ohne ihn unzumutbare,
unabwendbare Nachteile entstünden[280], wenn der mit der endgültigen Entscheidung über einen Rechtsbehelf verfolgte Rechtsschutz zu spät einset-
zen würde. Die dementsprechenden einfachgesetzlichen Regelungen über
den einstweiligen oder vorläufigen Rechtsschutz tragen der Tatsache Rechnung, daß die zunehmende (nicht zuletzt auch rechtliche) Komplexität des
sozialen Lebens die Rechts- und Tatsachenerkenntnis der Gerichte im
"normalen" Rechtsschutzverfahren zu einem Prozeß von erheblicher, für
den Rechtsschutzsuchenden schon von daher nachteiliger Zeitdauer hat
werden lassen[281]. Vor diesem Hintergrund dienen sie der vorläufigen Befriedung des Streitverhältnisses durch die Befriedigung eines begründeten
Bedürfnisses nach vorläufiger Sicherung oder Regelung von Kompetenzen,
Rechten und Befugnissen[282]. Die Mittel zur Durchsetzung dieses Bedürfnisses sind typischerweise die von den Gerichten erlassenen Titel der einstweiligen Anordnung oder Verfügung[283].

Ungeachtet der Besonderheiten der einzelnen Verfahrensarten verlangt
die Begründetheit der jeweiligen Anträge auf vorläufigen Rechtsschutz jedenfalls das Vorliegen zweier Voraussetzungen. Diese beziehen sich entsprechend dem Wesen des einstweiligen Rechtsschutzes zum einen auf das
besondere Interesse an einer *vorläufigen* Regelung und zum anderen auf
den Streit*gegenstand*, der vorläufig geregelt werden soll. Denn eine einstweilige Anordnung oder Verfügung dient allein der vorläufigen Regelung
eines Rechtsverhältnisses oder Rechtszustands; sie darf zwar nicht die endgültige Entscheidung vorwegnehmen, setzt aber die Möglichkeit und die

---

[280] Vgl. BVerfGE 65, 1, 70 f. (Volkszählung).

[281] Vgl. *H.-U. Erichsen*, in: FG für BVerfG, Bd. 1, 1976, S. 170, 170 f. m.w.N.; auch *O.
Tschira/W. Schmitt Glaeser*, Verwaltungsprozeßrecht, 9. Aufl. 1988, Rn. 329 f., 448.

[282] Vgl. *H.-U. Erichsen*, in: FG für BVerfG, Bd. 1, 1976, S. 170, 172 m.w.N.

[283] So etwa die einstweilige Anordnung gemäß § 32 BVerfGG bzw. nach den entsprechenden, die Verfassungsgerichte betreffenden Regelungen in den Bundesländern; die einstweilige
Entscheidung des Bayerischen Verfassungsgerichtshofs gemäß Art. 48 Abs. 3 BV; die einstweiligen Anordnungen gemäß §§ 47 Abs. 8 und 123 VwGO; die Anordnung oder Wiederherstellung der aufschiebenden Wirkung von Widerspruch und Anfechtungsklage nach § 80 Abs. 5
VwGO; der Arrestbefehl und die einstweilige Verfügung gemäß §§ 916 ff., 935 ff. ZPO.

Verspätung des endgültigen Rechtsschutzes voraus. Danach ist für die Begründetheit des Bedürfnisses nach einer vorläufigen Sachentscheidung erforderlich, daß ein Anordnungsanspruch, i.e. das Recht, das durch den einstweiligen Titel befriedigt werden soll, wenigstens möglich und ein Anordnungsgrund, i.e. der Grund, warum das Recht im einstweiligen Rechtsschutzverfahren gesichert werden soll, gegeben ist[284].

Der mit "Anordnungsanspruch" umschriebene - erste - Gesichtspunkt betrifft den sachlichen und zeitlichen Zusammenhang zwischen der Vorläufigkeit der vorgezogenen Entscheidung und der Entscheidung in der Hauptsache. Eine vollstreckbare, vorläufige Entscheidung kommt nur dann in Betracht, wenn eine endgültige Entscheidung in der zugrundeliegenden Hauptsache mit dem gleichen Inhalt nicht absehbar, aber wenigstens möglich und denkbar ist[285]. Dies ist nur dann der Fall, wenn die (rechtshängige) Hauptsache nicht schon entscheidungsreif ist. Das Ergebnis des Verfahrens in der Hauptsache darf nicht bereits "feststehen" und zur Verkündung "anstehen", es muß noch "ausstehen". Nur diese Situation rechtfertigt den Eintritt in die Prüfung des besonderen Interesses an der vorläufigen normativen Regelung und begründet das Verbot der Vorwegnahme der Hauptsache-Entscheidung. Die hier vorzunehmende summarische Prüfung der Erfolgsaussichten des Begehrens in der Hauptsache[286] muß ergeben, daß entweder diese völlig offen sind oder der Antrag offensichtlich zulässig und begründet ist, ihm aber noch nicht stattgegeben wurde.

Das vorläufige Rechtsschutzbegehren verlangt - zweitens - entsprechend seiner unmittelbaren Zwecksetzung neben dem "normalen", allgemeinen das besondere Rechtsschutzbedürfnis, den "Anordnungsgrund". Diese Be-

---

[284] Es bedarf in dem hier interessierenden Zusammenhang weder der Auseinandersetzung mit der Frage, ob eine der genannten oder sogar beide Voraussetzungen die Zulässigkeit des Antrags betreffen, noch mit der nach der Verfahrensart unterschiedlichen Bezeichnung der beiden Voraussetzungen. Auch ist hier nicht erheblich, ob der Erlaß einer vorläufigen Entscheidung auf Antrag, was die Regel ist, oder auch - z.B. gemäß § 32 BVerfGG (vgl. BVerfGE 42, 103, 119 f. [Staatsvertrag/Studienplatzvergabe]) - von Amts wegen ergehen kann. Hier geht es allein um die Verdeutlichung der Aspekte, die in jedem Fall Gegenstand der Prüfung der Berechtigung einer zusprechenden Entscheidung im vorläufigen Rechtsschutzverfahren sind.

[285] Der Erlaß einer einstweiligen Anordnung scheidet deshalb schon dann aus, wenn der Antrag in der Hauptsache offensichtlich unzulässig oder offensichtlich unbegründet ist.

[286] Zur Bedeutung der Erfolgsaussichten in der Hauptsache im Verfahren nach § 32 BVerfGG nach der Rechtsprechung des Bundesverfassungsgerichts siehe *H.-U. Erichsen*, in: FG für BVerfG, Bd. 1, 1976, S. 170, 185 f.

gründetheitsvoraussetzung knüpft mit der Frage nach der Eilbedürftigkeit an den spezifischen Charakter des Rechtsschutzantrags an. Die spezifische Gebotenheit einer einstweiligen Anordnung setzt dabei zunächst voraus, daß sie überhaupt geeignet ist, eine vorläufige Befriedung des Streitverhältnisses herzustellen. Sie muß überdies erforderlich sein, d.h. es darf nicht ein gleichgeeigneter (vorläufiger) Rechtsschutz auf anderem Wege zur Verfügung stehen[287]. Der letzte Aspekt eines begründeten Bedürfnisses nach einer vorläufigen Sachentscheidung schließlich hat die besondere Dringlichkeit zum Gegenstand. Der Antrag ist nur dann begründet, wenn ein, wie auch immer in den einzelnen prozeßrechtlichen Vorschriften näher bezeichneter, wichtiger Grund, etwa die Abwehr schwerer bzw. wesentlicher Nachteile oder die Verhinderung drohender Gewalt, die einstweilige Anordnung dringend gebietet. Dies ist jedenfalls dann nicht der Fall, wenn die Hauptsache-Entscheidung rechtzeitig erlassen werden kann. Im übrigen ist in eine Abwägung einzutreten, in der die Folgen, die sich ergeben würden, wenn dem einstweiligen Rechtsschutzantrag nicht stattgegeben, das Begehren im Hauptverfahren sich aber als begründet erweisen würde, den Nachteilen gegenüberzustellen sind, die entstünden, wenn die einstweilige Anordnung ergehen, der Hauptsache-Antrag aber abgelehnt würde.

Ein Vergleich dieser, freilich nur groben Skizze des spezifischen Charakters und der sich daraus ergebenden Anforderungen an die Begründetheit des einstweiligen Rechtsschutzes mit dem Inhalt und der Zwecksetzung der experimentellen Gesetzgebung fördert trotz zahlreicher Unterschiede konzeptionelle Ähnlichkeiten zutage. Auch sie ist ein rechtsstaatssicherndes und -verwirklichendes Instrument[288], das auf die Komplexität der Bedingungen einer notwendigen normativen Entscheidung reagiert, indem es der endgültigen Entscheidung eine vorläufige voranstellt. Freilich geht es einer Anordnung im vorläufigen Rechtsschutzverfahren allein um die vorübergehende Sicherung oder Regelung eines Rechtsverhältnisses oder -zustands, die keinen normativen Einfluß auf die Entscheidung in der Hauptsache hat. Sie dient nicht wie das Experimentier- oder Erprobungsgesetz der befristeten Erprobung und Erfahrungssammlung im Hinblick auf die endgültig zu treffende Entscheidung. Dennoch sind beide Instrumente jeweils ihrem Wesen entsprechend durch eine strukturell einander ähnelnde, zweifa-

---

[287] Vgl. dazu im Rahmen des § 32 BVerfGG *Ch. Pestalozza*, Verfassungsprozeßrecht, 2. Aufl. 1982, S. 184.

[288] Vgl. oben I. 5.

che rechtliche Relevanz gekennzeichnet, die zum einen an der Verbindung zur nachfolgenden, endgültigen Regelung in der Sache ansetzt und zum anderen die unmittelbare, technologische Zwecksetzung betrifft. Denn sowohl im einstweiligen Rechtsschutz als auch im legislativen Experiment besteht einerseits ein bestimmter sachlicher und zeitlicher Zusammenhang zwischen seiner Anordnung und der endgültigen Entscheidung und andererseits eine besondere Legitimation des unmittelbaren, vordergründigen Ziels, um dessen Erreichung willen seine Anordnung erfolgt, wenn beide der je spezifischen, rechtsstaatlichen Funktion gerecht werden wollen.

Daher liegt es nahe, bei der (verfassungs)rechtlichen Würdigung der experimentellen Gesetzgebung einen ähnlichen Aufbau zu verfolgen, wie er die Prüfung der Begründetheit eines einstweiligen Rechtsschutzbegehrens kennzeichnet.

III. Die Ergebnisoffenheit des legislativen Experiments als weichenstellende verfassungsrechtliche Voraussetzung

Der sachbezogene Regelungsinhalt experimenteller Gesetzgebung ist, wie soeben angedeutet wurde, der eine Ansatzpunkt, den die zweispurige verfassungsrechtliche Betrachtung dieser Gesetzgebungsvariante zu verfolgen hat. Dem trägt die Forderung nach Ergebnisoffenheit des legislativen Experiments Rechnung, da sie den Zusammenhang zwischen Inhalt und technologischer Zwecksetzung des Experimentiergesetzes herstellt. Diese zunächst nur als methodisches Prinzip anmutende Anforderung an das Experimentiergesetz erlangt verfassungsrechtliche Dimension, setzt man sie zu der verfassungsrechtlichen Pflicht des Gesetzgebers zur "Nachbesserung" oder "Anpassung" von Gesetzen in Beziehung.

1. "Erprobungspflicht" statt "Nachbesserungspflicht" des Gesetzgebers

Das "Verhältnis korrelativer Zuordnung"[289] von Norm und Wirklichkeit als Voraussetzung dafür, daß die Norm reale Wirkkraft in Richtung auf das

---

[289] *K. Hesse* (1959), in: ders., Ausgewählte Schriften, hrsg. von P. Häberle/A. Hollerbach, 1984, S. 3, 7, in Anlehnung an *H. Heller* (1934), Staatslehre, 6. Aufl. 1983, S. 211; vgl. dazu auch *W. Schmitt Glaeser*, Politische Studien, Sonderheft 2/1979, S. 37, 40 f., und oben 4. Kap. B. IV. 3. a.: "Wirklichkeitsgerechtigkeit" des Gesetzes. - Die den Zusammenhang von rechtli-

intendierte Normziel entfaltet, besteht nur, wenn die Norm auf eine entsprechend disponierte Tatsachenwelt trifft[290]. Die tatsächliche und die prognostische Basis, auf deren Grundlage der Gesetzgeber seine Ziele setzt und die Mittel zu deren Verwirklichung auswählt, müssen mit der Wirklichkeit übereinstimmen.

Die Erfüllung dieser, namentlich aus den rechtsstaatlichen Postulaten der Geeignetheit und Erforderlichkeit folgenden verfassungsrechtlichen Anforderungen an ein Gesetz verdichtet sich infolge der Zukunftsgerichtetheit jeglicher Normgebung zum Prognoseproblem. Dieses erfährt grundsätzlich eine funktionell-rechtlich begründete, differenzierte Behandlung durch die zur Normüberprüfung be- und angerufene Verfassungsgerichtsbarkeit[291]. Legislative (Prognose-)Entscheidungen treffen auf ein System verfassungsgerichtlicher Kontrolltätigkeit, das sich aus der Verhältnisbestimmung legislativer Einschätzungsprärogative und verfassungsgerichtlicher Verfassungsverantwortung im Einzelfall konkretisiert.

Nach dieser Rechtsprechung begründet sowohl die fehlerhafte oder unzureichende Ermittlung des zum Zeitpunkt des Normerlasses gegenwärtigen Tatsachenmaterials als auch eine (darauf aufbauende) ex ante erkennbar falsche gesetzgeberische Prognose regelmäßig das Urteil der Verfassungswidrigkeit und die Nichtigkeitserklärung[292]. Ob allerdings die gesetzgeberische Prognose zum Zeitpunkt des Normerlasses den an sie zu stellenden verfassungsrechtlichen Anforderungen genügt, beantwortet sich nach dem anzuwendenden verfassungsgerichtlichen Kontrollmaßstab. Dieser ergibt sich aus der Grundrechtsrelevanz der Regelung und der Eigenart des in Rede stehenden Sachbereichs unter Berücksichtigung der grundsätzlichen, funktionell-rechtlich begründeten Einschätzungs- und Prognoseprärogative des Gesetzgebers[293]. Namentlich im Rahmen der Vertretbarkeitskontrolle spielt die Richtigkeit und Vollständigkeit der Ermittlung des der Normgebung zugrundeliegenden Sachverhalts die entscheidende Rolle im

---

cher und wirklicher Verfassung betreffende Formulierung gilt gleichsam erst recht für das verfassungskonkretisierende, einfache Gesetzesrecht.

[290] Vgl. auch *R. Stettner*, DVBl. 1982, 1123, 1123.

[291] Siehe oben 2. Kap. A. I.

[292] So etwa in BVerfGE 7, 377 ff. (Apotheken-Urteil); 19, 330 ff. (Einzelhandel); 36, 47 ff. (Tierschutz).

[293] Vgl. etwa BVerfGE 50, 290, 332 f. (Mitbestimmung).

Hinblick auf die Verfassungskonformität der gesetzgeberischen Prognose-entscheidung[294].

Die Zurückhaltung der gerichtlichen Überprüfung findet dabei ihren Ausgangspunkt und unmittelbaren Ausdruck darin, daß dem Gesetzgeber auch in einer durch Ungewißheit und Unsicherheit über die Fortentwicklung regelungserheblicher Gegebenheiten gekennzeichneten, weitreichende Prognosen erfordernden Situation ein auch grundrechtstangierendes Legisferieren nicht verwehrt ist:

> "Ungewißheit über die Auswirkungen eines Gesetzes in einer ungewissen Zukunft kann nicht die Befugnis des Gesetzgebers ausschließen, ein Gesetz zu erlassen, auch wenn dieses von großer Tragweite ist."[295]

Im Hinblick auf die Anerkennung des gesetzgeberischen Gestaltungs- und Prognosevorrechts funktionell-rechtlich konsequent hat das Bundesverfassungsgericht dann auch stets Mängel einer in einer solchen Situation erlassenen Regelung toleriert. Es hat das Urteil der Verfassungswidrigkeit immer dann vermieden, wenn der Gesetzgeber von einer vollständigen und richtigen Tatsachen- und einer vom Gericht nicht bemängelten Prognosebasis ausging, sich diese aber in einer, im Moment des Zustandekommens des Gesetzes nicht erkennbaren, relevanten Weise innerhalb der intendierten Geltungsdauer des Gesetzes verändert hat.

Die verfassungsgerichtliche Tolerierung mängelbehafteter Regelungen ist freilich eng an die Pflicht des Gesetzgebers gebunden, diese innerhalb einer prospektiv gesetzten oder retrospektiv gewährten Frist entsprechend der tatsächlichen Veränderung der regelungsrelevanten Umstände anzupassen. Diese Rechtsprechung zu komplexen und unsicheren Regelungssachverhalten findet sich, wie gesehen[296], in zwei, in der Sache identischen[297] Fällen: bei der erst nachträglich erkennbaren Veränderung und bei der von vornherein bestehenden Unsicherheit über die Entwicklung des Regelungssachverhalts. Jeweils erfolgte die Gewährung einer Anpassungsfrist unter Hinweis auf die besondere Schwierigkeit, die Tauglichkeit der gesetzgeberischen Prognose festzustellen.

---

[294] Vgl. ebd., 333 f.; auch BVerfGE 73, 40, 91 (Parteispenden).

[295] BVerfGE 50, 290, 332 (Mitbestimmung).

[296] Siehe oben 2. Kap. A. II.

[297] Sie unterscheiden sich allein durch die im vorliegenden Zusammenhang nicht relevante Geltungsdauer des betroffenen Gesetzes.

Diese "Fristenlösung" des Bundesverfassungsgerichts entspricht auf den ersten Blick in vollem Umfang der verfassungsmäßigen Aufgabenverteilung und dem verfassungsrechtlichen Anspruch wirklichkeitsorientierter und -gerechter Verfassungsauslegung. Dem aus der verfassungsmäßigen Funktionenzuweisung sich ergebenden Hinweis auf eine weitgehende "Entschließungsfreiheit" des Gesetzgebers, sich auch auf unsicheren Boden begeben zu dürfen, kann dabei zunächst die Widerlegung der (möglichen) Auffassung entnommen werden, daß der Gesetzgeber in solchen Fällen überhaupt nicht tätig werden darf[298]. Unter Berücksichtigung dessen kann aber weiter nur angenommen werden, daß das Bundesverfassungsgericht die befristete Zumutbarkeit von Mängeln der gesetzlichen Regelung als durch die Situation bedingt bzw. von dieser abhängig und daher notwendig erachtet. Andernfalls, so läßt sich vermuten, wäre der Gesetzgeber gerade wegen der besonderen Sachlage indirekt an seiner Normsetzungstätigkeit gehindert. Bestehen aber Ausstrahlungswirkungen im Verhältnis von sachlicher Notwendigkeit und verfassungsrechtlicher Möglichkeit, so wird danach zu fragen sein, ob die Rechtsprechung zu ungewissen Sachverhaltslagen diesen ausreichend Rechnung trägt und damit ihrem Anspruch gerecht wird.

a) Die besondere Qualität des Mangels an rationalen Prognosekriterien als Voraussetzung

Die Frage nach der aus verfassungsrechtlicher Sicht hinreichenden Berücksichtigung dieser Ausstrahlungswirkungen, um dem Zuordnungsverhältnis von Norm und Wirklichkeit zu genügen, muß bei dem tatsächlichen Charakter der Regelungssituation ansetzen. Das Bundesverfassungsgericht begründet die im Falle komplexer und unüberschaubarer Regelungssachverhalte gebotene Beschränkung seiner Kontrollintensität[299] nicht nur aus

---

[298] Dies wäre in der Tat mit *W. Berg*, Die verwaltungsrechtliche Entscheidung bei ungewissem Sachverhalt, 1980, S. 32, "utopisch. Der politische Auftrag des GG und die Aufgaben, die ein moderner Staat erfüllen muß, erzwingen Regeln, die etwa die Wirren der Vergangenheit (Art. 131 GG!) oder die Gestaltung der Zukunft zum Gegenstand haben. Der Komplexität und Interdependenz der meisten öffentlich-rechtlichen Sachverhalte von einigem Belang im modernen Gemeinwesen könnte der Normgeber nicht einmal entgehen, wenn er es wollte. Ebenso wenig wird der Staat auf Regeln für die technische Entwicklung oder für den Einsatz seiner Macht in Eilfällen verzichten können".

[299] Vgl. BVerfGE 45, 187, 237 (Lebenslänglich) m.w.N. Ausführlich dazu oben 2. Kap. A. II. und III.

der verfassungsmäßigen Funktionenzuweisung, sondern auch und gerade aus der besonderen Ungewißheit und Unsicherheit, durch die sich die in Rede stehende Regelungssituation auszeichnet. Der Verweis auf die schwierige Lage des Gesetzgebers dient als Argument für die besondere Zurückhaltung des mit der Kontrolle der Verfassungsmäßigkeit des Gesetzes beauftragten Bundesverfassungsgerichts[300].

Ihre Grundlage findet diese mittlerweile ständige Rechtsprechung in der als solche zutreffenden Erkenntnis, daß in jeglicher Prognoseentscheidung die Unsicherheit über ihr Eintreffen ihrem Wesen nach angelegt ist. In der "Ungewißheit über die Auswirkungen eines Gesetzes in einer ungewissen Zukunft"[301] "tritt der Grundtatbestand jeder Prognose zutage"[302]. "Da die Entwicklung sich nicht genau vorausberechnen läßt und aus den verschiedensten Gründen der erwartete Geschehensablauf eine unvorhergesehene Wendung nehmen kann"[303], müßten, so das Gericht, unvermeidbare Irrtümer über den Verlauf der tatsächlichen Entwicklung, müßte ein "gewisses zeitliches 'Nachhinken' der Gesetzgebung"[304] in Kauf genommen werden[305]. Die Ungewißheiten jenseits dieser Schwelle der praktischen Vernunft, so heißt es im "Kalkar-Beschluß", hätten ihre Ursache in den Grenzen des menschlichen Erkenntnisvermögens; "sie sind unentrinnbar und insofern als sozial-adäquate Lasten von allen Bürgern zu tragen"[306]. Dem Gesetzgeber könne nicht schon dann Willkür vorgeworfen und eine aufgrund einer Prognose ergriffene Maßnahme schon deshalb als verfassungswidrig angesehen werden, wenn seine Prognose durch die Entwicklung tatsächlich widerlegt wird[307].

Natürlich verlangt weder die Verfassung noch kann daher das Bundesverfassungsgericht vom Gesetzgeber Unmögliches verlangen[308]. Der legis-

---

[300] Oben 2. Kap., unter C., wurde bereits angedeutet, daß sich insofern von einer "neuen" Qualität des gesetzgeberischen Prognosespielraums sprechen ließe.

[301] BVerfGE 50, 290, 332 (Mitbestimmung).

[302] Ebd., 331.

[303] BVerfGE 30, 250, 263 (Absicherungsgesetz).

[304] BVerfGE 18, 315, 332 (Sterilmilch).

[305] Vgl. etwa auch BVerfGE 39, 210, 226 (Mühlenstrukturgesetz).

[306] BVerfGE 49, 89, 143.

[307] Vgl. etwa BVerfGE 25, 1, 12 f. (Mühlengesetz); 30, 250, 263 (Absicherungsgesetz).

[308] So auch *H. Schulze-Fielitz*, Theorie und Praxis parlamentarischer Gesetzgebung, 1988, S. 557.

lative Normentscheid trägt wegen seiner Zukunftsbezogenheit immer das Problem der Ungewißheit seiner realen Wirkung in sich. Der auch aus der Tatsache, daß sich während der (rechts)politischen Diskussion die Wirklichkeit wiederum verändert, folgende Zwang zur auf Vermutungen gegründeten Entscheidung bedeutet, daß diese stets mit dem Risiko der Unrichtigkeit behaftet ist[309]. Diesem Wesensmerkmal der legislativen Entscheidung wird durch die zumindest vorläufige Anerkennung der Rechtmäßigkeit der erlassenen Regelung Rechnung getragen. Die Möglichkeit der sich erweisenden "Unrichtigkeit" der ergriffenen Maßnahme wird konsequenterweise in Kauf genommen. Aus dieser besonderen Natur der zukunftsbezogenen normativen Entscheidung, die zu treffen die Verfassung allein dem Gesetzgeber vorbehalten hat, folgt die grundsätzliche Beschränkung der (nachträglichen) gerichtlichen Kontrolle, soll eine die Zukunft einbeziehende politische Entscheidung überhaupt möglich sein.

Allerdings gibt es unterschiedliche Grade der Ungewißheit und Unsicherheit in der Einschätzung zukünftiger Entwicklungen oder, positiv gewendet, der Wahrscheinlichkeit ihres Eintritts bzw. Nichteintritts. Das Bundesverfassungsgericht aber läßt in seiner Begründung für die Tolerierung an sich nicht mehr verfassungsmäßiger Rechtslagen innerhalb einer dem Gesetzgeber gewährten Anpassungsfrist jegliche Differenzierung nach dem Ausmaß der Prognose(un)sicherheit vermissen. Dabei verkennt es selbst nicht die Tatsache unterschiedlicher Unsicherheitsgrade einer Prognose, wenn es im "Mitbestimmungs-Urteil"[310] formuliert, daß die Unsicherheit einer Prognose "um so größer wird, je weiterreichend und komplexer die Zusammenhänge sind, auf die sie sich bezieht". Eine gesonderte Begründung des Gerichts dafür, daß es diese Feststellung nicht umsetzt, ist nicht ersichtlich. Vielmehr ist jedwede Dimension an Ungewißheit geeignet, die Eröffnung eines nur begrenzter Kontrolle zugänglichen Anpassungsspielraums des Gesetzgebers zu begründen, solange das Gericht nicht durch seine eigenen Tatsachenermittlungen imstande ist, die vom Gesetzgeber empfundene Komplexität und Unsicherheit der Fortentwicklung des Regelungsbereichs und damit seine Prognose zu widerlegen[311]. Es erstreckt

---

[309] Vgl. G. F. *Schuppert*, Die verfassungsgerichtliche Kontrolle der Auswärtigen Gewalt, 1973, S. 169.

[310] BVerfGE 50, 290, 331.

[311] Zur Kontrollintensität der Tatsachenannahmen des Gesetzgebers siehe oben 2. Kap., unter A. I.

insoweit seine Kontrollbefugnis lediglich auf das "Ob" des Vorliegens einer solchen Konstellation, nicht jedoch auf das "Wie", auf die "Qualität" der Unsicherheit und Ungewißheit[312].

Damit ist der die "Noch-Verfassungsmäßigkeit" der Rechtslage begründende, indifferente Verweis auf die Ungewißheit der Normentwicklung nicht nur in sich wenig überzeugend. Vielmehr ruft diese Undifferenziertheit Kritik auch unter der Perspektive des Rechtsstaats hervor. Die aufgezeigte Rechtsprechung läßt ausreichende und mögliche Konsequenzen aus der Erkenntnis vermissen, daß eine Entscheidung auf ungewisser Grundlage und damit auf Verdacht stets "*potentielles Unrecht*"[313] ist, und legt bei der Frage nach der Verfassungsmäßigkeit eines "unsicheren" Gesetzes erkennbar[314] den Schwerpunkt auf den Beginn der Normexistenz und vernachlässigt die Normentwicklung in der Zeit. Es wird selbst bei Regelungen hochgradig komplexer und unsicherer Sachverhalte in Kauf genommen, daß die Wirklichkeitsorientierung der Normenkontrollentscheidung, die die korrelative Zuordnung von Norm und Wirklichkeit in der Zeitdimension gewährleisten soll, mit zunehmender "Lebensdauer" der Norm schwindet. Der Weg einer nicht von vornherein untauglichen Norm in die Verfassungswidrigkeit wird dadurch in rechtsstaatlich bedenklicher Weise gestreckt.

Zudem verleitet diese Rechtsprechung den Gesetzgeber zu "vorschneller" Normsetzung oder sanktionsloser Untätigkeit[315], wenn er nur die besondere Komplexität der Sachlage für sich in Anspruch nehmen kann[316]. Es entsteht hier die Gefahr, daß der Gesetzgeber etwa unter politischem Druck ein Gesetz bereits im Blick auf die Pflicht zur Anpassung oder

---

[312] So ist etwa die Ungewißheit über die Entwicklung im Rundfunkbereich nach der Zulassung privater Veranstalter von anderer Qualität oder Dimension als die Unsicherheit über die Tauglichkeit zum Beispiel einer steuer-, wirtschafts- oder familienpolitischen Lenkungsmaßnahme. Liegen in beiden Fällen keine Rationalitätskriterien zur Eindämmung der Prognoseunsicherheit vor, so unterscheidet sich diese in den beiden Fällen doch durch ihre Qualität. Vereinfacht formuliert: Im ersten Fall ist es noch schwieriger als im zweiten Fall, Sachkriterien für eine rationale Prognose zu finden.

[313] *W. Berg*, Die verwaltungsrechtliche Entscheidung bei ungewissem Sachverhalt, 1980, S. 18, für die Verwaltungsentscheidung.

[314] Besonders in den "originären Nachbesserungsfällen", in denen eine anfänglich für verfassungskonform gehaltene Regelung trotz veränderter Umstände jedenfalls für eine bestimmte Zeit aufrechterhalten wird.

[315] Vgl. auch *R. Steinberg*, Der Staat 26 (1987), 161, 184 f.

[316] Vgl. auch *K. Hopt*, JZ 1972, 65, 70.

"Nachbesserung" erläßt oder ein bereits erlassenes Gesetz bestehen läßt, deren Verletzung überdies - wegen der befristeten Gewährung eines entsprechenden Spielraums - nur zurückhaltend festgestellt wird.

Die Gesetzgebung im Rechtsstaat muß jedoch auf Stetigkeit, auf Dauerhaftigkeit und Haltbarkeit bedacht sein; sie muß bemüht sein, den Umfang von Korrekturen so gering wie möglich zu halten, sie möglichst zu vermeiden[317], um die Bewahrung und Bewährung der Verläßlichkeit und der Friedensfunktion des Rechts in der Gesellschaft zu gewährleisten[318].

Diese Forderung an den rechtsstaatlichen Gesetzgeber vermeidet genau die Folgen, die sich aus der Einschränkung der gerichtlichen Verwerfungsmöglichkeit einer Norm wegen der Unsicherheit ihrer Entwicklung hin zur Verfassungskonformität ergeben: Zweifel an der Geeignetheit und / oder Verhältnismäßigkeit der gesetzgeberischen Maßnahme in der Zukunft gehen hier zu Lasten der betroffenen Grundrechtsträger. Dies verkennt auch das Bundesverfassungsgericht nicht. Auch ihm

"erscheint es bedenklich, daß auch dann, wenn schwere Grundrechtseingriffe in Frage stehen, Unklarheiten in der Bewertung von Tatsachen zu Lasten des Grundrechtsträgers gehen sollen"[319][320].

Diesen rechtsstaatlichen Bedenken kann unter Anknüpfung an den Grad der den Gesetzgeber begleitenden Prognose(un)sicherheit begegnet werden: Die Bestimmung des Umfangs eines gesetzgeberischen Prognosespielraums im Verhältnis zur kontrollierenden Verfassungsgerichtsbarkeit nach der Grundrechtsrelevanz und der Eigenart des in Rede stehenden Regelungsbereichs muß im Hinblick auf die Bedingungen des Rechtsstaats unter prononcierter Berücksichtigung des Grades der Unsicherheit und Ungewißheit, der die Frage nach der dauerhaften Tauglichkeit und damit der Verfassungsmäßigkeit kennzeichnet, erfolgen.

Das Ausmaß der Prognose(un)sicherheit ist dabei kein zusätzliches Kriterium bei der Ermittlung des verfassungsgerichtlichen Kontrollumfangs,

---

[317] Vgl. auch *H.-J. Vogel*, JZ 1979, 321, 324.

[318] *K. Hopt*, JZ 1972, 65, 70 f., weist in diesem Zusammenhang auch auf die enormen volkswirtschaftlichen Kosten einer ständigen Anpassungsgesetzgebung hin.

[319] BVerfGE 45, 187, 238 (Lebenslänglich).

[320] Allerdings verweigert es das Bundesverfassungsgericht auch, einen gesetzgeberischen Anpassungsspielraum zu gewähren, wenn Rechtsgüter von höchster Bedeutung, wie etwa das menschliche Leben, auf dem Spiele stehen. Vgl. BVerfGE 39, 1, 60 (Fristenlösung).

sondern ist *ein* (in der Rechtsprechung bislang nicht hinreichend differenziert berücksichtigter) Aspekt sowohl der Grundrechtsrelevanz als auch der Eigenart des Regelungsbereichs. Insbesondere meint der hier angesprochene Aspekt nicht dasselbe wie der die Kontrollintensität mitbeeinflussende Rationalitätsgrad der legislativen Entscheidung. Bezeichnet dieser die Quantität rationaler Kriterien in der Sache, anhand derer die "Richtigkeit" einer zukunftsbezogenen Entscheidung gemessen werden kann, so bezieht sich der Unsicherheitsgrad auf die *Qualität* des Mangels an rationalen Sachkriterien. Ihm geht es nicht um die Quantifizierbarkeit der Zusammenhänge als Gütesiegel einer Prognose[321], sondern um die Qualifizierbarkeit der fehlenden Quantifizierbarkeit.

Die Forderung nach seiner Beachtung fügt sich so in das funktionellrechtlich begründete, abgestufte Kontrollsystem des Bundesverfassungsgerichts ein und entspricht seinem Anspruch: Je größer die Dimension einer bestehenden Unsicherheit über die Entwicklung normrelevanter Gegebenheiten und je grundrechtssensibler der Regelungsbereich ist, desto strengere Maßstäbe sind an die rationale Fundierung einer Prognoseentscheidung anzulegen.

Dies kann von Verfassungs wegen zu einer Unzulässigkeit endgültiger Normsetzung führen: Weist die Prognoseunsicherheit in einem Regelungsbereich eine solche Dimension auf, daß von vornherein ernsthaft mit der Notwendigkeit der Anpassung oder "Nachbesserung" einer Normsetzung gerechnet werden muß, so kann allein das Bestehen dieser verfassungsrechtlichen Pflicht die Verfassungskonformität einer gesetzlichen Grundrechtsbegrenzung nicht hinreichend legitimieren. Vielmehr ist an Stelle der Pflicht zur "Nachbesserung" eine *Pflicht zur vorherigen Erprobung* des (beabsichtigten) Regelungswerkes dann zu verlangen, wenn und soweit[322] die *Frage, ob* eine Pflicht zum "Nachfassen" in Zukunft entstehen wird, höchst wahrscheinlich *nicht* auftritt, weil bereits ex ante angesichts der hochgradigen Ungewißheit über die tatsächliche Entwicklung von der Notwendigkeit einer späteren Anpassung der (erlassenen) Regelung ernsthaft ausgegan-

---

[321] Vgl. *G. F. Schuppert*, Die verfassungsgerichtliche Kontrolle der Auswärtigen Gewalt, 1973, S. 179.

[322] Dies gilt demnach nicht für im voraus erkennbare Härtefälle. Ihnen ist nicht durch "Vorsorge- und Auffangregelungen für das Testende" zu begegnen (so *M. Kloepfer*, VVDStRL 40 [1982], 63, 95), sondern insoweit ist der Weg der gesetzgeberischen Erprobung gar nicht erst eröffnet.

gen werden muß[323]. Es muß dem Gesetzgeber im Rechtsstaat um die Vermeidung normativer Anpassungen gehen[324]; steht ihre Notwendigkeit aber gleichsam von vornherein fest, so muß ihm ein endgültiges, grundrechtsbegrenzendes Legisferieren allein unter Verweis auf die Möglichkeit der Korrektur versagt werden[325].

Als funktionales Äquivalent kommt der Erprobungspflicht des Gesetzgebers dabei die gleiche rechtspolitische Funktion im Prozeß der Fortbildung des Rechts zu wie einem verfassungsgerichtlichen Hinweis auf die "Nachbesserungspflicht". Signalisiert dieser die Notwendigkeit der ständigen Anpassung des Rechts an politische, soziale, kulturelle, wirtschaftliche und technische Entwicklungen und neue wissenschaftliche Erkenntnisse[326], so ist die Verpflichtung zur Erprobung unmittelbare Umsetzung und "Ve-

---

[323] Eine Erprobungspflicht in einer solchen Situation konstatieren auch ausdrücklich (die Zulassung privater Rundfunkveranstalter betreffend) *W. Rudolf/W. Meng*, Rechtliche Konsequenzen der Entwicklung auf dem Gebiet der Breitbandkommunikation für die Kirchen, 1978, S. 55, 61 f. - Auch *F. Ossenbühl*, in: FG für BVerfG, Bd. 1, 1976, S. 458, 513, und in: Verfassungsrechtliche Probleme der Kooperativen Schule, Sonderdruck Bildung Real 21 (1977), S. 59 ff., folgert aus der hochgradigen Ungewißheit über die Regelungsauswirkungen den Zwang zum vorherigen Versuch (hier: zum Schulversuch; insoweit zurückhaltender *M. Kloepfer*, VVDStRL 40 [1982], 63, 93). Nach ihm ist allerdings der Zeitdruck, unter dem die legislative Entscheidung steht, ein zusätzliches Kriterium für die Annahme einer gesetzgeberischen Pflicht zur Erprobung. Erst wenn der alternative Erlaß einer endgültige Regelung zeitlichen Aufschub nicht duldet, es also nicht um eine unaufschiebbare Entscheidung handelt, sei in dieser Situation ein experimentelles Vorgehen geboten. Der Hinweis auf die geringe Rationalisierbarkeit bzw. die hohe politische Manipulierbarkeit mag indes unter rechtsstaatlichem Aspekt die Zweifelhaftigkeit dieses Kriteriums verdeutlichen. Überdies kann die hinter dieser Forderung stehende Auffassung nicht überzeugen, daß jedenfalls in einer objektiv durch Zeitdruck gekennzeichneten Situation in der Alternative zwischen dem vorläufigen Verzicht auf eine endgültige an Stelle einer erprobenden Rechtssetzung und dem Wagnis einer nicht ganz sachgerechten oder unbeständigen Lösung die Entscheidung für die letztere Möglichkeit als das geringere Übel erscheint (so aber auch *D. Pirson*, in: FS für H. Jahrreiß, 1974, S. 181, 183). Unentschieden ist insoweit die Rechtsprechung des Bundesverfassungsgerichts, vgl. BVerfGE 37, 104, 120 (Malus-Regelung), einerseits und BVerfGE 71, 364, 392 f., 398 (Versorgungsausgleich III), andererseits.

[324] *H.-J. Mertens*, RdA 1975, 89, 96, spricht von der "Pflicht des Gesetzgebers zur Eindämmung des Risikos", daß das vorgestellte Regelungswerk scheitert.

[325] Hier können auch gedankliche Parallelen zur Untersuchungsmaxime im öffentlichen (Prozeß-)Recht gezogen werden. Diese steht im Dienste der "Wahrheit" und "Gerechtigkeit" von Rechtsentscheidungen. Vgl. dazu *W. Berg*, Die verwaltungsrechtliche Entscheidung bei ungewissem Sachverhalt, 1980, S. 36 ff., 245 ff.

[326] So *R. Steinberg*, Der Staat 26 (1987), 161, 183, unter Hinweis auf *O. Bachof* (1977), in: ders., Wege zum Rechtsstaat, hrsg. in Verbindung mit ihm von L. Fröhler u.a., 1979, S. 344, 355.

hikel" der Fortentwicklung des Rechts als der vorrangigen Aufgabe des Gesetzgebers, und zwar so wie es die Dynamik der Entwicklung in den genannten Bereichen erfordert.

Im Bereich der "Grundrechtspolitik" stellt sich die Forderung nach einer Erprobungspflicht als sowohl methodische wie auch verfassungsrechtliche Konsequenz aus der Lehre *W. Schmitt Glaesers* von der verfassungsrechtlichen "Prüfungspflicht"[327] des Gesetzgebers dar. Im Falle der Ungewißheit, aber ernsthaft in Erwägung zu ziehenden Chance einer Grundrechtsverwirklichung ist der Gesetzgeber eben via Erprobung verpflichtet zu prüfen, ob und wie die grundgesetzliche Freiheitsgewährleistung zur (vollen oder größeren) Entfaltung gebracht werden kann.

Zwar folgt aus dem Postulat rechtsstaatlich-rationaler Gesetzgebung keine verfassungsrechtliche Pflicht zu einer optimalen Methodik der Gesetzgebung[328], doch führen die rechtsstaatlichen Ansprüche an die Normordnung, wie Sach- und Wirklichkeitsgerechtigkeit, besonders bei grundrechtstangierenden Prognoseentscheidungen zur Verpflichtung des Gesetzgebers zu möglichst rationaler Vorbereitungsarbeit[329]. An diese sind, wie dargelegt, um so höhere Anforderungen zu stellen, je empfindlicher eine gesetzliche Maßnahme in Grundrechtspositionen eingreift und je "ungewisser" die tatsächliche Entwicklung des Regelungssachverhalts ist. Der aus dem grundrechtlichen Handlungs- und Schutzauftrag der Gesetzgebung abgeleiteten nachträglichen Pflicht zur "Nachbesserung" oder Anpassung korrespondiert daher eine vorherige *Pflicht zum Gesetzesexperiment* als der effektivsten Methode zur Vorbereitung von Gesetzen bei hoher grundrechtlicher Relevanz und hochgradiger Unsicherheit über die verfassungsrechtlich gebotene Tauglichkeit der Regelung[330].

---

[327] Vgl. *W. Schmitt Glaeser*, Kabelkommunikation und Verfassung, 1979, S. 160 ff., 174 f., 204. Dazu auch schon oben I. 3.

[328] Vgl. dazu oben I. 5. b. a.E.

[329] Siehe dazu näher oben 4. Kap. B. IV. 3. a.; 5. Kap. B. I. 5. a.

[330] Auch nach *M. Kloepfer*, VVDStRL 40 (1982), 63, 93, können "Gesetzgebungsexperimente" geboten sein. Wann dies der Fall sein soll, wird indes nicht hinreichend verdeutlicht. Zutreffend allerdings stellt *M. Kloepfer*, a.a.O., fest, daß eine gesetzgeberische Pflicht zum Gesetzesexperiment nicht unbedingt einen Anspruch des Bürgers auf seine Durchführung bedeutet. Ebenso - für Schulversuche - *I. Richter*, in: FS für H. Becker, 1979, S. 63, 81 f. - Zumindest das Recht des Gesetzgebers zum Erlaß eines Experimentiergesetzes betont ausdrücklich *R. Stettner*, Rundfunkstruktur im Wandel, 1988, S. 21, für den Fall, daß die gesetzgeberischen Entscheidungen "unter einem solchen Maß an Unsicherheit getroffen worden sind, daß ein

b) Die Sachgerechtigkeit und Verantwortbarkeit der Verhältnismäßigkeitsprüfung als Folge

Dabei wird die rechtsstaats-, insbesondere grundrechtssichernde Wirkung einer Verpflichtung des legisferierungswilligen Staates zum legislativen Experiment namentlich aktuell im Vorgang der verhältnismäßigen Abwägung zwischen dem Gewicht des Regelungsziels und der Wahrscheinlichkeit seines Eintritts einerseits und der Wertigkeit und Stärke betroffener Grundrechte andererseits:

Insbesondere im "Mitbestimmungs-Urteil"[331] wird deutlich, daß das Bundesverfassungsgericht selbst im Falle anerkannter, hochgradiger Ungewißheit ein Urteil über die Vertretbarkeit der anfänglichen Tauglichkeits- und Verhältnismäßigkeitsprognose des Gesetzgebers fällt. Obwohl die Prognosen des Gerichts nachgewiesenermaßen eine höhere "Treffsicherheit" aufweisen als die des Gesetzgebers[332], kann der Mangel an Rationalität der Begründung, die Nähe zur bloßen Dezision in diesen Fällen nicht übersehen werden. Der Schluß von der richtigen und vollständigen Ermittlung des dem Gesetzgeber zugänglichen Tatsachenmaterials auf die inhaltliche Vertretbarkeit seiner Prognoseentscheidung verliert an Überzeugungskraft[333], wenn der Sachverhalt auch und gerade nach Auffassung des Gerichts äußerst komplex, unüberschaubar und in einer überdies hochgradig ungewissen Entwicklung begriffen ist[334].

'normales', auf Dauer gerichtetes Gesetz nicht legiferiert werden konnte". In diesem Sinne auch *W. Hoffmann-Riem*, ZRP 1980, 31, 32. Ebenfalls, wenn auch weniger deutlich, *R. Ricker*, AfP 1980, 140, 143; *ders.*, NJW 1981, 849, 852, führt allerdings auch eine staatliche Schutzpflicht zur Begründung der Rechtmäßigkeit eines vorgezogenen Versuchsgesetzes an.

[331] Vgl. BVerfGE 50, 290, 331 ff.

[332] Vgl. *K. J. Philippi*, Tatsachenfeststellungen des Bundesverfassungsgerichts, 1971, S. 167.

[333] Zu Recht bemerkt *H.-J. Mertens*, RdA 1975, 89, 91, daß der Weg einer selbstsicheren Darlegung subjektiver Rechtsüberzeugungen als objektive Behauptung über die Rechtslage bei schwierigen Verfassungsfragen unangemessen erscheint und noch weniger die Methode befriedigt, beides zu vermischen.

[334] Nach *H. H. Rupp*, Grundgesetz und "Wirtschaftsverfassung", 1974, S. 22 f., ging es bei der paritätischen Mitbestimmung "nicht etwa um den bloßen Ausbau, die Weiterentwicklung oder die Fortschreibung sozialstaatlicher Ordnungselemente, sondern um ein prinzipielles aliud, um einen grundsätzlichen Neuansatz in ordnungstheoretischer, verfassungsrechtlicher, gesellschaftspolitischer und wirtschaftsrechtlicher Sicht, von dessen Funktionieren - weil bislang nirgends auf der Welt unter vergleichbaren Bedingungskonstellationen erprobt - noch keinerlei verläßliche Analysen und Prognosen gewagt werden können". Für *P. Lerche*, in: FS für H.-P. Ipsen, 1977, S. 437, 438, 443, 445, 447, dürfte das Mitbestimmungsgesetz "ein klassi-

Dies wird besonders deutlich, wenn das Gericht die Verwerfung einer Regelung bei sich erweisendem Nichteintritt der gesetzgeberischen Prognose mit nachdrücklichem Hinweis auf den Versuchscharakter der Regelung vermeidet[335]. Der Sache nach wird hier das auf der Grundlage besonders qualifizierter Unsicherheit erlassene und damit notwendigerweise empirisch nur dürftig abgesicherte Gesetz als experimentelles oder erprobendes Vorgehen des Gesetzgebers angesehen und gewertet[336]. Diese Zuerkennung eines besonderen Experimentcharakters des Gesetzes löst dann - sollte sich die anfängliche Prognose als Irrtum herausstellen - die Rechtsfolge der Gewährung einer Anpassungsfrist aus, innerhalb derer trotz Mängel der Regelung kein verfassungsgerichtliches Eingreifen erfolgt.

Dieser rechtsstaatlich fragwürdigen Ausdehnung der These vom Experimentcharakter jeder Gesetzgebung stellt das Gesetzesexperiment im Falle hochgradiger Unsicherheit einen Gewinn an Rationalität gegenüber. Denn die Verpflichtung zur (befristeten) Erprobung einer gesetzgeberischen Reformvorstellung eröffnet die Möglichkeit einer sachgerechten und verantwortungsvollen Abwägung der widerstreitenden Gemeinwohlinteressen und Grundrechtspositionen und erscheint damit als Ausfluß des verfassungsrechtlichen Übermaßverbots. Sie vermeidet die im Rahmen der Verhältnismäßigkeitsprüfung eines (endgültig gedachten) Gesetzes erforderli-

---

scher Anschauungsfall dafür werden, wie sehr der Rationalitätsaspekt unterschätzt wird"; das Gesetzeswerk sei dadurch charakterisiert, "daß es keine auch nur annähernd verläßliche Prognose über die zu erwartenden tatsächlichen Auswirkungen im Konkreten und Realen im Rükken hat" und sich überdies "auch eine elementare Unsicherheit darüber ausbreitet, was das Gesetz *normativ* besagt"; damit werde "ein schwerwiegender Mangel an Rationalität offenkundig". Zur Bilanz der offenen Fragen im Vorfeld der Mitbestimmungsgesetzgebung vgl. auch *H.-J. Mertens*, RdA 1975, 89, 96 ff. - In diesem Umstand mag auch die Begründung für den bloßen Hinweis des Bundesverfassungsgerichts liegen, daß der Mitbestimmungsgesetzgeber zur Korrektur verpflichtet ist, sollten sich die prognostizierten Auswirkungen des Gesetzes als Irrtum erweisen (vgl. BVerfGE 50, 290, 335 [Mitbestimmung]). Unausgesprochen wird hier die Entstehung des Nachbesserungs- oder Anpassungsfalles als nicht relevant und damit eine entsprechende Fristsetzung als nicht erforderlich angesehen.

[335] Etwa BVerfGE 16, 147, 185 f., 188 (Werkfernverkehr); 33, 171, 190 (Honorarstaffeln/Kassenärzte); 57, 295, 324 (3. Fernseh-Entscheidung); 74, 297, 339 (5. Fernseh-Entscheidung). Siehe näher dazu oben 2. Kap., unter A. II.

[336] Siehe auch schon oben 2. Kap., unter A. II., zum "Mitbestimungs-Urteil". Auch *R. Scholz*, Paritätische Mitbestimmung und Grundgesetz, 1974, S. 33, spricht insoweit von einer "experimentellen Ordnungsentscheidung" des Mitbestimmungsgesetzgebers. Dem Gesetzgeber sei hier im Hinblick auf seine, vor allem für ordnungspolitisch experimentierende Gesetzgebungen wichtige, nachträgliche "Restitutionspflicht" ein besonderer Entwicklungsspielraum zuzugestehen.

che, in einer Situation der Unüberschaubarkeit wesensgemäß nur eingeschränkt rationale Bewertung des Gewichts des Regelungsziels und der
Wahrscheinlichkeit seines Eintritts. Vielmehr eröffnet das dann zu verlan-
gende Experimentier- oder Erprobungsgesetz als der spezifische Ausdruck
der methodisch experimentellen Vorgehensweise des Gesetzgebers die
Möglichkeit der verfassungsrechtlich verantwortbaren Prüfung, ob die
Identifizierung unerwünschter Nebenfolgen einer Regelungsanordnung
und damit die Erhöhung der gesetzgeberischen Prognosesicherheit einen
(befristeten) Grundrechtseingriff legitimiert. Ungeachtet der Experimentfolgen[337] wird das ungewollte "Hineinschlittern" in unabschätzbare und
grundrechtswidrige[338] Sach- und Rechtslagen, denen dann nur durch die
ständige Anpassung abgeholfen werden kann, verhindert, indem der ernsthaften Möglichkeit ihres Entstehens von vornherein Rechnung getragen
wird.

Namentlich im Bereich der gesetzlichen Grundrechtsausgestaltung führt
in diesen Fällen eine "experimentelle Grundrechtspolitik"[339] zu einer Ent-
scheidungsrationalisierung[340] mit der Folge einer erweiterten Grundrechtsverwirklichung[341].

Der Gedanke der vorherigen Gesetzeserprobung findet sich in der bundesverfassungsgerichtlichen Rechtsprechung lediglich als obiter dictum an
vereinzelten Stellen. So wird eine Übergangsregelung zur Erprobung neuer
Verfahrenstechniken zur sachgerechten Auswahl von Studienbewerbern
erwogen[342] oder eine Ergänzungsregelung zur Abwehr nachträglich eintre-
tender grundrechtswidriger Auswirkungen des Versorgungsausgleichs ge-

---

[337] Zu diesen unten IV. 1. b.

[338] Eine Normsetzung, die in Unkenntnis der sozialen Strukturen und Zusammenhänge des
Regelungsbereichs erfolgt, kann Effekte auslösen, die zum genauen Gegenteil der von der
Norm beabsichtigten Wirkung führen. So zu Recht, im Rahmen der Mitbestimmungsdebatte,
H. H. Rupp, Grundgesetz und "Wirtschaftsverfassung", 1974, S. 20.

[339] *I. Richter*, in: W. Hassemer u.a. (Hrsg.), Grundrechte und soziale Wirklichkeit, 1982, S.
77, 96.

[340] Das schließt auch - in den Grenzen des Mißbrauchs - die erleichterte Möglichkeit zur
politischen Konsensbildung ein; vgl. ebd.; *H. Schulze-Fielitz*, Theorie und Praxis parlamentarischer Gesetzgebung, 1988, S. 422.

[341] Vgl. *I. Richter*, in: W. Hassemer u.a. (Hrsg.), Grundrechte und soziale Wirklichkeit,
1982, S. 77, 96: "Experimente zur Grundrechtsverwirklichung".

[342] Vgl. BVerfGE 43, 291, 325 (Parkstudium).

fordert[343]. Im Beschluß zur Berechnung der Hochschulkapazitäten schließlich heißt es, daß der Gesetzgeber seiner Verantwortung auch dann gerecht
werde, "wenn er dafür Sorge trägt, daß die jeweils gebotenen Maßnahmen
flexibel in einem zielgerichteten Entwicklungsprozeß unter Auswertung gewonnener Erfahrung getroffen werden, statt sie von vornherein bis in die
Einzelheiten normativ festzulegen"[344].

Die Pflicht zur vorherigen Gesetzeserprobung in höchst unsicheren
Sachverhaltslagen verwirklicht damit die rechtsstaatlichen Postulate der
Vorhersehbarkeit, Berechenbarkeit und Rationalität des Rechts und entspricht dem Aufruf zu bewußter, aktiver Gestaltung des Seins an Stelle
bloß reaktiver Anpassung[345].

2. Die qualifizierte Ungewißheit
über die Verfassungs(non)konformität jeder Regelungsvorstellung
und die Ergebnisoffenheit des Experiments

Damit ist die besonders qualifizierte Ungewißheit über die Regelungssituation verfassungsrechtliche Voraussetzung für die Zulässigkeit des legislativen Experiments. Ist dem normierungswilligen Gesetzgeber eine auch
nur annähernd rationale Prognose über die Regelungswirkungen nicht
möglich, da erstens keine Rationalitätskriterien in der Sache zur Verfügung stehen und zweitens im Zeitpunkt des intendierten Normerlasses eine
besondere Unmöglichkeit gegeben ist, diese zu gewinnen, so ist er zur Prognose*entwicklung* gezwungen. Ihr dient das Gesetzesexperiment.

Ob die Ungewißheit einer Normprognose eine solche Dimension annimmt, daß vom Gesetzgeber an Stelle einer direkt-dezisionistischen
Normsetzung die vorherige Prognoseentwicklung im Wege des legislativen
Experiments gefordert werden muß, unterliegt dabei ebenso der verfassungsgerichtlichen Kontrolle wie die Frage, ob eine Sachverhaltslage tatsächlich unsicher ist.

Allerdings taucht hier das Problem auf, einen justitiablen Maßstab zu
finden. Dabei dürfen freilich die Anforderungen nicht überzogen werden.

---

[343] Vgl. BVerfGE 53, 257, 312 f. (Versorgungsausgleich I).

[344] BVerfGE 54, 173, 195 (Kapazitätsberechnung).

[345] Vgl. dazu oben bes. 4. Kap. B. I. und IV. Inkurs.

Ihre Festsetzung darf nicht übersehen, daß jede Prognoseentscheidung eine
Entscheidung in die ungewisse Zukunft ist. Sie muß die sachbereichsspezifische Einschätzungsprärogative des Gesetzgebers und den Rationalitätsgrad, die Wandlungsgeschwindigkeit des zu regelnden Sachverhalts berücksichtigen. Schließlich würde eine zu strenge verfassungsrechtliche Beurteilung zu einer Lähmung der Gesetzgebungstätigkeit führen, da diese dann
einem unabschätzbaren, stets vom "Damoklesschwert" der Verfassungswidrigkeit bedrohten Risiko ausgesetzt wäre[346]. Es kann sich daher bei der verfassungsrechtlich begründeten Pflicht des Gesetzgebers zum Gesetzesexperiment nur um (Ausnahme-)Fälle handeln, in denen sich nach vernünftiger
Einschätzung mit an Sicherheit grenzender Wahrscheinlichkeit das Verhältnis von Norm und Wirklichkeit in unabsehbarer Weise anders entwik-
keln wird, als es in einer endgültigen Prognoseentscheidung angenommen
würde.

Die Schwierigkeit der Justitiabilität einer besonders qualifizierten Ungewißheit als Voraussetzung für das Gesetzesexperiment läßt sich indes ein-
schränken. Denn verfassungsdogmatisch gewendet bedeutet diese nichts
anderes als die hochgradige Unsicherheit über die Tauglichkeit jeglicher,
endgültig gedachten Regelungsmöglichkeit. Steht die Durchführung des
Gesetzesexperiments im Dienste der Prognoseentwicklung durch die
Sammlung von Erfahrungen, so setzt das ihre Möglichkeit voraus, d.h. es
darf nicht eine Prognose irgendeines Inhalts bereits rationalisierbar sein.
Die verfassungsrechtliche Zulässigkeit des Erlasses eines Experimentier-
oder Erprobungsgesetzes hat demnach zur Voraussetzung, daß nicht bereits nachvollziehbar feststeht bzw. festgestellt werden kann, daß sein Regelungsinhalt geeignet oder ungeeignet ist, das geringsteinschneidende
Mittel darstellt oder nicht, im engeren Sinne verhältnismäßig oder unverhältnismäßig ist oder gegen das Willkürverbot verstößt oder nicht. Die besondere Dimension der Ungewißheit und Unsicherheit über die (Fortentwicklung der) Gegebenheiten des Regelungssachverhalts wird verfassungsrechtlich relevant in der *hochgradigen Ungewißheit über die Verfassungs-
(non)konformität jeder vorgestellten Regelungsmöglichkeit*[347][348].

---

[346] Zur Formulierung vgl. *R. Stettner*, DVBl. 1982, 1123, 1125.

[347] Ähnlich *W. Hoffmann-Riem*, ZRP 1980, 31, 32.

[348] *M. Kloepfer*, VVDStRL 40 (1982), 63, 94, ist zuzustimmen, wenn er Gesetzesexperimen-
te "ausschließlich zur Erprobung der Gesetzesakzeptanz" für nicht unproblematisch hält, "weil
sie potentielle Rechtsbrüche zu Bestandteilen der Versuchsanordnug machen und damit den

Sie wird um so eher anzunehmen sein, je höher die Wertigkeit und Stärke betroffener Grundrechte einzustufen sind, also je grundrechtssensibler der Regelungsbereich ist. Die Eröffnung eines *Prognoseprognose*spielraums kommt daher um so eher in Betracht, je enger der (gedachte) *Prognose*spielraum im Falle einer direkten Normsetzung wäre. Es muß, wenn überhaupt, dem regelungswilligen Gesetzgeber gerade dort ausreichender Spielraum zur Entwicklung und Absicherung einer "endgültigen" Prognoseentscheidung belassen werden, wo er im Hinblick auf die Eigenart und die Grundrechtsrelevanz des Sachbereichs bei (gedachter) direkter Rechtssetzung enger verfassungsrechtlicher Bindung und -gerichtlicher Kontrolle unterliegen würde. Denn die Prognoseentwicklung im Wege des legislativen Experiments dient gerade der Beantwortung der Frage nach der Rechtfertigung grundrechtstangierender gesetzlicher Maßnahmen[349]. Umgekehrt wird eine Erprobungsgesetzgebung kaum in Regelungsbereichen in Betracht kommen, in denen dem Gesetzgeber in Ermangelung verfassungsrechtlicher Maßstäbe - wie etwa im Bereich der Außenpolitik - ein weiter Prognosespielraum zusteht.

Die verfassungsrechtliche Voraussetzung der Ungewißheit über die Verfassungs(non)konformität deckt sich mit dem für Experimente methodentypischen Merkmal der Ergebnisoffenheit[350]. Die Methode des Experiments dient der Überprüfung hypothetischer Bedingungsaussagen anhand der Erfahrung. Wären diese bereits hinreichend gesichert, so entfiele das explicandum, das Experiment würde mangels Erklärungswert sinnlos. Dem Experiment wohnt demnach die Ungewißheit oder Offenheit seines Ausgangs per definitionem inne[351].

Verlust gesetzgeberischer Verbindlichkeit in Kauf nehmen. Sie dürfen jedenfalls nicht zu funktionsverschiebenden, quasi-plebiszitären Annahmeverfahren von Gesetzen führen".

[349] In diesem Sinne andeutungsweise auch *F. Ossenbühl*, Verfassungsrechtliche Probleme der Kooperativen Schule, Sonderdruck Bildung Real 21 (1977), S. 63; *W. Hoffmann-Riem*, ZRP 1980, 31, 32; *I. Richter*, in: W. Hassemer u.a. (Hrsg.), Grundrechte und soziale Wirklichkeit, 1982, S. 77, 91 f.; *W. Schmitt Glaeser*, ZUM 1985, 523, 525 f.

[350] Insbesondere hat das Kriterium der Ergebnisoffenheit nichts zu tun mit der Frage nach der (Ir-)Reversibilität experimenteller Entscheidungen. Anders *M. Stock*, Zur Theorie des Koordinationsrundfunks, 1981, S. 69, 142; *M. Kloepfer*, VVDStRL 40 (1982), 63, 95.

[351] Zur Methode des Experiments vgl. oben 4. Kap. A. II., B. III. - Für das Gesetzesexperiment fordert auch *M. Kloepfer*, VVDStRL 40 (1982), 63, 94 f., ausdrücklich die Ergebnisoffenheit. Vgl. im übrigen auch *W. Hugger*, Gesetze - Ihre Vorbereitung, Abfassung und Prüfung, 1983, S. 326. Zumindest mißverständlich *H. Schulze-Fielitz*, Theorie und Praxis parlamentari-

Damit wird die Ergebnisoffenheit des legislativen Experiments als Ausdruck der besonderen Ungewißheit über die verfassungskonforme Ausgestaltung einer beabsichtigten Kodifizierung zum Einfallstor für die in der
Sache an ein Experimentier- oder Erprobungsgesetz anzulegenden verfassungsrechtlichen Maßstäbe. Gerade über den Gesichtspunkt der Ungewißheit unterliegt der sachliche Regelungsinhalt, die *Prognose*prognose des
Gesetzesexperiments der verfassungsrechtlichen Bindung und Würdigung.
Gegenstand der umfassenden verfassungsgerichtlichen Kontrolle der tatsächlichen Sachverhaltslage wird hier die Frage nach der tatsächlich gegebenen, besonderen Ungewißheit und Unsicherheit über die Verfassungs-
(non)konformität denkbarer Regelungsmöglichkeiten.

Hier findet die Zweispurigkeit einer verfassungsrechtlichen Würdigung
und -gerichtlichen Kontrolle ihren ersten Ansatzpunkt. Ihr Inhalt hat sich
insoweit allein auf die Prüfung zu erstrecken, ob die einem Experimentier-
oder Erprobungsgesetz zugrundeliegende Regelungsvorstellung von vornherein offensichtlich verfassungswidrig oder verfassungsmäßig ist. Ist eines
von beidem der Fall, so ist der Erlaß eines Gesetzes aus Experimentiergründen unzulässig. In letzterem Fall bleibt freilich die Befugnis des normierungswilligen Gesetzgebers zur endgültigen, zum Zwecke der Erfolgskontrolle zeitlich befristeten Rechtssetzung unberührt[352].

Der Bayerische Verfassungsgerichtshof hat dies in seinem Urteil vom 21.
November 1986 zur Verfassungsmäßigkeit des Bayerischen Medienerpro-
bungs- und -entwicklungsgesetzes besonders anschaulich "auf den Punkt"
gebracht, indem er formulierte, "daß der Gesetzgeber sich auch in einem
Erprobungsgesetz keine 'Spielwiese' für verfassungswidrige Experimente
schaffen darf"[353]. Neben dem Regelungsziel[354] darf die Regelungstauglich-
keit den Rahmen der je spezifischen verfassungsnormativen Vorgaben
nicht sprengen[355]. Im Hinblick auf die materiellen, rechtsstaatlichen Postulate, wie etwa die Geeignetheits- und Erforderlichkeitsprinzipien, muß die

---

scher Gesetzgebung, 1988, S. 557, der die Ergebnisoffenheit nicht als verfassungsrechtlich geboten, sondern nur als sachlich zweckmäßig ansieht.

[352] Zum Unterschied zwischen dem "normalen" und dem "experimentellen" Zeitgesetz siehe Einleitung B. I.

[353] BayVBl. 1987, 77, 110, 110.

[354] *M. Kloepfer*, VVDStRL 40 (1982), 63, 94, spricht insoweit von den Voraussetzungen der
"grundsätzlichen Legitimität und Testbarkeit des Testziels".

[355] Zur Einbindung des Experimentiergesetzes in die Verfassungsordnung vgl. oben B. I. 1.

Verfassungskonformität der experimentellen Norm zwar unsicher, aber möglich sein[356]. Allein darauf muß hier die verfassungsgerichtliche Kontrolltätigkeit gerichtet sein. Sie verhindert damit den Mißbrauch der experimentellen Gesetzgebung etwa aus rein politisch-taktischen Beweggründen[357].

Mit der Forderung nach der Ergebnisoffenheit als der weichenstellenden verfassungsrechtlichen Voraussetzung kommen damit die *Pflicht* und das *Recht* zum Gesetzesexperiment zur Deckung.

IV. Konturen eines gesetzgeberischen "Prognoseprognosespielraums"

Mit der verfassungsrechtlichen Voraussetzung der tatsächlichen Ergebnisoffenheit für die Zulässigkeit des legislativen Experiments wird in einem ersten Teil der an das Gesetzesexperiment zu richtenden, spezifischen Verfassungsrechtsfrage entsprochen. Denn diese stellt sich, wie auch der Bayerische Verfassungsgerichtshof in der eben genannten Entscheidung betont[358], in modifizierter, dem Prüfungsgegenstand entsprechender Form: Sie lautet nicht dahingehend, ob die Regelung in der vorgesehenen Weise in endgültiger Form einer verfassungsrechtlichen Prüfung standhält, sondern allein, ob der Gesetzgeber auf der Grundlage der Erprobungsregelung Erfahrungen für später zu treffende legislative Entscheidungen sammeln darf. Dies beantwortet sich im Wege der hier vorgeschlagenen Zweispurigkeit der Betrachtung.

Der zweite Ansatzpunkt einer verfassungsrechtlichen Betrachtung des Experimentier- oder Erprobungsgesetzes betrifft dabei seine spezifische, technologische Zwecksetzung. Dem Gesetz geht es um die Kritik einer denkbaren Regelungsmöglichkeit durch deren Erprobung. Die in diesem Prozeß der Prognoseentwicklung gewonnenen Erfahrungen bilden die Grundlage für einen späteren legislatorischen Entscheid. Mit diesem Inhalt, mit der Prognose*prognose*, ist das Experimentiergesetz genauso verfassungsrechtsgebunden wie jedes andere Gesetz. Die hier anzulegenden ver-

---

[356] So auch *W. Hoffmann-Riem*, ZRP 1980, 31, 32.

[357] In diesem Sinne auch *M. Kloepfer*, VVDStRL 40 (1982), 63, 94; *W. Hugger*, Gesetze - Ihre Vorbereitung, Abfassung und Prüfung, 1983, S. 326.

[358] Vgl. BayVerfGH BayVBl. 1987, 77, 110, 110, zum BayMEG.

fassungsstaatlichen Maßstäbe markieren im Einzelfall die Weite eines Erprobungs- oder Prognoseprognosespielraum des Gesetzgebers[359].

1. Das Übermaßverbot im Gesetzesexperiment

Das "Übermaßverbot" als maßgebendes rechtsstaatliches Prinzip für jegliche (grundrechtstangierende) staatliche Maßnahme, mithin auch für das Experimentier- oder Erprobungsgesetz[360], umfaßt die Grundsätze der Erforderlichkeit und Verhältnismäßigkeit[361]. Ihnen geht es um die Herstellung des "schonendsten Ausgleichs" (*P. Lerche*) oder "praktischer Konkordanz" (*K. Hesse*) von Grundrechten und grundrechtstangierenden Rechtsgütern.

Der Grundsatz der Erforderlichkeit verlangt, daß von mehreren, zur Zweckerreichung geeigneten Instrumenten die im Gesetz angeordnete Maßnahme das geringsteinschneidende Mittel zur Erreichung des vom Gesetz angestrebten Zweckes sein muß.

Der Grundsatz der Verhältnismäßigkeit (im engeren Sinne) besagt, daß die gesetzliche Maßnahme in angemessenem Verhältnis zu dem Gewicht und der Bedeutung durch sie betroffener Grundrechte stehen muß[362].

---

[359] Keiner weiteren Darlegung bedarf die selbstverständliche Bindung des experimentellen Gesetzgebers an die Anforderungen der formellen Verfassungsmäßigkeit, wie Gesetzgebungszuständigkeit und -verfahren; vgl. auch *M. Kloepfer*, VVDStRL 40 (1982), 63, 95.

[360] Die hier anzustellende und im folgenden näher beschriebene Prüfung deckt sich weitgehend, aber nicht durchgängig mit den Anforderungen, die *M. Kloepfer*, VVDStRL 40 (1982), 63, 94, mit Testgeeignetheit, Testerforderlichkeit und Testverhältnismäßigkeit umschreibt. Siehe auch *W. Hoffmann-Riem*, ZRP 1980, 31, 32. - Anders *H. Schulze-Fielitz*, Theorie und Praxis parlamentarischer Gesetzgebung, 1988, S. 557, der diese Voraussetzungen nicht als verfassungsrechtlich geboten, sondern als bloß sachlich zweckmäßig ansieht; ebenso *L. Mader*, JbRSoz. 13 (1988), 211, 217 f. (siehe aber auch *ders.*, a.a.O., 219).

[361] Vgl. dazu allgemein *P. Lerche*, Übermaß und Verfassungsrecht, 1961, S. 19 ff.

[362] Zum Grundsatz der Verhältnismäßigkeit, im weiteren Sinne Geeignetheit, Erforderlichkeit und Angemessenheit oder Zumutbarkeit umfassend, in der Rechtsprechung des Bundesverfassungsgerichts vgl. schon oben 2. Kap., unter A. I., sowie eingehend *E. Grabitz*, AÖR 98 (1973), 568 ff. - Gegen die Tauglichkeit des Verhältnismäßigkeitsgrundsatzes als Prüfungsmaßstab wendet sich jüngst das Sondervotum des Richters *J. F. Henschel* zur Entscheidung des Bundesverfassungsgerichts zur Verhältnismäßigkeit der Pflicht zum gemeinsamen Familiennamen (BVerfGE 78, 38, 54 ff.). Seine Kritik richtet sich vor allem gegen die Erforderlichkeitsprüfung. Ihr Sinn richte sich ausschließlich danach, wie genau der Gesetzgeber seine Zwecke definiert. Deshalb könne dieser sich über die Bestimmung seiner Ziele weitgehend der Verhältnismäßigkeitsprüfung entziehen. Diesen Schwierigkeiten könne durch die Heranziehung

Praktisch entscheidend für die Frage, ob der experimentelle Gesetzgeber im Einzelfall das Übermaßverbot beachtet hat, ist die Intensität der verfassungsgerichtlichen Kontrolle[363]. Denn auch der Erlaß und die inhaltliche Ausgestaltung einer experimentellen Norm sind eine Entscheidung des Gesetzgebers über Prognosen und Abwägungen[364]. Daher hat die Verfassungsgerichtsbarkeit auch hier gegenüber dem Gesetzgeber eine funktionell-rechtlich begründete Zurückhaltung zu üben und dessen grundsätzliche "Vorhand" bei der Abwägung sowie dessen Beurteilungsspielraum bei den Prognosen zu beachten. Es gelten hier dieselben "Regeln" im Verhältnis der legislativen Regelungs- zur judikativen Kontrollgewalt wie bei "normalen" Prognoseentscheidungen: Der Umfang gerichtlicher Nachprüfung der Verhältnismäßigkeit eines Gesetzes hat sich an der verfassungsmäßigen Funktions- und Verantwortungsgerechtigkeit im Einzelfall auszurichten. Daraus ergibt sich auch für das Experimentier- oder Erprobungsgesetz die Anwendung eines abgestuften, differenzierten Kontrollsystems, das die "Eigenart des in Rede stehenden Sachbereichs" und die "Bedeutung der auf dem Spiele stehenden Rechtsgüter"[365] zum Maßstab hat sowie gleichermaßen die grundsätzliche Einschätzungsprärogative des Gesetzgebers und die besondere Erfolgsverantwortung der Verfassungsgerichtsbarkeit beachtet. Dem entspricht die Bandbreite des Überprüfungsumfangs von der Evidenz- über die Vertretbarkeits- bis hin zu einer intensivierten inhaltlichen Kontrolle[366].

Die Grenzen der gerichtlichen Kompetenz zur Verwerfung der Prognose über das Gelingen des legislativen Experiments und der gesetzgeberischen Zumutbarkeitserwägungen sind daher im Wege der Zuordnung der spezifi-

---

des Lösungsweges über die Herstellung praktischer Konkordanz entgangen werden. Diese Kritik verkennt jedoch die notwendige Koppelung der beiden Grundsätze der Erforderlichkeit und der Verhältnismäßigkeit (i.e.S.) in der "dirigierenden Verfassung", wie sie *P. Lerche*, Übermaß und Verfassungsrecht, 1961, S. 20, 162 ff., 223 ff., herausgearbeitet hat.

[363] Da es nach der verfassungsmäßigen Funktionenverteilung in erster Linie Aufgabe des Gesetzgebers ist, die Ordnung des Gemeinwesens zu gestalten, decken sich die Grenzen der verfassungsrechtlichen Bindung des Gesetzgebers nicht immer mit den Grenzen der verfassungsgerichtlichen Kontrolle. Vgl. *K. Hesse*, Grundzüge des Verfassungsrechts der Bundesrepublik Deutschland, 16. Aufl. 1988, Rn. 320, 439, 569.

[364] Dies betont auch *W. Hoffmann-Riem*, ZRP 1980, 31, 33.

[365] Vgl. BVerfGE 50, 290, 332 f. (Mitbestimmung).

[366] Zum Ganzen allgemein siehe oben 2. Kap. A. I.

schen "Leistung" des Experiments und der durch sie geforderten Freiheits-
beschränkungen der Normadressaten zu bestimmen.

a) Aussagefähigkeit und Erforderlichkeit des Tests

Unter dem Gesichtspunkt der Erforderlichkeit hat die Übermaßprüfung
zum einen die Eignung eines Experimentier- oder Erprobungsgesetzes im
Hinblick auf den Erprobungszweck zum Inhalt und zum anderen die Frage,
ob seine Anordnung das schonendste Mittel zur Erreichung dieses Zwek-
kes darstellt.

Das technologische Ziel einer experimentellen Gesetzgebung liegt in der
Gesetzespräparation, in der Gewinnung von Erfahrungen, um eine halt-
und verantwortbare Prognose über die Tauglichkeit einer nachfolgenden,
endgültig gedachten Rechtssetzung zu entwickeln. Die Anordnungen eines
Experimentier- oder Erprobungsgesetzes müssen demnach geeignet sein,
(die erstrebten) Erkenntnisse über die Tauglichkeit und Zumutbarkeit der
vorgestellten und im Gesetz ausgedrückten Regelungsmöglichkeit zu erlangen. Mit anderen Worten: Die Eignung des Gesetzesexperiments ist dann
gegeben, wenn durch die Erprobung einer Regelungsvorstellung eine Eindämmung der qualifizierten Ungewißheit über ihre tatsachenbedingte Ver-
fassungs(non)konformität erreicht werden kann[367]. Der "Versuch macht
klug"[368] und muß klug machen. Mit seiner Hilfe müssen haltbare, also hinreichend generalisierbare Aussagen über die Zweckrationalität eines Ge-
setzeswerks gewinnbar, die - bisher unbekannten - Funktionsbedingungen
des relevanten sozialen Systems in Form kausaler Ursache - Wirkungs -
Zusammenhänge in ausreichendem Umfang erfahrbar sein. Steht der Gesetzestest im Dienste der Prognoseentwicklung, so muß - ex ante gesehen -
an dessen Ende die Formulierung einer ("technologischen") Prognose möglich sein.

Dies setzt jedenfalls voraus, daß der experimenttheoretischen Forderung
nach der logischen Deduzierbarkeit der singulären Prognose, die der technisch-praktischen Überprüfung ausgesetzt werden soll, aus der politischen
Mittel-Zweck-Hypothese[369] entsprochen wird. Die einzelnen gesetzlichen

---

[367] So auch *W. Hoffmann-Riem*, ZRP 1980, 31, 32.

[368] So der Titel des Aufsatzes von *I. Richter*, in: FS für H. Becker, 1979, S. 63 ff.

[369] Vgl. dazu oben 4. Kap. A. II.

Anordnungen eines Experimentiergesetzes müssen sich als logische Umsetzungen der hypothetischen Mittel-Ziel-Korrelation darstellen, die Inhalt des politischen Gestaltungs- und Normierungswillens ist. Nur wenn eine solche Verbindung zwischen der rechtspolitischen Vorstellung von Ziel und Mittel einerseits und dem Gegenstand der gesetzlichen Erprobung andererseits besteht, ist das Experiment geeignet, im Wege der Rückkoppelung Erkenntnisse über die Tauglichkeit und damit Verfassungsmäßigkeit des vorgestellten Mittel-Ziel-Verhältnisses hervorzubringen[370]. Dies erfordert freilich auch eine hinreichend deutliche Formulierung des Regelungs- bzw. Testziels.

Das solchermaßen geeignete Gesetzesexperiment muß das schonendste Mittel zur Erreichung der benannten Erkenntnisse darstellen. Im Hinblick auf seine, zu jedem "Normal-Gesetz" identische normative Geltungskraft ist dies allein dann zu verneinen, wenn die intendierten Erfahrungen auch auf anderem, nicht mit individuellen Freiheitsrechten kollidierendem Wege erlangt werden können. In Betracht kommen hier vergleich- und verwertbare Erfahrungen aus dem In- und Ausland[371] sowie geringer dimensionierte Testmethoden, wie die "Gesetzgebungsexperimente" Modellversuch, Praxistest, Planspiel oder Simulation. Der Grundsatz der Erforderlichkeit verlangt die Subsidiarität experimenteller Gesetzgebung als der "externen", realitätsnahesten, weil allgemeinverbindlichen Testmethode zu den "internen" Verfahren der Gesetzesvorbereitung. Ergab sich diese Subsidiarität bereits aus methodentheoretischen Überlegungen[372], so erfährt sie hier ihre verfassungsrechtliche Umsetzung. Der Erlaß eines Experimentier- oder Erprobungsgesetzes begegnet insoweit erst dann keinen verfassungsrechtlichen Einwendungen, wenn alle anderen genannten Prüfmethoden zur Gewinnung hinreichender Testergebnisse nicht ausreichend sind.

Der Spielraum des Gesetzgebers bei der Einschätzung beider Erfordernisse ergibt sich aus dem Kausalitätsproblem in der soziologischen "For-

---

[370] Daraus ergibt sich weiter, daß der Gesetzestest dann keine Aussagefähigkeit hat, wenn von vornherein die Verfassungswidrigkeit der Regelungsvorstellung feststeht. Dies beantwortete sich indes schon mit der umfassenden Prüfung der Ergebnisoffenheit als der ersten Voraussetzung für die Zulässigkeit des legislativen Experiments.

[371] Vgl. auch *K. Hopt*, JZ 1972, 65, 69 f. Zu Recht weist *W. Hoffmann-Riem*, ZRP 1980, 31, 32, darauf hin, daß auch dann, wenn auf Erfahrungen zum Beispiel aus dem Ausland zurückgegriffen werden kann, testbar bleibt, ob die deutschen Rahmenbedingungen Zweifel an ihrer Übertragbarkeit bedingen.

[372] Vgl. oben 4. Kap. B. IV. 3. a.

schung", die der experimentierende Gesetzgeber hier betreibt. Läßt sich dieses, wie ausgeführt[373], zwar theoretisch in den Griff bekommen mit der Folge der Anwendbarkeit der experimentellen Methode auch in den Sozial- und Rechtswissenschaften, so bleibt doch wegen der relativ niedrigen Entwicklungsstufe des sozialwissenschaftlichen Wissens um die soziostrukturellen Abhängigkeiten die praktische Schwierigkeit, kontrollierte und damit gesicherte Aussagen über die Reaktionsbedingungen des Menschen oder der Gesellschaft zu treffen. Die verfassungsgerichtliche Kontrolle der Geeignetheit und Erforderlichkeit des Gesetzesexperiments zur Erreichung der erstrebten Erkenntnisse muß sich demnach insoweit grundsätzlich beschränken, will sie nicht an die Stelle des zu dieser Einschätzung vorrangig berufenen Gesetzgebers treten und angesichts der gerade geprüften und anerkannten Komplexität und Unüberschaubarkeit des sozialen Sachverhalts willkürlich erscheinen.

Allerdings hat der Gesetzgeber, wie das Bundesverfassungsgericht im "Volkszählungs-Urteil"[374] ausführt, die Wissenschafts(methoden)entwicklung zu beobachten und sich an dem jeweiligen Stand der sozialwissenschaftlichen Methodik und Erkenntnis zu orientieren.

Im übrigen bedingt die verfassungsmäßige Funktionenverteilung auch hier die differenzierte Haltung der judikativen Kontrollgewalt: An die prognostizierte Aussagefähigkeit[375] und Erforderlichkeit des Gesetzesexperiments werden um so höhere Anforderungen zu stellen, der Prognoseprognosespielraum des Gesetzgebers also um so enger sein, je höher die grundrechtliche Relevanz der Regelung ist. Mit zunehmender Kontrolldichte hat das Bundesverfassungsgericht daher auch die inhaltliche Ausgestaltung des Gesetzesexperiments zu überprüfen. Denn seine Aussagefähigkeit ist maßgeblich davon abhängig, in welchem Umfang das Gesetz die Möglichkeit zur Erfahrungssammlung eröffnet. Daher wird die Tauglichkeit eines legislativen Experiments zum einen nur dann zu bejahen sein,

---

[373] Siehe oben 4. Kap. B. III. 2., IV. 4.

[374] Vgl. BVerfGE 65, 1, 55 f.; siehe auch BVerfGE 34, 165, 183 f. (Förderstufen-Urteil).

[375] *W. Hoffmann-Riem*, ZRP 1980, 31, 32 f., spricht insoweit von dem Kriterium der "Testkapazität". Seine "Faustregel": "Je geringer die Aussagefähigkeit des Tests ist, desto kleiner ist der verfügbare Experimentierspielraum" (ihm folgend *M. Stock*, Zur Theorie des Koordinationsrundfunks, 1981, S. 139) verkennt allerdings, daß sich der gesetzgeberische Spielraum hier gerade daraus ergibt, inwieweit die kontrollierende Verfassungsgerichtsbarkeit die Prognose des Gesetzgebers über die Aussagefähigkeit des Experiments verwerfen kann.

wenn institutionalisierte Vorkehrungen für die sachverständige und objektive Beobachtung und Auswertung des Experiments getroffen sind[376]. Daraus folgt zum anderen, daß insbesondere bei "grundrechtspolitischen Experimenten" eine möglichst breite Anlage, d.h. die Einbeziehung möglichst vieler Modelle zur Grundrechtsverwirklichung zu verlangen ist[377].

Sollte sich dennoch die Prognose über die Erkenntnisträchtigkeit des Experiments während der Geltungsdauer des Gesetzes als Fehlschlag herausstellen, so ist der Gesetzgeber auch hier zur Korrektur verpflichtet.

b) Die Entscheidungsoffenheit des Tests als Ergebnis der verhältnismäßigen Abwägung

Schließlich verlangt der Grundsatz der Verhältnismäßigkeit die Angemessenheit der Handhabung eines bestimmten Instruments zur Erreichung eines bestimmten Ziels[378]. Für das Experimentier- oder Erprobungsgesetz bedeutet dies, daß die durch den Versuch verursachten Grundrechtsgefahren und -beschränkungen nicht außer Verhältnis zu den durch seine Anordnung zu erwartenden Erkenntnissen stehen dürfen. Hier ist in eine abwägende Betrachtung darüber einzutreten, ob die notwendigerweise mit dem Gesetzesexperiment verbundenen Experimentfolgen[379] im Hinblick auf die voraussichtlich zu erreichende Eindämmung der Prognoseunsicherheit in einem Regelungsbereich zumutbar sind. Ihre Aufgabe ist dabei die verhältnismäßige Zuordnung von Grundrechtsinteressen der durch das Gesetz betroffenen Experimentpersonen und dem Charakter, dem Sinn und dem Zweck der experimentellen Grundrechtsbegrenzung im Einzelfall.

---

[376] So auch *W. Hoffmann-Riem*, ZRP 1980, 31, 37; *M. Kloepfer*, VVDStRL 40 (1982), 63, 95. - Daß der Gesetzgeber bei der Entscheidung über seine endgültige Maßnahme die durch das Experiment erlangten Erfahrungen hinreichend berücksichtigt, ist nicht nur ein "Gebot legislatorischer In-sich-Konsequenz" (*M. Kloepfer*, a.a.O.), sondern auch ein verfassungsrechtliches Gebot an das nachfolgende Gesetz.

[377] Vgl. *W. Schmitt Glaeser*, Kabelkommunikation und Verfassung, 1979, S. 36 f., 209, der - allerdings im Blick auf die "weichenstellende Funktion" des Experiments - eine möglichst breite Anlage des Modellversuchs im Münchner Pilotprojekt fordert, die auch privatwirtschaftliche Strukturen im Rundfunkbereich berücksichtigt.

[378] Vgl. *P. Lerche*, Übermaß und Verfassungsrecht, 1961, S. 19.

[379] Schon das Experiment selbst schafft soziale Realität! Vgl. dazu schon oben 4. Kap. B. III. 1., IV. 4. a.E.

Diesem rechtsstaatlichen Auftrag des Verhältnismäßigkeitsgebots widerspräche es, unter Hinweis auf die Unmöglichkeit der technisch-praktischen Wiederholung des Experiments bzw. der Wiederherstellung des vorexperimentellen Zustands generell die Beachtung eines Irreversibilitätsverbots zu verlangen[380]. Dies würde den Eintritt in einen Abwägungsvorgang mit dem geschilderten Inhalt von vornherein unterbinden und das Verbot jeglicher experimenteller Normsetzungstätigkeit bedeuten. Ein solches Verbot aber würde zum Verlust eines, wie die Rechtsprechungskritik und die Betrachtung fundamentaler Verfassungsprinzipien ergeben haben, rechtsstaats- und verfassungssichernden Instruments in der Hand des Gesetzgebers führen[381].

Freilich kommt damit jedem legislativen Experiment eine gewisse "weichenstellende Funktion"[382] zu. Die Tatsache der Irreversibilität der Auswirkungen eines Experimentiergesetzes *als solche* ist jedoch genausowenig Gegenstand der verfassungsrechtlichen Überprüfung, wie der Umstand der Irreversibilität der Folgen eines "normalen" Gesetzes, das dem "Risiko" der Änderung oder Aufhebung durch eine veränderte Gesetzgebungsmehrheit ausgesetzt ist, dessen Verfassungsmäßigkeit beeinflußt.

Verfassungsrechtliche Relevanz erhalten die wesensgemäß irreversiblen Folgen eines konkreten Gesetzesexperiments allein im Zusammenhang mit der Frage nach der verfassungsrechtlichen Legitimation der mit dem Experiment verbundenen Grundrechtsbegrenzungen. Sie beantwortet sich im Rahmen der Verhältnismäßigkeitsprüfung[383]. Soweit dabei die Hinnahme anderer Experimentfolgen, zu deren Würdigung es an verfassungsrechtlichen Maßstäben fehlt, zur Diskussion steht, handelt es sich lediglich um die Frage nach der zweckmäßigsten oder vernünftigsten Lösung eines Regelungsproblems, deren Beantwortung dem politischen Organ Gesetzgeber vorbehalten ist.

---

[380] In diesem Sinne aber *M. Stock*, Zur Theorie des Koordinationsrundfunks, 1981, S. 141 f., und *M. Kloepfer*, VVDStRL 40 (1982), 63, 95, die dies unzutreffend aus der Forderung nach Ergebnisoffenheit des Tests folgern.

[381] Vgl. auch *P. Lerche*, VVDStRL 40 (1982), 116, 117 (Diskussion).

[382] So *W. Schmitt Glaeser*, Kabelkommunikation und Verfassung, 1979, S. 36 f., 209, für das Münchner Kabelpilotprojekt.

[383] So auch *H. Säcker*, RdJB 20 (1972), 13, 13, 16. A.A. ausdrücklich *F. Ossenbühl*, in: FG für BVerfG, Bd. 1, 1976, S. 458, 513.

Die Bindung des Gesetzgebers an das Gebot nur verhältnismäßiger Grundrechtsbegrenzungen zwingt ihn daher, die Versuchsanordnung so auszugestalten, daß irreversible Experimentschäden so weit wie möglich vermieden werden[384], d.h. so weit wie möglich *Entscheidungsoffenheit* gewahrt bleibt. Inwieweit allerdings der experimentierende Gesetzgeber insofern der verfassungsgerichtlichen Kontrolle unterliegt, ist je nach Fallgestaltung in differenzierter Weise zu beantworten. Hier können nur einige Gesichtspunkte aufgezeigt werden, die in je unterschiedlicher Gewichtung in die Abwägung einzugehen haben.

Auszugehen ist freilich wieder von dem Grundsatz, daß "der Richter nicht seine Auffassung an die Stelle der Auffassung der Mehrheit der gesetzgebenden Körperschaften setzen (darf), wenn anders nicht die in der demokratischen Ordnung des Grundgesetzes angelegte Entscheidungsfreiheit des Gesetzgebers mehr eingeengt werden soll als die Verfassung dies vorsieht"[385].

Die Untersuchung fundamentaler Verfassungsprinzipien unter dem Aspekt des legislativen Experiments[386] hat aber nicht bloß die Feststellung eines Nichtentgegenstehens etwa des Grundsatzes der Menschenwürde, des Demokratieprinzips oder der Gebote sozialer Rechtsstaatlichkeit ergeben, sondern vielmehr in spezifischer Weise die verfassungssichernde und -verwirklichende "Leistung" des gesetzgeberischen Experiments gezeigt. Die dort angestellten Überlegungen sowie die Tatsache der demokratischen Legitimation des Experimentators spielen eine gewichtige Rolle auf der einen Seite der Abwägung. Zudem wird die Prüfung der verfassungsrechtlichen Verantwortbarkeit des Gesetzesexperiments seine Funktion und Aufgabe zu beachten haben: die rechtfertigende Basis für Grundrechtsbeschränkungen zugunsten anderer Rechtsgüter in den Grenzen des nicht von vornherein Verfassungswidrigen erst zu erkunden und damit eine endgültige Prognoseentscheidung zu fundieren. Nicht zuletzt auch wegen der

---

[384] Gerade deshalb verlangt *W. Schmitt Glaeser*, Kabelkommunikation und Verfassung, 1979, S. 36 f., 209, die Einbeziehung auch privatwirtschaftlicher Strukturen in den Modellversuch des Münchner Kabelpilotprojekts. Dies mißverstehend äußert dagegen *M. Kloepfer*, VVDStRL 40 (1982), 63, 95 Fn. 128, verfassungsrechtliche Bedenken, "wenn und weil mit der Testeinrichtung bereits eine Präjudizierung für die Dauerlösung angestrebt würde"; ebenso *M. Stock*, Zur Theorie des Koordinationsrundfunks, 1981, S. 69.

[385] *K. Hesse*, Grundzüge des Verfassungsrechts der Bundesrepublik Deutschland, 16. Aufl. 1988, Rn. 320.

[386] Siehe oben I.

besonderen Erfolgsverantwortung im Zusammenwirken mit dem gestaltenden Gesetzgeber im Hinblick auf die Wahrung, die Gewähr und die Fortbildung der Verfassung wird die Kontrollintensität durch die Verfassungsgerichtsbarkeit deshalb hier eher beschränkt sein und dem Gesetzgeber ein
grundsätzlich weiter gesteckter Abwägungsspielraum gewährt werden müssen. Sollten freilich höchste Rechtsgüter, wie das menschliche Leben, in ihrem Wesensgehalt zur experimentellen Disposition stehen, muß dem Gesetzgeber das Experiment versagt werden, ebenso wie in diesem Fall die
Gewährung einer Frist zur Anpassung einer endgültig gedachten Regelung
nicht in Betracht kommt[387].

Das Ergebnis der abwägenden Betrachtung wird auch davon bestimmt
sein können, ob das Gesetzesexperiment der Aufklärung von Prognoseun-
sicherheiten im Bereich bloß "technischen Situationsrechts"[388] dient oder
ob es um mehr "sozialethisch fundiertes Dauerrecht"[389] oder "rechtsbe-
wußtseinssensible Gerechtigkeitsgesetze"[390] geht[391]. Das rechts- und verfassungsstaatliche Gesetz vereint beides in sich, wie vom Bundesverfassungsgericht im "Fristenlösungs-Urteil"[392] allgemein betont wird: es ist sowohl
sozialtechnologisches Instrument zur Steuerung gesellschaftlicher Prozesse
als auch Ausdruck sozialethischer Bewertung menschlicher Handlung. Je
mehr jedoch letzteres in den Vordergrund tritt, desto höher werden die
Anforderungen an die verfassungsrechtliche Verantwortbarkeit von Test-

---

[387] Vgl. BVerfGE 39, 1, 60 (Fristenlösung); 50, 290, 333 (Mitbestimmung); 56, 54, 81
(Fluglärm). Dazu näher oben 2. Kap., unter A. III.

[388] Vgl. *F. Ossenbühl*, in: FG für BVerfG, Bd. 1, 1976, S. 458, 512.

[389] Ebd. Hierzu wäre etwa die Einführung der paritätischen Mitbestimmung durch das Mitbestimmungsgesetz von 1976 zu zählen, das als "Jahrhundertentscheidung" das "unüberschau-
bare Risiko der Systemänderung" in sich barg (vgl. *H.-J. Mertens*, RdA 1975, 89, 97; auch *F.
Ossenbühl*, in: FG für BVerfG, Bd. 1, 1976, S. 458, 513). Das Gesetz bewirkte anerkanntermaßen eine "weitgehende Neu- und Umorientierung jener Ordnungsmaßstäbe ..., die für die So-
zial-, Wirtschafts- und Arbeitsordnung bisher dominant waren" (*R. Scholz*, Paritätische Mitbestimmung und Grundgesetz, 1974, S. 24).

[390] Vgl. *M. Kloepfer*, VVDStRL 40 (1982), 63, 93.

[391] *P. Badura*, in: FS für H. Huber, 1981, S. 15, 16, weist allerdings darauf hin, daß diese
Unterscheidung im Sozialstaat der parlamentarischen Demokratie an Gewicht verloren hat.
Denn nicht mehr die Ausformung eines rechtsstaatlichen Gesetzesbegriffs ist, wie noch im
konstitutionellen Staatsrecht, für die Gewährleistung von Gerechtigkeit und Freiheit verantwortlich, sondern die Bindung des Gesetzgebers an die Verfassung, insbesondere an die
rechtsstaatlichen Prinzipien und die grundrechtlichen Garantien. So auch *U. Scheuner*, in: FS
für H. Huber, 1981, S. 127 ff.

[392] BVerfGE 39, 1, 59.

"Schäden" anzusetzen sein[393]. Die Annahme einer generellen "Experimentierfeindlichkeit" würde jedoch auch hier dem verfassungssichernden und -verwirklichenden Charakter des Gesetzesexperiments nicht gerecht. Denn die Alternative bei gegebenem Regelungsbedarf, die dezisionistische Rechtssetzung auf unsicherem Boden, trägt noch weniger der sozial- und rechtsethischen Sensibilität eines Regelungsbereichs Rechnung als ein vorsichtiges, schrittweises Vorgehen im Wege der Erprobung des gesetzgeberischen Vorhabens mit dem Ziel, die bestehende Prognoseunsicherheit abzubauen[394].

c) Befristung des Tests

Schließlich gewinnt unter dem Gesichtspunkt der Verhältnismäßigkeit experimenteller Gesetzgebung die Befristung des Gesetzes verfassungsrechtliche Relevanz. Liegt die zeitliche Begrenzung des Experiments schon im Wesen der Methode, so folgt sie für das legislative Experiment auch aus dem Übermaßverbot. Grundrechtsbegrenzungen zum Zwecke der Erfahrungssammlung auf unbestimmte Zeit wären unverhältnismäßig[395]. Die zulässige Zeitdauer ist im übrigen aus dem Verhältnis der sachlichen Notwendigkeit zur grundrechtlichen Eingriffsintensität der Erprobungsregelung zu bestimmen.

Zusammenfassend läßt sich feststellen, daß sich die Kriterien und Maßstäbe, die die Übermaßprüfung des Gesetzesexperiments leiten, kaum von denen unterscheiden, die das Bundesverfassungsgericht in seiner bisherigen Rechtsprechung zu den "komplexen, in der Entwicklung begriffenen Sachverhalten" zu erheblich größerer Zurückhaltung bei der Gesetzeskontrolle veranlassen. Während das Gericht jedoch in rechtsstaatlich bedenklicher Weise ein in einer solchen Situation erlassenes "Normalgesetz" wie ein Experimentiergesetz behandelt, ziehen die aufgezeigten Überlegungen aus

---

[393] Daher zurückhaltend betreffend die Zulässigkeit von Gesetzesexperimenten *K. Hopt*, JZ 1972, 65, 70. - Ähnlich *J. Carbonnier*, Rechtssoziologie, 1984, S. 227, der aber auch allerdings auf die Abschaffung der Todesstrafe auf Probe in England im Jahre 1965 hinweist.

[394] So auch *F. Ossenbühl*, in: FG für BVerfG, Bd. 1, 1976, S. 458, 512 f.; *ders.*, Verfassungsrechtliche Probleme der Kooperativen Schule, Sonderdruck Bildung Real 21 (1977), S. 59, 62 f.; vgl. auch *D. Pirson*, in: FS für H. Jahrreiß, 1974, S. 181, 191; *H.-J. Mertens*, RdA 1975, 89, 96.

[395] Zum weitergehenden Verbot des ständigen Experimentierens *K. Stern/G. Püttner*, Grundfragen zur Verwaltungsreform im Stadtumland, 1968, S. 26.

diesem tatsächlichen Umstand die verfassungsrechtlich gebotenen Konsequenzen.

2. Das Gesetzesexperiment unter dem Gleichheitssatz

Gleiches gilt dem Grundsatz nach für die Beachtung des Gleichheitssatzes im und durch das Gesetzesexperiment. Auch der experimentierende Gesetzgeber ist an das Willkürverbot mit dem Inhalt gebunden, daß es ihm untersagt ist, "wesentlich Gleiches willkürlich ungleich" sowie "wesentlich Ungleiches willkürlich gleich zu behandeln"[396].

Zwar hat der Gesetzgeber nicht nur Regelungen zu treffen, die sich in dem weiten Rahmen des Nicht-Willkürlichen halten, sondern solche zu schaffen, die in jeder Hinsicht sachgemäß und gerecht sind[397]. Dennoch hat sich der richterliche Kontrollumfang im Blick auf die verfassungsmäßige Funktionenverteilung auf die Feststellung zu beschränken, ob für eine gesetzliche Differenzierung (oder Gleichsetzung) "ein vernünftiger, aus der Natur der Sache sich ergebender oder sonstwie sachlich einleuchtender Grund sich nicht finden läßt, wenn also für eine am Gerechtigkeitsgedanken orientierte Betrachtungsweise die Regelung als willkürlich bezeichnet werden muß"[398]. Das Gericht würde sich an die Stelle des Gesetzgebers stellen, wenn es selbst positiv entscheiden wollte, was jeweils als wesentlich gleich anzusehen ist und darum nicht ungleich behandelt werden darf[399].

(Un-)Gleichbehandlungen durch legislative Experimente, etwa infolge ihrer örtlichen Begrenzung oder in Gestalt von Typisierungen und Generalisierungen, bedürfen demnach zu ihrer verfassungsrechtlichen Rechtfertigung eines sachlichen Grundes, dürfen nicht sachfremd, sondern müssen sachgerecht sein.

---

[396] Std. Rspr.; vgl. z.B. BVerfGE 49, 148, 165 (Revisionsablehnung).

[397] Vgl. *K. Hesse*, Grundzüge des Verfassungsrechts der Bundesrepublik Deutschland, 16. Aufl. 1988, Rn. 439.

[398] Std. Rspr. seit BVerfGE 1, 14, 52 (Südweststaat); vgl. etwa auch BVerfGE 33, 367, 384 (Zeugnisverweigerung); 54, 11, 25 f. (Rentenbesteuerung); jeweils mit Nachweisen.

[399] Vgl. *K. Hesse*, Grundzüge des Verfassungsrechts der Bundesrepublik Deutschland, 16. Aufl. 1988, Rn. 439.

Dabei erscheint es verfassungsrechtlich bedenklich, allein den Umstand des Experimentierens als solchen als ausreichenden sachlichen Differenzierungsgrund anzusehen[400]. Vielmehr kann der Umfang der experimentellen Gestaltungsfreiheit des Gesetzgebers unter dem Gleichheitssatz nicht ohne Berücksichtigung des konkreten Erprobungsziels erfolgen. Andernfalls könnten allein formale Argumente zum Verlust der normativen Wirkkraft des verfassungsrechtlichen Willkürverbots führen.

Damit ist für die Kontrolle der Rechtfertigung einer gesetzlichen Differenzierung aus Experimentiergründen an die Rechtsprechung des Bundesverfassungsgerichts zu den Grenzen der Typisierungsfreiheit des Gesetzgebers anzuknüpfen, nach der der Gedanke der Verhältnismäßigkeit entscheidendes materielles Kriterium der Gleichheitsprüfung ist[401]: "Die ... Vorteile der Typisierung müssen im rechten Verhältnis zu der mit der Typisierung notwendig verbundenen Ungleichheit der ... Belastung stehen. Nur dann ist diese Ungleichheit von den Betroffenen hinzunehmen."[402]

Den "Satz von der verhältnismäßigen Gleichheit"[403] auf den Fall der Ungleichbehandlung durch experimentelle Gesetzgebung gewendet führt demnach zur Prüfung der Verhältnismäßigkeit von Erprobungsinteresse und Grundrechtsinteresse. Typisierungen, Generalisierungen und Pauschalisierungen sowie damit verbundene Unzuträglichkeiten im und durch das legislative Experiment müssen durch die konkrete "Leistung" des Experiments im Einzelfall gerechtfertigt sein. Dabei werden auch Praktikabilitätserwägungen sowie die Befristung des Experiments zur Gewährung einer größeren Typisierungsfreiheit des experimentierenden Gesetzgebers führen können.

Grundsätzlich bleibt zwar die Verpflichtung des Gesetzgebers bestehen, die Typisierung oder Pauschalisierung an der Typizität der Wirklichkeit im

---

[400] So aber *I. Richter*, in: W. Hassemer u.a. (Hrsg.), Grundrechte und soziale Wirklichkeit, 1982, S. 77, 92; ihm folgend *H. Schulze-Fielitz*, Theorie und Praxis parlamentarischer Gesetzgebung, 1988, S. 557; unklar *L. Mader*, JbRSoz. 13 (1988), 211, 215 f.

[401] Vgl. dazu umfassend *I. Pernice*, Billigkeit und Härteklauseln im öffentlichen Recht, Habil. iur. 1987, S. 209 ff. m.z.N.

[402] BVerfGE 21, 12, 27 (Allphasenumsatzsteuer); vgl. etwa auch BVerfGE 31, 119, 130 f. (Musikautomaten); 26, 172, 186 (Lohnsummensteuer); 37, 38, 52 (Mehrwertsteuer); 48, 227, 239 (Lohnfortzahlungs-Umlage); 72, 302, 328 f. (Beurkundungsgesetz); jeweils mit Nachweisen.

[403] So für das Steuerrecht ausdrücklich BVerfGE 37, 38, 52 (Mehrwertsteuer).

Sinne einer "Typengerechtigkeit"[404] zu orientieren. Er darf sich nicht einen atypischen Fall als "Leitbild" für seine Regelung wählen[405].

Insgesamt verbleiben hier jedoch für eine verfassungsgerichtliche Kontrolle nur wenig Ansatzpunkte. Denn die Frage nach der evidenten Unsachlichkeit einer Ungleichbehandlung beantwortete sich bereits im Rahmen der Prüfung der Unsicherheit über die Verfassungs(non)konformität als der weichenstellenden Voraussetzung des Gesetzesexperiments. Das Gleiche gilt für die Verpflichtung des Gesetzgebers, allen mit der Typisierung oder Generalisierung einhergehenden, aber von Anfang an erkennbaren Härten entgegenzuwirken.

Der experimentierende Gesetzgeber wird sich daher mit "gröberen Typisierungen und Generalisierungen"[406] begnügen dürfen, wenn und soweit der Zweck und das Erkenntnisinteresse der Erprobung dies sachlich gebieten. In diesem Sinne werden pauschalisierende Erprobungsregelungen einen "eigenen Gerechtigkeitswert"[407] entfalten können.

3. Bestimmtheitsgrundsatz und Vertrauensschutzgedanke im Gesetzesexperiment

Schließlich bleibt nach der konkreten Ausformung der aus dem Rechtsstaatprinzip abgeleiteten materiellen Grundsätze der Meßbarkeit und Verläßlichkeit staatlichen Handelns im Falle experimenteller Gesetzgebung zu fragen. Umschreibt die "Meßbarkeit" vor allem die Bestimmtheit, Voraussehbarkeit und Vorausberechenbarkeit staatlicher Rechtssetzung, so meint der Grundsatz der "Verläßlichkeit" unter anderem die Bestandskraft, die Rechtssicherheit und den Vertrauensschutz[408].

Der rechtsstaatlichen Forderung nach der Meßbarkeit staatlichen Handelns entsprechen die Grundsätze der Normenklarheit und Justitiablität. Sie bestimmen, daß eine Vorschrift "in ihren Voraussetzungen und in ih-

---

[404] BVerfGE 65, 325, 354 (Zweitwohnungssteuer).

[405] Vgl. etwa BVerfGE 27, 142, 150 (Enkelpflegekinder).

[406] Etwa BVerfGE 16, 147, 187 (Werkfernverkehr).

[407] So allgemein *W. Berg*, Die verwaltungsrechtliche Entscheidung bei ungewissem Sachverhalt, 1980, S. 309.

[408] Vgl. dazu allgemein *Th. Maunz/G. Dürig/R. Herzog*, in: Maunz/Dürig, Kommentar zum Grundgesetz, Art. 20, VII. Rechtsstaatlichkeit (1960/1980), Rn. 57 ff.

rem Inhalt so formuliert sein (muß), daß die von ihr Betroffenen die Rechtslage erkennen und ihr Verhalten danach einrichten können"[409]. Diesen Anforderungen muß auch eine experimentelle Gesetzgebung genügen.

Sie sind indes nicht starr, sondern in ihrer konkreten Ausprägung vom Einzelfall abhängig: "Welche Anforderungen an das Ausmaß der erforderlichen Bestimmtheit im Einzelfall zu stellen sind, läßt sich ... nicht allgemein festlegen."[410] In die Beantwortung der Frage, welche Bestimmtheitsanforderungen an ein Gesetz im einzelnen erfüllt sein müssen, findet nach der ständigen Rechtsprechung des Bundesverfassungsgerichts wieder der (Gerechtigkeits-)Gedanke des Übermaßverbots Eingang. Es geht dem rechtsstaatlichen Gebot hinreichender Bestimmtheit nicht um absolute, sondern um "verhältnismäßige Bestimmtheit": Es "zwingt den Gesetzgeber nicht, Gesetzestatbestände stets mit genau erfaßbaren Maßstäben zu umschreiben"[411]. Zwar ist der Gesetzgeber gehalten, seine Regelungen so bestimmt wie möglich zu fassen. Der Grad der jeweils zu fordernden Bestimmtheit einer Regelung hängt jedoch "von der Eigenart des geregelten Sachverhalts" und von der "Intensität der Auswirkungen der Regelung für den Betroffenen" ab[412].

Demnach werden einerseits desto höhere Anforderungen an die Bestimmtheit zu stellen sein, je schwerwiegender die Auswirkungen sind[413]. Denn die "Rechtsunterworfenen müssen in *zumutbarer* Weise feststellen können, ob die tatsächlichen Voraussetzungen für die in der Rechtsnorm ausgesprochene Rechtsfolge vorliegen"[414]. Andererseits ist der "Normzweck"[415] oder der Umstand zu berücksichtigen, "in welchem Umfang der zu regelnde Sachbereich einer genaueren begrifflichen Umschreibung überhaupt zugänglich ist"[416]. Daher sind geringere Anforderungen "vor allem bei vielgestaltigen Sachverhalten zu stellen ... oder wenn zu erwarten

---

[409] BVerfGE 21, 73, 79 (Grundstücksverkehr); std. Rspr., siehe etwa auch BVerfGE 63, 312, 323 (Familienstiftungen).

[410] BVerfGE 56, 1, 13 (Ostversorgung).

[411] BVerfGE 59, 104, 114 (Leitende Angestellte).

[412] Vgl. BVerfGE 49, 89, 133 (Kalkar); 56, 1, 13 (Ostversorgung); 59, 104, 114 (Leitende Angestellte); jeweils m.w.N.

[413] Vgl. BVerfGE 56, 1, 13 (Ostversorgung).

[414] BVerfGE 59, 104, 114 (Leitende Angestellte; Hervorhebung durch den Verfasser).

[415] Ebd., m.w.N.

[416] BVerfGE 56, 1, 13 (Ostversorgung) m.w.N.

ist, daß sich die tatsächlichen Verhältnisse rasch ändern werden"[417]. Im Anschluß an die Entscheidung des Bundesverfassungsgerichts zum Hafturlaub[418] läßt sich insoweit zusammenfassend festhalten, daß im Falle eines dynamischen Geschehens, das der Regelung zugrunde liegt, an das Maß der Bestimmtheit der Norm nicht so hohe Anforderungen gestellt werden können wie bei statischen Sachverhalten.

In diesem Sinne sind auch an die inhaltliche Abfassung von Experimentier- oder Erprobungsgesetzen verhältnismäßige Bestimmtheitsanforderungen zu richten. Ihr Ausmaß wird zu berücksichtigen haben, daß Experimentiergesetze durchweg auch typische Planungsgesetze sind[419]. Sie zielen als Instrumente bewußter Planung[420] auf die Ordnung, Rationalisierung und Berechenbarkeit zukünftigen Verhaltens. Demgemäß führt beim legislativen Experiment wie bei allen Planungen die "mehr oder weniger ins Gewicht fallende Ungewißheit zukünftiger Einflußgrößen und Verläufe zu dem charakteristischen Spannungsverhältnis zwischen der Zweckmäßigkeit oder auch Notwendigkeit 'elastischer' oder 'flexibler', 'offener' oder wenigstens hinreichend korrigierbarer Planungsregelungen und den Erfordernissen der Berechenbarkeit und Verläßlichkeit einmal getroffener Entscheidungen bis hin zur Respektierung individueller Vertrauenstatbestände"[421].

Bei der Auflösung dieses Spannungsverhältnisses wird zu beachten sein, daß die experimentelle Norm ebenso wie der Planungsrechtssatz der "Lösung spezifischer Probleme einer hochgradig arbeitsteiligen Industriegesellschaft, in der sich die verschiedenen Lebensbereiche vielfältig untereinander verknüpfen und ineinander verschränken"[422], dient. Dieser hochgradig sensible Zustand komplizierter Vernetzung, der schon auf eine geringfügige Veränderung eines oder weniger Parameter in nicht voraussehbarer Weise reagiert, macht die mehr finale an Stelle der konditionalen Struktu-

---

[417] BVerfGE 49, 89, 133 (Kalkar) m.w.N.

[418] Vgl. BVerfGE 64, 261, 280.

[419] Vgl. W. Schmitt Glaeser, ZUM 1985, 523, 527. - Zur Planung durch Gesetz unter verfassungsrechtlicher Perspektive vgl. allgemein P. Badura, in: FS für H. Huber, 1981, S. 15 ff. m.w.N. S. 19 Fn. 20.

[420] Im Sinne K. R. Poppers; vgl. dazu oben 4. Kap. B. I., IV. Inkurs.

[421] P. Badura, in: FS für H. Huber, 1981, S. 15, 20. Vgl. allgemein zum Thema "Planorientierte Gesetzgebung und Plangesetz" W. Mößle, Regierungsfunktionen des Parlaments, 1986, S. 216 ff.

[422] W. Schmitt Glaeser, ZUM 1985, 523, 527.

rierung experimenteller Rechtssätze erforderlich. Sind die Auswirkungen einer Entscheidung nicht kalkulierbar, kann also die "Dann"-Komponente des "klassischen" Tatbestand-Rechtsfolge-Schemas nicht "isoliert" werden, ist auch das "Wenn" nicht im Sinne einer generellen Entscheidungsvorbestimmung durch den Gesetzgeber determinierbar. Vielmehr kann der Gesetzgeber einer solchen Situation sachnotwendig nur mit einem Zweckprogramm, einer final programmierten Norm begegnen, die das angestrebte, freilich verfassungsmäßige Ziel vorgibt, den Weg zu diesem Ziel aber bewußt und wesensgemäß in den Grenzen gewisser Leitprinzipien und des Zumutbaren offen- und der untergesetzlichen Konkretisierung überläßt[423].

Dies bedingt die "Relativierung" der rechtsstaatlichen Vorhersehbarkeits- und Bestimmbarkeitsgebote bei Gesetzesexperimenten[424]. Deren Ziel, im Blick auf die Wirklichkeitsgerechtigkeit der endgültigen Ordnung Erfahrungen über die tatsächlichen Strukturen des Regelungsbereichs zu gewinnen, ist nur erreichbar, "wenn die gesetzlichen Regelungen in hinreichendem Maße offen und flexibel, in ihrer Verwirklichung also anpassungsfähig sind, eben Spielraum für Erprobungen lassen und nicht immer nur *eine* Möglichkeit der Konkretisierung autorisieren. Ein Experimentiergesetz muß dem Wesen nach mit starren Regelungen sparsam umgehen und den Akzent eher auf dynamische Elemente legen"[425]. Nur dann kann es helfen, das Ungewißheitsrisiko der Rechtssetzung zu vermindern[426].

Über das Moment der Rechtssicherheit mit dem Bestimmtheitsgebot eng verbunden ist der mit dem rechtsstaatlichen Grundsatz der Verläßlichkeit staatlichen Handelns angesprochene Vertrauensschutzgedanke[427]. Staatliche Hoheitsakte müssen nicht nur so klar abgefaßt, sondern sie sollen auch so bestandskräftig sein, daß sich der Bürger auf sie einigermaßen verlassen kann[428]. Das zunächst im "einfachen" Verwaltungsrecht entwik-

---

[423] Zum Ganzen vgl. ebd., 527 f.

[424] Vgl. auch *M. Kloepfer*, VVDStRL 40 (1982), 63, 96; *W. Braun*, VerwArch. 76 (1985), 24, 158, 164.

[425] *W. Schmitt Glaeser*, ZUM 1985, 523, 526.

[426] So auch *W. Berg*, Die verwaltungsrechtliche Entscheidung bei ungewissem Sachverhalt, 1980, S. 303 ff.

[427] Verfassungsdogmatisch gründet der Grundsatz des Vertrauensschutzes in den Grundrechten sowie dem Rechts- und Sozialstaatsprinzip. Vgl. dazu *G. Kisker*, VVDStRL 32 (1974), 149, 161 f.; *V. Götz*, in: FG für BVerfG, Bd. 2, 1976, S. 421, 422.

kelte Vertrauensschutzprinzip hat in der rechtsstaatlich verfaßten Ordnung die Bewahrung eines schutzwürdigen Vertrauens des Bürgers in die Rechtmäßigkeit und den Fortbestand jeglicher, ihn begünstigender Hoheitsakte zum Inhalt[429].

Dieses Vertrauen der Adressaten eines Experimentier- oder Erprobungsgesetzes scheint zunächst gefährdet im Hinblick auf dessen normative Wirkkraft. Zwar kommt dem legislativen Experiment infolge der wesensgemäßen Irreversibilität von Experimentfolgen eine - unter dem Gesichtspunkt des Übermaßverbots zu legitimierende - "weichenstellende Funktion" zu. Wegen der befristeten Geltungsdauer und dem erkennbaren Erprobungscharakter des Gesetzes kann sich jedoch kein schutzwürdiges Vertrauen dahingehend entwickeln, daß die durch das Experimentiergesetz selbst geschaffene Realität auf unbestimmte Zeit aufrechterhalten wird. Befristung und Erprobungszweck machen allen Beteiligten und Betroffenen des Experimentiergesetzes klar, daß durch das Gesetz erworbene Rechtspositionen nur vorübergehend bestehen[430], insoweit ein "Vertrauensschaden" also nicht entstehen kann.

Anders verhält es sich im Hinblick auf die Durch- und Fortführung des Gesetzesexperiments. Das einmal eingeleitete legislative Experiment hat bei den Betroffenen einen Vertrauenstatbestand des Inhalts geschaffen, daß das Gesetz grundsätzlich bis zu dessen von vornherein festgesetztem Auslauf bestehen bleibt. Diesem - schutzwürdigen - Vertrauen ist durch das Zu-Ende-führen des Experiments Rechnung zu tragen. Es darf nicht "ohne triftigen Grund" vorzeitig abgebrochen werden[431].

---

[428] Vgl. *Th. Maunz/G. Dürig/R. Herzog*, in: Maunz/Dürig, Kommentar zum Grundgesetz, Art. 20, VII. Rechtsstaatlichkeit (1960/1980), Rn. 58.

[429] Vgl. ebd., Rn. 64.

[430] So ausdrücklich BayVerfGH BayVBl. 1987, 77, 110, 111.

[431] So auch *I. Richter*, in: FS für H. Becker, 1979, S. 63, 80; *F. Ossenbühl*, Das elterliche Erziehungsrecht im Sinne des Grundgesetzes, 1981, S. 131 f.; *M. Kloepfer*, VVDStRL 40 (1982), 63, 95; *L. Mader*, JbRSoz. 13 (1988), 211, 216. - Ein solcher triftiger Grund könnte zum Beispiel durch das Entstehen der verfassungsrechtlichen Pflicht zur "Nachbesserung" von Gesetzen gegeben sein.

6. Kapitel

Die Organisationsbedingungen für privaten Rundfunk im Blick auf das Gebot der Meinungsvielfalt im Experiment - eine exemplarische Skizze

An den Beginn der Untersuchung wurde die Darstellung legislativer Experimente im Entwicklungsprozeß der Telekommunikation gestellt[1]. Sie diente der beispielhaften Veranschaulichung der situativen Initialfaktoren, die in der jüngsten Gesetzgebungspraxis zu einer experimentellen Rechtssetzung führten. Insbesondere im Bereich des von den Bundesländern zunächst einheitlich intendierten Kabelversuchsprogramms wurde jedoch deutlich, daß Ziel und Zweck der Versuche, ihre Ausgestaltung und Auswertung nicht konsequent verfolgt und umgesetzt wurden; die beabsichtigte Harmonisierung der Landesmediengesetzgebung auf der Grundlage gewonnener bzw. zu gewinnender Erkenntnisse mißlang.

Diese Erfahrungen mit (einem Ausschnitt aus) der Wirklichkeit experimenteller Gesetzgebungstätigkeit sowie die ungenügend ausdifferenzierte Verfassungsrechtsprechung zu Umfang und Grenzen eines legislativen Experimentierspielraums provozierten den Versuch, Ansätze einer Theorie der experimentellen Gesetzgebung zu entwickeln sowie die an sie vom Verfassungsrecht her zu stellenden Anforderungen und Voraussetzungen herauszuarbeiten.

Im folgenden soll die Abhandlung durch eine Exemplifizierung der auf abstrakter Ebene gefundenen Ergebnisse abgerundet werden. Sie nimmt sich - in der rundfunkrechtlichen Materie verharrend sowie der Aktualität der Problemstellung Rechnung tragend - die Erprobung der Organisationsbedingungen des privaten Rundfunks zum Gegenstand, die zu regeln sich mittlerweile alle (Landes-)Gesetzgeber entweder in Versuchs- oder in Dauergesetzen nach der eingetretenen Veränderung der "Sondersituation" im Rundfunkwesen entschlossen haben.

Die hier nicht mehr zu bewältigende Dimension des Rechtsgebiets "Rundfunk(verfassungs)recht" nötigt dabei zum einen zur Beschränkung auf eine Skizze, die lediglich einige wenige Gesichtspunkte aufgreift. Ihr

---

[1] Siehe oben 1. Kap.

geht es dabei - dem Untersuchungsgegenstand und Erkenntnisinteresse der Abhandlung entsprechend - allein um die verfassungsrechtsdogmatische Verortung der wichtigsten, etwa in der Diskussion über die Kabelversuchsgesetze angeführten rechtlichen Erwägungen im Zusammenhang mit dem spezifischen Experimentcharakter dieser Gesetze. Es wird daher weder angestrebt, ein neues Kapitel in der (mittlerweile Bibliotheken füllenden) Diskussion über die Dogmatik und Struktur der verfassungsrechtlichen Rundfunkfreiheit im Blick auf die Zulassung privater Rundfunkveranstalter aufzuschlagen, noch in die nähere Prüfung darüber einzusteigen sein, ob der *heutige* Kenntnisstand über die tatsächlichen Funktionsbedingungen des Rundfunkwesens eine hinreichend gesicherte Prognosegrundlage liefert, die es dem rechtsstaatlichen Gesetzgeber erlaubt, ein auf Dauer angelegtes und als abschließend konzipiertes Ordnungsmodell zu erlassen. Auf die Auseinandersetzungen hierzu wird in der folgenden Darstellung nur insoweit näher eingegangen werden[2], als dies für die genannte Zielsetzung erforderlich erscheint. Zum anderen zwingt die Breite der rechtlich und tatsächlich bei der Organisation des (Privat-)Rundfunks zu beachtenden Bedingungen zur Konzentration auf *einen* Faktor der experimentellen Situation sowie dessen wesentliche Merkmale: das verfassungsrechtliche Gebot der effektiv-gleichgewichtigen Meinungsvielfalt in Rundfunkprogrammen als das - neben der Staatsfreiheit - eine Herzstück der Rundfunkfreiheit.

Der Aufbau der Darstellung orientiert sich an dem oben[3] vorgeschlagenen Modell der Zweispurigkeit der verfassungsrechtlichen Prüfung: Der Begründung einer gesetzgeberischen Erprobungspflicht als Folge der besonderen Ungewißheit über die Auswirkungen jeglicher Organisationsregelung (dazu A.) folgen die verfassungsrechtlichen Determinanten des gesetzgeberischen Spielraums zur Ausgestaltung eines entsprechenden Versuchsgesetzes (dazu B.).

A. Die Pflicht zum mediengesetzlichen Experiment als Folge der (grund)rechtserheblichen Ungewißheit über die zukünftigen Funktionsbedingungen der Rundfunkfreiheit

Die Sondersituation im Rundfunkwesen rechtfertigte angesichts der "Medium"- und "Faktor"-Funktion des Rundfunks nach der Rechtspre-

---

[2] Dabei überdies ohne Anspruch auf vollständige Verarbeitung der einschlägigen Literatur.

[3] Siehe 5. Kap. B. II. - IV.

chung des Bundesverfassungsgerichts zur Rundfunkfreiheit des Art. 5 Abs.
1 Satz 2 GG zunächst die Beschränkung auf die öffentlich-rechtliche Struktur der Rundfunkveranstaltungsträgerschaft[4]. Mit zunehmender Verbesserung der technischen und finanziellen Bedingungen stellte sich die medienpolitische wie -rechtliche Frage nach der Öffnung des Rundfunkmarktes auch für privatwirtschaftlich strukturierte Veranstalter. An dieser entzündet(e) sich der medienpolitische (Grundsatz-)Streit zwischen hier progressiv wirkenden, bemerkenswerterweise gemeinhin eher konservativ eingestuften Kräften und die Beibehaltung überkommener Strukturen favorisierenden Positionen, ob sich bei Zulassung von privaten Rundfunkveranstaltern im Programmangebot pluralistische Ausgewogenheit einstellt.

Für den von Verfassungs wegen zur Schaffung einer "positiven Ordnung" im Rundfunkbereich verpflichteten (Landes-)Gesetzgeber ergab oder ergibt sich hier das (Prognose-)Problem, daß die hochgradige Ungewißheit über die zukünftigen Funktionsbedingungen im Rundfunkbereich eine rationale Beantwortung dieser Frage nicht oder nur sehr bedingt zuläßt. Vor Erlaß einer entsprechenden Organisationsregelung ist der rechtsstaatliche Gesetzgeber daher - gleich, ob ihn Art. 5 Abs. 1 Satz 2 GG zur Zulassung privater Rundfunkveranstalter zwingt oder er sich aus medienpolitischen Erwägungen dazu entschließt - verpflichtet, hinreichende Prognosesicherheit herzustellen. Diesem Ziel dient ein Experimentier- oder Erprobungsgesetz, das nur die (vorläufige) Einführung des Privatrundfunks zum Gegenstand haben kann. Wird die zu überprüfende Aussage: "Es gibt nicht (Einführung von) Privatrundfunk ohne (Erhaltung der) Meinungsvielfalt"[5] anhand der durch das Experiment gewonnenen Erfahrung widerlegt, da der Rundfunk nach Zulassung privater Rundfunkveranstalter dem Gebot der Ausgewogenheit nicht mehr entspricht, so ist jedenfalls die Prognose, daß bei auch außenpluraler Organisation des Rundfunks (jedenfalls so) die Meinungsvielfalt auf Dauer nicht aufrechterhalten bleibt, eine gesichertere als diejenige, die das bestreitet, und hinreichend, die Verfassungswidrigkeit eines endgültigen Ordnungsmodells nach Art des erprobten zu begründen. Das - freilich zu kontrollierende und dann verantwortbare - Wagnis eines solchen Ergebnisses ist die Konsequenz aus der die Erprobungspflicht auslösenden Ungewißheit, d.h. der Ergebnisoffenheit des Experiments[6].

---

[4] Dazu siehe oben 1. Kap. A. III. 1.

[5] Zur Logik des Experiments siehe oben 4. Kap. A., B. III.

[6] Vgl. auch *W. Schmitt Glaeser*, VBlBW 1981, 337, 344.

I. Der tatsächliche Auslöser: der Wegfall der Sondersituation

Die Art und Weise der Sicherung der in Art. 5 Abs. 1 Satz 2 GG gewährleisteten Freiheit des Rundfunks wurde zunächst maßgeblich durch die "Sondersituation" im Rundfunkwesen bestimmt. Sie wurde vom Bundesverfassungsgericht erstmals im Jahre 1961[7] im Gegenbild zur Presse entwickelt, ist gekennzeichnet durch die Knappheit an verfügbaren Frequenzen und den hohen finanziellen Aufwand für die Veranstaltung von Rundfunksendungen und erforderte besondere organisatorische und programminhaltliche Vorkehrungen zur Verwirklichung und Sicherung der Rundfunkfreiheit. Im Hinblick auf diese verfassungsrechtlich relevanten Rahmenbedingungen war die Veranstaltung von Rundfunksendungen in der Bundesrepublik Deutschland "jedenfalls vorerst"[8] öffentlich-rechtlichen Rundfunkanstalten vorbehalten.

Mit Zeitablauf hat sich die tatsächliche Lage grundlegend verändert. Vor allem die zunehmende Breitbandverkabelung, der forcierte Einsatz der Satellitentechnik und auch eine Ausweitung der terrestrischen Frequenzbereiche[9] führten zu einer Vermehrung der Empfangsmöglichkeiten und zu einer maßgeblichen Verbesserung der Voraussetzungen für die Veranstaltung und Verbreitung von Rundfunkprogrammen[10]. Obwohl nicht in vergleichbarem Umfang[11], so haben sich auch die ökonomischen Bedingungen, insbesondere auf dem Hörfunksektor derart gewandelt, daß die These von der Sondersituation als nicht mehr wirklichkeitsgerecht angesehen werden kann. Hinzu treten überdies die "Anzeichen für die Entstehung eines europäischen, wenn nicht über Europa hinausreichenden Rundfunkmarktes"[12].

---

[7] Vgl. BVerfGE 12, 205, 261 (1. Fernseh-Entscheidung); siehe aber auch die 2. Fernseh-Entscheidung aus dem Jahre 1971, BVerfGE 31, 314, 326, und die 3. Fernseh-Entscheidung aus dem Jahre 1981, BVerfGE 57, 295, 322 f.

[8] BVerfGE 31, 314, 326 (2. Fernseh-Entscheidung); vgl. auch BVerfGE 57, 295, 323 (3. Fernseh-Entscheidung).

[9] Zur Entwicklung der technischen Bedingungen siehe oben 1. Kap., vor A.

[10] So auch BVerfGE 73, 118, 121 f. (4. Fernseh-Entscheidung).

[11] Vgl. ebd., 123 f. Kritikwürdig ist allerdings, daß das Gericht insoweit vorrangig auf Fernseh-Vollprogramme abstellt und seine Prognose, daß sich "zwei, höchstens drei bundesweite private, auf Werbeeinnahmen angewiesene Anbieter von Vollprogrammen" werden behaupten können, nicht weiter begründet. Vgl. *W. Schmitt Glaeser*, DVBl. 1987, 14, 15; *ders.*, AÖR 112 (1987), 215, 219 f.

Ist diese Verbesserung der die Sondersituation im Rundfunkbereich bislang begründenden Umstände heute zwar weitgehend anerkannt[13], so fehlte es jedenfalls in der bundesverfassungsgerichtlichen Rechtsprechung[14] und zumindest bis zum Vorliegen der ersten Erfahrungsberichte von die Kabelpilotprojekte begleitenden, wissenschaftlichen Kommissionen an deren hinreichender Belegung durch die Ergebnisse einer entsprechenden Rechtstatsachenforschung.

II. Die aufkommende Fragestellung: die Öffnung der Rundfunklandschaft für Private

Mit der Feststellung der Verfassungsmäßigkeit des öffentlich-rechtlichen Rundfunksystems verband das Bundesverfassungsgericht schon in seiner "1. Fernseh-Entscheidung"[15] die grundsätzliche Anerkennung privaten Rundfunks, wenn er nur seiner Organisationsform nach hinreichende Gewähr böte, daß in ihm in ähnlicher Weise wie in den öffentlich-rechtlichen Anstalten alle gesellschaftlich relevanten Kräfte zu Wort kämen, und die Freiheit der Berichterstattung unangetastet bliebe[16]. Konnte diesen inhaltlichen Anforderungen aus Art. 5 Abs. 1 Satz 2 GG nach der folgenden Rechtsprechung des Gerichts wegen des Frequenz- und Finanzvorbehalts

---

[12] BVerfGE 73, 118, 124 (4. Fernseh-Entscheidung). Dieser Aspekt war vor allem Gegenstand des von der Bertelsmann-Stiftung vom 26. bis 28. November 1987 in Gütersloh ausgerichteten Symposiums "Offene Rundfunkordnung". Vgl. dazu die Beiträge in dem gleichnamigen Band, hrsg. von E.-J. Mestmäcker, 1988.

[13] Siehe stellvertretend W. Schmitt Glaeser, Kabelkommunikation und Verfassung, 1979, S. 20 ff., 33 ff., 111 ff.; ders., VBlBW 1981, 337, 339 f.; ders., AÖR 112 (1987), 215, 218 f.; P. Lerche, in: M. Bullinger/F. Kübler (Hrsg.), Rundfunkorganisation und Kommunikationsfreiheit, 1979, S. 15, 32 ff.; M. Bullinger, Kommunikationsfreiheit im Strukturwandel der Telekommunikation, 1980, bes. S. 23 ff.; ders., AÖR 108 (1983), 161, 173 ff.; R. Ricker, AfP 1980, 140, 141; H. Bethge, Die verfassungsrechtliche Problematik der Zulassung von Rundfunkveranstaltern des Privatrechts, 1981, S. 59 ff.; U. Scheuner, Das Grundrecht der Rundfunkfreiheit, 1982, S. 66 ff.; P. Selmer, Bestands- und Entwicklungsgarantien für den öffentlich-rechtlichen Rundfunk in einer dualen Rundfunkordnung, 1988, S. 17 f., 22 f.

[14] Vgl. zur Kritik schon oben 1. Kap., unter A. III. 1. mit Nachweisen.

[15] Vgl. BVerfGE 12, 205, 262.

[16] Bereits oben 1. Kap., unter C. I., wurde darauf hingewiesen, daß es sich bei der hier anerkannten privatrechtlichen Organisationsform mit binnenpluralistischer Struktur lediglich um eine "Rechtsformenvertauschung" handelte. Vgl. E. Kull, FuR 1981, 644, 644; vgl. auch W. Schmitt Glaeser, DVBl. 1987, 14, 16; ders., AÖR 112 (1987), 215, 220.

nur eine öffentlich-rechtlich strukturierte Ordnung des Rundfunkwesens Rechnung tragen, so findet sich in der "3. Fernseh-Entscheidung"[17] die erste ausdrückliche Erwähnung der Möglichkeit auch privatrechtlicher Ausgestaltung des Rundfunksystems im Sinne des außenpluralistischen Modells. Dennoch blieb es auch nach Veränderung der Sondersituation "bei dem verfassungsrechtlichen Erfordernis gesetzlicher Vorkehrungen zur Gewährleistung der Freiheit des Rundfunks"[18].

Für die Auslegung der verfassungsrechtlichen Garantie und damit für die Beurteilung der Anforderungen an die Rundfunkgesetzgebung kommt der technisch-finanziellen Fortentwicklung allerdings grundlegende Bedeutung zu[19]. Es besteht "eine unmittelbare Korrelation zwischen der jeweiligen realen Befindlichkeit des Rundfunks und der verfassungsrechtlich geforderten Eigenart und Intensität der die Rundfunkfreiheit ausgestaltenden landesgesetzlichen Vorschriften"[20]. Unter Berücksichtigung der einstweilen faktisch fortwirkenden (Sonder-)Situation auch nach Fortfall der sie bedingenden Ursachen[21] bedarf es daher bei Zulassung privater Rundfunkveranstalter weiterhin ausreichender, gesetzlicher Vorkehrungen zur Sicherung der Freiheit des Rundfunks. Dieser darf, jedenfalls für eine Übergangszeit, nicht dem "freien Spiel der Kräfte"[22] überlassen werden. Damit ist freilich dem außenpluralistischen Organisationsmodell an sich keine Absage erteilt. Vielmehr ist dies eine Frage der "Stringenz gesetzlicher Ausgestaltung im einzelnen"[23].

Allerdings ist unentschieden die Frage, ob als Folge der anerkannten Verbesserung der die Sondersituation begründenden Umstände eine verfassungsrechtliche *Pflicht* zur Zulassung von Rundfunkveranstaltern des Privatrechts entsteht. Sie läßt sich auf die im Zentrum der rundfunkverfassungsrechtlichen Diskussion stehende und vom Bundesverfassungsgericht

---

[17] Vgl. BVerfGE 57, 295, 325 ff.

[18] Ebd., 322.

[19] Vgl. BVerfGE 73, 118, 154 (4. Fernseh-Entscheidung).

[20] *P. Selmer*, Bestands- und Entwicklungsgarantien für den öffentlich-rechtlichen Rundfunk in einer dualen Rundfunkordnung, 1988, S. 23.

[21] In diesem Sinne zutreffend differenzierend ebd., S. 22 f.

[22] BVerfGE 57, 295, 323 (3. Fernseh-Entscheidung).

[23] *W. Schmitt Glaeser*, ZUM 1985, 523, 524; ders., AÖR 112 (1987), 215, 239 Fn. 119 mit Nachweisen der gegenteiligen Auffassungen.

bislang offengelassene[24] Frage zurückführen, ob es sich bei der Rundfunkfreiheit um eine individualrechtliche Gewährleistung[25] oder um eine vorrangig institutionelle oder objektiv-rechtliche Garantie[26] handelt[27].

---

[24] Vgl. ausdrücklich BVerfGE 57, 295, 318 (3. Fernseh-Entscheidung); auch in den beiden
folgenden Fernseh-Entscheidungen (BVerfGE 73, 118 ff.; 74, 297 ff.) stand die Frage nicht zur
Entscheidung an. - Allerdings wird in der Literatur etwa von *Ch. Pestalozza*, NJW 1981, 2158,
2159, und *F. Kübler*, Medienverflechtung, 1982, S. 83 f., auch vertreten, daß sich das Gericht
gegen eine solche Pflicht ausgesprochen habe. Anders m.w.N. *W. Schmitt Glaeser*, AÖR 112
(1987), 215, 216 f.

[25] So stellvertretend *W. Rudolf*, Über die Zulässigkeit privaten Rundfunks, 1971, S. 21 f., 65
ff., 78 ff.; *W. Weber*, FS für E. Forsthoff, 1972, S. 467, 471, 474; *R. Scholz*, JuS 1974, 299, 303 f.;
ders., AfP 1983, 261, 264; *H.-H. Klein*, Die Rundfunkfreiheit, 1978, S. 20, 32 ff., 41 ff.; *ders.*,
Der Staat 20 (1981), 177, 185 ff.; *W. Rudolf/W. Meng*, Rechtliche Konsequenzen der Entwicklung auf dem Gebiet der Breitbandkommunikation für die Kirchen, 1978, S. 49; *W. Schmitt
Glaeser*, Kabelkommunikation und Verfassung, 1979, S. 140 ff.; *ders.*, AÖR 97 (1972), 60, 81
ff., 101 ff., 116; *ders.*, Der Staat 13 (1974), 573, 579; *ders.*, AÖR 112 (1987), 215, 236 ff.; *M.
Bullinger*, Kommunikationsfreiheit im Strukturwandel der Telekommunikation, 1980, S. 61 ff.,
71 ff.; *ders.*, AÖR 108 (1983), 161, 189 f., 193 ff.; *Th. Oppermann*, JZ 1981, 721, 726; *R. Ricker*,
NJW 1981, 1925, 1926; *E. Kull*, AfP 1981, 378, 380 f., 383; *U. Scheuner*, Das Grundrecht der
Rundfunkfreiheit, 1982, S. 15 ff., 22 ff., 44 ff.; *K. Stern*, DVBl. 1982, 1109, 1114 ff.; *Ch. Starck*,
JZ 1983, 405, 407 f.; *P. J. Tettinger*, JZ 1984, 400, 404; *R. Herzog*, in: Maunz/Dürig, Kommentar
zum Grundgesetz, Art. 5 Abs. I, II (1968/1982/1987), Rn. 236; *Ch. Degenhart*, BayVBl. 1986,
577, 583; *D. Merten*, in: EvStL, 3. Aufl. 1987, Sp. 2085, 2089 f.; *J. Stender-Vorwachs*, "Staatsferne" und "Gruppenferne" in einem außenpluralistisch organisierten privaten Rundfunksystem,
1988, S. 69 ff.; *P. Selmer*, Bestands- und Entwicklungsgarantien für den öffentlich-rechtlichen
Rundfunk in einer dualen Rundfunkordnung, 1988, S. 42 ff.

[26] So stellvertretend *K. Stern/H. Bethge*, Öffentlich-rechtlicher und privatrechtlicher Rundfunk, 1971, S. 41 ff.; *W. Lieb*, Kabelfernsehen und Rundfunkgesetze, 1974, S. 231 ff.; *H. D. Jarass*, Die Freiheit der Massenmedien, 1978, S. 155 ff.; *W. Hoffmann-Riem*, Rundfunkfreiheit
durch Rundfunkorganisation, 1979, S. 15 ff.; *ders.*, in: E. Benda u.a. (Hrsg.), Handbuch des
Verfassungsrechts der Bundesrepublik Deutschland, 1983, S. 389, 406 ff., 411 ff. m.w.N. der
gegensätzlichen Auffassungen; *W. Schmidt*, Die Rundfunkgewährleistung, 1980, S. 82 ff., 92 ff.;
ders., Rundfunkvielfalt, 1984, S. 13, 97; *F. Kübler*, Medienverflechtung, 1982, S. 84 f.; *P. Badura*, Verfassungsrechtliche Bindungen der Rundfunkgesetzgebung, 1980, S. 22 ff., 78; *H. Bethge*,
Die verfassungsrechtliche Problematik der Zulassung von Rundfunkveranstaltern des Privatrechts, 1981, S. 17 ff., 39 ff., 42 ff., 78 ff.; *ders.*, Rundfunkfreiheit und privater Rundfunk, 1985,
S. 24 ff.; *M. Stock*, Zur Theorie des Koordinationsrundfunks, 1981, S. 34 ff.; *ders.*, Koordinationsrundfunk im Modellversuch, 1981, S. 167 ff.; *ders.*, Medienfreiheit als Funktionsgrundrecht, 1985, S. 157 ff.; *E. W. Böckenförde/J. Wieland*, AfP 1982, 77 ff.; ebenso wohl *D. Grimm*,
VVDStRL 42 (1984), 46, 68 ff.:"Rundfunk als kulturelle Institution". Zurückhaltend gegenüber einer subjektiv-rechtlichen Interpretation auch *P. Lerche*, in: M. Bullinger/F. Kübler
(Hrsg.), Rundfunkorganisation und Kommunikationsfreiheit, 1979, S. 15, 36, 38 ff.; *ders.*, Presse und privater Rundfunk, 1984, S. 14 f., 25 ff.

[27] Vgl. zusammenfassend die jüngsten Darstellungen von *H. Bethge*, Rundfunkfreiheit und
privater Rundfunk, 1985, S. 23 ff.; *J. Stender-Vorwachs*, "Staatsferne" und "Gruppenferne" in ei-

Eine umfassende Auseinandersetzung mit den dazu vertretenen Auffassungen kann hier jedoch unterbleiben. Die hier interessierenden und darzulegenden Gesichtspunkte, die nach relevanter Veränderung der den Privatrundfunk bislang ausschließenden tatsächlichen Situation eine Pflicht des Mediengesetzgebers zu dessen Erprobung begründen, knüpfen nicht an die Einschätzung der Rundfunkfreiheit als primär individualrechtliche oder mehr objektiv-rechtliche Garantie an. Eine solche Erprobungspflicht trifft, wie noch darzustellen sein wird, wegen der qualifizierten Ungewißheit über die Fortentwicklung des Rundfunkwesens jeden den Privatrundfunk regelungswilligen Gesetzgeber, unabhängig davon, ob er dazu aus Art. 5 Abs. 1 Satz 2 GG verpflichtet ist oder nicht. Nur bei Betonung des individualrechtlichen Charakters der Rundfunkfreiheit allerdings tritt der Erprobungspflicht die Prüfungspflicht des Gesetzgebers zur Seite, ob und inwieweit das verfassungsrechtliche Gebot der Meinungsvielfalt auch durch eine privatwirtschaftliche Strukturierung des Rundfunks erreicht werden kann.

Für das Verständnis der Rundfunkfreiheit "als primär subjektivrechtliches Abwehrrecht unter Einschluß einer dem Grundrecht immanenten Gründungs- und Veranstalterfreiheit"[28] sprechen allerdings vor allem folgende Überlegungen[29]: Die Rundfunkfreiheit des Art. 5 Abs. 1 Satz 2 GG ist eingebettet in den Grundrechtsteil der Verfassung. Die Freiheit des Rundfunks ist vom Verfassunggeber ersichtlich gleichrangig neben die anderen Freiheiten des Art. 5 Abs. 1 Satz 2 GG von Presse und Film gestellt, deren Individualrechtscharakter in diesem Sinne außer Frage steht. Sowohl für Presse und Film als auch für den Rundfunk werden in Art. 5 GG Freiheitsgewährleistung und Einschränkungsmöglichkeiten in gleicher Weise geregelt. Grundrechte ohne spezifisch individualrechtlichen Charakter kennt das Grundgesetz aber nicht. Vielmehr verkörpern sie in erster Linie individuelle Rechte, die durch ihre Funktion als objektive Prinzipien lediglich eine Verstärkung erfahren[30]. Das Bundesverfassungsgericht[31] betont

---

nem außenpluralistisch organisierten privaten Rundfunksystem, 1988, S. 60 ff.; *P. Selmer*, Bestands- und Entwicklungsgarantien für den öffentlich-rechtlichen Rundfunk in einer dualen Rundfunkordnung, 1988, S. 42 ff.

[28] *P. Selmer*, Bestands- und Entwicklungsgarantien für den öffentlich-rechtlichen Rundfunk in einer dualen Rundfunkordnung, 1988, S. 44 f.

[29] Dazu stellvertretend sowie mit "erfrischender Deutlichkeit" (*W. Schmitt Glaeser*, DÖV 1984, 175, 175) und Klarheit *U. Scheuner*, Das Grundrecht der Rundfunkfreiheit, 1982, S. 15 ff., 22 ff., 30 ff., 44 ff. und passim.

[30] Vgl. BVerfGE 7, 198, 204 f. (Lüth-Urteil); 50, 290, 337 (Mitbestimmung).

insofern die Funktionsgleichheit von Rundfunk und Presse: Beide sind
"Medium" und "Faktor" der öffentlichen Meinungsbildung. Diese Funktionen entspringen allerdings dem gleichen subjektiven Recht auf Meinungs-
äußerung und -verbreitung[32]. Andernfalls würde aus der grundrechtlichen
Freiheit schlechthin eine Freiheit, um zu[33]. Ihr primärer Schutzzweck liegt
in der individuellen Freiheitsverbürgung. Der objektiv-rechtliche Schutz
der individuellen Entfaltung durch Schaffung einfach-gesetzlicher Ausge-
staltungsregelungen[34] ist demgegenüber nicht gleichbedeutend. Diese können jedoch die Individualrechtsgarantie in gewisser Weise überlagern. In
diesem Sinne fordert das Bundesverfassungsgericht vom einfachen Gesetzgeber die Schaffung einer "positiven Ordnung", die durch Organisations-
und Verfahrensvorschriften die Pluralitätsanforderungen an den Rundfunk
und damit die Rezipientenfreiheit sicherstellt. Insoweit kommt der Organi-
sationsgesetzgebung ihrer "komplementären Sicherungsaufgabe"[35] entsprechend lediglich eine "Ausgleichsfunktion"[36] zu, die die subjektiv-rechtliche
Bedeutungsschicht der Rundfunkfreiheit in ihrem Bestand nicht erschüttert, sondern bekräftigt. *P. Selmer*[37] bringt dies jüngst auf die Formel: "indi-
vidualrechtsvernachlässigende Ausgestaltung der objektivrechtlich verstandenen Rundfunkfreiheit, soweit als zu deren Gewährleistung nötig; Gewährung subjektivrechtlicher Gründungs- und Veranstaltungsfreiheit, soweit als bei Wahrung angemessener Meinungsvielfalt möglich."[38]

---

[31] BVerfGE 12, 205, 260 (1. Fernseh-Entscheidung); auch BVerfGE 57, 295, 319 f. (3.
Fernseh-Entscheidung).

[32] Dazu eingehend *W. Schmitt Glaeser*, Mißbrauch und Verwirkung von Grundrechten im
politischen Meinungskampf, 1968, S. 81 ff.; *ders.*, AÖR 97 (1972), 60, 81 ff.

[33] Eine Tendenz, die freilich schon in der Rechtsprechung des Bundesverfassungsgerichts
zur Meinungsfreiheit allgemein angelegt ist. Vgl. dazu *W. Schmitt Glaeser*, AÖR 97 (1972), 60,
81 ff.; *ders.*, AÖR 113 (1988), 52, 53 ff.; jeweils mit Nachweisen.

[34] Allgemein zur Verwirklichung der Verfassung bzw. der Grundrechte durch die einfache
Gesetzgebung *P. Häberle*, Die Wesensgehaltgarantie des Artikel 19 Abs. 2 Grundgesetz, 3.
Aufl. 1983, S. 180 ff.; *K. Hesse*, Grundzüge des Verfassungsrechts der Bundesrepublik
Deutschland, 16. Aufl. 1988, Rn. 303 ff.

[35] *R. Scholz*, JuS 1974, 299, 304; auch *W. Schmitt Glaeser*, Kabelkommunikation und Verfassung, 1979, S. 153.

[36] So *P. Selmer*, Bestands- und Entwicklungsgarantien für den öffentlich-rechtlichen Rundfunk in einer dualen Rundfunkordnung, 1988, S. 47 ff.

[37] Ebd., S. 48.

[38] "Dieser Auffassung kann die Zustimmung wohl nur verweigern, wer entweder eine subjektiv-rechtliche Seite des Art. 5 I 2 GG völlig leugnet oder unter allen Umständen die Ent-

Demnach kommt mit der Verbesserung der finanziellen und technischen Bedingungen der Rundfunkveranstaltung der individualrechtlichen Komponente zunehmende Bedeutung zu und stellt sich im Blick auf die Sicherstellung der gleichgewichtigen Meinungsvielfalt im Programmangebot die Frage nach dem "Wie" der organisationsrechtlichen Ausgestaltung auch privatrechtlich getragener Rundfunkveranstaltung.

III. Die rundfunkverfassungsrechtliche Vorgabe: das Gebot der Meinungsvielfalt

Jegliche (gesetzgeberische) Entwicklung von Regelungsmodellen muß sich dabei in den Grenzen der die Realisierung der Rundfunkfreiheit sichernden, verfassungsrechtlichen Grundsätze halten. Hierzu zählt neben dem Gebot der Staatsfreiheit[39] die Freiheit von einseitiger gesellschaftlicher Einflußnahme auf den Rundfunk. Dies ergibt sich aus der Aufgabe und der Eigenart dieser Freiheitsgarantie: Sie dient der Gewährleistung freier, umfassender, individueller wie öffentlicher und wahrheitsgemäßer Meinungsbildung[40]. Um eben das zu erreichen, "was Art. 5 Abs. 1 GG gewährleisten will"[41] oder "soll"[42], bedarf es, wie das Bundesverfassungsgericht in ständiger Rechtsprechung ausführt, auf (landes)parlamentarischer Ebene der Entscheidung über die Grundlinien der Rundfunkordnung im Wege der Errichtung einer "positiven Ordnung"; eine lediglich negatorische Gestaltung wird dem nicht gerecht[43].

---

wicklung privaten Rundfunks verhindern will" (*W. Schmitt Glaeser*, Die Verwaltung 22 [1989], 124, 125).

[39] Vgl. BVerfGE 12, 205, 260, 262 (1. Fernseh-Entscheidung); 31, 314, 329 (2. Fernseh-Entscheidung); 57, 295, 320 (3. Fernseh-Entscheidung); 60, 53, 64 (Rundfunkrat); 73, 118, 152 (4. Fernseh-Entscheidung); 74, 297, 324 (5. Fernseh-Entscheidung). Näher dazu *W. Schmitt Glaeser*, AÖR 112 (1987), 215, 242 f.; *J. Stender-Vorwachs*, "Staatsferne" und "Gruppenferne" in einem außenpluralistisch organisierten privaten Rundfunksystem, 1988, S. 136 ff.

[40] Vgl. BVerfGE 57, 295, 319, 321 (3. Fernseh-Entscheidung); zuletzt BVerfGE 74, 297, 324 (5. Fernseh-Entscheidung).

[41] BVerfGE 57, 295, 320 (3. Fernseh-Entscheidung).

[42] BVerfGE 73, 118, 153 (4. Fernseh-Entscheidung); 74, 297, 324 (5. Fernseh-Entscheidung).

[43] BVerfGE 57, 295, 320 f. (3. Fernseh-Entscheidung). Zuletzt BVerfGE 74, 297, 324 (5. Fernseh-Entscheidung).

Der Gesetzgeber hat hier "Vorkehrungen zu treffen, die sicherstellen, daß der Rundfunk nicht einer oder einzelnen Gruppen ausgeliefert wird, daß die in Betracht kommenden gesellschaftlichen Kräfte im Gesamtprogramm zu Wort kommen und daß die Freiheit der Berichterstattung unangetastet bleibt ..."[44]. Die Vielfalt der bestehenden Meinungen muß im Rundfunk in möglichster Breite und Vollständigkeit Ausdruck finden (effektive[45] und gleichgewichtige Vielfalt), und es muß auf diese Weise umfassende Information geboten werden[46]; dies auch und gerade um der Rezipienten willen[47]. Darüber hinaus bedarf es der Normierung verbindlicher Leitgrundsätze, die ein Mindestmaß von inhaltlicher Ausgewogenheit, Sachlichkeit und gegenseitiger Achtung gewährleisten[48].

Der "gebotene Viefaltsstandard"[49] gilt im Falle des binnenpluralistisch organisierten Integrationsrundfunks, bei dem "der Einfluß der in Betracht kommenden Kräfte intern, durch Organe der jeweiligen Veranstalter vermittelt wird"[50], für jeden einzelnen Veranstalter[51]. Sie sind in ihrem Programm zu inhaltlicher Ausgewogenheit verpflichtet, sie dürfen "nicht *eine* Tendenz verfolgen, sondern ... müssen im Prinzip allen Tendenzen Raum geben"[52]. Dem genügt (halbwegs[53]) die Aufstellung "einer sachgerechten,

---

[44] BVerfGE 57, 295, 322 (3. Fernseh-Entscheidung) m.w.N.

[45] Dazu insbesondere *P. Lerche*, NJW 1982, 1676, 1677 f.

[46] Siehe BVerfGE 57, 295, 322 (3. Fernseh-Entscheidung); 74, 297, 324 (5. Fernseh-Entscheidung).

[47] Vgl. *W. Schmitt Glaeser*, AÖR 112 (1987), 215, 244 m.w.N.

[48] Vgl. BVerfGE 12, 205, 263 (1. Fernseh-Entscheidung); 31, 314, 326 (2. Fernseh-Entscheidung); 57, 295, 325 (3. Fernseh-Entscheidung); 59, 231, 258 f. (Rundfunkmitarbeiter); 73, 118, 153 (4. Fernseh-Entscheidung).

[49] *P. Lerche*, NJW 1982, 1676, 1678 f.

[50] BVerfGE 57, 295, 325 (3. Fernseh-Entscheidung); 73, 118, 153 (4. Fernseh-Entscheidung).

[51] Vgl. BVerfGE 57, 295, 326 (3. Fernseh-Entscheidung).

[52] BVerfGE 59, 231, 258 (Rundfunkmitarbeiter). *R. Groß*, DVBl. 1982, 1118, 1119, spricht zusammenfassend davon, "daß ein plurales Gesamtprogramm unter Einschluß von Minderheitenpositionen geboten ist".

[53] Zur Kritik insoweit vgl. *W. Schmitt Glaeser*, VBlBW 1981, 337, 341; *ders.*, BayVBl. 1985, 97, 105 Fn. 65 m.w.N.; *U. Scheuner*, Das Grundrecht der Rundfunkfreiheit, 1982, S. 78; *R. Herzog*, in: Maunz/Dürig, Kommentar zum Grundgesetz, Art. 5 Abs. I, II (1968/1982/1987), Rn. 219 f., 232; *H. Gröner*, in: E.-J. Mestmäcker (Hrsg.), Offene Rundfunkordnung, 1988, S. 349, 353. Allgemein zur Fiktion des organisierten Pluralismus in der durch Strukturverlust gekennzeichneten modernen Gesellschaft siehe *M. Zöller*, Das Prokrustes-System, 1988.

der bestehenden Vielfalt prinzipiell Rechnung tragenden Bestimmung und Gewichtung der maßgeblichen gesellschaftlichen Kräfte und der Sicherstellung des effektiven Einflusses desjenigen Organs, in dem diese vertreten sind"[54].

Bei einer außenpluralistischen Organisationsstruktur des Rundfunkwesens obliegt den einzelnen Veranstaltern hingegen keine Ausgewogenheit[55]. Im Blick auf das Ziel jeglicher, die Rundfunkfreiheit ausgestaltenden Regelung wäre eine Ausgewogenheitsverpflichtung gegenüber den einzelnen Veranstaltern in einem außenpluralistischen Modell mit privaten Rundfunkträgern systemwidrig[56]. Das Gebot der Ausgewogenheit kann sich hier nur auf die Gesamtheit aller angebotenen Rundfunkprogramme beziehen[57].

Für jegliches (Misch-)Modell des Nebeneinander von öffentlich-rechtlicher und privater Rundfunkveranstaltungträgerschaft im Sinne einer "dualen Rundfunkordnung" ist folglich "zu beachten, daß die verfassungsrechtlich gewährleistete Rundfunkfreiheit das gesamte Rundfunksystem betrifft, nicht nur den privaten, sondern auch den öffentlich-rechtlichen Rundfunk"[58]. Im Blick auf die Wahrnehmung des "klassischen Auftrags" des öffentlich-rechtlichen Anstaltsrundfunks, der "Grundversorgung"[59], - und auch, um die Zulässigkeit privaten Rundfunks Wirklichkeit werden zu lassen[60] -, ist daher ein "*Grundstandard* gleichgewichtiger Vielfalt" in der Gesamtheit der privaten Rundfunkangebote ausreichend wie erforderlich.

---

[54] BVerfGE 57, 295, 325 (3. Fernseh-Entscheidung).

[55] Ebd., 326. Doch bleiben sie zu sachgemäßer, umfassender und wahrheitsgemäßer Information und einem Mindestmaß an gegenseitiger Achtung verpflichtet (vgl. ebd.). Vgl. auch BVerfGE 73, 118, 153 (4. Fernseh-Entscheidung).

[56] Vgl. auch *W. Schmitt Glaeser*, AÖR 112 (1987), 215, 255.

[57] Vgl. BVerfGE 57, 295, 325 (3. Fernseh-Entscheidung); 73, 118, 153, 157 (4. Fernseh-Entscheidung).

[58] BVerfGE 73, 118, 157 (4. Fernseh-Entscheidung).

[59] Ebd. Zum - umstrittenen - Inhalt des Begriffs siehe stellvertretend *K. Berg*, AfP 1987, 457 ff.; *E. W. Fuhr*, ZUM 1987, 145 ff., bes. 151 ff.; *W. Schmitt Glaeser*, DÖV 1987, 837, 838 ff.; *E. Kull*, AfP 1987, 462 ff.; *Ch. Degenhart*, ZUM 1988, 47, 48 ff.; *P. Selmer*, Bestands- und Entwicklungsgarantien für den öffentlich-rechtlichen Rundfunk in einer dualen Rundfunkordnung, 1988, S. 76 ff. Neuerdings dazu, unter dem Aspekt der Neugründung von öffentlich-rechtlichen Rundfunkanstalten, *H. Goerlich/B. Radeck*, JZ 1989, 53 ff.

[60] Hier kann von einem "Gebot faktischer Zulässigkeit" gesprochen werden. Vgl. *W. Schmitt Glaeser*, DVBl. 1987, 14, 16 f.; *ders.*, AÖR 112 (1987), 215, 251 f.

Verpflichtet diese verfassungsrechtliche Anforderung zwar nicht zur Herstellung einer arithmetischen Gleichheit der Meinungsrichtungen, so sind doch die *"wesentlichen* Voraussetzungen von Meinungsvielfalt" erfaßt[61]: "die Möglichkeit für *alle* Meinungsrichtungen - auch diejenigen von Minderheiten -, im privaten Rundfunk zum Ausdruck zu gelangen, und den Ausschluß einseitigen, in hohem Maße ungleichgewichtigen Einflusses einzelner Veranstalter oder Programme auf die Bildung der öffentlichen Meinung, namentlich die Verhinderung des Entstehens vorherrschender Meinungsmacht". Die "strikte Durchsetzung dieses Grundstandards durch materielle, organisatorische und Verfahrensregelungen sicherzustellen", ist Aufgabe des Gesetzgebers. "Insbesondere obliegt es ihm, Tendenzen zur Konzentration rechtzeitig und so wirksam wie möglich entgegenzutreten ..."[62] Auch muß er "eine begrenzte Staatsaufsicht vorsehen, den Zugang zur Veranstaltung privater Rundfunksendungen regeln und, solange dieser nicht jedem Bewerber eröffnet werden kann, Auswahlregelungen treffen, welche den Bewerbern eine gleiche Chance eröffnen ..."[63].

Wann allerdings in diesem Sinne gleichgewichtige Vielfalt im Rundfunkwesen erreicht ist, läßt sich "nicht exakt bestimmen, weil es hierfür an eindeutigen Maßstäben fehlt; es handelt sich um einen Zielwert, der sich stets nur annäherungsweise erreichen läßt"[64]. Daher geht es allein um ein Mindestmaß an Vielfalt, das durch eine positive Ordnung im Rahmen des Möglichen sicherzustellen ist[65].

In den Grenzen dieser verfassungsrechtlichen Vorgaben liegt das "Wie" der Sicherung der Rundfunkfreiheit im einzelnen in der Hand des Gesetzgebers. Insbesondere schreibt ihm das Grundgesetz "keine bestimmte Form der Rundfunkorganisation vor"[66]. Insofern steht dem Gesetzgeber ein Ge-

---

[61] Stellvertretend zu den Vielfaltsanforderungen an den privaten Rundfunk siehe *P. Lerche*, NJW 1982, 1676 ff.; *R. Ricker/F. Müller-Malm*, ZUM 1987, 208 ff.; *W. Schmitt Glaeser*, DVBl. 1987, 14, 17 ff.; *ders.*, AÖR 112 (1987), 215, 243 ff.

[62] Die vorstehenden Zitate entstammen BVerfGE 73, 118, 160 (4. Fernseh-Entscheidung).

[63] Ebd., 153 f.

[64] Ebd., 156.

[65] Vgl. *W. Schmitt Glaeser*, AÖR 112 (1987), 215, 245. Siehe auch *P. Lerche*, Presse und privater Rundfunk, 1984, S. 27: Nach der Öffnung des Rundfunkmarktes für Private sei der Staat allenfalls dazu ermächtigt, "gewisse Grundbedingungen für ein Funktionieren freiheitlicher Meinungsbildung im privaten Bereich ... sicherzustellen".

[66] BVerfGE 57, 295, 321 (3. Fernseh-Entscheidung); siehe auch BVerfGE 74, 297, 324 (5. Fernseh-Entscheidung), und schon BVerfGE 12, 205, 261 (1. Fernseh-Entscheidung).

staltungs- sowie ein Prognosespielraum darüber zu, wie sich eine rundfunk-
organisatorische Regelung im Hinblick auf die geforderte pluralistische
Ausgewogenheit der Gesamtheit der Programme auswirkt.

IV. Das organisationsrechtliche (Prognose-)Problem: die Auswirkungen der Zulassung privater Rundfunkveranstalter auf die Meinungsvielfalt im Programmangebot

Dieser Spielraum begründet zugleich das Problem des die Rundfunkfreiheit ausgestaltenden Gesetzgebers. Steht die prinzipielle verfassungsrechtliche Zulässigkeit der Beteiligung Privater am Rundfunk außer Zweifel, so
bleibt dennoch im Blick auf das Pluralismusgebot die Frage nach ihrer Organisation und Reichweite im einzelnen. Die Vielfalt und Vielschichtigkeit
der dabei zu beachtenden Aspekte begründen eine besondere Unsicherheit
des Rundfunkgesetzgebers[67]. Ihm stehen zwar zahlreiche Regelungsmöglichkeiten zur Gewährleistung und Sicherung der Rundfunkfreiheit zur
Verfügung. Über die zukünftige Verfassungskonformität der konkreten
Ausgestaltung hier denkbarer Grundkonzeptionen lassen sich allerdings im
Hinblick auf die Neuartigkeit des Mediums und die Geschwindigkeit der
technischen Entwicklung nur unzureichende Aussagen treffen.

Dies kann allerdings nicht angenommen werden für die Möglichkeit der
Übertragung der für den öffentlich-rechtlichen Rundfunk gefundenen Organisationsform des Binnenpluralismus auch auf private Veranstalter, daß
also auch für den privaten Rundfunk interne Ausgewogenheit verlangt und
durch den Einfluß eines pluralistisch besetzten Gremiums des jeweiligen
Veranstalters gewährleistet wird. Diesbezüglich besteht für den Gesetzgeber im Hinblick auf das Gebot der Meinungsvielfalt kein Prognoseproblem

---

[67] "Die Zukunft ist hier in besonderem Maße ungewiß ..." (*P. Lerche*, in: M. Bullinger/F.
Kübler [Hrsg.], Rundfunkorganisation und Kommunikationsfreiheit, 1979, S. 15, 46); es geht
hier um eine "höchst komplexe Frage" (*ders.*, Presse und privater Rundfunk, 1984, S. 48). Vgl.
auch *W. Schmitt Glaeser*, Kabelkommunikation und Verfassung, 1979, S. 111 ff., 136 ff., 175;
ders., BayVBl. 1985, 97, 104 f.; *ders.*, ZUM 1985, 523, 525; *ders.*, DVBl. 1987, 14, 20. - Ausgehend von der kulturrechtlichen Dimension der Rundfunkgewährleistung konstatiert auch *D.
Grimm*, VVDStRL 42 (1984), 46, 74, 78, daß Aussagen über die kulturellen Auswirkungen einer Einbeziehung privatwirtschaftlich betriebenen Rundfunks in ein ordnungspolitisches Konzept größtenteils prognostische Züge tragen und in Ermangelung ausreichender empirischer
Erfahrungen derzeit noch nicht zuverlässig getroffen werden können (gleichwohl rechnet *ders.*,
a.a.O., 75, damit, "daß die wichtige Kulturinstitution Rundfunk unter kommerziellen Bedingungen ein kulturelles Defizit hinterläßt").

solchen Ausmaßes, daß eine Pflicht zur zunächst befristeten Erprobung ausgelöst wird. Zwar könnte aus legislativer Sicht die Verfassungsmäßigkeit auch dieses Modells als unsicher eingestuft werden[68]. Diese Unsicherheit beruhte jedoch vorrangig auf der nach wie vor umstrittenen Frage nach einer verfassungsrechtlichen Pflicht zur Zulassung privater Rundfunkveranstalter im Rahmen eines jedenfalls auch außenpluralistisch strukturierten Systems, deren Beantwortung maßgeblich vom Grundrechtsverständnis des Art. 5 Abs. 1 Satz 2 GG bestimmt ist, und nicht auf dem (Prognose-)Problem der Geeignetheit zur Erreichung eines ausgewogenen Programmangebots.

Gleiches muß dem Ergebnis nach für eine Organisationsform gelten, die den Rundfunk den "Eigengesetzlichkeiten des Wettbewerbs"[69], dem "freien Spiel der Kräfte"[70] analog der Situation im Pressebereich überläßt. Auch insoweit besteht keine verfassungsrechtsrelevante Prognoseunsicherheit, die eine Pflicht zur entsprechenden Erprobung begründen würde. Jedenfalls vorerst muß davon ausgegangen werden, daß eine solche Organisationsform nicht garantieren kann, daß im Gesamtprogramm alle oder wenigstens ein nennenswerter Teil der gesellschaftlichen Gruppen auch tatsächlich zu Wort kommen, mithin ein "Meinungsmarkt" entsteht[71].

Zwischen diesen beiden gegensätzlichen Modellen sind jedoch eine Vielzahl anderer organisatorischer Lösungen denkbar[72], die eine Ergänzung und Bereicherung des bisherigen, öffentlich-rechtlich strukturierten Rundfunksystems ermöglichen. Neben einem betont außenpluralistischen Ord-

---

[68] Überzeugend gegen die Zulässigkeit, privaten Rundfunkveranstaltern die Bedingungen einer binnenpluralistischen Struktur aufzuerlegen, argumentieren *W. Schmitt Glaeser*, Kabelkommunikation und Verfassung, 1979, S. 172 ff. und passim; *U. Scheuner*, Das Grundrecht der Rundfunkfreiheit, 1982, S. 84 ff. Gegen die Verfassungsmäßigkeit einer solchen Regelung ließe sich auch das "Gebot faktischer Zulässigkeit" des Privatrundfunks (*W. Schmitt Glaeser*, DVBl. 1987, 14, 16 f., *ders.*, AÖR 112 [1987], 215, 251 f., unter Bezugnahme auf BVerfGE 73, 118, 157 [4. Fernseh-Entscheidung]) anführen. - Anders *W. Schmidt*, Rundfunkvielfalt, 1984, S. 92 ff.

[69] BVerfGE 57, 295, 322 (3. Fernseh-Entscheidung).

[70] Ebd., 323.

[71] Vgl. BVerfGE 31, 314, 326 (2. Fernseh-Entscheidung); 57, 295, 323 (4. Fernseh-Entscheidung).

[72] Ausführlich zu den Organisationsmöglichkeiten des Privatrundfunks vgl. etwa *Ch. Starck*, JZ 1983, 405, 408 ff.; *P. Lerche*, Presse und privater Rundfunk, 1984, S. 16 ff., 20 ff.; *R. Ricker*, Privatrundfunk-Gesetze im Bundesstaat, 1985, S. 72 ff.; *K.-W. Piette*, Meinungsvielfalt im privaten Rundfunk, 1988, S. 23 ff.

nungsmodell kommen vielfältige Misch- und Koordinationsmodelle in Betracht, die außen- und binnenpluralistische Strukturmerkmale kombinieren oder Übergänge zwischen beiden Organisationsformen vorsehen.

Das außenpluralistische Modell setzt auf Vielfalt durch Vielzahl. Hier sind private Veranstalter nicht zur gleichmäßigen Berücksichtigung aller Meinungsrichtungen in ihrem jeweiligen Programm verpflichtet; vielmehr haben sie - freilich unter der Aufsicht einer staatsfernen öffentlich-rechtlichen Anstalt - die Freiheit zur eigenverantwortlichen Programmgestaltung. Hinsichtlich der Ausgestaltung im einzelnen sind hier wie auch bei den Mischformen der Phantasie (fast) keine Grenzen gesetzt. Es sind die unterschiedlichsten Vielfaltsmaßstäbe und Instrumente der Vielfaltssicherung vorstellbar, die überdies je nach Programmart und -reichweite variieren können[73].

Zu keinem dieser denkbaren Modelle und Modellausprägungen läßt sich eine hinreichend rechtstatsächlich abgesicherte und damit rationale Aussage treffen, ob und inwieweit sie dem verfassungsrechtlichen Gebot der Tauglichkeit zur Gewährleistung umfassender Information und Meinungsbildung unter Berücksichtigung des "Gebots der faktischen Zulässigkeit" *(W. Schmitt Glaeser)* privaten Rundfunks genügen. Dies gilt gleichermaßen für den zuständigen Landesgesetzgeber wie für die zur Normenkontrolle berufene Verfassungsgerichtsbarkeit[74]. Der Mangel hinreichender Tatsachenkenntnisse ist also insoweit ein objektives Problem.

Daran vermag auch die Fülle der medienpolitischen wie -rechtlichen Erwägungen für und wider den Privatrundfunk nichts ändern. Die Einschätzungen in Literatur und Rechtsprechung zur Relevanz potentieller Gefährdungen, die eine (Teil-)Privatisierung des Rundfunks mit sich bringen kann und infolge derer mehr oder weniger starke Beschränkungen der privaten Rundfunkveranstaltung bzw. (Ausbau der) Privilegierungen der öffentlich-rechtlichen Rundfunkanstalten als erforderlich angesehen werden, gründe(te)n - abgesehen von der grundsätzlichen Einstellung dazu, ob Rundfunkfreiheit auch Veranstalterfreiheit bedeutet - weitgehend auf empirisch nicht oder nur dürftig substantiierten Prognosen über die zukünftige Ent-

---

[73] Dementsprechend variantenreich stellt sich auch die momentane Organisation des Privatrundfunks in der Bundesrepublik Deutschland dar.

[74] Sie kann bei der Überprüfung der einer Prognoseentscheidung zugrundeliegenden Tatsachenannahmen des Gesetzgebers hier zu keinem anderen Ergebnis gelangen.

wicklung der Medienlandschaft[75]. Dies gilt in gleichem Maße[76] für die Erwartung des Entstehens "multimedialer Meinungsmacht"[77] durch Medienverflechtung[78] wie etwa für die Annahme eines Verlustes der gesellschaftlich-demokratischen Integrationsfunktion des Mediums infolge seiner "Kommerzialisierung"[79] und Abhängigkeit von den "Gesetzen" des Wettbewerbs[80] oder für die Besorgnis eines Tendenzrundfunks bzw. der Banalisierung des Programmangebots[81] und der Überforderung der Rezipientenge-

---

[75] Vgl. auch *U. Scheuner*, Das Grundrecht der Rundfunkfreiheit, 1982, S. 72 ff.; *R. Stettner*, ZUM 1986, 559, 566 f. mit Fn. 62; *ders.*, Rundfunkstruktur im Wandel, 1988, S. 21 ff. mit Fn. 100; *W. Schmitt Glaeser*, DÖV 1987, 837 ff., bes. 840 ff.; *K. Seemann*, ZUM 1987, 255, 256 ff., 263 ff.; *St. Ory*, ZUM 1987, 427 ff., bes. 432 ff.; *E. Kull*, AfP 1987, 568 ff.; *Ch. Degenhart*, ZUM 1988, 47, 52; *P. Selmer*, Bestands- und Entwicklungsgarantien für den öffentlich-rechtlichen Rundfunk in einer dualen Rundfunkordnung, 1988, S. 64 ff.

[76] Obwohl die Argumentationen "verfassungsrechtliche Dignität" (*P. J. Tettinger*, JZ 1984, 400, 401) für sich in Anspruch nehmen.

[77] BVerfGE 73, 118, 176 (4. Fernseh-Entscheidung). *Ch. Degenhart*, ZUM 1987, 595, 595, spricht hier von einer "beeindruckenden Alliteration, aber nur bedingt aussagefähigen Formel".

[78] Dazu etwa *W. Lieb*, Kabelfernsehen und Rundfunkgesetze, 1974, S. 207 f.; *E.-J. Mestmäcker*, Medienkonzentration und Meinungsvielfalt, 1978; *W. Hoffmann-Riem*, Rundfunkfreiheit durch Rundfunkorganisation, 1979, S. 36 f.; *H. Bethge*, Die verfassungsrechtliche Problematik der Zulassung von Rundfunkveranstaltern des Privatrechts, 1981, S. 44 ff., 110; *F. Kübler*, Medienverflechtung, 1982; *M. Bullinger*, AÖR 108 (1983), 161, 178 ff.; *P. Lerche*, Presse und privater Rundfunk, 1984, S. 30 ff., 37 ff.; *J. Wolf*, Medienfreiheit und Medienunternehmen, 1985, S. 398 ff. - Einen regelmäßigen Überblick über den Stand der Verflechtung von Medienunternehmen gibt *H. Röper*, in: Media Perspektiven, zuletzt 1988, 749 ff.

[79] Zum Begriff "Kommerzfunk" siehe *W. Schmitt Glaeser*, DÖV 1986, 819 ff.

[80] Dazu etwa *W. Lieb*, Kabelfernsehen und Rundfunkgesetze, 1974, S. 252 f.; *H. Bethge*, Die verfassungsrechtliche Problematik der Zulassung von Rundfunkveranstaltern des Privatrechts, 1981, S. 46 ff.; Evangelische Kirche in Deutschland, Die neuen Informations- und Kommunikationstechniken, 1985, S. 65, 72 f. (daher sei die "umfassende gesellschaftliche Kontrolle der Programmveranstalter zu gewährleisten"); zum Aspekt der Kommerzialisierung auch *P. Badura*, Verfassungsrechtliche Bindungen der Rundfunkgesetzgebung, 1980, S. 51. - Zur Anwendbarkeit wettbewerbsrechtlicher Regelungen auf den Rundfunk vgl. *F. Kübler*, Medienverflechtung, 1982, S. 52 ff.; *M. Bullinger*, AÖR 108 (1983), 161, 205 ff.; *P. Lerche*, Presse und privater Rundfunk, 1984, S. 52 ff.; *J. Wolf*, Medienfreiheit und Medienunternehmen, 1985, S. 415 ff.; *V. Emmerich/U. Steiner*, Möglichkeiten und Grenzen der wirtschaftlichen Betätigung der öffentlich-rechtlichen Rundfunkanstalten, 1986; *P. Selmer*, Bestands- und Entwicklungsgarantien für den öffentlich-rechtlichen Rundfunk in einer dualen Rundfunkordnung, 1988, S. 36 ff.; ferner die Beiträge in: W. Hoffmann-Riem (Hrsg.), Rundfunk im Wettbewerbsrecht, 1988, sowie in: E.-J. Mestmäcker (Hrsg.), Offene Rundfunkordnung, 1988.

[81] Dazu z.B. *W. Hoffmann-Riem*, Rundfunkfreiheit durch Rundfunkorganisation, 1979, S. 36 ff.; *M. Bullinger*, Kommunikationsfreiheit im Strukturwandel der Telekommunikation, 1980, S. 53 ff.; *H. Bethge*, Die verfassungsrechtliche Problematik der Zulassung von Rundfunkveran-

meinschaft durch eine zu große Programmvielzahl[82]. Im übrigen stehen diesen Einschätzungen ohnehin Erwägungen zu den möglichen Chancen gesteigerter Freiheitsentfaltung in einer offenen Rundfunkordnung oder auch zur Auswahlfreiheit und Selbstverantwortung des "mündigen" Rezipienten gewichtig entgegen[83].

Vielmehr ist die Frage, ob, inwieweit und unter welchen Bedingungen im einzelnen die verfassungsrechtlich gebotene effektiv-gleichgewichtige Meinungsvielfalt im Rundfunkbereich unter der Beteiligung Privater erreicht und gesichert werden kann, von unabsehbar vielen, je aufeinander bezogenen und einander bedingenden Umständen[84], wie etwa der Zahl der Bewerber, der Art und Anzahl der angebotenen Programme, deren Reichweite und Akzeptanz oder der Finanzierungsmöglichkeiten, abhängig. Plastisch umschreibt *M. Bullinger*[85] das Dilemma, in dem sich der Gesetzgeber hier befindet: "Auf der einen Seite gilt es, effiziente Sicherungen zu finden, die es dem Gesetz ersparen, als verfassungswidrig verworfen zu werden. Auf der anderen Seite besteht die Gefahr, eine verfassungsmäßige Ordnung für den außenpluralen Rundfunk zu schaffen, die so viele und so effiziente Sicherungen enthält, daß sie Initiativen lähmt und letztlich damit als Ordnung leerläuft, vergleichbar einem Automobil, das im wesentlichen aus Bremsen und anderen Sicherheitsvorkehrungen besteht, aber einen zu schwachen Motor besitzt."

Jegliche "endgültige" normative Regelungsentscheidung in dieser Situation, die zum einen ("jedenfalls vorerst") den Rundfunk nicht dem "freien Spiel der Kräfte" überläßt, zum anderen aber die Gewährleistung der Pro-

---

staltern des Privatrechts, 1981, S. 46; *M. Stock*, Zur Theorie des Koordinationsrundfunks, 1981, S. 58 ff.

[82] Dieser Aspekt wird erwähnt von *U. Scheuner*, Das Grundrecht der Rundfunkfreiheit, 1982, S. 75 f. - Hier entsteht freilich die Gefahr einer in sich widersprüchlichen Argumentation.

[83] Siehe dazu nur *W. Schmitt Glaeser*, VBlBW 1981, 337, 341; *P. J. Tettinger*, JZ 1984, 400, 401, 408; *Ch. Degenhart*, ZUM 1988, 47, 47 f.; *H. Gröner*, in: E.-J. Mestmäcker (Hrsg.), Offene Rundfunkordnung, 1988, S. 349, 349 ff. Weitere durchschlagende Argumente gegen die genannten Befürchtungen finden sich bei *U. Scheuner*, Das Grundrecht der Rundfunkfreiheit, 1982, S. 72 ff. - Zu den (freiheitsverwirklichenden) Prinzipien des Wettbewerbs im Rundfunkwesen siehe die Beiträge in: E.-J. Mestmäcker (Hrsg.), Offene Rundfunkordnung, 1988.

[84] Vgl. z.B. die Aufzählung relevanter Faktoren von *W. Schmitt Glaeser*, ZUM 1985, 523, 525 f.

[85] AfP 1982, 69, 74.

grammvielfalt wie die Realisierung des Privatrundfunks erwarten läßt, basierte demnach auf einer derart hochgradig unsicheren Prognosebasis, daß
eine rationale und verantwortungsbewußte Aussage über die verfassungsrechtliche Haltbarkeit zum Zeitpunkt ihres Erlasses nicht möglich wäre,
und trüge daher die ernsthafte Wahrscheinlichkeit der Notwendigkeit einer
baldigen Korrektur von vornherein in sich.

V. Die verfassungsrechtliche Folge:
die Prüfungs- und Erprobungspflicht des Rundfunkgesetzgebers

Werden die angeführten Gesichtspunkte in einem Gesamtzusammenhang gewürdigt, so führen sie von Verfassungs wegen sowohl zu einer Prüfungs- als auch zu einer Erprobungspflicht des Gesetzgebers.

Die die Beschränkung auf das binnenpluralistisch organisierte, öffentlich-rechtliche Rundfunksystem legitimierenden technischen und wirtschaftlichen Umstände scheinen sich insoweit tatsächlich geändert zu haben, als eine Öffnung der Rundfunkkommunikation für private Unternehmer auch und gerade im Blick auf die Gewährleistung freier und umfassender Meinungsbildung im Bereich realistischer Möglichkeiten liegt. Ist die
in dieser Hinsicht relevante Veränderung der Sondersituation zwar weitgehend anerkannt, so fehlt(e) es doch an einer ausreichenden rechtstatsächlichen Untersuchung, die in umfassender Weise diese Einschätzung durch
Erhebung der notwendigen faktischen Daten belegt. Nicht nur dieser Mangel an Tatsachenkenntnissen über die Bedingungen der Veranstaltung von
Rundfunk, sondern auch die besondere Komplexität und Unabsehbarkeit
der die Zukunft des Rundfunkwesens beeinflussenden, sich schnell wandelnden technischen, politischen, gesellschaftlichen und ökonomischen
Faktoren machen eine rationale Prognose über die Auswirkungen einer
Zulassung auch privater Rundfunkveranstalter auf den Prozeß der öffentlichen Meinungsbildung annähernd unmöglich.

In dieser Situation ergibt sich zum einen - ausgehend von der individualrechtlichen Interpretation der Rundfunkfreiheit des Art. 5 Abs. 1 Satz 2
GG - für den grundrechtsausgestaltenden Gesetzgeber eine Prüfungspflicht, die darin besteht zu prüfen, ob und inwieweit der Rundfunkfreiheit,
namentlich der verfassungsrechtlich gebotenen Meinungsvielfalt im Programmangebot, durch die Zulassung privatrechtlicher Rundfunkveranstalter Rechnung getragen werden kann[86].

Damit deckt sich zum anderen - wegen der in den Grenzen des absehbar Verfassungswidrigen besonderen Unsicherheit über die Verfassungs(non)-konformität jeglicher Regelungsausgestaltung - als funktionales Äquivalent zur "Nachbesserungspflicht" die Pflicht des Gesetzgebers zur entsprechenden Erprobung und Erfahrungssammlung im Vorfeld einer nachfolgenden, "endgültigen" und wirklichkeitsgerechten Normsetzung. Im Hinblick auf das verfassungsrechtliche Erfordernis einer gesetzlichen Ausgestaltung des Rundfunkwesens ist hier der Privatrundfunk-Gesetzgeber zum Erlaß eines befristeten Versuchsgesetzes verpflichtet, das die Bedingungen privater Rundfunkveranstaltung zum Zwecke der Sammlung von Erkenntnissen über deren Auswirkungen auf die Meinungsvielfalt im Gesamtangebot der Rundfunkprogramme zunächst nur vorläufig regelt. Jegliche als abschließend konzipierte Regelung trägt hier den Charakter bloßer Dezision und erzeugt wegen des ihr von vornherein innewohnenden Revisionspotentials eine (rechtsstaatlich) kaum erträgliche Rechtsunsicherheit zu Lasten der Rundfunkfreiheit. Demgegenüber enthält ein solches Gesetzesexperiment die vorsichtige und damit verantwortbare Prognoseprognose über seine Tauglichkeit zur Gewinnung ausreichender Erfahrungen über die Tauglichkeit des zur Erprobung gestellten und nicht von vornherein verfassungswidrigen Regelungsmodells zur Erreichung der verfassungsrechtlich gebotenen Meinungsvielfalt[87].

Insoweit kommt dem Gesetzgeber eine "erheblich größere Gestaltungsfreiheit"[88], ein Prognoseprognosespielraum zu.

---

[86] Vgl. *W. Schmitt Glaeser*, Kabelkommunikation und Verfassung, 1979, S. 160 ff., 174 f., 204; *U. Scheuner*, Das Grundrecht der Rundfunkfreiheit, 1982, S. 88 f. - Zur Prüfungspflicht des Gesetzgebers siehe näher oben 5. Kap., unter B. I. 3., III. 1.

[87] Diese aus der Vielzahl der, in ihren Auswirkungen aber höchst ungewissen Regelungsmöglichkeiten folgende Pflicht zur vorherigen Erprobung stellt sich damit in Gegensatz zur Konzeption *F. Küblers*, Medienverflechtung, 1982, S. 86 ff., der aus dieser Situation eine weite und umfassende Organisationsbefugnis des Gesetzgebers folgert. Zur Kritik vgl. auch *P. Lerche*, Presse und privater Rundfunk, 1984, S. 16 ff., 20 ff., 47 ff.

[88] So BVerfGE 57, 295, 324 (3. Fernseh-Entscheidung).

B. Determinanten eines Organisationsspielraums
im landesgesetzgeberischen Privatrundfunk-Experiment

Dieser Experimentierspielraum des Privatrundfunk-Gesetzgebers wird schon deshalb nicht zu eng bemessen werden dürfen, weil es dem Gesetzgeber hier gerade darum geht, im Blick auf die wegen der schlechthin konstituierenden Bedeutung der Rundfunkfreiheit für die freiheitlich demokratische Grundordnung[89] hohen verfassungsrechtlichen Anforderungen[90] an eine endgültige Rundfunkordnung diejenige Regelungsmöglichkeit zu identifizieren, die diesen gerecht wird.

Gleichwohl entbindet die Zielsetzung der Prognose*entwicklung* den experimentierenden Gesetzgeber nicht von der Verfassung. Vielmehr hat sich das den Privatrundfunk erprobende Gesetz in gleichem Maße in die Verfassungsordnung einzugliedern wie jedes "normale" Gesetz, entfaltet es doch ebenso wie dieses volle normative Geltungskraft.

Demnach kann auch nicht allein im Hinblick auf seinen Experimentcharakter für ein solches Gesetz eine Lockerung der pluralistischen Ausgewogenheitspostulate angenommen werden[91]. Sie gelten dem Grunde nach für dieses in gleichem Umfang wie für ein endgültiges, dauerhaft gedachtes Rundfunkgesetz[92].

Allerdings ist es gerade das objektive Problem, daß es an hinreichenden Tatsachenkenntnissen fehlt, die es erlauben würden zu beurteilen, *wie* diesen Anforderungen, dem Gebot der effektiv-gleichgewichtigen Vielfalt, bei Zulassung privater Rundfunkveranstalter Rechnung getragen werden kann. Hier können, wie dargelegt, allenfalls äußerste Grenzen gezogen werden, jenseits derer die Verfassungswidrigkeit einer entsprechenden Regelung von vornherein rechtstatsächlich begründbar festgestellt werden kann. Aus diesem Umstand ergibt sich für den regelungswilligen Gesetzgeber gleichermaßen die Zulässigkeit wie die Pflicht zur Erprobung einer Or-

---

[89] Vgl. BVerfGE 35, 202, 221 (Lebach); 59, 231, 265 f. (Rundfunkmitarbeiter).

[90] Der Landesgesetzgeber hat hier - das bestätigt auch der Blick auf die Rechtsprechung - davon auszugehen, daß ein Rundfunkgesetz der schärfsten Stufe verfassungsgerichtlicher Prognosekontrolle, der Inhaltskontrolle, unterliegt. So auch *Ch. Starck*, JZ 1983, 405, 407. Kritisch insoweit *St. Ory*, ZUM 1987, 427, 432 ff.

[91] Dies zieht jedoch *H. Bethge*, Rundfunkfreiheit und privater Rundfunk, 1985, S. 88, in Betracht.

[92] Ähnlich *W. Schmitt Glaeser*, Kabelkommunikation und Verfassung, 1979, S. 207 f.

ganisationsregelung, deren Verfassungsmäßigkeit zum Zeitpunkt ihres Erlasses (bloß) möglich ist. Ein solches Gesetz enthält notwendigerweise und allein die *Hypothese*, daß durch sein Ordnungsmodell ein Meinungspluralismus, wie ihn Art. 5 Abs. 1 Satz 2 GG verlangt, (nicht) erreicht werden kann. Diese Möglichkeit der Verfassungs(non)konformität unterliegt freilich, wie bereits mehrfach betont, der verfassungsgerichtlichen Kontrolle[93]. Allenfalls in diesem Sinne kann, wiewohl eben nur bedingt zutreffend, von einer Einschränkung der Ausgewogenheitspostulate an ein Privatrundfunk-Erprobungsgesetz gesprochen werden.

Ein Normerlaß auf solch unsicherem Grund kann von Verfassungs wegen indes nur hingenommen werden, wenn er nachvollziehbar die Möglichkeit eröffnet, die Kenntnisse zu erlangen, deren Fehlen die besondere (Prognose-)Unsicherheit des Gesetzgebers begründet. Die normativ-experimentelle Anordnung eines Privatrundfunk-Erprobungsgesetzes muß der intendierten Prognoseentwicklung dienen und geeignet sein, die Funktionsbedingungen eines auch außenplural organisierten Rundfunksystems zu identifizieren. Die sich daraus ergebenden Determinanten ziehen die Grenzen des dem Gesetzgeber hier von der kontrollierenden Verfassungsgerichtsbarkeit einzuräumenden Prognoseprognosespielraums. Die unerläßliche Einwirkung des Experimentiergesetzes auf die reale Befindlichkeit des Rundfunkwesens muß dabei in einem angemessenen Verhältnis zur erwarteten Erkenntnisgewinnung in dem Sinne stehen, daß eine relative Offenheit für die nachfolgend beabsichtigte legislatorische Entscheidung gewahrt bleibt. Gleichermaßen der Sensibilität und der Bedeutung der Rundfunkfreiheit Rechnung tragend wie der Zielsetzung des Gesetzesexperiments dienend ist ferner eine offene und flexible Abfassung der Versuchsbedingungen sowie die Befristung des Gesetzes.

I. Die Aussagefähigkeit des Versuchs

Mit der Zielsetzung, zu medienpolitisch brauchbaren Versuchsergebnissen über die Auswirkungen der (Teil-)Privatisierung des Rundfunks zu gelangen, unvereinbar ist ein sogenanntes "schonendes Design" der gesetzge-

---

[93] Von der allerdings für den Verwerfungsfall, der die Verneinung der qualifizierten Prognoseunsicherheit impliziert, eine profunde, empirisch fundierte Begründung verlangt werden muß, will sie den Vorwurf der Realitätsferne und der desintegrierenden Wirkung des Urteilsspruchs vermeiden.

berischen Versuchsanordnung. Gerade um Erkenntnisse hinsichtlich der vermuteten negativen Auswirkungen des Privatrundfunks zu gewinnen, muß im Rahmen des Möglichen und Verfassungsmäßigen alles gewagt werden, was man befürchtet[94]; es geht gerade um die Prüfung, ob die skeptische Haltung gegenüber dem privaten Rundfunk begründet ist. Nur dann ist der Versuch hinreichend aussagefähig und geeignet im Sinne des verfassungsrechtlichen Übermaßverbots[95]. Andernfalls würde lediglich die Gegenwart prolongiert, nicht die Zukunft erprobt[96]; der Versuch würde zum bloßen und dann, weil er die gesetzgeberische Prüfungs- und Erprobungspflicht ins Leere laufen ließe, verfassungswidrigen "Scheintest" degradiert.

Dies verbietet eine Ausgestaltung der Versuchsanordnung, die den experimentellen Faktor, den Privatrundfunk, organisatorisch derart einengt, daß die Erkennbarkeit von Wirkungs- und Funktionszusammenhängen in der experimentellen Situation, dem Rundfunkmarkt, von vornherein (weitgehend) vereitelt wird. Eine Erkenntnisträchtigkeit der Versuchsregelung verlangt vielmehr für den Privatrundfunk die Gewährung angemessener Start- und Entwicklungschancen sowie eine möglichst breite Versuchsanlage. Die Institutionalisierung einer begleitenden Beobachtung und Auswertung des Experiments versteht sich (fast) von selbst.

Hinsichtlich der hier erforderlichen Prognose über die Tauglichkeit des Versuchs in diesem Sinne wird sich die verfassungsgerichtliche Kontrollin-

---

[94] So ausdrücklich E. *Witte*, in: Bayerische Staatskanzlei (Hrsg.), Kabelpilotprojekt München, Bericht der Projektkommission, 1987, S. 1, 16; vgl. auch *ders.*, Leitlinien für die wissenschaftliche Begleitung von Pilotprojekten der Kabelkommunikation, 1978, S. 4: Es gilt "zu vermeiden, daß nach dem abgeschlossenen Experiment sich alle Seiten bestätigt fühlen, weil die Aussagen 'plausibel' und insofern 'trivial' seien ...". Ebenso nachdrücklich in diesem Sinne *W. Schmitt Glaeser*, Kabelkommunikation und Verfassung, 1979, S. 204 ff., 219; *ders.*, VBlBW 1981, 337, 344; *ders.*, BayVBl. 1985, 97, 104 f.; *ders.*, ZUM 1985, 523, 526; auch, wenngleich zurückhaltender, *P. Lerche*, NJW 1982, 1676, 1680. Siehe ferner die Empfehlung Nr. 15 der Kommission für den Ausbau des technischen Kommmunikationssystems, Telekommunikationsbericht, 1976, S. 12, 127. - Anders hingegen *M. Stock*, Zur Theorie des Koordinationsrundfunks, 1981, S. 69, 139 ff., 141.

[95] Das Experimentiergesetz muß überdies erforderlich sein, andernfalls nicht verfügbares Erfahrungswissen zur Beseitigung der Zweifel zu gewinnen. Inwieweit der jeweilige Landesrundfunkgesetzgeber auf interne Gesetzgebungsexperimente und auf Erfahrungen im In- und Ausland zurückgreifen kann bzw. konnte, muß hier jedoch außer Betracht bleiben, wobei im übrigen auch die Frage der Übertragbarkeit auf die konkrete Regelungssituation Testgegenstand sein kann.

[96] So auch *W. Schmitt Glaeser*, Kabelkommunikation und Verfassung, 1979, S. 214.

stanz noch viel weniger an die Stelle des Gesetzgebers setzen dürfen als bei einer endgültigen Rundfunkregelung[97].

1. Gewährung angemessener Start- und Entwicklungschancen

Die experimentelle (Teil-)Privatisierung des Rundfunks, die Errichtung eines dualen Rundfunksystems auf Probe bedeutet notwendig Konkurrenz zwischen den privatwirtschaftlich strukturierten Rundfunkveranstaltern und den bestehenden öffentlich-rechtlichen Rundfunkanstalten[98] und damit Wettbewerbsordnung auf einem entstehenden "Marktplatz der Meinungen"[99].

Wettbewerb aber fordert staatlicherseits insbesondere dort, wo - wie im Rundfunkbereich - dessen Bedingungen maßgeblich durch den Staat bestimmt werden, jedenfalls und gerade für die Erprobungsphase die Gewährung von Chancengleichheit[100]. Dabei geht es, worauf insbesondere *W. Schmitt Glaeser* immer wieder hingewiesen hat[101], um die Beachtung des Gebots inhaltlicher Gleichheit im Sinne des Art. 3 Abs. 1 GG, das dem Gesetzgeber bei seiner Entscheidung über die materiell-rechtliche Ausgestaltung seiner Regelungen die Beachtung der konkreten Umstände und der konkreten Merkmale der Regelungssituation aufgibt und ihn dabei zumindest an vernünftige Erwägungen bindet. Insoweit decken sich hier die Anforderungen des Gleichheitssatzes mit denen des Geeignetheitsgebots als Ausfluß des rechtsstaatlichen Übermaßverbots, das entsprechend der

---

[97] Hierzu kritisch *St. Ory*, ZUM 1987, 427, 432 ff.

[98] Und auch der Presse. Mit diesem Wettbewerbserfordernis verträgt sich keine Versuchsausgestaltung, die eine weitgehende Schonung der Presse bewirkt. Vgl. auch *E. Witte*, in: Bayerische Staatskanzlei (Hrsg.), Kabelpilotprojekt München, Bericht der Projektkommission, 1987, S. 16 f.

[99] *M. Bullinger*, AÖR 108 (1983), 161 ff.

[100] So, nicht auf eine Erprobungsphase beschränkt, *W. Schmitt Glaeser*, BayVBl. 1985, 97, 104; *ders.*, DÖV 1987, 837, 841; *Ch. Degenhart*, ZUM 1988, 47, 51 f. Vgl. auch BVerfGE 57, 295, 327 (3. Fernseh-Entscheidung), im Hinblick auf Zugangsregelungen zur Veranstaltung privater Rundfunksendungen. Grundsätzlich zum Gebot der Chancengleichheit im Wettbewerb siehe *P. Lerche*, Übermaß und Verfassungsrecht, 1961, S. 290 ff.

[101] Vgl. *W. Schmitt Glaeser*, BayVBl. 1985, 97 ff., bes. 104 f.; *ders.*, DÖV 1987, 837, 841. Vgl. aber etwa auch neuerdings *P. Selmer*, Bestands- und Entwicklungsgarantien für den öffentlich-rechtlichen Rundfunk, 1988, S. 31 ff.

(technologischen) Zielsetzung des Erprobungsgesetzes eine hinreichende Aussagefähigkeit des Versuchs gebietet.

Im solchermaßen einzunehmenden Blickwinkel bei der Betrachtung der tatsächlichen (Sonder-)Situation im Rundfunk- und Regelungsbereich zeigt sich die Konkurrenzlosigkeit der öffentlich-rechtlichen Rundfunkanstalten in einem doppelten Sinne. Ihrer auf der technischen, finanziellen und organisatorischen Ausstattung, der publizistischen Erfahrung, den geschäftlichen Verbindungen, der Qualifikation der Mitarbeiter und vielem mehr gegründeten, marktbeherrschenden Stellung *hatten*, bisher verfassungsrechtlich legitim, und *haben* aber auch - zu Beginn der Erprobung eines auch außenplural organisierten Rundfunksystems - privatwirtschaftlich strukturierte Rundfunkanbieter nichts (Gleichwertiges) entgegenzusetzen. Hier ist kein echter im Sinne von weitgehend dereguliertem Wettbewerb von Anfang an möglich[102]. Vielmehr muß der Gesetzgeber hier - gleichsam naturgemäß - ein "faktisches Gleichheitsdefizit"[103] der Wettbewerbschancen zu Lasten privater Rundfunkveranstalter konstatieren. Dies gilt gleichermaßen für den publizistischen Wettbewerb wie für die Marktchancen in wirtschaftlicher Hinsicht. Beide Gesichtspunkte erlangen hier, soweit sie sich überhaupt voneinander trennen lassen, rechtliche Relevanz. Zwar mag der Satz des Bundesverfassungsgerichts: "Marktchancen können eine Frage wirtschaftlicher, nicht aber der Meinungsfreiheit sein"[104] in seiner Allgemeinheit durchaus zutreffend sein[105]. Im vorliegenden Zusammenhang führte diese Sicht jedoch zu einer hinsichtlich des Erkenntnisziels des Ver-

---

[102] Dies verkennt das Bundesverfassungsgericht in seinen, mittlerweile schon (traurige) Berühmtheit erlangt habenden, makroökonomischen Erwägungen der 5. Fernseh-Entscheidung (BVerfGE 74, 297, 335) zu den Bedingungen des publizistischen Wettbewerbs im lokalen Rundfunk: "Entweder die privaten Veranstalter stellen sich dem publizistischen Wettbewerb, indem sie sich bemühen, ihrerseits vielseitige und für den Hörer oder Zuschauer interessante Programme anzubieten; dann erfüllen sie ihre ergänzende und bereichernde Funktion im dualen Rundfunksystem, und es bedarf keines Verbots öffentlich-rechtlicher Programme. Oder die privaten Veranstalter sind zu keinem Angebot imstande, das gegen ein konkurrierendes öffentlich-rechtliches Programm zu bestehen vermag; dann kann auch ein gesetzliches Verbot solcher konkurrierender Programme der Freiheit der Meinungsbildung und insbesondere der Rundfunkfreiheit nicht dienen." - *W. Schmitt Glaeser*, DÖV 1987, 837, 843, spricht hier von "Zynismus". Vgl. auch die Kritik etwa von *E. Kull*, AfP 1987, 568, 570; *St. Ory*, ZUM 1987, 427, 429 ff.; *Ch. Degenhart*, ZUM 1988, 47, 51 f.

[103] *W. Schmitt Glaeser*, BayVBl. 1985, 97, 105.

[104] BVerfGE 74, 297, 335 (5. Fernseh-Entscheidung).

[105] So *W. Schmitt Glaeser*, DÖV 1987, 837, 842.

suchs fatalen Verkennung der (rechts)tatsächlichen Umstände: "Für die öffentlich-rechtlichen Anstalten mögen wirtschaftliche Marktchancen in der Tat keine Frage der Meinungsfreiheit sein - dies deshalb, weil *ihre* Freiheit wirtschaftlich ohnehin abgesichert ist. Private Veranstalter demgegenüber bedürfen wirtschaftlicher Marktchancen, um überhaupt Meinungsbeiträge leisten zu können."[106] Und um die Erkenntnis gerade der Auswirkungen dieser Meinungsbeiträge in der bestehenden, ausdifferenzierten und als ausgewogen zumindest fingierten[107] Vielfaltsordnung muß es dem experimentierenden Rundfunkgesetzgeber gehen.

Um dem verfassungsrechtlichen Erfordernis der Aussagefähigkeit des Privatrundfunk-Tests zu genügen, muß daher die konkrete Versuchsanordnung diesen unterschiedlichen Ausgangssituationen bzw. dem Vorsprung der öffentlich-rechtlichen Rundfunkanstalten ausreichend Rechnung tragen, d.h. im Sinne des Gleichheitssatzes nicht nur Gleiches gleich, sondern eben Ungleiches seiner Eigenart entsprechend ungleich behandeln[108], um die in der Realität vorgefundene Chancenverteilung auszugleichen.

Hinsichtlich der hier prinzipiell zur Auswahl stehenden zwei Ansatzpunkte, ist freilich die spezifische Situation, in der die Versuchsregelung ergeht, bedeutsam. Die Verfassungsmäßigkeit des zu erprobenden Ordnungsmodells muß im Blick auf das verfassungsrechtliche Gebot der Meinungsvielfalt möglich sein, wenn dies auch - ex ante gesehen - unsicher ist. Es wäre jedoch wegen der herausragenden Bedeutung der Rundfunkfreiheit für die freiheitlich demokratische Grundordnung mit Art. 5 Abs. 1 Satz 2 GG von vornherein als nicht vereinbar anzusehen, wenn die Startgleichheit im Wege der Rückführung der Funktionsbedingungen der öffentlich-rechtlichen Rundfunkanstalten auf den Stand hergestellt würde, mit dem die privaten Veranstalter beginnen[109]. Vielmehr muß sichergestellt bleiben, daß die öffentlich-rechtlichen Anstalten ihren "klassischen Auftrag"[110] der

---

[106] *Ch. Degenhart*, ZUM 1988, 47, 52.

[107] Vgl. BVerfGE 57, 295, 324 (3. Fernseh-Entscheidung): "jedenfalls dem Anspruch nach".

[108] Vgl. BVerfGE 3, 58, 135 f. (G 131); st. Rspr.

[109] Vgl. *W. Schmitt Glaeser*, BayVBl. 1985, 97, 104 f.

[110] BVerfGE 73, 118, 158 (4. Fernseh-Entscheidung).

"Grundversorgung"[111] "jedenfalls vorerst"[112] weiterhin zu erbringen imstande sind[113].

Das experimentelle Ordnungsmodell kann und muß daher einen Ausgleich der unterschiedlichen Ausgangslagen herstellen, der am faktischen "Nachholbedarf"[114] der privaten Rundfunkveranstalter ansetzt. Daraus folgt zweierlei: Zum einen erlaubt oder möglicherweise gebietet dies sogar die (vorübergehende) Bevorzugung des in der Startphase tatsächlich Benachteiligten[115]. Zum anderen ist eine Verstärkung der Wettbewerbsposition der öffentlich-rechtlichen Rundfunkanstalten, jedenfalls soweit und solange das ihr *Grund*versorgungsauftrag[116] nicht erfordert, unzulässig. Es würden genau die Bedingungen verhindert, die eine erkenntnisträchtige Erprobung voraussetzt, wenn der Gesetzgeber zwar private Rundfunkveranstalter zum Träger und Verwirklicher der Rundfunkfreiheit machte, um die Funktionalität (auch) außenpluraler Rundfunkorganisation zu testen, zugleich aber die Attraktivität der öffentlich-rechtlichen Anstalten in einem Maße ausbaute, daß sich nur die Infunktionalität der freien Konkurrenz als Testergebnis erweisen könnte[117]. Denn Verbote - und jedes (wirksam "verteidigte") Monopol wirkt als Verbot für den potentiellen Wettbewerber - haben die freie Meinungsbildung noch nie fördern können[118]. Es gilt, die (möglichst) umfassende Erkenntnisgewinnung und damit die Geeignetheit des Tests zur Eindämmung der Prognoseunsicherheit nicht zu vereiteln, indem einer spiralförmigen Entwicklung etwa des Inhalts der Nährboden bereitet wird, daß wegen vermuteter Gefährdung der Meinungsvielfalt den öffentlich-rechtlichen Anstalten weitere Wettbewerbsvorteile verschafft werden, die privaten Rundfunkanbieter darauf entweder mit (der Neigung zur) Unternehmenskonzentration oder mit Rückzug aus

---

[111] Ebd., 157.

[112] BVerfGE 31, 314, 326 (2. Fernseh-Entscheidung); vgl. auch BVerfGE 57, 295, 323 (3. Fernseh-Entscheidung).

[113] So auch *W. Schmitt Glaeser*, BayVBl. 1985, 97, 105.

[114] Ebd.

[115] Ebd.

[116] Ebd. wird insoweit deutlich von der "Auffangfunktion" des öffentlich-rechtlichen Rundfunks gesprochen.

[117] Vgl. ebd.

[118] Vgl. *Ch. Degenhart*, ZUM 1988, 47, 47, unter Verweis auf BVerfGE 74, 297, 332 (5. Fernseh-Entscheidung).

dem Markt zu reagieren gezwungen sind, was der Meinungsvielfalt (durch Vielzahl) zuwiderläuft, die Stärkung der öffentlich-rechtlichen Anstalten (nachträglich) rechtfertigt und die Untauglichkeit des außenplural organisierten Rundfunks zur Erreichung der Meinungsvielfalt (scheinbar) belegt.

Diese Anforderungen an ein Privatrundfunk-Erprobungsgesetz verlangen demnach zumindest ein erkennbares Bemühen um die Verhinderung eines "vorsorglichen Verdrängungswettbewerbs"[119] oder eines "Vernichtungsfeldzugs"[120] der öffentlich-rechtlichen Rundfunkanstalten. Denn dieser führt zu "Marktverstopfung"[121] oder "Marktverzerrung"[122], also zur Verhinderung eines echten Wettbewerbs als der Voraussetzung für die Erreichung des Testziels. Hierzu wird der öffentlich-rechtliche Anstaltsrundfunk aber durch zahlreich mögliche Unterstützungsmaßnahmen befähigt, die sich unter dem Stichwort der "Bestands- und Entwicklungsgarantien" für den öffentlich-rechtlichen Rundfunk in einer dualen Rundfunkordnung zusammenfassen lassen.

Beispielhaft erwähnt seien zum einen die Ausweitung der Sende- und Programmrechte in quantitativer wie auch qualitativer Hinsicht[123]. Mit ersterem ist vor allem[124] der "Einbruch" öffentlich-rechtlicher Rundfunkanstalten in die bislang von diesen weitgehend vernachlässigten Regional- und Lokalbereiche angesprochen. Die hier durch jede Frequenz- oder Kanalbelegung bewirkte Erweiterung des Verbreitungsgebiets verringert die Konkurrenz oder läßt den Wettbewerb erst gar nicht aufkommen. Zur Schaffung eines Ausgleichs[125] der wegen des engeren Wirkungsbereichs

---

[119] *W. Schmitt Glaeser*, BayVBl. 1985, 97, 102; *ders.*, DVBl. 1987, 14, 20; *ders.*, AÖR 112 (1987), 215, 259; auch *Ch. Degenhart*, ZUM 1988, 47, 48.

[120] So *V. Emmerich*, AfP 1986, 206, 206.

[121] *W. Schmitt Glaeser*, BayVBl. 1985, 97, 102; *ders.*, DVBl. 1987, 14, 20; *ders.*, AÖR 112 (1987), 215, 259.

[122] *W. Schmitt Glaeser*, BayVBl. 1985, 97, 101; vgl. auch *H. Gröner*, in: E.-J. Mestmäcker (Hrsg.), Offene Rundfunkordnung, 1988, S. 349, 358.

[123] Siehe dazu *W. Schmitt Glaeser*, BayVBl. 1985, 97, 102.

[124] Hierzu kann aber auch gerechnet werden eine gewichtige zeitliche Erweiterung des Programmangebots (Stichwort: Frühstücksfernsehen), die Einrichtung neuer Sender oder gar die Errichtung neuer Rundfunkanstalten. Zu letzterem unter dem Aspekt der "Grundversorgung" neuerdings *H. Goerlich/B. Radeck*, JZ 1989, 53 ff.

[125] Zur (wirklich) chancengerechten Verteilung verfügbarer Kanäle und Frequenzen zur Erreichung des Versuchsziels siehe schon *W. Schmitt Glaeser*, Kabelkommunikation und Verfassung, 1979, S. 214.

nicht geringeren, sondern im Hinblick auf den kleineren "Werbekuchen" eher noch potenzierten Wettbewerbsnachteile[126] für den jedenfalls anfänglich nicht annähernd vergleichbar mit dem Medium vertrauten Privatrundfunk[127] kommt hier als *eine* sachlich begründete, sich (eigentlich[128]) aus der Natur der Sache ergebende[129] Ungleichbehandlung im Wettbewerb die vorläufige Reservierung des Regional- und Lokalrundfunks für den privaten Sektor in Betracht. Eine entsprechende gesetzliche (Versuchs-)Anordnung verhindert die (andernfalls absehbare und dem Testziel zuwiderlaufende) Entwicklung einer Spirale der Art: geringere Reichweite verbunden mit geringerer Qualität, geringere Werbeeinnahmen, geringere Qualität, geringere Akzeptanz, geringere Vielzahl[130]. Vergleichbare Überlegungen müssen den experimentierenden Gesetzgeber zur Verhinderung oder wenigstens Beschränkung der qualitativen Ausdehnung des Programmangebots der öffentlich-rechtlichen Rundfunkanstalten auf neuartige Angebotsformen und -techniken, wie etwa Spartenprogramme und rundfunkähnliche Kommunikationsdienste, veranlassen[131].

Ein weiteres Beispiel einer (zumindest) testwidrigen Bestands- und Entwicklungsgarantie ist die Garantie der Finanzierungsgrundlage, schon in Form der Festschreibung des Gebührenerhebungsrechts, jedenfalls durch

---

[126] Vgl. demgegenüber das Bundesverfassungsgericht in BVerfGE 74, 297, 336 (5. Fernseh-Entscheidung), das dem Argument des organisatorischen, personellen und finanziellen Vorsprungs des öffentlich-rechtlichen Rundfunks wegen des wesentlich engeren Wirkungsbereichs des regionalen und lokalen Rundfunks keine Bedeutung zumißt. Zur Kritik vgl. *W. Schmitt Glaeser*, DÖV 1987, 837, 843; *E. Kull* AfP 1987, 568, 569.

[127] Freilich kann auch ein privater Veranstalter qualifiziertes Personal engagieren (vgl. BVerfGE 74, 297, 336 [5. Fernseh-Entscheidung]). Dieses kostet jedoch Geld, das über Werbeeinnahmen zu verdienen bei einer übermächtigen Konkurrenz der öffentlich-rechtlichen Anstalten kaum möglich ist.

[128] Bekanntlich hat das Bundesverfassungsgericht in seiner 5. Fernseh-Entscheidung (BVerfGE 74, 297 ff.) eine entsprechende Regelung im Landesmediengesetz Baden-Württemberg von 1985 verworfen, was auf zum Teil heftige Kritik im Schrifttum gestoßen ist. Vgl. stellvertretend *W. Schmitt Glaeser*, DÖV 1987, 837 ff.; *E. Kull*, AfP 1987, 568 ff.; *St. Ory*, ZUM 1987, 427 ff.; *Ch. Degenhart*, ZUM 1988, 47 ff.

[129] Vgl. BVerfGE 18, 38, 46 (Arbeitslosenversicherungspflicht).

[130] Denn natürlich hängt das Überleben und die Qualität eines privaten Rundfunkprogramms "von der Höhe der Finanz- und Wirtschaftskraft des Veranstalters ab". Anders BVerfGE 74, 297, 336 (5. Fernseh-Entscheidung).

[131] Vgl. ebenso *W. Schmitt Glaeser*, DÖV 1987, 839, 839 f.; *Ch. Degenhart*, ZUM 1988, 47, 54 ff.

die Eröffnung neuer Einnahmequellen[132]. Auch hier gilt es, durch geeignete Vorkehrungen, die auch die Möglichkeit eines Werbeverbots der öffentlich-rechtlichen Rundfunkanstalten einschließen, die Start- und Entwicklungschancen der privatwirtschaftlich strukturierten und hauptsächlich auf Werbeeinnahmen angewiesenen Rundfunkveranstalter nicht (zusätzlich) zu erschweren[133].

Einer weitergehenden, Einzelheiten vertiefenden Erörterung konkurrenzimmunisierender Maßnahmen zugunsten des öffentlich-rechtlichen Rundfunks bedarf es hier nicht. Sie sind zum einen vielfach erörtert[134]; zum anderen geht es allein um die Darlegung der Determinanten des dem experimentierenden Gesetzgeber hier zuzugestehenden (Prognoseprognose-)-Spielraums in der Einschätzung der Aussagefähigkeit seiner Versuchskonzeption.

Zu diesen zählt allerdings nicht nur das Verbot faktischer Veranstalterselektion[135] durch protektionistische Intervention[136], sondern auch das Gebot weitgehender Veranstalterautonomie. Fordert die Sensibilität der Rundfunkfreiheit zwar eine Beaufsichtigung des Versuchsverlaufs durch eine (staatsferne) pluralistisch und / oder sachverständig besetzte Institution etwa in der Form einer selbständigen Anstalt des öffentlichen Rechts, so muß deren Tätigkeit auf die bloße Kontrolle und Koordination des Versuchs beschränkt sein[137]. Mit dem Testziel grundsätzlich[138] unvereinbar ist die Übertragung der Programmhoheit auf eine öffentlich-rechtliche Rundfunkanstalt, unter der private Rundfunkanbieter als bloße Programmliefe-

---

[132] Zu Recht und durch die sich regelmäßig wiederholende Rundfunkgebührendiskussion belegbar weist *Ch. Degenhart*, ZUM 1988, 47, 52, darauf hin, daß nichts mehr zur Kostensteigerung reizt, als eine Kostendeckungsgarantie.

[133] Vgl. dazu auch BVerfGE 73, 118, 178 ff. (4. Fernseh-Entscheidung); 74, 297, 341 ff. (5. Fernseh-Entscheidung).

[134] Vgl. stellvertretend, wenngleich nicht immer im Hinblick auf die experimentelle Gesetzgebung, *W. Schmitt Glaeser*, BayVBl. 1985, 97 ff.; *St. Ory*, AfP 1987, 466 ff.; *P. Selmer*, Bestands- und Entwicklungsgarantien für den öffentlich-rechtlichen Rundfunk in einer dualen Rundfunkordnung, 1988.

[135] Vgl. *W. Hoffmann-Riem*, ZRP 1980, 31, 34.

[136] Vgl. *P. J. Tettinger*, JZ 1984, 400, 408.

[137] Gleiches muß für eine organisatorisch getrennte Projektleitung gelten.

[138] Außer Betracht bleiben muß hier die besondere Verfassungsrechtslage in Bayern, die nach Art. 111 a Abs. 2 Satz 1 BV den Rundfunkbetrieb auf öffentlich-rechtliche Trägerschaftsformen beschränkt.

ranten auftreten können. Vielmehr ist in der Versuchsregelung den potentiellen privaten Rundfunkveranstaltern die rechtlich gesicherte Möglichkeit einzuräumen, unter voller eigener Verantwortung Fernseh- und Hör-
funkprogramme auszustrahlen[139]. Privaten ist die volle Programmverantwortung zu übertragen, sollen die gewünschten Testerfahrungen nicht aus-
bleiben. Dem gleichen Ziel dienlich ist eine prinzipielle Offenheit des Erprobungsgesetzes gegenüber den möglichen Trägerschaftsformen.

Im Rahmen der skizzierten Leitlinien sind für die Herstellung einer (au-
ßen)pluralistischen Rundfunkstruktur zum Zwecke der Erprobung seiner
Wirkungsbedingungen zahlreiche "vernünftigerweise einleuchtende" Aus-
gestaltungsformen sowohl denkbar wie verfassungsfest. Sie reichen von
vielfältig möglichen Anreizen in ökonomischer wie formaler Hinsicht für
eine Veranstaltervielzahl bis hin zur Übernahme der versuchsbedingten
Kosten durch den Staat[140].

2. Errichtung einer möglichst breiten Versuchsanlage

Die Erprobungspflicht des Privatrundfunk-Gesetzgebers hat zum Ziel,
die Wirkungsbedingungen einer neuen, durch privaten Rundfunk berei-
cherten Kommunikations-Infrastruktur zu erfahren. Diese wird allerdings
nicht allein von einer alternativen, privaten Rundfunkveranstaltungs*trägerschaft* bestimmt. Vielmehr enthalten auch die mit den neuen Kommunikationstechniken möglichen Rundfunkveranstaltungs*arten* insoweit struktur-
prägendes Innovationspotential.

Dabei mag es nicht als zwingend angesehen werden; im Blick auf das
überkommene, maßgeblich durch die landes- und bundesweiten Vollprogramme der öffentlich-rechtlichen Anstalten bestimmte Rundfunkwesen
scheint es indes zumindest einleuchtend, daß der sich abzeichnende, in eine
wirklichkeitsgerechte, dauerhaft haltbare "positive Ordnung" zu überfüh-
rende Strukturwandel durch eine besondere Affinität zwischen den beiden

---

[139] Dem entsprach das, allerdings nicht verwirklichte, Modell II der Empfehlungen der Ex-
perten-Kommission Neue Medien - EKM Baden-Württemberg aus dem Jahre 1980; vgl. dazu
W. Schmitt Glaeser, VBlBW 1981, 337, 343 f.

[140] Wie es das rheinland-pfälzische Kabelversuchsgesetz von 1980 anordnete. Vgl. dazu *R.
Ricker*, AfP 1980, 140, 145; *ders.*, NJW 1981, 849, 852; *W. Hoffmann-Riem*, ZRP 1980, 31, 34.

genannten Strukturmerkmalen gekennzeichnet ist[141]. Freilich mögen dafür bei näherem Hinsehen (legitime) wirtschaftliche Gründe verantwortlich sein. Festzuhalten bleibt jedoch, daß das Spektrum der Meinungsbeiträge des alternativen, privaten Programmträgers, deren Auswirkungen auf die bestehende Vielfaltsordnung zu erfahren Erkenntnisgegenstand des Experiments ist, auch und gerade alternative Programmarten umfaßt. Die Entscheidung über ihr Angebot gehört zur Programmautonomie des privaten Veranstalters.

Dies ist für die Ausgestaltung der Versuchsanordnung von maßgeblicher Bedeutung: Eine erkenntnisträchtige Erprobung des Privatrundfunks erfordert sowohl die Erprobung möglichst vieler Formen der Produktion von Programmen als auch aller denkbaren Varianten von Programminhalten und Angebotsformen[142]. Nicht nur private Vollprogramme gilt es in das Experiment zu integrieren, sondern auch etwa Sparten-, Zielgruppen-, Lokal- und Teilprogramme, Abonnement-Fernsehen und Pay-TV. Zudem sollte zur Verwirklichung neuer "Ideen" ausreichend Raum geschaffen werden. Auch die Einrichtung eines sogenannten offenen Kanals kommt hier in Betracht[143], um auch nicht institutionalisierten und finanzschwachen Gruppen die Möglichkeit der Teilnahme am und der Meinungsbildung über den Rundfunk zu eröffnen[144]. Dazu bedarf es freilich der Gewähr einer gewissen Kommunikationshilfe technischer und medienpädagogischer Art[145].

Das Privatrundfunk-Erprobungsgesetz wird überdies in der Frage der Finanzierung der privaten Programme nur zurückhaltende Anordnungen treffen dürfen. Da die Finanzierungsform der wichtigste Steuerungsfaktor

---

[141] Vgl. auch *Ch. Degenhart*, ZUM 1988, 47, 55: "Für diese Entwicklungsfelder der neuen Medien sind privatwirtschaftliche Organisationsformen adäquat."

[142] So auch deutlich *W. Rudolf/W. Meng*, Rechtliche Konsequenzen der Entwicklung auf dem Gebiet der Breitbandkommunikation für die Kirchen, 1978, S. 62.

[143] Nach *W. Hoffmann-Riem*, ZRP 1980, 31, 35, möglicherweise "nur als modische Zugabe, vielleicht aber auch zum Ausgleich einer gewissen Einseitigkeit des übrigen Anbieterverhaltens".

[144] Vgl. *R. Ricker*, AfP 1980, 140, 145.

[145] So auch *W. Hoffmann-Riem*, ZRP 1980, 31, 35. Die eigenverantwortliche Gestaltung muß freilich gewährleistet bleiben. So ausdrücklich auch *M. Stock*, Landesmedienrecht im Wandel, 1986, S. 109.

des Veranstalterverhaltens ist[146], läuft jeder zu eng gezogene Experimentierrahmen dem Sinn und Zweck der Erprobung zuwider[147]. Die Kosten- bzw. Rentabilitätsstruktur privater Rundfunkveranstaltung ist von so vielen Einflußfaktoren des Rundfunk- und Meinungsmarktes, wie etwa der Programmanzahl, der Akzeptanz der Rundfunkprogramme oder der Anzahl konkurrierender Rundfunkunternehmen, abhängig, daß jegliche Finanzierungsvorgabe manipulatorische Wirkung auf den Markt[148] und damit auf die Meinungsvielfalt entfaltet. Vielmehr sind gerade die Finanzierungsmöglichkeiten zum Zwecke der Erprobung offenzuhalten[149].

Schließlich sei vermerkt, daß zu einer möglichst breiten Versuchsanlage, die geeignet ist, umfassende Testerfahrungen zu gewinnen, auch eine nicht zu geringe Begrenzung des örtlichen Geltungsbereichs des Erprobungsgesetzes zu zählen ist. Eine zu geringe Reichweite begrenzt die Attraktivität einer Veranstaltervielzahl, so daß die Entstehung eines Rundfunkmarktes, dessen Bedingungen Erprobungsgegenstand sein sollen, übermäßig erschwert oder gar verhindert wird.

3. Institutionalisierung einer wissenschaftlichen Begleituntersuchung und Auswertung

Die "'Krönung'"[150] eines als Test ernstgemeinten Privatrundfunk-Experiments muß in der Sicherung einer unabhängigen und aussagekräftigen Begleit- und Auswertungsforschung bestehen. Erscheint das "Ob" einer begleitenden Gewinnung und Auswertung der Experimentdaten als selbstverständliche (In-sich-)Konsequenz der eingeschlagenen Vorgehensweise, so ist dem "Wie" besondere Aufmerksamkeit und Sorgfalt zu widmen. Ein ernstgemeinter im Sinne von aussagefähiger Test impliziert Mindestanforderungen an die Organisation der wissenschaftlichen Begleituntersuchung:

---

[146] Vgl. W. Hoffmann-Riem, ZRP 1980, 31, 35, der daraus allerdings die gegenteilige Folgerung zieht.

[147] Vgl. auch W. Schmitt Glaeser, ZUM 1985, 523, 526.

[148] Die Offenheit des Erprobungsgesetzes in der Finanzierungsfrage ist daher auch ein Aspekt der Gewährleistung angemessener Start- und Entwicklungschancen für den Privatrundfunk.

[149] So auch schon W. Schmitt Glaeser, Kabelkommunikation und Verfassung, 1979, S. 137 f.

[150] W. Hoffmann-Riem, ZRP 1980, 31, 37.

Ihre wesentliche Aufgabe und Zielsetzung liegt darin, die durch den experimentellen Stimulus (Einführung des Privatrundfunks) bewirkten Veränderungen (auf die Vielfaltsordnung) transparent zu machen. Die Komplexheit der Kategorie "Meinungsvielfalt" verlangt dabei einen interdisziplinären Forschungsansatz, der ebenso die wirtschaftlichen wie die sozialen und kulturellen Vielfaltselemente erfaßt, demnach sowohl Nutzungs- im Sinne von Akzeptanz- als auch Wirkungsforschung betreibt[151]. Die solchermaßen umfassend erlangten Forschungsergebnisse sollen der zuständigen (medienpolitischen) Instanz die notwendigen Daten zur Verfügung stellen, die ihr eine rationale Entscheidung über den Ausgang des Experiments erlauben.

Dies setzt zum einen die völlige Unabhängigkeit der mit der Begleitforschung beauftragten Institution von in den Entscheidungsprozeß involvierten Interessengruppen voraus. Nur dann ist eine objektive Erhebung und Auswertung der Experimentdaten gewährleistet. Daher hat die Berufung und Besetzung einer entsprechenden Kommission schon durch das Erprobungsgesetz selbst zu erfolgen. Die Aufnahme einer bloßen Ermächtigungsnorm zugunsten der Exekutive bringt demgegenüber zumindest die Gefahr einer medienpolitisch einseitigen Zusammensetzung eines solchen Gremiums und damit die Möglichkeit eines verfälschten Untersuchungsergebnisses mit sich[152]. Gleiches gilt für die Aufgabenbeschreibung; auch sie ist bereits im Gesetz selbst, entsprechend dem Versuchsziel und so detailliert wie möglich zu formulieren. Schließlich verlangt die Unabhängigkeit eine ausreichende, ebenfalls auf der Ebene des Gesetzes im wesentlichen vorzuzeichnende Mittelausstattung.

Zum anderen ist eine aussagekräftige Begleit- und Auswertungsforschung nur dann hinreichend gewährleistet, wenn den Gesetzgeber bei seiner Auswahlentscheidung über die Besetzung der Forschungskommission eher Erwägungen zum zu fordernden Sachverstand der Mitglieder, denn zur Repräsentation gesellschaftlich relevanter Kräfte leiten[153].

Testkonform schließlich ist die gesetzliche Anordnung des Zeitpunkts, bis zu dem der Erfahrungsbericht zu erstellen ist.

---

[151] Vgl. dazu ebd., 37 f.; *E. Witte*, in: Bayerische Staatskanzlei (Hrsg.), Kabelpilotprojekt München, Bericht der Projektkommission, 1987, S. 57 ff.

[152] So auch *W. Hoffmann-Riem*, ZRP 1980, 31, 37.

[153] Ähnlich *W. Schmitt Glaeser*, VBlBW 1981, 337, 343 f.

II. Die verhältnismäßige Entscheidungsoffenheit des Experiments

Im Zentrum des medienpolitischen Streits um die Zulässigkeit eines den Privatrundfunk erprobenden Gesetzesexperiments stand und steht die Frage der Rückholbarkeit des Versuchs[154]. Ein Experiment, zumal mit der für die Demokratie so bedeutsamen Rundfunkfreiheit, müsse, so wird vertreten, in seiner Anlage die Wiederherstellung des vorexperimentellen Zustands garantieren. Da indes das eine (auch) außenpluralistische Rundfunkstruktur zum Zwecke der Erprobung seiner Wirkungsbedingungen herstellende Experimentiergesetz wesensnotwendig selbst soziale, medienpolitische Realität schafft, sich das "Rad der Geschichte" aber nicht zurückdrehen läßt, würde ein solches Experiment "in sich selbst nicht recht sinnvoll"[155], wenn nicht gar unmöglich sein. Die darauf mögliche Antwort, genau deshalb sei ein derartiger Versuch zu unterlassen, verkennt gegenüber der Alternative, ein unerprobtes, in seinen Auswirkungen auf die Rundfunkfreiheit nur ungewisses Ordnungsmodell zu erlassen, den rechtsstaatssichernden Gehalt der gesetzgeberischen Erprobungspflicht sowie die grundrechtssichernde Bedeutung der gesetzgeberischen Prüfungspflicht, soweit der Individualrechtscharakter der Rundfunkfreiheit (zutreffend) betont wird.

Daher muß an die Stelle der Forderung nach einer Rückholbarkeit des Versuchs die Frage nach der Legitimierung der wesensnotwendig mit ihm verbundenen Experimentfolgen treten. Zu ihrer Beantwortung liefert das Verfassungsrecht den Grundsatz der Verhältnismäßigkeit (im engeren Sinne). Die Gefahren[156] für Rundfunkfreiheit und Meinungsvielfalt[157] und sonstige Beeinträchtigungen, die durch das im aufgezeigten Umfang aussagefähige Privatrundfunk-Erprobungsgesetz hervorgerufen werden, müssen in einem angemessenen Verhältnis zu dem mit seinem Erlaß erwarteten Erkenntnisgewinn stehen. Irreversible Experimentschäden sind in diesem

---

[154] Siehe stellvertretend die Kritik von *W. Hoffmann-Riem*, ZRP 1980, 31, 32, an der rheinland-pfälzischen Versuchskonzeption: "Kaum jemand glaubt nämlich, daß die einmal eingerichteten Kabeldienste wieder abgebaut oder die gewählten Strukturprinzipien später nachhaltig revidiert werden können." Vgl. auch etwa *M. Stock*, Zur Theorie des Koordinationsrundfunks, 1981, S. 69, 141 f.; *ders.*, Landesmedienrecht im Wandel, 1986, S. 105.

[155] *P. Lerche*, VVDStRL 40 (1982), 116, 117 (Diskussion).

[156] Diese sind einem Erprobungsgesetz wegen der Unsicherheit der Sachlage, zu deren Eindämmung es ergeht, immanent.

[157] Nicht für die überkommene, öffentlich-rechtliche Rundfunkstruktur!

Sinne so weit wie möglich zu vermeiden, um eine relative Entscheidungsoffenheit nach dem Ausgang des Tests zu wahren.

In die hier vorzunehmende Abwägung sind - neben den bereits dargelegten[158] - die Überlegungen miteinzubeziehen, daß der Test durch die verfassungsrechtliche Prüfungs- und Erprobungspflicht ausgelöst wurde und die verfassungsrechtliche "Nachbesserungspflicht" den Gesetzgeber zur sofortigen Korrektur und Anpassung der Erprobungsregelung zwingt, sollte sich das Scheitern des Tests schon vor dessen Auslauf nachhaltig erweisen. Auch sind beim Eintritt des privaten Rundfunks in den bestehenden Markt anfängliche Schwankungen in der ausdifferenzierten Vielfaltsordnung unvermeidbar[159]. Im übrigen ist auch hier die Abwägungsfreiheit des Gesetzgebers zu respektieren.

III. Befristung und Offenheit des Regelungswerks

Dem Grundsatz der Verhältnismäßigkeit entspringt auch das Gebot der Befristung des Gesetzesexperiments. Die Fristsetzung hat sich an den sachlichen Notwendigkeiten zu orientieren, wobei eine zu kurze Bemessung der Frist der Erlangung gesicherter und verwertbarer Ergebnisse entgegensteht und eine allzu lange Laufzeit des Versuchs die Erreichung des Testziels, die Ermöglichung einer verantwortbaren medienpolitischen Entscheidung, unangemessen hinausschiebt.

Der Rundfunkfreiheit und dem Sinn und Zweck der Erprobung gleichermaßen dienlich ist schließlich eine offene und flexible Regelung der Versuchsbedingungen im Sinne des (verhältnismäßigen) Bestimmtheitsgrundsatzes. Der Rechtssicherheit nicht ab-, sondern zuträglich, sowie dem auch Planungscharakter von Experimentiergesetzen Rechnung tragend ist die Gewährung ausreichender Freiräume, die es den Versuchsteilnehmern wie auch der Versuchsaufsicht erlauben, schnell auf die erst im Verlauf der Experimentierphase erkennbaren oder sich einstellenden Bedingungen zu reagieren. Dadurch kann zuvor unabsehbaren Fehlentwicklungen gegengesteuert, und können etwa zuvor unbekannte Angebotsformen oder -techniken in den Versuch integriert werden, ohne daß es der gesetzgeberischen

---

[158] Siehe oben 5. Kap. B. IV. 1. b.

[159] So zu Recht *Ch. Degenhart*, ZUM 1988, 47, 50.

Initiative bedarf. Eine allzu sehr ins einzelne gehende Regelung stellt daher die Funktionalität des Versuchs in Frage.

Zusammenfassung in Thesen

I.

1. Die hochgradige Komplexität und die Akzeleration des Wandels der technischen, wirtschaftlichen und sozio-kulturellen Verhältnisse der Regelungssachverhalte - etwa im Bereich der sogenannten "neuen Medien" - führen im Rechtsstaat der Gegenwart zu einer neuen Qualität des legislativen Prognoseproblems. An die Stelle überzeugender, dauerhaft haltbarer Kodifizierungen treten zunehmend Gesetzeswerke mit mangelhafter rationaler Steuerungskraft. Dies kennzeichnet die (heutige) Krise des Gesetzes, die in eine Autoritätskrise des vornehmlich in den Formen des Rechts handelnden Staates mündet.

2. Einen Beitrag zur Annäherung an das (Gerechtigkeits-)Ideal eines "guten" und "erfolgreichen" Gesetzes leistet die Anwendung einer interdisziplinären, empirisch geleiteten Rechtssetzungsmethodik. Hilfsmittel auf diesem Weg sind die Formen der "experimentellen Rechtssetzung". Sie instrumentalisieren die wissenschaftliche Methode des Experiments im Vorfeld der "endgültigen", dauerhaft gedachten Normsetzung. Ihre Funktion und Finalität liegen in der Gewinnung von Erkenntnissen über die wirkungsrelevanten soziologischen Legislativkräfte, um die einem nachfolgenden legislativen Entscheid zugrundeliegende Prognose zu erleichtern, zu fundieren und zu rationalisieren. Zur "experimentellen Rechtssetzung" zählt neben den "internen" "Gesetzgebungsexperimenten" (Modellversuch, Praxistest, Planspiel oder Simulation) die "externe" Methode der "experimentellen oder erprobenden Gesetzgebung". Letztere hat in einer Situation der Ungewißheit über die zu berücksichtigenden Rechtstatsachen und die Normwirkungen die Erprobung eines zum vorläufigen, voll gültigen Gesetz verdichteten Regelungsvorschlags zum Gegenstand.

Dies bedingt die Betonung der sozialtechnologischen Funktion des Experimentier- oder Erprobungsgesetzes, ohne es auf diesen Charakter zu beschränken. Sein vorrangiges, instrumentales Interesse besteht in der Identi-

fizierung der für das Erreichen eines bestimmten politischen Regelungsziels adäquaten, wirkungsoptimalen Mittel als dem zentralen Anliegen des
modernen, lenkenden Rechts- und Leistungsstaats.

3. Der Erlaß eines Gesetzes zum Zwecke seiner Erprobung wirft besondere verfassungsrechtliche Probleme auf. Eine Dogmatik der experimentellen Gesetzgebung entsteht namentlich aus der Beantwortung der Frage
nach den Voraussetzungen und Bedingungen, unter denen es dem Gesetzgeber verfassungsrechtlich möglich oder gar geboten ist, eine vorläufige,
auf Erprobung und Auswertung angelegte Regelung zu erlassen. Dies verlangt eine hinreichende Erfassung der vom Gesetzgeber angewandten Methode des Experiments auf sowohl wissenschafts- als auch gesetzgebungs-
theoretischer Ebene.

II.

Besonders im Zuge der Bemühungen um eine rechtliche Ordnung des
Entwicklungsprozesses der Telekommunikation wählte der Gesetzgeber
wiederholt den Weg der Gesetzgebung auf Probe. Sie dient(e) bzw. soll(te)
dienen der Bewältigung der mit dem Aufkommen der neuen Telekommunikationsformen und -wege verbundenen medien- und organisationsrechtlichen Fragestellungen vor allem nach den Möglichkeiten und Grenzen der
Integration privatwirtschaftlicher Strukturen in das herkömmlich öffentlich-rechtlich organisierte Telekommunikationssystem. Die Bildschirmtext-
versuchsgesetze, die vorläufigen Weiterverbreitungsgesetze sowie die Ka-
belpilotprojekt- und anderen Medienerprobungsgesetze der vergangenen
knapp zehn Jahre liefern hinreichendes wie aktuelles Material zur Veranschaulichung der situativen Initialfaktoren und der konkreten Ausgestaltung experimenteller Gesetzgebung. Dabei wird auch erkennbar, daß Ziel
und Zweck der Versuche nicht konsequent verfolgt und umgesetzt wurden.
Das anfängliche Streben nach einer föderativ abgestimmten Experimentierphase und einer schrittweisen, durch Lernprozesse begleiteten Fortentwicklung der bundesdeutschen Medienlandschaft wurde mit der Zeit überlagert von vielfältigen, einander widerstreitenden und zeitraubenden medienpolitischen Interessenkonflikten, die eine rationale, erkenntnisträchtige und verantwortbare Erprobung der neuen Medien nur bedingt zuließen.

So blieben die Unsicherheiten über die medienrechtliche Einordnung
des Bildschirmtextes auch nach den durchgeführten Feldversuchen weitge-

hend bestehen. Der nachfolgende Bildschirmtext-Staatsvertrag ist ein nur mühselig gefundener politischer Kompromiß, der insoweit auf recht unsicherem Untergrund steht. Ähnlich stellt sich die Situation in der Frage der Weiterverbreitung herangeführter Satellitenprogramme dar. Vorsichtig-evolutionäre, auf Erfahrung angelegte Regelungsbemühungen gingen im Kraftfeld politisch-ökonomischer (Nutzungs-)Interessen an der Kabel- und Satellitentechnik unter. Auch das gemeinsame Experimentalprogramm "Kabelfernsehen und Breitbandkommunikation" der Bundesländer aus dem Jahre 1978 war nur von vorübergehender Haltbarkeit. Fortdauernde Dissonanzen zwischen den Ländern vor allem zur Frage der Zulassung privatwirtschaftlicher Rundfunkveranstalter führten dazu, daß die geplanten Kabelpilotprojekte erst mit erheblicher Verzögerung starten konnten, unterschiedlichen Inhalts waren und überdies von vorgezogenen Dauerregelungen überholt wurden.

III.

1. a) Die Ausgestaltung und die Grenzen eines legislativen Experimentierrechts in der bisherigen bundesverfassungsgerichtlichen Rechtsprechung finden ihren Ursprung in der verfassungs- und funktionsgerechten Respektierung und Tolerierung eines gesetzgeberischen Gestaltungs- und Prognosespielraums. Seine Weite ergibt sich aus einem differenzierten System materieller Kontrolltätigkeit, deren Intensität von der Art des Sachverhalts und der grundrechtlichen Relevanz der Regelung abhängig ist. Die Gewährung eines Prognosespielraums kommt dabei nur dann in Betracht, wenn der durch die Regelung erfaßte Sachverhalt in seiner zukünftigen Entwicklung "wirklich" unsicher ist. Dieser Umstand unterliegt umfassender verfassungsgerichtlicher Kontrolle. Ihr liegt eine individuell-objektive Sichtweise zugrunde, denn die Würdigung hängt von den Gegebenheiten und der Erfahrung ab, wie sie dem Gesetzgeber bei der Vorbereitung des zur Kontrolle anstehenden Gesetzes zu erlangen möglich waren.

b) Bei anerkanntem Vorliegen komplexer, in der Entwicklung begriffener Sachverhalte, die durch Unübersichtlichkeit und Vielschichtigkeit der tatsächlichen Zusammenhänge sowie durch die Ungewißheit über die Auswirkungen einer sie erfassenden Regelung gekennzeichnet sind, gebührt dem Gesetzgeber ein zeitlicher Anpassungsspielraum, eine angemessene Frist zur Sammlung von Erfahrungen, innerhalb derer trotz Mängel der

Regelung kein verfassungsgerichtliches Eingreifen erfolgt. Im Hinblick darauf, daß sich der Gesetzgeber in diesen Fällen noch im Prozeß der Prognoseentwicklung befindet, erfährt das Gebot der verfassungsgerichtlichen Zurückhaltung bei der Würdigung der Sachgerechtigkeit im Sinne des Art. 3 Abs. 1 GG sowie der Tauglichkeit und Zumutbarkeit der Regelung nicht nur seine Fortsetzung, sondern auch eine besondere Verstärkung. Denn die Grenzen verfassungsgerichtlicher Normenkontrolle begründen sich nicht nur aus der verfassungsmäßigen Funktionenverteilung, sondern auch aus der besonderen Komplexität und Unübersehbarkeit des geregelten Sachverhalts. Das "Wie", d.h. die Qualität oder Dimension der anerkannten Unsicherheit und Ungewißheit bleibt dabei unberücksichtigt.

c) Die Fristgewährung zur Entwicklung einer brauchbaren Regelungsalternative bedeutet, den gegenwärtigen, als nachbesserungs- oder anpassungsbedürftig erkannten Regelungsinhalt als für eine Übergangszeit als "noch-verfassungsmäßig" hinzunehmen. In dieser befristeten Mängeltolerierung liegt nach der gegenwärtigen verfassungsgerichtlichen Rechtsprechung der (erweiterte) Prognosespielraum des Gesetzgebers zum Zwecke der Erfahrungssammlung in komplexen und ungewissen Sachverhaltskonstellationen.

2. Diese bundesverfassungsgerichtliche Rechtsprechung findet grundsätzlich ihre Bestätigung in der Judikatur der Länderverfassungsgerichte.

3. Die indifferente Zurückhaltung verfassungsgerichtlicher Kontrolle im Falle der gesetzlichen Regelung anerkanntermaßen komplexer und unüberschaubarer Sachverhalte ist rechtsstaatlich äußerst bedenklich. Ungewißheit und Unsicherheit erlangen innerhalb einer gewährten Anpassungs- und Erfahrungsfrist die Stellung eines sachlich rechtfertigenden Grundes für verfassungsrechtlich relevante Ungleichbehandlungen oder Unzumutbarkeiten. Es müssen empfindliche Eingriffe in Grundrechtspositionen hingenommen werden, ohne daß es hierfür auf den Grad der Ungewißheit über deren Tauglichkeit zur Erreichung eines (legitimen) Normziels ankommt. Die Wirklichkeitsorientierung der Verfassungsrechtsprechung läßt hier die Berücksichtigung der Differenziertheit dieser Wirklichkeit vermissen. Es fehlt an der Verdeutlichung der verfassungsrechtlichen Anforderungen und der rechtsstaatlich vertretbaren, verfassungsgerichtlichen Kontrollmaßstäbe, denen ein Gesetzgeber unterliegt, der neuartige, in ihren Strukturen (noch) nicht übersehbare soziale Erscheinungen einer normati-

ven Regelung zuführen will, seine fehlende Erfahrung einsehend sich aber nur "vorsichtig" an die politische Zielsetzung herantastet.

IV.

1. Experimentelle Gesetzgebung läßt sich als eine Vorgehensweise der "Experimentellen Rechtswissenschaft" begreifen - ungeachtet der methodologischen und demokratietheoretischen Angriffsflächen dieser Wissenschaftskonzeption. Diese ist Rechtstatsachenforschung in rechtspolitischer Absicht. Sie will das "Funktionieren" des Rechts in der sozialen Wirklichkeit, die soziale Differenz zwischen normativer Erwartung und tatsächlichem Verhalten der Adressaten des Rechtsgesetzes im Vorfeld einer endgültigen Normsetzung erforschen, um zu verhindern, daß die legislative Entscheidung ein "Schuß ins Dunkle" wird. Zu diesem Zweck behandelt sie juristische Gesetze wie naturwissenschaftliche Hypothesen.

2. Im Kanon der Wissenschaftsdisziplinen ist die "Experimentelle Rechtswissenschaft" im Schnittpunkt von Rechtssoziologie und Jurisprudenz anzusiedeln. Sie ist seinswissenschaftlicher Bestandteil einer soziologisch orientierten Rechts- und Gesetzgebungswissenschaft, die die juristische Norm in ihrer dialektischen Eingebundenheit in die soziale und damit variable Realität als Erkenntnisgegenstand ansieht.

V.

1. Die kritisch-rationale Erkenntnistheorie K. R. Poppers bildet das methodologische Fundament des Gesetzesexperiments. Nach ihr kann rationales Erkenntnisstreben und wissenschaftlicher Fortschritt nur in einem Prozeß von "trial and error" und "conjectures and refutations" erfolgen, der die Möglichkeit der Fehlerausmerzung durch Falsifikation an Hand der Erfahrung eröffnet.

2. a) Dies gilt auch für die Theorie der sozialwissenschaftlichen Erkenntnis vor dem Hintergrund eines verantwortbaren, technologisch-nominalistisch orientierten Verständnisses der sozialwissenschaftlichen Methodologie, das sich der besonderen Pflicht zur kritischen Einstellung im politisch-soziologischen Bereich bewußt ist und sich daher mit einer praktisch nützlichen und prüfbaren Stückwerk-Sozialtechnik begnügt. Sie hat allein die

Aufgabe aufzuzeigen, was (jedenfalls so) nicht erreicht werden kann, um ein planmäßiges politisches Handeln zu ermöglichen. Die vorwissenschaftlichen Verstehenshorizonte werden dabei in den Erkenntnisprozeß integriert, als solche aber identifiziert. Die politisch-moralischen Zielsetzungen bleiben außerhalb dieser rationalen und praktischen Sozialtechnik. Ihr geht es um eine "pragmatische Integration von Theorieelementen" auf dem Weg zu einer technologischen Prognose sozialer Entwicklung.

b) Die praktische und verantwortbare technologische Orientierung der Sozialwissenschaften erlaubt theoretisch die Anwendung der gleichen Erkenntnismethoden wie in den Naturwissenschaften, also auch die der experimentellen Überprüfung aufgestellter Hypothesen.

c) Der Anwendung der experimentellen Methode zur Identifizierung sozialer Gesetzmäßigkeiten steht der Wissenschaftsgegenstand der Sozialwissenschaften, der Mensch bzw. das soziale Handeln, nicht entgegen. Der Grad der "(Un-)Reife" des sozialwissenschaftlichen Wissens um die Struktur des Handlungsraums des Menschen führt in der Praxis lediglich zur Qualifizierung des sozialtechnischen (Feld-)Experiments als Probiermethode.

d) Legislative Experimente sind eine Teilklasse der öffentlichen sozialtechnologischen Experimente. Hier erprobt der Staat die Tauglichkeit einer gesetzlichen Regelung im Hinblick auf die politische Zielsetzung. Experimentelle Gesetzgebung ist Konsequenz und unmittelbarer Ausdruck des Verständnisses von der Gesetzgebung als Rechtsverfahren der rationalen Rechtskritik, das Rechtssätze als jederzeit durch den Vorschlag einer besseren Problemlösung falsifizierbare Hypothesen über die effektivste und gerechteste Regelung sozialer Lebensbereiche ansieht. Das Gesetzesexperiment ist "angewandtes" experimentierendes und plurales Rechtsdenken im tentativen Prozeß der Rechtsfindung und Rechtsentwicklung in der "offenen Gesellschaft".

Die Theorie einer experimentellen Gesetzgebung stellt sich als Teil einer anwendungsorientierten Gesetzgebungslehre dar, die um einer besseren Gesetzgebungspraxis willen den bloß wissenschaftlich-rechtssystematischen und normativen Ansatz der Gesetzgebungslehre durch empirisch-analytische Aspekte der Sozialwissenschaften ergänzt.

Experimentelle Gesetzgebung ist Teil einer empirisch geleiteten Rechtssetzungsmethodik mit dem Ziel einer an rechtlichen Sozialgesetzlichkeiten orientierten Gesetzgebung. Sie steht damit im Dienste der Herstellung einer wirklichkeitsgerechten Normordnung als Ausfluß der rechtsstaatlichen Postulate der Geeignetheit und Erforderlichkeit einer gesetzlichen Regelung. Das Gesetzesexperiment fügt sich in die Phasen des inneren Gesetzgebungsverfahrens ein und entspricht diesem in seiner Struktur. Im Hinblick auf seine volle normative Geltungskraft ist das Experimentier- oder Erprobungsgesetz dabei als subsidiäre Methode der Kritik von Regelungsmöglichkeiten anzusehen.

Das Gesetzesexperiment kann zur Aufdeckung rechtlicher Sozialgesetzlichkeiten in dem Grade dienen, in dem sich die Wechselbeziehungen und Abhängigkeiten (rechtsrelevanten) sozialen Verhaltens in der sozialen Wirklichkeit messen lassen. Da durch das verrechtlichte, soziale Feldexperiment jede Rechtsperson Versuchsperson ist und die Wiederherstellbarkeit des vorexperimentellen Zustands nicht gewährleistet werden kann, bedarf es hinreichend legitimatorischer Absicherungen der Experimentfolgen.

VI.

1. Vereinzelte Ansätze im rechtwissenschaftlichen Schrifttum zur Entwicklung einer Verfassungsdogmatik des Experimentiergesetzes bleiben vor allem die Beantwortung der Frage schuldig, warum der Gesetzgeber den Weg der Gesetzeserprobung, der mit der Beachtung zusätzlicher Testvoraussetzungen verbunden wird, wählen soll, wenn ihn bei der "herkömmlichen" Rechtssetzung allein die Pflicht zur "Nachbesserung" trifft.

2. a) Experimentiergesetze können im Hinblick auf Art. 79 GG von Verfassungssätzen nicht dispensieren. Sie sind eingebunden in die verfassungsmäßige Ordnung des Grundgesetzes und Ausdruck eines offenen und zeitgerechten Verfassungsverständnisses.

Dadurch, daß der Mensch als Rechtssubjekt und Adressat experimenteller Gesetzgebung zum Bestandteil der gesetzgeberischen Versuchsanordnung wird, ist die Menschenwürde als anthropologische Prämisse und tragendes Konstitutionsprinzip der grundgesetzlichen Wertordnung nicht getroffen. Die durch Art. 1 Abs. 1 GG geschützte Subjektqualität des Menschen erfährt keinen Abbruch, wenn der Bürger im demokratischen Rechtsstaat als Ausfluß seiner der internen Befriedung dienenden Rechtsgehorsamspflicht (freilich objektiv) willkürfreie Rechtsregeln befolgen, d.h. sich ihnen fügen muß, auch wenn er sie im Einzelfall nicht akzeptiert, da sie ohne Rücksicht auf seine Interessen, aber zum Zwecke der Gemeinwohlverwirklichung ergangen sind. Die befristete Erprobung von Rechtsregeln im Stadium der Unsicherheit hat gerade zum Zweck, das Akzeptanzniveau gegenüber dem endgültigen Regelungswerk zu erhöhen und damit zur Stabilität sozialer und politischer Ordnung beizutragen. Experimentelle Gesetzgebung nimmt den mündigen Demokratiebürger in der Situation der Ungewißheit als lebendiges Glied der verfaßten Rechtsgesellschaft ernst, indem er ihn in den Prozeß der (mit)verantwortlichen Gestaltung des Soziallebens integriert.

Der Gesetzgeber ist bei ungewissen, aber denkbaren Realisierungschancen grundrechtlicher Freiheiten zur umfassenden Prüfung der ihre Ausübung (bislang) hindernden tatsächlichen Umstände verpflichtet. Dieser Pflicht genügende, verfassungssichernde und -verwirklichende Vorgehensweisen des Gesetzgebers, zu denen auch die experimentelle Gesetzgebung zählt, hat die Verfassungsgerichtsbarkeit im Hinblick auf ihre besondere Verantwortung für den Erfolg verfassungsgemäßer Ausgestaltung der Sozialordnung zu respektieren.

Experimentelle Gesetzgebung instrumentarisiert und operationalisiert Möglichkeits- im Sinne pluralistischen Alternativendenkens. Dieses ist zentraler Baustein einer offenen, pluralistischen und damit freiheitlichen Demokratie, die daher auch und gerade eine experimentelle Demokratie ist, verstanden als ein dynamischer, offener Prozeß auf der Suche nach dem, was (nicht) sein kann und (nicht) sein soll. Der demokratische Gesetzgeber muß mit Alternativen experimentieren, die möglichen Versuche zu richtigem Recht unternehmen können, um vor dem Forum rechtsstaatlich geprägter Maßgeblichkeiten der grundgesetzlichen Verfassungsordnung, wie Sachqualität und Demokratieerfüllung, bestehen zu können. Experimentelle und insoweit wissenschaftlich fundierte Gesetzgebung ist eine Methode in diesem Sinne demokratischer Willensbildung und Teil einer verfassungsstaatlichen Rechtspolitik.

Das Gesetz als spezifisches Instrument der rechtlichen Gesamtordnung erfährt seine rechtsstaatliche Legitimität durch rationale Zweck*setzung und* rationale Zweck*verwirklichung.* Denn das fundamental "gute" Gesetz ist nur dann "gut", wenn es auch "erfolgreich" ist. Das zweckrationale Gesetz transportiert (optimal) wertrationale Gerechtigkeitsideen im pluralistischen

Gemeinwesen. Für gesetzgeberische Prognoseentscheidungen verlangt die distanziert-rationale Ausgestaltung eines rechtsstaatlichen Gesetzgebungsverfahrens die Ausschöpfung des prognostisch Möglichen, um Nachbesserungen (möglichst) zu verhindern. Dieser Forderung nach (möglichst) rationaler Gesetzesvorbereitung suchen die Methoden der experimentellen Rechtssetzung zu entsprechen. Experimentelle Gesetzgebung zielt dabei auf das Hinausschieben der dem Streben nach optimaler prognostischer Rationalität in der Gesetzgebung gezogenen Grenzen. Sie ermöglicht die Gewinnung realen, nicht bloß fiktiven Sachverhaltswissens und realer Wirkungserfahrungen und erweist sich als möglichst realistisches, Distanz schaffendes Hilfsmittel zur Herstellung materieller Rationalität (in) der Gesetzgebung für den Fall, daß als Alternative, um gegebenem Regelungsbedarf bei mangelnder rationaler Entscheidungsgrundlage zu genügen, nur die mehr oder weniger "blinde", jedenfalls wenig distanziert-rationale Dezision bliebe. Das Experimentier- oder Erprobungsgesetz ist damit ein den Rechtsstaat verwirklichendes und sicherndes Instrument in der Hand des Gesetzgebers.

Die sozialtechnische Orientierung der Gesetzgebung in der Situation fundamentaler und instrumenteller Unsicherheit ist Ausdruck und Konsequenz sozialer Rechtsstaatlichkeit. Die aus der grundgesetzlichen Sozialstaatsbestimmung folgende Verpflichtung des Gesetzgebers zur Herstellung einer gerechten Sozialordnung fordert ein hinreichend sicheres analytisches Wissen um die Auswirkungen einer sozialgestaltenden Regelung.

b) Der spezifische Regelungsinhalt des Experimentier- oder Erprobungsgesetzes verlangt die Zweispurigkeit seiner verfassungsrechtlichen Würdigung. Eine experimentelle Norm dient der Prognoseentwicklung und enthält folglich eine Prognoseprognose: eine Prognose über ihre Tauglichkeit zur Entwicklung einer Prognose über die Tauglichkeit der endgültig gedachten Norm. Denn experimentelles Vorgehen ist immer theoriegeleitetes, planmäßiges Handeln.

Demnach erlangt das Experimentier- oder Erprobungsgesetz doppelte Verfassungsrelevanz, nämlich zum einen hinsichtlich seiner unmittelbaren, technologischen Zwecksetzung und zum anderen in bezug auf die durch das Experiment zu prüfende Normhypothese.

Diese doppelte rechtliche Relevanz der experimentellen Gesetzgebung findet eine Parallele im Verfahren des vorläufigen Rechtsschutzes. Die

Struktur einer einstweiligen Anordnung kann insoweit mit der der experimentellen Gesetzgebung verglichen werden.

c) Aus seinem spezifischen Charakter folgt die Ergebnisoffenheit des Gesetzesexperiments als weichenstellende, verfassungsrechtliche Voraussetzung. Steht das Experimentier- oder Erprobungsgesetz als Instrument rechtsstaatlicher Gesetzgebung im Dienste der Entwicklung rationaler Entscheidungsgrundlagen, so dürfen diese nicht bereits feststehen, d.h. die den Gegenstand der Erprobung bildende Normvorstellung darf nicht den verfassungsrechtlichen Anforderungen in der Sache bereits genügen oder von vornherein nicht genügen. Der Erlaß eines Experimentier- oder Erprobungsgesetzes setzt die tatsächliche Ungewißheit über die Verfassungs-(non)konformität jedes gesetzgeberischen Regelungsvorschlags voraus. Diese Zweifel dürfen nicht zu Lasten betroffener Grundrechtsträger gehen. Der legisferierende Staat hat hier nicht nur das Recht, sondern für ihn besteht hier auch die verfassungsrechtliche Pflicht zur (vorherigen) Erprobung einer Regelungsvorstellung an Stelle einer "endgültigen" Normsetzung mit der Auflage einer (nachträglichen) Anpassung oder Nachbesserung, wenn und soweit von vornherein ernsthaft mit dem Eintritt des Korrekturfalles gerechnet werden muß. Denn es muß dem Gesetzgeber im Rechtsstaat um die Vermeidung normativer Anpassungen gehen; steht ihre Notwendigkeit aber von Anfang an nahezu fest, so muß ihm ein endgültiges Legisferieren allein im Blick auf die Möglichkeit der Korrektur versagt werden. Dies erlaubt den Eintritt in die sachgerechte und verantwortbare Verfassungsrechtsprüfung, ob die zu erwartende Erhöhung der gesetzgeberischen Prognosesicherheit eine vorübergehende Beeinträchtigung der Rechtspositionen Betroffener legitimiert.

d) Hinsichtlich seiner technologischen Zielsetzung verlangt das rechtsstaatliche Übermaßverbot die Aussagefähigkeit und die Erforderlichkeit des gesetzgeberischen Versuchs. Das Gesetzesexperiment muß hinreichend geeignet sein, einen andernfalls nicht zu erreichenden Abbau der Prognoseunsicherheit zu bewirken. Die hier erforderliche Prognose begründet den Prognoseprognosespielraum des experimentellen Gesetzgebers. Die Frage nach der Legitimität der zwangsläufigen Irreversibilität von Experimentfolgen ist Gegenstand der Prüfung der Verhältnismäßigkeit im engeren Sinne. Die Abwägung entscheidet über die verbleibende Entscheidungsoffenheit. Ziel, Funktion und Verhältnismäßigkeit von Experimentiergesetzen erfordern die Befristung ihrer Geltungsdauer. Das (zulässige) Gesetzesexperiment ist sachlicher Grund für gröbere Typisierungen und Generalisierungen. An den rechtsstaatlichen Grundsatz der Bestimmtheit sind hier ähnlich wie bei Planungsgesetzen nur eingeschränkte Anforderungen zu stellen.

VII.

1. Die aufgezeigte zweispurige Verfassungsdogmatik des Gesetzesexperiments hat für den Fall der den Privatrundfunk erprobenden Organisationsregelung folgenden Inhalt: Mit zunehmender Verbesserung der technischen und finanziellen Bedingungen der Rundfunkveranstaltung stellt sich die medienpolitische wie -rechtliche Frage nach der Öffnung des herkömmlich öffentlich-rechtlich strukturierten Rundfunkmarktes auch für Rundfunkveranstalter des Privatrechts. Jegliches Organisationsmodell muß sich dabei in den Grenzen der die Realisierung der Rundfunkfreiheit sichernden verfassungsrechtlichen Grundsätze halten, insbesondere dem Gebot der effektiv-gleichgewichtigen Meinungsvielfalt genügen. Für den zur Schaffung einer "positiven Ordnung" verpflichteten (Landes-)Gesetzgeber ergibt sich hier das Problem, daß es die hochgradige Ungewißheit über die zukünftigen Funktionsbedingungen des Rundfunkwesens nicht oder nur sehr bedingt zuläßt, eine rationale Prognose darüber abzugeben, ob sich bei Zulassung von privaten Rundfunkveranstaltern im Programmangebot pluralistische Ausgewogenheit einstellt. Vor Erlaß einer endgültigen Organisationsregelung ist der Gesetzgeber daher verpflichtet, hinreichende Prognosesicherheit durch den Erlaß eines Privatrundfunk-Erprobungsgesetzes herzustellen. Damit deckt sich - ausgehend von der individualrechtlichen Interpretation der Rundfunkfreiheit des Art. 5 Abs. 1 Satz 2 GG - eine entsprechende Prüfungspflicht des Rundfunkgesetzgebers.

2. Die normativ-experimentelle Anordnung eines Privatrundfunk-Erprobungsgesetzes muß geeignet sein, Erkenntnisse über die Funktionsbedingungen eines auch außenplural organisierten Rundfunksystems zu erlangen. Dies setzt die Gewährung angemessener Start- und Entwicklungschancen für den Privatrundfunk voraus, der jegliche Bestands- und Entwicklungsgarantien für den öffentlich-rechtlichen Anstaltsrundfunk zuwiderlaufen, verlangt die Errichtung einer möglichst breiten Versuchsanlage, vor allem die Integration möglichst vieler Angebotsformen und -inhalte, und erfordert die Institutionalisierung einer unabhängigen wissenschaftlichen Be-

gleituntersuchung und Auswertung. Die Gefahren für Rundfunkfreiheit und Meinungsvielfalt und sonstige Beeinträchtigungen, die durch das in diesem Sinne aussagefähige Privatrundfunk-Erprobungsgesetz notwendig hervorgerufen werden, müssen in einem angemessenen Verhältnis zu dem mit seinem Erlaß erwarteten Erkenntnisgewinn stehen. Gleichermaßen der Sensibilität und der Bedeutung der Rundfunkfreiheit Rechnung tragend wie der Zielsetzung des Experiments dienend ist eine offene und flexible Abfassung der Versuchsbedingungen sowie die Befristung des Gesetzes.

Literaturverzeichnis

Adorno, Theodor W. / *Dahrendorf*, Ralf / *Pilot*, Harald / *Albert*, Hans / *Habermas*, Jürgen / *Popper*, Karl R.: Der Positivismusstreit in der deutschen Soziologie, 12. Auflage, Darmstadt / Neuwied 1987.

Albert, Hans: Der kritische Rationalismus Karl Raimund Poppers, ARSP 46 (1960), S. 391 ff.

— Normativismus oder Sozialtechnologie? Bemerkungen zu Eike von Savignys Kritik, JbRSoz. 2 (1972), S. 109 ff.

— Traktat über kritische Vernunft, 4. Auflage, Tübingen 1980.

— Die Einheit der Sozialwissenschaften, in: Ernst Topitsch (Hrsg.), Logik der Sozialwissenschaften, 10. Auflage, Königstein/Ts. 1980, S. 53 ff.

— Theorie und Prognose in den Sozialwissenschaften, in: Ernst Topitsch (Hrsg.), Logik der Sozialwissenschaften, 10. Auflage, Königstein/Ts. 1980, S. 126 ff.

— Wertfreiheit als methodisches Prinzip. Zur Frage der Notwendigkeit einer normativen Sozialwissenschaft, in: Ernst Topitsch (Hrsg.), Logik der Sozialwissenschaften, 10. Auflage, Königstein/Ts. 1980, S. 196 ff.

Alexy, Robert: Theorie der Grundrechte, Frankfurt/M. 1986.

Aubert, Vilhelm: Einige soziale Funktionen der Gesetzgebung, in: Ernst E. Hirsch / Manfred Rehbinder (Hrsg.), Studien und Materialien zur Rechtssoziologie, 2. Auflage, Opladen 1971, S. 284 ff.

Bachof, Otto: Wege zum Rechtsstaat, Ausgewählte Studien zum öffentlichen Recht, zum 65. Geburtstag des Autors in Verbindung mit ihm hrsg. von Ludwig Fröhler / Detlef Göldner / Gunter Kisker / Jost Pietzcker / Hans Heinrich Rupp / Dieter H. Scheuing, Königstein/Ts. 1979.

— Die Dogmatik des Verwaltungsrechts vor den Gegenwartsaufgaben der Verwaltung, VVDStRL 30 (1972), S. 193 ff.

Badura, Peter: Verfassung und Verfassungsgesetz, in: Festschrift für Ulrich Scheuner zum 70. Geburtstag, hrsg. von Horst Ehmke / Joseph H. Kaiser / Wilhelm A. Kewenig / Karl Matthias Meessen / Wolfgang Rüfner, Berlin 1973, S. 19 ff.

— Richterliches Prüfungsrecht und Wirtschaftspolitik, in: Verwaltung im Dienste von Wirtschaft und Gesellschaft, Festschrift für Ludwig Fröhler zum 60. Geburtstag, hrsg. von Peter Oberndorfer / Herbert Schambeck, Berlin 1980, S. 321 ff.

— Verfassungsrechtliche Bindungen der Rundfunkgesetzgebung. Die Freiheit des Rundfunks und die saarländische Gesetzgebung über private Veranstalter von Rundfunksendungen, Frankfurt/M. 1980.

— Planung durch Gesetz, in: Recht als Prozeß und Gefüge, Festschrift für Hans Huber zum 80. Geburtstag, Bern 1981, S. 15 ff.

— Die verfassungsrechtliche Pflicht des gesetzgebenden Parlaments zur "Nachbesserung" von Gesetzen, in: Staatsorganisation und Staatsfunktionen im Wandel, Festschrift für Kurt Eichenberger zum 60. Geburtstag, Basel / Frankfurt/M. 1982, S. 481 ff.

Bartl, Harald: Handbuch Btx-Recht. Mit einem Kommentar zum Bildschirmtext-Staatsvertrag, Heidelberg 1984.

Baur, Fritz: Sozialer Ausgleich durch Richterspruch, JZ 1957, S. 193 ff.

Bäumlin, Richard: Stichwort "Demokratie", in: Evangelisches Staatslexikon, hrsg. von Roman Herzog / Hermann Kunst / Klaus Schlaich / Wilhelm Schneemelcher, 3. Auflage, Stuttgart 1987, Sp. 458 ff.

Bayerische Staatskanzlei (Hrsg.): Kabelpilotprojekt München, Bericht der Projektkommission, München 1987.

Benda, Ernst: Grundrechtswidrige Gesetze. Ein Beitrag zu den Ursachen verfassungsgerichtlicher Beanstandung, Baden-Baden 1979.

— Bundesverfassungsgericht und Gesetzgeber im dritten Jahrzehnt des Grundgesetzes, DÖV 1979, S. 465 ff.

Bender, Rolf (Hrsg.): Tatsachenforschung in der Justiz, Tübingen 1972.

— Zur Notwendigkeit einer Gesetzgebungslehre, dargestellt an aktuellen Problemen der Justizreform, Stuttgart 1974.

— Die Zielverwirklichungstechnik in der Gesetzgebungslehre, in: Jürgen Rödig (Hrsg.), Studien zu einer Theorie der Gesetzgebung, Berlin / Heidelberg / New York 1976, S. 475 ff.

— Gesetzgebungslehre - ein neuer Zweig der Rechtswissenschaft?, ZRP 1976, S. 132 ff.

Berg, Klaus: Grundversorgung. Begriff und Bedeutung im Verhältnis von öffentlich-rechlichem und privatem Rundfunk nach der neueren Rechtsprechung des Bundesverfassungsgerichts, AfP 1987, S. 457 ff.

Berg, Wilfried: Konkurrenzen schrankendivergenter Freiheitsrechte im Grundrechtsabschnitt des Grundgesetzes, Berlin 1968.

— Die Verwaltung des Mangels. Verfassungsrechtliche Determinanten für Zuteilungskriterien bei knappen Ressourcen, Der Staat 15 (1976), S. 1 ff.

— Die verwaltungsrechtliche Entscheidung bei ungewissem Sachverhalt, Berlin 1980.

— Vom Wettlauf zwischen Recht und Technik - Am Beispiel neuer Regelungsversuche im Bereich der Informationstechnologie -, JZ 1985, S. 401 ff.

Berner, Georg: Inflation im Recht, BayVBl. 1978, S. 617 ff.

Bethge, Herbert: Die verfassungsrechtliche Problematik der Zulassung von Rundfunkveranstaltern des Privatrechts, Rechtsgutachten aus Anlaß der konkreten Normenkontrolle über die Verfassungsmäßigkeit der §§ 38 - 46 e des saarländischen Rundfunkgesetzes, München 1981.

— Grundrechtsverwirklichung und Grundrechtssicherung durch Organisation und Verfahren, NJW 1982, S. 1 ff.

— Rundfunkfreiheit und privater Rundfunk. Eine rechtsgutachtliche Untersuchung der Verfassungsmäßigkeit des niedersächsischen Landesrundfunkgesetzes vom 23. Mai 1984, Frankfurt/M. 1985.

— Die Verfassungsmäßigkeit des Bayerischen Medienerprobungs- und -entwicklungsgesetzes (MEG), ZUM 1986, S. 255 ff.

— Rundfunkfreiheit in der Perspektive von Bundes- und Landesverfassungsgerichtsbarkeit - Anmerkungen zum Urteil des Bundesverfassungsgerichts vom 4. November 1986 und zur Entscheidung des Bayerischen Verfassungsgerichtshofs vom 21. November 1986 -, ZUM 1987, S. 199 ff.

Beutel, Frederick K.: Some Implications of Experimental Jurisprudence, Harvard Law Review 1934, S. 169 ff.

— Democracy or The Scientific Method in Law and Policy Making, Rio Piedras 1965.

— Die Experimentelle Rechtswissenschaft, Möglichkeiten eines neuen Zweiges der Sozialwissenschaft (Some Potentalities of Experimental Jurisprudence as a New Branch of Social Science), aus dem Amerikanischen übertragen von Uwe Krüger, Berlin 1971.

— Experimental Jurisprudence and the Scienstate, Bielefeld 1975.

Bewerunge, Lothar: Von Privatfunk keine Spur. Ist das Landesrundfunkgesetz der Regierung Rau funktionsunfähig?, F. A. Z. vom 8. März 1989, S. 16.

Blankenagel, Alexander: Tradition und Verfassung. Neue Verfassung und alte Geschichte in der Rechtsprechung des Bundesverfassungsgerichts, Baden-Baden 1987.

Blankenburg, Erhard: Die Gewinnung von Theorien und ihre Überprüfung - zwei Methodologien?, in: ders. (Hrsg.), Empirische Rechtssoziologie, München 1975, S. 7 ff.

Bock, Bettina: Umweltschutz im Spiegel von Verfassungsrecht und Verfassungspolitik, Manuskript Diss. iur., Bayreuth 1989.

Böckenförde, Ernst-Wolfgang: Entstehung und Wandel des Rechtsstaatsbegriffs, in: Festschrift für Adolf Arndt zum 65. Geburtstag, hrsg. von Horst Ehmke / Carlo Schmid / Hans Scharoun, Frankfurt/M. 1969, S. 53 ff.

— Die Methode der Verfassungsinterpretation - Bestandsaufnahme und Kritik, NJW 1976, S. 2089 ff.

— Gesetz und gesetzgebende Gewalt. Von den Anfängen der deutschen Staatsrechtslehre bis zur Höhe des staatsrechtlichen Positivismus, 2. Auflage, Berlin 1981.

Böckenförde, Ernst-Wolfgang / *Wieland*, Joachim: Die "Rundfunkfreiheit" - ein Grundrecht? Überlegungen zu den verfassungsrechtlichen Vorgaben in Art. 5 Abs. 1 GG für die Organisation des Rundfunks, AfP 1982, S. 77 ff.

Böhret, Carl: Anwendungsorientierte Gesetzgebungslehre - ein längst fälliger Beitrag, in: Werner Hugger, Gesetze - Ihre Vorbereitung, Abfassung und Prüfung, Baden-Baden 1983, S. 5 ff.

Böhret, Carl / *Hugger*, Werner: Test und Prüfung von Gesetzentwürfen, Köln / Bonn 1980.

Braun, Wilfried: Offene Kompetenznormen - ein geeignetes und zulässiges Regulativ im Wirtschaftsverwaltungsrecht? - Neues zur Rollenverteilung zwischen Exekutive, Legislative und Judikative im wirtschaftsgestaltenden Sozialstaat -, VerwArch. 76 (1985), S. 24 ff., S. 158 ff.

Brepohl, Klaus: Lexikon der neuen Medien, 3. Auflage, Köln 1984.

Breuer, Rüdiger: Legislative und administrative Prognoseentscheidungen, Der Staat 16 (1977), S. 21 ff.

Bueckling, Adrian: Im Begriffsdschungel des satellitischen Rundfunkrechts, ZUM 1988, S. 164 ff.

Bullinger, Martin: Kommunikationsfreiheit im Strukturwandel der Telekommunikation, Baden-Baden 1980.

— Neue Medien: Neue Aufgaben des Rechts?, AfP 1982, S. 69 ff.

— Elektronische Medien als Marktplatz der Meinungen - Abschied vom Modell harmonisierender Meinungspflege durch gewaltenaufteilende Presse- und Rundfunkunternehmen -, AÖR 108 (1983), S. 161 ff.

— Strukturwandel von Rundfunk und Presse. Rechtliche Folgewirkungen der neuen elektronischen Medien, NJW 1984, S. 385 ff.

— Satellitenrundfunk im Bundesstaat, AfP 1985, S. 1 ff.

Bullinger, Martin / *Gödel*, Christoph: Landesmediengesetz Baden-Württemberg (LMedienG). Kommentar, Baden-Baden 1986.

Bundesministerium der Justiz (Hrsg.): Das juristische Informationssystem - Analyse, Planung, Vorschläge, Karlsruhe 1972.

— Rechtstatsachenforschung Kriminologie, Bonn 1974.

Bülow, Oskar: Gesetz und Richteramt, Leipzig 1885, Neudruck 1972.

Campbell, Donald T.: Reforms as Experiments, American Psychologist 1969, S. 409 ff.

Carbonnier, Jean: Rechtssoziologie, Berlin 1974.

Chapin, F. Stuart: Das Experiment in der soziologischen Forschung, in: René König (Hrsg.), Beobachtung und Experiment in der Sozialforschung, Köln 1956, Neudruck 1975, S. 221 ff.

Chiotellis, Aristide / *Fikentscher*, Wolfgang: Rechtstatsachenforschung. Methodische Probleme und Beispiele aus dem Schuld- und Wirtschaftsrecht, Köln 1985.

Cowan, Thomas A.: Experimental Jurisprudence: Science, Morality, Law, ARSP Beiheft Nr. 38 Neue Folge Nr. 1 (1960), S. 57 ff.

— Das Verhältnis des Rechts zur experimentellen Sozialwissenschaft (The Relation of Law to Experimental Social Science), in: Ernst E. Hirsch / Manfred Rehbinder (Hrsg.), Studien und Materialien zur Rechtssoziologie, 2. Auflage, Opladen 1971, S. 161 ff.

Dagtoglou, Prodromos: Diskussionsbeitrag, VVDStRL 40 (1982), S. 117 f.

Degenhart, Christoph: Systemgerechtigkeit und Selbstbindung des Gesetzgebers als Verfassungspostulat, München 1976.

— Gesetzgebung im Rechtsstaat, DÖV 1981, S. 477 ff.

— Verfassungsfragen neuer elektronischer Medien - Folgewirkungen auf Medienstruktur und Medienpolitik, BayVBl. 1986, S. 577 ff.

— Bayern auf dem Weg zur dualen Rundfunkordnung? Medienerprobungs- und -entwicklungsgesetz, Bayerische Verfassung und Grundgesetz - Zur Entscheidung des Bayerischen Verfassungsgerichtshofs vom 21. 11. 1986 -, AfP 1987, S. 371 ff.

— Verfassungsfragen der Novelle zum Bayerischen Medienerprobungs- und -entwicklungsgesetz, ZUM 1987, S. 595 ff.

— Öffentlich- rechtlicher und privater Rundfunk im dualen Rundfunksystem, ZUM 1988, S. 47 ff.

Direktorenkonferenz der Landesmedienanstalten (DLM) (Hrsg.): Jahrbuch 88, München 1988.

Doehring, Karl: Der Autoritätsverlust des Rechts, in: Festschrift für Ernst Forsthoff zum 70. Geburtstag, hrsg. von Roman Schnur, München 1972, S. 103 ff.

Döring, Eberhard: Karl R. Popper. Einführung in Leben und Werk, Hamburg 1987.

Dolzer, Rudolf: Die staatstheoretische und staatsrechtliche Stellung des Bundesverfassungsgerichts, Berlin 1972.

Dürig, Günter: Art. 9 Grundgesetz in der Kartellproblematik, NJW 1955, S. 729 ff.

— Gesammelte Schriften 1952 - 1983, in Verbindung mit Hartmut Maurer hrsg. von Walter Schmitt Glaeser und Peter Häberle, Berlin 1984.

Durkheim, Emile: Die Regeln der soziologischen Methode (1894/95), hrsg. und eingeleitet von René König, Frankfurt/M. 1984.

Eckel, Karl: Das Sozialexperiment - Finales Recht als Bindeglied zwischen Politik und Sozialwissenschaft, ZfSoz. 1978, S. 39 ff.

Ehmke, Horst: Prinzipien der Verfassungsinterpretation, VVDStRL 20 (1963), S. 53 ff.

Ehrlich, Eugen: Recht und Leben. Gesammelte Schriften zur Rechtstatsachenforschung und Freirechtslehre, hrsg. von Manfred Rehbinder, Berlin 1967.

Eichenberger, Kurt: Zur Einleitung: Von der Rechtsetzungsfunktion im heutigen Staat, ZSchwR NF 93 II. Halbband (1974), S. 7 ff.

— Gesetzgebung im Rechtsstaat, VVDStRL 40 (1982), S. 7 ff.

— Diskussionsbeitrag, VVDStRL 40 (1982), S. 150 f.

378   Literaturverzeichnis

Ellwein, Thomas : Staatliche Steuerung in der parlamentarischen Demokratie, DÖV 1984, S. 748 ff.

Emge, Carl A.: Recht und Psychologie: Gedanken über ihre Beziehung, Wiesbaden 1954.

Emmerich, Volker: Rundfunkauftrag und Programminformation, AfP 1986, S. 206 ff.

Emmerich, Volker / *Steiner*, Udo: Möglichkeiten und Grenzen der wirtschaftlichen Betätigung der öffentlich-rechtlichen Rundfunkanstalten, Berlin 1986.

Enck, Paul: Die "Bundesevaluation" aller einphasigen Jura - Studiengänge, in: Gerd-Michael Hellstern / Hellmut Wollmann (Hrsg.), Experimentelle Politik - Reformstrohfeuer oder Lernstrategie, Opladen 1983, S. 358 ff.

Engisch, Karl: Logische Studien zur Gesetzesanwendung, 3. Auflage, Heidelberg 1963.

Erichsen, Hans-Uwe: Die einstweilige Anordnung, in: Bundesverfassungsgericht und Grundgesetz, Festgabe aus Anlaß des 25jährigen Bestehens des Bundesverfassungsgerichts, Band 1, hrsg. von Christian Starck, Tübingen 1976, S. 170 ff.

—   Diskussionsbeitrag, VVDStRL 40 (1982), S. 128.

Esser, Josef: Grundsatz und Norm, Tübingen 1956.

—   Vorverständnis und Methodenwahl in der Rechtsfindung. Rationalitätsgrundlagen richterlicher Entscheidungspraxis, Frankfurt/M., Ausgabe 1972.

—   Gesetzesrationalität im Kodifikationszeitalter und heute, Recht und Staat 470 (1977), S. 13 ff.

Evangelische Kirche in Deutschland: Die neuen Informations- und Kommunikationstechniken. Chancen, Gefahren, Aufgaben verantwortlicher Gestaltung, Gütersloh 1985.

Expertenkommission Neue Medien Baden-Württemberg: Abschlußbericht der Expertenkommission Neue Medien - EKM Baden-Württemberg, Stuttgart / Berlin / Köln / Mainz 1981.

Fack, Fritz Ullrich: Versuch und Irrtum, F. A. Z. vom 22. April 1989, S. 12.

Ferger, Herbert / *Junker*, Harald: "Neue Medien" und Fernmelderecht - Die Fernmeldekompetenz des Bundes aus Art. 73 Nr. 7 GG im Lichte neuer Formen der Individualkommunikation -, DÖV 1981, S. 439 ff.

Fezer, Karl-Heinz: Die Pluralität des Rechts. Prolegomena zu einer pluralistischen Privatrechtstheorie, JZ 1985, S. 762 ff.

Fikentscher, Wolfgang: Methoden des Rechts, Band IV: Dogmatischer Teil, Tübingen 1977.

Fleck, Werner: Modellversuche mit neuen Kommunikationstechniken. Ein praxisbezogener Bericht über die Bemühungen von Bund und Ländern zur Ordnung der "neuen Medien", VerwArch. 71 (1980), S. 280 ff.

Fleiner(-Gerster), Thomas: Norm und Wirklichkeit, ZSchwR NF 93 II. Halbband (1974), S. 279 ff.

—   Wie soll man Gesetze schreiben? Leitfaden für die Redaktion normativer Texte, Bern / Stuttgart 1985.

Forsthoff, Ernst: Die Verwaltung als Leistungsträger, Stuttgart / Berlin 1938.

— Rechtsstaat im Wandel. Verfassungsrechtliche Abhandlungen 1954 - 1973, hrsg. von Klaus Frey, 2. Auflage, München 1976.

— Der Staat der Industriegesellschaft. Dargestellt am Beispiel der Bundesrepublik Deutschland, 2. Auflage, München 1971.

Fricke, Peter / *Hugger,* Werner: Test von Gesetzentwürfen, Teil 1: Voraussetzungen einer testorientierten Rechtsetzungsmethodik, Speyerer Forschungsberichte 11, Speyer 1979.

— Test von Gesetzentwürfen, Teil 2: Experimentelle Methoden zur Unterstützung der Rechtsetzungspraxis, Band 1: Bericht, Speyerer Forschungsberichte 12, Speyer 1980.

Friesenhahn, Ernst: Wesen und Grenzen der Verfassungsgerichtsbarkeit, ZSchwR 73 (1954), S. 129 ff.

Fuhr, Ernst W.: Der öffentlich-rechtliche Rundfunk im dualen Rundfunksystem. Anmerkungen zum Vierten Rundfunkurteil des Bundesverfassungsgerichts vom 04. 11. 1986, ZUM 1987, S. 145 ff.

Gagnér, Sten: Studien zur Ideengeschichte der Gesetzgebung, Stockholm 1960.

Gallwas, Hans-Ulrich / *Hassemer,* Volker / *Seetzen,* Jürgen: Bildschirmtexterprobung in Berlin. Wissenschaftliche Begleituntersuchung, München 1983.

Garrn, Heino: Zur Rationalität rechtlicher Entscheidungen, Stuttgart 1986.

Geiger, Theodor: Vorstudien zu einer Soziologie des Rechts, 4. Auflage, durchgesehen und hrsg. von Manfred Rehbinder, Berlin 1987.

Geiger, Willi: Gegenwartsprobleme der Verfassungsgerichtsbarkeit aus deutscher Sicht, in: Thomas Berberich / Wolfgang Holl / Kurt-Jürgen Maaß (Hrsg.), Neue Entwicklungen im öffentlichen Recht. Beiträge zum Verhältnis von Bürger und Staat aus Völkerrecht, Verfassungsrecht und Verwaltungsrecht, Stuttgart / Berlin / Köln / Mainz 1979, S. 131 ff.

— Recht und Politik im Verständnis des Bundesverfassungsgerichts, Bielefeld 1980.

Goerlich, Helmut: Erfordernisse rationaler Gesetzgebung nach Maßstäben des Bundesverfassungsgerichts, JR 1977, S. 89 ff.

— Grundrechte als Verfahrensgarantien. Ein Beitrag zum Verständnis des Grundgesetzes für die Bundesrepublik Deutschland, Baden-Baden 1981.

Goerlich, Helmut / *Radeck,* Bernd: Neugründung und Grundversorgung - die Rundfunkordnung in einer dritten Phase?, JZ 1989, S. 53 ff.

Götz, Volkmar: Bundesverfassungsgericht und Vertrauensschutz, in: Bundesverfassungsgericht und Grundgesetz, Festgabe aus Anlaß des 25jährigen Bestehens des Bundesverfassungsgerichts, Band 2, hrsg. von Christian Starck, Tübingen 1976, S. 421 ff.

Grabitz, Eberhard: Der Grundsatz der Verhältnismäßigkeit in der Rechtsprechung des Bundesverfassungsgerichts, AÖR 98 (1973), S. 568 ff.

Greenwood, Ernest: Das Experiment in der Soziologie, in: René König (Hrsg.), Beobachtung und Experiment in der Sozialforschung, Köln 1956, Neudruck 1975, S. 171 ff.

Grimm, Dieter: Diskussionsbeitrag, VVDStRL 40 (1982), S. 104 f.

— Kulturauftrag im staatlichen Gemeinwesen, VVDStRL 42 (1984), S. 46 ff.

— Vorwort, JbRSoz. 13 (1988), S. 9 f.

Gröner, Helmut: Wettbewerb im Rundfunk, in: Ernst-Joachim Mestmäcker (Hrsg.), Offene Rundfunkordnung. Prinzipien für den Wettbewerb im grenzüberschreitenden Rundfunk, Gütersloh 1988, S. 349 ff.

Groll, Klaus-Michael: In der Flut der Gesetze, Düsseldorf 1985.

Groß, Rolf: Zum Verfassungsgebot der Programmvielfalt im Rundfunk, DVBl. 1982, S. 1118 ff.

— Länderkoordinierung in der Medienpolitik, DÖV 1983, S. 437 ff.

— Kabelnetze und Programmeinspeisung, Media Perspektiven 1983, S. 789 ff.

— Breitbandverkabelung und Übernahme von Rundfunkprogrammen in Kabelnetze, NJW 1984, S. 409 ff.

— Zum Stand der Diskussion über den Satellitenrundfunk, Media Perspektiven 1984, S. 45 ff.

— Zu den Länderberatungen über den Satellitenrundfunk, Media Perspektiven 1985, S. 289 ff.

Habermas, Jürgen: Strukturwandel der Öffentlichkeit. Untersuchungen zu einer Kategorie der bürgerlichen Gesellschaft, 17. Auflage, Darmstadt / Neuwied 1987.

— Technik und Wissenschaft als "Ideologie", 8. Auflage, Frankfurt/M. 1976.

Habermas, Jürgen / *Luhmann*, Niklas: Theorie der Gesellschaft oder Sozialtechnologie - Was leistet die Systemforschung?, Frankfurt/M. 1971.

Häberle, Peter: Rezension von Hans H. Klein, Bundesverfassungsgericht und Staatsraison. Über Grenzen normativer Gebundenheit des Bundesverfassungsgerichts, 1968, DÖV 1969, S. 150 f.

— Grundrechte im Leistungsstaat, VVDStRL 30 (1972), S. 43 ff.

— Rezension von Peter Noll, Gesetzgebungslehre, 1973, JZ 1981, S. 853 ff.

— Grundprobleme der Verfassungsgerichtsbarkeit, in: ders. (Hrsg.), Verfassungsgerichtsbarkeit, Darmstadt 1976, S. 1 ff.

— Verfassung als öffentlicher Prozeß, Berlin 1978.

— Kommentierte Verfassungsrechtsprechung, Königstein/Ts. 1979.

— Die Verfassung des Pluralismus, Königstein/Ts. 1980.

— Verfassungsgerichtsbarkeit zwischen Politik und Rechtswissenschaft, Königstein/Ts. 1980.

— Menschenwürde und Verfassung am Beispiel von Art. 2 Abs. 1 Verf. Griechenland 1975, Rechtstheorie 11 (1980), S. 389 ff.

— Erziehungsziele und Orientierungswerte im Verfassungsstaat, Freiburg 1981.

— Diskussionsbeitrag, VVDStRL 39 (1981), S. 202 f.

— Verfassungslehre als Kulturwissenschaft, Berlin 1982.

— Diskussionsbeitrag, VVDStRL 40 (1982), S. 110 ff.

— Die Wesensgehaltgarantie des Artikel 19 Abs. 2 Grundgesetz, 3. Auflage, Heidelberg 1983.

— Zeit und Verfassungskultur, in: Anton Peisl / Armin Mohler (Hrsg.), Die Zeit, München 1983, S. 289 ff.

— Die Menschenwürde als Grundlage der staatlichen Gemeinschaft, in: Josef Isensee / Paul Kirchhof (Hrsg.), Handbuch des Staatsrechts der Bundesrepublik Deutschland, Band I: Grundlagen von Staat und Verfassung, Heidelberg 1987, S. 815 ff.

— Das Menschenbild im Verfassungsstaat, Berlin 1988.

Haenisch, Hans: Gesamtschulevaluation - Kriterien, Ergebnisse, Probleme, in: Gerd-Michael Hellstern / Hellmut Wollmann (Hrsg.), Experimentelle Politik - Reformstrohfeuer oder Lernstrategie, Opladen 1983, S. 276 ff.

Haller, Walter: Die Verfassungsgerichtsbarkeit im Gefüge der Staatsfunktionen, DÖV 1980, S. 465 ff.

Hartwieg, Oskar: Rechtstatsachenforschung im Übergang, Göttingen 1975.

von Hayek, Friedrich A.: Freiburger Studien, Tübingen 1969.

Heinz, Wolfgang (Hrsg.): Rechtstatsachenforschung heute, Konstanz 1986.

Heller, Hermann: Staatslehre, in der Bearbeitung von Gerhart Niemeyer, 6. Auflage, Tübingen 1983.

Hellstern, Gerd-Michael / *Wollmann*, Hellmut: Bilanz - Reformexperimente, wissenschaftliche Begleitung und politische Realität, in: dies. (Hrsg.), Experimentelle Politik - Reformstrohfeuer oder Lernstrategie, Opladen 1983, S. 1 ff.

— Handbuch zur Evaluierungsforschung, Band 1, Opladen 1984.

Hermes, Georg: Das Grundrecht auf Schutz von Leben und Gesundheit. Schutzpflicht und Schutzanspruch aus Art. 2 Abs. 2 Satz 1 GG, Heidelberg 1987.

Herzog, Roman: Allgemeine Staatslehre, Frankfurt/M. 1971.

— Der Jurist und seine Verantwortung für das Staatsbewußtsein, in: Peter Eisenmann / Bernd Rill (Hrsg.), Jurist und Staatsbewußtsein, Heidelberg 1987, S. 15 ff.

Hesse, Albrecht: Rechtsfragen der Weiterverbreitung von Rundfunkprogrammen. Die Weiterverbreitungsregelungen in den Landesmediengesetzen unter Berücksichtigung der Entscheidung des Bundesverfassungsgerichts zum Niedersächsischen Landesrundfunkgesetz, ZUM 1987, S. 19 ff.

Hesse, Konrad: Grundzüge des Verfassungsrechts der Bundesrepublik Deutschland, 16. Auflage, Heidelberg 1988.

382   Literaturverzeichnis

— Ausgewählte Schriften, hrsg. von Peter Häberle und Alexander Hollerbach, Heidelberg 1984.

— Der Gleichheitssatz in der neueren deutschen Verfassungsentwicklung, AÖR 109 (1984), S. 174 ff.

Hill, Hermann: Impulse zum Erlaß eines Gesetzes, DÖV 1981, S. 487 ff.

— Einführung in die Gesetzgebungslehre, Heidelberg 1982.

— Einführung in die Gesetzgebungslehre, Jura 1986, S. 57 ff.

von Hippel, Eike: Grundfragen der Rechtspolitik, JZ 1984, S. 953 ff.

Hirsch, Ernst E.: Das Recht im sozialen Ordnungsgefüge. Beiträge zur Rechtssoziologie, Berlin 1966.

— Rechtssoziologie heute, in: ders. / Manfred Rehbinder (Hrsg.), Studien und Materialien zur Rechtssoziologie, 2. Auflage, Opladen 1971, S. 9 ff.

— Experimentierklausel, JZ 1971, S. 286 ff.

Hoffmann-Riem, Wolfgang: Rundfunkfreiheit durch Rundfunkorganisation. Anmerkungen zur Neufassung des Radio Bremen-Gesetzes, Frankfurt am Main / Berlin 1979.

— Modellversuch als Scheintest. Zur geplanten Einführung der Kabelkommunikation in Ludwigshafen, ZRP 1980, S. 31 ff.

— Massenmedien, in: Ernst Benda / Werner Maihofer / Hans-Jochen Vogel (Hrsg.), Handbuch des Verfassungsrechts der Bundesrepublik Deutschland, Berlin / New York 1983, S. 389 ff.

— Sachverstand: Verwendungsuntauglich? Eine Fallanalyse zur Politikberatung im Rahmen der Enquête-Kommission "Neue Informations- und Kommunikationstechniken", JbRSoz. 13 (1988), S. 350 ff.

— (Hrsg.), Rundfunk im Wettbewerbsrecht. Der öffentlich-rechtliche Rundfunk im Spannungsfeld zwischen Wirtschaftsrecht und Rundfunkrecht, Baden-Baden 1988.

Honsell, Heinrich: Begrüßung, in: Heinz Schäffer / Otto Triffterer (Hrsg.), Rationalisierung der Gesetzgebung, Baden-Baden 1984, S. 15 f.

Hoppe, Werner / *Rengeling*, Hans-Werner: Rechtsschutz bei der kommunalen Gebietsreform. Verfassungsrechtliche Maßstäbe zur Überprüfung von Neugliederungsgesetzen, Frankfurt/M. 1973.

Hopt, Klaus: Finale Regelungen, Experiment und Datenverarbeitung in Recht und Gesetzgebung, JZ 1972, S. 65 ff.

Horkheimer, Max: Zur Kritik der instrumentellen Vernunft. Aus den Vorträgen und Aufzeichnungen seit Kriegsende, hrsg. von Alfred Schmidt, Frankfurt 1974.

Huber, Eugen: Recht und Rechtsverwirklichung, Basel 1921.

Huber, Hans: Rechtstheorie, Verfassungsrecht, Völkerrecht, Ausgewählte Aufsätze 1950 - 1970, zum 70. Geburtstag des Verfassers hrsg. von Kurt Eichenberger / Richard Bäumlin / Jörg P. Müller, Bern 1971.

Huber, Konrad: Maßnahmegesetz und Rechtsgesetz. Eine Studie zum rechtsstaatlichen Gesetzesbegriff, Berlin 1963.

Hübner, Heinz / *Schnoor*, Herbert / *Florian*, Winfried / *Dittrich*, Robert / *Köhler*, Helmut / *Katzenberger*, Paul / *Steiner*, Udo: Rechtsprobleme des Bildschirmtextes. Vortragsveranstaltung vom 19. und 20. April 1985, München 1980.

Hug, Walther: Vorparlamentarisches und parlamentarisches Verfahren der Rechtsetzung in der Schweiz, in: Jürgen Rödig (Hrsg.), Studien zu einer Theorie der Gesetzgebung, Berlin / Heidelberg / New York 1976, S. 79 ff.

Hugger, Werner: Der Test als Instrument zur Verbesserung von Gesetzen, Speyerer Forschungsberichte 1, Speyer 1978.

— Legislative Effektivitätssteigerung: Von den Grenzen der Gesetzesevaluierbarkeit zum Gesetz auf Zeit, PVS 1979, S. 202 ff.

— Die Erkenntnisleistung der experimentellen Rechtssetzungsmethodik, in: Harald Kindermann (Hrsg.), Studien zu einer Theorie der Gesetzgebung 1982, Berlin / Heidelberg / New York 1982, S. 331 ff.

Imboden, Max: Montesquieu und die Lehre der Gewaltentrennung, Berlin 1959.

Ipsen, Jörn: Rechtsfolgen der Verfassungswidrigkeit von Norm und Einzelakt, Baden-Baden 1980.

Ipsen, Knut: Rationalität der Rechtsordnung und innerer Friede, in: Peter Eisenmann / Bernd Rill (Hrsg.), Jurist und Staatsbewußtsein, Heidelberg 1987, S. 23 ff.

Isensee, Josef: Das Grundrecht auf Sicherheit. Zu den Schutzpflichten des freiheitlichen Verfassungsstaats, Berlin 1983.

— Mehr Recht durch weniger Gesetze?, ZRP 1985, S. 139 ff.

Jäger, Herbert: Strafgesetzgebung als Prozeß, in: Festschrift für Ulrich Klug zum 70. Geburtstag, Band I: Rechtsphilosophie, Rechtstheorie, hrsg. von Günter Kohlmann, Köln 1983, S. 83 ff.

Jahrreiss, Hermann: Größe und Not der Gesetzgebung (1952), in: ders., Größe und Not der Gesetzgebung / W. Richter, Mensch und Recht, Bremen o.J., S. 5 ff.

Janssen, Thomas: Die Kabel-Pilotprojekte. Bestandsaufnahme, Chronologie, Synopse, FUNK-Korrespondenz 1979, Sonderausgabe: Kommunikationspolitik.

Jarass, Hans D.: Die Freiheit der Massenmedien. Zur staatlichen Einwirkung auf Presse, Rundfunk, Film und andere Medien, Baden-Baden 1978.

— Die neuen Privatrundfunk-Gesetze im Vergleich, ZUM 1986, S. 303 ff.

von Jhering, Rudolf : Der Kampf ums Recht (1872), bearbeitet von Alexander Hollerbach, 6. Auflage, Frankfurt/M. 1981.

Kaiser, Joseph H.: Diskussionsbeitrag, VVDStRL 40 (1982), S. 99 f.

Kant, Immanuel: Die Metaphysik der Sitten (1797), Werkausgabe Band VIII, hrsg. von Wilhelm Weischedel, 5. Auflage, Frankfurt/M. 1982.

Kantorowicz, Hermann: Rechtswissenschaft und Rechtssoziologie, Ausgewählte Schriften zur Wissenschaftslehre, hrsg. von Thomas Würtenberger, Karlsruhe 1962.

— Karl N. Llewellyn als Rechtssoziologe, KZfSS 18 (1966), S. 532 ff.

Karpen, Ulrich: Zum gegenwärtigen Stand der Gesetzgebungslehre in der Bundesrepublik Deutschland, ZG 1 (1986), S. 5 ff.

Kaufmann, Erich: Gesammelte Schriften, Band III: Rechtsidee und Recht. Rechtsphilosophische und ideengeschichtliche Bemühungen aus fünf Jahrzehnten, zum 80. Geburtstag des Verfassers am 21. September 1960 hrsg. von A. H. von Scherpenberg / W. Strauss / E. Kordt / F. A. Frh. v.d.Heydte / H. Mosler / K. J. Partsch, Göttingen 1960.

Kaufmann, Franz-Xaver: Steuerung wohlfahrtsstaatlicher Abläufe durch Recht, JbRSoz. 13 (1988), S. 65 ff.

Kindermann, Harald: Plan und Methode der Gesetzgebungstheorie, Rechtstheorie 9 (1978), S. 229 ff.

— Erfolgskontrolle durch Zeitgesetz, in: Heinz Schäffer / Otto Triffterer (Hrsg.), Rationalisierung der Gesetzgebung, Baden-Baden 1984, S. 133 ff.

Kisker, Gunter: Vertrauensschutz im Verwaltungsrecht, VVDStRL 32 (1974), S. 149 ff.

Klecatsky, Hans: Was verlangt der Rechtsstaat heute?, ÖJZ 1967, S. 113 ff.

Klein, Eckart: Grundrechtliche Schutzpflicht des Staates, NJW 1989, S. 1633 ff.

Klein, Friedrich: Bundesverfassungsgericht und richterliche Beurteilung politischer Fragen, Münster Westf. 1966.

Klein, Hans H.: Bundesverfassungsgericht und Staatsraison. Über Grenzen normativer Gebundenheit des Bundesverfassungsgerichts, Frankfurt/M. 1968.

— Die Rundfunkfreiheit, München 1978.

— Rundfunkrecht und Rundfunkfreiheit, Der Staat 20 (1981), S. 177 ff.

Kloepfer, Michael: Das Geeignetheitsgebot bei wirtschaftslenkenden Steuergesetzen. Zum Beschluß des BVerfG über die Verfassungsmäßigkeit des Absicherungsgesetzes, NJW 1971, S. 1585 ff.

— Vorwirkung von Gesetzen, München 1974.

— Übergangsgerechtigkeit bei Gesetzesänderungen und Stichtagsregelungen, DÖV 1978, S. 225 ff.

— Diskussionsbeitrag, in: Klaus Vogel (Gesamtredaktion), Grundrechtsverständnis und Normenkontrolle. Eine Vergleichung der Rechtslage in Österreich und Deutschland, Kolloquium zum 70. Geburtstag von Hans Spanner, Wien / New York 1979, S. 85 ff.

— Gesetzgebung im Rechtsstaat, VVDStRL 40 (1982), S. 63 ff.

— Diskussionsbeitrag, VVDStRL 40 (1982), S. 133 ff.

König, Eberhard: Die Teletexte, München 1980.

König, Klaus: Evaluation als Kontrolle der Gesetzgebung, Speyerer Forschungsberichte 34, Speyer 1983.

König, René: Beobachtung und Experiment in der Sozialforschung, in: ders. (Hrsg.), Beobachtung und Experiment in der Sozialforschung, Köln 1956, Neudruck 1975, S. 17 ff.

Kommission für den Ausbau des technischen Kommunikationssystems - KtK -: Telekommunikationsbericht, Bonn 1976.

Korinek, Karl: Die Verfassungsgerichtsbarkeit im Gefüge der Staatsfunktionen, VVDStRL 39 (1981), S. 7 ff.

— Krise des Rechtsbewußtseins - Krise des Rechtsstaates: Gedanken zur Diagnose und Beiträge zu Therapievorschlägen, in: Heinz Schäffer (Hrsg.), Gesetzgebung und Rechtskultur. Internationales Symposion Salzburg 1986, Wien 1987, S. 75 ff.

Kriele, Martin: Kriterien der Gerechtigkeit. Zum Problem des rechtsphilosophischen und politischen Relativismus, Berlin 1963.

— Theorie der Rechtsgewinnung, entwickelt am Problem der Verfassungsinterpretation, 2. Auflage, Berlin 1976.

— Recht und Politik in der Verfassungsrechtsprechung. Zum Problem des judicial selfrestraint, NJW 1976, S. 779 ff.

Krüger, Uwe: Der Adressat des Rechtsgesetzes. Ein Beitrag zur Gesetzgebungslehre, Berlin 1969.

Kübler, Friedrich: Kodifikation und Demokratie, JZ 1969, S. 645 ff.

— Medienverflechtung. Eine rechtsvergleichende Untersuchung der Marktstrukturprobleme privaten Rundfunks, Frankfurt/M. 1982.

Kull, Edgar: Das FRAG-Urteil - Kritik und Prognose, FuR 1981, S. 644 ff.

— Rundfunkgleichheit statt Rundfunkfreiheit. Zum dritten Fernsehurteil des Bundesverfassungsgerichts, AfP 1981, S. 378 ff.

— Rundfunk-Grundversorgung - Kontext, Begriff, Bedeutung -, AfP 1987, S. 462 ff.

— Realitätsferne und dogmatische Inkonsequenz - Bemerkungen zum fünften Rundfunkurteil des Bundesverfassungsgerichts -, AfP 1987, S. 568 ff.

Ladeur, Karl-Heinz: Verfassungsrechtliche Anforderungen an "vorläufige" und "Versuchsgesetze" im neuen Medienrecht, Media Perspektiven 1985, S. 734 ff.

Landesregierung von Nordrhein-Westfalen: Wissenschaftliche Begleituntersuchung Feldversuch Bildschirmtext Düsseldorf/Neuß. Abschlußbericht (Band 1), 1983.

Lange, Bernd-Peter: Die Medienkommission der Bundesländer - ein gescheitertes Unternehmen, Media Perspektiven 1986, S. 428 ff.

Lange, Klaus: Eindämmung der "Vorschriftenflut" im Verwaltungsrecht?, DVBl. 1979, S. 533 ff.

Larenz, Karl: Methodenlehre der Rechtswissenschaft, 5. Auflage, Berlin / Heidelberg / New York / Tokyo 1983.

Lautmann, Rüdiger: Gesetzgebung als gesamtgesellschaftlicher Prozeß, in: Frank Rotter / Günter Dux / Rüdiger Lautmann (Hrsg.), Rechtssoziologie. Examinatorium, Heidelberg 1980, S. 119 ff.

Leclercq, René: Histoire et Avenir de la Méthode expérimentale, Paris 1960.

Lehner, Franz: Ideologie und Wirklichkeit. Anmerkungen zur Pluralismustheorie in der Bundesrepublik, Der Staat 24 (1985), S. 91 ff.

Leipholz, Gerhard: Der Status des Bundesverfassungsgerichts, in: Bundesverfassungsgericht (Hrsg.), Das Bundesverfassungsgericht, Karlsruhe 1963, S. 61 ff.

Leisner, Walter: "Gesetz wird Unsinn...". Grenzen der Sozialgestaltung im Gesetzesstaat, DVBl. 1981, S. 849 ff.

Lerche, Peter: Übermaß und Verfassungsrecht. Zur Bindung des Gesetzgebers an die Grundsätze der Verhältnismäßigkeit und der Erforderlichkeit, Köln / Berlin / München / Bonn 1961.

— Mitbestimmung und Rationalität, in: Hamburg Deutschland Europa. Beiträge zum deutschen und europäischen Verfassungs-, Verwaltungs- und Wirtschaftsrecht, Festschrift für Hans Peter Ipsen zum 70. Geburtstag, hrsg. von Rolf Stödter und Werner Thieme, Tübingen 1977, S. 437 ff.

— Grundrechtsverständnis und Normenkontrolle in Deutschland, in: Klaus Vogel (Gesamtredaktion), Grundrechtsverständnis und Normenkontrolle. Eine Vergleichung der Rechtslage in Österreich und in Deutschland, Kolloquium zum 70. Geburtstag von Hans Spanner, Wien / New York 1979, S. 24 ff.

— Landesbericht Bundesrepublik Deutschland, in: Martin Bullinger / Friedrich Kübler (Hrsg।)., Rundfunkorganisation und Kommunikationsfreiheit. Landesberichte und Generalbericht der Tagung für Rechtsvergleichung 1979 in Lausanne, Baden-Baden 1979, S. 15 ff.

— Das Fernmeldemonopol - öffentlichrechtlich gesehen, in: Ernst-Joachim Mestmäcker (Hrsg.), Kommunikation ohne Monopole. Über Legitimation und Grenzen des Fernmeldemonopols, Baden-Baden 1980, S. 139 ff.

— Beteiligung Privater im Rundfunkbereich und Vielfaltsstandard, NJW 1982, S. 1676 ff.

— Diskussionsbeitrag, VVDStRL 40 (1982), S. 116 f.

— Zum Rundfunkartikel der Bayerischen Verfassung - gestern und heute -, in: Freiheit und Verantwortung im Verfassungsstaat, Festgabe zum 10jährigen Jubiläum der Gesellschaft für Rechtspolitik, hrsg. von Bernd Rüthers und Klaus Stern, München 1984, S. 245 ff.

— Presse und privater Rundfunk. Eine Auseinandersetzung insbesondere mit der verfassungsrechtlichen Konzeption von Küblers "Medienverflechtung", Berlin 1984.

Lerche, Peter / *Schmitt Glaeser*, Walter / *Schmidt-Aßmann*, Eberhard: Verfahren als staats- und verwaltungsrechtliche Kategorie, Heidelberg 1984.

Lieb, Wolfgang: Kabelfernsehen und Rundfunkgesetze, Berlin 1974.

Llewellyn, Karl N.: Eine realistische Rechtswissenschaft - der nächste Schritt, in: Ernst E. Hirsch / Manfred Rehbinder (Hrsg.), Studien und Materialien zur Rechtssoziologie, 2. Auflage, Opladen 1971, S. 54 ff.

Lübbe, Hermann: Zur politischen Theorie der Technokratie, Der Staat 1 (1962), S. 19 ff.

Lücke, Jörg: Soziale Grundrechte als Staatszielbestimmungen und Gesetzgebungsaufträge, AÖR 107 (1982), S. 15 ff.

Luhmann, Niklas: Grundrechte als Institution, 3. Auflage, Berlin 1986.

— Politische Verfassungen im Kontext des Gesellschaftssystems, Der Staat 12 (1973), S. 1 ff., S. 165 ff.

Maassen, Hermann: Die Freiheit des Bürgers in einer Zeit ausufernder Gesetzgebung, NJW 1979, S. 1473 ff.

Mackeprang, Rudolf: Ehrenschutz im Verfassungsstaat. Zugleich ein Beitrag zu den Grenzen der Freiheiten des Art. 5 Abs. 1 GG, Manuskript Diss. iur., Bayreuth 1989.

Mader, Luzius: L'évaluation législative. Pour une analyse empirique des effets de la législation, Lausanne 1985.

— Experimentelle Gesetzgebung, JbRSoz. 13 (1988), S. 211 ff.

Maihofer, Werner: Gesetzgebungswissenschaft, in: Günther Winkler / Bernd Schilcher (Hrsg.), Gesetzgebung, Wien / New York 1981, S. 3 ff.

— Der Beitrag der Wissenschaft zur Vorbereitung von Gesetzen, in: Theorie und Methoden der Gesetzgebung, Frankfurt/M. 1983, S. 9 ff.

— Rechtstatsachenforschung und Gesetzgebungswissenschaft, in: Wolfgang Heinz (Hrsg.), Rechtstatsachenforschung heute, Konstanz 1986, S. 157 ff.

Maunz, Theodor / *Dürig*, Günter: Grundgesetz, Kommentar, München 1958 ff.

Mayer-Maly, Theo: Gesetzesflut und Gesetzesqualität heute, in: Festschrift zum 125jährigen Bestehen der Juristischen Gesellschaft zu Berlin, hrsg. von Dieter Wilke, Berlin / New York 1984, S. 423 ff.

Meessen, Karl Matthias: Das Mitbestimmungsurteil des Bundesverfassungsgerichts. Eine erste Analyse aus verfassungsrechtlicher Sicht, NJW 1979, S. 833 ff.

Mengel, Hans-Joachim: Grundvoraussetzungen demokratischer Gesetzgebung. Zur Notwendigkeit einer Prozeßordnung des inneren Gesetzgebungsverfahrens, ZRP 1984, S. 153 ff.

Menger, Christian-Friedrich: Das Gesetz als Norm und Maßnahme, VVDStRL 15 (1957), S. 3 ff.

Merten, Detlef: Stichwort "Massenmedien" (I.-IV.), in: Evangelisches Staatslexikon, hrsg. von Roman Herzog / Hermann Kunst / Klaus Schlaich / Wilhelm Schneemelcher, 3. Auflage, Stuttgart 1987, Sp. 2085 ff.

Mertens, Hans-Joachim: Über politische Argumente in der verfassungsrechtlichen Diskussion der paritätischen Mitbestimmung, RdA 1975, S. 89 ff.

Mestmäcker, Ernst-Joachim: Medienkonzentration und Meinungsvielfalt. Eine vergleichende wirtschaftsrechtliche Untersuchung im Auftrage des Bundesministern des Innern, Baden-Baden 1978.

— Fernmeldemonopol und Nachfragemacht. Wirtschaftsrechtliche und ordnungspolitische Probleme der hoheitlichen und unternehmerischen Funktionen der DBP, in: ders., (Hrsg.), Kommunikation ohne Monopole. Über Legitimation und Grenzen des Fernmeldemonopols, Baden-Baden 1980, S. 161 ff.

— (Hrsg.), Offene Rundfunkordnung. Prinzipien für den Wettbewerb im grenzüberschreitenden Rundfunk, Gütersloh 1988.

von Mettenheim, Christoph: Recht und Rationalität, Tübingen 1974.

Mößle, Wilhelm: Regierungsfunktionen des Parlaments, München 1986.

Montesquieu, Charles-Louis de Secondat: Vom Geist der Gesetze (1748), eingeleitet, ausgewählt und übersetzt von Kurt Weigand, Stuttgart 1980.

Morand, Charles-Albert: Die Erfordernisse der Gesetzgebungsmethodik und des Verfassungsrechts im Hinblick auf die Gestaltung der Rechtsvorschriften, JbRSoz. 13 (1988), S. 11 ff.

Müller, Jörg P.: Die Verfassungsgerichtsbarkeit im Gefüge der Staatsfunktionen, VVDStRL 39 (1981), S. 3 ff.

Müller-Dietz, Heinz: Zur Problematik verfassungsrechtlicher Pönalisierungsgebote, in: Festschrift für Eduard Dreher zum 70. Geburtstag, hrsg. von Hans-Heinrich Jescheck und Hans Lüttger, Berlin / New York 1977, S. 97 ff.

Müller-Schmid, Peter Paul: Die Philosophie des "kritischen Rationalismus" in K. R. Poppers Konzeption der "offenen Gesellschaft", ARSP 56 (1970), S. 123 ff.

Münch, Richard: Die sprachlose Systemtheorie, Systemdifferenzierung, reflexives Recht, reflexive Selbststeuerung und Integration durch Indifferenz, ZfRSoz. 6 (1985), S. 19 ff.

Murswiek, Dietrich: Die staatliche Verantwortung für die Risiken der Technik, Berlin 1985.

Naschold, Frieder: Stichwort "Entscheidungstheorie" (II. 2.), in: Staatslexikon. Recht, Wirtschaft, Gesellschaft, Band 9, hrsg. von der Görres-Gesellschaft, 6. Auflage, Freiburg 1969, Sp. 700 ff.

Naucke, Wolfgang: Über die Zusammenarbeit zwischen Juristen und Rechtssoziologen, JbRSoz. 1 (1970), S. 491 ff.

— Über die juristische Relevanz der Sozialwissenschaften, Frankfurt/M. 1972.

Nef, Hans: Die Flut der Gesetze, in: Staatsorganisation und Staatsfunktionen im Wandel, Festschrift für Kurt Eichenberger zum 60. Geburtstag, Basel / Frankfurt/M. 1982, S. 559 ff.

Noll, Peter: Gründe für die soziale Unwirksamkeit von Gesetzen, JbRSoz. 3 (1972), S. 259 ff.

— Von der Rechtsprechungswissenschaft zur Gesetzgebungswissenschaft, JbRSoz. 2 (1972), S. 524 ff.

— Gesetzgebungslehre, Reinbek bei Hamburg 1973.

— Erfahrungen mit Gesetzen, in: Jürgen Rödig (Hrsg.), Studien zu einer Theorie der Gesetzgebung, Berlin / Heidelberg / New York 1976, S. 552 ff.

Novak, Richard: Gesetzgebung im Rechtsstaat, VVDStRL 40 (1982), S. 40 ff.

Nußbaum, Arthur: Die Rechtstatsachenforschung. Programmschriften und praktische Beispiele, ausgewählt und eingeleitet von Manfred Rehbinder, Berlin 1968.

Obermayer, Klaus: Die Verfassungsmäßigkeit des Bayerischen Medienerprobungs- und -entwicklungsgesetzes vom 22. 11. 1984, ZUM 1985, S. 461 ff.

Opp, Karl-Dieter: Soziologie im Recht, Reinbek bei Hamburg 1973.

Oppermann, Thomas: Auf dem Wege zur gemischten Rundfunkverfassung in der Bundesrepublik Deutschland? Schritte im rundfunkrechtlichen Entwicklungsprogramm vor dem Hintergrund der drei "Fernsehentscheidungen" des Bundesverfassungsgerichts 1961 - 1981, JZ 1981, S. 721 ff

Ory, Stephan: Marktchancen und Meinungsfreiheit - Bemerkungen zum "Fünften Rundfunkurteil" -, ZUM 1987, S. 427 ff.

Ossenbühl, Fritz: Kontrolle von Tatsachenfeststellungen und Prognoseentscheidungen, in: Bundesverfassungsgericht und Grundgesetz, Festgabe aus Anlaß des 25jährigen Bestehens des Bundesverfassungsgerichts, Band 1, hrsg. von Christian Starck, Tübingen 1976, S. 458 ff.

— Verfassungsrechtliche Probleme der Kooperativen Schule, Sonderdruck Bildung Real 21 (1977).

— Das elterliche Erziehungsrecht im Sinne des Grundgesetzes, Berlin 1981.

— Grundrechtsschutz im und durch Verfahrensrecht, in: Staatsorganisation und Staatsfunktionen im Wandel, Festschrift für Kurt Eichenberger zum 60. Geburtstag, hrsg. von Georg Müller / René A. Rhinow / Gerhard Schmid / Luzius Wildhaber, Basel / Frankfurt/M. 1982, S. 183 ff.

— Zumutbarkeit als Verfassungsmaßstab, in: Freiheit und Verantwortung im Verfassungsstaat, Festgabe zum 10jährigen Jubiläum der Gesellschaft für Rechtspolitik, hrsg. von Bernd Rüthers / Klaus Stern, München 1984, S. 315 ff.

Parthey, Heinrich / *Wahl*, Dietrich: Die experimentelle Methode in Natur- und Gesellschaftswissenschaften, Berlin 1966.

Pernice, Ingolf: Billigkeit und Härteklauseln im öffentlichen Recht. Grundlagen und Konturen einer Billigkeitskompetenz der Verwaltung, Manuskript Habil. iur., Bayreuth 1987.

Pestalozza, Christian: "Noch verfassungsmäßige" und "bloß verfassungswidrige" Rechtslagen, in: Bundesverfassungsgericht und Grundgesetz, Festgabe aus Anlaß des 25jährigen Bestehens des Bundesverfassungsgerichts, Band 1, hrsg. von Christian Starck, Tübingen 1976, S. 519 ff.

— Gesetzgebung im Rechtsstaat, NJW 1981, S. 2081 ff.

— Der Schutz vor der Rundfunkfreiheit in der Bundesrepublik Deutschland, NJW 1981, S. 2158 ff.

— Verfassungsprozeßrecht, 2. Auflage, München 1982.

Peters, Hans: Die freie Entfaltung der Persönlichkeit als Verfassungsziel, in: Gegenwartsprobleme des internationalen Rechts und der Rechtsphilosophie, Festschrift für Rudolf Laun zu seinem 70. Geburtstag, Hamburg 1953, S. 669 ff.

Philippi, Klaus Jürgen: Tatsachenfeststellungen des Bundesverfassungsgerichts, Köln / Berlin / Bonn / München 1971.

Pieger, Wolfram: Rechtstatsachenforschung - Ziele, Gegenstand, Erscheinungsformen, in: Aristide Chiotellis / Wolfgang Fikentscher, Rechtstatsachenforschung. Methodische Probleme und Beispiele aus dem Schuld- und Wirtschaftsrecht, Köln 1985, S. 127 ff.

Piette, Klaus-Walter: Meinungsvielfalt im privaten Rundfunk. Eine rechtsvergleichende Untersuchung der Privatfunkgesetzgebung in der Bundesrepublik Deutschland, München 1988.

Pirson, Dietrich: Vorläufige und experimentelle Rechtsetzung im Schulrecht und Hochschulrecht, in: Festschrift für Hermann Jahrreiß zum 80. Geburtstag, hrsg. vom Institut für Völkerrecht und ausländisches öffentliches Recht der Universität zu Köln, Köln / Berlin / Bonn / München 1974, S. 181 ff.

Podlech, Adalbert: Wertentscheidungen und Konsens, in: Günther Jakobs (Hrsg.), Rechtsgeltung und Konsens, Berlin 1976, S. 9 ff.

Popper, Karl R.: Naturgesetze und theoretische Systeme, in: Siegfried Moser (Hrsg.), Gesetz und Wirklichkeit, Innsbruck / Wien 1949, S. 43 ff.

— Objektive Erkenntnis, Hamburg 1973.

— Das Elend des Historizismus, 4. Auflage, Tübingen 1974.

— Conjectures and Refutations, 5. Auflage, London 1974.

— Die beiden Grundprobleme der Erkenntnistheorie, Tübingen 1979.

— Die offene Gesellschaft und ihre Feinde, Band 1 und 2, 6. Auflage, München 1980.

— Prognose und Prophetie in den Sozialwissenschaften, in: Ernst Topitsch (Hrsg.), Logik der Sozialwissenschaften, 10. Auflage, Königstein/Ts. 1980, S. 113 ff.

— Logik der Forschung, 8. Auflage, Tübingen 1984.

— Auf der Suche nach einer besseren Welt, 2. Auflage, München / Zürich 1987.

Radbruch, Gustav: Über die Methode der Rechtsvergleichung, MSchKrim 2 (1906), S. 422 ff.

— Die Natur der Sache als juristische Denkform, in: Festschrift zu Ehren von Rudolf Laun anläßlich der Vollendung seines 65. Lebensjahres, gesammelt und hrsg. von Gustaf C. Hernmarck, Hamburg 1948, S. 157 ff.

Rath, Michael: Zur organisationsrechlichen Ausgestaltung von Pilotprojekten mit Breitbandkabelsystemen, AfP 1978, S. 67 ff.

Ratzke, Dietrich: Handbuch der Neuen Medien. Information und Kommunikation, Fernsehen und Hörfunk, Presse und Audiovision heute und morgen, 2. Auflage, Stuttgart 1984.

Rawls, John: Gerechtigkeit als Fairneß, hrsg. von Otfried Höffe, Freiburg / München 1977.

— Eine Theorie der Gerechtigkeit, Frankfurt/M. 1979.

Redeker, Konrad: Gesetzesrationalität und verständliches Recht, NJW 1977, S. 1183 f.

Rehbinder, Manfred: Die Rechtstatsachenforschung im Schnittpunkt von Rechtssoziologie und soziologischer Jurisprudenz, JbRSoz. 1 (1970), S. 333 ff.

— Entwicklung und gegenwärtiger Stand der Rechtstatsachenforschung in den USA. Ein bibliographischer Bericht, München-Pullach / Berlin 1970.

— Einführung in die Rechtssoziologie, Frankfurt/M. 1971.

— Rechtssoziologie, Berlin / New York 1977

— Die Begründung der Rechtssoziologie durch Eugen Ehrlich, 2. Auflage, Berlin 1986.

— Stichwort "Rechtssoziologie", in: Evangelisches Staatslexikon, hrsg. von Roman Herzog / Hermann Kunst / Klaus Schlaich / Wilhelm Schneemelcher, 3. Auflage, Stuttgart 1987, Sp. 2798 ff.

Reich, Norbert: Sociological Jurisprudence und Legal Realism im Rechtsdenken Amerikas, Heidelberg 1967.

Reisinger, Leo: Planspiel und Simulation im Recht, in: Günther Winkler (Hrsg.), Rechtstheorie und Rechtsinformatik, Wien / New York 1975, S. 148 ff.

Rethorn, Dietrich: "Sunset"-Gesetzgebung in den Vereinigten Staaten von Amerika, in: Harald Kindermann (Hrsg.), Studien zu einer Theorie der Gesetzgebung 1982, Berlin / Heidelberg / New York 1982, S. 316 ff.

Richter, Ingo: Schulversuche vor Gericht, JZ 1978, S. 553 ff.

— Versuch macht klug. Rechtsprobleme bei der Verwirklichung gesellschaftspolitischer Alternativen im Bildungswesen, in: Alternative Schulen? Gestalt und Funktion nichtstaatlicher Schulen im Rahmen öffentlicher Bildungssysteme, Hellmut Becker zum 65. Geburtstag, hrsg. von Dietrich Goldschmidt / Peter Martin Roeder, Stuttgart 1979, S. 63 ff.

— Experiment und Begleitforschung bei der Grundrechtsverwirklichung, in: Winfried Hassemer / Wolfgang Hoffmann-Riem / Jutta Limbach (Hrsg.), Grundrechte und soziale Wirklichkeit, Baden-Baden 1982, S. 77 ff.

Ricker, Reinhart: Verfassungsrechtliche Aspekte des Kabelpilotprojekts Ludwigshafen, AfP 1980, S. 140 ff.

— Die gesetzliche Regelung des Kabelpilotprojekts Ludwigshafen, NJW 1981, S. 849 ff.

— Freiheit und Ordnung des Rundfunks nach dem dritten Rundfunkurteil des Bundesverfassungsgerichts, NJW 1981, S. 1925 ff.

— Die Einspeisung von Rundfunkprogrammen in Kabelanlagen aus verfassungsrechtlicher Sicht. Rechtsgutachten im Auftrag der wissenschaftlichen Begleitkommission zum Versuch mit Breitbandkabel in der Region Ludwigshafen/Vorderpfalz, Berlin / Offenbach 1984.

— Privatrundfunk-Gesetze im Bundesstaat. Zur Homogenität der Mediengesetze und Mediengesetzentwürfe, München 1985.

Ricker, Reinhart / *Müller-Malm*, Friedrich: Die Vielfaltsanforderungen an den privaten Rundfunk nach dem 4. Rundfunkurteil, ZUM 1987, S. 208 ff.

Ring, Wolf-Dieter: Medienrecht. Loseblattsammlung, München / Münster, Stand: 1. September 1988.

Ring, Wolf-Dieter / *Hartstein*, Reinhard: Bildschirmtext heute. Neues Recht und Praxis. Bildschirmtext-Staatsvertrag (Entwurf) mit Nebengesetzen und Erläuterungen, München 1983.

Ring, Wolf-Dieter / *Rothemund*, Christian: Die Gewährleistung von Meinungsvielfalt nach dem bayerischen Medienerprobungs- und -entwicklungsgesetz, Media Perspektiven 1985, S. 39 ff.

Rinkens, Karl-Heinz / *Reich*, Winfried: Das Btx-Programm der Deutschen Bundespost, Jahrbuch der Deutschen Bundespost 39 (1988), S. 415 ff.

Robbers, Gerhard: Sicherheit als Menschenrecht. Aspekte der Geschichte, Begründung und Wirkung einer Grundrechtsfunktion, Baden-Baden 1987.

Rödig, Jürgen: Zum Begriff des Gesetzes in der Rechtswissenschaft, in: ders. (Hrsg.), Studien zu einer Theorie der Gesetzgebung, Berlin / Heidelberg / New York 1976, S. 5 ff.

— Gesetzgebungstheorie und praxisorientierte rechtswissenschaftliche Disziplin auf rechtstheoretischer Grundlage, in: ders. / Eberhard Baden / Harald Kindermann (Hrsg.), Vorstudien zu einer Theorie der Gesetzgebung, St. Augustin 1975, S. 11 ff.

Röhl, Klaus F.: Das Dilemma der Rechtstatsachenforschung, Tübingen 1974.

Roellecke, Gerd: Politik und Verfassungsgerichtsbarkeit. Über immanente Grenzen der richterlichen Gewalt des Bundesverfassungsgerichtes, Heidelberg 1961.

Röper, Horst: Formationen deutscher Medienmultis 1988, Media Perspektiven 1988, S. 749 ff.

Rudolf, Walter: Über die Zulässigkeit privaten Rundfunks, Frankfurt/M. 1971.

Rudolf, Walter / *Meng*, Werner: Rechtliche Konsequenzen der Entwicklung auf dem Gebiet der Breitbandkommunikation für die Kirchen, Bonn 1978.

Rürup, Bert / *Färber*, Gisela: Programmhaushalte der "zweiten Generation". Idee, Arbeitsweise und Leistungsfähigkeit von ZBB, Sunset und RCB, DÖV 1980, S. 661 ff.

Rupp, Hans Heinrich: Urteilsanmerkung zu BVerfG NJW 1971, 275 ff., NJW 1971, S. 275 ff.

— Reform der Juristenausbildung unter numerus clausus. Mögliche Auswirkungen des Länder-Staatsvertrages, WissR 6 (1973), S. 105 ff.

— Grundgesetz und "Wirtschaftsverfassung", Tübingen 1974.

— Art. 3 GG als Maßstab verfassungsgerichtlicher Gesetzeskontrolle, in: Bundesverfassungsgericht und Grundgesetz, Festgabe aus Anlaß des 25jährigen Bestehens des Bundesverfassungsgerichts, Band 2, hrsg. von Christian Starck, Tübingen 1976, S. 364 ff.

— Politische Anforderungen an eine zeitgemäße Gesetzgebungslehre, in: Waldemar Schreckenberger (Hrsg.), Gesetzgebungslehre. Grundlagen - Zugänge - Anwendung, Stuttgart / Berlin / Köln / Mainz 1986, S. 42 ff.

Rupp-von Brünneck, Wiltraut: Darf das Bundesverfassungsgericht an den Gesetzgeber appellieren?, in: Festschrift für Gebhard Müller, zum 70. Geburtstag des Präsidenten des Bundesverfassungsgerichts, hrsg. von Theo Ritterspach und Willi Geiger, Tübingen 1970, S. 375 ff.

— Verfassungsgerichtsbarkeit und gesetzgebende Gewalt. Wechselseitiges Verhältnis zwischen Verfassungsgericht und Parlament, AÖR 102 (1977), S. 1 ff.

Ryffel, Hans: Bedingende Faktoren der Effektivität des Rechts, JbRSoz. 3 (1972), S. 225 ff.

— Rechtssoziologie. Eine systematische Orientierung, Neuwied / Berlin 1974.

Säcker, Horst: Schulversuche und Verfassungsrecht, RdJB 20 (1972), S. 13 ff.

— Zur gesetzlichen Regelung von Schulversuchen, DVBl. 1972, S. 312 ff.

Schäffer, Heinz: Diskussionsbeitrag, VVDStRL 40 (1982), S. 113 f.

— Begrüßung, in: ders. / Otto Triffterer (Hrsg.), Rationalisierung der Gesetzgebung, Baden-Baden 1984, S. 21 ff.

— Vorwort, in: ders. (Hrsg.), Gesetzgebung und Rechtskultur. Internationales Symposion Salzburg 1986, Wien 1987, S. III f.

— Einführung in das Tagungsthema: Gesetzgebung und Rechtskultur, in: ders. (Hrsg.), Gesetzgebung und Rechtskultur. Internationales Symposion Salzburg 1986, Wien 1987, S. 3 ff.

Schelsky, Helmut: Auf der Suche nach Wirklichkeit. Gesammelte Aufsätze, Düsseldorf / Köln 1965.

— Die Soziologen und das Recht. Abhandlungen und Vorträge zur Soziologie von Recht, Institution und Planung, Opladen 1980.

— Der "Begriff des Politischen" und die politische Erfahrung der Gegenwart - Überlegungen zur Aktualität von Carl Schmitt, Der Staat 22 (1983), S. 321 ff.

Schenke, Wolf-Rüdiger: Der Umfang der bundesverfassungsgerichtlichen Überprüfung, NJW 1979, S. 1321 ff.

Scherer, Joachim: Rechtsprobleme des Staatsvertrags über Bildschirmtext, NJW 1983, S. 1832 ff.

— Teletextsysteme und prozedurale Rundfunkfreiheit, Der Staat 22 (1983), S. 347 ff.

— Telekommunikationsrecht und Telekommunikationspolitik, Baden-Baden 1985.

Scheuing, Dieter H.: Haftung für Gesetze, in: Festschrift für Otto Bachof zum 70. Geburtstag, hrsg. von Günter Püttner, München 1984, S. 343 ff.

Scheuner, Ulrich: Staatszielbestimmungen, in: Festschrift für Ernst Forsthoff zum 70. Geburtstag, hrsg. von Roman Schnur, München 1972, S. 325 ff.

— Das Rundfunkmonopol und die neuere Entwicklung des Rundfunks. Zum Urteil des Bayerischen Verfassungsgerichtshofs vom 30. Juni 1977, AfP 1977, S. 367 ff.

— Staatstheorie und Staatsrecht. Gesammelte Schriften, hrsg. von Joseph Listl und Wolfgang Rüfner, Berlin 1978.

— Verfassungsgerichtsbarkeit und Gesetzgebung, DÖV 1980, S. 473 ff.

— Die Funktion des Gesetzes im Sozialstaat, in: Recht als Prozeß und Gefüge, Festschrift für Hans Huber zum 80. Geburtstag, Bern 1981, S. 127 ff.

— Das Grundrecht der Rundfunkfreiheit, Berlin 1982.

Schlaich, Klaus: Die Verfassungsgerichtsbarkeit im Gefüge der Staatsfunktionen, VVDStRL 39 (1981), S. 99 ff.

Schlink, Bernhard: Abwägung im Verfassungsrecht, Berlin 1976.

Schmidt, Reimer: Einige Bemerkungen zu den Methoden der Rechtswissenschaft, der Naturwissenschaften und der technischen Wissenschaften, AcP 184 (1984), S. 1 ff.

Schmidt, Walter: Die Rundfunkgewährleistung, Frankfurt/M. 1980.

— Rundfunkvielfalt. Möglichkeiten und Grenzen einer "pluralistischen" Rundfunkorganisation, Frankfurt/M. 1984.

Schmidt-Aßmann, Eberhard: Anwendungsprobleme des Art. 2 Abs. 2 GG im Immissionschutzrecht, AÖR 106 (1981), S. 205 ff.

— Vorüberlegungen zu einem neuen Städtebaurecht, DVBl. 1984, S. 582 ff.

Schmitt Glaeser, Walter: Mißbrauch und Verwirkung von Grundrechten im politischen Meinungskampf. Eine Untersuchung über die Verfassungsschutzbestimmung des Art. 18 GG und ihr Verhältnis zum einfachen Recht, insbesondere zum politischen Strafrecht, Bad Homburg v.d.H. / Berlin / Zürich 1968.

— Die Meinungsfreiheit in der Rechtsprechung des Bundesverfassungsgerichts, AÖR 97 (1972), S. 60 ff., S. 276 ff.

— Partizipation an Verwaltungsentscheidungen, VVDStRL 31 (1973), S. 179 ff.

— Mitbestimmung im Rundfunk. Bemerkungen zu einer Abhandlung von Hans Peter Ipsen, Der Staat 13 (1974), S. 573 ff.

— Kabelkommunikation und Verfassung, Das privatrechtliche Unternehmen im "Münchner Pilotprojekt", Berlin 1979.

— Verfassungsrecht und Verfassungswirklichkeit. Drei Beispiele, Politische Studien, Sonderheft 2/1979, S. 37 ff.

— Neue Medien in Baden-Württemberg. Bemerkungen zum Abschlußbericht der Expertenkommission Neue Medien - EKM Baden Württemberg, VBlBW 1981, S. 337 ff.

— Rechtspolitik unter dem Grundgesetz. Chancen - Versäumnisse - Forderungen, AÖR 107 (1982), S. 337 ff.

— Rezension von Ulrich Scheuner, Das Grundrecht der Rundfunkfreiheit, 1982, DÖV 1984, S. 175.

— Bestands- und Entwicklungsgarantie für den öffentlich-rechtlichen Rundfunk, BayVBl. 1985, S. 97 ff.

— "Neue Rundfunkprogramme" in Bayern, ZUM 1985, S. 523 ff.

— Das Gebot der "öffentlich-rechtlichen Trägerschaft" des Rundfunkbetriebs nach Art. 111 a Absatz 2 Satz 1 Bayerische Verfassung, ZUM 1986, S. 330 ff.

— Der häßliche "Kommerzfunk" - Ein Diskussionsbeitrag zu einem manipulatorischen Begriff -, DÖV 1986, S. 819 ff.

— Das duale Rundfunksystem. Zum "4. Fernseh-Urteil" des Bundesverfassungsgerichts vom 4. 11. 1986, DVBl. 1987, 30 ff., DVBl. 1987, S. 14 ff.

— Art. 5 Abs. 1 S. 2 GG als "Ewigkeitsgarantie" des öffentlich-rechtlichen Rundfunks. Zum Beschluß des BVerfG vom 24. März 1987 ("5. Fernseh-Entscheidung"), DÖV 1987, S. 837 ff.

— Die Rundfunkfreiheit in der Rechtsprechung des Bundesverfassungsgerichts, AÖR 112 (1987), S. 215 ff.

— Die grundrechtliche Freiheit des Bürgers zur Mitwirkung an der Willensbildung, in: Josef Isensee / Paul Kirchhof (Hrsg.), Handbuch des Staatsrechts der Bundesrepublik Deutschland, Band II: Demokratische Willensbildung - Die Staatsorgane des Bundes, Heidelberg 1987, S. 49 ff.

— Die Meinungsfreiheit in der Rechtsprechung des Bundesverfassungsgerichts, AÖR 113 (1988), S. 52 ff.

— Verwaltungsprozeßrecht. Kurzlehrbuch mit Systematik zur Fallbearbeitung, mitbegründet von Oskar Tschira, 9. Auflage, Stuttgart / München / Hannover 1988.

— Rezension von Peter Selmer, Bestands- und Entwicklungsgarantien für den öffentlich-rechtlichen Rundfunk in einer dualen Rundfunkordnung. Eine verfassungsrechtliche Untersuchung ihrer Zulässigkeit und Reichweite, 1988, Die Verwaltung 22 (1989), S. 124 ff.

Schmitt Glaeser, Walter / *Degenhart*, Christoph: Koordinationspflicht der Länder im Rundfunkwesen. Zur Einspeisung herangeführter privater Programme in Kabelanlagen, AfP 1986, S. 173 ff.

Schneider, Hans: Der Niedergang des Gesetzgebungsverfahrens, in: Festschrift für Gebhard Müller, Zum 70. Geburtstag des Präsidenten des Bundesverfassungsgerichts, hrsg. von Theo Ritterspach und Willi Geiger, Tübingen 1970, S. 421 ff.

— Zur Verhältnismäßigkeits-Kontrolle insbesondere bei Gesetzen, in: Bundesverfassungsgericht und Grundgesetz, Festgabe aus Anlaß des 25jährigen Bestehens des Bundesverfassungsgerichts, Band 2, hrsg. von Christian Starck, Tübingen 1976, S. 390 ff.

— Expertenkommission Neue Medien - Baden-Württemberg, DÖV 1981, S. 334 ff.

Schneider, Hans-Peter: Richterrecht, Gesetzesrecht und Verfassungsrecht, Frankfurt/M. 1969.

— Verfassungsgerichtsbarkeit und Gewaltenteilung, NJW 1980, S. 2103 ff.

Scholz, Rupert: Paritätische Mitbestimmung und Grundgesetz, Berlin 1974.

— Private Rundfunkfreiheit und öffentlicher Rundfunkvorbehalt - BVerwGE 39, 159, JuS 1974, S. 299 ff.

— Das dritte Fernsehurteil des Bundesverfassungsgerichts - Zugleich Anmerkung zum Urteil des BVerfG vom 16. 6. 1981, JZ 1981, 581, JZ 1981, S. 561 ff.

— Medienverflechtung. Anmerkungen zu dem gleichnamigen Buch von Kübler, AfP 1983, S. 261 ff.

Schreckenberger, Waldemar: Krise der Gesetzgebung?, in: ders. (Hrsg.), Gesetzgebungslehre. Grundlagen - Zugänge - Anwendung, Stuttgart / Berlin / Köln / Mainz 1986, S. 21 ff.

Schröder, Heinrich J.: Zur Erfolgskontrolle der Gesetzgebung, JbRSoz. 3 (1972), S. 271 ff.

Schulze-Fielitz, Helmuth: Auf Wegen zu einer Gesetzgebungswissenschaft, ZG 1 (1986), S. 87 ff.

— Theorie und Praxis parlamentarischer Gesetzgebung - besonders des 9. Deutschen Bundestages (1980 - 1983) -, Berlin 1988.

— Der politische Kompromiß als Chance und Gefahr für die Rationalität der Gesetzgebung, JbRSoz. 13 (1988), S. 290 ff.

Schuppert, Gunnar Folke: Die verfassungsgerichtliche Kontrolle der Auswärtigen Gewalt, Baden-Baden 1973.

— Verfassungsgerichtsbarkeit und Politik, ZRP 1973, S. 257 ff.

— Zur Nachprüfung gerichtlicher Entscheidungen durch das Bundesverfassungsgericht, AÖR 103 (1978), S. 43 ff.

— Funktionell-rechtliche Grenzen der Verfassungsinterpretation, Königstein/Ts. 1980.

Schwabe, Jürgen: Diskussionsbeitrag, VVDStRL 40 (1982), S. 113.

Schweizer, Rainer J.: Die Prüfung der Notwendigkeit neuer Erlasse, in: Gesetzgebungstheorie, Juristische Logik, Zivil- und Prozeßrecht, Gedächtnisschrift für Jürgen Rödig, hrsg. von Ulrich Klug / Thilo Ramm / Fritz Rittner / Burkhard Schmiedel, Berlin / Heidelberg / New York, 1978, S. 66 ff.

Schwerdtfeger, Gunther: Optimale Methodik der Gesetzgebung als Verfassungspflicht, in: Hamburg Deutschland Europa. Beiträge zum deutschen und europäischen Verfassungs-, Verwaltungs- und Wirtschaftsrecht, Festschrift für Hans Peter Ipsen zum 70. Geburtstag, hrsg. von Rolf Stödter und Werner Thieme, Tübingen 1977, S. 173 ff.

Schwerdtner, Peter: Rechtswissenschaft und kritischer Rationalismus, Rechtstheorie 2 (1971), S. 67 ff., S. 224 ff.

Seemann, Klaus: Ordnungspolitische Perspektiven eines dualen Rundfunksystems, ZUM 1987, S. 255 ff.

Seetzen, Uwe: Der Prognosespielraum des Gesetzgebers, NJW 1975, S. 429 ff.

Selmer, Peter: Bestands- und Entwicklungsgarantien für den öffentlich-rechtlichen Rundfunk in einer dualen Rundfunkordnung. Eine verfassungsrechtliche Untersuchung ihrer Zulässigkeit und Reichweite, Berlin 1988.

Siebel, Wigand: Die Logik des Experiments in den Sozialwissenschaften, Berlin 1965.

von Simson, Werner: Das demokratische Prinzip im Grundgesetz, VVDStRL 29 (1971), S. 3 ff.

— Diskussionsbeitrag, VVDStRL 40 (1982), S. 102 f.

Smend, Rudolf: Staatsrechtliche Abhandlungen und andere Aufsätze, 2. Auflage, Berlin 1968.

Starck, Christian: Diskussionsbeitrag, VVDStRL 40 (1982), S. 122 ff.

— Übermaß an Rechtsstaat?, ZRP 1979, S. 209 ff.

— Die Konstruktionsprinzipien und verfassungsrechtlichen Grundlagen der gegenwärtigen mediengesetzlichen Aktivitäten in den deutschen Bundesländern, JZ 1983, S. 405 ff.

Steinberg, Rudolf: Evaluation als neue Form der Kontrolle final programmierten Verwaltungshandelns, Der Staat 15 (1976), S. 185 ff.

— Verfassungsgerichtliche Kontrolle der "Nachbesserungspflicht" des Gesetzgebers, Der Staat 26 (1987), S. 161 ff.

Stender-Vorwachs, Jutta: "Staatsferne" und "Gruppenferne" in einem außenpluralistisch organisierten privaten Rundfunksystem, Berlin 1988.

Stern, Klaus: Föderative und unitarische Aspekte im deutschen Rundfunkwesen, in: Hans R. Klecatsky / Klaus Stern / Ulrich Weber / Svante Bergström, Rundfunkrecht und Rundfunkpolitik, Referate und Reden aus wissenschaftlichen Veranstaltungen des Instituts für Rundfunkrecht, München 1969, S. 26 ff.

— Staatsrecht, Band II, München 1980.

— Verfassungsgerichtsbarkeit zwischen Recht und Politik, Opladen 1980.

— Neue Medien - neue Aufgaben des Rechts? Verfassungsrechtliche Grundfragen, DVBl. 1982, S. 1109 ff.

Stern, Klaus / *Bethge*, Herbert: Öffentlich-rechtlicher und privatrechtlicher Rundfunk. Rechtsgutachtliche Untersuchung der Verfassungsmäßigkeit des Zweiten Gesetzes zur Änderung und Ergänzung des Gesetzes Nr. 806 über die Veranstaltung von Rundfunksendungen im Saarland vom 7. Juni 1967, Frankfurt/M. / Berlin 1971.

Stern, Klaus / *Püttner*, Günter: Grundfragen zur Verwaltungsreform im Stadtumland, Berlin 1968.

Stettner, Rupert: Die Verpflichtung des Gesetzgebers zu erneutem Tätigwerden bei fehlerhafter Prognose, DVBl. 1982, S. 1123 ff.

— Die Öffnung des Rundfunks für Private durch das Bayerische Medienerprobungs- und -entwicklungsgesetz, ZUM 1986, S. 559 ff.

— Rundfunkstruktur im Wandel. Rechtsgutachten zur Vereinbarkeit des Bayerischen Medienerprobungs- und -entwicklungsgesetzes mit der Bayerischen Verfassung, München 1988.

Stober, Rolf: Zum Gesetzesvorbehalt bei Schulversuchen, DÖV 1976, S. 518 ff.

Stock, Martin: Zur Theorie des Koordinationsrundfunks, Baden-Baden 1981.

— Koordinationsrundfunk im Modellversuch. Das Kabelpilotprojekt (Mannheim-)Ludwigshafen, Berlin 1981.

— Medienfreiheit als Funktionsgrundrecht. Die journalistische Freiheit des Rundfunks als Voraussetzung allgemeiner Kommunikationsfreiheit, München 1985.

— Landesmedienrecht im Wandel. Eine Zwischenbilanz am Beispiel Nordrhein-Westfalens, München 1986.

— Nationaler Privatrundfunk im Bundesstaat. Regelungsbedarf, alte und neue Provisorien, ZUM 1986, S. 411 ff.

— Neues Privatrundfunkrecht. Die nordrhein-westfälische Variante, München 1987.

Strömholm, Stig: Charakteristische Merkmale schwedischer Gesetzgebung, in: Jürgen Rödig (Hrsg.), Studien zu einer Theorie der Gesetzgebung, Berlin / Heidelberg / New York 1976, S. 50 ff.

Teichert, Will: Auffällige Akzentverschiebungen. Anmerkungen zum Bericht der Projektkommission "Kabelpilotprojekt München", Media Perspektiven 1988, S. 287.

— Wider die Folgenlosigkeit. Bestandsaufnahme der sozialwissenschaftlichen Begleitforschung zu den Kabelpilotprojekten, Aus Politik und Zeitgeschichte B 46-47/88, S. 14 ff.

Tenbruck, Friedrich H.: Zur Kritik der planenden Vernunft, Freiburg 1972.

Tettinger, Peter J.: Rechtsanwendung und gerichtliche Kontrolle im Wirtschaftsverwaltungsrecht, München 1980.

— Neue Medien und Verfassungsrecht, München 1980.

— Neuartige Massenkommunikationsmittel und verfassungsrechtliche Rahmenbedingungen, JZ 1984, S. 400 ff.

Teubner, Gunther: Reflexives Recht - Entwicklungsmodelle des Rechts in vergleichender Perspektive, ARSP 68 (1982), S. 13 ff.

Teubner, Gunther / *Willke*, Helmut: Kontext und Autonomie: Gesellschaftliche Selbststeuerung durch reflexives Recht, ZfRSoz. 5 (1984), S. 4 ff.

Thaysen, Uwe: Gesetzgebungslehre, ZParl 15 (1984), S. 137 ff.

Tiemeyer, Jürgen: Zur Methodenfrage der Rechtssoziologie, Berlin 1969.

Thierfelder, Hans: Zur Tatsachenfeststellung durch das Bundesverfassungsgericht, Juristische Analysen 1970, S. 879 ff.

Treffer, Gerd / *Regensburger*, Hermann / *Kroll*, Fritz: Medienerprobungs- und -entwicklungsgesetz. Gesetz über die Erprobung und Entwicklung neuer Rundfunkangebote und anderer Mediendienste in Bayern. Handkommentar, München 1985.

Triepel, Heinrich: Wesen und Entwicklung der Staatsgerichtsbarkeit, VVDStRL 5 (1929), S. 2 ff.

Triffterer, Otto: Begrüßung, in: Heinz Schäffer / ders. (Hrsg.), Rationalisierung der Gesetzgebung, Baden-Baden 1984, S. 17 ff.

Graf Vitzthum, Wolfgang: Parlament und Planung. Zur verfassungsgerechten Zuordnung der Funktionen von Bundesregierung und Bundestag bei der politischen Planung, Baden-Baden 1978.

Vogel, Hans-Jochen: Zur Diskussion um die Normenflut, JZ 1979, S. 321 ff.

— Sozialstaatliche Rechtspolitik als Stabilitätsfaktor, ZRP 1981, S. 1 ff.

Vogel, Wolfgang: Steuerrechtliche Theorien auf dem Prüfstand des rechtswissenschaftlichen Experiments. Erkenntnistheoretisch-methodologische Voraussetzungen einer "Experimentellen Rechtswissenschaft", Rechtstheorie 9 (1978), S. 317 ff.

— Die Konzeption einer experimentellen Rechtswissenschaft im Vergleich zu anderen rechtswissenschaftlichen Konzeptionen, Rechtstheorie 11 (1980), S. 165 ff.

Wach, Karl J. T.: Methodologische Probleme der Rechtstatsachenforschung, in: Aristide Chiotellis / Wolfgang Fikentscher, Rechtstatsachenforschung, Köln 1985, S. 89 ff.

Wahl, Rainer: Der Vorrang der Verfassung, Der Staat 20 (1981), S. 485 ff.

— Der Vorrang der Verfassung und die Selbständigkeit des Gesetzesrechts, NVwZ 1984, S. 401 ff.

Wassermann, Rudolf: 8. Mai 1945: Die Katastrophe als Chance zum Neubeginn. Der demokratische Rechtsstaat als Reaktion auf den nationalsozialistischen Unrechtsstaat, Aus Politik und Zeitgeschichte B 16/85, S. 3 ff.

Weber, Max: Gesammelte Aufsätze zur Wissenschaftslehre, hrsg. von Johannes Winckelmann, 4. Auflage, Tübingen 1973.

— Gesammelte politische Schriften, hrsg. von Johannes Winckelmann, 4. Auflage, Tübingen 1980.

— Rechtssoziologie, aus dem Manuskript hrsg. und eingeleitet von Johannes Winckelmann, 2. Auflage, Neuwied am Rhein / Berlin 1967.

Weber, Werner: Rundfunkfreiheit - Rundfunkmonopol, in: Festschrift für Ernst Forsthoff zum 70. Geburtstag, hrsg. von Roman Schnur, München 1972.

Webler, Wolf-Dietrich: Politikberatung durch Begleitforschung - Politische und forschungsmethodische Probleme am Beispiel der Juristenausbildung, in: Gerd-Michael Hellstern / Hellmut Wollmann (Hrsg.), Experimentelle Politik - Reformstrohfeuer oder Lernstrategie, Opladen 1983, S. 371 ff.

Wehrhahn, Herbert: Das Gesetz als Norm und Maßnahme, VVDStRL 15 (1957), S. 35 ff.

Weiß, Hans-Dietrich: Verrechtlichung als Selbstgefährdung des Rechts, DÖV 1978, S. 601 ff.

Freiherr von Weizsäcker, Carl-Friedrich: Über die Kunst der Prognose, o.O. 1968.

Wendt, Rudolf: Der Garantiegehalt der Grundrechte und das Übermaßverbot. Zur maßstabsetzenden Kraft der Grundrechte in der Übermaßprüfung, AÖR 104 (1979), S. 414 ff.

Wieacker, Franz: Privatrechtsgeschichte der Neuzeit, 1. Auflage, Göttingen 1952, 2. Auflage, Göttingen 1967.

Wielinger, Gerhart: Diskussionsbeitrag, VVDStRL 40 (1982), S. 115 f.

Wimmer, Norbert: Gesetzwerdung als politisch-bürokratischer Prozeß - Chancen und Grenzen der Rationalisierung der Gesetzgebung, in: Heinz Schäffer / Otto Triffterer (Hrsg.), Rationalisierung der Gesetzgebung, Baden-Baden 1984, S. 225 ff.

Winkler, Günther: Gesetzgebung und Verwaltungsrecht, in: ders. / Bernd Schilcher (Hrsg.), Gesetzgebung, Wien / New York, 1981, S. 100 ff.

Witte, Eberhard: Leitlinien für die wissenschaftliche Begleitung von Pilotprojekten der Kabelkommunikation, München 1978.

Wolf, Joachim: Medienfreiheit und Medienunternehmen, Berlin 1985.

Wollmann, Hellmut: Gesetzgebung als experimentelle Politik - Möglichkeiten, Varianten und Grenzen erfahrungswissenschaftlich fundierter Gesetzgebungsarbeit, in: Waldemar Schreckenberger (Hrsg.), Gesetzgebungslehre. Grundlagen - Zugänge - Anwendung, Stuttgart / Berlin / Köln / Mainz 1986, S. 72 ff.

Würtenberger, Thomas: Legitimität und Gesetz, in: Freiheit und Verantwortung im Verfassungsstaat, Festgabe zum 10jährigen Jubiläum der Gesellschaft für Rechtspolitik, hrsg. von Bernd Rüthers und Klaus Stern, München 1984, S. 533 ff.

Zacher, Hans F.: Diskussionsbeitrag, VVDStRL 40 (1982), S. 139 f.

Zeh, Wolfgang: Vollzugskontrolle und Wirkungsbeobachtung als Teilfunktion der Gesetzgebung, JbRSoz. 13 (1988), S. 194 ff.

Zimmermann, Ekkart: Das Experiment in den Sozialwissenschaften, Stuttgart 1972.

Zippelius, Reinhold: Rechtsgewinnung durch experimentierendes Denken, in: Recht als Prozeß und Gefüge, Festschrift für Hans Huber zum 80. Geburtstag, Bern 1981, S. 143 ff.

Zöller, Michael: Das Prokrustes-System. Der organisierte Pluralismus als Gewißheitsillusion, Opladen 1988.